CODE NAPOLÉON

XXI

IMPRIMERIE GÉNÉRALE DE CH. LAHURE

Rue de Fleurus, 9, à Paris

TRAITÉ

DES

DONATIONS ENTRE-VIFS

ET

DES TESTAMENTS

PAR

C. DEMOLOMBE

DOYEN DE LA FACULTÉ DE DROIT
ANCIEN BÂTONNIER DE L'ORDRE DES AVOCATS A LA COUR IMPÉRIALE DE CAEN
OFFICIER DE LA LÉGION D'HONNEUR

———

TROISIÈME ÉDITION

TOME QUATRIÈME

PARIS

AUGUSTE DURAND   L. HACHETTE ET Cie
LIBRAIRE   LIBRAIRES
RUE CUJAS, 9 (ANC. RUE DES GRÈS)   BOULEVARD SAINT-GERMAIN, 77

1868

OBSERVATIONS

CONCERNANT

LES CITATIONS DES ARRÊTS ET DES AUTEURS, ET LES TABLES.

I. Cet ouvrage renvoie, pour l'indication des arrêts, soit au recueil de MM. Devilleneuve et Carette, soit à celui de MM. Dalloz, soit au *Journal du Palais*. Mais, afin de rendre les recherches aussi promptes et aussi sûres que possible pour tous ceux qui ne possèdent que l'un de ces trois recueils de jurisprudence, les arrêts sont, en outre, indiqués par leurs dates et par les noms des parties, ce dernier mode de citation étant de tous le plus commode et le plus certain.

Le recueil de MM. Devilleneuve et Carette est ainsi indiqué : Dev. — Celui de MM. Dalloz : D. — Le *Journal du Palais : J. du P.*

II. Les différents auteurs sont cités par l'indication du volume et du numéro, soit de l'ouvrage lui-même, soit de la page, lorsqu'il n'y a point de numéros.

Les citations de Delvincourt se rapportent à l'édition de 1819 ; de Toullier, à l'édition de 1830, et aux notes de M. Duvergier sur l'édition de 1846 ; de M. Duranton, à l'édition de 1844.

III. Deux tables se trouvent à la fin de chaque volume :

La première est une table des matières dans l'ordre où elles sont traitées;

La seconde, une table numérique des articles du Code Napoléon, qui, par ses renvois aux pages et aux numéros du volume où chacun des articles est expliqué, facilite les recherches et fait, en quelque sorte, l'office d'un commentaire.

IV. Chacun des traités dont se compose le *Cours de Code Napoléon*, est, en outre, suivi d'une table analytique et alphabétique.

La table analytique et alphabétique du *Traité des Donations* se trouve à la fin du tome sixième.

COURS

DE

CODE NAPOLÉON.

LIVRE TROISIÈME.

TITRE DEUXIÈME.

DES DONATIONS ENTRE-VIFS ET DES TESTAMENTS.

TROISIÈME PARTIE

CONSACRÉE SPÉCIALEMENT AUX TESTAMENTS.

SOMMAIRE.

1. — Transition.

1. — La troisième partie de la division générale de notre Titre, dans laquelle nous entrons, est spécialement consacrée aux testaments (*voy.* le tome I, n° 13).

CHAPITRE V.

DES DISPOSITIONS TESTAMENTAIRES.

SOMMAIRE.

2. — Exposition.
3. — Division.
4. — De l'ancien droit sur cette matière. — Historique.

2. — Nous ferons d'abord la même observation, que nous avons déjà faite, au début de la seconde partie de notre division, qui est consacrée aux donations entre-vifs, à savoir : que les rédacteurs du Code n'avaient plus, en ce qui concerne les testaments, à s'occuper :

Ni de la capacité de disposer ou de recevoir ;

Ni de la portion de biens disponible ;

Ces deux ordres de principes ayant été posés, dans la première partie, qui comprend, en même temps, les donations entre-vifs et les testaments (*voy*. les tomes I et II).

3. — Il ne s'agit donc, dans cette troisième partie, que d'établir les règles particulières du testament.

Tel est l'objet des huit sections, dont le chapitre v se compose, et qui sont relatives à trois points principaux :

I. A la forme des testaments (sect. i et ii);

II. Aux dispositions, que les testaments peuvent contenir (sect. iii, iv, v, vi et vii);

III. A la révocation des testaments et à leur caducité (sect. viii).

Nous suivrons exactement cet ordre.

4. — Notre ancienne législation offrait, en cette matière, le spectacle de diversités sans nombre !

Les provinces de droit écrit et les provinces coutumières y suivaient des règles tout à fait contraires; et de cet antagonisme résultaient des difficultés de toutes

sortes. C'est ainsi que l'on était souvent obligé de s'enquérir à la fois du lieu de la confection du testament,
du lieu du domicile du testateur, et du lieu de la situation des biens, pour apprécier, d'après trois ordres de
règles différentes, la même disposition testamentaire,
sous le rapport de sa forme, de son caractère et de ses
effets! (Comp. Pothier, *des Donat. testam.*, chap. II, sect.
I, § 1 ; Merlin, Répert., v° *Institution d'héritier*, sect. I,
n° 3.)

L'Ordonnance du mois d'août 1735 n'avait pas mis un
terme à cette situation ; elle ne s'était pas, en effet,
proposé de faire *un changement réel aux dispositions des
lois*, qui étaient observées dans les divers tribunaux du
royaume; son but *était, au contraire, d'en affermir l'autorité par des règles tirées de ces lois mêmes, et expliquées
d'une manière précise....* (comp. le *Préambule*, et les articles 68, 71, 79, etc.).

Aussi, les rédacteurs de notre Code ne l'ont-ils pas
suivie, et ne pouvaient-ils pas, en effet, la suivre complétement, ainsi qu'ils ont fait de l'Ordonnance de 1731
sur les donations entre-vifs.

Ajoutons pourtant qu'ils lui ont néanmoins emprunté
un assez grand nombre de dispositions, en ce qui concerne les formes des testaments; et nous devrons souvent interroger aussi cette Ordonnance de 1735, qui est
elle-même, parallèlement à l'Ordonnance de 1731, l'un
des monuments les plus importants de l'histoire de notre
droit privé.

I.

De la forme des testaments.

SOMMAIRE.

5. — Division.

5. — Le Code a consacré deux sections à la forme
des testaments.

Dans la première, il s'occupe des testaments *ordinaires*, qui constituent le droit commun ;

Dans la seconde, il s'occupe des testaments *extraordinaires*, qui peuvent être faits dans certaines circonstances exceptionnelles.

SECTION I.

DES RÈGLES GÉNÉRALES SUR LA FORME DES TESTAMENTS.

SOMMAIRE.

8.— Suite. — Du cas où le premier testament, valable en la forme, serait seulement devenu inefficace par un testament intermédiaire, ou par le prédécès du légataire.

49. — La preuve de l'accomplissement des formes testamentaires doit aussi résulter du testament lui-même et lui seul.

50. — La loi n'exige pas, comme condition de forme, que le testateur déclare que l'acte par lequel il exprime ses dernières volontés, est son testament.

51. — Pareillement, aucun terme sacramentel n'est requis pour manifester la volonté du testateur. — Des termes impératifs. — Des termes précatifs.

52. — Notre Code, qui admet trois formes de testament, a fait, sous ce rapport, des emprunts au droit écrit et au droit coutumier. — Historique.

53. — Toute personne peut indistinctement disposer suivant l'une ou l'autre des trois formes que le Code reconnaît. — Observation.

54. — Chacune des formes de testament se suffit à elle-même; et on ne doit pas les mêler ni les compléter les unes par les autres.

55. — Division.

6. — L'intitulé de notre section a été emprunté à Pothier, qui, dans le chapitre I de son *Traité des Donations testamentaires*, où il s'occupe *de la forme des testaments*, pose d'abord quelques *règles générales*.

Telle est la division de notre Code, quoiqu'elle n'y ait pas été exactement reproduite.

Nous allons donc exposer, en premier lieu, les règles qui sont communes aux trois formes de testaments, que notre Code reconnaît, pour nous occuper ensuite des règles qui sont particulières à chacune d'elles.

7. — Trois règles sont communes à toutes les formes de testaments.

Et, précisément, ces règles sont écrites dans les trois articles, qui ouvrent notre section (art. 967, 968, 969).

8. — A. La première règle est posée par l'article 967, en ces termes :

« Toute personne pourra disposer par testament, soit « sous le titre d'institution d'héritier, soit sous toute « autre dénomination propre à manifester sa volonté. »

Ainsi, notre Code n'exige aucune dénomination spéciale, aucuns termes sacramentels.

Et le testateur est libre de se servir des expressions qu'il lui convient d'employer : institution d'héritier, legs, ou toutes autres (comp. art 1002, *et infra*, n⁰ˢ 525-527).

Il ne s'agit ici, d'ailleurs, que de la question de forme, et je dirais volontiers de la question de mots; il ne s'agit pas, comme quelques-uns l'ont cru, de la question du fond. (Comp. Vazeille, art. 937, n° 1 ; Duranton, t. IX, n° 6.)

Ce que notre article 967 décide seulement, c'est que, pour la validité du testament, sous le rapport de sa forme, aucune expression spéciale n'est exigée.

9. — Cette règle, qui nous paraît aujourd'hui si simple, est pourtant, par l'application générale qu'en fait notre Code *à toute personne*, c'est-à-dire à tous les habitants du territoire français, l'une des plus notables conquêtes du droit nouveau sur 'ancien droit.

C'est, en effet, principalement sur ce point, que la différence était profonde entre les pays de droit écrit et les pays coutumiers.

Tandis que les premiers, à l'exemple du droit romain, ordonnaient que le testament renfermât une institution d'héritier, c'est-à-dire la disposition de l'universalité active et passive du patrimoine au profit d'un individu, qui devait continuer la personnalité juridique du testateur (comp. Inst., § 34, *De legatis* ; art. 50 de l'Ordon. de 1735) ;

Les autres, au contraire, défendaient cette institution !

Quelques coutumes allaient jusques à proscrire l'emploi du mot lui-même, au point de déclarer nul le testament où il se rencontrait. (Cout. de Chaumont, art. 83 ; de Meaux, art. 28; de Vitry, art. 101.)

Ces coutumes, toutefois, étaient exceptionnelles; et d'après le droit commun, l'institution d'héritier, nulle comme telle et impuissante à produire l'effet juridique, dont elle était revêtue dans les pays de droit écrit, était convertie en un legs universel et devenait valable sous ce titre. (Comp. notre *Traité des Successions*, t. I, n° 80.)

Le législateur de 1804 n'a admis ni le droit écrit ni le droit coutumier.

Il n'a pas ordonné l'institution d'héritier ;

Mais il ne l'a pas défendue non plus.

Il est évident, toutefois, qu'il se rapproche beaucoup plus du droit coutumier ; à ce point même, qu'à ne considérer que les résultats pratiques, on peut dire qu'il l'a consacré.

Et c'est là ce qui explique comment les mots : *héritier institué,* qui ne sont plus, dans notre terminologie moderne, que les synonymes du mot : *légataire,* ne se retrouvent que par exception, dans notre Code (art. 896, 967, 1002); c'est que ces mots appartenaient à la langue des pays de droit écrit, dont le nouveau législateur n'a pas conservé les principes (comp. Furgole, *des Testam.,* chap. VIII, n°ˢ 1-9; Pothier, *des Donat. test.,* chap. II, sect. I, § 1; Boullenois, *Traité de la Personnalité,* etc., tit. II, chap. III, observ. 2; Merlin, *Répert.,* v° *Instit. d'hérit.,* sect. I, n°ˢ 2-4).

10 — Voilà aussi pourquoi nous ne reconnaissons plus les *codicilles* comme une forme de disposer distincte des *testaments.*

C'est que cette forme, exclusivement propre aux pays de droit écrit, qui l'avaient admise, afin que l'on pût faire des dispositions de dernière volonté sans être obligé de faire une institution d'héritier, n'existait pas, au contraire, dans les pays coutumiers où elle n'avait aucune raison d'être, puisqu'ils n'exigeaient pas l'institution d'héritier dans leurs testaments (*voy.* le tome I de ce *Traité,* n° 46).

Pothier, en constatant cette doctrine, y ajoutait cette observation :

« Néanmoins, disait-il, selon l'usage ordinaire de « parler, nous appelons ici testament l'acte, qui contient « les principales dispositions du défunt; et codicilles

« les actes par lesquels il y a ajouté quelques autres dis-
« positions ; mais cette différence n'est que dans les mots;
« et il n'y a aucune différence, selon notre droit coutu-
« mier, entre testament et codicille. » (*Des Donat. testam.*, art. prélim.; comp. Guy-Coquille, sur la cout. de
Nivernais, tit. xxxiii, *des Testam. et Codic.*)

L'observation de Pothier est encore exacte aujourd'hui;
et *cet usage ordinaire de parler* est toujours fort répandu
parmi les personnes étrangères à l'étude des lois, et
même aussi dans les rangs des jurisconsultes et des magistrats; tant est grande la puissance des traditions et
des habitudes invétérées du langage !

11. — Enfin, c'est encore parce que nos testaments
ne sont autre chose que ce qu'étaient, d'après le droit
écrit, les codicilles d'un intestat, c'est-à-dire d'une personne qui n'avait institué aucun héritier, que notre Code
admet, comme le droit coutumier :

1° Que l'on peut laisser plusieurs testaments ;

2° Que l'on peut ne disposer, par testament, que d'une
portion de son patrimoine, et mourir *partim testatus,
partim intestatus.* (Comp. notre *Traité des Successions*, t. I,
n° 80 *bis;* Pothier, *Introduct. au tit.* xvi *de la cout. d'Orléans*, n° 6.)

11 *bis.* — Si le testateur est libre de *disposer*, sous toute
dénomination propre à manifester sa volonté, ajoutons
qu'il faut, dans tous les cas, du moins qu'il *dispose!*
(Art. 895.)

D'où la conséquence que l'on ne pourrait reconnaître
aucun effet à l'exhérédation pure et simple, qu'il aurait
prononcée contre ses héritiers, s'il n'en résultait, explicitement ou implicitement, une *disposition* au profit d'autres personnes (comp. notre *Traité des Successions*, t. I,
n° 215, 216, 216 *bis;* Cass., 17 nov. 1863, *Administ. des
domaines*, D., 1863, I, 444 ; et Dev., 1864, I, 5.)

12. — B. L'article 968, qui exprime notre seconde
règle, est ainsi conçu :

« Un testament ne pourra être fait, dans le même acte,
« par deux ou plusieurs personnes, soit au profit d'un
« tiers, soit à titre de disposition réciproque et mu-
« tuelle. »

Déjà l'Ordonnance de 1735, par son article 77, avait
prononcé cette prohibition *des testaments ou codicilles mu-*
tuels ou faits conjointement; il est à remarquer, toutefois,
qu'elle y admettait deux exceptions : l'une, en faveur *des*
partages entre enfants et descendants ; l'autre, en faveur *des*
donations mutuelles à cause de mort (comp. Furgole, *des*
Testam., chap. II, sect. III, n° 77; Pothier, *des Donat.*
testam., chap. I, art. 1).

Les termes de l'article 968 témoignent que notre Code,
en conservant la règle, n'a pas, au contraire, maintenu
les exceptions (*voy.* aussi art. 1097).

La règle nouvelle est donc absolue; et elle prohibe,
sans distinction, tout testament fait conjointement, dans
le même acte, par deux ou plusieurs personnes :

Soit au profit de chacun des cotestateurs réciproquement;

Soit au profit d'un tiers.

13. — Mais pourquoi donc ?

Les testaments conjonctifs paraissent, au contraire,
avoir obtenu beaucoup de faveur dans nos anciennes
mœurs françaises. On y avait trouvé un moyen qui pouvait être, en effet, précieux, surtout entre mari et femme,
de régler, par une combinaison équitable, les intérêts
des deux familles, et d'opérer entre elles la meilleure
répartition des biens de leurs communs auteurs. Est-ce
que d'ailleurs la liberté des testaments mutuels n'était
pas de nature à éveiller dans les âmes ces sentiments de
bienveillance qui sont l'un des meilleurs ciments des
familles et de la société? Et pourquoi l'un des cotestateurs ne pourrait-il pas disposer, au profit de l'autre, en
retour des avantages que celui-ci lui ferait à lui-même,
ou qu'il ferait à l'un de ses parents ou de ses amis?

Il est vrai ! c'étaient là les avantages de la forme conjonctive.

Mais aussi que de dangers et de difficultés n'entraînait-elle pas !

L'histoire elle-même de notre ancien droit est là pour l'attester; et c'est, en effet, après cette expérience, que le législateur de 1735 en avait prononcé la prohibition.

Il faut voir les perplexités que cette forme de testament avait excitées dans la jurisprudence des parlements et dans la doctrine des jurisconsultes !

Le testament est un acte essentiellement révocable.

Comment concilier cette règle avec les testaments conjonctifs ?

Dira-t-on que l'un des testateurs ne pourra pas révoquer sans le consentement de l'autre, ou au moins sans lui en avoir donné avis? cela semblerait logique, puisque ce commun testament ayant été formé par le concours des deux volontés, ne devrait pouvoir être dissous que par le même concours ; cela serait aussi commandé par l'équité, puisque l'une des dispositions est alors la condition, et, pour ainsi dire, la cause de l'autre.

Telle était, en effet, la jurisprudence du parlement de Paris, qui n'admettait la révocation par l'un des cotestateurs, qu'autant qu'elle avait été précédée ou accompagnée d'une notification authentique faite à l'autre testateur avant la dernière maladie ; et on allait même jusqu'à dire que le testateur survivant ne pouvait plus révoquer la disposition par lui faite au profit d'un tiers, après avoir recueilli la libéralité du testateur prédécédé.

Mais alors, quelle atteinte à la liberté de révocation ! et si l'un des testateurs était décédé, le testament du survivant était donc désormais irrévocable !

C'est à quoi les parlements des pays de droit écrit résistaient généralement; et ils décidaient, au contraire, que chacun des testateurs conservait toujours la faculté de révocation, même après la mort de son cotestateur.

Mais alors, que devenait ce caractère en quelque sorte synallagmatique du testament mutuel, et la bonne foi, et la loyauté, dont il supposait la mutuelle promesse ?

Ah ! c'est que précisément la loyauté et la bonne foi ne présidaient pas toujours à cette mutualité testamentaire ; et le testament de l'un n'était souvent qu'un appât *captatoire* pour attirer le testament de l'autre ! (Comp. le tome I de ce *Traité*, nᵒˢ 213 et 387.)

Tel est le double motif de la prohibition que notre article 968 a prononcée, après l'article 77 de l'Ordonnance :

« Le motif de cette loi, disait Pothier, paraît avoir été afin que les testaments eussent plus de liberté, et ne fussent pas exposés aux suggestions de la personne avec qui ils feraient conjointement leur testament. » (*Des Donat. testam.*, chap. I, art. 1 ; comp. Furgole, *des Testam.*, chap. II, sect. III, nᵒ 77 ; Brodeau sur Louët, lettre T, somm. 10 ; Expilly, chap. CLXXIII ; Henrys, liv. V, chap. XXXVI ; Ricard, *du Don mutuel*, chap. V, sect. VII ; Boutaric, sur l'article 77 de l'Ord. de 1735.)

14. — Ce n'est pas à dire, toutefois, que deux ou plusieurs personnes ne puissent pas s'entendre pour faire, chacune de son côté, dans des actes séparés, des dispositions testamentaires, soit au profit d'un tiers, soit au profit l'une de l'autre.

Il est vrai que Furgole avait, sous l'empire de l'Ordonnance de 1735, exprimé le sentiment contraire (*des Testam.*, chap. II, sect. III, nᵒ 77).

Mais il n'avait pas réussi à le faire triompher. (Comp. arrêts du parlement de Bordeaux d'avril 1743 et de mars 1775, *Rec.* de Salviat, p. 477 ; Pothier, *des Donat. testament.*, chap. I, art. 1 ; Bourjon, *Droit comm. de la France*, 2ᵉ part., *des Testam.*, chap., IV, nᵒ 55.)

Et on doit considérer comme certain aujourd'hui que ce que l'article 968 exige seulement, c'est que le même testament ne renferme que les dispositions d'une seule personne.

Mais il ne s'oppose pas, et il n'aurait pas pu s'opposer,
sans commettre une exagération évidente, et qui aurait
offert, à son tour, les inconvénients les plus graves, à ce
que plusieurs personnes concertent ensemble les dispositions testamentaires qu'elles veulent faire à un tiers, ou
qu'elles veulent se faire réciproquement ;

A ce point que lors même que ces dispositions seraient
faites en même temps, à la même date, et dans les mêmes
termes, elles seraient certainement valables, si d'ailleurs
elles étaient faites, par chacun des testateurs, dans un
acte distinct et indépendant.

Car chacun de ces actes étant alors, en effet, distinct
et indépendant des autres, chacun des testateurs conser-
verait sa pleine liberté de révocation ; et il n'est pas non
plus douteux, si les testateurs avaient disposé réciproquement l'un au profit de l'autre, que le décès de l'un
d'eux, qui ouvrirait son testament au profit du survivant,
rendrait, au contraire, caduc le testament de celui-ci.

Mais, dira-t-on, ces testaments ayant été concertés
dans le but précisément d'établir entre eux un lien de
dépendance réciproque, est-ce que la révocation qui serait faite par l'un des testateurs à l'insu de l'autre, ou
après son décès, si la disposition est au profit d'un tiers,
ne constituerait pas un manquement à la bonne foi ?

Cela pourrait être assurément ! aussi Demante remarque-t-il très-justement que la délicatesse pourra, dans ce
cas, obliger l'un à ne pas révoquer son testament à l'insu
de l'autre (t. IV, n° 113 *bis* ; comp. Cass., 10 juill. 1849,
Régnier, Dev., 1849, I, 547 ; Cass., 21 juill. 1851, Charrier, Dev., 1851, I, 570 ; Merlin, *Répert.*, v° *Donation*,
sect. XI, et v° *Testam. conjonct.*, n° 1 *bis*, 1° ; Grenier, t. II,
n° 224 ; et Bayle-Mouillard, *h. l.*, note *d* ; Poujol, art. 968,
n° 3 ; Coin-Delisle, art. 968, n° 4 ; Zachariæ, Aubry et Rau,
t. V, p. 494 ; Massé et Vergé, t. III, p. 81 ; Saintespès-Lescot, t. IV, n° 979).

15. — Nous croyons même qu'il y aurait, pour les

testateurs, un moyen de se garantir contre ce danger d'une révocation déloyale, que l'un pourrait être tenté de faire à l'insu de l'autre, ou après son décès.

Ce serait d'insérer, dans chacun des testaments, une clause pénale révocatoire, pour le cas où le légataire manquerait d'exécuter les conditions du legs qui lui aurait été fait ; et comme chacun des légataires serait en même temps testateur, on arriverait ainsi à subordonner réciproquement le maintien de l'une des dispositions au maintien de l'autre.

L'espèce, qui a fait l'objet de l'arrêt de la Cour de cassation, du 10 juillet 1849, nous en offre un exemple intéressant et utile à recueillir. (Régnier, Dev., 1849, I, 547; comp. le tome I de ce *Traité*, p. 213; *voy.* toutefois Saintespès-Lescot, t. IV, n° 980.)

16. — Puisque l'article 968 n'est applicable qu'autant que les dispositions testamentaires faites par deux ou plusieurs personnes à leur profit réciproque ou au profit d'un tiers, se trouvent *dans le même acte*, il importe de préciser le sens exact de ces mots.

Or, il nous paraît certain qu'ils signifient le même contexte, le même corps d'acte, c'est-à-dire qu'il faut que les dispositions testamentaires soient réunies dans un contexte unique; de manière à ne former, comme disent nos textes, *qu'un testament* (art. 968) *et un seul et même acte* (art. 1097); car c'est cette fusion, cette commixtion des deux volontés, qui fait que le testament revêt alors le caractère d'un véritable contrat; tandis qu'il doit être essentiellement l'œuvre d'une seule volonté !

D'où dérive, en effet, la nullité, dont l'article 968 frappe le testament conjonctif, si ce n'est de cette unité intellectuelle de contexte, qui en produirait l'indivisibilité ?

L'article 968 devra donc être appliqué dans tous les cas où cette condition se rencontrera; mais aussi il ne devra être appliqué que dans ceux-là.

17. — Nous l'appliquerons, disons-nous d'abord, toutes les fois que nous serons en présence d'un testament, olographe, public ou mystique, renfermant, dans un seul contexte, les dispositions de plusieurs cotestateurs.

C'est ainsi que la Cour de Bruxelles a prononcé fort justement, à notre avis, la nullité du testament olographe, qui avait été fait conjointement, par un mari et par sa femme, encore bien qu'il eût été écrit en entier, daté et signé par le mari, tandis qu'il avait été signé seulement par la femme ; il y avait, il est vrai, en ce qui concerne la femme, une cause de nullité de plus, puisque le testament olographe n'est valable qu'autant qu'il est écrit en entier, daté et signé de la main du testateur (art. 970) ; mais si cette condition était remplie, en ce qui concerne le mari, le testament n'en était pas moins aussi, à son égard, un testament conjonctif, offrant, dans le même contexte, le concours des deux volontés, sous la condition duquel seulement il s'était formé (comp. Bruxelles, 18 juill. 1825, Cardon, D., *Rec. alph.*, h. v., n° 2585 ; Merlin, *Répert.*, v° *Testam. conjonct.*, n° 1 ; Coin-Delisle, art. 968, n° 5 ; Zachariæ, Aubry et Rau, t. V, p. 494).

18. — Mais, au contraire, nous n'appliquerons pas l'article 968, dans le cas où deux personnes auraient fait des dispositions, l'une au profit de l'autre ou au moins d'un tiers, dans des actes distincts, dont chacun serait l'objet d'un contexte, en effet, distinct, sous une forme indépendante de la forme de l'autre.

Car il y aurait alors non pas *un* testament fait par plusieurs personnes (art. 968), mais bien *plusieurs* testaments faits chacun par un *seul* testateur.

Il en serait ainsi, lors même que l'on supposerait les deux testaments faits en même temps, à la même date, dans les mêmes termes de mutualité ;

Et fussent-ils même portés, tous les deux, sur la

même feuille de papier, l'un sur le *recto*, l'autre sur le *verso*.

La dépendance matérielle, qui résulterait de cette réunion des deux actes sur la même feuille, n'empêche-rait nullement l'indépendance intellectuelle de chacun d'eux (comp. Cass., 2 mai 1842, Sebire, D., *Rec. alph.*, *h. v.*, n° 2582; Cass., 21 juil. 1851, Charrier, Dev., 1851, I, 570; Merlin, *Répert.*, v° *Testam.*, sect. ii, § 3, art. 4; *Quest. de droit*, v° *Testam. conjonct.*; et v° *Don mutuel*, § 2, n° 2).

19. — Nous avons jusqu'à présent parlé plus spécia-lement du testament olographe.

La même règle s'applique d'ailleurs aux autres testa-ments (comp. Saintespès-Lescot, t. IV, n° 978).

C'est ainsi que le testament par acte public, pour être considéré comme un testament conjonctif, auquel l'ar-ticle 968 serait applicable, devrait comprendre, dans le même protocole du notaire, les dispositions réunies des cotestateurs (art. 972).

Et quant au testament mystique, ce qui en formerait la conjonctivité, c'est l'unité de contexte de l'acte de suscription (art. 976).

20. — L'article 968 ne renferme qu'une condition *de forme.*

La preuve en résulte, d'abord, de la place qu'il occupe dans la section i, qui est consacrée aux *règles générales sur la forme des testaments;* et, en second lieu, de la na-ture même des choses, puisque cette condition n'a trait ni à la capacité personnelle des testateurs, ni à la validité, quant au fond, des dispositions que le testament peut contenir.

De là les conséquences suivantes :

1° Les testaments conjonctifs, qui auraient été faits, avant la promulgation de notre Code, dans des pays où cette forme était admise, ont continué d'être valables de-puis sa promulgation; et cela, lors même que les testateurs ne seraient décédés que postérieurement (art. 2 ; comp. notre *Traité de la Publication ; des effets, et de l'application des lois en général*, etc., n° 9).

2° Il en serait de même des testaments conjonctifs, qui auraient été faits dans un pays où ils étaient admis, et qui devraient continuer d'être valables, même après que ce pays aurait été réuni à la France (comp. Liége, 28 mars 1809, Dejosé, Sirey, 1809, II, 330 ; Turin, 7 juin 1809, Servetti, Sirey, 1810, II, 46 ; Liége, 19 nov. 1811, Hénon ; Bruxelles, 14 janv. 1817, Fontaine, D., *Rec. alph., h. v.*, n° 2277).

3° Enfin, les testaments conjonctifs faits par des Français dans un pays où cette forme est reconnue, devraient être considérés comme valables même en France (arg. de l'article 999 ; comp. *infra*, n° 476 ; notre *Traité* précité, n° 106 ; Cass., 23 juin 1813, Bussone, Sirey, 1813, 1, 378 ; Pau, 13 déc. 1836, Saint-Aubin, D., *Rec. alph., h, v.*, n° 2578 ; Toulouse, 11 mai 1850, Serres, Dev., 1850, II, 529 ; Caen, 22 mai 1850, Le Bailly, Dev., 1852, II, 566 ; Merlin, Répert., v° *Testam. conjonct.*, Vazeille, art. 969, n° 2 ; Coin-Delisle, art. 958, n° 5 ; et *Revue crit. de législat.*, 1854, t. V, p. 122 ; Zachariæ, Aubry et Rau, t. V., p. 495 ; Saintespès-Lescot, t. IV, n° 978 ; *voy.* pourtant Marcadé, art. 999, n° 3).

21. — C. Aux termes de l'article 969 :

« Un testament pourra être olographe, ou fait par acte « public, ou dans la forme mystique. »

C'est dans cet article que se trouve notre dernière règle générale (*supra*, n° 7).

Le législateur ayant, limitativement, déterminé les formes d'après lesquelles le testament pourra être fait, il en résulte que la volonté testamentaire ne peut se produire que sous l'une ou l'autre de ces formes, et que là où elles n'ont point été observées, il ne saurait exister, aux yeux de la loi, aucune espèce de testament!

C'est aussi ce qu'atteste la combinaison de deux autres

articles, qui forment le complément de la sanction de celui-ci; à savoir :

De l'article 893, qui déclare que : « On ne pourra dis-« poser de ses biens, à titre gratuit, que par donation « entre-vifs ou par testament, *dans les formes ci-après* « *établies;* »

Et de l'article 1004, qui ajoute que :

« Les formalités auxquelles les divers testaments sont « assujettis par les dispositions de la présente section et « de la précédente, *doivent être observées à peine de nul-* « *lité.* »

22. — Voilà ce qui explique comment on a toujours dit, chez nous, comme à Rome, que les formes des testaments appartiennent au droit public (L. 3, ff. *Qui testam. fac. poss.;* L. 13, *Cod. de Testam.*);

Non pas suivant l'acception primitive de cette maxime, qui eut pour origine, dans la société romaine, la constitution politique et religieuse des familles, dont les testaments ne pouvaient modifier l'ordre légal qu'en revêtant eux-mêmes le caractère et la puissance de la loi.... *calatis comitiis* (Inst. *De test. ordin.*, § 1);

Mais seulement en ce sens, d'après nos mœurs françaises, que le testament est un acte *solennel*, que le législateur a soumis à des conditions de formes si rigoureuses, que l'on ne saurait s'en affranchir, et qu'aucun équivalent ne peut les remplacer ! (*Voy.* le tome I de ce *Traité*, n°ˢ 4 et 285 ; et le tome III, n° 5.)

C'est à ce point de vue que nous pouvons dire, en France, que les formes des testaments font partie du *droit public*, de ce droit qui s'élève au-dessus des volontés particulières (comp. notre *Traité de la Publication, des effets et de l'application des lois en général*, etc., n° 20; Furgole, *des Testam.*, chap. III; Pothier, *Introduct. au tit.* XVI *de la cout. d'Orléans*, n° 20; Troplong, t. III, n°ˢ 1428-1432; Nicias Gaillard, *Revue crit. de législat.*, 1837, t. X, livraison de juin).

23. — Cette règle est de la plus haute importance.

Et, afin de la bien mettre en relief, nous allons successivement examiner les deux conséquences qui en dérivent, et que voici :

I. Il n'y a pas de testament là où il n'existe pas un acte revêtu des formes exigées par la loi pour constituer un testament ;

II. Lorsqu'il existe un testament, c'est-à-dire un acte revêtu des formes exigées par la loi, il n'y a que cet acte lui-même qui puisse faire preuve des volontés du testateur.

24. — I. Nous disons d'abord qu'il n'y a point de testament là où il n'existe point un acte revêtu des formes exigées par la loi, pour constituer un testament.

Et comme chacune des trois formes de testaments, qui sont organisées par notre Code, requiert la solennité de l'écriture, la première conséquence à en déduire, c'est qu'il n'y a point, dans notre droit, de testaments verbaux.

L'Ordonnance de 1735, par son article 1, avait déclaré nulles *toutes les dispositions qui ne seraient faites que verbalement,* en défendant *d'en admettre la preuve par témoins, même sous prétexte de la modicité de la somme dont il aurait été disposé.*

Mais, plus anciennement, l'usage des testaments verbaux était fort accrédité dans les pays de droit écrit, qui l'avaient emprunté au droit romain.

« *Licet ergo testanti, vel* NUNCUPARE *hæredes, vel scribere.* » (L. 24, ff. *Qui testam. facere;* Inst. *De testam. ordin.*)

Et de là cette dénomination de testament *nuncupatif,* que les interprètes avaient donnée au testament qui se faisait de vive voix, en présence de sept témoins, quoique d'ailleurs on pût y employer aussi l'écriture *probationis causâ,* bien qu'elle n'y fût pas exigée *solemnitatis causâ* (L. 4, ff. *De fide instrum.* ; Doneau, VI, 10 et suiv. ; Corvinus, au *Cod. de testam. ordin.* ; Furgole, chap. II, sect, I, n°s 15 et suiv.).

Que cette forme de tester offrît certains avantages ; qu'elle fût notamment secourable pour ceux auxquels une soudaine maladie ou un danger pressant ne permettaient pas de recourir à la forme écrite, cela est vrai (comp. Ricard, *des Donat.*, Ire part,, I, n° 1326) ; mais néanmoins quelle imprudence d'autoriser les mourants à confier leurs dernières dispositions, des dispositions souvent si importantes, à l'incertitude, à la fragilité, et à tous les autres périls de la preuve testimoniale !

Aussi, dès ce temps-là, les mieux avisés, parmi les jurisconsultes, conseillaient-ils de préférence l'usage des testaments écrits ; et lorsque parut l'Ordonnance de Moulins, qui défendait la preuve testimoniale pour les choses excédant la valeur de cent livres, un parti se forma qui prétendit que cette Ordonnance devait être appliquée aux dispositions testamentaires verbales ; mais cette doctrine pourtant ne fut pas généralement admise ; et Furgole atteste que le Parlement de Toulouse n'en continua pas moins, depuis l'Ordonnance, d'admettre, sans aucune limite de valeur, la preuve testimoniale des testaments nuncupatifs (*des Testam.*, chap. II, sect. I, n° 23.)

Voilà pourquoi le rédacteur de l'Ordonnance de 1735 a pu croire qu'il était nécessaire de défendre expressément les testaments nuncupatifs ou verbaux.

25. — Cette nécessité n'existait plus pour les rédacteurs du Code Napoléon ; et il leur a suffi de prononcer implicitement la défense du testament verbal, par cela même qu'ils ordonnaient explicitement l'écriture comme une solennité commune aux trois formes de tester qu'ils admettaient ; ajoutons qu'ils avaient défini déjà le testament, *un acte* par lequel le testateur dispose (art. 895).

Et cette condition de l'écriture étant exigée en effet, *ad solemnitatem*, comme un élément constitutif du testament lui-même, et non pas seulement *ad probationem*, il s'ensuit que l'allégation d'un prétendu testament verbal est

radicalement non recevable, en vertu de la maxime :
Frustra probatur quod probatum non relevat.

Non-seulement donc il serait impossible d'en admettre
la preuve testimoniale, même avec un commencement de
preuve par écrit ; mais il n'y aurait pas lieu davantage
aux présomptions ni au serment décisoire ; et cela est
tout simple ! puisque l'aveu même le plus explicite et le
plus complet de l'héritier n'y ferait rien ! (Comp. Furgole, *loc. supra cit.*; Pothier, *des Donat. testam.*, chap. i,
art. 1 ; Merlin, *Répert.*, v° *Testament*, sect. ii, § 1, art.
1 et 2 ; *voy.* aussi Cass., 19 déc. 1860, Chassaing, *J.
du P.*, 1861, p. 321.)

26. — De notre règle résulte encore cette conséquence
qu'on ne saurait faire un *legs manuel.*

Mais on peut faire une *donation manuelle ! (Voy.* le
tome III.)

Il est vrai ! car la tradition d'un meuble corporel faite
entre-vifs, *animo donandi*, est efficace pour transférer actuellement et irrévocablement la propriété du donateur
au donataire.

Mais comment comprendre un pareil effet, lorsqu'il
s'agit d'une disposition, dont l'existence est différée jusqu'à la mort ! Est-ce que la tradition pourrait être trans-
lative de propriété en vertu d'une volonté testamentaire
et à titre de legs ? (Comp. le tome I précité, n° 4 ; Duranton,
t, IX, n° 11 ; Coin-Delisle, art. 969, n° 6 ; Bayle-Mouillard sur Grenier, t. II, n° 224, note *c.*)

Bergier, l'annotateur de Ricard, ajoutait toutefois cette
observation :

« Ne concluons pas de ceci, disait-il, que les disposi-
« tions verbales de choses mobilières disponibles, ac-
« compagnées de la tradition réelle et actuelle, de la main
« à la main, soient nulles. L'Ordonnance refuse toute ac-
« tion au légataire, à l'héritier, qui se prétend institué,
« pour réclamer l'hérédité ou la délivrance d'un legs,
« lorsqu'ils ne fondent leur réclamation que sur l'alléga-

« tion d'une disposition verbale ; elle leur interdit de
« demander ; mais elle ne leur interdit pas de retenir ce
« qui leur a été donné manuellement ; elle ne dit pas que
« les héritiers auront une action en répétition pour ces
« sortes de libéralités, consommées, par le fait, dans
« l'instant même. »

Et il cite, en ce sens, plusieurs arrêts rendus depuis
l'Ordonnance de 1735 (sur Ricard, III° part., t. II, p.
304 ; *voy.* aussi Rousseau de la Combe, v° *Testam.*, sur
l'article 1 de l'Ord. ; Denizart, v° *Moribond*, n° 7.)

Mais cette doctrine n'a rien de contraire à celle que
nous venons de présenter.

Ce que nous disons, en effet, c'est qu'on peut faire des
donations entre-vifs manuelles ; tandis qu'on ne peut pas
faire *des legs manuels.*

Et Bergier ne dit pas autre chose ; car il exige, pour
que ces sortes de libéralités faites par un mourant soient
valables, que la tradition ait été *réelle et actuelle, de la
main à la main, et qu'elles aient été consommées, par le fait,
dans l'instant même ;* c'est-à-dire qu'il ne les considère
comme valables qu'autant qu'elles peuvent valoir à titre
de donation entre-vifs (comp. Merlin, *Répert.*, v° *Testam.*,
sect. II, § 1, art. 2, n° 2 ; et *Quest. de Droit*, v° *Donation*,
§ 6 ; Flaust, sur la cout. de Normandie, t. I, p. 472).

27. — Mais voilà que Primus actionne l'héritier de
Secundus, et lui dit :

Votre auteur avait annoncé la volonté de me laisser un
legs de 100 000 francs ; s'il ne l'a pas exprimé dans un
acte revêtu des formes testamentaires, c'est parce que
vous l'en avez empêché. Le notaire et les témoins, qu'il
avait mandés, arrivaient ; et vous leur avez fermé la
porte !... *si quis dolo malo fecerit ut testes non veniant.*
(L. 2, ff. *si quis aliquem testari prohibuerit.*)

En conséquence, Primus conclut, contre Secundus, à
la délivrance du legs de 100 000 francs !

Est-il fondé ?

Le testament verbal est nul; ou plutôt il n'y a pas de testament verbal;

Or, ce que demande Primus, c'est l'exécution d'un testament de cette espèce;

Donc, sa demande n'est pas fondée.

Ce syllogisme nous paraît inexpugnable; c'est l'application la plus topique de la règle, que nous cherchons à bien affermir.

On se récrie : mais voilà l'impunité assurée à l'une des plus détestables manœuvres, dont les mourants puissent être les victimes, c'est-à-dire à *l'empêchement de tester !*

Non pas! et telle n'est nullement la conséquence de notre réponse.

Ce que nous disons seulement : c'est que Primus ne peut pas conclure précisément à l'exécution d'un testament ni à la délivrance d'un legs; car il n'y a ici ni testament ni legs.

Mais il peut demander, contre Secundus, des dommages-intérêts d'une valeur égale au legs, que l'auteur de celui-ci avait annoncé la volonté de lui faire; et sa demande, placée sur cette base, sera en effet très-légitime.

Tel était le droit romain. (L. 1, 2 et 3, ff. *Tit. supra cit.* ; Cod. *h. t.*)

Tel était notre ancien droit français (comp. Ricard, *des Donat. et Testam,* IIIᵉ part., chap. I, nᵒˢ 15 et suiv. ; Domat, *lois civ.,* IIᵉ part., liv. I, tit. I, sect. III, nᵒ 13 ; Rousseau de la Combe, vᵒ *Indignité,* nᵒ 8 ; Denizart, vᵒ *Moribond,* nᵒˢ 6-7 ; Furgole, *des Testam.,* chap. VI, sect. III, nᵒ 21 ; Merlin, *Répert.,* vᵒ *Testam.,* sect. IV, § 1).

Et, malgré un arrêt qui paraît avoir été rendu, en sens contraire, par la cour de Montpellier (22 mai 1850, Espinasse, Dev., 1853, II, 609), nous n'hésitons pas à penser que tel est toujours aussi notre droit nouveau; c'est là un des cas d'application, et des plus légitimes, de l'article 1382 de notre Code.

Seulement, il faut qu'il soit constaté que c'est bien, en

effet, par *empêchement* que le défunt n'a pas fait de testament; d'où il suit :

1° Que l'empêchement, qui lui en a ôté la possibilité,
doit avoir duré jusqu'à son décès, et qu'il ne suffirait
pas qu'il en eût été empêché, dans un certain jour où il
aurait voulu tester, si, ayant eu, les jours suivants, la liberté de le faire, il n'en avait pas usé ;

2° Que l'empêchement doit avoir été absolu, et que,
par exemple, il ne suffirait pas qu'il eût été empêché par
l'éloignement du notaire et des témoins, de faire un testament public, s'il avait eu la possibilité de faire un testament olographe ; du moins serait-ce là une question d'appréciation (comp. Paris, 10 juillet 1828, Lay, Sirey, 1829,
II, 163 ; Cass., 5 mai 1860, Thierrée, Dev., 1860, I,
625 ; Toulouse, 10 mai 1865, Dev., 1865, II, 156 ;
Angers, 14 févr. 1866, Pommier, Dev., 1866, II, 350 ;
Grenier, t. I, n° 147 *bis* ; Bayle-Mouillard, *h. l.*, note
b. ; Zachariæ, Aubry et Rau, t. V, p. 420 ; Paul Gilbert,
Observations, Dev., 1853, II, 609-612 ; Coin-Delisle,
Revue critique de législat., 1854, t. V, p. 113 et
suiv.).

28. — Nous ne croyons même pas que l'on doive admettre la distinction, qui a été proposée entre le cas où
c'est par un obstacle physique créé frauduleusement autour
du défunt, que celui-ci a été empêché de tester, comme
dans l'hypothèse qui précède (n° 27), et le cas où l'empêchement, par suite duquel il n'a pas testé, provient
des manœuvres dolosives de l'héritier, lorsqu'elles sont,
bien entendu, suffisamment positives et caractérisées.
(Comp. Vazeille, art. 969, n° 2 ; Coin-Delisle, *Revue critique du législat.*, 1854, t. V, p. 115, 116.)

Est-ce que, en effet, le dol et la fraude ne sont pas,
aussi bien que la violence, des causes de restitution ?
(Comp. art. 1109 et suiv.)

Et, particulièrement, ne sont-ils pas des causes de
nullité du testament au profit de l'héritier contre le lé-

gataire, lorsqu'ils ont déterminé le défunt à faire un testament ?

Oui, sans doute ! (*Voy.* le tome I.)

Pourquoi donc ces mêmes causes ne pourraient-elles pas être invoquées aussi contre l'héritier, qui aurait, par fraude, empêché le défunt de réaliser le testament qu'il avait la volonté de faire ? (Comp. Furgole, *loc. supra cit.*; P. Gilbert, Zachariæ, Aubry et Rau, *loc. supra cit.*)

29. — On devra sans doute, dans ces hypothèses, et surtout, nous en convenons, dans la dernière, dont nous venons de parler, se montrer difficile sur la preuve ; il faudra que les circonstances articulées soient graves et précises.

Et encore, ceci ne constitue-t-il qu'une appréciation de fait.

Car, en droit, il est certain que tous les genres de preuve sont, en cas pareil, admissibles, sans excepter la preuve testimoniale, lors même qu'il n'y aurait aucun commencement de preuve par écrit ; il n'a pas été, en effet, au pouvoir de la partie qui en était victime de se procurer une preuve écrite de cet empêchement de tester, *qui tient*, disait Furgole, *de la nature du crime !* (art. 1348, 1353 ; comp. Cass., 4 oct. 1816, Figuet, D., *Rec. alph.*, *h. v.*, n° 2520 ; Cass., 24 juin 1828, Trumeau, Sirey, 1828, I, 434 ; Grenoble, 27 avril 1831, Perrochet, D., *Rec. alph.*, *h. v.*, n° 2521 ; Furgole, *loc. supra cit.*, n° 107 ; Merlin, *loc. supra cit.*; Toullier, t. III, n° 656.)

30. — Remarquons que ce n'est pas seulement au point de vue de l'exactitude théorique des principes qu'il convient de bien déterminer, en ces sortes d'affaires, la vraie cause de l'action du demandeur.... *orijo petitionis.* (L. II, § 4, ff. *De except. rei judic.*)

De ce que, en effet, l'action, dont il s'agit, n'est qu'une action en dommages-intérêts, pour réparation du préjudice que l'auteur de l'empêchement de tester a causé à celui qui aurait profité du testament, s'il eût été fait, il résulte que cette action ne peut être exercée que contre celui-là seulement qui a empêché son auteur de tester.

Si donc le défunt a laissé plusieurs héritiers, dont un seul se soit rendu coupable de ce fait, il sera seul passible des dommages-intérêts; et les autres héritiers n'en auront pas moins droit à toute leur part héréditaire, sans aucune déduction, puisqu'il n'y a pas de testament : *Fratris autem factum fratri non nocet*, disait Paul. (L. II, § 1, ff. *si quis aliq., test. prohib.;* comp. Duranton, t. IX, n° 48.)

31. — Si l'empêchement de tester peut résulter non-seulement de la violence, mais encore du dol et de la fraude (*supra*, n° 27, 28), du moins faut-il qu'il ait été produit par l'une de ces causes.

On ne saurait donc considérer comme un empêchement de tester la simple promesse, exempte d'ailleurs de manœuvres dolosives, que l'héritier présomptif aurait faite à son tuteur mourant d'exécuter ses dernières volontés aussi fidèlement que si elles étaient écrites.

Une telle promesse, fût-elle écrite, ne serait pas obligatoire; car elle ne serait autre chose qu'un pacte sur une succession non ouverte! (Art. 791, 1130, 1600.)

Et il est dès lors évident qu'on ne saurait être recevable à établir qu'elle a été faite verbalement.

« Si l'on autorisait des recherches de cette nature, dit M. Bayle-Mouillard, on porterait une grave atteinte aux principes protecteurs des formalités testamentaires; et on courrait le risque de donner force aux paroles les plus légères et les moins méditées. (Comp. *supra*, n° 24; Cass., 11 juin 1810, Busarnes, Sirey, 1812, I, 160; Cass., 18 juill. 1813, Fornica, Sirey, 1813, I, 104; Riom, 17 janvier 1821, Aulanier; Bruxelles, 21 déc. 1842, Taelemans, D., *Rec. alph., h. v.*, n° 2513; Merlin, *Répert.*, v° *Testam.*, sect. IV, § 3; et *Quest. de droit*, v° *Substitut. fidéicomm.;* Toullier, t. III, n° 666; Bayle-Mouillard sur Grenier, t. I, n° 147 *bis*, note *a*; Marcadé, art. 969; Zachariæ, Aubry et Rau, t. V, p. 420.)

32. — Puisque l'héritier, ou tout autre, qui a empêché le défunt de faire le testament qu'il voulait faire, est soumis à une action en dommages-intérêts, à combien plus forte raison encore cette action doit-elle être donnée contre celui qui a détruit le testament fait par le défunt (art. 1382 ; *supra*, art. 27).

Les parties auxquelles cette destruction a causé un dommage, sont, en effet, recevables à prouver par tous les moyens : 1° qu'il a existé un testament ; 2° que ce testament a été détruit frauduleusement, ou même égaré seulement par la négligence du défendeur ; 3° qu'il renfermait des dispositions à leur profit, et quels en étaient le caractère et l'importance.

Quant à la régularité de l'acte testamentaire, sous le rapport de la forme, il sera toujours utile sans doute qu'elles en fournissent également la preuve le plus qu'elles le pourront, au moyen, par exemple, du témoignage des personnes qui l'auraient vu, de l'officier public, des témoins ou de tous autres. Mais cette dernière preuve n'est pas indispensable dans l'hypothèse que nous examinons, où la demande fondée sur la destruction d'un testament est formée contre l'auteur même de cette destruction ; comme c'est par son fait que la preuve de la régularité du testament est désormais impossible, il devient lui-même garant de cette impossibilité !

C'est par ce motif aussi que, dès que le fait de la destruction du testament est bien établi à sa charge, on ne doit pas non plus se montrer trop rigoureux sur la preuve des dispositions que le demandeur prétend que ce testament renfermait à son profit (comp. Poitiers, 22 janv. 1811, Samson, Sirey, 1811, II, 153 ; Cass, 1er septembre 1812, Souzeau, Sirey, 1813, I, 133 ; Riom, 17 nov. 1821, Recognot, D., *Rec. alph.*, *h. v.*, n° 2526 ; Cass., 27 fév. 1827, Carpentier, D., 1827, I, 156 ; Cass.,

24 juin 1828, Trumeau, D., 1828, I, 290 ; Cass, 3 juin
1829, Lhurier, D., 1829, I, 266 ; Montpellier, 23 mai
1832, Payre, D., 1833, II, 116 ; Toulouse, 12 août 1862,
Espallac, D., 1863, II, 13 ; Toullier, t. III, n°⁵ 656 et
suiv.; Bayle-Mouillard sur Grenier, t. II, n° 224, note *c*;
Troplong, t. III, n°⁵ 1451 et 1452; Zachariæ, Aubry et
Rau, t. V, p. 419 ; Demante, t. IV, n° 114 *bis*).

33. — L'héritier, ou le tiers, quel qu'il soit, qui aurait détruit le testament, pourrait-il se défendre contre
l'action en dommages-intérêts de ceux auxquels cette
destruction aurait été préjudiciable, en offrant de prouver
qu'il n'a fait que remplir un mandat du testateur, qui lui
avait recommandé de le détruire, dans le cas où tel événement, qui est arrivé en effet, arriverait?

Certainement non!

Que serait un tel mandat, autre chose qu'une sorte de
révocation conditionnelle?

Or, la révocation des testaments est, de même que leur
confection, soumise à des formes, qui, pour être moins
rigoureuses, n'en sont pas moins aussi solennelles !
(Art. 1035; comp. Cass., 1ᵉʳ sept. 1812, Sirey, 1813,
I, 123; Toullier, t. III, n° 656 et suiv.; Zachariæ, Aubry
et Rau, t. V, p. 419.)

34. — Mais supposons que c'est par un accident fortuit, et de force majeure, que l'on prétend qu'un testament a été détruit, dans un incendie, par exemple, ou
dans une inondation.

La preuve en sera-t-elle recevable?

Il serait permis d'en douter peut-être, à raison même
du caractère de cet acte, où rien ne peut remplacer la
forme écrite et solennelle, qui le constitue essentiellement. Ne pourrait-on pas dire, en conséquence, que l'article 1348, qui autorise la preuve testimoniale, en ces
occasions, ne s'applique qu'aux obligations ordinaires
(comp. L. 20, ff. *De reg. juris*); et qu'aucune faute imputable à l'héritier, n'élevant ici, comme dans les hypo-

thèses précédentes, une fin de non-recevoir personnelle contre lui, il est en droit d'invoquer ce principe que la volonté testamentaire n'est obligatoire qu'autant qu'elle se présente revêtue des formes exigées par la loi (comp. Duranton, t. IX, n°ˢ 11 et 48).

On ne s'est, toutefois, jamais arrêté à cette argumentation extrême (comp. L. 2, *Cod. testam. quemadmod. aperiant.*; L. *unic.*, ff. *si tabul. testam. ext.*; Dumoulin, sur la cout. de Paris, § 8, n° 40; Le Prêtre, art. 1, chap. XL; Boiceau, part. Iʳᵉ, chap. x, n° 10; et chap. xv, n° 67; Furgole, sur l'article 1 de l'Ord. de 1731).

Et l'ancienne doctrine nous paraît toujours vraie :

Ce que l'on demande à prouver, en effet, ce n'est pas un testament verbal; tout au contraire! c'est un testament écrit, qui a été fait avec toutes les solennités prescrites; et l'article 1348 ne fait que consacrer cette règle générale de bon sens et d'équité.

Seulement, bien entendu, il faudra, dans ce cas, prouver d'abord l'événement précis et déterminé de force majeure, par suite duquel le testament aurait été détruit (comp. Orléans, 13 déc. 1862, Beaussier, D., 1863, II, 5; *J. du P.*, 1863, p. 854).

Et ensuite, il faudra prouver non-seulement que le testament a existé et quel en était le contenu, mais encore qu'il a existé avec toutes les solennités requises et que des témoins, suffisamment en état d'apprécier sa régularité, l'ont vu et lu sans y remarquer aucun vice : ....
Non modo se vidisse ac legisse instrumentum quod dicitur amissum, sed scire quod in eo contineatur, atque nulla in parte esse vitiosum (Perezius, *ad Cod. de fide instrum.*, n° 20 ; ajout. L. 30, *Cod. de testam. de quemadmod. testam. ordin.*).

De pareils témoignages pourraient, en effet, remplacer le testament détruit par cas fortuit;

En ajoutant pourtant encore une condition, à savoir : qu'il faudrait que le testateur eût ignoré la destruction de son testament, si le cas fortuit était arrivé de son vivant, et dans des circonstances telles qu'il aurait pu, s'il l'avait voulu, le refaire (comp. Cass., 16 février 1807, Gérard Sirey, 1807, I, 97 ; Paris, 14 avril 1810, Gayot, Sirey, 1814, II, 72 ; Riom, 17 nov. 1821, Recognat ; Cass., 12 déc. 1859, Pantard, Dev., 1860-1-630 ; Aix, 15 nov. 1862, Sabotier, D., *Rec. alph.*, h. v., n° 2519 ; Delvincourt, t. II, p. 40 ; Toullier, t. III, n°s 656 et suiv. ; Troplong, t, III, n° 1453 ; Zachariæ, Aubry et Rau, t. V, p. 419 ; Demante, t. IV, n° 114 *bis*, I ; *Observations* de M. Latailhède, sur l'arrêt précité de la cour d'Orléans, Dev., 1863, II, 73 ; Saintespès-Lescot, t. IV, n° 1014 ; Larombière, *Des obligations*, t. V, art. 1348, n° 49).

35. — Allons plus loin !

C'est le légataire lui-même, ou du moins celui qui se prétend légataire, qui a, par son imprudence ou sa maladresse, égaré ou détruit le testament, qui faisait, disait-il, son titre.

Peut-il être admis à prouver, par témoins ou autrement, que ce testament a existé avec toutes les solennités requises, et les dispositious, qu'il renfermait à son profit ?

Pour cette fois, nous ne le croirions pas.... *sibi imputare debet !*

La règle est que celui qui se prétend légataire, ne peut justifier son droit qu'en vertu d'un testament régulier.

Il est vrai que l'on excepte le cas où le testament qui faisait son titre, a été détruit par le fait de l'héritier, ou par un cas fortuit ; ces deux exceptions sont fondées : l'une, sur l'article 1382 ; l'autre, sur l'article 1348 ;

Or, le demandeur, dont il s'agit, ne peut invoquer ni l'une ni l'autre ;

Donc, il demeure sous l'empire de la règle.

Mais, pourtant, supposons que ce testament olographe, que le légataire a égaré, ait été lu en présence de la famille assemblée ; qu'il ait été présenté au président du tribunal, qui en a fait la description et ordonné le dépôt dans l'étude d'un notaire ! Il a même été transcrit sur les registres de l'enregistrement ! (Art. 1336.)

Voici la réponse, très-juridique, dans un arrêt de la Cour de Lyon, sur une espèce, qui présentait, en effet, toutes ces circonstances :

« Attendu que si de telles preuves étaient admises, les sages dispositions de la loi seraient facilement éludées ; qu'il suffirait de présenter soit au président du tribunal, qui en ferait la description, soit à l'enregistrement, un testament supposé, qu'on supprimerait ensuite pour rendre impossible la vérification de la sincérité de l'écriture et de la signature ; que le repos et la sûreté des familles en seraient ébranlés ;.... » (22 févr. 1831, Chenal, D., 1831, II, 122 ; Duranton, t. IX, n° 48.)

36. — II. Nous avons dit, en second lieu (*supra*, n° 23), que lorsqu'il existe un testament, c'est-à-dire un acte revêtu des formes exigées par la loi, il n'y a que cet acte lui-même qui puisse faire preuve des volontés du testateur.

Cette seconde proposition est évidemment une conséquence de la première.

Dès là, en effet, que la volonté du défunt n'existe légalement, qu'autant qu'elle se révèle dans un acte revêtu des formes testamentaires, il s'ensuit que c'est dans cet acte lui-même, et lui seul, qu'il est permis de la rechercher : *ex ipsomet testamento..... ex propriis verbis testamenti.... non aliunde, non extrinsecus* (Dumoulin, sur l'article 167 de la cout. de Sens).

Car tous les genres de preuve, que l'on irait puiser en dehors de cet acte, dans les présomptions, dans la preuve testimoniale, ou même dans d'autres actes, ne seraient pas revêtus des formes testamentaires ; et elles ne sauraient prouver la volonté du testateur aux yeux de la loi, qui ne reconnaît la manifestation de cette volonté que dans un testament solennel ! (Comp. Cass., 28 fév. 1863,

Chiron, Dev., 1863, I, 68; Cass., 13 juin 1866, d'An-
glars, Dev., 1866, I, 403).

Or, trois éléments constituent, ou du moins peuvent
constituer une volonté testamentaire, à savoir :

1° La désignation du légataire ;

2° La désignation de la chose léguée :

3° La désignation des modalités diverses, sous lesquelles
le legs peut être fait, charges, conditions, terme, etc.

Eh bien! donc, il est indispensable que ce soit le testament lui-même, qui renferme cette triple désignation.

37. — Notre déduction est incontestable.

Mais il ne faudrait pas exagérer.

Elle est très-exacte, en tant qu'elle exprime cette idée
qu'il n'y a que le testament lui-même, qui puisse créer la
disposition, et que c'est toujours dans le testament que
doit s'en trouver la *substance*.

Mais elle deviendrait, au contraire, tout à fait fausse,
si l'on prétendait en induire que l'on ne peut recourir à
aucune preuve extrinsèque pour *interpréter* la disposition, et pour dégager plus clairement, des termes obscurs
du testament, les clauses dont la substance s'y trouve
renfermée.

Il ne s'agit plus, en effet, dans ce dernier cas, d'une
question de forme; l'acte testamentaire est là, nous le
supposons, parfaitement régulier !

De quoi donc seulement s'agit-il ?

D'une question d'intention ; à savoir : ce que le testateur, par les expressions dont il s'est servi, a voulu et
entendu ; or, cette question-là ne peut être souvent décidée qu'à l'aide de preuves extérieures, des habitudes
du disposant, de ses relations de parenté ou autres, de
l'usage du pays où il demeurait, des actes de société, de
vente, qu'il aurait passés, etc., toutes circonstances qui
sont susceptibles d'être établies par tous les genres de
preuves, même par la preuve testimoniale. (Comp. Pothier, des *Donat. testament.*, chap. ii, sect. ii, art. 1.)

Nous convenons que la distinction est parfois délicate entre ce qui constitue la *substance de la disposition* testamentaire et ce qui n'en est qu'une *interprétation* et une *explication.*

Il faut même ajouter que cette distinction ne paraît pas avoir toujours été exactement maintenue, du moins dans les *motifs* de plusieurs décisions judiciaires.

Ne lit-on point, par exemple, dans un arrêt de la Cour d'Orléans que, « lorsque les clauses d'un testament pré-« sentent des ambiguïtés ou quelque apparence de con-« tradiction, le soin de les éclaircir est confié au magis-« trat, *qui, dans ce cas est, regardé par la loi comme un* « *second testateur....* » et la Cour, en conséquence, avait admis la preuve par témoins dans l'espèce, qui lui était soumise (23 janv. 1818, Brice).

Une telle formule était évidemment excessive! aussi cet arrêt a-t-il été cassé.

Mais qu'allons-nous lire maintenant dans l'arrêt de la Cour suprême :

« .... Que c'est dans le testament lui-même, d'après « leurs lumières et leur conscience, que les magistrats « doivent puiser les raisons de décider, et non dans la « déposition de témoins, même sous le prétexte d'un « commencement de preuve par écrit; que, en effet, de-« puis l'Ordonnance de 1735, dont les principes ont « passé dans le Code civil, la loi n'admet la preuve testi-« moniale ni pour créer des dispositions, qui ne sont pas « écrites dans le testament, *ni pour expliquer celles qui* « *sont obscures*, ni pour révoquer ou modifier celles qui « sont rédigées dans les formes prescrites, *ni, en un mot,* « *pour rechercher la volonté du testateur....* » (Brice, Si-rey, 1819, I, 51.)

Mais une telle formule ne serait pas moins excessive en sens inverse! et Merlin, qui rapporte cet arrêt, re-marque, en effet, que la solution aurait dû être différente « s'il se fût agi soit de prouver que, dans le testament, était sous-entendue une disposition faite au profit d'un incapable, *soit d'interpréter le testament par des circonstances extrinsèques à son contenu.* » (*Répert.*, v°, *Testam.*, sect. II, § 2, art. 11, n° 2.)

Ces derniers mots sont précieux à recueillir; car ils marquent précisément cette limite, difficile à bien reconnaître, que nous entreprenons ici de poser (comp. Cass., 21 juin 1861, Gouin, Dev., 1862, I, 80; Cass., 21 févr. 1863, Chéron, Dev., 1863, I, 68; et le rapport de M. le conseiller Nachet, *h. l.*).

38. — Un testateur a laissé en blanc, par distraction ou autrement, le nom de son légataire:

« Je lègue à.,.. tous les biens qui m'appartiendront lors de mon décès.... »

Ou bien le nom du légataire est écrit, mais d'une manière illisible! (*L. unic.*, ff. *Si tabul. testam. extabunt.*)

Ceci est irréparable! et vainement, on offrirait de produire les preuves les plus positives, que ce légataire est une telle personne, son parent ou son ami, qu'il a partout et toujours déclaré vouloir faire son légataire universel; ces preuves, en effet, ne tendraient à rien moins qu'à *créer* la disposition elle-même, dont la substance manque absolument dans le testament; et, par suite, elles ne pourraient la créer qu'en recourant à des circonstances extrinsèques à son contenu et qui ne s'y rattacheraient par aucun lien! (Comp. le tome I, n° 608.)

Mais supposez, au contraire, que le testateur ait dit:

« J'institue ma légataire universelle.... demeurant avec sa mère, rue des Trois-Frères, n° 15, chaussée d'Antin, à Paris. »

Oh! alors, l'omission du nom de la légataire y pourra être réparée; car la désignation de sa personne y est déjà en substance; et les preuves à l'aide desquelles on la complétera, loin d'être extrinsèques à son contenu, n'en seront que l'explication et le complément. (Comp. *Institut. de legat.*, § 29; Cass., 23 déc., 1828, Schneider, D.,

1829, J, 77 ; Cass., 21 fév. 1863; Chéron. Dev. 1863, I, 68).

39. — « Je lègue à Paul.... tels qu'ils se comportent, avec leurs accessoires et dépendances. »

Ou bien encore : « Je lègue à Paul la somme de.... qui lui sera payée le jour de mon décès. »

Ce qui est omis, cette fois, c'est la désignation de la chose léguée : *Quoad speciem aut quantitatem;* et cette omission, aussi complète qu'elle l'était tout à l'heure pour la personne du légataire, serait également irréparable.

Très-différent le cas où le testateur aurait dit :

« Je lègue à Paul les immeubles qui me seront attribués par le résultat de tel partage. » (Comp. Cass., 7 avril 1847, Bouvard, D., 1847, I, 221 ; Pothier, *Introduc. au tit.* xvi *de la cout. d'Orléans*, n°s 21, 22.)

40. — Supposez enfin que, dans un legs pur et simple, on prétende introduire une modalité, une charge, un terme, une condition, un fidéicommis (comp., Douai, 3 mai 1842, Pannier, D., *Rec. alph., h. v.*, n° 2511).

Voilà, par exemple, la sœur et les neveux du défunt, qui viennent prétendre contre leur frère et leur oncle, institué légataire universel purement et simplement, que leur auteur commun ne lui a fait ce legs que pour prévenir les difficultés d'une liquidation, et sous la condition de faire lui-même, sans frais, le partage de ses biens entre lui, sa sœur et ses neveux.

Est-ce qu'il serait possible de les admettre à cette preuve contre ce legs universel pur et simple ? non, sans doute. (Comp. Cass., 1er juil. 1862, Martin, Dev., 1862, I, 863 ; et *Observations* dans Dev., 1862, 2-17.)

Ou encore, comme nous en avons vu l'exemple, un testateur institue l'un de ses deux frères son légataire universel *en cas de mort.*

Est-ce que l'on pourrait demander à prouver, par témoins, que ces mots expriment une condition, et que le testateur, qui avait fait son testament au moment où il

allait se battre en duel avec son autre frère, en avait subordonné l'existence à sa mort dans le combat ?

On l'avait soutenu devant la Cour de Caen ; et l'on offrait de prouver que les deux frères s'étaient réconciliés,
et que, depuis la rencontre, le testateur avait dit à plusieurs personnes que ce testament fait par lui, dans la
prévision de sa mort dans le duel, était devenu inutile.

Mais rien ne serait plus contraire aux principes, ni
plus dangereux que la preuve testimoniale de ces paroles,
de ces propos, que l'on attribuerait au testateur ; et c'est
très-justement, à notre avis, qu'elle a été rejetée. (Comp.
Caen, 8 déc. 1840, Quesnel ; et Cass., 8 mars 1842,
mêmes parties, D., *Rec. alph.*, *h. v.*, n° 6.)

Mais j'ai légué à Paul 10 000 fr., s'il obtient le prix au
concours que l'Académie a ouvert sur tel sujet.

Rien de plus régulier !

La condition est bien ici dans le testament lui-même ;
et s'il y a lieu de recourir à la preuve de circonstances
extrinsèques, cette preuve n'est certes pas étrangère à
son contenu, puisqu'elle n'a pour but que d'en vérifier
l'accomplissement. (Comp. Cass., 31 mars 1857, Thoreau-Lassalle, Dev., 1857, I, 337 ; et les observations de
M. G. Massé ; *h. l.*; Lyon, 24 janv. 1865, Simonard ; et
Paris, 13 juill. 1866, X..., Dev., 1866, II, 45 et 302 ; Vazeille, art. 969, n° 6.)

41. — Nous arrivons ainsi à une question dès longtemps célèbre, et qui était autrefois fort agitée ; à savoir:

Si l'on peut valablement tester par relation à un acte
non revêtu des formes testamentaires ?

Notre avis est qu'il résulte des principes, que nous
venons de poser, qu'une telle manière de tester ne saurait être valable.

Il y a d'abord un cas où cette doctrine nous paraît évidente ; c'est celui où l'acte, qui est revêtu des formes testamentaires, et par lequel on se réfère à un autre acte, qui

n'en est pas revêtu, ne renferme lui-même aucun des éléments constitutifs de la disposition.

Dans un testament, olographe, public ou mystique, Paul s'est ainsi exprimé :

« Je veux que les dispositions, que j'ai déjà faites ou que je ferai par la suite dans un acte écrit par un tiers et signé par moi, ou même dans un acte quelconque, soient valables en vertu de ce testament, et comme si elles y étaient renfermées. »

Il est, disons-nous, évident que ces dispositions seront nulles.

Comment, en effet, pourraient-elles être valables?

En vertu du testament? mais il ne les fait pas connaître! cet acte n'a du testament que l'apparence; car le testament est un acte par lequel le testateur *dispose…;* or, celui-ci ne *dispose* absolument pas !

En vertu de l'écrit qui les fait connaître ? mais il n'est pas un testament !

Le premier est bien un testament ; mais il ne renferme pas la disposition ;

Le second renferme bien la disposition ; mais il n'est pas un testament !

La doctrine contraire n'aboutirait à rien moins qu'à dire que le testateur a le droit de déclarer qu'il entend s'affranchir de la nécessité des formes testamentaires, quant aux dispositions qu'il a déjà faites ou qu'il voudra faire plus tard !

Or, ceci est impossible ! *nemo cavere potest ne leges in suo testamento locum habeant.*

Nous devons ajouter, pourtant, que cette doctrine avait autrefois des partisans parmi les jurisconsultes, et qu'elle a même été consacrée par des arrêts. (Comp. Covarruvius, *De testam.*, chap. XIV, n° 6 ; de Montvallon, *des Success.*, chap. VI, art. 20, n° 8 ; Scotkmans, *Decisiones Brabantinæ*, § 14 ; Turin, 17 floréal an XI, Piossacco, Sirey, IV-I, 263.)

Nous n'entreprendrons pas de prouver que les lois romaines sur lesquelles on la fondait, ne suffisaient nullement à la justifier. (Comp. L. 77, ff. *De heræd. instit.* L.
10 ff. *De condit. instit.;* L. 38, ff. *De condit. et demonstr.;*
L. 25, ff. *De reb. dub.*)

Il nous suffit de conclure qu'elle serait inconciliable
aujourd'hui avec nos textes et avec les principes dont ils
sont l'expression. (Comp. Poitiers, 10 août 1832, Dev.,
1832, II, 433 ; Caen, première chambre, 31 déc. 1861,
Rouelle ; Furgole, *des Testam.*, chap. II, sect. III, n° 23 ;
Merlin, *Répert.*, v° *Testam.*, sect. II, § 1, art. 4, n° 1 ; Duranton, t. IX, n° 12 ; Vazeille, art. 969, n° 4 ; Coin-Delisle, art 967, n° 9 ; Troplong, t. III, n° 1457 ; Zachariæ,
Aubry et Rau, t. V, p. 91 ; Saintespès-Lescot, t. I, n° 47
et t. IV, n° 973.)

42. — Mais supposons que, dans un acte revêtu des
formes testamentaires, Primus s'est ainsi exprimé :

« J'institue pour mon héritier celui de mes frères, dont
le nom sera écrit sur une feuille de papier, qu'on trouvera dans le second tiroir de mon secrétaire. »

On a enseigné, que, dans ce cas, la disposition *per re-
lationem* était valable : tel est l'avis de M. Troplong, à
qui nous empruntons l'exemple que nous venons de
citer :

1.° On invoque d'abord, en ce sens, plusieurs lois romaines, et notamment la loi 77 au Digeste, *De hæredibus
instituendis*, où Papinien déclare valable une disposition
testamentaire ainsi conçue : « J'institue mon héritier
« celui dont j'écrirai le nom dans mon codicille ; »

Or, dit-on, l'institution d'héritier ne pouvait pas être
faite par un codicille, mais seulement par un testament ;

Donc, le jurisconsulte romain considérait que, par cette
relation, le testament communiquait sa force légale au
codicille ; dans lequel il venait se confondre.

2° On ajoute que sa doctrine est rationelle.

Très-différente de l'hypothèse précédente, où l'acte revêtu des formes testamentaires, qui se réfère à un autre acte non revêtu de ces formes, ne renferme pas lui-même la substance de la disposition (*supra*, n° 41), l'hypothèse actuelle, au contraire, présente un acte revêtu des formes testamentaires, qui renferme la substance de la disposition, et qui ne se réfère à un autre acte non revêtu des formes testamentaires, que pour le préciser dans ses détails par de simples explications complémentaires, au moyen de faits extérieurs.

3° Et puis enfin, s'il est vrai qu'on puisse instituer un héritier dans la forme que voici : « Je nomme pour mon légataire universel celui qui remportera le prix à telle Académie, » pourquoi l'institution faite dans le mode que nous venons de supposer, serait-elle condamnée ? (Comp. Troplong, t. III, n° 1456 ; *voy.* aussi Furgole, *des Testam.*, chap. II, sect. I, n°ˢ 21, 22.)

Notre avis est pourtant qu'elle doit l'être ; et nous n'admettons pas plus dans cette seconde hypothèse que dans la première, que l'on puisse tester par relation à un acte non revêtu des formes testamentaires :

1° Il convient, avant tout, d'écarter de cette controverse les textes du Droit romain. Notre législation française diffère trop profondément, en cette matière, de la législation romaine, pour que les opinions de Papinien soient aujourd'hui un guide bien sûr ! Est-ce que, en effet, à Rome, le codicille n'était pas un acte valable reconnu par le droit ? sans doute ; et il ne saurait être, en conséquence, assimilé à cette simple feuille de papier, à laquelle on prétend attribuer la force de prouver l'individualité de l'héritier institué ! et cela, sans exiger même qu'elle soit ni écrite ni signée de la main du testateur ! Ajoutez que la disposition ainsi faite ne valait, chez les Romains, qu'à titre de fidéicommis, pour être exécutée par l'héritier ab intestat, d'après la seule volonté du défunt ! (*supra*, n° 11) ; or, les héritiers ab intestat, chez nous, ne peuvent être tenus d'exécuter les volontés du défunt qu'autant qu'elles sont revêtues des formes testamentaires.

2° Telle est, en effet, la règle très-nette de notre Droit.

Qui voudrait, par exemple, soutenir la validité d'une déclaration ainsi faite dans un acte revêtu des formes testamentaires :

« J'institue pour mon légataire universel celui dont j'ai prononcé le nom devant telle personne. »

C'est-à-dire d'une disposition faite par relation.... à la preuve par témoins ?

Personne assurément! et nous ne croyons pas que M. Troplong consentît à aller jusque-là, quoique pourtant, dans l'hypothèse même qui nous occupe, il ait écrit que *tous les arguments sont bons pour arriver à constater la volonté du testateur! (loc. supra cit.)*; nous ne croyons pas, disons-nous, malgré ces termes si absolus, que le savant auteur admît la preuve par témoins dans l'espèce que nous venons de citer.

Or, la disposition par laquelle le testateur a déclaré que le nom de son héritier serait révélé par une simple feuille de papier, sans aucune forme, ne saurait avoir plus de force que la disposition par laquelle il aurait déclaré qu'il serait révélé par une preuve testimoniale!

Car cette preuve, qui doit faire connaître le légataire, ne serait pas plus, dans un cas que dans l'autre, revêtue des formes du testament!

3° C'est en vain qu'on objecte que cette feuille de papier n'est alors qu'explicative et supplémentaire du testament, et que c'est dans le testament lui-même que se trouve le nom du légataire

Comment! est-ce que ce testament renferme une détermination, une désignation quelconque de la personne du légataire?

Évidemment, non suivant nous.

Le testament dit bien qu'il y aura un légataire.

Mais lequel?

Le légataire ne commencera à être connu que plus tard ; et de quelle manière?

Uniquement au moyen d'une feuille de papier informe, sans aucune garantie!

Et le nom du légataire, n'est-ce donc, comme on l'a dit encore, qu'un détail, qu'un accessoire! mais c'est, au contraire, l'élément le plus essentiel du testament; essentiel à ce point que Justinien avait ordonné qu'il fût écrit de la propre main du testateur : «.... *propria manu testatoris.... ut nulla fraus adhibeatur.* » (L. 29, *Cod. de testam. ordin.*)

Et l'on voudrait qu'une simple feuille de papier suffît à le faire connaître!

Est-il besoin de signaler les dangers d'une semblable doctrine, et à quel point elle méconnaît la sage prévoyance qui a inspiré au législateur ces formes, qui ont fait du testament un acte solennel!

4° Mais enfin, dit-on, nul ne voudrait condamner une disposition ainsi faite :

« Je nomme pour mon légataire universel celui qui « remportera le prix à telle Académie : »

Il est vrai!

Mais quelle différence!

Dans ce dernier cas, le testament lui-même renferme la substance de la disposition ; nous y voyons distinctement la désignation du légataire; et cette désignation est, dès à présent, certaine d'après le testament; c'est celui qui obtiendra le prix de l'Académie ; et on n'aura qu'à vérifier un fait extrinsèque pour connaître son individualité; de la même manière que l'on vérifie des faits extrinsèques pour savoir si une condition testamentaire s'est accomplie (*supra* n° 40);

Tandis que, dans l'espèce qui nous occupe, la substance de la disposition manque dans le testament, qui ne désigne, ni directement ni indirectement, la personne du légataire; et cette désignation ne pourrait être faite qu'au moyen d'un autre acte, ou (comme on l'a supposé), d'une simple feuille de papier, qui, manquant des formes testamentaires, est absolument impuissante à fournir cette désignation! (Comp. Cass., 21 nov. 1844, René Tamisey, D., *Rec. alph.*, *h. v.*, n° 2491; Cass., 22 juin 1852, de Veauce, *Gazette des Tribunaux* du 23 juin 1852; Merlin, *Répert.*, v° *Testam.*, sect. II, § 1, art. 4; D., *Rec. alph.*, *h. v.*, n° 2496, n° 4.; Duranton, t. IX, n° 12; Coin-Delisle, art. 968, n°s 11 et suiv.)

43. — La même doctrine nous paraît applicable, en ce qui concerne la désignation de la chose léguée; c'est-à-dire qu'il faut toujours que cette désignation se trouve en substance dans le testament lui-même, et que ce n'est qu'à titre d'éclaircissement et de vérification, que le testateur peut se référer à un acte non revêtu des formes testamentaires.

Rien de plus valable, par exemple, que la disposition par laquelle je lègue à Paul le reliquat, qui me reviendra du compte que Pierre doit me rendre.

Le reliquat! voilà bien la désignation de la chose léguée; sauf la détermination précise, qui résultera du règlement de compte.

Ou, même, je lègue à Paul la somme mentionnée dans un acte du 25 février 1824, que Pierre a souscrit à mon profit (comp. Troplong, t. III, n° 1455).

C'est le legs d'une créance; et le testament la désigne lui-même très-nettement.

On a également toujours admis la validité d'une disposition par laquelle le testateur déclare léguer à telle personne la rente viagère, qu'il lui a servie de son vivant, ou même seulement une rente alimentaire sans détermination de quotité; c'est que, en effet, si la quotité n'est pas déterminée dans le testament, elle est déterminable, eu égard aux facultés du testateur, aux besoins du légataire, et à toutes les autres circonstances qui pourront

servir à apprécier le quantum de cette rente (comp. Cass.,
1er juill. 1862, Martin, Dev., 1862, I, 863; L. 14 ff. *de
Annui. legat.*; L. 22 ff. *De alim. vel cibar. legat.*; art.
1129; Pothier, *Introd. au tit.* xvi *de la cout. d'Orléans*,
n° 22; Coin-Delisle, art. 1002, n° 15; *Observations*, Dev.,
1861, II, 17).

Mais supposez que j'aie écrit dans mon testament :

« Je lègue à Paul la somme, qui sera indiquée sur une
feuille de papier, que l'on trouvera dans le second tiroir
de mon secrétaire. »

Eh bien! nous dirons de cette prétendue désignation de
la chose léguée, ce que nous venons de dire d'une prétendue désignation de l'héritier, conçue dans les mêmes
termes, à savoir : que le testament lui-même ne désignant
pas la chose léguée, elle ne peut pas être désignée par
cette feuille de papier non revêtue des formes testamentaires (comp. Gand, 12 déc. 1840, Decleend, D., *Rec.
alph., h. v.*, n° 3424; Bourges, 23 juill. 1851, de Join-
ville, D., 1852, II, 140; Merlin, *Répert.* v° *Testament*,
sect, ii, § 1, art. 4, n° 5).

44. — Le testateur pourrait-il, dans un acte revêtu
des formes testamentaires, se borner à renvoyer, d'une
manière générale, pour le règlement de sa succession,
aux dispositions de l'une des coutumes, lois ou statuts
locaux, qui régissaient autrefois la France?

« Je veux que ma succession soit dévolue à ceux de mes
parents, que la coutume de Normandie y aurait appelés. »

« Ou je veux que ma succession soit réglée, entre mes
parents, conformément à la loi du 17 nivôse, an ii. »

Un pareil testament serait-il valable?

On l'a enseigné ainsi :

D'une part, a-t-on dit, le principe que l'on ne peut
point tester par relation à un acte non revêtu des formes
testamentaires, ne fait point ici d'obstacle. « Quand on
renvoie à un écrit autre qu'un testament, pour faire connaître ses dernières volontés, cet écrit, quel qu'il soit, ne

fait pas foi de son contenu, en ce qui concerne les volontés testamentaires, parce que la loi n'a donné cette force probante qu'aux actes reçus dans la forme des testaments ; mais quand on renvoie à une loi abrogée, quoi qu'elle ait perdu sa force dispositive, elle a conservé sa force probante (Coin-Delisle, *infra cit.*) ; »

D'autre part, on ne saurait non plus prétendre que le testateur a violé, soit l'article 7 de la loi du 30 ventôse an xii, qui abroge les lois, coutumes ou statuts antérieurs au Code Napoléon, soit les articles 6 et 1390 de ce Code. Comment, en effet, aurait-il pu contrevenir à la loi du 30 ventôse an xii, puisqu'il n'invoque pas l'ancien ordre de succession comme loi toujours subsistante, mais seulement comme une disposition émanant de sa volonté ? Quant à l'article 6, il serait difficile de prouver que la relation à une loi ancienne constitue une atteinte aux lois et aux bonnes mœurs ! car cette preuve ne résulte pas de l'article 1390, qui ne concerne que les contrats de mariage ; et aucun autre texte ne s'applique aux testaments (comp. Cass., 19 juill. 1810, Mirlavaud, Sirey, 1810, I, 361 ; Bruxelles, 17 fév. 1822, Demanet, D., *Rec. alph.*, h., v°, n° 3420 ; Gand, 6 juill. 1833, D..., D., 1834, II, 132 ; Coin-Delisle, art. 967, n° 11, 14 ; Saintespès-Lescot, t. IV, n° 973 ; tel avait été aussi d'abord le sentiment de Merlin, qui toutefois s'en est ensuite départi (Répert. v°, *Instit. d'héritier*, sect. iv, n° 4 *bis:* et *Quesi. de droit*, v° Testam., § 15, *in fine*).

Nous ne croyons pas que cette doctrine soit exacte :

1° Notre premier argument est déduit du principe même que nous entreprenons de poser, à savoir : que l'on ne peut point tester par relation à un acte, qui n'est point revêtu des formes testamentaires ;

Or, l'ancienne loi à laquelle le testateur s'est référé, n'est pas un acte revêtu des formes testamentaires ;

Donc, cette loi ne saurait faire preuve des volontés du testateur.

On se récrie que si elle a perdu sa force *dispositive*, elle a conservé sa force *probante !*

Sa force probante ! mais est-ce qu'une loi est faite pour *prouver !* elle est un ordre ou une défense ; elle n'est pas un mode de preuve ! En fût-elle un d'ailleurs, notre argument n'en serait pas moins péremptoire ; car il serait toujours vrai que cette preuve n'est pas revêtue des formes testamentaires ; et voilà bien, en effet, ce qui a déterminé Merlin à embrasser la doctrine que nous défendons.

2° Cet argument n'est pas le seul ; et nous n'hésitons pas à penser aussi que cette manière de disposer serait contraire à l'article 7 de la loi du 30 ventôse an XII, aussi bien qu'aux articles 6 et 1390 du Code Napoléon. Le législateur de 1804, qui voulait fonder, en France, l'uniformité de la législation, comme l'une des bases de la société nouvelle, devait certainement s'attendre à des résistances ; et il n'aurait pas réussi dans cette patriotique entreprise, s'il n'avait pas eu la résolution énergique d'en triompher ; voilà pourquoi il a décrété l'article 1390 ; or, les mêmes résistances étaient, pour le moins, aussi à craindre, en ce qui concerne le règlement de la transmission héréditaire des biens dans les familles ; et il n'était pas moins nécessaire de les dompter sur ce terrain, où l'intérêt politique et social se trouve même encore plus directement engagé ; donc, le législateur nouveau a dû vouloir aussi empêcher qu'au moyen d'un renvoi général et indéterminé aux anciennes lois, coutumes ou statuts locaux, on ne parvînt à perpétuer ces anciens régimes de successions, si compliqués et surtout si contraires au nouveau droit public que le Code Napoléon inaugurait ! (Art. 6 ; comp. Cass., 23 déc. 1828, Peuvret, D., 1829, I, 81.)

45. — Il est clair, d'ailleurs, que nous n'entendons parler que d'une relation générale et indéterminée, par laquelle le testateur s'en serait remis à l'ancienne loi, en tout ou en partie, pour le règlement de sa succession.

Nous pensons, en effet, aussi que rien ne s'opposerait à ce que le testateur s'inspirât des dispositions de l'ancienne loi, et les reproduisît lui-même, en tout ou en partie, dans son testament; car c'est alors qu'il serait vrai de dire que ces dispositions ne sont plus l'ancienne volonté du législateur, mais la volonté actuelle et purement privée du disposant; et dans ce cas, il pourrait même se référer à cette ancienne loi, en tant que cette relation n'aurait pour but que de mieux préciser et éclaircir sa pensée (comp. Cass., 23 déc. 1828, Peuvret, D., 1829, I, 81; Grenier, t. III, n° 535; et Bayle-Mouillard sur Grenier, t. II, n° 222, note *a*; Zachariæ, Aubry et Rau, t. V, p. 492. D., *Rec. alph.*, *h. v.*, n°^s 3425-3428).

46. — Les principes, qui précèdent, vont emprunter une nouvelle force à la solution d'une autre question, qui s'y rattache encore.

Nous voulons parler de la question de savoir si l'on peut confirmer un testament nul en la forme par un testament postérieur où toutes les formes auraient été observées.

La négative est, à notre avis, certaine.

Et pourquoi? précisément parce que l'on ne peut pas tester par relation à un acte non revêtu des formes testamentaires (*supra*, n° 44);

Or, un testament, nul en la forme, n'est pas, bien entendu, un acte revêtu des formes testamentaires;

Donc, il ne peut valoir, lui-même, comme acte testamentaire; et la prétendue confirmation, qui se trouve dans un acte postérieur, revêtu des formes testamentaires, est évidemment impuissante à réparer les vices inhérents à ce premier acte, où ils ne continuent pas moins toujours de subsister! (arg. de l'article 1339; comp. Besançon, 19 mai 1809, Duport, Sirey, 1809, II, 331, Turin, 19 mars 1810, Bongioanni, Sirey, 1811, II, 57;

Cass., 24 nov. 1814, René Tamisey, D., *Rec. alph.*, *h. v.*, n° 1249 ; Nîmes, 19 janv. 1830, Barbier ; Cass., 24 janv. 1837, Esparbès, Dev., 1837, I, 248 ; Cass., 7 nov. 1853, Dommangeau, Dev., 1853, I, 684 ; Merlin, *Répert.*, v° *Testam.*, sect. II, § 1 ; art. 4 ; Duranton, t. IX, n° 12 ; Vazeille, art. 969, n° 4 ; Bayle-Mouillard sur Grenier, t. II, n° 222, note *a* ; Troplong, t. III, n° 1458 ; Zachariæ, Aubry et Rau, t. V, p. 90 ; Colmet de Santerre, t. IV, n° 140 *bis*, I.)

47. — Cette prétendue confirmation est donc impossible.

Oh ! sans doute, si le testateur, dans son second testament qui est valable, rappelle et renouvelle ainsi des dispositions contenues dans son premier testament, qui est nul, celles des dispositions, qu'il aura rappelées et renouvelées, devront être exécutées.

Mais c'est qu'elles seront exécutées en vertu du second testament, qui suffit seul à leur validité.

Et ce qui prouve bien que, en effet, elles ne seront valables qu'en vertu du second testament, c'est qu'il serait impossible d'imposer au légataire des charges ou des conditions, qui se trouveraient dans le premier testament, nul en la forme, si elles n'avaient pas été rappelées elles-mêmes et renouvelées dans le second testament, qui seul est valable (comp. Cass., 25 janv. 1837, Esparbès, Dev., 1837, I, 248 ; Cass., 7 nov. 1853, Dommangeau, Dev., 1853, I, 684).

48. — Il est bien entendu que tout ce qui précède n'est applicable que dans le cas où le premier testament est nul en la forme.

Très-différent serait le cas où le premier testament, valable en la forme, serait seulement devenu inefficace, par une cause quelconque, soit par un testament intermédiaire, soit par le prédécès du légataire.

Rien ne ferait alors obstacle à ce que le testateur s'y référât par un nouvel acte revêtu des formes testamentaires, et en fît ainsi revivre les dispositions, même seulement au moyen d'une relation générale et indéterminée.

« Je lègue à Paul ce que j'ai légué à Pierre par mon testament du 1er février 1863, Pierre étant décédé depuis cette époque. »

Ce n'est pas là tester par relation à un acte non revêtu des formes testamentaires, ni confirmer un testament nul !

C'est, tout au contraire, tester par relation à un acte revêtu des formes testamentaires, et rendre son efficacité à un testament, d'ailleurs, valable en la forme, en faisant disparaître l'obstacle extrinsèque, qui aurait pu en empêcher l'exécution (comp. le tome V de ce *Traité* nº 236; L. 11, § 2, ff. *De bon. possess. cont. tab.*; Cass., 4 déc. 1811, Lehereau, Sirey, 1812, I, 129; Merlin, *Répert.*, vº *Testam.*, sect. II, § 1, art. 4, nº 2; Troplong, t. III, nº 1459; Zachariæ, Aubry et Rau, t. V, p. 492).

49. — La doctrine que nous venons de présenter, est certainement applicable aux formes testamentaires, en ce sens que la preuve de leur accomplissement doit aussi résulter du testament lui-même, et lui seul, *ex propriis verbis testamenti, non aliunde, non extrinsecus* (art. 893, 969, 1001; 970, 972 et suiv.; Merlin, *Répert.*, vº *Testam.*, sect. II, § 2, art. 6, nº 10; Grenier, t. II, nº 223; et Bayle-Mouillard, *h. l.*, note *a*).

50. — La loi, d'ailleurs, n'exige pas, comme condition de forme, que le testateur déclare que l'acte, par lequel il exprime ses dernières volontés, est son testament.

L'usage est, sans doute, que la plupart des testaments s'ouvrent par cette formule : *Ceci est mon testament*, ou quelqu'autre semblable; et souvent même ils expriment une pensée religieuse, qui est inspirée par la pensée de mort, dont les dernières volontés sont le fruit.

Mais ces formules, qu'il est peut-être prudent d'employer, surtout dans les testaments olographes, ne sont pas légalement nécessaires; et dès là que le disposant a observé toutes les formes prescrites pour un testament, c'est bien un testament, en effet, qu'il est réputé avoir voulu faire. (Arg. de l'article 1157.)

Il en serait ainsi, lors même qu'il ne se serait pas servi des mots usités : *je lègue, je donne et lègue*, et qu'il aurait dit : *je donne à cause de mort....* ou même simplement : *je donne*, si d'ailleurs il était reconnu que ce n'est pas une donation entre-vifs ni une donation à cause de mort, qu'il a voulu faire, mais bien un testament.

Sans doute, le testament est un acte par lequel le testateur dispose *pour le temps où il n'existera plus* (art. 895).

Mais la question, que l'on pourrait élever de savoir si le disposant, eu égard aux expressions, qu'il a employées, a entendu faire une donation entre-vifs plutôt qu'un testament, cette question-là ne serait plus une question de *forme;* elle serait, comme nous le verrons bientôt, une question de *fond*, c'est-à-dire une question d'interprétation de volonté. (Comp. Cass., 27 juin 1831, Mijolla ; Nancy, 25 fév. 1842, Deschamps, D., *Rec. alph., h. v.*, n° 2514; Grenier, t. II, n°s 222-224; Bayle-Mouillard, *h. l.*, note *d*; Toullier, t. III, n°s 345 et 356 ; Vazeille, art. 967, n° 2 ; Duranton, t. IX, n° 6 ; D., *Rec. alph., h. v.*, n°s 2462 et 2476; Saintespès-Lescot, t. IV, n°s 969, 970.)

51. — La même observation est applicable aux expressions, dont le testateur peut s'être servi, pour manifester ses dernières dispositions :

Je veux, j'ordonne, ou autres termes impératifs.

Ou bien : *je prie, je recommande,* ou autres termes précatifs.

Il n'y a encore ici, en ce qui concerne la forme, aucun terme sacramentel.

Ce n'est donc là qu'une question de volonté.

Et généralement, nous croyons que cette question doit être résolue en ce sens que les termes de prière ou de recommandation, consignés dans un testament en bonne forme, constituent des legs obligatoires aussi bien que ceux qui sont exprimés en termes impératifs (comp. le tome I, n° 142; Angers, 7 mai 1822, Hunault, Sirey, 1822, II, 182; Paris, 12 av. 1833, Hennet, Dev., 1833, II, 306; Merlin, *Répert.*, v° *Legs*, sect. xi, § 2, et v° *Substit. fideicomm.*, sect. viii, n° 7; Zachariæ, Aubry et Rau, t. V, p. 492; Massé et Vergé, t. III, p. 86; Saintespès-Lescot, t. III, n° 970.)

52. — Notre article 969 consacre trois formes de testament.

Les anciennes provinces de droit écrit n'en reconnaissaient que deux, à savoir : le testament nuncupatif écrit et le testament mystique (Ordonn. de 1735, art. 4 à 12); il faut ajouter seulement, d'une part, que des formes plus simples, également réglées par l'Ordonnance, étaient admises pour les codicilles; et d'autre part, que les actes de partage entre enfants pouvaient être faits dans la forme ordinaire des actes notariés ou dans la forme olographe. (Ordonn., art. 14 à 17).

Dans les provinces coutumières, où l'on ne faisait aucune distinction entre les testaments et les codicilles (*supra*, n° 10), il était bien plus exact encore de dire, comme le disait, en effet formellement, l'article 22 de l'Ordonnance, qu'il n'y avait que *deux formes* de tester, qui étaient le testament olographe et le testament reçu par personnes publiques; nulle autre forme n'y était admise. (Ordonn., art. 19 à 26.)

Notre Code, en consacrant, au contraire, trois formes de testament, a fait des emprunts à l'une et à l'autre de ces législations.

C'est ainsi qu'en même temps qu'il admet, à l'exemple du droit coutumier, le testament olographe, en l'autorisant pour toute personne et pour toute espèce de dispositions ;

Il admet, à l'exemple du droit écrit, le testament mystique.

Quant au testament par acte public, qui était également reconnu par le droit écrit et par le droit coutumier, notre

Code en a réglé la forme d'une manière spéciale, et à certains égards, nouvelle, mais qui paraît néanmoins se rapprocher plus du droit coutumier que du droit écrit.

Nous aurons donc, plus d'une fois, à interroger encore les traditions de l'un et de l'autre droit.

53. — Toute personne, d'ailleurs, peut indistinctement disposer suivant l'une ou l'autre des trois formes de testament, qu'il lui convient de choisir (art. 967, 969; Comp. le tome V de ce *Traité*, n° 137).

Sous la condition, bien entendu, que des circonstances personnelles au disposant, telles, par exemple, qu'une infirmité physique, ne lui rendent pas impossible l'accomplissement de l'une ou de l'autre de ces formes. (Ordonn. de 1735, art. 7 et suiv. ; Code Napol., art. 978; Grenier, t. I, n°s 281 et suiv. ; *voy.* aussi *infra*, n°s 71 *bis*, et le tome III de ce *Traité*, n° 25.)

54. — Ajoutons que chacune de ces formes de testament est indépendante des autres et se suffit à elle-même, sans qu'il soit permis de les mêler ni de les confondre, sous le pretexte de les compléter les unes par les autres (comp. Grenier, t. I, n° 278; Duranton, t. IX, n° 150; Zachariæ, Aubry et Rau, t. V, p. 480; Massé et Vergé, t, III, p. 84).

55. — Nous avons donc à examiner séparément chacune des trois formes de testament, que notre Code a organisées.

§ I.

Du testament olographe.

SOMMAIRE.

56. — Le testament olographe est l'œuvre exclusivement personnelle du testateur, ainsi que l'indique son étymologie grecque (ὅλος, γράφω).

Et voilà bien ce qui fait le triple avantage par lequel il se recommande :

1° Quelle forme, en effet, pourrait être plus prompte, et plus à la portée de ceux auxquels une maladie soudaine ou un pressant danger ne laisse pas le temps de recourir à un notaire et à des témoins? n'est-elle pas même, en de telles situations, la seule forme possible, et par conséquent la forme indispensable !

2° En pourrait-il être une autre qui offrît, en sens inverse, à ceux qui ont la santé et le loisir, un moyen plus sûr de faire, avec réflexion et maturité, leurs dispositions, de les revoir, de les changer, jusqu'à leur dernier jour ; et cela, à l'insu de tous !

3° Et puis enfin, où trouver plus de garanties contre les manœuvres du dol ou de la violence? cette forme si simple défie, pour ainsi dire *les empêchements de tester !* (*supra*, n°s 27 et suiv.); car la surveillance la plus soupçonneuse, celle même qui tiendrait la personne en charte privée, ne serait jamais sûre de réussir à empêcher un testament olographe ! (*voy.* toutefois le tome I de ce *Traité*, n° 398).

57. — Ces mérites avaient été compris par les empereurs Théodose et Valentinien, qui avaient, en effet, par ces motifs, autorisé la forme olographe (comp. Code Théodosien, lib. II, tit. IV, *De testam.*).

Mais ils ne furent pas appréciés par Justinien, qui exigea la présence de témoins, même pour les testaments écrits de la main du testateur, et n'admit la forme olographe que par exception, en faveur des partages d'ascendants (comp. L. 21, *Cod. de testam.*, Nov. 107).

Nous avons déjà dit que nos anciennes provinces de droit écrit avaient suivi les traditions romaines.

Tandis que, au contraire, les provinces coutumières avaient généralement admis le testament olographe (comp.

supra, n° 52 ; Ricard, Ire partie, chap. v, sect. v, n°
1491 ; Pothier, *des Donations testam.*, chap. i, art. 11,
§ 1 ; Guy-Coquille, *Inst. du droit franç.*, tit. *des Testam.*).

Il est vrai que le garde des sceaux Marillac avait
entrepris d'en généraliser l'usage pour toute la France,
en insérant à cet effet une disposition expresse dans l'article 126 de l'Ordonnance du mois de janvier de 1629,
connue sous le nom de Code Michaud ; mais il avait
échoué devant la résistance des parlements des pays de
droit écrit, qui avaient refusé d'enregister cette Ordonnance ou ne l'avaient enregistrée, en ce qui concernait la
disposition de l'article 126, qu'en la restreignant au cas
prévu par la Novelle 107 de Justinien.

Quant à l'Ordonnance du mois d'août 1735, elle laissa
les choses dans l'état où elles étaient (*supra*, n° 4).

Et c'est seulement par le Code Napoléon, que la forme
olographe a été autorisée pour tout le territoire français ;
il est juste d'ajouter que le nouveau législateur avait, en
ce point, très-justement pressenti les mœurs du pays ;
car cette forme n'a pas tardé à devenir usuelle et po-
pulaire.

58. — Nous devons, en ce qui concerne le testament
olographe, examiner spécialement deux points, à savoir :

A. Quelle en est la forme ;

B. Quelle en est la force probante.

A. — *De la forme du testament olographe.*

SOMMAIRE.

63. — Suite.

64. — Suite — De l'écriture insérée, par un tiers, dans un testament olographe, à l'insu du testateur.

65. — Suite.

66. — Suite. — *Quid*, si un tiers, de l'aveu du testateur, avait mis seulement la ponctuation ou l'orthographe dans le testament, ou n'y avait opéré que des ratures?

67. — Suite. — Exposition et réfutation d'une doctrine moderne, d'après laquelle l'écriture d'un tiers, insérée, même de l'aveu du testateur, dans un testament olographe, ne serait pas une cause de nullité, si elle pouvait y être considérée comme inutile.

68. — Suite.

69. — Suite. — L'écriture d'un tiers, insérée dans le testament, même de l'aveu du testateur, n'y est une cause de nullité qu'autant qu'elle en fait partie intégrante. — Exemples.

70. — Quelle espèce d'écriture l'article 970 a-t-il en vue? — Un testament olographe pourrait-il être sténographié, ou écrit en chiffres?

71. — La condition de l'écriture en entier s'applique à la date, et aussi, bien entendu, à la signature.

71 *bis*. — Un testament olographe peut-il être fait par un sourd-muet?

71 *ter*. — Ou par un aveugle?

72. — B. Il faut que le testament olographe soit daté. — Qu'est-ce que la date? — Historique.

73. — Motifs qui ont fait exiger la date dans le testament olographe.

74. — Suite.

75. — La date exigée dans le testament olographe, est celle des jour, mois et an.

76. — De l'indication du jour.

77. — Suite.

78. — L'indication du lieu où le testament a été fait, n'est pas nécessaire.

79. — *Quid*, si le testateur ayant indiqué le lieu, cette indication était reconnue inexacte ou fausse?

80. — Encore moins, l'indication de l'heure est-elle exigée.

81. — La date peut être mise en chiffres, aussi bien qu'en toutes lettres.

82. — Le testateur peut se servir du calendrier, que bon lui semble, grégorien ou républicain.

83. — Il n'est pas même nécessaire que la date soit indiquée d'après le calendrier. — Explication. — Exemples.

84. — Suite.

85. — Une date incertaine ne serait pas suffisante.

86. — La solution, qui précède, serait-elle applicable, dans le cas où l'incertitude de la date ne porterait que sur le jour, aucune incertitude d'ailleurs n'existant sur le mois et sur l'année?

87. — Une date fausse est, pour le moins, aussi insuffisante qu'une date incertaine. — Exemples.

88. — Il en est de même de la date erronée ou incomplète.

89. — Ces différents vices d'incertitude, de fausseté, d'erreur et d'insuffisance dans la date, n'entraînent la nullité du testament, qu'autant

qu'ils ne sont pas susceptibles d'être corrigés et réparés. — Explication.

90. — Suite. — Comment et par quels moyens cette rectification des vices de la date peut-elle être faite? — Exposition.

91. — 1° Il faut d'abord que l'inexactitude de la date n'ait pas été commise volontairement, mais seulement par erreur ou par inadvertance.

92. — Suite.

92 *bis*. — Suite.

93. — 2° Il faut, en second lieu, que la rectification de la date résulte, certainement et irrésistiblement, du testament lui-même.

94. — Suite.

95. — L'indication de la date du testament n'est pas nécessairement indivisible. — Explication.

96. — Suite.

97. — Suite.

98. — Suite.

99. — Suite. — Observation sur le danger auquel on s'expose, en recopiant un ancien testament, sans en changer la date, lorsqu'on y ajoute des dispositions nouvelles.

100. — Suite.

101. — C. Il faut, enfin, que le testament olographe **soit signé** du testateur. — Explication.

102. — Qu'est-ce que signer? En quoi consiste la signature?

103. — Suite.

104. — Suite. — Du cas où le testateur aurait signé son testament olographe d'un nom autre que celui sous lequel il a été inscrit sur les registres de l'état civil.

105. — Suite.

106. — Suite. — *Quid*, si un évêque a fait un testament olographe signé seulement des initiales de ses prénoms, précédées d'une croix et suivies de l'indication de sa dignité?

107. — Suite.

108. — Suite. — *Quid*, si le testateur avait seulement signé d'un *sobriquet*?

109. — Le testament, auquel un simple particulier n'aurait apposé que deux ou trois initiales de ses nom et prénoms, devrait-il être considéré comme valablement signé?

110. — Du cas où la signature est incorrecte ou incomplète.

111. — Du cas où la signature est illisible.

112. — *Quid*, si le testateur a seulement apposé une *croix* ou une marque quelconque, au lieu de la signature de son nom?

113. — Le nom lui-même tout seul suffit-il? Ne faut-il pas qu'il soit accompagné d'un paraphe?

114. — Suite. — Est-il nécessaire que la signature soit détachée du corps de l'acte?

115. — Les trois conditions exigées par l'article 970, doivent-elles être remplies dans l'ordre même où cet article les présente? — Spécialement, la date peut-elle être placée indifféremment, en tête, au milieu, ou à la fin du testament?

116. — Suite. — La date pourrait-elle être placée après la signature et au-dessous?

117. — Quant à la signature, elle doit suivre toutes les dispositions du testament, dont elle est le complément. — Explication.

118. — Les trois conditions d'écriture, de date ou de signature, qui viennent d'être exposées, sont les seules que la loi exige pour la validité du testament olographe. — Observation.

119. — Il n'est pas nécessaire que le testament olographe porte la mention qu'il a été écrit en entier, daté et signé de la main du testateur.

120. — Aucune loi n'exige que le testament olographe soit écrit en langue française.

121. — Le testament peut être écrit non-seulement sur du papier ou du parchemin, mais sur quelque substance ou matière que ce soit.

122. — De même qu'il peut être écrit non-seulement avec de l'encre, mais avec toute espèce de liquide, non-seulement avec une plume, mais avec toute espèce d'instrument.

123. — Suite. — Observation générale.

124. — Suite. — Un testament pourrait être valablement fait sur un livre de compte. — Exemple.

125. — Un testament olographe peut-il être fait sous la forme d'une lettre missive?

126. — Faut-il, pour qu'un acte écrit en entier, daté et signé de la main d'une personne, soit valable comme testament olographe, qu'il se réfère au temps où le souscripteur de cet acte n'existera plus?

127. — Suite.

128. — Un testament olographe peut-il être fait sur plusieurs feuilles détachées les unes des autres?

129. — Le testateur n'est pas obligé d'écrire ses dispositions en un seul contexte ni en un seul jour. — Explication.

130. — *Quid*, si le testateur, en écrivant, sur le même papier, ses dispositions successives, a signé les unes sans les dater, et a daté les autres sans les signer?

131. — Des irrégularités ou imperfections matérielles qui peuvent se trouver dans le testament olographe : des blancs, des ratures, abréviations, renvois, etc.

132. — Des dispositions additionnelles qui se trouvent en marge du testament.

133. — Suite.

134. — Suite.

135. — Suite.

136. — Des dispositions additionnelles qui se trouvent en interlignes.

137. — Des dispositions additionnelles qui sont écrites en forme de *post-scriptum*.

138. — *Quid*, si un testateur, après avoir écrit ses dispositions sur plusieurs feuilles détachées, a ajouté ensuite de nouvelles feuilles, non datées à celles qui contenaient la date?

139. — Faut-il que le testament olographe soit clos et scellé?

140. — Le testateur peut conserver son testament, ou le remettre entre les mains d'un tiers. — En quelque lieu d'ailleurs qu'il soit trouvé, le testament olographe est valable.

141. — Un seul exemplaire ou original suffit, quoiqu'il soit plus prudent d'en faire plusieurs exemplaires. — Observation.

141 *bis*. — Le testament olographe ne serait pas moins valable, lors
même que le testateur aurait manifesté l'intention de le revêtir de la
forme mystique, et qu'il n'y aurait pas donné suite.

59. — L'article 970 est ainsi conçu :

« Le testament olographe ne sera point valable, s'il
« n'est écrit en entier, daté et signé de la main du tes-
« tateur ; il n'est assujetti à aucune autre forme. »

Tels étaient également les termes de l'article 20 de
l'Ordonnance de 1735, qui exigeait que les testaments
olographes fussent *entièrement écrits, datés et signés de la
main de celui ou de celle qui les aura faits.*

Ainsi, trois conditions y sont à la fois nécessaires et
suffisantes, à savoir :

A. L'écriture en entier ;

B. La date ;

C. Et la signature ;

Le tout de la main du testateur lui-même.

C'est précisément dans cette absence de toute participation étrangère, que le législateur a trouvé les garanties
de spontanéité, d'indépendance et de réflexion, qui le
caractérisent.

Chacune de ces conditions est importante ; et il est nécessaire de s'en occuper successivement.

60. — A. Il faut que le testament olographe soit écrit
en entier de la main du testateur.

C'est donc lui, qui doit, en effet, de sa propre main,
en tracer seul les caractères.

Et un acte écrit de la main d'un tiers manquerait de la
condition essentielle de cette espèce de testament ;

Lors même que cet acte serait daté et signé de la main
du testateur ; et encore bien, dit Pothier, que chaque
disposition fût apostillée de sa main par ces mots : Bon
pour une telle somme (*des Donations testam.*, chap. I,
art. 11, § 2).

Cela est de toute évidence !

61. — Une hypothèse seulement pourrait soulever

quelque doute ; c'est celle où le testateur, ayant tenu de sa main, la plume qui traçait l'écriture, aurait été aidé par le secours d'une main étrangère.

Voilà une personne, qui, à raison de son état physique, de sa vue affaiblie, par exemple, ou de ses mains tremblantes, ne pourrait pas écrire toute seule, sans le secours d'un tiers ; et c'est à l'aide de ce secours, en effet, qu'elle a écrit son testament.

Ce testament sera-t-il valable ?

La réponse nous paraît être dans la distinction suivante :

Ou le tiers a dirigé la main du testateur, afin de lui faire former les lettres, que le testateur n'aurait pas pu former lui-même ; et dans ce cas, l'écriture sera celle du tiers étranger et non point celle du testateur, dont la main n'était qu'un instrument passif, comme la plume elle-même, dans la main du tiers qui la dirigeait ;

Ou le tiers n'a fait qu'aider le testateur dans la disposition matérielle de son écriture sur le papier, en redressant, par exemple, ce papier, lorsque la main du testateur cessait d'observer la mesure et le niveau des lignes, en replaçant même sa main sur ce papier à l'endroit où il fallait continuer l'écriture après qu'elle avait été interrompue, soit pour retremper sa plume dans l'encre, soit pour tout autre motif ; et dans ce cas, l'écriture n'en sera pas moins celle du testateur lui-même.

En un mot, malgré cette assistance d'un tiers, le testateur n'en a-t-il pas moins écrit, lui-même et lui seul ? le testament sera valable.

Le tiers, au contraire, a-t-il écrit *pour* le testateur, ou même seulement *avec* le testateur ? le testament sera nul.

On voit combien la distinction peut être délicate, et que ces sortes de procédés sont fort périlleux.

C'est aux magistrats qu'il appartient de les apprécier, en fait, d'après les circonstances (comp. Nancy, 19 avril 1846, Mempey ; Cass., 28 juin 1847, mêmes parties,

Dev., 1848, I, 216, 218 ; Troplong, t. III, n° 1470 ; Zachariæ, Aubry et Rau, t. V, p. 496).

62. — C'est *en entier* que le testament doit être écrit de la main du testateur (art. 970).

Entièrement, disaient nos anciennes coutumes, ainsi que l'Ordonnance de 1735 *(supra*, n° 59 ; art. 289 de la cout. de Paris).

Tout du long ! ajoutait Guy-Coquille. (*Inst. au Droit français*, tit. *des Testaments*.)

Condition tellement essentielle, en effet, que l'on a toujours enseigné « qu'un seul mot qui serait écrit d'une « main étrangère, rendrait le testament nul, quand même « ce mot serait superflu dans le testament. »

Tels sont les termes mêmes de Pothier, qui ajoute que cela a été ainsi jugé pour le testament de la dame Berroyer, qui avait fait légataire universel son beau-frère, par un testament écrit de sa main, dans lequel le terme : *beau* se trouvait écrit en interligne d'une autre main. (*Des Donat. testam.*, chap. I, art 11, § 2 ; comp. Duplessis, sur Paris, tit. XIV, chap. II, sect. III; Bourjon, *Droit comm. de la France*, chap. I, art. 11, § 2 ; Merlin, *Répert.*, v° *Testament*, sect. II, § 4, article 2.)

63. — Cette doctrine nous paraît toujours vraie ; et le testament tout entier devrait encore, suivant nous, être déclaré nul aujourd'hui comme autrefois, s'il s'y trouvait même un seul mot écrit d'une main étrangère.

Le testament, en effet, quant à sa forme, est indivisible ; et il ne saurait être nul pour partie et valable pour partie (comp. Cass., 24 nov. 1835, Escabasse, D., 1836, I, 24);

Or, d'une part, les formes des testaments sont prescrites a peine de nullité (art. 1004); d'autre part, l'écriture *en entier* de la main du testateur constitue la forme essentielle du testament olographe (art. 970);

Donc, le testament olographe, qui n'est pas écrit en entier de la main du testateur, est nul pour vice de forme, et, par conséquent, nul dans toutes ses parties (comp. Toullier, t. III, n° 357; Duranton, t. IX, n° 27; Grenier, t. II, n° 228-7°; Coin-Delisle, art. 970, n° 11; Troplong, t. III, n° 1458; Zachariæ, Aubry et Rau, t. V, p. 496; Saintespès-Lescot, t. IV, n° 991).

Plusieurs jurisconsultes ont enseigné toutefois, dans notre droit nouveau, que cette doctrine était d'une rigueur excessive, *et qu'elle soutenait mal l'examen dans un temps où l'on n'attache aux formalités qu'une importance raisonnable* (Bayle-Mouillard sur Grenier, t. II, n° 228-7°, note *e*; Vazeille, art. 970, n° 2; Demante, t. IV, n° 115 *bis*, I).

Ce reproche ne serait fondé, qu'autant que l'on prétendrait en exagérer les conséquences.

Mais renfermée dans sa vraie limite, l'ancienne doctrine est, à notre avis, toujours exacte.

Et il importe, dès lors, de bien déterminer cette limite.

Or, deux conditions nous paraissent nécessaires pour que l'écriture d'une main étrangère, qui se trouve dans un testament olographe, produise la nullité de tout le testament; à savoir :

1° Que cette écriture ait été faite par le tiers, de l'aveu du testateur, par son ordre ou avec son consentement;

2° Qu'elle fasse partie du testament lui-même.

64. — 1° On a, de tout temps, reconnu que l'écriture, qui serait mise par un tiers dans le testament, à l'insu du testateur, de son vivant ou après sa mort, ne saurait en entraîner la nullité.

C'est que, en effet, le testateur ayant écrit son testament tout entier de sa main, avait fait un testament valable; et il est impossible qu'un tiers ait le droit de l'annuler!

Un tiers sans doute peut détruire ou brûler un testament olographe; cela est un fait matériel, brutal, contre lequel la loi ne peut rien.

Mais ce que la loi ne saurait admettre, c'est une nullité de droit provenant du fait d'un étranger sans l'aveu du testateur !

Quelle que soit donc l'intention qui ait dirigé ce tiers, soit qu'il ait voulu, en effet, produire, par ce mélange d'une écriture étrangère, la nullité du testament ; soit qu'il ait, au contraire, entrepris, dans son ignorance, de le rendre plus valable, en voulant le corriger et faire disparaître les imperfections, les obscurités, ou les autres causes de contestation, qui pouvaient s'y trouver; cette écriture étrangère devra être considérée comme non avenue ; et le testament restera tel que le testateur lui-même l'avait fait.

65. — La seule difficulté, qui puisse s'élever sur ce point, est de savoir comment il sera possible de reconnaître que l'écriture étrangère, qui se trouve dans le testament, a été mise à l'insu du testateur.

Mais c'est là, par la nature des choses, une question de fait abandonnée à l'appréciation des magistrats.

Il faut ajouter que cette appréciation elle-même ne sera pas aussi difficile que plusieurs l'ont prétendu.

C'est ainsi qu'il sera presque toujours démontré, à première vue, que l'écriture étrangère a été mise avec le consentement du testateur, si elle se trouve dans le corps même du testament, de manière à faire partie intégrante de son contexte; comme si le testateur, fatigué d'écrire, avait remis la plume à un tiers, qui aurait continué d'écrire sous sa dictée, jusqu'à ce qu'il l'eût reprise lui-même.

Si, au contraire, l'écriture étrangère se trouve placée dans le testament, par interligne ou par apostille ou renvoi, elle devra, en général, être présumée avoir été mise à l'insu du testateur; on examinera, d'ailleurs, en quoi elle consiste ; si elle se lie aux dispositions du testament; si elle les complète, les modifie, ou les révoque, si elle paraît, d'après la couleur plus ou moins différente de l'encre et les autres circonstances de fait, avoir été écrite en même temps que le testament ou après coup.

Le testament se trouvait-il dans les mains d'un tiers,

parce que le testateur s'en était dessaisi ou par'toute autre
circonstance? ou, au contraire, le testament est-il toujours
resté en sa possession?

Était-il ouvert et non cacheté ? ou, au contraire, était-il
cacheté, avec ou sans enveloppe?

Toutes ces circonstances seraient fort à considérer;
car, à supposer même que l'écriture étrangère eût été
ajoutée après coup, à l'insu du testateur, celui-ci l'aurait
approuvée tacitement, si, après qu'il en aurait eu connaissance, il avait maintenu son testament en cet état ; et
il est clair qu'il l'y aurait maintenu, s'il l'avait clos et
scellé depuis que l'écriture du tiers y avait été insérée,
ou s'il y avait lui-même, depuis, ajouté quelques dispositions. (Comp. Bourjon, *loc. supra*, n° 4, en note.)

A fortiori, ne serait-il pas douteux que l'écriture étrangère aurait été mise de son consentement, s'il l'avait,
ainsi que Pothier le supposait, approuvée expressément,
par sa signature ou par son paraphe.

66. — Ce que nous disons de *l'écriture d'un tiers*, nous
paraît devoir s'entendre de toute participation par laquelle
un tiers aurait concouru au testament, par un renvoi
marginal, par une interligne ou une surcharge (*infra*,
n° 68).

Mais supposons que le tiers a seulement mis de sa
main la ponctuation ou l'ortographe dans le testament,
(de l'aveu, bien entendu, du testateur).

Ou bien il en a, de l'aveu du testateur, biffé ou raturé
une clause.

Ce testament sera-t-il valable?

La négative pourrait paraître bien rigoureuse !

Et pourtant ne serait-il pas encore vrai que le testament n'aurait pas été *écrit en entier* par le testateur lui-
même, suivant l'acception de ces mots dans l'article 970,
où ils veulent certainement dire que le testament doit être
exclusivement son œuvre personnelle? Est-ce que cette
coopération d'un tiers, de quelque façon quelle se pro-

duise, n'est pas toujours aussi de nature à faire craindre
que le testateur n'ait pas eu cette complète indépendance
et cette spontanéité absolue, dont le législateur trouve
seulement la garantie dans l'éloignement de toute participation étrangère? (Comp. Bayle-Mouillard sur Grenier,
t. II, n° 228-7°, note 9; Saintespès-Lescot, t. IV, n° 991.)

67. — 2° Il faut, en second lieu (*supra*, n° 63), pour
que l'écriture d'un tiers, insérée dans un testament olographe, en entraîne la nullité, que cette écriture fasse
partie du testament.

Cette seconde condition est évidemment nécessaire; car
si l'écriture étrangère se trouve en dehors, il est clair
qu'elle ne saurait produire aucune nullité dans ce testament, auquel elle ne se rattache pas.

Mais aussi elle devra, suivant nous, entraîner la nullité
du testament tout entier, toutes les fois qu'elle en fera
partie intégrante.

Et c'est ici, que la doctrine de quelques jurisconsultes
modernes nous paraît être d'une indulgence extrême; à
ce point, qu'elle méconnaît, à notre avis, les vrais principes.

« La règle, que je propose, dit Demante, est plus simple
et plus conforme à la lettre et à l'esprit de la loi; elle
consiste *à considérer purement et simplement comme ne faisant point partie du testament, tout ce qui n'y est point écrit
de la main du testateur;* à ce moyen, si le testament réduit
à ce qui y est écrit de sa main, présente un sens complet
et suffisamment clair, il s'exécutera sans avoir égard aux
additions émanées d'une main étrangère; dans le cas
contraire, il ne vaudra pas parce qu'on ne pourra pas
chercher dans les additions écrites d'une autre main, le
complément ou l'explication de la pensée, qui n'étant
pas suffisamment claire, devra demeurer sans exécution. » (T. IV, n° 115 *bis*, I.)

M. Bayle-Mouillard exprime aussi la même idée en ces
termes :

« Si l'addition écrite de la main d'un tiers, avec le consentement du testateur, *quoique se liant au testament*, était une clause inutile, comme il y en a des exemples ; si elle n'avait été faite que pour prévenir une difficulté, que la seule interprétation pouvait résoudre, j'ai peine à admettre que sa nullité dût entraîner celle de l'acte entier ; car il resterait toujours ce point fondamental, que le testament proprement dit est écrit de la main du testateur. » (Sur Grenier, t. II, n° 228, *septimo*, note *q* ; ajout. Vazeille, art. 970, n° 2.)

Eh bien ! voilà ce qui nous paraît inadmissible !

Dès là qu'il est reconnu que l'écriture étrangère *se lie au testament*, il n'importe pas, suivant nous, qu'elle soit utile ou inutile pour le complément où l'éclaircissement des autres dispositions, qui sont écrites de la main du testateur.

Nous croyons que, dans tous les cas, elle doit être une cause de nullité.

Il ne s'agit pas, en effet, d'apprécier le testament au fond, eu égard aux dispositions qu'il renferme, et dont les unes, à ce point de vue sans doute, peuvent être valables, tandis que les autres sont nulles !

C'est ici une question de *forme* ; et quant à la forme, l'acte ne peut être que valable tout à fait, ou tout à fait nul ! (*Supra*, n° 63.)

M. Bayle-Mouillard ajoute que si l'écriture étrangère est *inutile*, elle ne révèle pas une *influence gênante*, et qu'elle ne doit raisonnablement être une cause de nullité de tout le testament, que dans le cas *où elle peut faire suspecter un défaut de liberté* (*loc. supra cit.*)

Nous répondons qu'il ne s'agit pas non plus de défaut de liberté, ni de suggestion ou de dol ; c'est toujours et uniquement une question de forme !

Or, la forme essentielle du testament olographe est qu'il soit écrit en entier de la main du testateur (art. 970, 1004).

Et nous croyons qu'il faut d'autant plus s'en tenir à

cette règle simple et sûre, que la doctrine que nous combattons, ouvrirait une voie pleine d'incertitude et d'arbitraire!

68. — Aussi, conclurions-nous de même, toutes les fois qu'il se trouverait une écriture étrangère dans le testament (de l'aveu, bien entendu, du testaeur), de quelque manière, d'ailleurs, qu'elle s'y trouvât, soit dans le contexte de l'acte, soit par interligne ou en marge, sous forme d'apostille ou de renvoi, dès qu'elle se lierait au testament lui-même et qu'elle en ferait partie (comp. *supra*, n° 66 ; Tribun civ. de la Seine, 7 mai 1863, Derlon, *Gazette des Tribunaux* du 21 mai 1863 ; Bourjon, Grenier, *loc. supra cit.*; Coin-Delisle, art. 970, n° 12).

69. — Ce qui nous paraît vrai toutefois, c'est qu'il ne suffirait pas que l'écriture étrangère se trouvât sur le même papier que le testament, pour que l'on fût autorisé à dire qu'elle s'y rattache et qu'elle en est une dépendance.

Il faudrait, au contraire, la considérer comme étant en dehors du testament, si elle se trouvait en dehors de la date et de la signature ; de manière à ce que la disposition, qu'elle renferme, aurait été nulle par défaut de date ou de signature, lors même qu'elle aurait été écrite de la main du testateur (*infra*, n° 117).

Telle serait, suivant nous, la règle à suivre.

70. — L'écriture, que l'article 970 a en vue, est celle qui est formée des caractères alphabétiques ordinaires ;

A ce point, qu'il nous paraît douteux qu'une autre sorte d'écriture, comme la sténographie ou la cryptographie, puisse satisfaire à cette condition. Outre que le législateur, très-vraisemblablement, n'y a pas songé, ces écritures par signes abrégés ou par chiffres n'offrent jamais les mêmes garanties de certitude que l'écriture usuelle des caractères alphabétiques; et puis, quels seraient alors, en cas de méconnaissance d'écriture, les moyens de vérification? (Comp. art. 200 *Code de Procéd.*)

Ajoutons que si l'emploi de cette forme **extraordinaire**

n'était pas motivée, en fait, par quelque circonstance aussi extraordinaire elle-même, il y aurait lieu de rechercher si l'auteur d'une telle pièce était, à ce moment, bien sain d'esprit, et dans tous les cas, s'il a voulu faire un acte sérieux (comp. *infra*, n° 123).

Tout au plus donc, pourrait-on admettre la validité d'un pareil testament, dans le cas où l'emploi de l'écriture sténographique ou des chiffres serait expliqué par quelque événement exceptionnel, comme, par exemple, un danger tellement pressant, qu'il n'aurait pas laissé au testateur le temps de tracer les caractères alphabétiques; et encore, faudrait-il qu'aucun doute ne s'élevât sur le sens des caractères ou des chiffres, dont il se serait servi, s'il n'en avait pas lui-même donné la clef (comp. Bayle-Mouillard sur Grenier, t. II, n° 228-7° note *a*).

71. — Il est clair, d'ailleurs, que cette première condition de l'écriture *en entier* de la main du testateur s'applique, en effet, à l'acte tout entier, et par conséquent, à la date, et aussi, bien entendu, à *la signature*, comme au contexte même du testament! (Art. 970.)

71 bis. — Qu'un testament olographe ne puisse pas être fait par ceux qui ne savent pas écrire, cela est évident!

Mais il n'est pas moins évident, en sens inverse, qu'un testament olographe peut être fait par tous ceux qui savent écrire (art. 970).

Il peut donc être fait par un muet ou par un sourd-muet, même de naissance. (Comp. *infra*, n° 402; Colmar, 17 janv. 1815, Sirey, 1815, II, 265; Bordeaux, 16 août 1836, Pinet, Dev., 1837, II, 468; Rouen, 26 mai 1851, de Montbret, Dev., 1854, II, 716; Pau, 23 déc. 1851, Ballade, Dev., 1852, II, 467; Merlin, *Répert.*, v° *Sourd-Muet*, n° 3; Coin-Delisle, art. 979, n° 2; Grenier, t. II, n° 284; Duranton, t. IX, n° 134; Troplong, t. II, n° 597; *voy.* aussi le tome I de ce *Traité*, n°ˢ 351, 352 *bis*; et le tome III, n° 25.)

71 *ter*. — Et par un aveugle ?

Pourquoi pas aussi, dès qu'il sait et qu'il peut écrire ; sauf la question de fraude et de surprise (comp. Cass., 28 juin 1847, Menipey, Dev., 1848, II, 216 ; Denizart, v° *Testament*, n° 260 ; Troplong, t. II, n° 540 ; Zachariæ, Aubry et Rau, t. V, p. 487 ; Bayle-Mouillard sur Grenier, t. II, n° 282, note *a* ; *voy.* pourtant Grenier, *h. l.*).

72. — B. La seconde condition relative à la forme du testament olographe, est qu'il soit *daté*.

La date est l'indication du temps, où un acte a été fait ; l'étymologie paraît en venir du mot latin : *datum, data,* que l'on mettait autrefois à la fin des titres, et notamment des diplômes, pour exprimer l'époque où ils avaient été délivrés ou donnés : *Datum tali die* (*Dict.* de Bouillet, v°*Date*).

Quoi qu'il en soit, la date est généralement requise dans les actes, dont elle forme l'un des éléments les plus utiles pour le contrôle des diverses énonciations, qui s'y trouvent.

Et c'est ainsi qu'elle est spécialement, pour les testaments olographes, une condition de forme essentielle.

Il est notable toutefois qu'elle n'y a pas toujours été exigée.

Était-il nécessaire, chez les Romains, que les testaments fussent datés ? c'est un point qui peut paraître douteux (comp. L. 2, § 6, ff. *Testam. quemadm. aper.*; L. 3, *Cod. quemadm. testam. aper.*; Nov. 117 ; Cujas, sur la loi 20, ff. *Qui testam. facere poss.*; Merlin, *Répert.*, v° *Testam.*, sect. III, § 1, art. 6, n° 1).

Ce qui est certain, c'est que la date n'était pas requise, dans le testament olographe, par la plupart de nos anciennes coutumes françaises, qui se bornaient à exiger que le testament fût *écrit et signé du testateur* (Paris, art. 289 ; Orléans, art. 289 ; Pothier, note 1 sur cet article ; *voy.* pourtant Ricard, part. I, chap. V, sect. VII, n° 1560).

Mais elle fut positivement exigée par l'art. 38 de l'Ordonnance de 1735 en ces termes :

« Tous testaments, codicilles, actes de partages entre enfants et descendants, ou autres dispositions à cause de mort, en quelque pays et en quelque forme qu'ils soient faits, contiendront *la date des jour, mois et an, et ce, encore qu'ils fussent olographes....* »

73. — Les motifs les plus sérieux expliquent d'ailleurs cette exigence.

C'est la date, disait Ricard, *qui sert de lumière et de boussole, pour découvrir ce qu'il y a de vicieux dans un testament* (part. I, chap. v, sect. vii, n° 1561).

1° La date est, en effet, un moyen de reconnaître si, à l'époque où le testameut a été fait, le testateur était capable ou incapable;

2° Elle peut aider aussi puissamment à la découverte des manœuvres, des suggestions ou des violences, dont le testateur aurait été l'objet, et même du crime de faux, dont le prétendu testament serait l'œuvre; Dumoulin (*sur la cout. de Paris*, § 96, n° 5) et Ricard (*loc. supra*), racontent qu'il leur est arrivé, dans leur pratique, de reconnaître, par le secours de la date, de tels vices dans des testaments;

3° Enfin, dans le concours de plusieurs testaments olographes, il faut bien que les dates servent à distinguer ceux qui sont antérieurs, d'avec ceux qui sont postérieurs, et lesquels ont été révoqués par les autres !

74. — Plusieurs jurisconsultes ont néanmoins pensé que ces motifs ne suffisaient pas à justifier l'exigence de la date :

« Pour prévenir des difficultés, dit M. Bayle-Mouillard, qui ne se présentent que dans des cas exceptionnels, était-il donc indispensable de frapper de non-valeur le testament, qui n'a pas de date? A voir les difficultés nombreuses auxquelles la date a donné lieu, et combien de testaments ont été annulés faute d'une pré-

caution, qui, en elle-même, est bien souvent inutile, il
est impossible de ne pas se demander si le législateur
français n'a pas attaché à la date une importance excessive ; si, contre son habitude, il ne s'est pas montré for-
maliste hors de propos ; enfin, le législateur autrichien
n'a pas gardé une plus juste mesure, en se bornant à
faire tourner contre le légataire le défaut de date dans
les cas rares de concours entre plusieurs testaments ou
d'incapacité survenue avant le décès. Néanmoins, les
termes du Code sont si précis, que cette doctrine ne peut
être introduite dans la jurisprudence par voie d'interprétation. Le défaut de date entraînera donc la nullité, lors
même que le testament serait unique, lors même que le
testateur aurait toujours été capable, et, par conséquent,
dans des cas où cette date était inutile ; il faut considérer
la date comme une solennité. » (Sur Grenier, t. II, n° 226,
note *c;* comp. Toullier, t. III, n° 362 ; Coin-Delisle,
art. 970, n°ˢ 26-28.)

Il nous serait difficile d'adhérer à une telle appréciation.

Nous savons, il est vrai, les nombreuses difficultés qui
se sont élevées sur cette condition, et que beaucoup de
testaments y ont, en effet, péri ! mais combien de difficultés ne sont pas aussi élevées sur la condition de
l'écriture elle-même et de la signature par le testateur ?

C'est que la forme olographe atteste souvent beaucoup
d'ignorance, d'imprévoyance, et quelquefois même une
absence complète de toute habitude d'écrire !

Mais est-ce donc là une raison pour que le législateur
diminue les garanties qu'il a cru devoir exiger ?

Quoi qu'il en soit, il importe de se prémunir contre
une tendance, qui pourrait nous porter à considérer
comme superflue cette condition de forme, que notre
Code exige à peine de nullité ; et on ne tardera pas à reconnaître que les savants auteurs que nous venons de

citer, ne s'en sont pas toujours entièrement garantis !
(*Infra,* n° 76.)

75. — La date est, avons-nous dit, l'indication de
l'époque où un acte a été fait.

Mais cette indication peut être plus ou moins exacte ; et
il peut y avoir des degrés dans la précision qui l'exprime.

Or, notre Code se bornant à exiger que le testament
soit *daté,* sans déterminer d'ailleurs de quels éléments
cette date devra être formée, il en est résulté quelques
incertitudes.

Le principe nous paraît être que la date, qui est exigée
par l'article 970, est celle du jour, du mois et de l'année.

Cette triple indication y est tout à la fois, suivant
nous, nécessaire et suffisante :

1° Tel était le droit antérieur, formellement établi par
l'article 38 de l'Ordonnance, auquel nos anciens jurisconsultes se référaient :

« Il ne suffirait pas, disait Furgole, d'avoir marqué le
jour et le mois, sans marquer l'année ; ni d'avoir marqué
le jour et l'année, sans marquer le mois ; ni enfin d'avoir
marqué le mois et l'année, sans marquer le jour. » (*Des
Testam.,* chap. vi, sect. iv, n° 18 ; voy. Pothier, *Introduct.
au tit.* xv *de la cout. d'Orléans,* n° 8.)

Or, il ne paraît pas douteux que les rédacteurs du
Code Napoléon ont entendu s'y référer eux-mêmes.

2° C'est que, en effet, ces trois éléments forment ensemble une date complète et suffisante ; tandis que l'absence de l'un d'eux rendrait, au contraire, la date insuffisante et incomplète.

3° Aussi, est-ce dans le concours de ces trois éléments,
que consiste, en général, la date ordinaire, soit dans le
langage usuel et dans la pratique, soit dans le langage
même de la loi. (Comp. art. 1328, 1750, 2448, etc.,
Code Nap. ; art. 64, Code de proc. ; art. 12 de la loi du
25 ventôse, an xi.)

On ne saurait donc se contenter de moins ;

De même qu'on ne saurait exiger plus. (Comp. Rouen, 15 nov. 1838, Langlois, Dev., 1839, II, 16 ; Merlin, *Répert.*, v° *Testam.*, sect. II, § 1, art. 6, n° 3 ; Delvincourt, t. II, p. 83, note 2 ; Duranton, t. IX, n° 30 ; Grenier, t. II, n° 226 ; Zachariæ, Aubry et Rau, t. V, p. 496 ; Demante, t. IV, n° 115 *bis*, II ; Saintespès-Lescot, t. IV, n° 999.)

76. — Voilà pourquoi il nous paraît impossible d'admettre le sentiment de MM. Coin-Delisle et Bayle-Mouillard, qui enseignent que l'indication du jour n'est pas nécessaire, et *qu'on ne pourrait pas annuler le testament olographe, qui ne serait daté que de mois et d'année*, comme, par exemple, en ces termes : *Fait à Paris, dans le mois de janvier* 1850 :

1° L'article 38 de l'Ordonnance de 1735, dit-on, qui exigeait l'indication des jours, mois et an, est aujourd'hui abrogé ; et la règle nouvelle se trouve dans notre article 970 ;

Or, d'une part, l'article 970 exige seulement que le testament soit *daté*, sans déterminer les éléments constitutifs de cette date ; d'autre part, il est incontestable qu'un testament, qui porte l'indication du mois et de l'année de sa confection, est *daté* ;

Donc, ce testament satisfait à la condition exigée par le Code, dont la rédaction, beaucoup moins précise que celle de l'Ordonnance, laisse aux juges plus de latitude, quand ils ont à prononcer sur des questions de date dans le testament olographe.

2° On ajoute que cette date du mois et de l'année offre, d'ailleurs, une précision suffisante ; les Ordonnances générales de nos rois n'étaient datées que de cette manière ; pourquoi donc la date qui suffisait pour les actes de l'autorité royale, ne suffirait-elle pas pour le testament ?

Notre réponse est déjà faite ! (*Supra*, n° 75.)

1° Et d'abord, nous ne concédons nullement que l'article 970 laisse aux juges plus de latitude que l'article 38 de l'Ordonnance de 1735 ; car l'un n'est, en réalité, que la reproduction abrégée de l'autre.

2° On objecte que le testament, qui ne renferme que l'indication du mois et de l'an, est *daté*, et qu'il satisfait, en conséquence, à l'article 970, qui se borne à exiger qu'il soit daté !

Mais si cet argument était bon, il nous mènerait fort loin ! à ce compte, en effet, le testament, qui ne porterait que l'indication du jour seulement, ou de l'année, qui sait même? seulement du siècle, serait aussi daté ! et il faudrait dire qu'il satisfait à l'article 970 ; or, qui oserait soutenir une thèse semblable?

3° Enfin, est-ce que les savants promoteurs de la doctrine, que nous combattons, ne fournissent pas encore, contre elle, un argument décisif, lorsqu'ils conviennent qu'elle ne serait applicable que dans *le cas où il n'y aurait eu ni changement d'état du testateur, ni concours de deux testaments dans le même mois* (Coin-Delisle, *loc. supra cit.*).

Ce qui revient à dire, pour employer les expressions de Merlin, « qu'un testament dénué de ses formes les plus essentielles, ne laisse pas d'être valable, toutes les fois que n'est pas à craindre l'inconvénient, que le législateur a voulu prévenir en les prescrivant; *proposition*, ajoutait-il, *que je crois avoir pulvérisée!...* (Répert. v° *Testam.*, sect. II, § 1, art. 6, n° 10; *voy.* aussi *Quest. de droit*, v° *Testam.*, § 16.)

Nous avons aussi remarqué une réfutation excellente de ce moyen, dans un jugement du Tribunal de Marseille, en ces termes :

« Attendu que, pour qu'il y ait véritablement date dans le sens légal, il faut toujours que l'on puisse connaître le jour précis où l'acte a été fait; que, si la date a été exigée principalement pour apprécier la capacité du testateur à l'époque de la confection du testament, et fixer, d'une manière précise, le rang de chaque testament, dans le cas où il en existerait plusieurs, on ne peut cependant soutenir que la date n'est plus nécessaire, lorsqu'un seul testament est présenté, et qu'aucun doute ne s'élève sur la capacité de celui auquel on l'attribue; que lorsque certaines formes sont exigées par la loi pour la validité d'un acte, leur exécution est rigoureusement nécessaire dans tous les cas, et alors même que les motifs, qui ont pu déterminer le législateur, n'existeraient pas dans l'espèce: que le système contraire serait subversif de tous les principes et tendrait à faire mettre en question, dans toutes les affaires, si la loi doit être ou non exécutée. » (6 juin 1843, Décanis, Dev., 1846, I, 565; ajout. Orléans, 24 janv. 1857, Crosnier, Dev.; 1858, II, 407; Cass., 31 mai 1859, Pinel, Dev., 1859, I, 337.)

Concluons donc que l'indication du jour est, dans tous les cas, un élément indispensable de la date.

77. — Coin-Delisle ajoute d'ailleurs encore une restriction à sa doctrine :

« Il faut, dit-il, la limiter au cas où le testateur a voulu n'exprimer que le mois et l'année. S'il avait voulu que son testament fût daté du jour et qu'il eût laissé ce jour en blanc, nous serions porté à y voir une date commencée, et par conséquent un testament inachevé. » (Art. 970, n° 28.)

Nous y adhérons certes tout à fait !

Mais cette concession n'est-elle pas elle-même compromettante pour la doctrine du savant auteur ?

78. — Réciproquement, en sens inverse, l'indication du lieu où le testament a été fait, n'est pas un élément nécessaire de la date.

L'article 38 de l'Ordonnance de 1735 ne l'exigeait pas; et notre article 970, par conséquent, ne l'exige pas non plus (*supra*, n° 75).

C'est même, *a fortiori*, que cette solution, admise déjà dans notre ancien droit, doit être admise dans notre droit nouveau; car, autrefois, le testament olographe étant défendu dans certaines provinces, la date du lieu de sa confection aurait pu avoir une utilité, qu'elle n'aurait plus sous le régime actuel, où le testament olographe peut être fait partout en France, et même en pays étranger ! (Art. 999.)

Il est vrai qu'aux termes de l'article 12 de la loi du 25 ventôse an XI, les actes notariés doivent énoncer *le lieu* où ils sont passés ; mais c'est que précisément les notaires ne pouvant instrumenter que dans les limites de leur circonscription, la mention du lieu a un but d'utilité, qui ne se rencontre pas ici.

On pourrait même dire que le mot : *date*, par lui-même, ne se réfère, dans son acception rigoureuse, qu'à l'indication du temps, et non point à celle du lieu.

Dans la pratique ordinaire, sans doute, on mentionne le lieu dans la date ; et nous croyons que c'est une pratique bonne à suivre dans les testaments olographes comme dans les autres actes ; à ce point qu'il nous aurait paru utile que le législateur exigeât cette mention pour le testament olographe, où elle aurait pu devenir un élément précieux de décision dans le cas où il serait attaqué pour cause de faux, de captation, etc.

Mais, enfin, le législateur ne l'ayant pas exigée, il faut conclure que la mention du lieu n'y est pas nécessaire (comp. Nîmes, 20 janv. 1840, Pical, Sirey, 1840, II, 231 ; Cass., 6 janv. 1814, de Lary, Sirey, 1814, I, 217 ; Bordeaux, 26 janv. 1829, Duchesne, D., 1829, II, 83 ; Cass., 6 fév. 1843, de Bonneval, Dev., 1843, I, 209 ; Pothier, *des Donat. testam.*, chap. I, art. 11, § 2 ; Boullenois, *Traité des Statuts*, t. II, p. 78 ; Merlin, *Répert.*, v° *Testam.* sect. II, § 1, art. 6, n° 12 ; Grenier, t. II, n°s 227, 228 ; et Bayle-Mouillard, *h. l.*, note *a* ; Toullier, t. III, n° 368 ; Coin-Delisle, art. 970, n°s 28, 29 ; Duranton, t. IX, n° 23 ; Troplong, t. III, n° 1480 ; Zachariæ, Aubry et Rau, t. V, p. 499 ; Demante, t. IV, n° 145 *bis*, II ; Saintespès-Lescot, t. IV, n° 1001).

79. — D'où il résulte que l'indication inexacte, que

le testateur aurait faite, par erreur ou autrement, du lieu où il a écrit son testament, ne serait pas une cause de nullité.

Elle ne serait pas, disons-nous, une cause de nullité, au point de vue de la forme ;

Sous la condition, bien entendu, que le défaut de concordance entre l'indication du *lieu* et l'indication du *temps*, ne fît pas preuve de l'inexactitude de la *date* elle-même, quant au *temps* ;

Et dans tous les cas aussi, sauf à déduire de cette indication erronée ou fausse du lieu, le secours qu'elle pourrait fournir, si le testament était attaqué pour une autre cause, comme, par exemple, pour suggestion ou captation (comp. les citations, *supra*, n° 78).

80. — Encore moins, faut-il exiger l'indication de l'heure du jour où le testament a été fait ! (*Supra*, n° 78.)

Il est vrai que l'article 34 exige que les actes de l'état civil énoncent l'année, le jour et *l'heure* où ils seront reçus.

Mais précisément, c'est là une exception à la règle, d'après laquelle l'indication de l'heure n'est pas requise comme un élément de la date, dans les actes de la vie civile.

81. — La loi n'ayant déterminé aucune forme d'après laquelle la date devrait être exprimée, il s'ensuit que l'on doit considérer comme l'exprimant suffisamment, toute énonciation, qui fait, en effet, suffisamment connaître, de quelque manière que ce soit, le jour, le mois et l'an, où le testament a été écrit.

C'est ainsi d'abord que la date peut être mise indifféremment en lettres ou en chiffres.

Qu'il soit mieux de la mettre en toutes lettres, nous le pensons bien.

Mais ce qui est de prudence, n'est pas de nécessité légale.

On objecterait, en vain, que la condition de *l'écriture en entier* s'applique à tout le testament, et par conséquent à la date aussi bien qu'au contexte de l'acte (*supra*, n° 72).

L'article 970 exige sans doute que l'écriture, la date et la signature soient de la main du testateur.

Mais, en exigeant que la date soit de la main du testateur, il ne dit pas qu'elle doive s'y trouver en lettres.

Aussi, tenait-on déjà pour certain, autrefois, qu'elle pouvait y être mise en chiffres (comp. Pothier, *Introd. au titre* xv *de la cout. d'Orléans*, n° 8).

C'est que la date étant composée de nombres, on est naturellement porté à l'exprimer en chiffres ; et telle est aussi la pratique la plus ordinaire ;

Or, il ne faut pas que le testament olographe devienne un piége tendu à la bonne foi et à la simplicité des citoyens ! (Comp. Nîmes, 20 janv. 1810, Pical, Sirey, 1810, II, 231 ; Merlin, *Répert.*, v° *Testam.*, sect. ii, § 1, art. 6, n° 4 ; Toullier, t. III, n° 366 ; Duranton, t. IX, n° 31 ; Troplong, t. III, n° 1481 ; Zachariæ, Aubry et Rau, t. V, p. 409 ; Saintespès-Lescot, t. IV, n° 1000.)

82. — Que le testateur se soit servi du calendrier grégorien, ou du calendrier républicain, peu importe !

83. — Bien plus ! il n'est pas nécessaire que la date soit indiquée d'après le calendrier.

Cette indication peut être remplacée par toute énonciation équipollente, qui fixe, d'une manière précise, la date du testament ; par l'énonciation, s'il plaît au testateur, d'un événement de famille, ou d'un anniversaire historique, ou d'une fête religieuse ou nationale, etc.

« *Fait et écrit par moi le lendemain de la mort de ma femme ;... ou le jour anniversaire de la bataille de Waterloo ;... ou le jour de Pâques* 1860, etc. »

Ce sont là des dates suffisantes, et qui ont toujours été considérées comme telles dans l'ancien droit comme dans le droit nouveau (comp. Paris, 5 avril 1851, Rousca, Dev., 1851, II, 193 ; Pothier, *Introduct. au titre* xv *de la cout. d'Orléans*, n° 8 ; Merlin, *Répert.*, v° *Testam.*, *loc. su-*

pra cit. ; Toullier, t. III, n° 365 ; Duranton, t. IX, n° 30 ;
Poujol, art. 970, n° 8 ; Coin-Delisle, art. 970, n° 27 ;
Troplong, t. III, n° 1482 ; ajout. Cass., 7 nivôse an XI ;
Cass., 15 janv. 1810, D., t. VII, p. 836).

84. — Voici un testament, qui porte ces mots :
« *Fait et écrit le* 1er *de l'an* 1840. »
Cette date est très-bonne.

Mais le mois, pourtant, où est-il indiqué, dans cette
mention, qui ne se réfère qu'au jour et à l'année ?

Le mois ! il est indiqué d'une manière certaine, quoique seulement implicite.

Est-ce que, en effet, le premier jour de l'année n'appartient pas certainement au mois de janvier ; et dire le
premier jour de l'an 1860, n'est-ce pas dire le 1er janvier
1860 ! (Comp. Merlin, *Répert., loc. supra cit. ;* Toullier,
t. III, n° 365 ; Zachariæ, Aubry et Rau, t. V, p. 496.)

85. — Une date incertaine serait-elle suffisante ?
Évidemment non !

La date est, avons-nous dit, l'indication précise du
jour, du mois et de l'an, où le testament a été fait ;

Or, la date, qui laisse de l'incertitude sur l'un de ces
trois éléments, ne les indique pas, bien entendu, d'une
manière précise ;

Donc, une telle date n'est pas suffisante ; ou plutôt elle
n'est pas une *date*, dans le sens de notre article 970.

Un testament a été écrit dans l'intervalle de deux années, qui se sont écoulées entre un bail authentique fait
par le testateur, et le mariage de sa fille.

Mais en laquelle de ces deux années ?

Le testament ne le dit pas ;

Donc, il n'est pas daté de l'année ; donc, il est nul.
(Comp. Rouen, 15 nov. 1838, Langlois, Dev., 1839, II,
16 ; Cass., 31 janv. 1859, Pinel, Dev., 1859, I, 337 ;
Lyon, 22 févr. 1859, Guillon, Dev., 1859, II, 515 ; Cass.,
18 août 1859, mêmes parties, Dev., 1860, I, 139 ; Merlin, *Répert.*, v° *Testam.*, sect. II, § 1, art. 6, n° 9.)

86. — La solution, qui précède, serait-elle applicable, dans le cas où l'incertitude de la date ne porterait que sur le jour, aucune incertitude d'ailleurs n'existant sur le mois et sur l'année ?

Voici un testament daté très-nettement du mois de mars 1863 ; mais les lettres ou les chiffres, qui expriment le jour, ont été faits d'abord ou surchargés après coup, de telle façon que l'on ne sait si c'est le *six* ou le *dix*, le 17 ou le 27.

Ou encore, le testament porte qu'il a été écrit le *lundi* 17 mars 1863 ; et le 17 mars 1863 était, au contraire, le *mardi*.

Ce testament est-il daté ?

Que ceux-là, qui pensent que la précision du jour n'est pas indispensable (*supra*, n° 76), répondent affirmativement, cela est tout simple ; et telle est, en effet, la réponse de MM. Coin-Delisle (art. 970, n°ˢ 37, 38) et Bayle-Mouillard (sur Grenier, t. II, n° 228 *bis*, note *b*); ils ajoutent que c'est alors l'énonciation du jour de la semaine, qui doit prévaloir sur l'énonciation du quantième du mois, le jour étant d'ordinaire plus présent à l'esprit que le quantième.

Mais, comme nous avons pensé, au contraire, que la précision du jour était, aussi bien que celle du mois et de l'an, un élément essentiel de la date, il nous serait difficile d'adopter cette solution (*supra*, n° 75).

Quel est, en effet, le jour où ce testament a été fait ?

Le *lundi?* mais non ! puisqu'il est daté du 17, qui était le *mardi*.

Le 17? mais non ! puisqu'il est daté du *lundi*, qui était le 16.

Donc, cette date n'indique pas le jour où le testament a été fait.

Et il en est de même, si le doute demeure insoluble entre les deux dates du *six* ou *dix*, du 17 ou du 27.

On a validé, il est vrai, avant la promulgation de notre

Code, et même aussi depuis, des testaments, qui offraient
une incertitude semblable dans la date du jour ; mais
dans les espèces, qui ont été jugées, le testateur était
mort précisément le lendemain du jour où le testament
avait été fait ; c'est ainsi qu'un arrêt du parlement de
Paris, du 19 mai 1738, a déclaré valable un testament
(notarié), qui était daté du *mardi 9 mai* 1736, quoique
le mardi ne fût que le 8 mai ; mais la testatrice était dé-
cédée le lendemain, *mercredi 9 mai* (Denizart, v° *Date*,
n° 7). La même particularité se rencontrait dans l'affaire, qui a été décidée par la Cour de Rouen (23 juill.
1825, Brisset, D., 1826, II, 43).

Aussi, ne prétendons nous pas que cette incertitude
dans l'indication du jour ne puisse pas être réparée ; et
nous nous empressons même de dire que, pour peu que
les énonciations du testament y viennent en aide, on devra se montrer très-facile à rectifier une erreur, qui ne
serait que le fruit de la distraction et de l'inadvertance.
(*Infra*, n° 89.)

Mais ce que nous ajoutons, c'est que si elle n'était pas
du tout réparable, elle équivaudrait à l'absence de date.
(Comp. Merlin, *Répert.*, v° *Testam.*, sect. II, § 1, art. 6,
n° 16, p. 671 ; et *Quest. de droit*, v° *Testam.*, § 16 ; Duranton, t. IX, n° 35 ; *voy.* toutefois Caen, 26 déc. 1849,
Desdevises ; Cass., 11 août 1851, mêmes parties, Dev.,
1851, I, 742, 746).

87. — Ce que nous venons de dire de la date incertaine, il le faut dire, par une raison au moins égale, de
la date fausse.

La date fausse ! c'est évidemment l'absence de date et
même bien pis encore !

Ce testament est daté du 10 août 1812 ; et il est écrit
sur du papier timbré, qui n'a été émis qu'en 1814 (comp.
Bruxelles, 4 déc. 1824, D., *h. v.*, p. 641).

Ou bien, il est daté de 1827 ; et il porte révocation
d'un testament notarié de 1828 (comp. Bordeaux, 18 janv.

1832, Lhomme, D., 1832, II, 194 ; Cass., 28 déc. 1832,
Grangier, D., 1833, I, 104 ; Orléans, 24 janv. 1857,
Grosnier, Dev., 1858, II, 497 ; Amiens, 19 févr. 1856,
Obert, Dev., 1856, II, 217 ; Cass., 18 nov. 1856, mêmes
parties, Dev., 1857, I, 273).

L'*antidate* est manifeste !

Voici maintenant, en sens inverse, un testament daté
du 25 *octobre* 1829 ; et le testateur est mort *le* 1er *septembre* 1829 ! (Comp. Rouen, 19 juin 1829, Saint-Martin, D.,
1830, II, 278 ; Cass., 9 janv. 1839, Penissot, Dev., 1839,
I, 439 ; Lyon, 22 févr. 1859, Guillon, Dev., 1859, II,
545 ; Cass., 18 août 1859, mêmes parties, Dev., 1860, I,
139.)

C'est la *post-date*, cette fois, qui est évidente.

Mais peu importe, antidate ou post-date ; dans l'un
comme dans l'autre cas, la date étant fausse, il en résulte
que le testament n'a pas de date.

Ajoutons, pourtant, relativement à la post-date, que
l'erreur ou l'inadvertance y est, en général, plus difficile-
ment supposable que relativement à l'antidate.

Aucun texte, d'ailleurs, ne défend de post-dater le testament, et d'en suspendre l'effet jusqu'à une époque future, dont le disposant lui donne par avance la date ; car
de deux choses l'une :

Ou il survivra ; et dans ce cas, la date sera exacte,
puisqu'il sera réputé l'avoir écrite, en effet, à cette époque ;

Ou il mourra avant cette époque ; et alors, le testament
sera nul, suivant sa propre volonté.

Telle est, en effet, la réponse, que fit Dumoulin, à l'occasion du testament du conseiller Gilbert, qui était daté
du mois d'octobre 1546, le testateur étant mort le 9 *août
précédent* : « *Respondi non valere,... quia... non intendebat
ante testari, sed interim intestatus esse.* » (*Sur la cout. de
Paris*, § 96, n° 5 ; comp. Cass., 11 mai 1864, Mahaut, Dev.,
1864, I, 233 ; Orléans, 29 juill. 1865, Abraham, Dev.,
1865, II, 272 ; Merlin, *Répert.*, v° *Testam.*, sect. II, § 1,

art. 6, n° 10 ; Toullier, t. III, n° 363 ; Bayle-Mouillard
sur Grenier, t. II, n° 228 *quater*, note *b*; Saintespès-Lescot, t. IV, n° 1006).

88. — La même doctrine enfin doit être appliquée à la
date, qui serait erronée ou incomplète.

89. — Toutefois, quand nous disons qu'il faut considérer comme sans date le testament, qui porte une date
incertaine, fausse, erronée ou incomplète, nous supposons que ces différents vices existent, en effet, réellement
et irréparablement.

Que si, au contraire, ils étaient susceptibles d'être réparés, de manière à ce que l'on pût retrouver l'indication
exacte des jour, mois et an, où le testament a été fait,
la cause de la nullité disparaîtrait; car il serait démontré que ces vices n'existent qu'en apparence, et que le
testament renferme une date régulière.

90. — Mais comment cette rectification des vices de
la date peut-elle être faite?

Question importante, et dont la solution forme le complément indispensable de toute cette théorie.

Deux conditions sont, à cet égard, nécessaires ; à savoir :

1° Que l'inexactitude ou l'irrégularité de la date n'ait
pas été volontaire de la part du testateur, et qu'elle provienne d'une erreur ou d'une inadvertance ;

2° Que cette inexactitude ou cette irrégularité puissent
être rectifiées, à l'aide d'éléments puisés dans le testament
lui-même, et qui rétablissent, d'une manière certaine, la
date véritable.

91. — 1° Il faut, disons-nous d'abord, que l'inexactitude de la date n'ait pas été commise volontairement,
mais par erreur seulement ou par inadvertance.

S'il y avait, en effet, intention de la part du testateur,
la date ne serait pas seulement *inexacte ;* elle serait *fausse !*

Et la nullité serait irrémédiable, quel que pût être le
motif qui aurait porté le testateur à dissimuler la véritable

date : soit qu'il eût voulu y introduire lui-même cette nullité, afin de déjouer les manœuvres sous la pression desquelles il le faisait (auquel cas, cette nullité frapperait très-juste!) ; soit qu'il eût voulu rattacher cette date à un événement de famille ou autre ; soit qu'il ait eu le désir de prévenir ainsi des froissements, des susceptibilités parmi ses héritiers, etc.

Nous avons vu, toutefois, contester, avec beaucoup de vivacité, cette doctrine.

« La simulation, dit-on, n'est pas interdite, lorsqu'elle est honnête ; qu'elle se justifie par des considérations morales, souvent de la plus grande force ; et qu'on ne peut alléguer qu'elle ait eu pour but de faire fraude à aucun droit, à aucun intérêt, ni à aucune loi !

« Circonscrite dans ces limites, la simulation est le droit commun des citoyens ; c'est ainsi qu'une jurisprudence, désormais incontestable, maintient les donations déguisées sous la forme d'un contrat onéreux, quand elles ne sont pas faites à des incapables, quoique, par ce moyen, les parties parviennent à se soustraire aux formes solennelles établies par la loi pour les donations.

« On peut antidater une obligation ; on peut tout antidater, lorsque la loi ne l'a pas défendu par une disposition formelle. Pourquoi en serait-il autrement des dispositions testamentaires ? » (*Consultation* de notre respectable confrère, M. Thomine-Desmasures, du 22 fév. 1858.)

D'où l'on conclut que le testateur est le maître de la date de son testament, et que sa volonté doit être respectée, toutes les fois qu'il a d'ailleurs satisfait à cette condition de forme, sans violer, au fond, aucune des dispositions prohibitives de la loi. (*Voy.* aussi une *Consultation* de M. Ravez, Dev., 1843, I, 469.)

Ces raisons ne manquent pas de gravité ; lorsque le testateur aura été capable à toutes les époques, et qu'aucune fraude ne sera alléguée, il pourra paraître, en effet, rigoureux d'annuler un testament, que le testateur, en le fai-

sant, par exemple, le 1er février 1855, aurait volontairement daté du 1er février 1850, parce qu'il voulait le
reporter peut-être à la date de la mort de sa femme, ou
du mariage de sa fille ; de l'annuler toujours, nécessairement; et cela encore bien que ce testament eût pu être
tout aussi valablement fait le 1er février 1850 que le 1er février 1855 !

Il est vrai !

Mais la loi, qui exige la date, n'a pas entendu, par là,
sans doute, un vain assemblage de mots ou de chiffres,
ni une date quelconque, de fantaisie ou de sentiment !

Ce qu'elle exige au contraire, sous peine de nullité,
c'est l'indication exacte et sincère de l'époque précise où
le testament a été fait ! (Comp. *supra*, n° 73 ; les citations
infra, n° 93 ; Baudot, *Observations* sur l'arrêt de la Cour
de cassation du 3 mai 1859, Thinault, Dev., 1859, I, 369-
372 ; Cass., 11 mai 1864, Mahaut, Dev., 1864, I, 233 ;
Merlin, *Répert.*, v° *Testament*, sect. II, § 1, art. 6, n° 10 ;
Demante, t. IV, n° 115 *bis*, II).

92. — C'est au magistrat qu'il appartient de décider,
en fait, si c'est volontairement ou par inadvertance que
le testateur a écrit une date inexacte.

Nous supposons d'ailleurs, dans tout ceci, que la
preuve de la volonté ou de l'inadvertance du testateur
résulte du testament lui-même.

Quand le testament porte une date régulière et complète, c'est une question délicate que celle de savoir de
quelle manière on peut en établir la fausseté ou l'inexactitude ; ce qui revient, en d'autres termes, à savoir quelle
foi est due à la date du testament olographe. (*Infra*,
n° 160.)

Quant à présent, afin de ne pas compliquer tous ces
principes, nous restons dans l'hypothèse, où la preuve
soit de la fausseté intentionnelle, soit de l'erreur in-
volontaire de la date, se trouve dans le testament lui-
même.

Il y a des cas où l'erreur éclatera, pour ainsi dire, à première vue!

Primus mourant en 1818, laisse un testament daté du *quinze juin mil cent seize* (comp. Caen, 2 août 1817, Le Boyer, Sirey, 1817, II, 401);

Ou il meurt en 1857, laissant un testament daté du onze août *mil huit cent cinq six* (comp. Nîmes, 28 juill. 1857, Métras, Dev., 1857, II, 728).

Ce sont là de manifestes inadvertances et des erreurs matérielles, qui se rectifient, pour ainsi dire, d'elles-mêmes; aussi, les exemples nombreux, que nous en offre la jurisprudence, sont-ils là pour attester que presque toujours la rectification en a été faite de manière à valider le testament. (Comp. Rouen, 14 avril 1847, Doré, Dev., 1848, II, 447; Merlin, *Répert.*, v° *Testament, loc. supra;* Coin-Delisle, art. 970, n° 38; Bayle-Mouillard sur Grenier, t. II, n° 228 *bis,* note *e; voy.* aussi L. 7 au Code *De testamentis.*)

D'autres fois, ce sera, au contraire, la volonté arrêtée de mettre une fausse date qui sera évidente; c'est ce qui arrivera, par exemple, presque toujours quand la date se trouvera être postérieure à l'époque du décès du testateur! (*Supra,* n° 87.)

92 bis. — Il se pourrait d'ailleurs que la fausseté de la date ne fût qu'apparente, et que les juges décidassent, d'après les circonstances, que la date énoncée par le testament, est bien la date véritable où il a été fait.

L'abbé Ledoux, dans un testament daté du 8 mai 1844, fait un legs à la demoiselle Pauline Coulomb, qu'il désigne sous le nom de madame Planquet; et cette demoiselle n'avait épousé le sieur Planquet que le 11 septembre suivant.

Le même testateur avait fait, par son testament du 8 mai, un legs à Françoise Rauline, en l'appelant sa domestique; et cette fille n'était entrée à son service que le 18 juillet suivant.

Il est vrai! mais il résultait de toutes les circonstances que déjà, dès le 8 mai, le mariage de Pauline
Coulomb avec Planquet était convenu, et que Françoise
Rauline était aussi, dès cette époque, engagée à son service.

D'où il a été conclu, justement, suivant nous, en cet
état des faits, que la date du 8 mai, que portait le testament, n'était pas démontrée fausse (comp. Caen, 6 août
1849, Ledoux, *Rec. des arrêts de Caen*, 1849, t. XIII,
p. 279; Cass., 29 avril 1850, mêmes parties, Dev., 1850,
I, 592).

Nous avons encore vu, plus récemment, une hypothèse
semblable :

Primus, par un testament daté du 20 janvier 1850,
avait disposé de la part d'immeubles qui lui avait
été attribuée par le partage de la succession de Secundus.

Et le partage de cette succession n'avait été fait que le
10 novembre suivant!

Il est vrai; mais ce partage avait eu lieu à l'amiable,
par lots d'attribution; mais les immeubles, dont Primus
avait disposé, étaient exactement, ni plus ni moins, les
mêmes immeubles qui lui avaient été attribués par l'acte
sous seing privé du 10 novembre.

Nous avons, en conséquence, estimé que ce partage
avait pu être déjà convenu, entre les héritiers, dès le
20 janvier, quoiqu'il n'eût été écrit que le 10 novembre,
et que dès lors la date du testament n'était pas démontrée fausse (comp. Poitiers, 2 mars 1864, Boyer, Dev.,
1864, II, 256).

93. — 2° Lorsqu'il est prouvé que l'inexactitude ou
l'irrégularité de la date n'est que le résultat de l'inadvertance du testateur, nous avons dit qu'elle pouvait être
rectifiée (*supra*, n° 91).

Mais pour cela, deux conditions sont nécessaires; il
faut :

D'une part, que la rectification puisse en être faite à l'aide du testament lui-même, *ex ipsomet testamento, non aliundè, non extrinsecus;*

Et, d'autre part, qu'elle en résulte, non pas d'une façon conjecturale et par de simples présomptions, qui ne seraient pas ici plus admissibles que toute autre preuve extrinsèque, mais *certainement* et *inévitablement!* (Arrêts cités *infra*).

C'est le testament lui-même, en effet, qui doit être *daté*, et qui doit, par conséquent, renfermer les énonciations constitutives d'une date précise.

Il est vrai que ces énonciations ne sont pas soumises à une forme sacramentelle; et c'est de là précisément que dérive la faculté de réparer ce que l'indication de la date pourrait avoir d'incomplet ou d'inexact.

Mais toujours faut-il que ce soit le testament lui-même qui fournisse, d'une manière tout à fait équivalente, la date exacte que la loi y exige. (Comp. Cass., 3 janv. 1838, Bérit, Dev., 1838, I, 182; Cass., 3 mars 1846, Décami, Dev., 1846, I, 565; Cass., 8 mai 1855, Guairier, Dev., 1855, I, 327; Amiens, 19 fév. 1856, Obert, Dev., 1856, II, 217; Cass., 18 nov., 1856, mêmes parties, Dev., 1857, I, 272; Lyon, 22 fév. 1859, Guillon, Dev., 1859, II, 545; Cass., 14 mai 1864, Mahaut, Dev., 1864, I, 233; Cass., 15 mai 1867, Legoubé, Dev. 1867, I, 236; Mantica, *de Conject. ultim. volunt.*, III, 19, 18; Merlin, *Répert.*, v° *Testam.*, *loc. supra cit.*; Toullier, t. III, n° 351; Duranton, t. IX, n° 36; Grenier, t. II, n° 228 *bis*; et Bayle-Mouillard, *h. l.*, note *c*; Coin-Delisle, art. 970, n°s 38, 39; Troplong, t. III, n°s 1488 et 1489; Zachariæ, Aubry et Rau, t. V, p. 497.)

94.—Et maintenant, dans quels cas le testament fournira-t-il des moyens intrinsèques pour rectifier, certainement et irrésistiblement, l'erreur ou l'irrégularité de la date?

Ce n'est plus là, généralement, qu'une question subordonnée aux circonstances, et dont la solution appartient aux juges du fait, sans que leur décision puisse, de ce chef, encourir la cassation (Cass., 3 janv. 1838, Bérit, Dev., 1838, I, 182; Cass., 8 mai 1855, Guerrier, Dev., 1855, I, 327; Cass., 6 août 1856, Sève, Dev., 1856, I, 778; Cass., 18 nov. 1856, Obert, Dev., 1857, I, 272).

95.—A cet égard, pourtant, nous devons remarquer, en droit, que l'indication de la date n'est pas nécessairement indivisible.

La date elle-même, sans doute, considérée abstractivement, est indivisible, en ce sens qu'elle exprime ou qu'elle n'exprime pas, d'une manière exacte, l'époque où un acte a été fait.

Mais l'indication de la date est divisible, au contraire, en ce sens que, des trois éléments dont elle se compose, les uns peuvent être exactement indiqués, tandis que l'inexactitude ne porterait que sur les autres.

Voici un testament daté du 1er mai 1827.

Mais le papier timbré, sur lequel il est écrit, n'a été mis en circulation que le 1er janvier 1828; et le testateur est décédé le 2 avril 1829.

La date est fausse, s'écrie l'héritier! car le testateur n'a pas pu écrire, *le 1er mai* 1827, sur ce papier, dont le filigrane atteste qu'il n'a été émis que *le 1er janvier* 1828!

Il est vrai!

Mais voyons ce qu'il y a d'erroné dans cette date.

Est-ce l'indication du jour et du mois?

Le testateur atteste qu'il a écrit son testament le premier jour du mois de mai; or, rien ne contrarie l'exactitude de ces deux premiers éléments.

On objecte que c'est là un tout indivisible, et que l'erreur démontrée de l'indication du millésime réagit sur l'indication du jour et du mois.

Mais pourquoi donc? et quel lien rattache nécessairement ces deux premiers éléments au troisième?

Il n'y aurait, de cela, aucun motif; et puisque rien n'infirme l'indication du mois et du jour, cette indication demeure dans toute sa force pour établir que le testament a été fait le 1er mai.

Or, s'il en est ainsi, le testament est sauvé!

En effet, ce n'est ni le 1er mai 1827, qu'il a pu être écrit, puisque le papier, qui le porte, n'existait pas encore; ni le 1er mai 1829, puisque le testateur n'existait déjà plus;

Donc, il a été fait le 1er mai 1828; et voilà notre date retrouvée (comp. Cass., 1er mars 1832, Amiable, D., 1832, I, 76; Cass., 8 mai 1855, Grenier, Dev., 1855, I, 327; Nîmes, 28 juill. 1857, Métras, Dev., 1857, II, 728; Cass., 18 janv. 1858, Moreau, Dev., 1858, I, 177).

96. — Ne pourrait-on pas néanmoins soulever l'objection suivante :

Ce n'est qu'à l'aide d'éléments puisés dans le testament lui-même, que la rectification de l'erreur ou de l'irrégularité de la date est possible (*supra*, n° 93);

Or, on ne peut considérer comme des éléments puisés dans le testament lui-même, que ceux qui sont écrits de la main du testateur, et qui font ainsi partie intégrante du testament (art. 970);

Donc, on ne saurait rectifier l'erreur dans l'indication du millésime, à l'aide du filigrane du papier timbré; car ce n'est point là un élément écrit de la main du testateur et qui fasse partie du testament (*voy.* la plaidoierie de M. Dalloz, 1832, I, 76-78).

L'objection ne manque pas d'une certaine gravité.

Elle n'a pas, toutefois, réussi; et la Cour suprême a répondu :

« Que c'est dans l'acte lui-même que les juges ont trouvé les éléments de sa rectification, puisque le timbre de la feuille sur lequel le testament était écrit, *et qui fai-*

sait corps avec elle, n'ayant été mis en circulation que le 1er janvier 1828, il était impossible que le testament eût été fait, comme il apparaissait, le 1er mai 1827.... » (*Loc. supra cit.*)

Ajoutons qu'il est logique et équitable que le légataire puisse se servir, pour se défendre, du même moyen dont l'héritier se sert pour l'attaquer, et que, retournant contre son adversaire l'arme que celui-ci emploie, il lui réplique que ce même filigrane du papier timbré, s'il démontre l'erreur de la date, en démontre, en même temps et inséparablement, l'exactitude.

Mais le moyen, bien entendu, n'est admissible qu'autant que l'on arrive ainsi, avec certitude, au rétablissement de la véritable date; et il ne suffirait pas de dire, par exemple, quand un testament, daté de 1844, a été écrit sur du papier timbré de 1849, *qu'il y a lieu de penser* qu'il a été écrit en 1854 (comp. tribun. civ. d'Amiens, 1er mai 1855, Obert; et l'arrêt infirmatif de la Cour, du 19 février 1856, Dev., 1856, II, 217; Cass., 18 nov. 1856, mêmes parties, Dev., 1857, II, 272).

97. — Est-ce que même la fraîcheur ou l'ancienneté de l'écriture, l'état plus ou moins grand de conservation du papier, et jusques à la marque de fabrication, ne pourraient pas aussi être considérés comme des éléments matériels et physiques tirés du testament lui-même? nous le croyons (comp. tribun. civ. d'Amiens, 1er mai 1855, Obert, Dev., 1856, II, 218; Coin-Delisle, art. 970, n° 38).

98. — Bien plus ! rien ne s'opposerait à ce que les magistrats eussent recours à des preuves puisées en dehors du testament, afin de déterminer le véritable sens des énonciations qui tendraient à en rectifier la date.

Cette rectification, en effet, n'en résulterait pas moins des énonciations intrinsèques du testament, puisque les faits extrinsèques n'auraient été appréciés que dans le but d'éclaircir ces énonciations elles-mêmes (comp. *su-*

pra, n° 37 ; Cass., 8 mai 1855, Grenier, Dev., 1855, I, 327 ; Zachariæ, Aubry et Rau, t. V, p. 497).

99. — Nous terminerons ce qui se rapporte à la date, par une dernière observation.

Il est impossible, en examinant les recueils de jurisprudence, de n'être pas frappé du nombre considérable de testaments olographes, dont la date est inexacte.

Et ce qui n'est pas moins digne de remarque, c'est que, le plus souvent, l'inexactitude est prouvée par le millésime du filigrane du papier timbré, qui se trouve être d'une date postérieure à la date du testament.. (*Voy.*, à ce sujet, les renseignements fournis par le Directeur de l'enregistrement et des domaines, Dev., 1858, II, 497, note 2.)

Nous croyons que cette observation, constatée par une expérience, qui a été si dommageable à de graves intérêts, peut fournir l'occasion d'un avertissement utile.

Ces inexactitudes de date proviennent, en effet, presque toutes, de ce que le testateur, ayant fait son testament à une époque antérieure, le recopie ensuite à une époque postérieure, et que, tout en conservant, dans cette copie, l'ancienne date, il y ajoute des dispositions nouvelles, qui se réfèrent à des événements, dont la réalisation n'a eu lieu que depuis.

Par un testament daté du 30 avril 1837, le testateur, au milieu de plusieurs autres dispositions, et dans le corps même de l'acte, fait un legs de 20 000 fr. « à sa fille, *parce que son fils*, dit-il, *a hérité de Mme Loyer ;* or, cette dame Loyer n'est morte que le 30 juin 1839 ! (Comp. Rouen, 14 avril 1847, Dévé, Dev., 1848, II, 447.)

Eh bien ! ce qui est très-vraisemblable, c'est que le testateur, recopiant après 1839, le testament de 1837, y a ajouté le nouveau legs, en lui conservant son ancienne date.

Voilà le danger, que nous voulons signaler ; c'est celui qui consiste à recopier ainsi jusques à la date, un testament antérieur, auquel on ajoute des dispositions nouvelles.

Ce testament, qui était d'abord valable, le voilà nul maintenant tout entier !

100. — Mais supposons pourtant que le testateur, en le recopiant, n'y ait rien ajouté.

Paul, ayant fait son testament le 30 avril 1837, le recopie, en lui conservant sa date de 1837, sur un papier timbré, qui n'a été mis en circulation qu'en 1838.

Et il déclare lui-même, dans cette copie, que, ne voulant pas laisser ses dernières volontés aux hasards d'un seul exemplaire, il a résolu d'en faire un second, et qu'il a copié, à cet effet, son testament sur cette nouvelle feuille.

A supposer que le premier exemplaire de 1837 soit perdu ou ne soit pas représenté par une cause quelconque, ce second exemplaire, daté de 1837 sur du papier timbré de 1838, sera-t-il valable ?

On peut le soutenir avec beaucoup de force.

Recopier son testament, purement et simplement, sans aucun changement, est-ce donc le refaire ?

Et si cette déclaration du testateur est sincère, si aucune fraude n'est prouvée, est-ce qu'il n'y a pas là, sur ce papier timbré de 1838, un exemplaire, de tous points, intellectuellement le même que l'exemplaire de 1837 ? (Comp. pourtant *infra*, n° 139.)

101. — C. Il faut enfin que le testament olographe soit signé du testateur ; c'est la troisième et dernière condition de forme, à laquelle il est soumis (*supra*, n° 59).

La signature, qui est, en général, nécessaire pour le complément de tous les actes de la vie civile, soit des actes publics, soit surtout des actes privés (que l'on appelle précisément, pour cela, sous *seing* privé), devait être d'autant plus exigée dans le testament olographe, qu'elle seule, en effet, peut témoigner qu'il est bien l'œuvre personnelle du testateur , et son œuvre définitive et achevée !

102. — Mais qu'est-ce que *signer?* et en quoi consiste la signature?

Régulièrement, signer un acte, c'est y apposer son nom de famille, c'est-à-dire le nom sous lequel on est inscrit sur les registres de l'état civil, et y apposer, par conséquent, toutes les lettres alphabétiques, dont ce nom se compose.

« On ne peut donc pas être censé signer un acte, dit Merlin, lorsqu'au lieu de son nom de famille, on y appose, soit le nom d'une famille à laquelle on n'appartient pas, soit le nom d'une terre que l'on possède, soit même un sobriquet, soit ses prénoms ou l'un de ses prénoms, soit les lettres initiales de son nom seulement, ou seulement de ses prénoms. » (*Répert.*, v° *Signature*, § 3, art. 5, n°ˢ 1 et 2.)

Aussi l'Ordonnance de 1629, par son article 211, enjoignait-elle « à tous gentilshommes de signer du nom de leurs familles et non de celui de leurs seigneuries, en tous actes et contrats, qu'ils feront, à peine de nullité desdits actes et contrats. »

Et Menelet, en remarquant que ce mot: *actes*, embrasse les testaments, rapporte, en effet, deux arrêts, par lesquels le testament du sieur Régnier, qui avait été signé du nom de *Bussières*, et celui de René de Joncourt, qui avait été signé *d'Ausson,* furent annulés ; ces arrêts émanaient du parlement de Dijon, qui était un de ceux, en fort petit nombre d'ailleurs, qui avaient enregistré l'Ordonnance du chancelier de Marillac. (Comp. Ricard, part. 1, chap. iv, sect. vii; Davot et Bannelier, t. V, p. 25 ; Merlin, *loc. supra cit.*)

Plus récemment, la loi du 23 juin 1790 ordonna qu'aucun citoyen ne pourrait prendre que le vrai nom de sa famille.

La loi du 6 fructidor an ii défendit aussi de porter des

noms ou prénoms autres que ceux exprimés dans l'acte de
naissance, et d'ajouter aucun surnom à son nom propre,
à moins qu'il n'ait servi jusqu'alors à désigner les membres d'une même famille, sans rappeler les qualifica-
tions féodales ou nobiliaires.

Enfin, la loi du 11 germinal an XI défend à toute personne de changer de nom, sans en avoir obtenu l'autorisation du gouvernement.

Ces divers monuments législatifs attestent que la
signature requise dans les actes de la vie civile, est bien
celle du nom de famille ; et ils ne font d'ailleurs que
consacrer une règle de raison.

C'est aussi à cette règle que se réfère notre article
970, lorsqu'il exige que le testament olographe soit
signé.

103. — Est-ce à dire pourtant qu'il faudrait y voir
une cause de nullité, toutes les fois que la signature ne
serait pas celle du nom de famille du testateur, ou ne
reproduirait pas ce nom tout entier en lettres alphabétiques ?

C'est ce que paraissent, en effet, penser quelques jurisconsultes. (Comp. Toullier, t. III, nos 373, 374 ; Grenier, t. II, n° 328, *septimo.*)

Mais cette doctrine n'a pas prévalu ; et elle ne pouvait
pas, à notre avis, prévaloir.

D'abord, les lois nouvelles relatives *aux noms*, n'ont
pas reproduit la *peine de nullité*, que prononçait l'Ordonnance de 1629.

Ce sont là d'ailleurs des lois générales, dont le but
n'est nullement de régler le sort des actes de la vie civile,
ni surtout des testaments, qui sont, dans notre Code,
l'objet de dispositions spéciales.

Et enfin, la disposition relative au testament olographe,
ne détermine ni le mode ni la forme de la signature,
qu'elle exige.

Régulièrement, que la signature doive être du nom de

famille écrit tout entier en lettres alphabétiques, nous le croyons.

Mais, en définitive, le texte ne l'exige pas ainsi d'une manière rigoureuse; et il faut même ajouter qu'une telle exigence aurait été excessive et pleine de dangers !

Dès là, en effet, que le législateur admettait la forme olographe, cette forme simple et libre, il devait nécessairement l'admettre avec les habitudes qu'elle comporte dans la pratique; c'est-à-dire qu'il devait, relativement à la signature, se contenter de la manière, dont le testateur était dans l'usage de signer les actes de sa vie civile.

Après tout, quel est le but de la signature? c'est de prouver l'individualité de la personne à laquelle un acte est attribué; or, ce but est suffisamment rempli, lorsque la personne a signé son testament de la même manière dont elle signait tous ses autres actes : *sic agebat, sic contrahebat!*

Justinien a dit fort justement :

« *Nomina enim significandorum hominum reperta sunt; qui, si quolibet alio modo intelligantur, nihil interest.* » (*Inst. de legatis*, § 29; L. 8, § 2, ff. *De bon. possess. contra tabul.*; L. 34, ff. *De condit. et demonstr.*)

D'où la conséquence que la signature, même irrégulière ou incomplète, satisfera, d'une manière du moins équipollente, à la condition exigée par notre article 970, dès qu'elle fera connaître la personne du testateur..... *si de personâ constet.* (*Inst.*, loc. supra cit.; comp. Merlin, *Répert.*, v° *Signature*, loc. supra cit.; Duranton, t. IX, n°s 35 et suiv.; Coin-Delisle, art. 970, n° 40; Bayle-Mouillard sur Grenier, t. II, n° 228, *septimo*, note *l*; Troplong, t. III, n°s 1495 et suiv., Zachariæ, Aubry et Rau, t. V, p. 403; Demante, t. IV, n°s 115 *bis*, III et IV; Saintespès-Lescot, t. IV, n° 1008.)

104. — Voici, par exemple, un testament, que le testateur a signé d'un nom autre que le nom de famille, sous lequel il est inscrit sur les registres de l'état civil dans son acte de naissance.

Son nom de famille est *Guillot;* et il a signé : *Bussières !* (Cass., 5 févr. 1829, Faure, D., 1829, I, 137.)

Ou bien, il a signé : *Saint-Ange;* et son nom de famille est *Michallet !* (Paris, 7 avril 1848, Michallet, Dev., 1848, II, 219.)

Ou encore c'est une femme mariée, dont le nom de famille est *Constance Quesnet*, qui a signé son testament de son prénom seulement, à elle, et du nom de son mari : *Constance de Commore*. (Rennes, 11 févr. 1830, Quesnet, D., 1834, I, 393.)

Eh bien! tous ces testaments n'en ont pas moins été déclarés valables; et très-justement! par application de notre règle, parce qu'en fait, il avait été reconnu que les testateurs avaient signé de la même manière tous les actes émanés d'eux, non-seulement les lettres, mais encore les actes obligatoires, publics ou privés.

105. — Autre exemple, non moins fréquent!

Le nom du testateur, sur les registres de l'état civil, était *Marie* tout court.

Puis, il a ajouté *d'Avigneau*, du nom d'une terre qui lui appartenait; ce qui a fait *Marie d'Avigneau*.

Et puis, bientôt, supprimant le nom *Marie*, il ne s'est plus appelé que du nom de *d'Avigneau*, signant, en effet, de ce seul mot tous les actes de sa vie publique et privée.

Son testament, signé de même, a été maintenu; et il devait l'être. (Comp. Bourges, 19 août 1824, Marie d'Avigneau, D., 1825, II, 62.)

106. — Un évêque décède, laissant un testament signé seulement des initiales de ses prénoms, précédées d'une croix, et suivies de l'indication de sa dignité ;

† *J. B., évêque de Bayonne.*

Qu'avons-nous dit tout à l'heure?

Que la signature devait être celle du nom lui-même, et

non pas des prénoms, et qu'elle devait reproduire les lettres alphabétiques, dont le nom se compose..

Il est vrai; telle est la règle.

Mais nous avons ajouté que cette règle, loin de comporter une application rigoureuse, admettait, au contraire, un notable tempérament, par lequel nous l'avons de suite limitée. (*Supra*, n° 103.)

Eh bien donc! si, en effet, le testateur, depuis sa promotion à l'épiscopat, avait adopté l'usage depuis longtemps suivi par un grand nombre de prélats, de signer ainsi, non-seulement les actes de son ministère apostolique, mais encore les actes obligatoires de sa vie civile et publique, son testament, signé de la même manière, devra être déclaré valable.

C'est ce qui fut décidé à l'occasion du testament de Massillon, par le tribunal de première instance de Clermont; il est vrai que, sur l'appel des héritiers, le légataire universel crut devoir transiger; mais s'il ne fut porté à cette transaction que par la crainte de succomber devant la cour, cela prouverait qu'il n'avait pas assez de confiance dans son droit; et cette preuve, en effet, résulte d'un arrêt de la Cour de cassation, qui rejeta le pourvoi contre un arrêt de la cour de Pau, qui avait maintenu, dans les mêmes circonstances, le testament de Joseph-Jacques Loiseau, évêque de Bayonne. (Comp. Pau, 13 juill. 1822, Serdolin, Sirey, 1822, II, 337; Cass., 23 mars 1824, mêmes parties, Sirey, 1824, I, 245; Merlin, *Répert.*, v° *Signature*, § 3, art. 4 et 5.)

107. — M. Troplong cite, dans le même sens, sans en indiquer la date, un arrêt de la cour de Corse, qui, sur ses conclusions, a déclaré valable le testament d'un sieur *Pasquale Pernetti*, quoiqu'il ne fût signé que de son nom de baptême *Pasquale*, parce que tel est l'usage des paysans corses, qui ne se désignent que par leurs prénoms, et négligent totalement leur nom de famille. (T. III, n° 1476.)

108. — Il faudrait appliquer cette solution même au cas où le testateur aurait seulement signé d'un surnom, d'un *sobriquet*, si telle avait été, en effet, sa signature habituelle.

109. — Mais pourrait-on considérer comme valablement signé le testament auquel un simple particulier n'aurait apposé que deux ou trois initiales de ses nom et prénoms?

La négative résulte d'un arrêt du 26 octobre 1650 (du Conseil de Brabant), qui a déclaré nul le testament de *Marie, Renée de Barronnage*, parce qu'il n'était signé que des lettres initiales : *M. R. B.*

Merlin, qui le rapporte, ajoute toutefois qu'il y a lieu de croire que le testament eût été déclaré valable, s'il eût été prouvé que le testateur ne signait pas seulement ainsi des lettres missives; que les actes, qu'il avait encore signés de même, étaient importants; et qu'il ne signait pas habituellement d'une autre manière. (*Répert.*, v° *Signature*, § 3, art. 4, n° 2; Coin-Delisle, art. 970, n° 7; Marcadé, art. 970, n° 13; Saintespès-Lescot, t. IV, n° 1008.)

Mais cette dernière déduction de notre principe ne nous paraîtrait pas aussi sûre.

Il est vrai que nous venons d'admettre que le testament d'un évêque, signé des initiales de son nom, avec l'indication de sa dignité, a pu être déclaré valable. Oui! avec l'indication de sa dignité, qui constitue, pour ainsi dire, son nom, et par suite sa signature, et d'où résulte en effet un assemblage de lettres, qui peut être vérifié et reconnu.

Mais deux ou trois lettres détachées ne forment point un nom ni une signature; et elles ne présentent non plus aucune garantie de certitude ni aucun moyen de vérification. (Comp. Duranton, t. IX, n° 40.)

110. — Il se peut aussi que la signature soit affectée de quelque défaut physique.

L'orthographe y manque, par exemple; ou le nom n'y est pas écrit avec toutes les lettres, dont il se compose; ou bien elle est illisible.

De telles signatures sont-elles bonnes?

Au point où nous en sommes, c'est là une question de fait plus encore que de droit.

En droit, il faut toujours observer notre règle et rechercher si le testateur signait habituellement de la même manière, avec les mêmes fautes et les mêmes incorrections; et, dans le cas de l'affirmative, le testament devra être déclaré valable.

Ajoutons que, indépendamment même de ce moyen, la signature mal orthographiée, incorrecte ou incomplète, pourrait être déclarée valable, si, d'ailleurs, elle était bien reconnaissable, et s'il était constaté que le testateur a voulu sérieusement faire sa signature. La circonstance qu'il n'y aurait qu'imparfaitement réussi, à cause de sa maladie ou de son âge, ou de son défaut d'instruction, n'empêcherait pas que le testament ne fût valablement signé; l'état matériel de l'acte serait surtout à examiner.

C'est par application de ces principes qu'un arrêt du parlement de Flandre, du 28 septembre 1740, déclara valable le testament qu'un nommé *Constantin* avait signé du nom de *Constintin,* et qu'un autre arrêt du parlement de Paris, du 5 juillet 1782, maintint aussi le testament qu'un sieur *Delon* avait signé du nom de *Delooz.* (Merlin, *Répert.,* v° *Signature, loc. supra cit.*)

Plus récemment, une dame *Laquererie Ducheylard,* ayant signé son testament du nom de *Laquerie Ducheyla,* la Cour de Bordeaux a décidé, de même, que « l'absence de quelques lettres dans la signature du testateur ne peut faire prononcer la nullité du testament, lorsqu'il est constant, comme dans l'espèce, que c'est le testateur qui a ainsi tracé sa signature.... » (5 mai 1828, Ducheylard, D., 1828, II, 155; comp. Cass., 4 mai 1841, Boisgirard, Dev., 1841, I, 442; Cass., 31 déc. 1850, Marinetti, Dev.,

1851, I, 26; *voy.*, toutefois, Caen, 11 déc. 1822, Magdeleine, Sirey, 1823, II, 128 ; Cass., 25 avril 1825, Lanou, Sirey, 1826, I, 73; Coin-Delisle, art. 970, n° 41 ; Troplong, t. III, n° 1497; Zachariæ, Aubry et Rau, t. V, p. 494.)

111. — Nous en disons autant de cet autre défaut, bien plus fréquent dans les signatures, qui en fait un *griffonnage indéchiffrable!* (Merlin, *loc. supra cit.*)

Il faudra voir les autres signatures du testateur et comparer !

« Où arriverait-on, disait M. le conseiller Duplan, si l'on se montrait exigeant sur la correction des signatures, quand nous voyons la plupart de nos hauts fonctionnaires, de nos officiers publics, et des citoyens eux-mêmes, signer avec des caractères où l'on ne peut distinguer aucune des lettres de la langue française. » (Cass., 4 mai 1841, Boisgirard, Dev., 1841, I, 442.)

Ce qu'il faut néanmoins, c'est que cet état de la signature ne provienne pas d'une rature ou d'une macule ajoutée après coup, et qui feraient douter si le testateur n'a pas eu l'intention d'anéantir son testament. (Comp. Grenier, t. II, n° 228 *septimo ;* et Bayle-Mouillard, *h. l.*, note *j.*)

112. — Que l'on ne puisse pas considérer comme une signature une simple croix ou une marque, ainsi que les personnes illettrées sont quelquefois dans l'usage d'en faire, c'est ce qui résulte suffisamment des développements, que nous venons de fournir.

C'est, en effet, le nom tout entier qu'il y faut ! (*Supra*, n° 102.)

113. — Mais le nom lui-même suffit-il tout seul?

Et ne faut-il pas qu'il soit accompagné d'un paraphe?

Pour l'affirmative, on peut dire que la signature n'est pas la simple écriture qu'une personne fait de son nom ; que c'est le nom écrit d'une manière particulière, avec un ou plusieurs traits de plume, que l'on appelle paraphe. (Comp. Demante, t. IV, n° 115 *bis*, III.)

Mais pourtant la loi n'a pas indiqué non plus la forme ni la manière de signer ; ajoutons que si le plus grand nombre, à la vérité, accompagnent leur signature d'un paraphe, il en est aussi beaucoup, parmi les personnes illettrées, et même parmi les femmes de toutes les conditions, qui se bornent, pour toute signature, à tracer les lettres de leur nom.

C'en est assez pour conclure que le paraphe n'est pas un élément essentiel de la signature.

Cette conclusion est particulièrement certaine, dans le cas où le testateur n'avait pas l'habitude d'apposer un paraphe à son nom.

Et elle devrait même être admise dans le cas où le testateur, qui n'aurait point paraphé sa signature dans le testament, aurait eu l'habitude de la parapher dans les autres actes, si d'ailleurs on n'alléguait, contre la validité du testament, que cette seule différence. (Comp. Aix, 27 juin 1846, Mille, Dev., 1848, II, 30 ; Zachariæ, Aubry et Rau, t. V, p. 494.)

114. — On peut aller plus loin et mettre en question s'il est nécessaire que la signature soit détachée du corps de l'acte ? ou si elle ne serait pas valable, lors même qu'elle ferait partie de la phrase finale, par forme de simple énonciation ?

Régulièrement, sans doute, la signature doit être placée au-dessous du contexte du testament, en vedette, pour ainsi dire ; et il est bon, sans y mettre pourtant trop d'intervalle, de l'en séparer par un petit espace.

Mais enfin supposons que le testateur ne l'a pas fait ainsi.

Que faudra-t-il décider ?

Merlin a proposé la distinction suivante, qui a été généralement adoptée :

Ou les expressions, qui suivent la signature ainsi pla-

cée, ne sont ni essentielles à la validité du testament ni
dispositives ; et, dans ce cas, la signature est valable ;

Ou, au contraire, les expressions, qui la suivent, sont
essentielles à la validité du testament, ou elles renferment
elles-mêmes des dispositions ; et, dans ce cas, on ne saurait y reconnaître la signature du testament. (Comp.
Merlin, *Répert.*, v° *Signature*, § 3, art. 5, n° 1 ; Grenier,
t. II, n° 22 *septimo ;* et Bayle-Mouillard, *h. l.*, note *l ;*
Zachariæ, Aubry et Rau, t. V, p. 500 ; Duranton, t. IX,
n° 42 ; Coin-Delisle, art. 970, n° 42 ; Demante, t. IV,
n° 115 *bis*, III.)

Cette distinction nous paraît, en effet, juridique ; et
toutefois nous croyons devoir ajouter qu'il faudra, dans
ces sortes de questions, tenir compte des circonstances
particulières du fait.

Quelle était l'habitude du testateur ? a-t-il signé, de la
même manière, les actes importants de sa vie civile ? on
sait, en effet, que beaucoup de personnes, les femmes
surtout, sont dans cet usage, s'imaginant sans doute que
la signature consiste dans l'énonciation des prénoms et
du nom.

Le testament lui-même, quel aspect offre-t-il sous ce
rapport ? le nom du testateur, bien qu'encadré dans la
phrase finale, y est-il tracé en caractères plus saillants
que la ligne d'écriture dont il fait partie ? est-il accompagné d'un paraphe ?

Nous ne disons pas que toutes ces circonstances soient
indispensables pour que la signature ainsi faite soit déclarée valable ; mais ce qui est certain, c'est que, si elles
s'y rencontrent en tout ou en partie, elles contribueront
puissamment à ce résultat.

Voilà les moyens sur lesquels il faut appuyer la distinction, que nous venons de reproduire ; et l'on aperçoit
qu'ainsi expliquée, elle ne saurait avoir le caractère absolu qu'on semblerait lui avoir attribué.

Un testament, par exemple, se terminait en ces termes :

« *Fait et écrit en entier, après mûres réflexions, par moi,
Pauline d'Espinose, veuve Guyot, qui ai signé après lecture
et méditation. Fait au Croisic, le 20 janvier 1806. Deux
mots rayés nuls.* »

Il est à noter que le testament était daté en tête, et que,
par conséquent, la date, qui se trouvait à la fin, était superflue. Il en était de même évidemment des mots : *qui
ai signé ;* car la loi n'exige pas cette mention ; et enfin de
ces autres mots : *après lecture et méditation, et deux mots
rayés nuls ;* car la loi n'exige pas non plus la mention ni
l'approbation des ratures.

Que restait-il donc ? que la signature terminait le testament lui-même, puisque les expressions, qui la suivaient,
n'étaient ni essentielles à sa validité, ni dispositives ; et
comme il fut constaté que la testatrice avait apposé son
nom à son testament, dans l'intention, en effet, de le signer, le testament a été déclaré valable. (Cass., 20 avril
1813, Merlin, *loc. supra cit.;* Dev. et Car., 4, I, 332.)

Mais, au contraire, on a déclaré nul un autre testament, qui se terminait ainsi :

« Fait et signé par moi, Michel-François Falla, de la
commune de Loucin, canton de Hollogne, le 20 déc.
1809. » (Comp. Liége, 22 fév. 1842, Sirey, 1843, II, 336.)

Eh ! pourquoi donc ?

C'est, a-t-on dit, qu'il n'y avait point là une signature, pas plus que si le testateur eût dit, en commençant : *Je soussigné ....;* dans un cas comme dans l'autre,
il a bien annoncé son intention de signer; mais il n'a
pas signé effectivement. (Comp. Coin-Delisle ; Troplong,
loc. supra cit.)

Les explications, qui précèdent, ont, nous le croyons,
démontré que ceci ne serait pas péremptoire; et nous
ne voyons pas ce qui aurait empêché de décider,
au contraire, en fait, que le testateur, en apposant
son nom à la fin de son testament, l'avait, en effet,
signé.

Mais ce qui distinguait cette seconde hypothèse de la première, c'est que la date ne se trouvait qu'à la fin, après la signature ; que par conséquent, les expressions qui suivaient celle-ci, étaient elles-mêmes essentielles à la validité du testament ; et c'est par application de la seconde branche de la distinction proposée, que le testament devait être déclaré nul.

Il faut s'entendre encore sur ce point, pourtant !

De ce que la date suivrait la signature, serait-il logique d'en conclure qu'il n'y a pas de signature ?

Certainement non !

Or, quant à présent, notre unique question est celle-ci :

Le testament est-il signé ?

Tandis que le moyen, que l'on invoque, soulève une question différente, et que nous allons aborder, à savoir :

La signature est-elle bien placée ?

Il est vrai que la place même où le testateur a écrit son nom dans le testament, peut être indicative de son intention de signer ou de ne pas signer, et servir, en conséquence, à décider la question de savoir si ce nom constitue, en effet, ou ne constitue pas sa signature.

Quoi qu'il en soit, nous concluons qu'il serait difficile de poser une règle absolue, sur ces sortes de questions, où l'empire du fait prédomine.

115. — Nous venons d'examiner successivement chacune des trois conditions, qui constituent la solennité du testament olographe (*supra*, nos 60 et suiv.).

Mais est-ce à dire qu'elles doivent être, sous peine de nullité, accomplies dans l'ordre même où l'article 970 les présente ?

En d'autres termes, faut-il que la date suive le corps d'écriture du testament et précède la signature ?

Il serait impossible de soutenir une thèse semblable, du moins dans des termes aussi absolus.

Et personne, en effet, n'a entrepris de la soutenir, en ce qui concerne la date.

Il est unanimement admis que la date peut être placée soit au commencement, soit au milieu, soit à la fin du testament, sauf à examiner, ce que nous allons faire, si elle peut être placée après la signature (*infra*, n° 116).

Au commencement? c'est ainsi qu'un grand nombre de personnes sont dans l'usage de dater non-seulement leurs lettres, mais leurs actes sous seing privé les plus importants; et le législateur, qui n'avait aucun motif pour interdire cet usage dans le testament olographe, n'aura pas voulu sans doute tendre un tel piége au testateur!

Au milieu? pourquoi pas aussi, dès qu'il est reconnu, en droit, que l'article 970 n'a pas déterminé la place de la date, et lorsqu'il sera constaté, en fait, que la date, bien que placée au milieu, se réfère à toutes les dispositions du testament, à celles qui la suivent, comme à celles qui la précèdent?

A la fin? oh! certainement oui, si c'est avant la signature, et au-dessus.

116. — Mais la date pourrait-elle être placée après la signature et au-dessous?

Cette dernière question a paru plus délicate; c'est qu'il ne s'agit plus seulement de la place que doit avoir la date; il s'agit aussi de la place que doit avoir la signature.

« La signature, disait Pothier, doit être à la fin de l'acte, parce qu'elle en est le complément et la perfection. » (*Des Donat. testam.*, chap. I, art. 2, § 2.)

Cela est incontestable! c'est par sa signature que le testateur témoigne qu'il a écrit et daté ses dispositions, avec l'intention de faire un testament; et il faut que la signature s'applique, en effet, tout à la fois au contexte du testament et à la date, qui doit être elle-même certifiée comme l'écriture.

Mais faut-il en conclure que la date doive, sous peine de nullité, précéder la signature?

Oui, a-t-on répondu :

1° L'article 970 l'exige ainsi, puisqu'il dispose que le testament olographe doit être écrit en entier, *daté et signé* de la main du testateur.

2° La date doit se trouver dans le testament; car elle en est une partie intégrante; or, le testament est clos par la signature; donc, la date qui se trouvait après la signature, serait en dehors du testament (comp. Liége, 22 févr. 1842, Fallu, Sirey, 1813, II, 336; Toullier, t. II, n° 375; Grenier, t. II, n° 228, *septimo*).

Cette conclusion rigoureuse n'a pourtant pas été admise; et nous croyons qu'elle ne devait pas l'être :

1° Quant au premier argument, sur lequel on la fonde, nous venons d'en démontrer l'inexactitude.

En effet, on convient que, malgré l'ordre des mots tels qu'ils se trouvent dans l'article 970, la date pourrait être placée en tête ou au milieu du testament.

Donc, l'observation de cet ordre n'est pas prescrite à peine de nullité.

2° Reste l'autre argument, vrai sans doute en soi, mais dont on abuse, lorsqu'on prétend l'appliquer avec une telle rigueur.

Ce que la loi exige, c'est que la signature gouverne tous les éléments de l'acte, la date donc aussi, comme le reste.

Mais est-il absolument nécessaire, pour cela, que la date soit au-dessus de la signature et qu'elle la précède?

Non, sans doute !

Ce qu'il faut et ce qui suffit, c'est que, d'après l'arrangement matériel de l'acte, il soit certain que la signature se réfère à la date, comme au contexte du testament.

Eh quoi! cette date est placée sur la même ligne que la signature ou le paraphe.

Est-ce qu'il serait possible de l'annuler?

Descendez-la même un peu; la voilà au-dessous de la signature; mais l'encre est la même; les caractères sont les mêmes; et rien qu'à regarder cette pièce, on reconnaît, à première vue, que date et signature, tout est écrit de la même main, sans intervalle, et qu'il n'y a là, en effet, qu'un acte unique, dont toutes les parties se relient!

Et on voudrait annuler un pareil testament!

« Attendu, dit la Cour de cassation, que si la date est une formalité substantielle, d'après l'article 970, la place de cette date n'a point été indiquée au-dessus de la signature, sous peine de nullité; que peu importe à quel endroit de l'acte elle a été apposée, *dès qu'elle a une corrélation nécessaire avec ses dispositions....* » (11 mai 1831, Quesnet, D., 1834, I, 392.)

Voilà le principe.

Mais on voit qu'il faut toujours, du moins, que la date, quelque place qu'elle occupe, ait une corrélation nécessaire avec les dispositions, auxquelles on veut l'appliquer; et on ne saurait trop recommander aux testateurs de la placer de manière à ce qu'elle se rapporte nécessairement à toutes les dispositions que le testament renferme, et ne fasse, avec elles, qu'un seul et même contexte (comp. Metz, 10 juill. 1816, Blandin, Sirey, 1849, II, 60; Bordeaux, 12 janv. 1825, Alezais, D., 1826, II, 95; Cass., 9 mai 1825, Delelée, D., 1825, I, 314; Merlin, *Répert.*, v° *Testam.*, sect. II, § 4, art. 3, n° 6; Duranton, t IX, n°s 33 et 38; Coin-Delisle, art. 970, n° 33; Marcadé, art. 970; Troplong, t. III, n° 1491; Zachariæ, Aubry et Rau, t. V, p. 499; Demante, t. IV, n° 115 *bis*, II.)

117. — Ce qui est certain, quant à la signature, c'est qu'elle doit suivre toutes les dispositions du testament, dont elle est le complément essentiel.

« C'est pourquoi, dit Pothier, un *post-scriptum* après signature est nul, s'il n'est aussi signé. » (*Introduct. au tit.* XVI *de la cout. d'Orléans*, n° 8 ; ajout. des *Donat. testam.*, chap. I, art. 3, § 2.)

Mais ce n'est, bien entendu, que le *post-scriptum* qui est nul ; sans que cette nullité réagisse sur les dispositions, qui se trouvent au-dessus de la signature (comp. Cass., 11 avril 1843, Jallon, Dev., 1843, I, 531).

Nous allons d'ailleurs revenir bientôt sur ce point (*infra*, n°s 130 et 137 ; comp. Toulouse, 28 janv. 1833, Martin, D., 1833, II, 145 ; Duranton, t. IX, n° 38).

118. — Les conditions d'écriture, de date et de signature, telles que nous venons de les exposer, sont les seules, que la loi exige pour la validité du testament olographe.

« Il n'est assujetti à aucune autre forme, » dit l'article 970.

Et, par conséquent, ce n'est que dans l'inaccomplissement de l'une de ces trois conditions, que l'on pourra trouver un moyen de nullité.

Cette observation est importante ; car elle pourra souvent fournir un moyen de solution pour les nombreuses questions, qui se sont élevées dans cette matière.

119. — Ainsi, d'abord, faut-il que le testament olographe porte la mention qu'il a été écrit en entier, daté et signé de la main du testateur ?

Évidemment non !

Il est vrai que l'article 972 exige une mention de ce genre dans le testament par acte public ; mais, précisément, l'article 970 ne l'exige pas dans le testament olographe.

L'usage est, toutefois, d'y faire aussi cette mention ; et cet usage, qui offre une garantie de plus, est, en effet, bon à suivre ; ce que nous disons seulement, c'est qu'il n'est pas prescrit, à peine de nullité (comp. Furgole, des

Testam., chap. ii, sect. iii, n° 86; Grenier, t. II, n° 228; Zachariæ, Aubry et Rau, t. V, p. 500).

120. — Faut-il que le testament olographe soit écrit en français?

Notre réponse est encore la même.

L'article 970, ni aucun autre texte ne l'exige, à la différence de ce qui a lieu pour les testaments publics et les actes de suscription des testaments mystiques.

Rien donc ne s'oppose à ce que le testament olographe soit écrit par le testateur, en allemand ou en anglais, dans sa langue maternelle, ou même dans tout autre idiome étranger, quel que soit le testateur, Français ou non Français.

Nul doute, par exemple, qu'un testament écrit en latin ne fût valable.

Cette règle est ancienne; c'est ainsi que la loi 21, § 4 au Code, *de Testamentis*, décidait qu'il était permis de tester en grec; et Ricard enseignait de même que le testateur *peut se servir de la langue vulgaire, ou de celle de doctrine, ou de celle des étrangers* (comp. Bordeaux, 11 juin 1828, Paillet-Lapeyrière, Sirey, 1829, II, 25; Ricard, Ire part., chap. v, sect. viii, n° 1568; Bayle-Mouillard sur Grenier, t. II, n° 228 *septimo*, note *a*; Zachariæ, Aubry et Rau, t. V, p. 498).

121. — Le testament olographe peut d'ailleurs être écrit non-seulement sur du papier, timbré ou non timbré (sauf, dans ce dernier cas, à le faire viser pour timbre), ou sur du parchemin;

Mais encore sur quelque matière ou substance que ce soit : du carton, par exemple, du bois, du linge, ou de la pierre.

« *Nihil autem interest, in tabulis, an in chartis, membranisve, vel in alia materia fiat,* disait Justinien. (*Inst. de Testam. ordin.*, § 12; Ricard, *loc. supra*, n° 1567; Furgole, *des Testam.*, chap. ii, sect. i, n° 5; Bayle-Mouillard sur Grenier, t. II, n° 228, *septimo*, note *a*; Marcadé, art. 970, n° 2; Demante, t. IV, n° 115 *bis*, V.)

122. — De même qu'il peut être écrit non-seulement avec de l'encre, de quelque couleur que ce soit, noire, rouge, ou bleue;

Mais encore avec toute espèce de liquide, même avec du sang, comme on l'a dit!

Et même seulement aussi au crayon (comp. Tribun. civ. de Nivelles, (Belgique), 4 mai 1864, Pols, D., 1865, III, 30);

Et non-seulement à l'aide d'une plume, mais avec toute espèce d'instrument, comme la pointe d'un couteau ou d'un stylet.

Ce que la loi exige, en effet, seulement, c'est que le tracé, sur quelque matière qu'il se trouve, et de quelque manière qu'il ait été fait, soit l'œuvre du testateur, et qu'il soit susceptible d'être reconnu, produit et conservé (coup. Aix, 27 janv. 1846, Mille, Dev., 1848, II, 30; Coin-Delisle, art. 970, n° 23; Bayle-Mouillard, *h. l.*; Troplong, t. III, n° 1472; Marcadé, Demante, Zachariæ, Aubry et Rau, *loc. supra cit.*).

123. — Il importe, toutefois, d'ajouter une observation sur les hypothèses qui précèdent (n°ˢ 120-122).

C'est que ce sont là des hypothèses singulières, qui s'écartent des habitudes reçues.

Aussi, ne devraient-elles pas manquer, s'il arrivait que l'une d'elles se présentât, d'exciter un sentiment de surprise, qui nous porterait naturellement à nous enquérir pourquoi ces procédés insolites ont été employés.

Oh! sans doute, si le testateur, sous la menace d'un danger imminent, dans des troubles civils, par exemple, ou dans un combat, n'ayant pas eu le moyen de se procurer de l'encre, a tracé son testament au crayon, dans son portefeuille, ou sur une enveloppe de lettre, on pourra bien s'en rendre compte; et ce testament sera valable.

Mais si on ne suppose rien de pareil, une autre question s'élèvera presque toujours, question non pas de *forme*, mais de *fond*, à savoir : si celui, qui a eu recours

à de tels procédés, a eu l'intention sérieuse de faire un
testament, alors que pouvant employer les moyens ordinaires, il s'est avisé de recourir, sans aucune nécessité, à
des expédients tout au moins bizarres! (Comp. *suprà*,
n° 70.)

124. — La Cour de Nîmes a déclaré valable un testament qui avait été écrit par le testateur sur son livre domestique (20 janv. 1810, Pical, Sirey, 1810, II, 231).

Et très-justement sans doute, dès que l'on a reconnu
qu'il avait eu, en l'écrivant ainsi, l'intention sérieuse de
tester (comp. Merlin, *Répert.*, v° *Testam.*, sect. II, § 4,
art. 3, n° 8; Zachariæ, Aubry et Rau, t. V, p. 498; Demante, t. IV, n° 115 *bis*, V).

125. — C'est, toutefois, une question très-ancienne,
dans notre sujet, que celle de savoir si un testament
olographe peut être fait en la forme d'une lettre missive.

L'article 3 de l'Ordonnance de 1735 s'y opposait formellement :

« Voulons aussi que les dispositions, qui seraient faites
« par lettres missives, soient regardées comme nulles et
« de nul effet. »

Et il n'est pas inutile de savoir les motifs que ses interprètes en fournissaient :

« Les différentes manières de juger, disait Furgole, et
les doutes, qui pouvaient naître pour savoir si les dispositions contenues dans des lettres missives, étaient
sérieuses, ou si elles ne contenaient que de simples com-
pliments ou des démonstrations d'affection, ont, avec fondement, déterminé le roi à abroger cette manière de
disposer, et à déclarer nulles toutes les dispositions faites
par lettres missives. » (*Des Testam.*, chap. III, sect. VII,
art. 20.)

Bergier écrivait de même :

« Les lettres missives, qui ne sont que l'image de la
conversation, ne sont pas plus destinées à lier les hommes, que la conversation qu'elles imitent; et les expres-

sions de libéralité y sont moins l'effet d'une volonté absolue et délibérée, que le témoignage obligeant d'une bienveillance, qui s'arrête cependant au simple projet. » (Sur Ricard, t. I, p. 405.)

Ces motifs étaient assurément fort sérieux.

Mais suffisaient-ils à justifier la prohibition absolue de l'article 3 de l'Ordonnance?

Nous ne le pensons pas.

Il y a, en effet, ici deux questions, qu'il ne faut pas confondre : la question de forme et la question de fond.

En la forme, un testament peut-il être contenu dans une lettre missive?

Pourquoi donc pas !

Il suffit, pour que le testament olographe soit valable, qu'il soit écrit en entier, daté et signé de la main du testateur; *il n'est,* dit l'article 970, *assujetti à aucune autre forme;*

Or, cette triple condition se rencontre, nous le supposons, dans la lettre missive, qui renferme le testament;

Donc, en la forme, le testament fait dans une lettre missive, est valable.

Cette conclusion nous paraît irrésistible.

On se récrie : une lettre missive n'est pas un acte! elle n'est pas destinée à faire un *titre!* elle ne suppose pas, de la part de celui qui l'écrit, la volonté sérieuse et définitive de faire un testament!

Ceci est autre chose.

Ce n'est plus la question de forme; c'est la question de fond.

Et, à ce point de vue, nous admettons toute la gravité de l'objection.

Mais ce qui en résulte, ce n'est pas qu'un testament ne peut jamais être écrit dans une lettre missive; c'est seulement qu'on ne devra que très-difficilement reconnaître, dans une lettre missive, l'intention sérieuse, la volonté définitive de faire un testament.

Litteræ, quibus hæreditas promittitur, vel animi affectus exprimitur, vicem codicillorum non obtinent. » (L. 17, ff. *De jure codicill.*)

Voilà ce que décidait aussi le droit romain, qui, pourtant, malgré l'assertion contraire de Ricard (*loc. supra*) et de Boutaric (*sur l'article* III *de l'Ordonn. de* 1731), reconnaissait, dans certains cas, les dispositions de dernière volonté *per epistolam*, mais qui, bien entendu, ne les reconnaissait qu'autant qu'elles n'exprimaient pas seulement de simples promesses. (Comp. L. 75, ff. *de Legat.* 2°; L. 11, § 4, et 37, § 4 *de Legat.* 3°; L. 1, *Cod. de codicill.*; L. 1, *Cod. de latin. libert. toll.*; *Novelle* 107.)

Aussi, cette forme de disposer était-elle admise par nos anciennes provinces de droit écrit, dans les mêmes cas et sous les mêmes conditions que dans le dernier état du droit romain.

Quant aux provinces coutumières, où le testament olographe était admis, la jurisprudence y avait consacré la validité des dispositions écrites dans une lettre missive (Bergier, *loc. supra*); et l'on pourrait même soutenir que cette jurisprudence n'avait pas été changée par l'Ordonnance de 1735, dont la prohibition ne concernait que les pays de droit écrit, où la forme olographe n'était point reconnue (comp. art. 3 et 16).

Quoi qu'il en soit, notre Code n'ayant pas renouvelé cette prohibition, il faut aujourd'hui tenir pour certain que rien ne s'oppose à ce qu'un testament soit contenu dans une lettre missive.

Il est vrai que, dans l'*Exposé des motifs*, M. Bigot-Préameneu a déclaré que:

« Les dispositions faites verbalement, par signes ou *par lettres missives*, ne sont pas admises. » (Fenet, t. XII, p. 555.)

Mais quelle qu'ait pu être la pensée de l'orateur, elle n'exprimerait, dans tous les cas, qu'une opinion individuelle, qui ne saurait l'emporter sur les arguments, par lesquels nous venons de démontrer qu'un testament olographe peut être fait dans une lettre missive.

Toutefois, de ces arguments mêmes il résulte que deux conditions y sont indispensables, à savoir :

1° Que la lettre, d'où l'on veut faire résulter un testament, ne renferme pas seulement un simple projet, mais une volonté définitive et arrêtée ;

2° Que la lettre réalise, par elle-même, et dès à présent, cette volonté ; c'est-à-dire que l'auteur de cette lettre ait entendu, en effet, disposer par la lettre même, et dès à présent ; de telle sorte, que la lettre étant une fois écrite, il n'y eût plus, dans sa pensée, rien à faire pour accomplir sa disposition.

On ne saurait donc voir un testament dans une lettre par laquelle celui, qui l'a écrite, annoncerait l'intention de faire des dispositions ; si sérieuse et si définitive que parût avoir été cette intention, et lors même que la lettre renfermerait, avec précision et dans les plus grands détails, les dispositions qu'il annonçait vouloir faire ; car annoncer que l'on a le projet de les faire, c'est évidemment ne pas les faire encore !

Pas plus qu'il ne faudrait voir un testament dans une lettre par laquelle le souscripteur annoncerait qu'il a fait un testament ; et cela, lors même qu'il s'y référerait de la manière la plus positive ; bien plus ! lors même que la lettre reproduirait, dans tous ses détails et avec la plus grande précision, les dispositions du testament qu'elle rappelle ; car dans ce cas, non plus, la lettre elle-même n'aurait pas été considérée par lui comme un testament, ni comme devant être le titre dispositif !

Il y a si loin, bien souvent, de la promesse à l'exécution !

Et qui voudrait affirmer qu'il ne se trouve pas aussi des gens qui disent qu'ils ont fait un testament, quand ils n'en ont pas fait !

Voilà la part de l'objection.

Mais si, au contraire, il est reconnu, d'une part, que
l'auteur de la lettre a eu l'intention définitive de faire un
testament, et, d'autre part, qu'il a voulu réaliser cette
intention par la lettre elle-même, *actu*, disait Furgole
(*loc. supra cit.*), il n'y a aucune raison pour que cette
lettre ne soit pas, en effet, valable comme testament olographe ;

A quelque personne, d'ailleurs, que la lettre soit
adressée, au légataire lui-même ou à un tiers, par la
poste ou autrement, et dans quelque lieu qu'elle se
trouve.

Dans quels cas cette double condition se rencontre-
t-elle ?

Ce n'est plus là qu'une question de fait. Il n'y aurait
pas de doute possible, si le souscripteur avait expressément déclaré qu'il entendait que cette lettre fût son testament ; mais cette déclaration ne serait pas nécessaire ; et les termes de la lettre pourraient être *dispositifs*
à ce point qu'il ne restât aucun doute ; l'emploi du papier timbré serait, notamment, une circonstance à
prendre en grande considération (comp. Bruxelles, 19
août 1807, Lefèvre, Sirey, 1813, II, 334; Colmar, 5 avril
1824; Klein, D., 1825, II, 62 ; Cass., 24 juin 1828,
Dev. et Car., IX, I, 116 ; Rouen, 14 avril 1847, Dévé,
Dev., 1848, II, 447; Paris, 25 mai 1852, de Veine,
Dev., 1852, II, 289 ; Cass., 7 juin 1852, Vantroyen, D.,
1852, I, 166 ; Poitiers, 16 mars 1864, Savy, Dev.,
1865, II, 63 ; Grenoble, 22 févr. 1865, Gauthier, Dev.,
1865, II, 164 ; Merlin, *Répert.*, v° *Testam.*, sect. II, §1, art.
5 ; Delvincourt, t. II, p. 83, note 4 ; Toullier, t. III, n°
378 ; Grenier, t. II, n° 228-8° ; Duranton, t. IX, n° 26 ;
Vazeille, art. 970, n° 6 ; Poujol, art. 970, n° 26 ; Coin-
Delisle, art. 970, n° 24; Marcadé, art. 970, n° 5 ; Troplong, t. III, n°⁵ 1476, 1477 ; Saintespès-Lescot, t. IV, n°⁵
97 et 996 ; Zachariæ, Aubry et Rau, t. V, p. 493 ; Demante, t. IV, n° 115 *bis*, VI).

126. — C'est à l'aide de la même distinction qu'il faut résoudre la question de savoir si un acte entièrement écrit, daté et signé de la main d'une personne, ne peut être néanmoins considéré comme un testament qu'autant qu'il se réfère au temps où le souscripteur n'existera plus.

Nous avons exprimé déjà l'opinion que ce n'est point là une question de *forme*, mais une question de *fond*, c'est-à-dire une question d'interprétation (*supra*, n° 20); et si nous croyons devoir la rappeler ici, c'est que le testament olographe est celui qui peut, le plus souvent, donner lieu à cette difficulté.

La doctrine générale, ancienne et moderne, enseigne que, pour qu'un acte puisse être considéré comme un testament, il est nécessaire qu'il ait été fait en vue de la mort et dans l'intention de tester ; Menochius ajoutait que cette doctrine est applicable, lors même que l'acte a été écrit par un moribond.... *Quando ab infirmo et ægrotante facta est! (De præsumpt.*, III, 36; comp. Voët, *ad Pandect. de mort. causâ donat.* ; Furgole, *des Testam.*, chap. xiv, n° 8.

Nous comprenons cette doctrine, en effet, dans ces termes généraux (art. 895).

Il ne serait donc pas impossible que l'on refusât de voir un testament dans un acte par lequel le souscripteur aurait dit: *Je donne tel bien à Paul*, si les termes de cet acte, étant tout au présent, ne se référaient, en aucune manière, à l'époque de sa mort et n'annonçaient aucune pensée testamentaire (comp. Cass., 5 févr. 1823 ; Catherine Lefrançois, Sirey, 1823, I, 377 ; Troplong, t. III, n° 1478).

Mais ce que nous nous empressons d'ajouter, c'est que, suivant nous, cette interprétation ne sera pas celle, à beaucoup près, qui devra être le plus ordinairement adoptée.

En droit, l'acte est valable en la forme olographe, dès

qu'on le suppose écrit entier, daté et signé, aux termes de l'article 970.

Et s'il est, en effet, nécessaire, pour qu'il constitue un testament, que celui qui l'a écrit, ait eu l'intention de lui en imprimer le caractère, ce n'est plus là qu'une question d'intention; or, la loi, n'ayant soumis la manifestation de cette intention à aucune forme sacramentelle, c'est aux magistrats qu'il appartient de la reconnaître d'après les circonstances particulières, telles que les termes de l'acte, la nature des dispositions qu'il renferme, le lieu où il aura été trouvé, etc.

La belle apparence, par exemple, que le souscripteur ait entendu faire une donation entre-vifs, si, dans cet acte sous seing privé, il a fait des dispositions au profit de plusieurs personnes!

Ou s'il a disposé de la totalité de ses biens, sans aucune réserve, *en donnant tout ce qu'il possède en ce monde!* (*Voy.* pourtant Grenoble, 18 juill. 1838, Nebon, Dev., 1839, II, 137.)

Ou si, ayant conservé cet acte dans ses papiers, il y a mis cette suscription : *Mes volontés* (comp. L. 75, ff. *De legat.* 2°; Nîmes, 26 avril 1811; Aix, 25 août 1825, Portal, D., 1826, II, 179; Bordeaux, 11 juin 1828, Paillet-Lapeyrière, Sirey, 1829, II, 25; Cass., 11 mai 1831; Quesnel, D., 1834, I, 392; Cass., 21 mai 1833; Fouchon, D., 1833, I, 239; Douai, 10 mai 1854, Péron, Dev., 1854, II, 435; Merlin, *Répert.*, v° *Testam.*, t. XVII, p. 734; Grenier, t. II, n° 224; Bayle-Mouillard, *h. l.*, note *a*; Zachariæ, Aubry et Rau, t. V, p. 492; Demante, t. IV, n° 115 *bis*, VII; Saintespès-Lescot, t. IV, n°ˢ 969 et 990).

127. — Rien ne nous paraît même s'opposer à ce que le même acte, qui renfermerait une donation entre-vifs et qui serait nul à cet égard, soit valable, comme testament, s'il renfermait aussi des dispositions de dernière volonté, et s'il était aussi, bien entendu, écrit en entier,

daté et signé de la main du testateur (comp. Cass., 4
août 1857, Bérenger, Dev., 1858, I, 43 ; Colmar, 5 avril
1824, Klein, D., *Rec. alph.*, h. v, n° 2607).

128. — Un testateur a écrit ses dispositions sur des
feuilles détachées ou *volantes*.

Qu'importe ! où est le texte qui le défend, si d'ailleurs, il règne, entre les feuilles, une liaison qui n'en
forme qu'un seul et même acte ; question de fait, qu'il
appartient aux magistrats d'apprécier.

Et, lorsque cette liaison des différentes feuilles est reconnue, il n'y a pas même à distinguer si elles sont ou ne
sont pas cotées ou paraphées (comp. Cass., 21 janv.
1842, Munier, Dev., 1842, I, 577 ; Cass., 3 déc. 1850,
Gauthier, Dev:, 1850, I, 780 ; Paris, 22 janv. 1850,
Lacoste, Dev., 1850, II, 115).

129. — Il faut remarquer, d'ailleurs, que le testateur n'est pas obligé d'écrire ses dispositions en un seul
contexte, ni en un seul jour ; l'article 970 n'exige pas,
pour le testament olographe, comme l'article 976 pour
l'acte de suscription du testament mystique, qu'il soit
fait *de suite et sans divertir à autres actes.*

Et la raison de différence est sensible ; car si l'acte de
suscription est toujours simple et court, il y a, au contraire, des testaments olographes longs et compliqués.

Seulement, lorsque le testateur emploie plusieurs jours
à faire son testament, il faut particulièrement veiller à
l'accomplissement de la formalité de la date et de la
signature.

Pas de difficulté, si le testateur a pris le soin de dater
et de signer, jour par jour, chacune de ses dispositions,
à mesure qu'il les faisait ; il y aurait alors autant de
testaments que de dates et signatures ; de testaments,
disons-nous, différents et distincts, dont l'un pourrait
être nul, tandis que l'autre serait valable (comp. Pothier,
des Donat. testam., chap. I, art 11, § 2).

Mais cette précaution, qui peut être sage, n'est pas indispensable ; le testateur, même après avoir employé plusieurs jours à écrire ses dispositions, peut se borner à une seule date, c'est-à-dire à la date du jour où il les a terminées, et à une seule signature aussi pour le tout ; et il y a, dans ce cas, en effet, un seul testament, valablement daté et signé pour toutes ses parties ; à moins que, par une singularité exceptionnelle, le testateur ait déclaré qu'il n'entendait dater et signer que les dernières dispositions qu'il a écrites (comp. Cass., 12 mars 1806, Majainville, Sirey, 1806, I, 282).

De même qu'en y mettant plusieurs dates, autant de dates que de jours, il peut n'y mettre qu'une seule signature.

Et non-seulement, il peut exprimer plusieurs dates successives, séparément, jour par jour ; mais rien ne s'oppose à ce qu'il les exprime en même temps ; comme dans cette formule, par exemple : *écrit par moi les 15, 16 et 17 mai 1863.*

Ce testament sans doute porterait plusieurs dates ; mais aucun texte ne s'y oppose, dès que la signature s'applique à toutes ces dates également ; et ce qu'il faudrait en conclure, ce n'est pas que la date est incertaine ; ce qui rendrait le testament nul ; c'est seulement que le testateur a mis plusieurs jours à l'écrire ; ce qui ne l'empêche pas d'être valable (comp. Cass., 8 juill. 1823, Sirey, 1825, I, 31 ; Cass., 15 juill. 1846, Tronnet, Dev., 1846, I, 721 ; Merlin, *Répert.*, v° *Testam.*, sect. II, § 4, art. 3, n°ˢ 6, 7 ; Duranton, t. IX, n° 33).

130. — Mais voici, au contraire, un testateur, qui, en écrivant, sur le même papier, ses dispositions successives, a signé les unes sans les dater, et a daté les autres sans les signer.

Il faudrait généralement répondre que les unes et les autres sont nulles :

Les premières, pour défaut de date ;

Et les secondes, pour défaut de signature.

A la différence du cas où le testateur, après avoir fait d'abord des dispositions, qu'il aurait datées, sans les signer, aurait fait ensuite des dispositions qu'il aurait signées, sans les dater. Ce qui serait alors généralement vrai, c'est que les unes et les autres devraient être déclarées valables ; car la date, qui peut, ainsi que nous l'avons vu (*supra*, n° 115), être mise au commencement ou au milieu de l'acte, réagirait sur les dispositions postérieures, qui se trouveraient ainsi datées elles-mêmes ; et la signature, placée à la fin, réagirait, à son tour, sur les dispositions antérieures, qui se trouveraient ainsi toutes signées. (Comp. Merlin, *Répert.*, v° *Testam.*, sect. II, § 1, art. 6, n° 7 ; et § 4, art. 3 ; Duranton, t. IX, n° 34 ; Zachariæ, Aubry et Rau, t. V, p. 499.)

131. — Il se rencontre, souvent, dans les testaments olographes, des irrégularités, des imperfections matérielles, sur lesquelles il est d'autant plus nécessaire de s'expliquer, qu'elles y sont, en effet, très-fréquentes : des blancs, par exemple, des ratures, des surcharges, des abréviations, des renvois, etc.

La règle à suivre, à cet égard, est simple ; elle dérive encore de notre article 970, qui, par son silence, implique qu'aucune de ces irrégularités n'est, par elle-même, de nature à entraîner la nullité du testament olographe, dès qu'elles ne l'empêchent pas de réunir les trois conditions, qu'il exige seulement pour sa validité.

Donc, peu importe que le testateur ait laissé des blancs, des intervalles dans le corps de l'acte.

Mais il a fait des ratures, des surcharges, des abréviations, des interlignes, des renvois !

Il n'importe pas davantage ; et on ne saurait même exiger que les ratures, les surcharges, les interlignes, les renvois soient cotés ou approuvés, encore bien qu'il soit plus prudent de le faire.

Nous n'apprécions d'ailleurs, en ceci, le testament qu'au point de vue de la forme.

Mais ces irrégularités peuvent soulever d'autres difficultés, en dehors de la question de forme proprement dite; et nous ferons, sur ce point, les trois observations que voici :

1° Lorsque l'acte, qui est produit, offre des imperfections de ce genre, on peut soutenir qu'il n'était pas, dans la pensée de celui qui l'a écrit, un acte définitif, destiné à devenir lui-même le *testament*, mais un simple projet, et un *brouillon;* question de fait, à décider d'après l'état matériel de la pièce, le plus ou moins grand nombre des irrégularités, qui s'y trouvent, et de leur plus ou moins grande gravité, etc.

2° Ce qu'il faut, d'ailleurs, bien entendu, dans tous les cas, c'est que les imperfections, qui s'y trouvent, les ratures, par exemple, ou les surcharges, n'aient pas rendu la disposition illisible; car si la disposition n'était pas lisible, elle se trouverait réduite *ad non esse !*

Mais aussi, dès qu'elle peut être lue, même sous les ratures ou les surcharges, elle est valable ; et cela est vrai de la date comme des dispositions; peu importe que la date ait été surchargée et modifiée même après coup; est-elle finalement lisible et reconnaissable? cela suffit; le testament a pour date celle que le testateur lui a donnée en dernier lieu, par cette surcharge (comp. Cass., 11 juin 1810, Héreau, Sirey, 1810, I, 289; Cass., 15 juill. 1846, Trousset, Dev., 1846, I, 721 ; Cass. 2 mai 1864, Delèlés, Dev., 1864, I, 235).

3° Enfin, il est clair qu'alors même que l'acte ne devrait pas être considéré comme un simple projet, et que les imperfections, qui s'y trouvent, ne le rendraient pas illisible, du moins faut-il que celles des parties de l'acte, qui sont demeurées lisibles, présentent un sens complet, et des dispositions, qui, en l'état où l'acte les exprime, soient susceptibles d'être comprises ; celles qui n'auraient pas ce caractère, ne sauraient être exécutées ; ce qui n'empêcherait pas d'ailleurs d'exécuter celles des dispositions où il se rencontrerait (comp. Paris, 22 janv. 1824, Arroult d'Herbemont, Sirey, 1825, II, 189; Pothier, *des Donat. testam.*, chap. 1, art. 2, § 2; Merlin, *Répert.*, v° *Testament*, sect. 11, § 4, art. 3, n° 5; et *Quest. de droit*, v° *Testament*, n° 5; Toullier, t. III, n° 359; Duranton, t. IX, n° 30; Coin-Delisle, art. 970, n° 19; Vazeille, art. 970, n° 4; Poujol, art. 970, n° 6; Troplong, t. III, n° 1471; Zachariæ, Aubry et Rau, t. V, p. 498).

132. — De graves controverses s'élèvent aussi sur les dispositions additionnelles, qui se trouvent souvent dans les testaments olographes, soit en marge, soit par interligne, soit à la fin, après la signature.

Ce qui fait alors la difficulté, c'est que ces additions ne sont presque jamais ni datées ni signées, ou que, du moins, si elles sont signées, ou paraphées, comme il arrive quelquefois, elles ne sont pas datées.

Parlons d'abord des dispositions marginales.

Une distinction doit, avant tout, être faite :

Ou la clause additionnelle constitue une disposition tout à fait nouvelle et indépendante, qui ne se rattache, par aucun lien, aux dispositions contenues dans le corps de l'acte.

Ou, au contraire, cette clause se rapporte aux dispositions du corps de l'acte, qu'elle a pour but d'interpréter, d'éclaircir ou de compléter.

133. — *a.* Dans le premier cas, si la disposition additionnelle a été écrite, après coup, à une époque postérieure à la confection du testament, notre avis est qu'elle est nulle, soit pour défaut de date et de signature, si elle n'est ni datée ni signée, soit pour défaut de date, si elle est signée, sans être datée (comp. Grenoble, 22 févr. 1865, Gauthier, Dev., 1865, II, 164).

Cette disposition, en effet, toute nouvelle, et tout à fait indépendante des dispositions antérieures, soit qu'elle y ajoute, sans les révoquer, soit qu'elle les modifie et les révoque, cette disposition, disons-nous, constitue alors

elle-même, en réalité, un nouveau testament; la circonstance qu'elle est écrite sur la même feuille de papier que
le testament antérieur, ne détruit pas la vérité de ce fait;
et puisqu'elle constitue un nouveau testament olographe,
il faut qu'elle soit faite d'après toutes les formes de ce
testament; cela est si certain que les testateurs appré-
cient eux-mêmes ainsi ces sortes de dispositions, et disent
d'ordinaire qu'ils veulent *ajouter* à leur premier testament, en qualifiant leurs additions de *codicilles;* mais,
indépendamment même de ces formules, nous croyons
qu'il faut les tenir, en effet, pour telles.

On a fait une objection, pourtant; et on a dit :

« .... Que les renvois marginaux, (même ajoutés postérieurement à la confection du testament), lorsqu'ils
sont écrits de la main du testateur, s'incorporent au testament, et lui empruntent sa date, à moins qu'il ne soit
prouvé que cet emprunt de date a eu pour objet de dissimuler un dol ou une fraude préjudiciable; — Que, en
effet, l'article 970 n'exige pas que le testament olographe
soit parachevé sans interruption, ni que sa date soit
placée à la fin plutôt qu'au commencement ou au milieu
de son contexte, mais seulement qu'il soit écrit, daté et
signé de la main du testateur; sans autre formalité.... »
(Orléans, 3 juill. 1858, Thinault, Dev., 1859, I, 139.)

Nous répondons que la loi, sans doute, n'exige pas
l'unité de temps et de contexte, dans le testament olographe; et le testateur peut employer plusieurs jours,
ou même, comme a dit Coin-Delisle, *plusieurs années à
le faire!* (Art. 970, n° 36.)

Oui! mais de là il ne résulte pas que, lorsqu'une fois
il l'a fait, il puisse faire encore de nouveaux testaments
distincts et différents, sans observer les formalités requises par la loi.

« Il est vrai, disait M. le procureur général Loiseau,
à l'audience de la Cour de Besançon du 18 juillet 1861,
que la loi n'exige pas l'unité de temps pour la confection

du testament olographe; mais l'acte achevé n'appartient plus au testateur, qui ne peut le modifier que dans les formes légales;... si l'on décidait qu'une seule date au bas du testament couvre toutes les clauses postérieures à cet acte, un testateur pourrait indéfiniment modifier, pendant toute sa vie, ses premières dispositions, et faire, à l'aide de renvois marginaux, une série de dispositions non datées. »

Ces arguments nous semblent péremptoires; aussi croyons-nous que la disposition additionnelle serait nulle, lors même que le testateur l'aurait rattachée au corps de l'acte, par quelque signe matériel caractéristique d'un renvoi, ou qu'il l'aurait approuvée en la paraphant ou en la signant; qu'elle serait nulle, disons-nous, même dans ce cas, parce qu'il y manquerait encore la date, l'une des conditions essentielles à sa validité, comme testament nouveau !

Mais de quelle manière pourra-t-on prouver que la disposition marginale n'a été écrite que postérieurement, et que, par conséquent, elle ne participe point à la date du testament, ni à la signature, si elle n'était pas signée?

La règle nous paraît être que les moyens de preuve devront être puisés dans le testament lui-même, *non aliundè, non extrinsecus*, à moins, bien entendu, (ce que nous ne supposons pas), que la disposition ne soit attaquée pour cause de dol et de fraude (*infra*, n° 158); mais, en temps qu'il ne s'agit que de moyens déduits du testament, c'est aux juges du fait qu'il appartient de décider si, en effet, la disposition additionnelle a été écrite après la confection du testament; aucune preuve ne serait meilleure assurément que celle qui résulterait de la contradiction, que produirait la clause marginale comparée au testament lui-même et à sa date; comme si, par exemple, la clause marginale mentionnait un fait qui ne se serait accompli que depuis la date du testament; l'état matériel de la pièce pourra aussi être pris en considération, comme si la comparaison de la couleur de l'encre, des caractères, et de la forme de l'écriture, faisaient apparaître que la disposition marginale a été écrite à une époque postérieure !

Ajoutons que la circonstance même que la clause additionnelle ne se rattache au corps de l'acte par aucun lien matériel ou intellectuel, ni par un signe de renvoi, ni par l'ordre des idées, devrait encore porter les magistrats à croire qu'elle est, en effet, postérieure (*voy.* les citations, *infra*, n° 135).

134. — Cette circonstance, toutefois, ne nous paraîtrait pas, à elle seule, suffisante; et nous croyons que la disposition marginale devrait être déclarée valable, lors.même qu'elle constituerait une disposition distincte, sans signe de renvoi et sans aucun lien intellectuel avec le corps de l'acte, s'il était reconnu qu'elle a été écrite en même temps et à la même date.

L'article 970, en effet, n'exige pas que les dispositions marginales, dans un testament olographe, soient revêtues d'une date et d'une signature particulières; bien plus! il n'exige pas même qu'elles soient approuvées ni qu'elles se rattachent au corps de l'acte par un signe quelconque de renvoi.

Ce que notre article exige seulement pour toutes les dispositions, de quelque manière qu'elles soient placées sur le même papier, c'est que la date et la signature s'y appliquent; or, il se peut assurément que l'on reconnaisse que la disposition marginale a été écrite en même temps que le corps de l'acte, et qu'elle participe à la date et à la signature, qui y est apposée; donc, lorsqu'une fois ce fait est reconnu, la disposition marginale est aussi valable que les dispositions contenues dans le corps de l'acte; car il n'y a pas là une disposition *additionnelle* proprement dite, ni une disposition nouvelle; il n'y a qu'un seul et unique testament!

Dans des observations du recueil de Sirey-Devilleneuve, qui accompagnent l'arrêt de la Cour de cassation du 27 juin 1860, on lit que :

« Si le renvoi constitue une disposition nouvelle et, en quelque sorte, un testament nouveau ou un codicille, il faut nécessairement qu'il soit daté, *sans qu'il y ait lieu de rechercher à quelle époque il a été fait, puisque alors même qu'il aurait été fait en même temps que le testament principal, il ne pourrait profiter de sa date....* » (Dev., 1860, I, 773, 774.)

Plusieurs auteurs semblent exprimer aussi la même doctrine (comp. Vazeille, art. 970, n° 17 ; Poujol, art. 970, n° 4 ; Coin-Delisle, art. 970, n° 34).

Mais nous venons de dire pourquoi cette doctrine ne nous paraît pas juridique.

Et, en résumé, voici sur cette première branche de notre distinction, ce que nous concluons :

La clause marginale, qui forme une disposition indépendante, a-t-elle été écrite postérieurement à la confection du testament? elle est nulle ; et cela, lors même qu'elle se rattacherait à l'acte par quelque signe matériel de renvoi.

A-t-elle été écrite en même temps que le corps de l'acte? elle est valable ; et cela, lors même qu'aucun signe caractéristique de renvoi ne la rattacherait au corps de l'acte, s'il est néanmoins reconnu qu'elle en fait partie.

135. — *b.* Venons maintenant au second cas, que nous avons supposé, c'est-à-dire à celui où la disposition additionnelle, qui se trouve en marge, se rattache aux dispositions du corps de l'acte, qu'elle a seulement pour but d'interpréter, d'éclaircir ou de compléter (*supra*, n° 131).

Que cette disposition soit valable, quand il est reconnu qu'elle a été écrite en même temps que le corps de l'acte, lors même qu'elle ne s'y rattacherait par aucun signe de renvoi, cela est évident! puisque nous venons de dire qu'une disposition additionnelle, même tout à fait distincte et indépendante, serait alors valable! (*Supra*, n° 133.)

Mais ne faut-il pas, dans ce second cas, aller plus loin, et décider que la disposition marginale additionnelle sera valable, lors même qu'il serait reconnu qu'elle a été écrite postérieurement à la confection du testament?

C'est en ce sens, effectivement, que la jurisprudence paraît se former (*voy.* les citations, *infra;* et les observations précitées, Dev., 1860, I, 773, 774).

Et nous croyons qu'elle est juridique, en tant qu'il ne s'agit que de dispositions purement accessoires et interprétatives des dispositions antérieures du corps de l'acte. En effet, s'il est vrai, comme nous l'avons vu, que les preuves, même extrinsèques, peuvent être admises afin d'éclaircir et d'interpréter les dispositions obscures et équivoques d'un testament (*supra,* n° 37), *a fortiori,* peut-on admettre les preuves, qui résultent des dispositions marginales, quoiqu'elles aient été écrites postérieurement à la confection du testament et qu'elles soient non datées.

Mais il faudrait, suivant nous, s'arrêter là! ce serait confondre les deux termes, si bien tranchés pourtant de notre distinction, et détruire par conséquent la distinction elle-même, que de valider des dispositions additionnelles marginales écrites postérieurement à la confection du testament, par le motif qu'elles se rattacheraient aux dispositions de ce testament, si elles s'y rattachaient non seulement pour les éclaircir ou les interpréter, mais pour les modifier, les augmenter ou les diminuer, et à plus forte raison pour créer elles-mêmes des dispositions qui n'existaient pas dans le testament!

Or, n'est-ce point là ce qu'a fait la Cour d'Orléans dans son arrêt du 3 juillet 1858? (Thinault, Dev., 1859, II, 139.)

Nous sommes porté à le croire, malgré l'arrêt de la Cour de cassation qui a rejeté le pourvoi (3 mai 1859, Thinault, Dev., 1859, I, 369).

Et quand nous voyons encore que l'on a considéré comme purement interprétative, une disposition additionnelle marginale, par laquelle une testatrice, qui avait oublié de désigner le nom de son légataire universel dans le corps même de son testament, l'a désigné ensuite, à une époque postérieure, sous une date nouvelle, il nous est difficile de croire que les deux termes de la distinction, sur laquelle toute cette doctrine repose, aient été bien exactement maintenus ! (*Supra*, n° 38; Dijon, 24 juill. 1861, de Bast, Dev., 1861, II, 539; Cass., 18 août 1862, de Roucher, *J. du P.*, 1863, p. 141; Dev., 1863, I, 268; comp. Cass., 27 juin 1860, Pétret, Dev., 1860, I, 773; Besançon, 19 juill. 1861, Pétret, Dev., 1861, II, 485; Caen, 21 août 1860, Beaumarais, Dev., 1861, II, 205; Cass., 16 déc. 1861, Beaumarais, Dev., 1862, I, 15; Amiens, 6 févr. 1862, Ferté, D., 1863, II, 127; Merlin, *Répert.*, v° *Testament*, sect. II, § 1, art. 6, n° 7; Grenier, t. II, n°s 227, 228, et Bayle-Mouillard, *h. l.*, note c; Coin-Delisle, art. 970, n°s 34, 35; Marcadé, art. 970, n° 5; Baudot, *Observations*, Dev., 1859, I, 359-372.)

136. — Ce que nous venons de dire des dispositions additionnelles, qui sont écrites en marge, il faut le dire également de celles qui sont écrites en interlignes.

Il est évident d'abord que les dispositions en interlignes sont valables, lorsqu'elles ont été écrites à la même date que le corps de l'acte; et c'est là, en effet, ce qu'il est naturel de présumer, tant que la preuve contraire n'est pas faite.

Mais aussi lorsque cette preuve est faite, soit parce que les dispositions placées en interlignes s'appliquent à une personne ou à une chose qui n'existait pas lors de la confection du testament, soit par l'état matériel de la pièce, comme la différence de l'encre, des caractères et de l'écriture, nous pensons que ces dispositions additionnelles, ne pouvant point alors participer à la date du corps de l'acte, doivent être déclarées nulles pour défaut de date,

à moins qu'elles ne soient purement accessoires et interprétatives. (*Supra*, n° 135.)

Et nous ne pourrions pas admettre le sentiment de
M. Troplong, qui enseigne *qu'il importe peu que les interlignes aient été mises après coup* (t. III, n° 1474).

D'où résulterait cette conséquence, inadmissible, en
effet, suivant nous, que le testateur pourrait désormais
indéfiniment faire, à toute époque, sans avoir besoin de
les dater, des dispositions nouvelles, et tout à fait indépendantes de ses dispositions antérieures, en les insérant
dans le testament qu'il avait fait une première fois !
(Comp. Cass., 11 avril 1843, Jullon, Dev., 1843, I,
531 ; Amiens, 6 févr. 1862, Ferté, Dev., 1862, II,
203.)

137. — La même doctrine enfin nous paraît applicable aux dispositions additionnelles, qui sont écrites en
forme de *post-scriptum*.

Le *post-scriptum*, qui ne serait ni daté ni signé, serait
nul, non-seulement s'il avait été écrit à une époque postérieure à la confection du testament, mais lors même
qu'il aurait été écrit en même temps et immédiatement.
(*Supra*, n° 117.)

Dans le cas où il serait signé et non daté, de deux
choses l'une :

S'il était constaté qu'il a été écrit en même temps que
le testament, il y aurait lieu d'examiner s'il participe à
sa date ; ce qui pourrait être démontré, soit par la nature
même de la disposition, si elle se référait aux dispositions du corps de l'acte, soit par l'état matériel de la
pièce et la disposition de l'écriture, soit par les *termes
du post-scriptum*, comme si le testateur avait dit : « *Voulant ajouter à mon présent testament, etc.* ; » et dans ce cas,
il appartiendrait aux magistrats de décider si la disposition ajoutée en forme de *post-scriptum*, n'en fait pas moins
partie intégrante du testament. (Comp. Metz, 10 juil.
1816, Blandin, Sirey, 1819, II, 69 ; Toulouse, 28 janv.

1833, Martin, D., 1833, II, 115 ; Paris, 2 août 1836, Mournand, Dev., 1836, II, 492.)

Mais alors même que le *post-scriptum* aurait été écrit immédiatement après le corps de l'acte, il ne serait pas impossible que l'on décidât qu'il constitue une disposition détachée et indépendante, qui devrait être déclarée nulle pour défaut de date. (Comp. un arrêt du 16 févr. 1760, cité par Denizart, v° *Testament*, n° 32 ; Merlin, *Répert.*, v° *Testament*, sect. II, § 1, art. 6, n° 7 ; Saintespès-Lescot, t. IV, n° 1012.)

A plus forte raison, la disposition additionnelle en forme de *post-scriptum*, devrait-elle être déclarée nulle pour défaut de date, s'il était constaté qu'elle n'a été écrite qu'à une époque postérieure, à moins qu'elle ne fût que réglementaire et interprétative des dispositions du testament. (*Supra*, n° 135.)

138. — La Cour de Toulouse paraît avoir jugé que, lorsqu'un testateur a écrit ses dispositions sur plusieurs feuilles volantes, et qu'ensuite il a ajouté de nouvelles feuilles à celles qui contenaient la date, les dispositions contenues dans ces nouvelles feuilles n'en sont pas moins valables, encore que la postériorité de leur confection soit démontrée par la différence du papier et de l'écriture, et par d'autres circonstances. (7 juin 1831, Criq, Dev., 1842, II, 577.)

Mais il nous serait difficile d'admettre cette solution ; et les principes, que nous venons d'appliquer aux dispositions additionnelles écrites en marge, en interligne ou par forme de *post-scriptum*, nous paraîtraient également applicables à cette hypothèse.

C'est-à-dire que nous aurions déclaré nulle la disposition postérieure écrite sur la nouvelle feuille, s'il nous avait été démontré que, n'étant pas datée elle-même, elle ne pouvait point participer à la date antérieure des autres feuilles.

139. — Faut-il que le testament olographe soit clos et scellé ?

Nullement ! et le silence de l'article 970 sur ce point autorise le testateur à le laisser tout ouvert, et à le remettre même en cet état entre les mains d'un tiers.

140. — Le testateur peut, en effet, soit le garder lui-même, soit le déposer entre les mains d'un tiers, d'un parent ou d'un ami, ou d'un officier public, tel qu'un notaire.

En quelque endroit d'ailleurs qu'on le trouve, le testament olographe est bon ; dans le secrétaire du testateur ou dans son armoire ; fût-ce même dans la poche de son habit, ou dans le panier de ses papiers de rebut ! nous avons vu ces exemples.

Il est bon, disons-nous, dès qu'il est intact, écrit en entier, daté et signé de la main du testateur.

141. — Un seul exemplaire ou original suffit, quoiqu'il soit prudent d'en faire des *duplicata*, et même de les déposer dans des lieux différents.

Et chacun de ces exemplaires a une égale force ; puisque chacun d'eux, étant écrit en entier, daté et signé de la main du testateur, constitue, également et distinctement, *per se*, un testament valable.

Aussi, importerait-il peu que l'un ou l'autre fût intitulé : *Copie.* (Comp. *supra*, n° 100 ; Cass., 4 nov. 1857, S.... C..., Dev., 1858, I, 33.)

141 bis. — Ajoutons enfin que le testament olographe ne serait pas moins valable, lors même que le testateur aurait manifesté l'intention de le revêtir de la forme mystique, et qu'il n'y aurait pas donné suite ; il ne serait pas moins valable, disons-nous, en la forme olographe, qui n'en demeure pas, en effet, pour cela, moins parfaite. (Comp. Aix, 18 janvier 1808, Rigo, D., *Rec. alph.*, h. v., n° 2587 ; Cass., 6 janv. 1814, de Lary, Sirey, 1814, I, 217 ; Poujol, art. 970, n° 27.)

B. — *De la force probante du testament olographe.*

SOMMAIRE.

158. — 2° Lorsque le testament olographe est attaqué, en vertu de l'article 901, pour cause d'insanité d'esprit, ou de suggestion et de captation, la fausseté de la date peut aussi être démentrée, indépendamment de l'inscription de faux, par tous les genres de preuve.

159. — 3° Enfin, tous les genres de preuve sont admissibles, sans qu'il soit besoin de recourir à l'inscription de faux, lorsque le testament est attaqué pour cause d'incapacité du testateur, à l'époque de sa confection.

160. — De l'hypothèse où la date étant régulière et complète, le testament lui-même n'offrirait, dans ses énonciations ni dans son état matériel, rien qui la rendît suspecte, et où il ne serait pas non plus attaqué pour cause de dol et de captation, ni pour cause d'incapacité.

161. — Suite.

162. — Suite.

141 *ter*. — Il nous reste à examiner, sur le testament olographe, deux questions importantes ; à savoir :

I. Lorsque l'écriture et la signature du défunt auquel il est attribué, ne sont pas reconnues, laquelle des deux parties, du légataire ou de l'héritier, doit être chargée d'en faire faire la vérification ?

II. Lorsque l'écriture et la signature en ont été volontairement ou judiciairement reconnues, le testament olographe fait-il foi de sa date ? Et, en cas d'affirmative, par quel genre de preuve l'erreur ou la fausseté de la date peut-elle être démontrée ?

142. — I. Nous demandons d'abord, en cas de méconnaissance de l'écriture et de la signature du défunt, laquelle des deux parties, de celle qui invoque le testament olographe, ou de celle à laquelle ce testament est opposé, doit être chargée du fardeau de la preuve ?

La solution de cette question est évidemment subordonnée à celle de savoir quel est le caractère du testament olographe, s'il est seulement un acte privé, ou s'il est un acte authentique.

Or, la réponse est bien simple ; et il est manifeste que le testament olographe n'est qu'un acte *sous signature privée !* (Art. 999.)

Il est vrai que, dans notre ancien droit, quelques auteurs ont soutenu que les coutumes qui, comme celle de

Paris (art. 289), le déclaraient *solennel, avaient mis le testament olographe au niveau de ceux qui sont reçus par une personne publique* (Furgole, *des Testam.*, chap. II, sect. VI, n° 4).

Mais, d'abord, ces auteurs n'appliquaient, en effet, leur doctrine qu'à celles des coutumes, qui le déclaraient solennel *par disposition expresse*, convenant eux-mêmes que le testament olographe n'était, dans les autres coutumes, à considérer que comme un acte privé, sujet à la méconnaissance d'écriture et à la vérification (Furgole, *loc. supra cit.*).

En outre, même dans celle des coutumes qui le déclaraient *solennel*, d'autres jurisconsultes, bien plus justement certes, avaient pensé que ce mot signifiait seulement que le testament olographe devait être *fait*, disait Ferrière, *au désir de la coutume*, d'après les *solennités* exigées par elle, mais qu'il n'en résultait nullement qu'elles en eussent fait, pour cela, un acte authentique! Aussi, Bourjon écrivait-il que *le testament olographe est sujet à vérification* (*Droit commun de la France*, t. II, p. 379; comp. Ferrière, t. IV, p. 81, n° 12; Pothier, *des Donat. testam.*, chap. I, art. 2, § 3).

Cette proposition est aujourd'hui d'autant plus incontestable, que notre Code n'a pas déclaré *solennel* le testament olographe, et que, tout au contraire, il l'appelle expressément *un acte sous signature privée!* (Art. 999.)

Comment d'ailleurs se pourrait-il qu'il fût considéré comme *authentique*, puisque l'acte authentique est celui-là seulement qui a été reçu par un *officier public!* (Art. 1317.)

Et si l'on prétendait que le législateur a donné à ceux qui font un testament olographe, *une espèce de caractère public pour cela* (Furgole), la pétition de principe serait flagrante; car telle est précisément la question, à savoir: si cet acte, que l'on attribue au défunt, est véritablement son œuvre! Or, qu'est-ce qui le prouve? où est l'officier public qui l'atteste? et quelle est la garantie qui assure que cette pièce n'est pas l'œuvre d'un faux ?

Le faux! cette fraude si redoutable, et contre laquelle on doit d'autant moins laisser l'héritier désarmé, qu'il est à la fois plus facile et moins dangereux de contrefaire l'écriture d'un particulier que de fabriquer un acte en forme authentique.

Concluons donc que le testament olographe n'est qu'un acte sous signature privée, et que l'héritier, ou plus généralement, la partie à laquelle il est opposé, peut se borner à en méconnaître l'écriture et la signature, conformément à l'article 1324 (comp. notre *Traité de la Paternité et de la Filiation*, n° 404; Agen, 27 nov. 1866, Lacuée de Cessac, Dev., 1867, II, 138).

143. — Cette conclusion devrait-elle être maintenue dans le cas où le testament olographe aurait été déposé chez un notaire par le testateur lui-même, qui aurait déclaré que l'acte déposé par lui était entièrement écrit, daté et signé de sa main, et où un acte de dépôt aurait été dressé en conséquence?

La négative était généralement admise dans notre ancien droit; on pensait que, dans ce cas, l'écriture et la signature du défunt devaient être tenues pour reconnues; et Pothier même ajoutait *qu'il est utile* que le testateur fasse ce dépôt de son vivant, *pour éviter, après sa mort, la procédure de la reconnaissance du testament, qui, sans cela, serait nécessaire, si les héritiers ne voulaient pas reconnaître l'écriture* (*Introd. au tit.* xvi *de la cout. d'Orléans*, n° 10; et *des Donat. testam.*, chap. i, art. 2, § 3; comp. Ricard, part. I, n° 548; Furgole, *des Testaments*, chap. ii, sect. vi, n° 1).

Cette doctrine est encore enseignée par plusieurs jurisconsultes; et on peut, outre l'argument déduit de l'utilité pratique, qu'elle présente dans l'intérêt du testateur et de ceux dont le testament doit former le titre, l'appuyer aussi sur un argument fort sérieux :

Les actes sous seing privé reconnus ont, à l'égard de ceux *qui les ont souscrits, et de leurs héritiers ou ayants cause,* la même foi que l'acte authentique (art. 1322);

Or, l'écriture et la signature du testament olographe ont été, dans ce cas, reconnues par le testateur lui-même, devant le notaire;

Donc, le testament doit alors avoir la même foi que l'acte authentique (comp. Grenier, t. II, n° 292; et Bayle-Mouillard, *h. l.,* note *a;* Duranton, t. IX, n° 45; Coin-Delisle, art. 1008, n° 3).

Tel est aussi l'avis de Vazeille, qui, toutefois, exige que l'acte de dépôt se trouve à la suite de l'écrit testamentaire (art. 1008, n° 5).

Nous avons, pour notre part, des doutes sur l'exactitude juridique de cette doctrine.

Ne pourrait-on pas, en effet, lui adresser l'objection que voici :

Si, d'après l'article 1322, l'acte sous seing privé a la même foi que l'acte authentique, ce n'est pas seulement, comme on l'a dit, *lorsqu'il a été reconnu;* c'est lorsqu'il a été reconnu *par celui auquel on l'oppose ou légalement tenu pour reconnu;*

Or, d'une part, cet acte n'a pas été reconnu par l'héritier, auquel on l'oppose; car la personne de l'héritier ne se confond pas avec la personne du défunt, en tant qu'il s'agit des actes testamentaires, par lesquels celui-ci enlève à l'héritier les droits que la loi lui confère; d'autre part, l'acte n'a pas été non plus *légalement tenu pour reconnu;* car le notaire, comme tout officier public, ne peut imprimer le caractère d'authenticité qu'aux faits qu'il constate *propriis sensibus, de visu aut auditu;* et ce qu'il atteste, ce n'est pas qu'il a vu le déposant écrire et signer cet acte, c'est seulement que le déposant lui a déclaré qu'il l'avait écrit et signé; ajoutons même que le notaire n'aurait pas eu qualité pour attester, *propriis sensibus,* qu'il l'avait vu écrire et signer ; car aucun texte ne lui confère ce genre d'attribution ;

Donc, le testament olographe n'en demeure pas moins, dans cette hypothèse même, à l'encontre de l'héritier, un acte sous seing privé, qui ne fait pas foi de l'écriture et de la signature du défunt.

Ne serait-ce point là, en effet, si cette forme de procéder s'introduisait dans la pratique, une nouvelle espèce de testament, qui ne serait ni le testament olographe ni le testament mystique ?

Or, est-il possible d'admettre que les formes des testaments se trouvent ainsi modifiées par le fait du testateur ? (Comp. *infra*, n° 411.)

En tout cas, il nous serait difficile de croire que l'héritier fût obligé de recourir à l'inscription de faux ; et le plus qu'il en pourrait résulter, c'est que la vérification de l'écriture et de la signature fût mise à sa charge (comp. Bruxelles, 21 juin 1810, Thibault, Sirey, 1811, II, 49 ; Toullier, t. II, n° 502 ; Zachariæ, Aubry et Rau, t. V, p. 500 ; D., *Rec. alph.*, *h. v.*, n° 2738).

Ce que nous venons de dire de l'héritier, serait, suivant nous, applicable à un légataire soit universel, soit même à titre universel ou à titre particulier, auquel on opposerait un testament olographe révocatoire du testament antérieur, qui fait son titre (comp. *infra*, n° 154).

Car, s'il est vrai que le légataire, à la différence de l'héritier, ne tient lui-même son droit que de la volonté du testateur, ce droit, une fois qu'il est légalement établi en sa faveur, ne peut aussi lui être enlevé que légalement !

144. — Ce qui est incontestable, c'est que le dépôt du testament olographe chez un notaire, après le décès du testateur, soit par un particulier, soit même en vertu d'une ordonnance du juge, dans le cas de l'article 1007, ne saurait lui imprimer le caractère de l'authenticité ; car le testament n'est alors ni reconnu ni tenu pour reconnu : il n'est pas reconnu par les héritiers, qui n'ont pas été appelés; et il n'est pas tenu pour reconnu par le juge, dont la seule mission est de constater l'état matériel de la pièce, qui lui est présentée, afin d'empêcher toute altération ou toute substitution ultérieure, et qui n'a pas plus le pouvoir que les moyens de statuer sur la sincérité de l'écriture.

Il est vrai que cette proposition a été elle-même contestée; et on peut lire dans un arrêt de la Cour de Turin du 10 janv. 1809, que « *le testament olographe, par l'acte de dépôt, qui en a été ordonné par le juge ès mains d'un notaire, a reçu l'authenticité, dont il avait besoin..., et qu'il ne peut être, en conséquence, attaqué que par les exceptions spécifiques de faux....* » ;

Doctrine, que le Tribunal civil de Charleroi, en 1810, et la Cour de Caen, en 1812, admirent également (comp. Bruxelles, 24 juin 1810, Thibault, Sirey, 1811, II, 49; Caen, 4 avril 1812, Morin, Sirey, 1812, II, 336);

Mais doctrine évidemment inadmissible, et qui n'a pas pu, en effet, se soutenir! (Comp. *infra*, n° 148.)

Tenons donc pour certain que le testament olographe n'est, même après le dépôt chez un notaire, en vertu de l'ordonnance du juge, qu'un acte sous signature privée, dont ceux auxquels il est opposé, peuvent déclarer qu'ils méconnaissent l'écriture, et que cette déclaration oblige ceux qui veulent s'en prévaloir, à faire procéder à la vérification, suivant la forme ordinaire prescrite par les articles 193 et suivants du Code de procédure (comp. Colmar, 12 juill. 1807, Guillemot, Sirey, 1813, II, 337; Turin, 18 août 1811, Dapassano, Sirey, 1811, II, 149; Toulouse, 1er mai 1817, Legrand, Sirey, 1823, II, 16; Angers, 5 juill. 1820, Lemoy, Sirey, 1823, II, 17; Cass., 2 août 1820, Arry, Sirey, 1821, I, 185; Merlin, *Répert.*, v° *Testament*, sect. II, § 4, art. 6, n° 8; Delvincourt, t. II, p. 80, note 5; Grenier, t. II, n° 292; et Bayle-Mouillard, *h. l.,* note *a;* Duranton, t. IX, n° 46; Marcadé, *Revue de droit français et étranger*, 1847, t. IV, p. 933-936; Zachariæ, Aubry et Rau, t. V, p. 500, 501; Demante, t. IV, n° 115 *bis*, VIII).

145. — Le principe, que nous venons de poser, que c'est le légataire qui doit être chargé de faire procéder à la vérification de l'écriture du testament olographe, est aujourd'hui généralement admis, sans contestation, dans trois hypothèses, à savoir :

1° Lorsqu'il s'agit d'un légataire à titre particulier ou à titre universel;

2° Lorsqu'il s'agit d'un légataire universel, s'il existe un héritier à réserve;

3° Lors même qu'il s'agit d'un légataire universel, et qu'il n'existe pas d'héritier à réserve, tant que le légataire universel n'a pas été envoyé en possession par une ordonnance du président du Tribunal, conformément à l'article 1008.

146. — Mais, au contraire, c'est une question vivement controversée, que celle de savoir si cette obligation doit être imposée au légataire universel, lorsqu'il n'existe pas d'héritier à réserve et qu'il a été envoyé en possession par une ordonnance du président du Tribunal.

L'opinion, qui enseigne que la charge de poursuivre la vérification d'écriture doit alors être imposée à l'héritier, compte, dans la doctrine, des autorités considérables; et elle est appuyée sur un grand nombre d'arrêts de la Cour de cassation, dont la jurisprudence paraît même formée en ce sens.

Voici les arguments, sur lesquels on l'a fondée :

1° Aux termes de l'article 1006, qui s'applique au testament olographe comme au testament public, le légataire universel est saisi, de plein droit, par la mort du testateur, sous la condition seulement que lui impose l'article 1008, de se faire envoyer en possession par une ordonnance du président; de sorte que, après cet envoi, il a tout à la fois, et la possession de droit ou la saisine légale, et la possession de fait;

Or, si le légataire universel est saisi, il est défendeur; et s'il est défendeur, il n'a rien à prouver (L. 2, ff., *De probat.*; art. 1315, Code Napol.);

Donc, c'est l'héritier, demandeur, qui doit être chargé du fardeau de la preuve : *actoris est probare!*

2° C'est que, effectivement, les rôles sont désormais tout à fait intervertis!

La succession testamentaire a pris la place de la succession légitime; et la saisine légale, transportée de l'héritier au légataire universel, fait que celui-ci doit être considéré comme le seul représentant du défunt, à l'exclusion de l'héritier légitime, dont le titre est anéanti!

« Dans une succession testamentaire, disait Portalis, il n'y a point concours de deux héritiers, celui du testament et celui du sang; il n'y en a qu'un, même aux yeux de la loi, celui du testament; l'autre n'est rien, parce qu'il est exclu par le testament, et qu'à aucun moment, il n'a été héritier. » (Comp. Locré, *Législat. civ.*, t. II, p. 245 à 255.)

Aussi, le législateur ne tient-il aucun compte de l'existence de l'héritier; et le légataire universel n'est pas tenu de l'appeler, lorsqu'il demande l'envoi en possession, qui peut être prononcé par le président, sur sa seule requête.

Et si l'on se récriait contre une telle forme de procéder, en dénonçant les dangers qu'elle peut avoir, il faudrait répondre, avec les auteurs même de notre Code : « que les testaments vrais sont plus communs que les testaments faux; « que les premiers sont certainement la règle, tandis que les seconds sont l'exception; et que l'exception ne doit pas servir de base à la disposition générale de la loi (comp. Locré, *loc. supra cit.*)

3° Il est donc clair, dit-on, que le législateur a voulu revêtir le testament olographe d'une présomption de sincérité, sous la condition seulement de l'envoi en possession prescrit par l'article 1008; et, par conséquent, une fois cet envoi en possession obtenu par le légataire universel, le testament est, en effet, présumé sincère.

Or, s'il est présumé sincère, le légataire universel n'a rien à prouver; et c'est l'héritier qui doit prouver ce qu'il prétend, contrairement à la présomption de la loi, que le testament est faux!

N'est-il pas certain que, durant le litige, c'est le légataire universel qui continuera de posséder la succession, en vertu de l'ordonnance du président; or, s'il continue de posséder, c'est donc que le testament est présumé sincère; et par la même raison, qu'il continue de posséder, il doit être dispensé de prouver la sincérité du titre, en vertu duquel il conserve la possession!

D'où la conclusion, que déduit cette doctrine, nettement résumée par les arrêts de la Cour suprême, à savoir : « Que le testament olographe est investi par la loi d'un caractère et d'une force d'exécution qui lui sont particuliers...; Qu'il devient, après l'accomplissement des conditions destinées à en faire présumer la valeur et la sincérité, un titre sui generis, dont l'effet est d'opérer, en faveur du légataire, une saisine, que corrobore l'envoi en possession ordonné, après examen préalable, par l'autorité judiciaire....» (Comp. Colmar, 17 juill. 1807, Guillemot, Sirey, 1843, II, 337 ; Caen, 4 avril 1812, Morin, Sirey, 1812, II, 336 ; Cass., 28 déc. 1824, Grailhe, Sirey, 1825, I, 158 ; Cass., 10 août 1825, Larguier, Sirey, 1826, I, 117 ; Bourges, 16 juill. 1827, Brolot, Sirey, 1827, I, 199 ; Toulouse, 12 nov. 1829, Demare, Dev., 1830, II, 106 ; Cass., 16 juin 1830, Poullain, Dev., 1830, I, 333 ; Cass., 20 mai 1833, Cousin, Dev., 1833, I, 307 ; Grenoble, 10 juill. 1840, D., 1840, II, 95 ; Cass., 23 mai 1843, Girod, Dev., 1843, I, 491 ; Poitiers, 11 août 1846, Branthôme, Dev., 1846, II, 627 ; Cass., 9 nov. 1847, Barbier, Dev., 1848, I, 228 ; Bordeaux, 12 avr. 1848, Raymond, Dev., 1848, II, 390 ; Cass., 23 janv. 1850, Garnier, Dev.; 1850, I, 302 ; Agen, 11 déc. 1850, Pommier, Dev., 1851, II, 770 ; Cass., 24 juill. 1851, Lemière, Dev., 1852, I, 655 ; Cass., 23 août 1853, Gauthier, Dev., 1853, I, 756 ; Cass. 25 juin 1867, Leclercq, Dev. 1867, I, 389 ; Toullier, t. III, n° 503 ; Duranton, t. IX, n° 46 ; Chauveau sur Carré, *Lois de la procédure*, n° 779 ; Favard de Langlade, *Répert.*, t. V, p. 565 ; Coin-Delisle, art. 1008, n°ˢ 17, 18 ; *Revue crit. de législat.*, 1853, t. III, p. 369 ; Troplong, t. III, n° 1500 ; Bonnier, *Traité des preuves*, n° 575; Girard de Vasson, *Revue crit.*, 1860, t. XVI, p. 254).

147. — Cette doctrine a été aussi maintenue dans le cas où, par suite de la méconnaissance de l'écriture du testament, les biens de la succession avaient été mis sous le séquestre :

« Attendu que.... des mesures conservatoires, telles que celles qui ont été ordonnées, dans l'espèce, sur l'opposition formée par les héritiers à la levée des scellés sans discussion, ne portent point atteinte au caractère du titre du légataire universel, et n'étant point incompatibles avec sa saisine, ne détruisent point les présomptions légales qui y sont attachées....» (Cass., 9 nov. 1847, Barbier, Dev., 1848, I, 228; Agen, 11 déc. 1850, Pommier, Dev., 1851, II, 770.)

Et nous croyons, en effet, qu'une fois cette doctrine admise, la circonstance particulière que les biens de la succession auraient été mis sous le séquestre, n'en devrait pas modifier l'application.

Mais c'est, à notre avis, la doctrine elle-même tout entière, qui est contraire aux principes ; et nous allons entreprendre de le démontrer.

148. — Notre thèse est donc que l'obligation de poursuivre la vérification de l'écriture du testament olographe, incombe, dans tous les cas, au légataire, qui se prévaut de ce testament; et que, par conséquent, elle incombe au légataire universel, lors même qu'il n'existe pas d'héritier à réserve et qu'il a été envoyé en possession par une ordonnance du président.

Nous espérons pouvoir établir :

D'abord, que cette thèse est conforme aux principes généraux du droit;

Ensuite, que, loin qu'il existe, soit dans les articles 1006, 1007 et 1008, soit dans les principes particuliers de notre matière, un motif pour s'en écarter, l'exception, que l'on prétend y introduire, n'est pas seulement illogique, mais qu'elle offre, en outre, des dangers redoutables :

1° La doctrine, que nous combattons, prétend avoir sa base dans le principe général : *actoris est probare;* et, après avoir dit que c'est l'héritier, qui est *actor,* elle s'écrie : qu'il fasse donc sa preuve!

Nous acceptons parfaitement ce point de départ.

Eh bien! oui, l'héritier est demandeur; et c'est à lui de prouver le fait qu'il affirme, et d'où il prétend déduire que le bien, qui fait l'objet de sa demande, doit lui être attribué;

Or, quel est le fait, qu'il affirme? et quel est l'objet de sa demande? le fait affirmé par lui, c'est qu'il est le parent au degré successible du défunt; et ce qu'il demande, c'est le délaissement de la succession contre un tiers détenteur;

Donc, ce que l'héritier doit prouver, c'est sa relation de parenté avec le défunt; d'où résulte, à son profit, la pétition d'hérédité qu'il exerce.

Voilà la preuve qu'il doit fournir; toute cette preuve, sans doute, mais rien que cette preuve!

Et apparemment, on ne saurait lui imposer l'obligation de prouver la fausseté d'un prétendu testament olographe, qu'il n'a pas vu, dont nul ne lui a signifié l'existence, et dont il serait autorisé à dire même qu'il l'ignore!

Voilà le rôle de l'héritier; et au point où nous en sommes, sa preuve est faite ; à ce point que, si nous en restions là, le juge devrait certainement lui faire restituer la succession par le défendeur qui la détient.

2° Comment donc ce défendeur pourra-t-il soutenir que cette succession doit lui rester ?

Il faudra qu'il oppose à l'héritier le testament, en vertu duquel il prétend qu'elle lui appartient ; c'est-à-dire que le voilà lui-même demandeur en exception : *reus excipiendo fit actor !*

Or, disons-nous à notre tour, c'est le demandeur qui doit prouver le fait qu'il affirme ;

Donc, une fois que le demandeur revendiquant a prouvé que la succession lui appartient en vertu de la loi, le défendeur originaire, devenu demandeur, doit prouver, de son côté, ce qu'il affirme, à savoir : que c'est à lui, au contraire, qu'elle appartient en vertu d'un testament olographe.

Mais il ne peut prouver qu'elle lui appartient en vertu d'un testament olographe, qu'autant qu'il prouve que ce testament est valable ;

Or, le testament olographe n'est valable qu'autant qu'il a été écrit, en entier, daté et signé de la main du testateur ;

Donc, il doit prouver qu'en effet, l'acte, qu'il oppose à l'héritier, est bien de l'écriture du défunt.

Toute cette série de déductions nous paraît irrésistible !

Et ce n'est, à notre avis, que par une manifeste interversion des rôles, que l'on a pu dire que l'héritier, quant à cette procédure en vérification, devait être considéré comme demandeur !

Objectera-t-on que le défendeur principal, se trouvant en possession de l'hérédité, doit être considéré comme défendeur à toute fin, même relativement à la vérification de l'écriture du testament olographe, qu'il invoque ?

Eh ! pourquoi donc ? où est le texte ? où est le principe sur lequel on pourrait fonder une telle exception ?

Il n'y en a nulle part !

Supposez toute autre hypothèse semblable. Voilà, par exemple, Primus qui se constitue demandeur en revendication d'un immeuble, en vertu d'un titre authentique, contre Secundus, qui en a la possession annale, et qui prétend en avoir la propriété, en vertu d'un acte sous seing privé, qu'il oppose à Primus.

Mais Primus méconnaît l'écriture de cet acte ; ou, s'il est attribué à son auteur, il déclare qu'il n'en connaît pas l'écriture.

Est-ce que la circonstance que Secundus a la possession annale de l'immeuble, aura pour résultat de rejeter sur Primus l'obligation de faire procéder à la vérification ?

Évidemment non ! et nous croyons que nul ne voudrait le soutenir.

Donc, le fait de la possession, en la supposant aussi légale que l'on voudra, et fût-elle même consacrée par des jugements rendus au possessoire, ne saurait changer les rôles des parties, en ce qui concerne la procédure de vérification.

Donc, c'est toujours à celui qui se prévaut d'un acte sous signature privée, à faire faire la vérification, dès que l'écriture ou la signature en est méconnue par celui auquel il l'oppose ; toujours et dans tous les cas, disons-nous, qu'il soit demandeur ou défendeur principal, puisqu'il devient toujours et dans tous les cas, *demandeur en vérification*, dès qu'il affirme la sincérité d'une écriture privée, que son adversaire méconnaît.

Voilà les principes généraux du Droit : et il est certain qu'ils devront être appliqués à l'hypothèse du légataire universel envoyé en possession par une ordonnance du président, à moins qu'il n'existe une exception dans la loi.

3° Eh bien donc, où est cette exception ?

Dans l'article 1006, et dans la saisine légale, qu'il attribue au légataire universel ?

Évidemment non ! car, malgré cette saisine, c'est le

légataire nniversel qui devra poursuivre la vérification d'écriture, s'il n'a pas été envoyé en possession par une ordonnance du président. (*Supra*, n° 145.)

Dans l'article 1007, et dans le procès-vérbal du président, qui constate l'état du testament et qui en ordonne le depôt entre les mains d'un notaire ?

Cela n'est pas moins impossible! car le président ne peut qu'examiner les apparences, à savoir : si l'acte, qui lui est présenté, offre une régularité extérieure suffisante, et s'il renferme un legs universel; mais il n'a ni les moyens matériels, ni la compétence légale nécessaires pour apprécier la sincérité de l'écriture ; et son procès-verbal ne saurait, en effet, la faire présumer en aucune manière! (*Supra*, n° 144.)

Mais, dit-on, c'est l'article 1008, qui crée l'exception ; elle résulte de l'ordonnance du président, qui a envoyé le légataire universel en possession.

Comment! le légataire universel, qui, jusqu'à ce dernier moment, même après la saisine légale de l'article 1006, même après l'acte de dépôt de l'article 1007, aurait dû être chargé de prouver la sincérité de son titre, le voilà qui, tout d'un coup, va être dispensé de toute preuve !

Mais est-ce que l'écriture du défunt, qui n'avait été, jusqu'à ce moment, ni reconnue ni tenue pour reconnue, est, au contraire, maintenant reconnue ou tenue pour telle ?

Reconnue ? nullement ; car tout ceci se passe hors la présence de l'héritier sans qu'il soit appelé !

Tenue pour reconnue ? eh ! par qui donc ? est-ce par le président du tribunal ? mais le président n'a pas plus, lorsqu'il rend cette ordonnance, que lorsqu'il ordonne le dépôt, les moyens ni la compétence nécessaires pour apprécier la sincérité de l'écriture ; encore bien moins même! car le président, qui ordonne le dépôt, a sous les yeux le testament lui-même ; tandis que le président rend l'ordonnance d'envoi en possession sur une requête à laquelle est joint, non pas le testament, mais seulement l'acte de dépôt !

Et l'on prétend que cette ordonnance a pour résultat que l'écriture est, dès ce moment, présumée vraie !

Pourquoi donc alors ne pas dire que le testament est devenu authentique ? voilà bien ce que l'on avait dit, en effet, d'abord ; et non-seulement on mettait à la charge de l'héritier le fardeau de la preuve ; mais on ne lui permettait de faire cette preuve que par le moyen de l'inscription de faux ! (*Supra*, n° 144.)

Cette doctrine, sans doute, était impossible ; et pourtant, elle nous aurait paru plus logique que la doctrine nouvelle qui l'a remplacée.

Ce que l'on dit, en effet, aujourd'hui, c'est que le testament olographe n'en est pas moins toujours, malgré l'envoi en possession du légataire universel, un acte sous signature privée.

Et puis, en même temps, on met à la charge de l'héritier l'obligation d'en poursuivre la vérification !

Mais comment cela se peut-il ?

Dès que le testament olographe demeure, même l'envoi en possession, un acte sous seing privé, l'héritier *peut se contenter de déclarer qu'il ne connaît point l'écriture ou la signature de son auteur* (art. 1323) ; il peut dire, sans l'avouer ni la méconnaître : *je ne sais pas* si cette écriture est la sienne.

Or, comment imposer l'obligation de prouver la sincérité d'une écriture, à celui qui est autorisé à se renfermer dans cette attitude, où il n'est obligé de dire ni *oui*, ni *non*, et qui pourrait, en conséquence, même en perdant, n'être pas condamné aux frais! (Comp. Bastia, 16 fév. 1824, Mattei ; Riom, 28 fév. 1824, Delserges ; Douai, 30 mars 1846, Debril, Dev., 1847, II, 203 ; Boncenne, t. III, p. 453).

Aussi la procédure en vérification d'écritures suppose-t-elle essentiellement que c'est toujours celui qui se pré-

vaut de l'acte sous seing privé, qui doit être chargé d'en
poursuivre la vérification.

« Lorsqu'il s'agira de reconnaissance et de vérification
« d'écritures privées, le DEMANDEUR pourra, sans permission
« du juge, faire assigner à trois jours pour avoir acte de la
« reconnaissance ou pour faire tenir l'écrit pour reconnu.

« Si le DÉFENDEUR ne dénie pas la signature, tous les frais
« relatifs à la reconnaissance ou à la vérification, même ceux
« de l'enregistrement de l'écrit, seront à la charge du DE-
« MANDEUR. » (Art. 193 du Code de procéd.)

Quel est ici le demandeur, si ce n'est celui, quel qu'il
soit, qui invoque l'écriture privée, fût-il même défendeur
ou principal?

Et le défendeur n'est-il pas celui, quel qu'il soit, qui
dénie la signature, fût-il demandeur principal? (Ajout.
art. 195.)

La preuve en est encore dans l'article 199, qui porte
que, au jour indiqué, si le demandeur en vérification ne
comparaît pas, la pièce sera rejetée...; d'où il résulterait
que, si on faisait à l'héritier le rôle de demandeur en vérification du testament, il aurait un moyen certes bien
facile de le faire rejeter; ce serait de ne pas comparaître!
(Voy. Caen, 17 janv. 1852, Bain, Dev., 1853, II, 412.)

Aussi, qu'est-il arrivé à la théorie, que nous entreprenons ce combattre?

C'est qu'après avoir reconnu que le testament olographe
n'est pas devenu, par l'ordonnance d'envoi en possession, un acte authentique, elle a ajouté pourtant qu'il
avait cessé d'être un acte sous signature privée!

Et elle en a fait un titre, comme elle dit, sui generis,
et qui est investi par la loi d'un caractère et d'une force
d'exécution, qui lui sont particuliers (supra, n° 147).

Mais de quel nom donc appeler ce titre étrange, mixte
ou neutre (on ne sait pas!), qui ne serait ni public ni
privé!

Et cette transformation, de laquelle résulterait, en fa-

veur du testament olographe, une présomption légale de
sincérité, elle serait l'œuvre de l'ordonnance d'envoi
en possession ! d'un acte de juridiction purement gracieuse, rendue sur simple requête, en l'absence de l'héritier ! c'est-à-dire d'un de ces actes qui ne sont jamais
rendus que sous la réserve du droit des tiers, et qui laissent toujours intactes toutes les positions !

Tandis que, tout au contraire, la position légale des
parties, et le fond même de leurs droits respectifs, se
trouveraient ici profondément changés, par une simple
ordonnance, rendue sans aucun examen, sans aucun contrôle possible ! car nous avons peine à comprendre que
l'on ait pu dire que l'envoi en possession n'est ordonné
par ce magistrat qu'après *un examen préalable*, quand ce
magistrat n'a pas même les moyens matériels d'apprécier
la sincérité de l'écriture ; puisqu'il rend son ordonnance,
non point sur le vu du testament lui-même, mais sur le
vu de l'acte de dépôt !

Avant l'ordonnance, c'est le légataire universel, qui
devait être chargé de la vérification.

Et, après l'ordonnance (on sait ce qu'il faut de temps
pour l'ordonnance), c'est, au contraire, à l'héritier que
cette charge serait imposée !

Est-ce là ce que notre législateur a voulu faire ? est-ce
là ce qu'il a fait ?

Nous croyons le contraire, et que la doctrine, qui
triomphe dans les arrêts de la Cour suprême, ne résulte,
en aucune manière, des articles 1006, 1007 et 1008.

Que le législateur ait autorisé le légataire universel,
lorsqu'il n'existe pas d'héritier à réserve, à se faire envoyer en possession par une ordonnance du président,
on le comprend ; cette mesure s'explique, en ce sens que,
comme il y a, en effet, plus de testaments vrais que de
testaments faux, on a pu ne pas obliger le légataire universel à aller lui-même au-devant d'une procédure en
vérification, qui pourrait n'être pas nécessaire; on a donc

accordé cette exécution provisoire à son titre sur la seule foi de sa régularité apparente.

Oui ! comme exécution provisoire, en tant que cette apparence de régularité ne serait pas contestée ! car c'est toujours dans cette supposition, que le législateur se place, ainsi que le remarque un arrêt de la Cour de Caen : « *Considérant que les articles* 1006 *à* 1008 *supposent que le testament est conforme à ce qui est exigé pour sa validité.* » (17 janv. 1852, Bain, cité *supra*.)

Mais du moment où l'héritier se présente et revendique la succession, a-t-il pu être dans la volonté du législateur que l'ordonnance d'envoi en possession eût pour effet de dénaturer aussi profondément le fond même du droit des parties, contrairement à tous les principes du droit et de l'équité !

Et quand, après ce changement de scène, qui a mis en présence l'héritier et le prétendu légataire universel, comme adversaires dans des prétentions désormais litigieuses, quand on vient dire encore, pour imposer à l'héritier la charge de la vérification d'écriture, qu'il y a plus de testaments vrais que de testaments faux, la réponse est bien simple ! c'est que cette objection serait la même pour tous les actes sous seing privé ; il y en a aussi, sans doute, plus de vrais que de faux ; mais cela n'empêche pas que la charge de la vérification d'écriture soit imposée à celui qui invoque un acte sous seing privé !

De même aussi, lorsqu'on objecte que la saisine du légataire universel a exclu la saisine de l'héritier et que le successeur testamentaire a remplacé le successeur légitime, la pétition de principe est évidente !

Oui, sans doute, cela est vrai, s'il existe un légataire universel.

Mais la preuve de l'existence d'un légataire universel ne résulte pas d'un testament olographe, dont l'écriture n'est pas reconnue par l'héritier !

Est-ce à dire, pour cela, que nous réduisions à rien

l'effet de l'ordonnance d'envoi en possession, que le prétendu légataire universel a obtenue du président ?

Non certes ! et, quoi que l'on dise, nous ne sommes *nullement embarrassé de la possession, qui lui a été donnée, ni du moyen de légaliser sa position.*

Le prétendu légataire continuera, en effet, de posséder durant le litige; grand avantage sans doute, et qui met à la charge de celui qui revendique la succession, l'obligation d'établir la preuve de sa parenté avec le défunt et de sa vocation héréditaire ; preuve de généalogie, qui peut n'être pas exempte de difficultés.

Mais aussi, une fois cette preuve faite, nous ne voyons pas comment le légataire universel pourrait être dispensé de poursuivre la vérification de l'écriture du testament, qu'il oppose pour conserver la succession.

Et lorsque, à cet effet, il invoque encore sa possession, M. Bayle-Mouillard nous paraît avoir raison de répondre que « les interprètes, qui se sont évertués à compter les merveilleux avantages de la possession, étaient loin de prévoir celui qu'on veut lui attribuer ici ! » (*Cit. infra.*)

Tel est notre système.

M. Troplong a dit que :

« Malgré les dissertations et les consultations, qu'il a lues, malgré les plaidoieries, qu'il a cent fois entendues, il ne l'a jamais compris ! » (T. III, n° 1501.)

Nous respectons la conviction de l'illustre auteur; mais il nous est difficile de croire que le système, qu'il a adopté, soit, en effet, d'une vérité si éclatante ; et voilà pourquoi nous avons insisté pour établir, si nous le pouvions, qu'il est, au contraire, tout à fait inexact ! (Comp. Metz, 3 mai 1815, Flécheux, Sirey, 1819, II, 76 ; Bourges, 4 avril 1827, Pouillat, Sirey, 1827, II, 197 ; Montpellier, 19 juin 1827, Delmas, Sirey, 1827, II, 247 ; Bourges, 10 mars 1834, Merlin, Dev., 1834, II, 307; Lyon, 11 mars 1839, Bergord, D., 1839, II, 236 ; Toulouse, 16 nov. 1839, Hawardenel, D., 1840, II, 81 ; Aix,

12 juin 1840, D....., D., 1841, II, 15 ; Besançon,
23 mars 1842, Fernier, Dev., 1842, II, 205 ; Caen,
2 juin 1851, Foucard, Dev., 1851, II, 13 ; Caen, 17 janv.
1852, Lecesne et Bain, Dev., 1853, II, 411 et suiv. ;
Douai, 10 mai 1854, Péron, Dev., 1854, II, 435 ; Merlin, *Répert.*, v° *Testam.*, sect. II, § 4, art. 6, nᵒˢ 5 et 7 ;
et *Quest. de droit*, v° *Testam.*, § 7 ; Delvincourt, t. II,
p. 80, note 5 ; Vazeille, art. 1008, n° 7 ; Pigeau, *de la
Procéd. civ.*, t. I, p. 423 ; Boncenne, *Théorie de la
Procéd.*, t. III, p. 455 ; Coulon, *Quest. de droit*, t. V,
p. 368, Dial. 29 ; Marcadé, art. 1008 ; *Revue de droit
français et étranger*, 1847, t. IV, p. 933 et suiv. ; et *Revue
critique*, 1853, t. III, p. 946 et suiv. ; Paringault, *Revue
pratique de droit français*, 1858, t. VI, p. 36 et suiv. ;
Duvergier sur Toullier, t. III, n° 503, note 2 ; Bayle-
Mouillard sur Grenier, t. II, n° 292, 4°, note *f* ; Zachariæ, Aubry et Rau, t. V, p. 501-503 ; Massé et Vergé,
t. III, p. 97 ; Saintespès-Lescot, t. IV, n° 1362 ; Demante
et Colmet de Santerre, t. IV, n° 151 *bis*, III.)

149. — Si étendue que puisse paraître la discussion
qui précède, elle n'est pas terminée pourtant ; et nous
devons ajouter encore un argument contre la doctrine,
qui prévaut dans la jurisprudence de la Cour de cassation.

N'est-il pas clair, en effet, que cette doctrine doit encourager les entreprises des faussaires, et qu'elle offre
même cette contradiction étrange, comme l'a dit fort bien
la Cour de Caen « de protéger plus efficacement les citoyens contre la fabrication d'une disposition à titre universel ou même d'un simple legs particulier, que contre
l'audace d'un faussaire, qui se serait fait à lui-même un
titre pour s'emparer de l'entière succession d'un individu
privé d'héritier à réserve. » (17 janv. 1852, Lecesne,
cit. supra.)

Et notez qu'un legs universel est aussi plus court et
plus facile à fabriquer en quelques mots, que toute autre
disposition à titre universel ou à titre particulier.

Le péril est si flagrant, que la doctrine, que nous combattons, n'a pas pu s'empêcher de s'en émouvoir! et elle a voulu, comme il le fallait, sous peine de se voir emportée par cette objection redoutable, donner une satisfaction aux graves et si légitimes intérêts, qu'elle avait menacés.

Elle a donc admis ce tempérament que l'obligation de poursuivre la vérification de l'écriture pouvait être imposée au légataire universel, même après l'ordonnance d'envoi en possession, dans le cas où les circonstances du fait paraissaient rendre d'avance le testament suspect (comp. 11 nov. 1829, Benard, Sirey, 1829, I, 410; Cass., 6 mai 1856, Tirmache, Dev., 1856, I, 481; Cass., 24 mai 1860, Neyrat, Dev., 1861, I, 79; Troplong, t. III, n° 1501).

Or, cette concession, qui transforme en une question de fait ce qui est une question de droit, devient elle-même un argument de plus contre la doctrine, qui a été forcée de la faire; et, en effet, que le testament soit ou ne soit pas plus ou moins suspect, est-ce que ses arguments ne demeurent pas toujours les mêmes? est-ce que ce légataire universel ne peut pas toujours invoquer sa possession de droit et sa possession de fait?

Mais il y a plus!

Est-il donc vrai que cette concession ait écarté de cette doctrine tous les dangers qu'elle renferme?

Non, sans doute! et nous ne voudrions pas dire, avec l'honorable M. Mimerel, que, « après l'arrêt du 27 mai 1856, les auteurs, que la Cour suprême n'a pas ralliés à sa jurisprudence, pourront encore critiquer, au point de vue de la théorie, l'interprétation qu'elle donne à la loi, mais que du moins ils ne pourront plus désormais se faire une arme de ses dangers dans la pratique et de la protection funeste, dont elle couvrirait le dol et la fraude. » (Revue critique, 1857, t. X, p. 97 et suiv.)

Il s'en faut bien, suivant nous, que ce palliatif soit suffisant.

Ce qui fait surtout le danger de cette jurisprudence, c'est le vice de sa prémisse; d'où résulte cette inexplicable interversion des rôles, qui donne la préférence au titre incertain et contesté du légataire sur le titre certain et reconnu de l'héritier!

Quelle va en être, effectivement, la conséquence?

C'est qu'il faudra que l'héritier, constitué demandeur en vérification, fournisse la preuve que l'écriture et la signature de la pièce, qu'on lui oppose, ne sont pas de la main de son auteur; et si, après l'instruction, il reste du doute, c'est le légataire universel, qui devra triompher, puisque l'héritier demandeur n'aura pas fait la preuve, qui était à sa charge.

Or, qui ne sait combien il est souvent difficile de prouver qu'une écriture n'est pas de la main de celui auquel on l'attribue! l'habileté des faussaires n'est pas moins grande que leur audace; et il nous est impossible de n'être pas effrayé des conséquences d'un système, qui présume, de plein droit, la sincérité de leur œuvre, tant que la fausseté n'en est pas démontrée par la victime qu'elle dépouille! La loi elle-même ne témoigne-t-elle pas toute sa défiance, lorsqu'elle refuse d'admettre au nombre des pièces de comparaison, les écrits dont la sincérité n'a été établie que par la voie de la vérification d'écriture? (Art. 200-2°, *Code de procéd.*)

Il y a, dit-on, plus de testaments vrais que de testaments faux!

Nous le croyons bien.

Mais nous ne voudrions pas répondre qu'il n'y a pas aussi des testaments faux; notre conviction est même hélas! toute contraire; et voilà pourquoi cette jurisprudence nous émeut si vivement!

150. — On a objecté que notre doctrine, qui impose au légataire universel l'obligation de faire vérifier l'écriture du testament, offrait elle-même deux inconvénients:

Et d'abord, a-t-on dit, elle favorise la mauvaise foi des

héritiers légitimes, qui pourront venir ainsi, sans motif et sans raison, méconnaître l'écriture du défunt pour charger le légataire du fardeau de cette procédure.

Nous répondons que cet inconvénient n'a rien de spécial au légataire universel, qui a été envoyé en possession, à défaut d'héritier réservataire; il serait également possible, à l'égard de tout autre légataire, soit à titre particulier, soit à titre universel, soit même universel, lorsqu'il y a un héritier à réserve; et pourtant, on convient que, dans tous ces cas, c'est le légataire qui doit, en cas de méconnaissance, par l'héritier, de l'écriture du défunt, en poursuivre la vérification.

Ajoutons, avec la Cour de Caen, que cet inconvénient serait beaucoup moindre que celui que nous avons signalé dans le système contraire, qui sacrifie le titre certain de l'héritier au titre douteux du légataire, et que d'ailleurs « le remède se trouve dans le droit, qui appartient aux tribunaux, soit d'apprécier eux-mêmes, d'après les circonstances, la sincérité du testament, soit de punir, par des allocations de dommages-intérêts, les contestations de mauvaise foi. » (17 janv. 1852, Lecesne, Dev., 1853, I, 411.)

151. — Mais alors, s'écrie-t-on, on pourra donc, pendant trente ans, et même après trente ans, si quelqu'un des intéressés était mineur ou interdit, obliger le légataire à prouver la vérité de l'écrit, lorsque toutes les preuves auront péri, et qu'une longue possession aura dû lui assurer une parfaite sécurité!

« Cette dernière considération nous paraît décisive, » dit M. Bonnier, qui en effet se range, surtout par ce motif, au parti contraire. (*Traité des preuves*, t. II, n° 708.)

Si sérieuse que puisse paraître cette objection, elle ne saurait justifier non plus, à notre avis, la résolution de notre savant collègue.

« Qui ne voit, en effet, disait fort bien Marcadé, que la même objection existe pour tous les actes sous seing

privé, un acte de vente, un acte de prêt, etc.; en sorte
que cette objection n'irait à rien moins qu'à supprimer
la règle des articles 1322-1324? Qui ne voit également
que le légataire, aussi bien qu'un acheteur, un prêteur
ou tout autre ayant droit, peut fort bien, s'il craint de
n'avoir pas plus tard les moyens de vérification existant
au décès, prendre lui-même les devants et appeler les
héritiers pour faire immédiatement vérifier ou reconnaître
son acte! » (*Revue de droit français et étranger*, 1847,
t. IV, p. 953, 954.)

Cette garantie préventive, que le légataire peut se procurer, est précisément la réponse à l'objection; et elle
n'est pas la seule; nous croyons, en effet, qu'il pourrait
appartenir aux magistrats, dans ces circonstances exceptionnelles, d'induire, suivant les cas, du long silence de
l'héritier, en présence du légataire universel possédant
la succession après l'ordonnance du président, d'en induire, disons-nous, qu'il aurait implicitement reconnu
l'écriture du défunt (*voy.* le numéro suivant.)

152. — Ce qui nous paraît certain, en effet, c'est que
l'héritier légitime, qui aurait implicitement reconnu la
vérité d'un testament olographe, ne pourrait plus, par sa
seule déclaration qu'il méconnaît l'écriture, mettre la
vérification à la charge du légataire.

En droit, cette règle est, suivant nous, incontestable.

Et nous croyons qu'elle devrait être maintenue, même
dans le cas où le fait, d'où l'on induirait, contre l'héritier, qu'il a reconnu la sincérité du testament, aurait eu
lieu, sans qu'il eût pris connaissance de l'original de cet
acte; car la reconnaissance tacite de l'écriture n'en serait
pas moins toujours là, qui mettrait, du côté du légataire,
la présomption de sincérité.

Ce serait donc désormais à l'héritier lui-même, qu'il
incomberait de détruire cette présomption, en détruisant
la reconnaissance, qu'il aurait faite; or, comme, d'une
part, il ne la pourrait détruire qu'en prouvant son erreur;

et que, d'autre part, il ne pourrait prouver son erreur, qu'en prouvant que l'écriture n'est pas celle du défunt, il s'ensuit que cette preuve serait alors à sa charge. (Comp. Merlin, *Rép.*, v° *Testament*, sect. II, § 4, art. 6, n° 5; Bayle-Mouillard sur Grenier, t. II, n° 292 *ter*; Zachariæ, Aubry et Rau, t. V, p. 502, 503.)

153. — Dans quels cas l'héritier devra-t-il être présumé avoir implicimeut reconnu la sincérité du testament?

C'est là une question de fait et d'interprétation.

La preuve la meilleure, assurément, serait celle que l'on déduirait de faits non équivoques d'exécution.

Et, pour peu que les circonstances y vinssent en aide, nous pensons même que le silence gardé pendant de longues années par l'héritier, en face du légataire universel possédant la succession, depuis l'ordonnance du président, pourrait aussi être pris en sérieuse considération (*supra*, n° 151).

154. — La doctrine, que nous venons d'exposer en ce qui concerne l'héritier non-réservataire, dans ses rapports avec le légataire universel envoyé en possession, cette doctrine serait, à notre avis, applicable à tout autre intéressé, qui méconnaîtrait l'écriture du testament.

Voilà, par exemple, un testament par acte public du 1er janvier 1860, qui a institué Paul légataire universel de Pierre, décédé sans héritier à réserve; et, au décès de Pierre, Paul trouve la succession déjà possédée par Jacques, qui s'est fait envoyer en possession, par une ordonnance du président, en vertu d'un testament olographe daté du 1er janvier 1861, révoquant les testaments antérieurs, et portant legs universel au profit de Jacques.

Eh bien! nous croyons que, si Paul déclare méconnaître l'écriture du testament olographe, c'est à Jacques que devra être imposée l'obligation d'en poursuivre la vérification.

Il est vrai que quelques-uns des motifs, que nous avons

fait valoir en faveur de l'héritier, ne pourraient pas être présentés en faveur du légataire universel par acte public ; mais le motif essentiel de notre doctrine n'en est pas moins toujours applicable ; à savoir : que le testament olographe est un acte sous seing privé, et que c'est dès lors à celui, qui l'invoque, à en poursuivre la vérification (*supra*, n° 143).

155. — II. Supposons maintenant que l'écriture du défunt a été reconnue volontairement ou judiciairement.

Le testament fait-il foi de sa date ?

Assurément !

Mais pourtant, le testament olographe n'est qu'un acte sous seing privé (*supra*, n° 142); or, d'après l'article 1328, les actes sous seing privé n'ont de date contre les tiers, que du jour où ils ont été enregistrés, du jour de la mort de celui ou de l'un de ceux qui les ont souscrits, ou du jour où leur substance est constatée dans des actes dressés par des officiers publics.

La réponse est facile :

1° Il résulte de l'article 970 que le testament olographe doit produire tous les effets nécessaires à sa validité, dès qu'il est écrit en entier, daté et signé de la main du testateur ; car, *il n'est assujetti à aucune autre forme ;*

Or, la preuve de la sincérité de la date est certes l'un des effets nécessaires à sa validité ; et s'il fallait, pour l'obtenir, que le testament olographe fût enregistré ou déposé chez un notaire, du vivant du testateur, il est clair qu'il serait soumis à d'autres formes, et même à des formes essentiellement contraires au caractère de cet acte, qui est de demeurer secret ;

Donc, le testament olographe fait, par lui-même, pleine foi de sa date, qui est l'un des éléments constitutifs de sa validité.

2° Eh ! pourquoi donc le législateur l'aurait-il exigée, cette date ; et cela même, à peine de nullité, si elle n'avait pas dû faire foi !

3° Nous avons vu, en effet, par quels motifs il l'a exigée, notamment afin que l'on pût connaître 1° entre plusieurs testaments, dont les uns révoqueraient les autres,
lesquels sont antérieurs; 2° si le testament a été fait par
le testateur incapable de disposer (*supra*, n° 73).

Or, ce but ne pourrait pas être atteint, si la foi n'était
pas due à la date du testament.

Voilà bien ce que disait Ricard « qu'il n'y a aucune
différence à faire, pour la date, entre le testament olographe et les autres espèces de testaments passés devant
notaire; et que la date du testament assure la capacité du
testateur au temps du testament, s'il était majeur ou
mineur. » (Ire part., n° 1560.)

Il est vrai que l'article 24 de l'Ordonnance de 1735
portait que « lorsque ceux, qui auront fait des testaments, codicilles ou autres dernières dispositions olographes, voudront faire des vœux solennels de religion,
ils seront tenus de reconnaître lesdits actes par-devant
notaire avant de faire lesdits vœux; et que sinon, lesdits
testaments, codicilles ou autres dispositions, demeureront
nuls et de nul effet. »

Mais c'était là une disposition exceptionnelle; et, tout
au contraire, dans celles des coutumes qui exigeaient que
le testament, pour être valable, *fût fait trois mois avant le
décès*, la date du testament olographe faisait preuve de
cette antériorité aussi bien que la date du testament authentique. (D'Argentré, sur l'article 750 *de la cout. de
Bretagne*; comp. art. 413 et 422 *de la cout. de Normandie*.)

Aussi, faut-il tenir pour certain que le testament olographe fait foi de sa date à l'égard de tous ceux auquels
il peut être opposé.

D'où il résulte, entre autres conséquences :

1° Qu'un testament olographe, dont la date serait postérieure à celle d'un testament notarié, peut révoquer
celui-ci (art. 1035);

2° Que, dans le cas où le testateur aurait été incapable

à une certaine époque, et capable à une autre époque, le
testament doit être considéré comme fait par lui dans un
état de capacité, si la date se réfère à l'époque où il était
capable; c'est ainsi que le legs fait par un testateur au
médecin qui l'a traité durant la maladie dont il est mort,
est valable, si le testament porte une date antérieure à
cette maladie. (Art. 909; *voy.* toutefois *infra*, n° 159;
comp. Paris, 17 juin 1822, de Villers, Sirey, 1823, II,
33; Cass., 8 juill. 1823, Marie, Sirey, 1825, I, 31 ; Riom,
20 jav. 1824, Mandasse, Sirey, 1824, II, 227; Nancy,
15 juill. 1843, Devivier, Dev., 1843, II, 469; Douai,
15 avril 1845, Lugez, Dev , 1845, II, 463; Merlin, *Répert.*, v° *Testament*, sect. II, § 4, et *Quest. de droit, eod.
verb.*, § 9; Toullier, t. IV, n° 58; Poujol, art. 970, n° 14;
Grenier, t. II, n° 228 6°; et Bayle-Mouillard, *h. l.*, note
a; Duranton, t. IX, n° 44; Troplong, t. III, n° 1498;
Zachariæ, Aubry et Rau, t. V, p. 503; Demante, t. IV,
n° 115 *bis*, IX.)

156. — Mais comment peut-on établir la preuve de
l'erreur ou de la fausseté de la date du testament olographe, dont l'écriture a été reconnue ou tenue pour reconnue?

C'est là une thèse délicate, et dont la solution n'est pas
encore très-arrêtée ni dans la doctrine ni dans la jurisprudence.

Le principe, qui semble prévaloir, consiste à dire que
la date du testament olographe ne peut être combattue
qu'au moyen de l'inscription de faux.

Tel serait, disons-nous, le principe auquel on apporte
toutefois trois exceptions.

Et l'inscription de faux ne serait pas nécessaire :

1° Lorsque les énonciations même du testament ou son
état matériel font naître des doutes sur la sincérité de la
date;

2° Lorsque le testament est attaqué pour cause de dol
ou de fraude;

3° Lorsqu'il est attaqué pour cause d'incapacité du testateur.

Nous allons d'abord nous expliquer sur les exceptions, pour apprécier ensuite le principe ; et si nous adoptons cet ordre, qui peut sembler, à première vue, peu méthodique, c'est que les exceptions nous paraissant plus faciles à justifier que le principe lui-même, nous voulons, avant d'y arriver, le dégager tout à fait des hypothèses auxquelles on s'accorde généralement à reconnaître qu'il ne doit pas être appliqué.

157. — 1° Il est d'abord certain que la date du testament olographe peut être combattue par tous les genres de preuves, soit par la preuve testimoniale, soit à l'aide des présomptions, lorsque le testament lui-même fournit, par les énonciations qu'il renferme, et par son état matériel, les moyens de la combattre.

C'est que, en effet, on ne se trouve pas alors dans la règle ; et le testament ne saurait faire foi de sa date, puisqu'il la dément lui-même !

Il ne s'agit donc que de compléter les indices, qui en résultent ; et, si l'on s'attache à des circonstances extrinsèques, c'est afin de développer la preuve intrinsèque dont le testament renferme le germe ; de sorte que la preuve, dès qu'elle est faite, est réputée résulter tout entière du testament.

Ajoutons que les légataires peuvent alors aussi combattre, par tous les moyens, les inductions que l'on entreprend de tirer, contre eux, des énonciations du testament ou de son état matériel, et argumenter eux-mêmes, à cet effet, des circonstances extrinsèques ; c'est le droit de la plus légitime défense ! Il ne faudrait pas objecter qu'ils vont ainsi rétablir la date du testament par des moyens pris en dehors de cet acte, *aliunde, extrinsecus;* ce qu'ils soutiennent, eux ! tout au contraire, c'est que la date est régulière ; et c'est précisément afin de prouver qu'elle résulte *ex propriis verbis testamenti,* qu'ils retournent, contre leurs adversaires, les inductions que ceux-ci prétendent tirer, en sens inverse, des circonstances extérieures.

« Attendu, dit fort justement la Cour suprême, que alors c'est l'appréciation des faits, circonstances et considérations extrinsèques, et non pas la date elle-même, qui forme le sujet de la contestation.... » (Comp. Cass., 2 août 1843, Pouilh, Dev., 1843, I, 749; Cass., 29 avril 1850, Plonquette, Dev., 1850, I, 592; Cass., 4 nov. 1857, S.... C...., Dev., 1858, I, 33; Zachariæ, Aubry et Rau, t. V, p. 505.)

1.58. — 2° Lorsque le testament olographe est attaqué, en vertu de l'article 901, pour cause d'insanité d'esprit ou de captation, la fausseté de la date peut être démontrée, indépendamment de l'inscription de faux, par tous les genres de preuve, par témoins et par présomptions.

M. Bayle-Mouillard a, toutefois, exprimé un sentiment contraire :

« Sans doute, dit le savant magistrat, quand la captation sera prouvée, le testament n'aura plus de valeur ; mais, en attendant, il fait foi de sa date...; d'où il résulte que, lorsqu'on articule des faits (de captation et de suggestion) contre la date, il faut d'abord s'inscrire en faux. » (Sur Grenier, t. II, n° 238-6°, note *a*.)

Mais cette doctrine nous paraît inadmissible :

1° Aux termes des articles 1348 et 1353, la preuve testimoniale et les présomptions sont recevables toutes les fois qu'il s'agit d'établir la preuve d'une fraude, dont la partie, qui en est la victime, n'a pas pu se procurer une preuve par écrit; et voilà bien pourquoi cette double preuve est recevable pour faire annuler le testament, lorsqu'il est l'œuvre du dol et de la fraude :

Or, la date fait partie du testament ;

Donc, elle peut être impugnée de la même manière.

Car c'est pour cause de dol et de fraude aussi qu'elle se trouve alors attaquée; et l'on sait, en effet, que l'une des

manœuvres les plus usitées, en cas pareil, est précisément d'insérer, dans le testament, une date, que l'on re-
porte mensongèrement à une époque autre que celle où
les manœuvres dolosives ont été exercées sur le testateur.
Comment! les dispositions les plus essentielles du testament pourraient alors être attaquées par tous les
moyens de preuve; et il faudrait recourir à la procédure
de l'inscription de faux pour attaquer la date! ne serait-
ce pas une contradiction manifeste!

2° La Cour de cassation remarque, en outre, fort justement, que « l'antidate du testament n'est pas, dans ce
cas, l'objet direct et principal du procès; qu'elle n'est
alléguée que comme l'un des éléments de la fraude, et
comme l'un des moyens qui en ont préparé et facilité le
succès ; que, dès lors, la fausseté de la date du testament
peut être établie à l'aide des mêmes preuves que la fausseté de toutes ses autres dispositions. » (22 févr. 1853,
Nigault, Dev., 1853, I, 328; comp. Angers, 29 mars
1828, Delage, Sirey, 1828, II, 144; Caen, 19 avril 1852,
Recueil de Caen, 1852, Iʳᵉ part., p. 132; Cass., 13 déc.
1853, Grésillon, Dev., 1855, I, 596 ; Vazeille, art. 970,
n° 19; Duranton, t. IX, n° 47; Zachariæ, Aubry et Rau,
t. V, p. 504; Baudot, *Observations sur l'arrêt de la Cour
de cassation du 3 mai* 1859, Dev., 1860, I, 369.)

159. — 3° Enfin, nous avons dit que tous les genres
de preuves sont admissibles, sans qu'il soit besoin de
recourir à l'inscription de faux, pour impugner la date,
lorsque le testament est attaqué pour cause d'incapacité
du testateur à l'époque de sa confection.

Cette solution dérive, à notre avis, nécessairement de
celle qui précède (n° 158).

Nous devons dire encore pourtant qu'elle a été contestée; et M. le conseiller d'Oms, dans le même rapport où
il exprimait, à l'audience de la Cour de cassation, du
22 février 1853, l'opinion que la date peut être impugnée par toutes sortes de preuves, lorsque le testament

est attaqué pour cause de captation, ajoutait, au contraire :

« Qu'il est certain que, si un individu décédait dans un état d'incapacité légale, laissant un testament olographe daté d'une époque où il jouissait de la plénitude de ses facultés, l'héritier du sang ne serait pas admis à prouver l'anti-date autrement que par la voie de l'inscription de faux. » (Dev., 1853, I, 330.)

Mais il nous semble que les deux arguments par lesquels nous venons d'établir, d'accord avec l'éminent magistrat, que l'inscription de faux n'est pas nécessaire contre la date, lorsque le testament est attaqué pour cause de captation, démontrent, avec une force égale, qu'elle n'est pas non plus nécessaire, lorsque le testament est attaqué pour cause d'incapacité du testateur :

D'une part, en effet, toutes les preuves sont admissibles, pour démasquer la fraude ;

Or, c'est une fraude aussi sans doute, que l'héritier demande à prouver, lorsqu'il affirme que le testateur a donné une fausse date à son testament pour se soustraire à l'incapacité légale, dont il était frappé à l'époque où il l'a fait.

Et, d'autre part, n'est-il pas vrai, dès lors, que l'antidate n'est pas l'objet direct et principal du procès, et qu'elle n'est alléguée qu'accessoirement à l'action principale en nullité du testament pour cause d'incapacité du testateur, et comme le moyen à l'aide duquel il a entrepris de se soustraire à cette incapacité ?

Nous le croyons tout à fait ainsi (comp. Caen, 8 avr. 1824, Noël, Sirey, 1825, II, 2 ; Angers, 29 mars 1828, Delöge, Sirey, 1828, II, 144 ; Cass., 16 déc. 1829, Darcy, Dev., 1830, I, 25 ; Caen, 6 août 1849, Ledoux, *Recueil de Caen*, 1849, p. 279 ; Duranton, t. IX, n° 47 ; Zachariæ, Aubry et Rau, t. V, p. 504 ; Demante, t. IV, n° 115 *bis*, IX).

160. — Voilà donc nos trois exceptions justifiées (*supra*, n°s 157-159).

Que reste-t-il maintenant pour l'application de la règle, d'après laquelle la date du testament olographe ne pourrait être combattue qu'au moyen de l'inscription de faux?

Une seule hypothèse, à savoir : celle où la date, étant régulière et complète, le testament lui-même n'offre, dans ses énonciations ni dans son état matériel, rien qui la rende suspecte, et où il n'est pas non plus attaqué, soit pour cause de dol et de captation, soit pour cause d'incapacité.

Eh bien! même dans ce cercle si rétréci, nous croyons que la règle est encore contestable, et que l'on peut soutenir :

D'abord, que la preuve de l'erreur ou de la fausseté de la date ne serait pas du tout recevable;

Ensuite, qu'à supposer même qu'elle fût recevable, l'inscription de faux ne serait pas non plus nécessaire.

161. — On peut, en premier lieu, disons-nous, soutenir que la preuve, dans ce cas, n'est pas recevable.

Et notre avis est, en effet, que, lorsque le testament n'est pas attaqué pour une fraude quelconque, soit à la personne, soit à la loi, la preuve de l'inexactitude ou de la fausseté de la date, ne peut être faite qu'à l'aide de moyens déduits du testament lui-même :

1° Dans les termes où notre thèse se trouve à présent réduite, elle ne consiste plus que dans une simple question de forme; toute allégation de fraude étant écartée, il ne s'agit que de la date considérée comme une formalité instrumentaire du testament.

Or, c'est dans les actes eux-mêmes, surtout lorsqu'il s'agit d'actes solennels, qu'il faut rechercher la preuve soit de l'accomplissement, soit de l'inaccomplissement des formes, auxquelles ils sont soumis : *ex ipsomet testamento;... non aliundè, non extrinsecus;* car la forme, alors, est constitutive de l'acte lui-même !

2° La Cour de cassation admet cette doctrine, lorsque

la date du testament n'est attaquée que pour cause d'inexactitude ou d'erreur.

« Attendu, en droit, 1° que la voie de l'inscription de faux n'est pas nécessaire, alors que l'indication faite par le testateur lui-même d'une fausse date, dans son testament olographe, est invoquée au seul effet de faire déclarer le testament non pas faux, mais nul pour défaut d'accomplissement d'une formalité légale, par assimilation d'une date inexacte avec l'absence de date ; Attendu 2° qu'il est de principe incontestable que, dans le cas qui vient d'être spécifié, la preuve de la fausse date doit se tirer du testament lui-même.... » (4 janvier 1847, Joffrion, Dev., 1847, I, 357).

« Attendu qu'une antidate, fruit de l'erreur du testateur lui-même, dont on veut faire un moyen de nullité, en la considérant comme l'équivalent d'un défaut de date, ne peut être justifiée que par des preuves tirées du testament lui-même, et qu'il n'y a pas lieu à inscription de faux.... » (11 août 1851, Desdevises, Dev., 1851, I, 742.)

« Attendu, en droit, que la preuve de l'antidate d'un renvoi, dans un testament olographe, réduite à une simple question de forme et de solennité, et dégagée de toute pensée de fraude, ne peut être tirée que du testament lui-même, *ex ipsomet testamento, non aliundè;* de même que cette antidate, si elle était ainsi démontrée, ne pourrait être rectifiée que par des éléments de preuve empruntés au testament.... » (3 mai 1859, Thinault, Dev., 1859, I, 369; ajout. Cass., 4 nov. 1857, S... C..., Dev., 1858, I, 33.)

Il est vrai que la Cour suprême semble faire une distinction entre la date erronée et la date fausse; d'où il résulterait que la preuve serait admissible, même à l'aide d'éléments puisés en dehors du testament, si on alléguait que c'est, non point par erreur, mais volontairement, que le testateur a indiqué une date inexacte.

Mais il nous est difficile de nous rendre compte de

cette distinction ; et nous sommes de l'avis de M. Baudot, qui pense que l'on ne saurait établir de différence entre la date erronée et la date fausse. (Dev., 1859, I, 370, *Observations.*) Oh ! sans doute, il existe, entre l'une et l'autre, une différence considérable ; et nous l'avons nous-même déjà signalée (*supra,* nos 90 et suiv.) ; c'est que la preuve une fois faite, soit de l'erreur, soit de la fausseté de la date, n'a pas les mêmes conséquences ; et que, tandis que l'erreur de la date n'entraîne pas la nullité du testament, si elle peut être rectifiée à l'aide d'éléments puisés dans le testament lui-même, la fausseté de la date en entraîne, au contraire, la nullité irréparable ; oui ! une fois que la preuve est faite ; mais nous n'en sommes pas là ! il s'agit de la preuve à faire ; or, lorsque la date est régulière et complète, et que le testament n'étant, sous aucun rapport, attaqué pour cause de fraude, l'attaque dirigée contre la date ne se réduit qu'à une simple question de forme et de solennité, il n'y a pas, suivant nous, de motif pour distinguer si on allègue que l'inexactitude de la date provient de l'erreur ou de la volonté du testateur ! car, la question est toujours, dans l'un comme dans l'autre cas, la même, à savoir : une simple question de forme ou de solennité !

Nous concluons donc que, ni dans l'un ni dans l'autre cas, la preuve de l'inexactitude de la date ne pourrait être faite que par des moyens puisés dans le testament lui-même, et qu'à défaut de ces moyens, elle ne serait pas du tout recevable, lors même que l'on offrirait de s'inscrire en faux.

Cette conclusion nous paraît aussi conforme aux principes généraux du droit. Est-ce que, en effet, l'acte sous seing privé reconnu par celui auquel on l'oppose, ou légalement tenu pour reconnu, ne fait pas foi de sa date comme de tous ses autres éléments ? Aucune preuve, en effet, ne serait admissible contre cette date, de la part de celui qui n'alléguerait aucune fraude.

Eh bien! telle est aussi la condition du testament olographe, qu'il fait foi de sa date, dès que l'écriture et la signature en sont reconnues où tenues pour reconnues; qu'il en fait foi, disons-nous, à l'égard de tous ceux pour lesquels la volonté du testateur, régulièrement exprimée, fait loi! (Comp. Merlin, *Répert.*, v° *Testament*, sect. ii, § 1, art. 6, n° 10; Demante, t. IV, n° 115 *bis*, IX.)

162. — Mais, en admettant même que la preuve fût admissible, est-il vrai qu'elle ne pourrait être faite que par le moyen de l'inscription de faux?

Telle est, ainsi que nous l'avons dit, la solution généralement admise; et on la fonde sur deux motifs :

D'une part, l'acte sous seing privé, reconnu, ou légalement tenu pour reconnu, a la même foi que l'acte authentique (art. 1322); or, la foi due à l'acte authentique ne peut être attaquée que par le moyen de l'inscription de faux; donc, il en doit être de même de l'acte sous seing privé reconnu ou légalement tenu pour reconnu, ainsi que la preuve en résulte de la combinaison des articles 193 et 214 du Code de procédure;

D'autre part, celui « qui, dans un acte en forme, dispose pour le temps où il ne sera plus, exerce, en quelque sorte, une puissance législative : *Dicat testator, et erit lex;* et, en conséquence, la loi place momentanément le testateur dans la classe des fonctionnaires publics; d'où il résulte qu'il imprime l'authenticité à la date de son testament. » (Cass., 29 avril 1824, de Villers, D., *Rec. alph.*, h. v., n° 2711; Cass., 16 déc. 1829, Darcy, D., 1830, I, 25; Toulouse, 11 juin 1830, Charry, D., 1831, II, 103; Nancy, 15 juill. 1843, Duvivier, Dev., 1843, II, 469; Douai, 15 avril 1845, Luget, Dev., 1845, II, 463; Cass., 22 févr. 1853, Nigault, Dev., 1853, I, 329; Ravez, *Consultation*, Dev., 1843, II, 469; Grenier, t. II, n° 228, 4° et 6°; Bayle-Mouillard, h. l., note *a*, et n° 292, 3° note *b*; Zachariæ, Aubry et Rau, t. V, p. 504.)

Nous ne croyons pas que ces motifs soient concluants :

Ériger en fonctionnaire public quiconque fait un testament olographe, c'est là une idée, suivant nous, très-exagérée, que nous avons déjà combattue ; et nous persistons à penser que le testament olographe, dans le cas même où l'écriture en est reconnue ou tenue pour reconnue, n'est jamais à considérer que comme un acte sous signature privée. (*Supra*, n° 142 ; art. 999, 1317.)

Aussi, nous est-il difficile d'admettre que l'inscription de faux soit nécessaire pour impugner la date d'un pareil testament, lorsque l'on n'allègue aucune fraude !

Est-ce que, en effet, un faux est alors possible? (Comp. art. 147-150, Code pén.)

La Cour de cassation, dans son arrêt du 4 janvier 1847, nous semble avoir elle-même répondu négativement.

« Attendu, en droit, que la voie de l'inscription de
« faux n'est pas requise alors que l'indication faite par le
« testateur lui-même d'une fausse date dans son testa-
« ment olographe, est invoquée au seul effet de faire dé-
« clarer le testament non pas faux, mais nul pour défaut
« d'accomplissement d'une formalité légale, par assimi-
« lation d'une date inexacte avec l'absence de date.... »
(Joffrion, Dev., 1847, I, 357.)

« L'inscription de faux n'est pas nécessaire, dit aussi M. Troplong, pour prouver une erreur ou une fausse date. Il n'y a pas faux, dès l'instant qu'il est établi ou non contesté que le testament a été écrit en entier, daté et signé par le testateur. » (T. III, n° 1488.)

Nous pourrions ajouter que, dans le cas même où la loi considère comme un faux l'énonciation d'une date inexacte dans un acte sous seing privé, l'inscription de faux n'est pas nécessaire pour en établir la preuve ; et voilà comment on décide que l'antidate dans une lettre de change peut être démontrée par tous les genres de preuve, quoique l'article 139 du Code de commerce dispose qu'il est défendu d'antidater les ordres, à peine de faux (comp. Cass., 29 mars 1813, D., 1845, I, 509 ; Cass.,

24 avril 1829, Aribert, D., 1829, I, 224; Pardessus, *Cours de droit commercial*, t. I, n° 333, édit. publiée par M. de Rozière).

Aussi, des jurisconsultes fort autorisés enseignent-ils également que l'inscription de faux n'est pas non plus nécessaire pour impugner la date d'un testament olographe (comp. Duranton, t. IX, n° 47; Demante, t. IV, n° 115 *bis*, IX; Bugnet sur Pothier, t. VIII, p. 234; Mourlon, *Répét. écrit.*, t. II, p. 356, qui cite, en ce sens, M. Valette).

§ II.
Du testament par acte public.

SOMMAIRE.

163. — Ce que c'est que le testament par acte public. — Son origine.
164. — Le testament par acte public étant reçu par des notaires faut-il, y observer, outre les formalités prescrites par le Code Napoléon, les formalités prescrites par la loi du 25 ventôse an XI, sur le notariat?
165. — Des avantages et des garanties que présente le testament par acte public.
166. — Division.

163. — Aux termes de l'article 971 :

« Le testament par acte public est celui qui est reçu « par deux notaires, en présence de deux témoins, ou par « un notaire, en présence de quatre témoins. »

Ce testament représente, dans notre droit moderne, *le testament solennel* de notre ancien droit coutumier, que l'on nommait ainsi, parce qu'il était reçu par *une personne publique* (Pothier, *des Donat. testam.*, chap. I, art. 3, § 1; *Cout. de Paris*, art. 289; *Ordonn.* de 1735, art. 23 et suiv.);

De même qu'il correspond au *testament nuncupatif écrit* des pays de droit écrit, où la loi romaine était observée (*Ordonn.* de 1735, art. 4).

Le Code Napoléon a placé, pour ainsi dire, le testament par acte public entre l'une et l'autre de ces anciennes formes; en y exigeant un peu moins de solennité que dans le testament nuncupatif des pays de droit écrit, et un peu plus que dans le testament solennel des pays de coutume (comp. le tome Ier de ce *Traité*, n° 12; *infra*, n°s 173, 174; Fenet, t. III, p. 198).

164. — Le testament par acte public devant être reçu par des notaires, est donc un acte notarié.

Or, les formalités des actes notariés sont réglées par la loi organique du notariat du 25 ventôse an xi, à laquelle il faut ajouter la loi du 21 juin 1843.

Et, d'autre part, les formalités du testament par acte public sont aussi réglées par le Code Napoléon.

Quelles sont donc, parmi ces formalités, que prescrivent, en même temps, d'une manière, sur plusieurs points, très-différente, la loi du 25 ventôse an xi et le Code Napoléon, celles qui doivent être observées dans le testament par acte public?

Ce fut là, dans les premiers temps de la promulgation de notre Code, une question fort controversée.

Deux systèmes absolus se produisirent d'abord :

L'un d'après lequel aucune des formalités requises par la loi du 25 ventôse an xi, n'aurait dû être observée dans le testament par acte public, qui aurait été exclusivement régi par le Code Napoléon; loi postérieure et spéciale, disait-on, qui avait dérogé à la loi antérieure et générale de l'an xi, en réglant, avec détails, les formalités de cette espèce particulière d'acte notarié;

L'autre, au contraire, qui aurait voulu que toutes les formalités prescrites pour l'acte notarié en général par la loi du 25 ventôse an xi, fussent odservées dans le testament par acte public, concurremment avec les formalités prescrites par le Code Napoléon.

Mais l'un et l'autre système étaient évidemment excessifs.

Écarter tout à fait du testament par acte public l'application de la loi générale du notariat, pour le régir uniquement par le Code Napoléon! (Comp. Bruxelles,

27 prairial an xii, Gardavoie, Sirey, V, II, 36 ; Riom,
17 nov. 1808, Martel, Sirey, 1809, II, 78.)

Cela était impossible ! car il s'en faut que le Code Napoléon ait organisé, pour cet acte, un ensemble complet
de formalités ; il ne dit rien, par exemple, de la date du
testament, rien de la compétence du notaire ni de sa signature, rien des incapacités relatives qui pourraient empêcher le notaire de recevoir le testament de celui dont il
serait parent ou allié ; donc, il ne saurait suffire pour régler le testament par acte public. (*Infra*, nos 174 et suiv.)

Et quant au second système, il n'était lui-même
qu'une autre exagération en sens inverse ; car il est
manifeste que la loi générale sur le notariat ne saurait
être appliquée dans les cas où le Code y a dérogé, explicitement ou implicitement, par des dispositions spéciales.

Aussi, ces deux thèses ont-elles été abandonnées ; et le
système, qui a depuis prévalu, admet, en principe, que
les dispositions générales de la loi du 25 ventôse an xi
sur les actes notariés, sont applicables au testament par
acte public ; mais qu'elles cessent, par exception, d'être
applicables sur les points où le Code Napoléon renferme,
explicitement ou implicitement, des dispositions spéciales.

La loi spéciale, en effet, de même que la loi postérieure, lorsqu'elle n'abroge pas expressément la loi générale ou la loi antérieure, ne l'abroge tacitement que dans
celles de ses dispositions, qui s'occupent des mêmes
points, dont s'est occupée la loi générale ou la loi antérieure ; il n'en serait autrement qu'autant qu'elle renfermerait un système complet sur le sujet auquel elle
s'applique (comp. notre *Traité de la Publication, des
Effets, et de l'Application des lois en général*, etc., nos
125-127) ;

Or, le Code Napoléon n'abroge pas expressément la loi
du 25 ventôse an xi ; et il ne renferme pas non plus un

système complet et qui puisse se suffire à lui-même, en ce qui concerne le testament par acte public ;

Donc, il n'a pas dérogé, de tous points, à la loi générale du 24 ventôse an xi ; donc, la loi du 25 ventôse et le Code Napoléon doivent être simultanément appliqués : le premier, comme loi générale, régissant tous les actes notariés ; le second, comme loi spéciale, régissant, par un certain nombre de dispositions particulières, le testament public, afin de l'entourer encore de plus de garanties.

D'où il faut déduire cette double conséquence à savoir :

1° Que, sur les points, que le Code a spécialement réglés, la règle qu'il a établie, doit être considérée comme dérogatoire à la loi du 25 ventôse ; soit que la disposition spéciale du Code puisse ou non se concilier avec la disposition générale de la loi de l'an xi, soit que la disposition spéciale ne fasse que reproduire, en partie, la disposition générale ; car, par cela même qu'il ne l'a reproduite qu'en partie, le Code en a restreint nécessairement l'étendue ;

2° Que la loi générale de l'an xi demeure applicable sur les points que le Code n'a pas réglés spécialement, d'une manière explicite ou implicite.

Ces propositions sont aujourd'hui généralement reconnues ; et ce n'est que sur les applications, fort délicates, en effet, parfois, qu'elles comportent, que des dissidences ont continué d'exister (comp. Cass., I, oct. 1810, Vandercshuren, Sirey, 1811, I, 21 ; Riom, 26 mars 1810, Falcimagne, Sirey, 1811, II, 90 ; Turin, 18 nov. 1811, Borgetti, Sirey, 1812, II, 375 ; Cass., 16 fév. 1814, Delaforge, Sirey, 1814, I, 118 ; Limoges, 8 août 1821, Niveau, Sirey, 1822, II, 348 ; Merlin, *Répert.*, v° *Testam.*, sect. II, § 3, art. 2, n° 8 ; Grenier, t. II, n° 243 ; et Bayle-Mouillard, *h. l.*, note *c* ; Toullier, t. III, n° 384 ; Duranton, t. IX, n°ˢ 49 et suiv. ; Coin-Delisle, art. 974, n° 2 ; Vazeille, art. 974, n° 2 ; Troplong, t. III, n°ˢ 1543

et 1569, 1574; Marcadé, art. 971, n° 1 ; Zachariæ, Aubry
et Rau, t. V, p. 488, et 511, 512; Demante, t. IV,
n° 116 *bis*, II ; Saintespès-Lescot, t. IV, n° 1018).

165. — Le testament olographe a sans doute de précieux avantages (*supra*, n° 56).

Mais il ne peut être fait que par ceux qui peuvent
écrire ; et puis il a bien aussi ses inconvénients, susceptible qu'il est d'être égaré ou détruit par accident ou
par fraude ; ajoutons que le légataire, en cas de méconnaissance, se trouve dans l'obligation de faire vérifier
l'écriture du défunt (*supra*, n°s 141 et suiv.).

Le testament par acte public remédie à ce double inconvénient ; il peut être fait par ceux qui ne peuvent pas
écrire ; et il offre au testateur la garantie de l'authenticité
pour ses dernières volontés.

Les solennités, qui le constituent, tendent toutes à
bien constater que la volonté exprimée par le testateur a
été fidèlement reproduite ; tel est le but de la double
garantie, que le législateur y exige :

D'abord, du ministère d'un officier public, et de l'assistance de témoins ;

Ensuite, des conditions auxquelles il soumet la confection du testament lui-même.

166. — Nous devons, en conséquence, sur le testament par acte public, examiner principalement deux
points, à savoir :

A. Quelles sont les personnes, et, s'il était permis de
dire ainsi, quels sont les acteurs qui y figurent ;

B. Quel est le rôle de chacun d'eux, ou, en d'autres
termes, quelles sont les formalités qui doivent y être accomplies.

A. — *Des personnes qui figurent dans le testament.*
par acte public.

SOMMAIRE.

190. — Faut-il appliquer aux testaments l'article 11 de la loi du 25 ventôse an XI, relativement aux témoins certificateurs de l'identité des parties?

191. — De la signature des témoins. — Observation. — Renvoi.

192. — *b.* Des conditions de capacité naturelle absolue. — L'aveugle ne saurait être témoin.

193. — Ni le sourd.

194. — *Quid*, du muet?

195. — Les infirmités morales sont, comme les infirmités physiques, des causes d'exclusion. — L'idiot, par exemple, ne peut être témoin testamentaire. — Autres exemples.

195 *bis*. — *Quid*, de celui qui est en état d'ivresse?

196. — *Quid*, de celui qui ne comprendrait pas la langue dont le testateur se sert pour dicter son testament?

197. — Faut-il que les témoins comprennent la langue dans laquelle le testament est rédigé par le notaire, si cette langue n'est pas la même que celle dont le testateur se sert pour le dicter?

198. — II. Les incapacités relatives des témoins testamentaires sont réglées par l'article 975 du Code Napoléon, qui renferme, à cet égard, par dérogation à la loi du 25 ventôse an XI, un système complet de législation spéciale.

199. — 1° Ne peuvent être témoins les légataires, à quelque titre qu'ils soient.

200. — Suite.

201. — *Quid*, si le legs était seulement rémunératoire?

202. — Peu importe le caractère ou la modalité du legs.

203. — Il ne suffirait pas, toutefois, pour que le témoin fût incapable, qu'il profitât, à un autre titre, d'un legs contenu dans le testament, s'il n'était pas lui-même légataire. — Exemple.

204. — Suite.

205. — Suite.

206. — L'exécuteur testamentaire peut être témoin, s'il n'est pas légataire.

206 *bis*. — Il en est de même de celui que le testateur aurait choisi comme tuteur de ses enfants, ou comme conseil de tutelle à sa femme survivante.

207. — 2° Ne peuvent être témoins les parents ou alliés des légataires jusqu'au quatrième degré inclusivement. — *Quid*, du conjoint du testateur ou de la testatrice?

208. — L'incapacité résultant de l'alliance ne cesse pas, encore bien que le conjoint, par lequel l'alliance s'est formée, soit mort sans postérité. — Renvoi.

209. — 3° Sont incapables d'être témoins les clercs des notaires, par lesquels les testaments sont reçus. — Dans quels cas une personne, qui travaille chez un notaire, doit-elle être considérée comme son clerc?

210. — Les trois incapacités relatives, qui viennent d'être exposées, sont les seules que l'on puisse admettre, d'après l'article 975 du Code Napoléon; et on ne saurait invoquer l'article 10 de la loi du 25 ventôse an XI, pour en élargir le cercle.

211. — *a.* Les parents et alliés du testateur peuvent être témoins.

212. — *b.* Le mari de la testatrice peut être témoin.

213. — *c.* Il en est de même des parents ou alliés, et des domestiques du notaire ou des notaires.

214. — *d.* Les serviteurs ou domestiques soit du testateur, soit des légataires, peuvent être témoins.

215. — Observation générale sur la comparaison de la loi du 25 ventôse an XI et du Code Napoléon, relativement à la capacité des témoins testamentaires.

216. — La parenté ou l'alliance existant entre plusieurs personnes ne fait pas obstacle à ce qu'elles soient appelées simultanément, comme témoins, dans le même testament.

217. — I. L'incapacité des témoins ne se présume pas. — Conséquence.

218. — II. Pour apprécier la capacité des témoins, il faut se reporter à l'époque de la confection du testament.

219. — Suite.

220. — III. La capacité putative, dans les témoins, équivaut à la capacité réelle.

220 *bis.* — Suite. — De l'erreur sur le nom véritable de l'un des témoins.

221. — IV. L'incapacité soit absolue, soit même seulement relative de l'un des témoins, est une cause de nullité du testament tout entier.

222. — V. En général, les témoins testamentaires sont choisis par le testateur lui-même. — Explication.

223. — Pourrait-on appeler au testament par acte public, d'autres personnes que le testateur, le notaire ou les notaires, et les témoins ? — Et quel serait le sort d'un testament dans lequel, en effet, d'autres personnes auraient figuré ?

224. — *Quid,* si c'est le légataire lui-même, qui a été présent et qui est intervenu ?

224 *bis.* — Suite.

225. — Suite.

226. — Suite. — *Quid,* si le légataire, présent au testament, a déclaré qu'il acceptait le legs ?

227. — Suite.

167. — Trois personnes, ou, comme nous venons de dire, trois acteurs figurent dans le testament par acte public :

1° Le testateur ;

2° Le notaire ou les notaires ;

3° Les témoins.

168. — 1° Le testateur au premier rang, sans doute !

Nous avons vu que toute personne peut faire un testament par acte public. (*Supra,* n° 53.)

Mais nous avons dit aussi qu'il fallait que celui qui veut employer cette forme, eût l'aptitude physique nécessaire pour remplir le rôle, qui lui est dévolu dans cette solennité juridique.

D'où la conséquence que le muet est incapable de faire un testament par acte public; comment, en effet, celui qui ne peut pas parler, pourrait-il remplir la condition de la *dictée* par le testateur lui-même au notaire! (Comp. Troplong, t. III, n° 1449; Zachariæ, Aubry et Rau, t. V, p. 388.)

169. — Il faut en dire autant du sourd.

Comment serait-il possible de remplir la condition de la *lecture*, qui doit être donnée au testateur, si celui-ci ne pouvait pas l'entendre?

A plus forte raison, en est-il ainsi de celui qui est sourd-muet. «.... *si quis utroque morbo laboret.* » (L. 10, Cod., *Qui Testam. facere poss.*; comp. Montpellier, 1er déc. 1852, Fleuret-Gauzit, Dev., 1853, II, 7; Cass., 10 avril 1854, mêmes parties, Dev., 1854, I, 353; Ferrières, *Cout. de Paris*, t, I, n° 121; Delvincourt, t. II, p. 81, note 5; Vazeille, art. 979; Poujol, art. 972; Grenier, t. II, n° 282; Duranton, t. IX, n° 83.)

170. — Lorsque le testateur est sourd, ne pourrait-on pas suppléer à la lecture, qui doit lui être donnée, en lui faisant lire, à lui-même, le testament à haute voix?

Pareillement, lorsque le testateur est muet, ne pourrait-il pas écrire lui-même son testament, au lieu de le dicter au notaire?

C'est ce que nous allons bientôt examiner. (*Infra,* n°s 261 et 271, 272.)

171. — Il est d'ailleurs bien entendu que les deux solutions, qui précèdent, ne s'appliquent qu'à celui qui est tout à fait muet, *qui eloqui nihil potest*, ou tout à fait sourd, *qui omnino non exaudit.*

Il en serait autrement de celui qui n'aurait qu'un simple bégayement, ou toute autre difficulté de prononciation *qui tarde loquitur;*

Et de celui qui aurait seulement l'oreille dure, *qui*

tarde exaudit. (*Inst. Quib. non permis. fac. testam.*, § 3.)

172. — 2° Les notaires sont les seuls fonctionnaires, qui aient compétence pour recevoir les testaments par acte public.

• Il n'en était pas ainsi dans nos anciennes provinces coutumières, où les testaments pouvaient être reçus, non-seulement par les notaires ou tabellions, mais encore, suivant les localités, par les officiers de justice, par les officiers municipaux, par les curés ou desservants. (Art. 289 de la *Cout. d'Orléans*; Pothier, *des Donat. testam.*, chap. I, art. 3, § 2 ; *voy.* aussi Ricard, I° part., n° 1576 et suiv.)

L'Ordonnance de 1735 avait, il est vrai, statué, en règle générale, que les testaments, qui se feraient par personne publique, seraient reçus par des notaires ou tabellions (art. 23); mais sans déroger aux coutumes et usages des pays où les officiers de justice, *y compris les greffiers* et autres, étaient mis au nombre des personnes publiques capables de les recevoir (art. 24.)

Il n'y a, au contraire, aujourd'hui, que les testaments d'exception, qui puissent être reçus par un autre officier public que par un notaire (art. 981 et suiv.).

173. — Le Code ne s'étant pas expliqué sur la compétence, soit territoriale ou absolue, soit personnelle ou relative des notaires, ni sur leur capacité en ce qui concerne la réception des testaments, s'est évidemment référé à la loi générale sur l'organisation du notariat du 25 ventôse an XI. (*Supra*, n° 164.)

C'est ainsi que deux notaires ne peuvent pas, sous peine de nullité, concourir à la confection du même testament, s'ils sont parents ou alliés en ligne directe, à quelque degré que ce soit, et en collatérale jusqu'au degré d'oncle ou de neveu inclusivement (art. 10 et 68).

De même encore, les notaires ne peuvent recevoir des testaments dans lesquels leur parents ou alliés en ligne directe, et en collatérale aux mêmes degrés que ci-dessus, seraient testateurs ou légataires, ou qui contiendraient quelque disposition en leur faveur.

La nullité résultant de la contravention à cette défense atteindrait, non pas seulement les dispositions faites soit au profit des parents ou alliés du notaire, soit au profit du notaire lui-même, mais le testament tout entier (art. 8 et 68; comp. *infra*, n° 174; Douai, 17 mars 1815, Lermuzeaux, Sirey, 1816, II, 176; Bourges, 30 juin 1828, Moreau, D., 1829, II, 207; Cass., 27 déc. 1831, Petit, D., 1832, I, 9; Douai, 15 janv. 1834, Stóuëk, Dev., 1834, II, 115; Cass., 24 nov. 1835, Escabasse, D., 1836, I, 24; Cass., 15 déc. 1847, Gibier, Dev., 1848, I, 550; Rolland de Villargues, *Répert. du notariat*, n° 29; Zachariæ, Aubry et Rau, t. V, p. 505, 506; Massé et Vergé, t. III, p. 104; Demante, t. IV, n° 116 *bis*, II).

174. — Nous présentons ces déductions comme certaines; et notre avis est, en effet, qu'elles ne sauraient être sérieusement contestées.

L'une d'elles l'a été pourtant; et l'on a enseigné que, dans le cas où le testament contenait une disposition au profit du notaire, ou de l'un des notaires, il n'y avait de nul que cette disposition, et que le testament lui-même était valable.

Telle est la doctrine de Coin-Delisle, qui soutient qu'on ne peut appliquer à cette hypothèse, ni l'article 975 du Code Napoléon, ni l'article 8 de la loi du 25 ventôse an XI : point l'article 975, qui ne s'occupe que des dispositions faites au profit des témoins, de leurs parents ou alliés, ou des clercs, point l'article 8 de la loi de ventôse, dont les derniers mots : *en leur faveur*, se rapportent, dit-il, aux parents ou alliés du notaire, et non pas au notaire lui-même (art. 971, n°s 13 et suiv; art. 980, n° 42).

Mais si le testament est valable, la disposition faite au profit du notaire recevant va donc l'être aussi! car si les ar-

ticles précités ne sont pas applicables, on ne peut pas plus
les appliquer à la disposition faite au profit du notaire,
qu'aux autres dispositions que ce testament renfermerait.

Coin-Delisle a compris l'impossibilité de valider la
disposition faite par le testateur au profit du notaire, qui
a reçu le testament; et il la considère comme non écrite,
en vertu de l'article 900, qui déclare telles les conditions
contraires aux bonnes mœurs! (Art. 971, n° 15.)

Nous croyons que ce moyen paraîtra tout au moins
fort imprévu; il est difficile, en effet, de comprendre
comment un legs fait au notaire rédacteur pourrait être considéré comme une condition contraire aux bonnes mœurs
et à l'ordre public, dans les termes de l'article 900.

Ajoutons que la doctrine du savant auteur aboutit à
cette contradiction intolérable, que, tandis que le testament tout entier serait nul, en vertu de l'article 975, si
l'un des témoins était légataire, il ne serait pas nul, au
contraire, si c'était le notaire lui-même qui fût légataire;
comme si l'officier public, qui le reçoit ne devait pas offrir, au moins, les mêmes garanties d'impartialité que les
témoins!

Quelques jurisconsultes, afin de déclarer nul tout entier le testament, qui contient une disposition au profit
du notaire, ont, en effet, invoqué l'article 975 du Code;
et ils ont écrit que *les notaires sont les premiers témoins
des testaments!* (Vazeille, art. 975; *voy.* aussi Grenier,
t. II, n° 249.)

Mais cet aperçu lui-même ne nous paraît pas exact; et
c'est une véritable confusion de dire que le notaire est un
témoin! (*Voy.* toutefois l'article 5 de l'Ordonn. de 1735;
infra, n° 176.)

Le notaire est l'officier public; il est le ministre du
testament! et comme le Code Napoléon ne s'est nullement
occupé de sa capacité absolue ou relative, c'est la loi du
25 ventôse an XI, qui doit la régler, dans les testaments
aussi bien que dans les autres actes.

L'article applicable est donc l'article 8 de cette loi, combiné avec l'article 68; et nous ne nous arrêterons pas à réfuter l'argument d'après lequel ces articles ne s'appliqueraient pas aux actes, qui contiennent des dispositions en faveur du notaire; les conséquences d'une telle interprétation suffisent à la détruire! Il est vrai que certaines coutumes avaient admis que la disposition faite au notaire devait seule être déclarée nulle, et que le testament reçu par lui n'en devait pas moins être valable, quant aux autres dispositions qu'il renfermait; tel était notamment l'article 49 du titre XII de la *Coutume d'Auvergne*, dont Chabrol avait même dit *qu'il conservait sa première autorité*, depuis l'Ordonnance de 1735, qui ne s'était pas occupée des legs faits au notaire (*voy.* aussi Guy-Coquille, sur l'article 12 du titre *des Testaments* de la coutume de Nivernais).

Mais c'était là un abus manifeste, que l'article 8 de la loi du 25 ventôse a fait très-sagement cesser. (Comp. Toullier, t. III, n° 73; Rolland de Villargues, *loc. supra cit.*; Bayle-Mouillard sur Grenier, t. II, n° 249, notes *b* et *c*; Troplong, t. III, n°ˢ 1612, 1613; Massé et Vergé sur Zachariæ, t. III, p. 1019; Saintespès-Lescot, t. IV, n° 1022.)

175. — D'après l'article 971, le testament doit être reçu par deux notaires, en présence de deux témoins, ou par un notaire, en présence de quatre témoins.

C'est là une disposition spéciale, qui déroge à la loi du 25 ventôse an XI, dont l'article 9 se contente de deux notaires sans témoins, ou d'un notaire assisté de deux témoins.

Notre Code s'est, en ceci, montré plus exigeant que l'ancien droit coutumier et que l'Ordonnance de 1735, d'après lesquels il suffisait de deux notaires ou tabellions, sans témoins, ou d'un notaire ou tabellion, avec deux témoins (comp. *supra*, n° 163; art. 289 de la cout. d'Orléans; art. 23 de l'Ordonn. de 1735).

176. — 3° Nous arrivons aux témoins (*supra*, n° 167).

Le testament est-il reçu par deux notaires? le Code exige deux témoins.

Le testament n'est-il reçu que par un notaire? il en exige quatre.

Moins rigoureux, à cet égard, que l'ancienne Ordonnance, qui, conformément aux traditions des pays de droit écrit, exigeait, pour le testament nuncupatif écrit, la présence de sept témoins, y compris le notaire (art. 5; (comp. *supra*, n° 52).

177. — Les témoins ont, dans les testaments, un rôle important; *ils sont*, disait Ricard, *les contrôleurs de tout ce qui se passe en cette affaire* (1re part., n° 1606), et il était nécessaire que le législateur déterminât les garanties, qu'ils devraient présenter.

177 bis. — Or, les conditions de capacité requises dans les témoins sont de deux sortes.

En d'autres termes, il existe, à leur égard, deux sortes d'incapacités :

I. — Les premières, absolues, qui empêchent, dans tous les cas, celui qui en est frappé, de figurer comme témoin, dans un testament;

II. — Les secondes, relatives, qui empêchent seulement celui qui en est frappé, de figurer comme témoin dans certains testaments.

Nous allons examiner successivement les unes et les autres.

178. — I. On peut dire que les incapacités absolues sont elles-mêmes de deux sortes :

a. D'une part, les incapacités *légales*, que le législateur a prononcées, et qu'il a dû, en effet, prononcer, parce que le juge n'aurait pas pu, si raisonnables qu'elles pussent paraître, les appliquer sans un texte ;

b. D'autre part, les incapacités *naturelles*, qui, bien que n'ayant pas été prononcées explicitement par le législateur, n'en doivent pas moins être appliquées par le juge, parce qu'elles dérivent, en effet, de la nature, et qu'elles ont été, dès lors, elle-mêmes, prononcées par le législateur, qui, en imposant certains devoirs aux témoins des testaments, en écarte virtuellement tous ceux qui manquent des qualités physiques et morales nécessaires pour remplir ces devoirs, et pour satisfaire aux garanties, qu'il a voulu trouver dans leur assistance.

179. — *a.* Les conditions de capacité légale absolue sont déterminées par l'article 980, qui est d'ailleurs également applicable au testament par acte public et au testament mystique :

« Les témoins appelés pour être présents aux testaments, devront être mâles, majeurs, sujets *du roi*, jouissant des droits civils. »

Voilà une disposition spéciale; et il suffit de la rapprocher de l'article 9 de la loi du 25 ventôse an XI, sur les actes notariés en général, pour reconnaître la différence.

Cet article 9, en effet, porte que :

« Les actes seront reçus par deux notaires ou par un « notaire assisté *de deux témoins, citoyens français, sa-* « *chant signer, et domiciliés dans l'arrondissement commu-* « *nal où l'acte est passé.* »

Or, de la règle que nous avons posée (*supra*, n° 164), il résulte que la disposition spéciale de l'article 980, par laquelle le Code Napoléon a déterminé la capacité requise dans la personne des témoins pour les testaments, doit faire écarter entièrement l'application de la disposition générale de l'article 9 de la loi de ventôse an XI, qui détermine la capacité requise dans la personne des témoins pour les actes notariés ordinaires.

Donc, il faut s'en tenir aux conditions de capacité absolue requises par notre article 980, et y exiger toutes celles-là sans doute, mais aussi rien que celles-là !

180. — Ces conditions sont au nombre de quatre :

1° Les témoins doivent être *mâles.*

Les femmes, en effet, quoique jouissant, en général, des mêmes droits civils que les hommes, ont toujours été exclues des fonctions civiles ou publiques…, *ab omnibus officiis civilibus vel publicis remotæ* (L. 2, ff. *de Reg. jur.*; § 6, *Inst. de Test. ord.*; comp. notre *Traité de la Publication, des Effets, et de l'Application des lois*, etc., n° 135).

La pudeur de leur sexe en est une explication convenable et suffisante, sans qu'il soit nécessaire de recourir aux motifs très-peu sérieux que certains docteurs y avaient autrefois ajoutés (comp. Doneau, *De jure civ.*, lib. VI, cap. VII, n° 14; Ricard, Ire part., n° 1506; Merlin, *Répert.*, v° *Témoin instrumentaire*, § 11, n° 3; Pothier, *Introduct. au tit.* XVI *de la cout. d'Orléans*, n° 14-5°).

181. — 2° Les témoins doivent être *majeurs*, c'est-à-dire qu'ils doivent avoir vingt et un ans accomplis (article 488).

Un mineur, même émancipé, ne pourrait donc pas être témoin testamentaire.

Cette condition d'âge, dans la personne des témoins, n'avait pas été réglée par notre ancien droit d'une manière satisfaisante.

Il suffisait, dans les pays de droit écrit, d'être pubère, par suite de cette idée romaine, assez peu exacte, suivant nous, que d'Aguesseau avait résumée en ces termes, que *la capacité du témoin doit suivre et imiter celle du testateur* (plaidoyer du 15 mars 1698; § 5, *Inst. de Test. ord.*)

Dans les pays coutumiers, il fallait avoir vingt ans ; et encore, n'était-ce que depuis l'Ordonnance de 1735 (art. 39), que cet âge avait été exigé uniformément; car auparavant, dans le ressort de certaines coutumes, qui se bornaient à dire que les témoins devaient être *idoines et suffisants*, sans déterminer leur âge, on y appelait des enfants de quinze ans ! aussi n'est-ce pas sans raison que Ricard demandait *un nouveau règlement pour couper la racine à un si grand abus !* (Ire part., n° 1608.)

182. — 3° Les témoins doivent être *sujets de l'Empe-*

reur (comp, Colmar, 26 déc. 1860, Bropst, Dev., 1861, II, 265).

Afin d'apprécier le sens de ces mots sur lesquels on s'est divisé, il sera utile de reproduire d'abord l'article 40 de l'Ordonnance de 1735 :

« Les témoins seront mâles, *regnicoles*, et capables des effets civils, à l'exception du testament militaire, *dans lequel les étrangers, non notés d'infamie, pourront servir de témoins.* »

Les auteurs de la rédaction primitive de notre article 980 (du 13 floréal, an XI), voulant reproduire cette idée de l'article 40 de l'Ordonnance, avaient dit que les témoins devraient être.... *republicoles*.

En 1807, sous le premier Empire, le mot : *republicoles* fut remplacé par les mots : *sujets de l'Empereur*.

En 1816, à ces derniers mots, on substitua : *sujets du Roi*.

Et nous voici, sous le second Empire, ramenés à la formule de 1807, quoique pourtant cette nouvelle substitution n'ait pas été faite officiellement.

Tel est l'historique de cette rédaction.

Qu'en résulte-t-il ?

Une conséquence, à notre avis, très-nette, c'est que les témoins testamentaires doivent être FRANÇAIS, et que les étrangers ne peuvent pas être appelés, lors même qu'ils résideraient en France, et qu'ayant été autorisés par l'Empereur à y établir leur domicile, ils jouiraient de tous les droits civils, conformément à l'article 13.

Cette conséquence, toutefois, a été contestée ; et on a soutenu, au contraire, que, pour être témoin dans un testament, il suffisait d'habiter le territoire français.

Les mots : *sujets de l'Empereur*, a-t-on dit, ont, sous l'Empire, comme les mots : *sujets du Roi*, avaient, sous la Restauration, le même sens que les mots : *regnicoles*, de l'Ordonnance de 1735, et *republicoles*, de la rédaction de l'an XI, auxquels ils ont été substitués ;

Or, les mots : *regnicoles* et *républicoles,* désignaient,
ainsi que leur étymologie elle-même le démontre, ceux-là
qui habitaient le territoire du Royaume ou de la République, c'est-à-dire le territoire français ;

Donc, tel est aussi, maintenant, le sens des mots : *sujets de l'Empereur* (comp. Turin, 10 avril 1809, Bavz,
Sirey, 1810, II, 85 ; Delvincourt, t. II, p. 83, note 1 ;
Vazeille, art. 980, n° 11 ; tel avait été d'abord le sentiment de Grenier, qui s'en est ensuite départi, t. II, n°ˢ 247
et 247 *bis*).

La réponse nous paraît facile :

1° Nous admettons que le sens des mots : *sujets du Roi,
sujets de l'Empereur,* est le même que celui des mots : *regnicoles, républicoles ;* et il est, en effet, vraisemblable que
l'on aurait dit aussi : *impéricoles,* si l'on avait cru pouvoir
se permettre cette néologie ;

Or, précisément, le mot : *regnicole,* dans notre ancien
droit, était synonyme de ces mots : *sujets du roi ;* on l'opposait à celui d'*aubain, alibi natus,* étranger.

La preuve en est dans le témoignage de Domat :

« *Nous appelons,* disait-il, *regnicoles* LES SUJETS DU ROI;
et les étrangers sont ceux qui sont les sujets d'un autre État. »
(*Liv. prélim.*, t. II, sect. II, n° 11.)

Et voilà bien ce qui résultait aussi de l'article 40 de l'Ordonnance, qui, après avoir exigé, en règle générale, que
les témoins fussent *regnicoles,* n'admettait ensuite les *étrangers* que par exception dans le testament militaire ; d'où
Pothier concluait *qu'un étranger non naturalisé ne peut être
témoin* (*Introduct. au tit.* XVI *de la cout. d'Orléans,* n° 14).

2° Ajoutons que les expressions modernes ont d'ailleurs,
par elles-mêmes, un sens très-certain.

Est-ce que, en effet, un étranger, autorisé même à résider en France et à y jouir des droits civils, peut jamais
être considéré comme un *sujet de l'Empereur ?* (comp.
notre *Traité de la Publication, des Effets, et de l'Application
des lois en général, etc.,* n°ˢ 226 et 281 ; Rennes, 11 août

1809, Vic, Sirey, 1810, II, 9; Cass., 23 janv. 1811, Vic, Sirey 1811, I, 243 ; Toulouse, 10 mars 1826, Dev. et Car., IX, I, 85 ; Cass., 23 avr. 1828, Rilbas, Sirey, 1828, I, 437; Merlin, *Répert.*, v° *Témoin instrumentaire*, § 2, n° 3, 1°; Toullier, t. II, n° 397 ; et Duvergier, *h. l.*, note 3 ; Duranton, t. IX, n° 105 ; Mourlon, *Répét. écrit.*, t. II, p. 344 ; Troplong, t. III, n° 1674 ; Zachariæ, Massé et Vergé, t. III, p. 102 ; Aubry et Rau, t. V, p. 507; Demante, t. IV, n° 125 *bis*, II).

183. — De la signification, que nous venons de reconnaître aux mots : *sujets de l'Empereur*, il résulte que le Français peut être témoin dans un testament, lors même qu'il aurait sa résidence habituelle en pays étranger, et qu'il ne se trouverait que momentanément en France; car il n'en serait pas moins *regnicole*, dans le sens juridique de ce mot, c'est-à-dire *Français, sujet de l'Empereur*, (Comp. Coin-Delisle, art. 980, n° 20; Saintespès-Lescot, t. IV, n° 1191.)

184. — 4° Enfin, les témoins doivent être *jouissant des droits civils*.

Il semblerait que cette dernière condition se confond avec celle qui précède, et d'après laquelle les témoins doivent être Français; car tout Français jouit des droits civils (art. 8).

Mais elle en est distincte pourtant ; et elle a pour but d'exclure ceux des Français qui n'ont pas la jouissance des droits civils.

Tel était le mort civilement, avant la loi du 31 mai 1854, abolitive de la mort civile (art. 25).

Tel est encore aujourd'hui celui qui a encouru :

Soit la dégradation civique (art. 34, 35, Code pén.; art. 2 de la loi précitée du 31 mai 1854) ;

Soit certaines condamnations exceptionnelles (art. 42 même Code; comp. notre *Traité de la Publication, des Effets, et de l'Application des lois*, etc., n°s 191 et 205; Bayle-Mouillard sur Grenier, t. II, n° 247, note *a*).

185. — L'individu interdit pour cause de démence, d'imbécillité ou de fureur, peut-il être témoin testamentaire, s'il a des intervalles lucides?

La négative résulte doublement, dit on, de l'article 980, qui exige : 1° que les témoins ne soient pas mineurs ; or, l'interdit est assimilé au mineur (art. 509); 2° que les témoins jouissent des droits civils; or, si les interdits jouissent des droits civils, *c'est seulement de ceux qui, à la différence de celui dont il s'agit, peuvent s'exercer par autrui* (comp. Duranton, t. IX, n° 106 ; Bayle-Mouillard sur Grenier, t. II, n° 247, note *a*; Demante, t. IV, n° 125 *bis* III ; Saintespès-Lescot, t. IV, n°s 1196, 1197.)

Qu'il soit convenable et prudent, en fait, de ne point appeler un pareil témoin, nous le reconnaissons ; mais ce que nous croyons aussi, en droit, c'est que, s'il avait été appelé, le testament ne serait pas nul ; et plus d'une circonstance, d'ailleurs, pourrait expliquer comment on aurait eu recours à lui; comme si, par exemple, l'urgence n'avait pas laissé le temps d'en chercher un autre.

Eh bien ! nous disons que ce témoin ne serait frappé d'aucune incapacité légale.

D'une part, en effet, il est *majeur ;* c'est détourner l'article 509 de sa véritable signification, que d'en induire l'assimilation de l'interdit au mineur pour l'application de l'article 980; car l'article 509 ne prononce cette assimilation qu'en ce qui concerne les lois *sur la tutelle* (comp. notre *Traité de la Minorité, de la Tutelle, de l'Interdiction,* t. II, n° 644);

Et d'autre part, il est aussi *jouissant des droits civils ;* car ce n'est pas la *jouissance,* que l'interdiction suspend ; c'est seulement l'*exercice;* et encore, cette suspension ne s'applique-t-elle, suivant nous, qu'à ceux des droits civils, qui peuvent être exercés par délégation (comp. notre *Traité* précité, t. II, n°s 640 et suiv.; Troplong, t. III, n° 1678 ; Zachariæ, Aubry et Rau, t. V, p. 507).

186. — Encore moins, serait-il possible de déclarer

incapable d'être témoin dans un testament, celui auquel il
a été nommé seulement un conseil judiciaire (comp. notre *Traité* précité, t. II, n° 720 ; Bayle-Mouillard sur Grenier, t. II, n° 247, note *a* ; Saintespès-Lescot, t. IV, 1292).

187. — Telles sont les quatre conditions de capacité
légale absolue, que l'article 980 exige dans les témoins
testamentaires.

On ne saurait en exiger d'autres ; et c'est ainsi que du
rapprochement, que nous avons fait de cet article avec
l'article 9 de la loi du 25 ventôse an XI, il résulte qu'il
n'est pas nécessaire que les témoins appelés au testament
aient la qualité de *citoyens français,* ni qu'ils soient *domiciliés dans l'arrondissement communal,* où le testament est
reçu.

Et d'abord, que la jouissance des droits politiques ne
soit pas nécessaire, cela est d'évidence ; car si le législateur avait voulu l'exiger, il n'aurait pas eu besoin de dire
spécialement que les témoins doivent être mâles, majeurs,
sujets de l'Empereur, et jouissant des droits civils ; puisque ces quatre qualités sont virtuellement renfermées dans
celle de *citoyen,* qu'il aurait alors suffi de mentionner.

On ne saurait donc déclarer incapables d'être témoins
testamentaires ni les faillis, ni les domestiques (comp.
art. 975 ; les citations *infra,* n° 188 ; Duranton, t. IX,
n° 111 ; Mourlon, *Répét. écrit.,* t. II, p. 345 ; Massé et
Vergé sur Zachariæ, t. III, p. 102 ; Saintespès-Lescot,
t. IV, n°s 1193 et 1203).

188. — Il est vrai que, en ce qui concerne la condition du domicile dans l'arrondissement communal, la
volonté des auteurs du Code Napoléon de déroger à l'article 9 de la loi du 25 ventôse an XI, pourrait ne point paraître aussi manifeste ; car rien, à la rigueur, ne ferait
obstacle à ce que cette condition fût exigée, en même
temps que celles que l'article 980 exige, et avec lesquelles
elle n'est pas absolument inconciliable. Aussi, a-t-on soutenu, en effet, que cette dérogation n'existait pas, et que

les témoins testamentaires devaient être, sous peine de
nullité, domiciliés dans l'arrondissement communal, où
le testament est reçu (comp. Bruxelles, 13 avril 1811,
Discaert, Sirey, 1812, II, 18; Bordeaux, 6 déc. 1834,
Châtry, Dev., 1835, II, 140; Toullier, t. III, n° 397).

Mais notre réponse est déjà faite! c'est qu'il résulte de
l'article 980, comme des articles 974 et 975, que les auteurs du Code Napoléon ont établi un système complet
de législation spéciale sur la capacité, absolue ou relative,
des témoins testamentaires; or, la loi spéciale, lorsqu'elle
a ce caractère, déroge, en effet, complétement à la loi générale, relativement à l'objet dont elle s'occupe (supra,
n° 164).

Et pourquoi les conditions de capacité sont moins rigoureuses pour les testaments que pour les autres actes
notariés? il n'est pas impossible de l'expliquer; on peut
dire que le législateur aura voulu laisser plus de latitude
au testateur dans le choix : soit parce que le nombre des
témoins nécessaires pour les testaments est plus considérable que celui des témoins nécessaires pour les autres actes notariés; soit parce que le testateur désire souvent
garder le secret, et qu'il pourrait vouloir ne point appeler
des témoins de la commune même où l'acte est reçu. Sans
exagérer la valeur de ces motifs, nous ne saurions admettre non plus que ce soit là, comme a dit M. Troplong,
une différence capricieuse (comp. Douai, 27 avril 1812,
Chassain, Sirey, 1812, II, 237; Caen, 19 août 1812, Bré-
ville, Sirey, 1813, II, 113; Caen, 11 nov. 1812, Bouti-
gny, Sirey, 1813, II, 87; Paris, 18 avril 1814, Letors,
Sirey, 1814, II, 437; Rouen, 16 nov. 1818, Sauvage,
Sirey, 1819, II, 28; Bordeaux, 18 août, 1823, Breton; et
Orléans, 11 août 1823, Gaborit de la Brosse, Sirey, 1823,
II, 290, 291; Cass., 10 mai 1825, Breton, Sirey, 1826,
I, 54; Cass., 4 janv. 1826, Billoux, Sirey, 1826, I, 204;
Cass., 3 août 1841, Lesueur, Dev., 1841, I, 865; Merlin,
Répert., v° Témoin instrumentaire, § 11, n°ˢ 3-22; Grenier,

t. II, n° 246; et Bayle-Mouillard, *h. l.*, note *b*; Duranton, t. IX, n° 110; Troplong, t. III, n° 1675; Coin-Delisle, art. 980, n° 9; Zachariæ, Aubry et Rau, t. V, p. 507, 508; Demante, t. IV, n° 125 *bis*, I; Saintespès-Lescot, t. IV, n° 1195).

189. — De la solution qui précède, il ne faudrait pas toutefois conclure que le domicile des témoins ne doit pas être indiqué dans le testament.

Aux termes de l'article 12 de la loi du 25 ventôse an XI, tous les actes notariés doivent énoncer *les noms des témoins instrumentaires et leur demeure*; et le Code Napoléon n'ayant rien statué de spécial à cet égard pour les testaments, on doit appliquer cet article 12, non-seulement pour les noms des témoins (ce qui va de soi), mais aussi pour leur demeure; car il faut bien que les parties intéressées puissent les connaître pour la vérification même de leur capacité, et les rechercher, s'il y a lieu; ne faut-il pas toujours aussi, quand il s'agit d'un testament mystique, qu'ils soient appelés à son ouverture (art. 1007).

C'est qu'en effet, ceci ne se rattache pas à la question de capacité légale, la seule que le Code Napoléon ait spécialement réglée; c'est un point qui se rattache à la forme même de l'acte; c'est, en un mot, tout simplement le moyen de constater l'individualité et l'identité des témoins, moyen dont le Code ne s'est pas occupé (comp. *infra*, n° 229; Cass., 4 janv. 1826, Billoux, D., 1826, I, 46; Cass., 3 juill. 1838, Bédard, D., 1838, I, 304; Merlin, *Répert.*, v° *Testament*, sect. II, § 3, art. 2, n° 8; et v° *Témoin instrumentaire*, § 11, n° 111; Delvincourt, t. II, p. 83, note 1; Toullier, t. III, n° 397; Vazeille, art. 980, n° 17; Bayle-Mouillard sur Grenier, t. III, n° 248, note *b*; Troplong, t. III, n° 1680; Demante, t. IV, n° 116 *bis*, II).

190. — C'est par ce motif qu'il faut appliquer aux testaments, comme aux autres actes notariés, l'article 11 de la loi du 25 ventôse an XI, relativement aux témoins certificateurs de l'identité des parties, lorsqu'elles ne sont pas connues du notaire; car le Code Napoléon ne s'est occupé que des témoins instrumentaires ; il ne s'est pas occupé des témoins certificateurs de l'identité du testateur; par conséquent, les conditions de capacité requises pour ceux-ci, sont celles que doivent avoir les témoins, non pas dans les testaments, mais dans les actes notariés ordinaires (comp. *infra*, n° 228; Demante, t. IV, n° 125 *bis*, IV).

191. — Quant à la condition, pour les témoins, de savoir signer, elle est requise, en même temps, par la loi du 25 ventôse an XI (art. 9), et par le Code Napoléon (art. 974).

Et toutefois, d'après une disposition spéciale de l'article 974, il suffit, dans les campagnes, pour les testaments, que la moitié seulement des témoins sache signer (*infra*, n°ˢ 324 et suiv.).

192. — *b.* Outre les incapacités *légales*, que nous venons d'exposer, d'après l'article 980, il y a des incapacités *naturelles*, qui s'opposent à ce que ceux, qui en sont atteints, soient appelés comme témoins dans les testaments (*supra*, n° 178).

Il est clair, en effet, que ceux-là ne sauraient être *témoins*, qui ne sauraient *attester* l'accomplissement des faits, dont leur présence doit être la garantie!

Nous avons déjà remarqué, d'ailleurs, que ce sont là des *impossibilités physiques* plutôt que des *incapacités légales* (comp. notre *Traité de la Publication, des Effets, et de l'Application des lois*, etc., n° 135; et notre *Traité de la Minorité*, etc., t. I, n° 11).

Tel est, *propter vitium corporis*, l'aveugle, qui ne pourrait voir ni le testateur, ni le notaire, ni les autres témoins, ni l'écriture par le notaire (comp. *supra*, n°ˢ 168-171; *Inst.*, § 6, *de Testam. ordin.; Furgole, des Testam.*, chap. III, sect. II, n° 17; Merlin, *Répert.*, v° *Témoin instrumentaire*, § 11, n°ˢ 3, 4; Grenier, t. II, n°ˢ 281-286).

193. — Tel est aussi le sourd, qui ne pourrait entendre ni la dictée par le testateur, ni la lecture par le notaire (*Inst.*, *loc. supra cit.*).

194. — En est-il ainsi du muet?

« Je ne le crois pas, dit Merlin; pourquoi, chez les Romains, les muets ne pouvaient-ils pas être témoins dans un testament? parce que, chez eux, les témoins devaient promettre au testateur de rendre témoignage de ses dispositions.... *repromittere testimonium*. En France, les témoins testamentaires n'ont jamais fait de promesse semblable; il n'aurait donc jamais dû être nécessaire qu'ils pussent parler, pourvu, d'ailleurs, qu'ils vissent le testateur et l'entendissent; c'était donc sans aucun motif que notre ancienne jurisprudence avait maintenu l'exclusion des muets; cette exclusion ne peut donc plus avoir lieu sous le Code Napoléon » (art. 7 de la loi du 30 ventôse an XII, *Répert.*, v° *Témoin instrum.*, *loc. supra cit.*)

Il en est, toutefois, qui ont maintenu l'exclusion absolue des muets (Grenier, t. II, n. 254).

D'autres ne les admettent que sous la condition qu'ils sauront écrire, parce que, autrement, disent-ils, ne pouvant exprimer leur pensée que par des signes toujours équivoques, ils ne pourraient rendre un témoignage certain de ce qu'ils auraient vu et entendu (Toullier, t. III, n° 392; Duranton, t. IX, n° 104; Coin-Delisle, art. 980, n° 23; Bayle-Mouillard sur Grenier, *h. l.*, note *a*).

Mais le sentiment de Merlin nous paraîtrait préférable; car, le muet, qui a pu voir et entendre ce qui se passait en sa présence, pourrait aussi en rendre compte, au moyen du langage des signes si perfectionné et si sûr aujourd'hui (comp. Troplong, t. III, n° 1679; Zachariæ, Aubry et Rau, t. V, p. 506).

195. — Les infirmités morales, *propter infirmitatem consilii*, sont aussi des causes d'exclusion, à l'égal des infirmités physiques.

Comment, par exemple, serait-il possible d'appeler

comme témoin à un testament, un idiot, qui ne comprendrait pas ce qui se ferait en sa présence?

Il en serait de même du dément ou du furieux, à moins qu'il ne fût dans un intervalle lucide (comp. *supra;* n° 185; *Inst.*, § 6, *de Testam. ordin.;* L. 29, § 4, ff. *Qui testam. fac. poss.;* Merlin, *Répert.*, v° *Témoin instrum.*, § 2, n°ˢ 3, 4).

195 *bis.* — De même encore de celui qui se trouverait dans un état d'ivresse, au moment de la confection du testament (comp. Merlin, *Quest. de droit*, § XVII, art. 2; Bayle-Mouillard sur Grenier, t. II, n° 254, note *a*).

196. — Nous en dirons autant de celui qui ne comprendrait pas la langue, dont le testateur se sert pour dicter son testament; comme si un testament est dicté en anglais ou en allemand devant un témoin, qui ne comprend que le français (*infra*, n° 251).

Qu'importe que son oreille entende, si son esprit ne comprend pas! c'est la *surdité* de l'intelligence, comparable tout au moins à la surdité de l'ouïe! (*Supra*, n° 193.)

On ne pourrait le décider autrement, qu'autant que l'on penserait, avec un arrêt de la Cour de Nancy, « que les témoins ne sont pas appelés à prendre connaissance du fond et de la substance des dispositions du testament, et que c'est au notaire seul qu'il appartient d'attester la fidélité de sa rédaction! » (28 juill. 1817, Bock, Sirey, 1818, II, 89; comp. Cass., 14 juill. 1818, Koller, Siréy, 1818, I, 397; *voy.* aussi les conclusions de M. le procureur général Daniels, dans le *Répert.* de Merlin, v° *Témoin instrum.*, § III, n° 4).

Mais il est manifeste qu'une telle doctrine méconnaît le rôle des témoins, dont la mission est, au contraire, de s'assurer de la conformité de la dictée par le testateur avec l'écriture par le notaire! (Comp. Ricard, Iʳᵉ part., n° 1606; Furgole, *des Testam.*, chap. III, sect. I, n° 8; Merlin, *Répert.*, v° *Langue française*, n°ˢ 3 et 4; et *Quest.*

de droit, v° *Testament*, § 17; Toullier, t. III, n° 293; Grenier, t. II, n° 255; et Bayle-Mouillard, *h. l.*, note *b;* Troplong, t. III, n° 1526; Zachariæ, Aubry et Rau, t. V, p. 506; Saintespès-Lescot, t. IV, n° 1205).

197. — Faut-il, en outre, que les témoins comprennent la langue dans laquelle le testament est rédigé par le notaire, si cette langue n'est pas la même que celle dont le testateur se sert pour le dicter; comme si le testateur avait dicté en anglais ou en allemand, et que le notaire eût écrit en français, devant un témoin, qui n'entendrait que l'anglais ou l'allemand, sans entendre le français? (*Infra*, n° 251.)

Nous le croyons ainsi; comment, en effet, ce témoin pourrait-il, sans cette condition, constater la conformité de l'écriture avec la dictée, c'est-à-dire que le testament qui a été dicté par le testateur, est bien le même que celui qui a été écrit par le notaire et lu par lui au testateur?

On s'est, toutefois, montré moins sévère dans la doctrine et dans la jurisprudence.

C'est ainsi que les uns ont proposé de remplacer par une explication orale, qui serait donnée, par le notaire, au testateur et aux témoins, la lecture impossible, en effet, devant des témoins qui n'entendent pas la langue dans laquelle le testament a été écrit. (Comp. Coin-Delisle, art. 980, n° 29);

Tandis que les autres décident que le notaire devra donner lecture au testateur et aux témoins de la traduction, qu'il aura faite, en marge de l'acte, dans la langue dont le testateur s'est servi, du testament qu'il a rédigé en français; et que cette lecture tiendra lieu de celle qui est requise par l'article 972 (comp. Bruxelles, 13 déc. 1808, Sirey, 1809, II, 300; Bruxelles, 6 mai 1813, Sirey, 1813, II, 372; Douai, 1er févr. 1816, Sirey, 1818, II, 98; Metz, 19 déc. 1816, Sirey, 1818, II, 325; Metz, 3 avril 1833, Dev., 1833, II, 549; Ancelot, cité par

Bayle-Mouillard sur Grenier, t. II, n° 255 *bis*, note *b*;
Zachariæ, Aubry et Rau, t. V, p. 506).

Mais ces expédients ne nous paraissent pas satisfaire
à la condition essentielle, que le législateur exige.

Une explication simplement orale, que le notaire donnerait aux témoins, dont rien ne garantirait l'exactitude
et dont il ne resterait aucune trace, cela est, à notre avis,
inadmissible !

Et nous n'admettrions pas davantage la lecture d'une
traduction, dont les témoins ne pourraient pas apprécier
l'exactitude, puisqu'ils ne connaîtraient pas les deux
idiomes, et qui n'aurait pas d'ailleurs elle-même l'*authenticité de la rédaction française* (Instruction du 4 thermidor
an XII ; *infra*, n° 252).

Mais, dit-on, le législateur admet bien que, dans le
cas où le testateur a dicté son testament en langue étrangère, le notaire, qui l'écrit en langue française, lui donne
lecture de la traduction qu'il en fait dans la langue du
testateur ; or, si cette lecture est suffisante à l'égard du
testateur lui-même, comment ne le serait-elle pas à l'é-
gard des témoins ?

C'est que précisément les témoins sont appelés dans
l'intérêt du testateur, pour contrôler l'œuvre du notaire;
pour la contrôler, disons-nous, par eux-mêmes, *propriis
sensibus*, et non pas d'après le témoignage du notaire ; et
il est d'autant plus nécessaire alors que leur contrôle
puisse s'exercer, que le testateur lui-même ne peut pas
vérifier l'exactitude du notaire ; ajoutons que, dans le
cas où le testateur ne connaît pas la langue française, il
est impossible de lui donner lecture du testament rédigé
en français, et que force est bien de lui lire seulement la
traduction ; mais cette impossibilité n'existe pas à l'égard
des témoins, que l'on peut presque toujours choisir.

Notre avis est donc que les témoins devraient connaître
tout à la fois et la langue étrangère, dont le testateur s'est
servi pour dicter ses dispositions, et la langue française,

dont le notaire s'est servi pour les écrire (comp. Merlin, *Quest. de droit*, v° *Témoin instr.*, § 18 ; Grenier, t. II, n° 255 *bis*, et Bayle-Mouillard, *h. l.*, note *b ;* Toullier, t. III, n° 393 ; Duranton, t. IX, n°ˢ 80, 81 ; Vazeille, art. 972).

198. — II. Voilà les incapacités absolues.

Nous avons à exposer maintenant les incapacités relatives (*supra*, n° 177).

Il ne suffit pas, en effet, qu'une personne soit, d'une manière absolue, capable d'être appelée comme témoin dans un testament.

Le législateur exige, en outre, que, relativement au testament, pour lequel elle est appelée, elle offre des garanties suffisantes d'impartialité et d'indépendance.

En conséquence, l'article 975 est ainsi conçu :

« Ne pourront être pris pour témoins du testament par « acte public, ni les légataires, à quelque titre qu'ils « soient, ni leurs parents ou alliés jusqu'au quatrième « degré inclusivement, ni les clercs des notaires par les- « quels les actes seront reçus. »

De même que, en ce qui concerne les incapacités absolues, nous avons rapproché l'article 980 du Code Napoléon de l'article 9 de la loi du 25 ventôse an XI sur les actes notariés (*supra*, n° 179) ; nous devons, en ce qui concerne les incapacités relatives, rapprocher l'article 975 de notre Code de l'article 10 de cette loi ; car la même conclusion en résulte.

Eh bien ! donc, l'article 10 de la loi du 25 ventôse an XI s'exprime ainsi :

« ..... Les parents, alliés, soit du notaire, soit des par- « ties contractantes, au degré prohibé par l'article 8, « leurs clercs et serviteurs, ne pourront être témoins. »

Il suffit de comparer ces deux textes pour reconnaître que le Code Napoléon a établi, en ce qui concerne les témoins, qui peuvent être appelés aux testaments, un système complet d'incapacités relatives dans l'article 975, comme il a établi, dans l'article 980, un système complet d'incapacités absolues ; et que l'article 975, qui est tout à la fois une loi postérieure et spéciale, déroge entièrement à l'article 10 de la loi antérieure et générale du 25 ventôse an XI, comme l'article 980 déroge à l'article 9.

Donc, il faut s'en tenir aux conditions de capacité relative requises par notre article 975, afin d'y exiger toutes celles-là sans doute, mais aussi rien que celles-là (*supra*, n° 179).

199. — Ces conditions, ou plutôt ces causes d'incapacité, sont au nombre de trois :

1° L'article 975 exclut *les légataires, à quelque titre qu'ils soient.*

Le droit romain exclut seulement l'héritier institué, et non pas les simples légataires, qui n'étaient pas *juris successores* (§ 10, *Inst. de Testam. ordin.* ; Doneau, *Comm.*, lib. VI, cap. VII, n°s 20 et suiv.).

Notre ancien droit coutumier n'avait pas fait cette distinction ; et il déclarait incapables non-seulement les héritiers institués, mais aussi tous les légataires universels ou particuliers (*cout. de Paris*, art. 89 ; *d'Orléans*, art. 239) ; ce qui n'avait pas empêché pourtant quelques auteurs de croire qu'un témoin testamentaire pouvait recevoir un legs modique, jusqu'au jour où l'article 43 de l'Ordonnance de 1735 vint rétablir le principe dans toute sa pureté (comp. Ferrières, sur l'article précité de la *Cout. de Paris*).

Le texte de notre article 975 prouve que le nouveau législateur a entendu le conserver ainsi ; car il écarte les légataires, *à quelque titre qu'ils soient*, tous les légataires donc, universels, à titre universel ou à titre particulier.

200. — Peu importe, dès lors, la valeur plus ou moins médiocre du legs, fût-il même d'une telle modicité, eu égard à la fortune du testateur et à celle du témoin, qu'il apparût évidemment comme un simple souvenir d'amitié.

« Attendu, dit la Cour suprême, que les testaments

ne peuvent être livrés à des appréciations arbitraires de la quotité des legs, de la valeur des successions, de la qualité des personnes. » (13 déc. 1847, de la Fressange, Dev., 1848, I, 272; comp. Colmar, 10 mars 1832, Lapp, D., 1832, II, 215; Cass., 15 juin 1835, Renou, D., 1835, II, 150; Bayle-Mouillard sur Grenier, t. II, n° 248, note *b*; Troplong, t. III, n° 1599).

201. — Mais si le legs était seulement rémunératoire?

Quelques jurisconsultes ont distingué :

Les services rendus au testateur par le témoin n'étaient-ils pas appréciables en argent, et n'auraient-ils pas pu donner lieu à une action en justice? c'est un legs, qui rend le témoin incapable.

Si, au contraire, les services étaient appréciables en argent et pouvaient donner lieu à une action en justice, il n'y a qu'une reconnaissance de dette, qui ne rend pas le témoin incapable, lorsque, d'ailleurs, le legs n'excède pas ce qu'il aurait pu raisonnablement demander (Delvincourt, t. II, p. 83, note 3; Toullier, t. III, n° 398; et Duvergier, *h. l.*, note *a*).

Cette distinction, que nous avons proposée nous-même ailleurs (*voy.* le tome III de ce *Traité*, n°s 49, 50), ne nous paraîtrait pas, toutefois, ici devoir être admise.

Quel est le motif essentiel de l'article 975, lorsqu'il exclut comme témoins ceux que le testament fait légataires? c'est que l'intérêt personnel, qu'ils ont au maintien de l'acte, leur enlèverait le caractère d'impartialité qu'ils ne doivent jamais perdre; or, celui-là, auquel un legs rémunératoire a été fait, même pour des services appréciables en argent et qui auraient pu lui donner une action en justice, n'en a pas moins un intérêt personnel au maintien du testament. Peut-être, en effet, n'aurait-il pas pu fournir la preuve de ces services; et qui peut affirmer même que ce n'est pas parce qu'il était témoin dans le testament, que le testateur les a reconnus, et qu'il en a porté la récompense à un chiffre plus élevé? Donc, ce

témoin a un intérêt personnel, qui doit le faire écarter;
donc, le caractère rémunératoire du legs, qui n'empêche
pas cet intérêt d'exister, ne saurait empêcher non plus de
le considérer comme légataire (comp. Chabrol, sur l'article 49 de la *cout. d'Auvergne;* Bordeaux, 3 avril 1841,
Cannière, D., 1841, II, 361 ; Vazeille, art. 975, n° 1 ;
Coin-Delisle, art. 980, n° 31 ; Bayle-Mouillard sur Grenier, t. II, n° 248, note *b*).

Tout au plus, est-il possible d'admettre que le témoin
ne serait pas incapable, si le testament ne faisait que
rappeler, comme une charge de la succession, une dette
dont le testateur serait tenu envers lui, et qui serait établie par un titre indépendant du testament; de telle sorte
qu'aucun avantage n'en résulterait pour le témoin, qui
ne pourrait pas être alors considéré comme légataire
(comp. le tome V de ce *Traité*, n° 131 ; Cass., 4 mai 1840,
Guyard, Dev., 1840, I, 402 ; Cass., 4 août 1851, Manent,
Dev., 1851, I, 662 ; Cass., 10 août 1853, Manent, Dev.
1853, I, 533 ; ajout. Cass., 27 mai 1845, *J. du P.*, 1845,
t. II, p. 547 ; Troplong, t. III, n° 1613 ; Saintespès-Lescot,
t. IV, n° 1104).

202. — Mais dès que le témoin est légataire, il est
incapable !

Légataire, de quelque manière que ce soit;

Purement et simplement ou sous condition;

Comme grevé ou comme appelé, si le legs constitue
une substitution;

Directement ou indirectement, en vertu d'un legs
principal ou d'un *sous-legs* (comp. Metz, 1er févr. 1821;
Colmar, 10 mars 1832, Lapp, D., 1832, II, 215; Cass.,
27 nov. 1833, Brumpter, D., 1834, I, 28; Merlin, *Répert.*,
v° *Légataire*, § 21, n° 19; *Quest. de droit*, v° *Testament*,
§ 14; Delvincourt, t. II, p. 85, note 3; Vazeille, art. 975,
n° 1 ; Coin-Delisle, art. 980, n° 31 ; Bayle-Mouillard sur
Grenier, t. II, n° 248, note 6).

203. — Mais encore faut-il pourtant que le témoin

soit légataire (art. 975); et il ne suffirait pas, s'il n'était pas légataire, qu'il profitât du legs à un autre titre.

C'est ainsi que le curé ou le desservant d'une église pourrait être témoin dans un testament, qui contiendrait un legs au profit de cette église (comp. Angers, 13 août 1807, Mars, Sirey, 1807, II, 653 ; Cass., 11 sept. 1809, Vergnaud, Sirey, 1809, I, 417 ; Ricard, Ire part., n° 555; Pothier, *Introduct. au tit.* xvi *de la cout. d'Orléans*, n° 14).

204. — Pareillement, les membres d'une communauté, les habitants d'une ville, par exemple, peuvent être témoins d'un testament, qui contient une disposition au profit de la communauté ou de la ville, à laquelle ils appartiennent (comp. L. 7, § 1, ff. *Quod cujusque civitatis;* Ricard, Ire part., n° 554; Merlin, *Répert.,* v° *Légataire,* § 2, n° 9; Coin-Delisle, art. 980, n° 32; Bayle-Mouillard sur Grenier, t. II, n° 248, note *c*; Troplong, t. III, n° 1600; Zachariæ, Massé et Vergé, t. III, p. 105; Aubry et Rau, t. V, p. 508).

205. — Voilà un testament où se trouve un legs au profit du ministre du culte, qui sera en exercice dans la paroisse du testateur, lors de son décès, à la charge de célébrer un certain nombre de messes.

Et c'est le même ministre du culte, qui a figuré comme témoin dans le testament, qui est en exercice dans la paroisse du testateur, à l'époque de son décès.

Était-il incapable lors de la confection du testament?

Cette question, qui serait de nature à se présenter dans un certain nombre d'hypothèses plus ou moins semblables, nous paraît devoir être résolue par une distinction :

Ou le legs s'adresse, directement et individuellement, à la personne même du ministre du culte, qui sert de témoin dans le testament, sous la condition qu'il sera encore en exercice, lors du décès du testateur; et, dans ce cas, il est légataire, et par conséquent incapable;

Ou le legs ne s'adresse pas à une personne déterminée, mais seulement à la persoune indéterminée encore, qui se trouvera, lors du décès du testateur, exercer les fonctions de ministre du culte dans sa paroisse ; et, dans ce cas, le témoin n'est pas légataire, ni, dès lors, incapable (comp. Merlin, *Quest. de droit*, v° *Testam.*, § 14 ; Saintes-pès-Lescot, t. IV, n° 1105 ; et les citations *supra*, n° 203 ; *voy.* toutefois Bordeaux, 14 juill. 1807, Moreau, Sirey, 1807, II, 161).

206. — Quant à l'exécuteur testamentaire, on a, de tout temps, admis qu'il ne pouvait pas être considéré comme légataire ; or, comme il n'existe contre lui, en sa qualité d'exécuteur testamentaire, aucune incapacité d'être témoin, il s'ensuit qu'il peut l'être, en effet, si le testament d'ailleurs ne contient aucun legs à son profit (comp. Paris, 3 févr. 1833, Mallèvre, D., 1.833, II, 182 ; Ricard, Ire part., n°⁵ 553, 554 ; Pothier, *Introduct. au tit.* xvi *de la cout. d'Orléans*, n° 14 ; Merlin, *Répert.*, v° *Témoin instrumentaire*, § 11, n° 111-119-1° ; Toullier, t. III, n° 501 ; Duranton, t. IX, n° 395 ; Troplong, t. III, n° 1601).

206 bis. — A plus forte raison, faut-il en dire autant du témoin, que le testateur aurait choisi comme tuteur de ses enfants ou comme conseil de tutelle à sa femme survivante (art. 391, 392, 397 ; comp. Furgole, *des Testam.*, chap. iii, sect. ii, n° 5 ; Delvincourt, t. II, p. 83, note 3).

207. — 2° L'article 975 déclare incapables d'être témoins non-seulement *les légataires*, mais encore *leurs parents ou alliés jusqu'au quatrième degré inclusivement*.

C'est le *domesticum testimonium*, qui n'offre pas les garanties nécessaires d'impartialité et d'indépendance.

Il faut certainement comprendre dans ce mot : *alliés*, le conjoint du légataire ou de la légataire ; car il est *allié* lui-même, en ce sens qu'il est la source de l'alliance ! comment se pourrait-il, en effet, que le mari de la légataire fût capable d'être témoin, tandis que le frère du mari en serait incapable, à cause de lui ? aussi, le conjoint est-il mis partout au même rang que les alliés, en ce qui concerne les causes de récusation ou de reproche (art. 268 et 378 du Cod. de procéd. ; comp. notre *Traité du Mariage et de la Séparation de corps*, t. I, n° 110 ; Cass., 18 juin 1866, Rousseau, Dev., 1866, I, 382 ; Duranton, t. IX, n° 114 ; Coin-Delisle, art. 980, n° 33 ; Bayle-Mouillard sur Grenier, t. II, n° 248, note *a* ; Saintespès-Lescot, t. IV, n° 1109).

208. — Ajoutons que l'incapacité résultant de l'alliance ne cesse pas, encore bien que le conjoint, par lequel l'alliance s'est formée, soit mort sans postérité comp. notre *Traité* précité, t. I, n° 117 ; Coin-Delisle, art. 980, n° 33; Zachariæ, Aubry et Rau, t. V, p. 508; Massé et Vergé, t. III, p. 105 ; Bayle-Mouillard, *loc. supra cit.*).

209. — 3° Enfin, l'article 975 déclare incapables d'être témoins dans les testaments *les clercs des notaires par lesquels les actes seront reçus.*

Dans quels cas une personne, qui travaille chez un notaire, doit-elle être considérée comme son clerc ?

C'est là une question de fait, que, dans le silence de la loi, les juges doivent décider d'après les circonstances, dont ils sont les appréciateurs souverains.

On verra notamment si cette personne travaille plus ou moins habituellement dans l'étude ; si elle réside chez le notaire ou ailleurs ; si elle reçoit ou non un traitement fixe ; si elle est ou non inscrite au stage; si elle ne se livre pas encore à d'autres occupations, etc. (Comp. Bruxelles, 12 avril 1810, Berkman, Sirey, 1810, II, 310 ; Bruxelles, 20 mars 1811, Lebouchel, Sirey, 1811, II, 316 ; Agen, 18 août 1824, Gavarret, D., 1825, II, 66 ; Agen, 31 juill. 1854, Joubis, Dev., 1854, II, 532 ; Cass., 10 avril 1855, mêmes parties, Dev., 1855, I, 512 ; Rolland de Villargues, *Répert. du Notariat*, v° *Clerc;* Massé et Vergé sur Zachariæ, t. III, p. 105 ; Saintespès-Lescot, t. IV, n° 1114.)

210. — Telles sont les trois incapacités relatives, que l'article 975 a établies, en ce qui concerne les témoins testamentaires.

Et de la règle que nous avons posée plus haut (n°
198), il faut conclure qu'elles sont les seules que l'on
puisse appliquer, et qu'on ne saurait invoquer l'article
10 de la loi du 25 ventôse an xi, pour en élargir le cercle,
ou pour en modifier l'application.

De là résultent les conséquences suivantes :

211. — *a.* Les parents et alliés du testateur peuvent
être témoins (pourvu, bien entendu, que le testament
ne contienne pas de disposition en leur faveur).

Mais l'article 10 de la loi du 25 ventôse an xi déclare
incapables *les parents et alliés des parties contractantes,* en
ligne directe à tous les degrés, et en ligne collatérale
jusqu'au degré d'oncle ou de neveu inclusivement !
(Comp. Saintespès-Lescot, t. IV, n°ˢ 1110-1112.)

Il est vrai ; mais précisément, l'article 10 de la loi du
25 ventôse n'est pas applicable en matière de testament ;
la preuve en ressort de ces termes mêmes : *des parties
contractantes ;* car si le testateur est partie et même la
seule partie dans le testament, du moins n'est-il certainement pas une *partie contractante !*

Rien donc ne s'oppose à ce que le neveu soit témoin
dans le testament de son oncle, l'oncle dans le testament de son neveu, le père même dans le testament de
son fils, ou le fils dans le testament de son père.
(Comp. Merlin, *Répert.,* v° *Témoin instrumentaire,* § 11,
n°ˢ 111-17, qui, après avoir enseigné la doctrine contraire, est ensuite revenu à celle-ci ; Toullier, t. III,
n°ˢ 399, 400 ; Duranton, t. IX, n° 116 ; Vazeille, art. 975,
n° 8 ; Coin-Delisle, art. 980, n° 41 ; Bayle-Mouillard sur
Grenier, t. II, n° 252, note *a* ; Troplong, t. III, n° 1603 ;
Zachariæ, Aubry et Rau, t. V, p. 509 ; Massé et Vergé,
t. III, p. 106 ; Demante, t. IV, n° 120 *bis,* I.)

212. — *b.* La même décision est applicable au mari
de la testatrice. (Comp. *supra,* n°ˢ 207, et 211 ; *voy.*
toutefois Saintespès-Lescot, t. IV, n° 1113).

213. — *c.* Pareillement, les parents ou alliés, et les

domestiques du notaire ou des notaires peuvent servir de témoins dans les testaments.

Cette déduction, toutefois, est vivement contestée.

Mais ceux qui la contestent ne s'accordent pas dans leurs dissidences; ce qui est déjà, contre eux, sans doute, un grave argument !

Tandis que, en effet, les uns n'admettent ni les parents, ni les alliés, ni les domestiques du notaire (Grenier, t. II, n° 245 ; Toullier, t. III, n° 402 ; Duranton, t. IX, n° 115);

Les autres, en admettant ses parents et ses alliés, refusent seulement d'admettre ses domestiques (Troplong, t. III, n°ˢ 1605, 1606).

Mais il nous paraît que ni les uns ni les autres ne sont dans le vrai.

Les rédacteurs de notre Code se sont posé cette question, à savoir : quelles sont les personnes qui, du chef du notaire, et en raison des rapports qu'elles ont avec lui, ne pourront pas être témoins dans le testament; et ils ont répondu : *les clercs des notaires par lesquels les actes seront reçus ;*

Or, en édictant ainsi l'article 975, ils avaient sous les yeux l'article 10 de la loi du 25 ventôse an XI, qui exclut comme témoins des actes notariés ordinaires, non-seulement les clercs des notaires, mais encore leurs parents, leurs alliés et leurs serviteurs ;

Donc, en n'excluant comme témoins, dans les testaments, que les clercs des notaires, ils ont virtuellement admis leurs parents, leurs alliés et leurs visiteurs.

Ou l'article 975 n'a aucun sens, ou il implique nécessairement cette conséquence.

Et voilà bien ce que déclarait M. Jaubert, dans son rapport au Tribunat : « que la loi de ventôse ne peut pas être invoquée dans la matière des testaments, *pour lesquels une loi particulière règle tout ce qui est relatif aux témoins.* » (Locré, *Législat. civ.*, t. XI, p. 466, 467.)

Mais on se récrie contre *l'inconséquence et l'absurdité choquante*, qui vont, dit-on, résulter de notre doctrine. Comment! le législateur n'admet pas, dans les testaments, le témoignage des parents et alliés des légataires *jusqu'au quatrième degré* (art. 975), témoignage qu'il admet pourtant dans les actes notariés ordinaires, où la prohibition ne va que *jusqu'au troisième degré* (art. 8 de la loi du 25 ventôse); et il admettrait le témoignage des parents et alliés du testateur et de ses serviteurs, qu'il n'admet pas dans les actes notariés ordinaires! (art. 10); de sorte que le Code exigerait, en même temps, plus de garanties dans le premier cas, pour les testaments que pour les actes notariés ordinaires, et moins de garanties dans le second cas; c'est-à-dire qu'il étendrait, d'un côté, le cercle des incapacités, tandis qu'il le restreindrait, au contraire, de l'autre!

Il est vrai! et sans nous associer à la critique d'une vivacité extrême, que l'on a faite des anomalies, qui résultent du rapprochement de l'article 975 avec l'article 10 de la loi de l'an xi, nous n'irons pas pourtant jusqu'à les méconnaître (*infra*, n° 215); mais ce que nous croyons avoir démontré, c'est qu'elles résultent de ce rapprochement.

M. Troplong en convient, relativement *aux parents et alliés du notaire;* et, en combattant la dissidence de Duranton, il lui rappelle qu'après avoir admis les parents et alliés du testateur, il *y a évidemment contradiction* à refuser d'admettre les parents et alliés du notaire. Eh bien! dirons-nous à notre tour, il *y a évidemment contradiction,* de la part de M. Troplong, à ne pas admettre le témoignage des serviteurs du notaire, après avoir admis le témoignage de ses parents et de ses alliés! et nous croyons même que la contradiction est plus grande encore dans la doctrine intermédiaire de M. Troplong que dans la doctrine extrême de Duranton.

Pourquoi d'ailleurs le témoignage des serviteurs du

notaire a-t-il été admis, tandis que celui de ses clercs a été
rejeté? il ne serait pas impossible de fournir des motifs
de cette différence :

Soit parce que la dépendance du clerc a pu paraître
plus grande envers son patron, que celle du domestique
envers son maître ; car il n'y a pas seulement ici la dépendance ; il y a l'affection, la reconnaissance, et, pour
ainsi dire, déjà une sorte de solidarité notariale !

Soit parce que les clercs se trouvant là, sous la main
du notaire, et offrant même une aptitude spéciale, il eût
été à craindre qu'ils ne devinssent les témoins habituels
des testaments, et que le législateur a pu vouloir prévenir,
en ce qui les concerne, un abus qui n'était pas à craindre
au même degré, en ce qui concerne les domestiques.

Il est vrai que l'article 42 de l'Ordonnance de 1735 excluait également *les clercs, serviteurs ou domestiques du
notaire.* Mais nous ne sommes plus sous l'Ordonnance
de 1735 ; nous sommes sous le Code Napoléon, qui, précisément, a voulu trancher, par des textes précis, toutes
ces questions d'incapacité, qui étaient, dans nos anciennes provinces, l'objet de solutions très-divergentes.
Furgole, en effet, nous apprend que, avant l'Ordonnance,
on pouvait, dans les pays de droit écrit, prendre pour
témoins les clercs, serviteurs ou domestiques du notaire
(chap. III, sect. II, n° 20) ; et l'incertitude, qui régnait, à
cet égard, dans les pays de coutume, est attestée aussi par
Pothier (*des Donat. testam.*, chap. I, art. 3, § 3).

Quoi qu'il en soit, la solution de notre Code, quelque
jugement que l'on en porte, n'en dérive pas moins nécessairement de l'article 975, qui forme (ce sont les termes
de M. Troplong lui-même), *la loi unique et complète, qui
régit aujourd'hui la capacité spéciale des témoins* (t. III,
n° 1603 ; comp. Merlin, *Répert.* v° *Testament*, sect. II, § 3,
n° 8 ; Delvincourt, t. II, p. 83, note 5 ; Coin-Delisle,
art. 980, n° 36 ; Bayle-Mouillard sur Grenier, t. II,
n° 252, note *a* ; Mourlon, *Répét. écrit.*, t. II, p. 345 ;

Zachariæ, Aubry et Rau, t. V, p. 509 ; Marcadé, art. 980 ; Demante, t. IV, n° 120 *bis*, I).

214. — *d.* C'est par les mêmes motifs que les serviteurs ou domestiques, soit du testateur, soit des légataires, peuvent être témoins dans les testaments, d'après l'article 975 du Code, quoiqu'ils ne puissent pas être témoins dans les actes notariés ordinaires, d'après l'article 10 de la loi du 25 ventôse an XI (comp. Caen, déc: 1812, Lajoîe, Sirey, 1819, II, 65 ; Cass., 3 août 1841, Lesueur, Dev., 1841, I, 865 ; et les citations *supra*, n° 213).

215. — La comparaison, que nous venons de faire de la loi du 25 ventôse an XI et du Code Napoléon, relativement à la capacité des témoins, prouve assez qu'il n'existe pas, entre ces deux lois, beaucoup de concordance.

C'est ainsi que, d'après la loi du 25 ventôse, l'incapacité résultant de la parenté ou de l'alliance des témoins avec les parties contractantes, s'arrête au troisième degré (art. 8 et 10) ; tandis que l'incapacité résultant de la parenté ou de l'alliance des témoins avec les légataires, s'étend, d'après le Code Napoléon, jusqu'au quatrième degré (art. 975).

Et comme l'empêchement des notaires pour parenté ou alliance s'arrête aussi, d'après la loi du 25 ventôse, au troisième degré, il s'ensuit qu'un parent au quatrième degré pourrait, comme notaire, recevoir le testament, dans lequel il ne pourrait pas figurer comme témoin !

La cause de ces anomalies est-elle purement fortuite ? et ne la faut-il attribuer qu'à la circonstance que ces incapacités procèdent de deux lois différentes, entre lesquelles le législateur n'aurait pas suffisamment pris le soin d'établir une harmonie convenable ? ce n'est peut-être pas sans vraisemblance qu'on l'a dit.

Ajoutons pourtant qu'il ne serait pas impossible, pour quelques-unes du moins, d'en entreprendre l'explication.

Nous avons déjà exposé les motifs, qui ont pu porter le législateur du Code à admettre le témoignage des serviteurs du notaire, en même temps qu'il excluait celui de ses clercs (*supra*, n° 213).

Et quant à cette dernière singularité, d'où il resulte que celui qui ne pourrait pas figurer comme témoin dans un testament, pourrait recevoir ce testament comme notaire, le législateur du Code n'aura-t-il pas pu penser qu'il ne fallait pas étendre aussi loin l'incapacité du notaire que celle des témoins : soit parce que le remplacement du notaire est toujours plus difficile que le remplacement d'un témoin ; d'autant plus que le testateur peut désirer que son testament soit reçu spécialement par le notaire, qui possède sa confiance; soit parce que le notaire, à raison de son caractère public, offre des garanties qui ne se rencontrent pas dans les témoins? (Comp. Bayle-Mouillard sur Grenier, t. II, n° 249, note *a*; Demante, t. IV, n° 120 *bis*, IV).

216. — Voici d'ailleurs une règle, qui résulte également de la loi du 25 ventôse an XI et du Code Napoléon : c'est que la parenté ou l'alliance existant entre plusieurs personnes, ne fait pas obstacle à ce qu'elles soient appelées simultanément comme témoins dans le même testament; deux frères, par exemple, ou même un père et son fils.

Cette règle a toujours existé, soit dans le droit romain (L. 22, ff. *Qui testam. facere poss.*; L. 17, ff. *De testibus*); soit dans notre ancien droit français (Ricard, Iʳᵉ part., n° 1356 ; Furgole, *des Testam.*, chap. III, sect. II, n° 6).

Tel est encore notre droit moderne.

Il est vrai que le tribun Favart a formellement exprimé l'avis contraire, en disant :

« Les témoins ne doivent pas même être parents entre eux; cette prohibition est fondée sur les mêmes motifs qui les excluent, lorsqu'ils sont parents des parties contractantes ; les témoins doivent être, comme les notaires, à l'abri de tout soupçon personnel.» (*Législat. civ.*, t. XI, p. 333.)

Mais le silence de la loi du 25 ventôse et du Code Napoléon sur cette prétendue incapacité, démontre assez que ce n'est là qu'un avis individuel sans autorité législative. (Comp. Bruxelles, 22 mars 1806, Sirey, 1813, II, 51 ; Grenier, t. II, n° 252 ; Toullier, t. III, n° 403 ; Duranton, t. IX, n° 117; Zachariæ, Aubry et Rau, t. V, p. 510.)

217. — Nous terminerons cette partie de notre sujet par cinq propositions, qui sont, en général, communes aux incapacités, soit absolues, soit relatives, des témoins testamentaires :

I. L'incapacité des témoins ne se présume pas ; dans notre Droit, la capacité est la règle ; et l'incapacité, l'exception.

C'est donc à l'héritier légitime, et, plus généralement à celui qui soutient qu'un témoin était incapable, à en établir la preuve ; car il est demandeur et il affirme. (L. 2, ff. *De probat.* art. 1315.)

Mais il n'est pas tenu, d'ailleurs, de s'inscrire en faux ; le notaire n'a pas mission pour constater, d'une manière authentique, l'idonéité des témoins ; aussi, n'est-il pas nécessaire que l'acte mentionne que les témoins appelés avaient les qualités requises par la loi (comp. Douai, 12 juillet 1838, Delahaye, Dev., 1839, II, 256; Merlin, *Répert.*, v° *Témoin instrument.*, § 11, n° 3, 1°; Bayle-Mouillard sur Grenier, t. II, n°s 247, note *a*, et 256, note *b*; Troplong, t. III, n° 1685 ; Zachariæ, Aubry et Rau, t. V, p. 510)..

218. — II. Pour apprécier la capacité des témoins, il faut se reporter à l'époque de la confection du testament..... *cum signarent*, dit Ulpien, *non mortis tempore.* (L. 22, § 1, ff. *Qui testam. fac. poss.*)

« Ce qui a précédé, disait aussi Ricard, et ce qui a suivi, n'est d'aucune conséquence...... » (Ire part., n° 1357.)

Et très-justement ; car c'est à l'époque même où ils remplissent leur fonction de témoins, que la capacité requise par la loi est tout à la fois nécessaire et suffisante.

D'où il résulte :

D'une part, que, si le témoin était capable à cette époque, le testament est valable, sans qu'il puisse être annulé pour cause d'une incapacité antérieure ou postérieure ;

Et d'autre part, que, s'il était incapable à cette époque, le testament est nul, sans qu'il puisse être validé, parce que le témoin aurait été capable antérieurement ou postérieurement (comp. Merlin, *Répert.*, v° *Témoin instrument*, § 11, n° 3, 1°; Troplong, t. III, n° 1685).

219. — C'est par ce motif que la caducité, ni même la nullité postérieurement prononcée du legs, qui aurait été fait à un témoin, ne saurait, à notre avis, effacer l'incapacité, dont il se trouvait atteint à l'époque où il remplissait le rôle de témoin dans le testament, qui renfermait une disposition à son profit (comp. Douai, 15 janv. 1834, Stonëke, D., 1834, II, 127; Bordeaux, 3 avril 1844, Cannière, Dev., 1844, II, 361; Bayle-Mouillard sur Grenier, t. II, n° 248, note *c*; Troplong, t. III, n° 1608; Zachariæ, Aubry et Rau, t. V, p. 511 ; *voy.* pourtant Paris, 26 janv. 1808, Platelet, Sirey, 1810, II, 493).

220. — III. La capacité putative, dans les témoins, équivaut à la capacité réelle.

C'est-à-dire que, lors même qu'un témoin était incapable, il doit être considéré comme ayant été capable, si, d'après l'opinion commune, *omnium consensu*, il était, en effet, considéré comme tel.

Où est le texte, qui excepte cette hypothèse, de la généralité des articles qui exigent, sous peine de nullité, la capacité des témoins?

Il est vrai que nous n'en pourrions citer aucun.

Mais l'exception est écrite dans les traditions les plus constantes : soit du droit romain (*Inst. de testam. ordin.*, § 7), soit de notre ancien droit français (Ricard, Iʳᵉ part., n° 1357; Furgole, chap. III, sect. II, n° 7; Pothier, *Introduct. au tit.* XVI *de la cout. d'Orléans*, n° 14).

Elle est écrite surtout dans la raison, dans la bonne foi, dans la nécessité sociale, d'où est issue cette tutéfaire maxime : *error communis facit jus!*

A l'impossible, en effet, nul n'est tenu; et cette maxime doit s'entendre, équitablement, humainement, de l'impossibilité morale, aussi bien que de l'impossibilité physique.

Or, lorsqu'un témoin, qui était affecté d'une incapacité inconnue, se trouvait en possession publique de toutes les conditions requises pour la capacité; lorsque, d'après l'opinion générale, il était considéré comme capable, non-seulement le notaire ni le testateur n'ont commis aucune faute; mais il leur était impossible de soupçonner cette incapacité et de s'en garantir; donc, l'intérêt public, d'accord avec l'intérêt privé, exige que cette capacité putative supplée la capacité véritable.

C'est le *fait* alors, qui devient *droit;* et ne sont-ce pas les faits, avant tout, qui gouvernent le monde! (Comp. L. 3, ff. *De officio Præt.;* L. 2, Cod. *De interloc. omn. iudi.;* art. 201, 202, 549, 1249, 2009.)

Ce que nous venons de dire, toutefois, prouve assez qu'il ne suffirait pas, pour établir la capacité putative d'un témoin, que l'opinion de sa capacité fût plus ou moins répandue; il faut que cette opinion soit le résultat d'une série d'actes, qui forment, dans la personne de ce témoin, une possession publique de l'état que cette capacité suppose (comp. Pau, 27 août 1835, Molinié; et Cass., 24 juill. 1839, mêmes parties, Dev., 1839, I, 653).

Mais aussi, lorsque cette possession d'état se rencontre, nous croyons que la capacité putative supplée la capacité réelle, sans qu'il y ait lieu de distinguer entre l'incapacité résultant de l'extranéité ou de la privation des droits civils et l'incapacité résultant de l'âge, de la parenté ou de l'alliance.

Quelques-uns pourtant ont enseigné que la maxime :

error communis facit jus, ne devaits'appliquer qu'à l'incapacité résultant de l'extranéité ou de la privation des droits civils; par le motif que l'erreur sur l'incapacité résultant de l'âge, de la parenté ou de l'alliance, n'était pas invincible (comp. Turin, 17 février 1806, Pellolio, Sirey, 1806, II, 887; Grenier, t. II, n° 256; Delvincourt, t. II, p. 83, note *i*; Vazeille, art. 980, n° 12; Toullier, t. III, n° 407; Coin-Delisle, art. 980, n° 44).

Que l'on doive se montrer, en fait, relativement à ces dernières incapacités, plus difficile, nous le comprenons; mais ce que nous ne voudrions pas concéder, en droit, c'est que la maxime soit alors nécessairement inapplicable! car les mêmes considérations, qui l'ont fait introduire, existent, à notre avis, dans tous les cas; aussi la doctrine des auteurs, ainsi que la jurisprudence, ont-elles rejeté cette distinction (comp. Limoges, 7 déc. 1809, Blondet, Sirey, 1813, II, 335; Cass., 28 févr. 1821, Facker, Sirey, 1822, I, 1; Cass., 18 janv. 1830, Rneff, Sirey, 1830, I, 43; Cass., 28 juin 1831, Muller, D., 1831, I, 219; Cass., 31 juillet 1834, Debent, D., 1834, I, 425; Douai, 12 juillet 1838, Delahaye, Dev., 1839, II, 256; Aix, 30 juillet 1838, Legat, Dev., 1839, II, 85; Montpellier, 17 avril 1847, Carbonnel, Dev., 1847, II, 441; Merlin, *Répert.*, v° *Ignorance*, § 11, n° 9; v° *Témoin instrument.*, § 11, n° 111, 26°; Bayle-Mouillard sur Grenier, t. II, n° 256, note *a*; Duranton, t. IX, n° 109; Troplong, t. III, n° 1686, 1687; Zachariæ, Aubry et Rau, t. V, p. 510; Massé et Vergé, t. III, p. 104; Demante, t. IV, n° 125 *bis*, V).

220 *bis*.— Il faudrait appliquer la même règle à l'erreur invincible, par laquelle le notaire et le testateur auraient été trompés sur le nom véritable de l'un des témoins (comp. Grenoble, 7 avril 1827, cité par M. Bayle-Mouillard sur Grenier, t. II, n° 256, note *a*; Amiens, 2 avril 1840, D., 1840, II, 147; Metz, 23 mars 1865, Picard, Dev., 1865, II, 231).

221. — IV. L'incapacité, soit absolue, soit même relative d'un témoin, est une cause de nullité du testament tout entier; car c'est ici une question de forme; et la forme d'un acte est indivisible! (Comp. *supra*, n° 63; art. 975, 980 et 1001; Demante, t. IV, n° 120 *bis*, V.)

222. — V. En général, les témoins testamentaires sont choisis par le testateur, qui, naturellement, désire ne confier le secret de ses dernières volontés qu'à des personnes, qui possèdent sa confiance;

A la différence des témoins des actes notariés ordinaires, qui sont, presque toujours, choisis par le notaire.

L'observation en a été faite, dans la discussion du conseil d'État, par M. Bigot-Préameneu (Locré, t. XI, p. 231); et on a même remarqué que cette différence semble aussi résulter de la comparaison des articles 9 de la loi du 25 ventôse an XI et 980 du Code Napoléon, dont le premier porte que les actes seront reçus par un *notaire assisté de deux témoins;* tandis que le second dispose que les témoins seront appelés *pour être présents aux testaments* (Troplong, t. III, n° 1669).

Quoi qu'il en soit, il ne faudrait pas attacher à cette observation trop d'importance, ni en conclure, comme on l'a voulu faire, que le notaire ne serait pas responsable de l'incapacité des témoins appelés au testament (comp. Trèves, 18 nov. 1812, Dev. et Car., IV, 2, 198).

Le notaire en serait, au contraire, responsable, suivant le droit commun, soit qu'il eût appelé lui-même ce témoin, soit qu'il n'eût pas suffisamment vérifié la capacité du témoin appelé par le testateur; sauf à tenir compte des circonstances, de l'insistance, par exemple, que le testateur aurait mise à conserver les témoins par lui choisis, malgré l'observation du notaire, de l'urgence plus ou moins grande, avec laquelle le testament aurait dû être fait, en raison de l'état maladif du testateur, etc. (Art. 971, 1382, Code Napol.; 68 de la loi du 25 ventôse an XI; comp. Cass., 15 juil. 1835, Renou, Dev., 1835, I, 535;

Douai, 12 juillet 1838, Dev., 1839, II, 256; Lyon, 8 janv. 1842, *J. du P.*, 1842, t. I, p. 397; Lyon, 16 juillet 1846, *Journal de Lyon*, 1846, p. 14; Colmar, 26 déc. 1860, Brospt, Dev., 1861, II, 265; Vazeille, art. 1004, n° 4; Rolland de Villargues, *Répert.*, v° *Responsabilité*, n° 86; Bayle-Mouillard sur Grenier, t. II, n° 232 *bis*, note *a*).

223. — Telles sont les personnes, qui, d'après la loi, figurent dans le testament par acte public : le testateur, le notaire ou les notaires, et les témoins au nombre de deux ou de quatre, suivant qu'il y a deux notaires ou qu'il n'y en a qu'un seul (*supra*, n° 167).

Mais pourrait-on y appeler d'autres personnes? et quel serait le sort du testament dans lequel, en effet, d'autres personnes auraient figuré?

La doctrine généralement admise est que le testament n'en serait pas moins valable; et nous pensons que cette doctrine est exacte; ce qui abonde ne vicie pas! *utile per inutile non vitiatur;* c'est là une maxime de raison, qui est ici d'autant plus applicable, qu'aucun texte n'a prononcé la nullité du testament pour cette cause.

Ainsi, par exemple, on a appelé, avec deux notaires, quatre témoins, au lieu de deux.

Pourquoi le testament ne serait-il pas valable?

De deux choses l'une :

Ou ces deux témoins de surcroît étaient capables ; et alors, n'est-ce pas même une garantie de plus ?

Ou ils étaient, l'un et l'autre, ou, l'un d'eux, incapables; et alors, qu'importe, puisqu'en les défalquant, il reste encore un nombre suffisant de témoins capables? (Comp. *infra*, n° 225 ; Ricard, Ire part., chap. III, sect. X, n° 547 ; Zachariæ, Aubry et Rau, t. V, p. 490 et 510.)

224. — Allons plus loin ; c'est le légataire lui-même qui est intervenu! (Comp. le tome I de ce *Traité*, n° 20.)

Sa présence sera-t-elle une cause de nullité du testament?

Il est certain d'abord qu'il n'y aurait aucune nullité, si

le légataire, sans figurer dans le testament, avait seulement assisté, de fait, à sa confection, à la dictée, à l'écriture, à la lecture ; sa présence, il est vrai, peut n'être pas convenable ; elle peut même gêner la liberté du testateur.

Aussi, Ricard remarque-t-il que « les notaires, qui sont exacts dans les exercices de leurs charges, ont soin de ne laisser personne dans la chambre du testateur, sinon ceux qui sont nécessaires pour la solennité du testament. »

Mais il ajoute que « la présence du principal intéressé ne serait pas capable d'en faire induire un moyen de suggestion contre le testament.... » (III⁰ part., n° 54 ; comp. Pothier, *des Donations testam.*, chap. II, sect. II, art. 7 ; Coin-Delisle, art. 972, n° 12 ; Bayle-Mouillard sur Grenier, t. II, n° 230, note *a*, p. 346.)

La Cour de Rouen a décidé, de même, que la présence du légataire était *une inobservation des convenances en matière de testament*, mais ne constituait pas une nullité (17 août 1859, Belot, Dev., 1860, I, 763).

224 bis. — A plus forte raison, n'y aurait-il aucune cause de nullité, dans la présence d'un tiers désintéressé, d'un indiscret, par exemple, et surtout d'un ami, ou d'un avocat, que le testateur aurait appelé, *pour se servir de son conseil en même temps qu'il fait son testament* (Ricard, *loc. supra cit.*, n° 55).

Non-seulement, il n'y aurait pas nullité ; mais il n'y aurait non plus, dans ce dernier cas, aucune inconvenance, mais seulement une sage précaution de la part du testateur (comp. Grenier, t. I, n° 645).

225. — Bien plus! on a toujours, dans l'ancien droit, comme dans le droit nouveau, considéré que l'intervention du légataire dans le testament lui-même, n'y était pas une cause de nullité :

« De même, dit Ricard, j'estimerais que, si le testament avait été passé en présence de trois témoins dans une coutume, qui n'en désirait que deux, *le testament et même le legs particulier au profit de l'un des témoins*, ne laisseraient pas d'être bons et valables, parce que, lorsque la coutume a dit que les témoins employés en un testament ne doivent pas être légataires, elle n'a parlé que du nombre qu'elle a requis pour la solennité de l'acte ; et pour le surplus, leur signature n'étant pas de l'essence du testament, elle ne peut pas avoir d'effet contre eux que pour les convaincre qu'ils étaient présents lorsqu'il a été fait ; *ce qui ne les rend pas incapables de profiter des dispositions qui sont faites en leur faveur.* » (IIIe part., n° 549 ; *supra*, n° 223.)

Cette doctrine nous paraît encore exacte aujourd'hui (comp. Saintespès-Lescot, t. IV, n° 1046).

226. — Reste enfin une dernière hypothèse, et la plus extrême !

Le légataire a été présent au testament, non pas comme un témoin de surcroît, mais en cette qualité même de légataire ; et il a déclaré qu'il acceptait le legs.

Faut-il dire encore, comme Ricard dans l'hypothèse précédente, que *le testament et même le legs particulier à son profit ne laisse pas d'être bon et valable ?*

Le testament? nous le croyons ; et s'il est d'ailleurs régulier, il n'y a pas de motif pour que les dispositions, qu'il pourrait renfermer au profit d'autres légataires, ne soient pas valables.

227. — Mais devrait-on aussi déclarer valable la disposition, qui aura été faite au profit du légataire présent et acceptant?

La question amenée à ces termes, n'est pas, à vrai dire, une question de forme ; car nous venons de reconnaître que, relativement à la forme, le testament n'en est pas moins valable (*supra*, n° 226).

C'est plutôt une question de fond, à savoir : si l'acceptation du légataire n'est pas contraire à l'essence même du legs?

La doctrine généralement enseignée est, toutefois, que cette acceptation n'empêche pas non plus le legs d'être

valable ; et cela, lors même que le testateur aurait fait au
légataire acceptant la délivrance des objets légués :

D'une part, aucun texte ne fait résulter la nullité d'un
legs, de cette circonstance que le légataire serait intervenu, dans le testament, pour l'accepter, et que même il
aurait reçu du testateur la délivrance des objets légués ;
d'autre part, cette double circonstance ne saurait changer
la nature unilatérale de la disposition testamentaire, ni
la faire dégénérer en une convention, puisque le testateur
demeure toujours libre de la révoquer, et qu'il n'en résulte aucune transmission de propriété au profit du légataire ; lequel n'est pas non plus lié par cette acceptation (comp. Grenier, t. I, *Observ. prélim.*, n° 13 ; et Bayle-
Mouillard, *h. l.*, note *a* ; Duvergier sur Toullier, t. III,
n° 13, note 3 ; Duranton, t. VII, n° 11 ; Troplong, t. I,
n°ˢ 43, 44 ; Zachariæ, Aubry et Rau, t. V, p. 415, 416).

Cette doctrine est-elle bien sûre ?

Il nous paraît permis d'en douter.

Et nous en trouvons tout d'abord une preuve dans le
schisme même, qui divise ceux qui déclarent cette disposition valable ; car quelques-uns, et des meilleurs ! reconnaissant qu'il y a là, non pas une disposition unilatérale, mais une vraie convention, ne la déclarent valable
que comme donation à cause de mort, et parce qu'ils pensent que cette espèce de donation est encore admise par
notre Code (comp. Merlin, *Quest. de droit*, v° *Donation*,
§ 6, n° 4 ; Toullier, t, III, n° 13 et 352).

Mais nous avons dit que notre Code, au contraire, ne
reconnaît plus ce mode de disposer (*voy.* le tome I, n° 39) ;
et par conséquent, il faut que la disposition, dont il s'a-
git, puisse être valable comme un legs, pour n'être pas
tout à fait nulle.

Or, nous éprouvons, pour la faire valoir comme un legs,
certains scrupules.

Notre Code, en admettant comme les deux seuls modes
de disposer à titre gratuit, la donation entre-vifs et le tes-

tament, a tracé, entre l'un et l'autre, une ligne profonde de démarcation, ne voulant pas qu'ils pussent jamais se réunir ni se confondre ; et de même qu'il a écarté de la donation entre-vifs tout ce qui pourrait la rendre révocable , de même il a écarté du testament tout ce qui pourraient rendre irrévocable ! l'article 968 n'a pas d'autre origine. (*Supra*, n° 13);

C'est-à-direque le testament est un acte essentiellement unilatéral, où la volonté du testateur doit toujours être souveraine ;

Or, qui pourrait nier que l'acceptation du legs par le légataire ne dénature la disposition, et, pour ainsi dire, ne la transforme en contrat !

Qu'elle puisse être une cause de suggestion, cela est certain ; aussi, est-ce par ce motif même que Dumoulin se montrait l'adversaire si déclaré des donations à cause de mort, en approuvant la coutume de Blois, qui les avait proscrites :.... *quando est in formâ contractus,... odio suggestionum !* (*sur Blois*, chap. xii, art. 170 ; *voy.* le tome I de ce *Traité*, n° 39).

Et ce qui est aussi évident, c'est qu'elle doit entraver beaucoup la faculté de révocation !

Ajoutons que tout ceci pourrait revêtir le caractère d'un pacte sur une succession future ; comme si le legs, ayant été fait sous certaines charges, le légataire, en acceptant, avait pris l'engagement de les exécuter ! (Art. 791, 1130, 1600.)

Voilà nos doutes ; et, tout au moins, conclurons-nous, avec Grenier, *qu'il faudrait avoir une étrange manie d'innovation*, pour s'exposer à de telles difficultés ! (*Loc. suprà cit.*)

B. — *Des formalités qui doivent être accomplies dans le testament par acte public.*

SOMMAIRE.

227 *bis*. — Les formalités, qui doivent être accomplies dans le testa-

ment par acte public, sont prescrites : les unes, par la loi du 25 ventôse an XI; les autres, par le Code Napoléon.

228. — I. Par application de l'article 11 de la loi du 25 ventôse, le notaire, lorsqu'il ne connaît pas le testateur, doit se faire attester son individualité.

229. — L'article 12 de la loi de ventôse est aussi applicable; et le testament doit énoncer les noms et lieu de résidence du notaire ou des notaires, qui le reçoivent. — Faut-il qu'il énonce, en outre, leur qualité de notaire?

230. — Le testament doit aussi énoncer les noms des témoins instrumentaires, ainsi que le lieu, l'année et le jour où il a été passé. — Observation sur la date du testament par acte public.

231. — Il faut encore appliquer au testament les articles 13, 15 et 16 de la loi du 25 ventôse an XI.

232. — Suite.

233. — Faut-il appliquer au testament l'article 14 de la loi du 25 ventôse an XI, d'après lequel les actes doivent être signés par les parties, les témoins et les notaires, qui doivent en faire mention à la fin de l'acte?

234. — Suite.

235. — Les testaments par acte public peuvent-ils être délivrés en brevet? Ou le notaire doit-il au contraire, sous peine de nullité, en garder minute?

236. — Le notaire, qui a reçu le testament en minute, peut-il ensuite s'en dessaisir?

237. — Le notaire peut délivrer au testateur une expédition de son testament.

238. — Observation sur ceux des articles de la loi du 25 ventôse an XI, qui viennent d'être reconnus applicables au testament.

239. — II. Le nombre des témoins exigé, par le Code Napoléon, pour les testaments, est plus considérable que celui qu'exige la loi du 25 ventôse an XI pour les actes notariés en général.

239 bis. — Il faut ajouter que la présence réelle du notaire en second et des témoins, a toujours été exigée pour les testaments.

240. — Est-il nécessaire que le testament par acte public soit fait de suite et sans divertir à autres actes?

241. — Les formalités spéciales du testament par acte public, telles que le Code Napoléon les a réglées, se rapportent : à la dictée; — à l'écriture; — à la lecture; — aux mentions; — aux signatures.

242. — a. Le testament doit être dicté par le testateur au notaire ou aux notaires.

242. bis. — En vain, le testateur aurait manifesté sa volonté par les signes les moins équivoques.

243. — Suite. — Des muets et des sourds-muets. — Renvoi.

244. — Quid, du sourd-muet, que l'on est parvenu à instruire de manière à lui rendre le jeu de l'organe vocal, avec l'intelligence des paroles qu'il prononce? — Pourrait-il faire un testament par acte public?

245. — En vain le testateur aurait répondu, de la manière la plus distincte, aux questions qui lui auraient été faites. — Le testament par interrogat est nul.

246. — Suite. — Observation sur certaines questions, que le notaire peut adresser au testateur.

247. — Est-il nécessaire que la clause révocatoire d'un testament antérieur soit, comme les autres dispositions du testament, dictée par le testateur?

248. — Le testament serait nul, s'il avait été copié par le notaire sur des notes, que le testateur lui aurait remises.

249. — Mais rien ne s'oppose à ce que le testateur écrive lui-même ou fasse écrire par un autre son testament, pour le dicter ensuite au notaire, en le lui lisant à haute voix.

250. — Qu'est-ce que *dicter?* et en quel sens faut-il entendre ce mot dans l'article 971?

251. — Que décider, dans le cas où le testateur est un étranger, un Anglais, un Allemand, qui ne connaît que sa langue nationale? Ou bien un Breton, un Provençal, qui ne peut s'expliquer que dans le *patois* de sa province?

252. — Suite.

252 *bis*. — Suite.

253. — Le testament peut être rédigé à la troisième personne, sans qu'on doive en conclure qu'il n'y a pas eu dictée. — Observation.

254. — Une seconde dictée serait-elle nécessaire, dans le cas où le notaire, après avoir écrit d'abord le testament sous la dictée du testateur, croirait devoir ensuite le transcrire sur une autre feuille de papier?

254 *bis*. — Suite. — Autre hypothèse semblable à celle qui précède.

255. — Que signifient ces mots de l'article 972, que, si le testament est reçu par deux notaires, *il leur est dicté* par le testateur?

256. — La présence des témoins à la dictée est nécessaire, sous peine de nullité.

257. — La condition de la dictée exige que le notaire, ou les notaires, et les témoins voient et entendent le testateur. — Explication.

258. — Est-il nécessaire aussi que le testateur voie et entende le notaire, ou les notaires, et les témoins?

259. — Faut-il que le testateur dicte lui-même le préambule du testament?

260. — *b.* Le testament doit être écrit par l'un des notaires, ou par le notaire, s'il n'y en a qu'un.

261. — Le testateur pourrait-il écrire lui-même ses dispositions?

262. — Lorsque le testament est reçu par deux notaires, il peut être écrit indifféremment par l'un ou par l'autre.

263. — Suite. — Il peut même être écrit, alternativement, en partie par l'un, et en partie par l'autre.

264. — Le notaire est-il tenu d'écrire ce que le testateur n'est pas tenu de dicter?

265. — L'écriture par le notaire doit avoir lieu, sous peine de nullité, en présence du testateur et des témoins. — Exemple.

266. — *c.* Il doit être donné lecture du testament au testateur, en présence des témoins.

267. — Suite.

268. — Faut-il que la lecture du testament soit donnée par le notaire?

269. — Suite.

270. — La lecture du testament pourrait-elle être faite par le testateur lui-même?

271. — Suite.

272. — Suite.

273. — Suite.

274. — C'est du testament entier que lecture doit être donnée au testateur. — Conséquence.

275. — Suite.

276. — Suite.

277. — d. Il doit être fait mention expresse des formalités qui précèdent. — Cette mention est elle-même une formalité spéciale. — Conséquence. — Exemple.

278. — Suite.

279. — A quelles formalités s'applique la nécessité de la mention?

280. — Suite.

281. — La mention des formalités accomplies n'est pas soumise à une formule sacramentelle; et elle peut être faite soit dans les termes mêmes dont la loi s'est servie, soit en termes équipollents. — Observation.

282. — Suite. — Dans quels cas est-on admis à dire que les expressions employées par le notaire équipollent aux expressions employées par la loi?

283. — Suite.

284. — Suite.

285. — a. De la mention de la dictée par le testateur au notaire ou aux notaires.

286. — Suite.

287. — Suite.

288. — Suite.

289. — b. De la mention de l'écriture par le notaire.

290. — Suite.

291. — Suite.

292. — c. De la mention de la lecture au testateur, en présence des témoins.

293. — Suite.

294. — Suite.

295. — Suite.

296. — Suite.

297. — I. Les mentions exigées par l'article 972, peuvent résulter de plusieurs phrases distinctes et même séparées, les unes des autres, par des dispositions. — Exemple.

297 bis. — Suite.

298. — II. Les mentions exigées par l'article 972 peuvent être mises soit à la fin, soit au milieu, ou au commencement de l'acte.

299. — III. C'est le notaire lui-même qui doit faire la mention de l'accomplissement des formalités prescrites par la loi.

300. — c. Le testament doit être signé. — Les signatures en sont le complément indispensable. — Conséquences.

301. — Suite.

302. — Les signatures requises sont celles du notaire ou des notaires; — du testateur; — et des témoins.

303. — 1° De la signature du notaire ou des notaires.

304. — 2° De la signature du testateur, ou de la mention expresse de sa déclaration de ne savoir ou de ne pouvoir signer, ainsi que de la cause qui l'en empêche.

305. — Suite.

306. — Suite.

307. — Suite. — Du cas où le testateur, sachant ou pouvant signer, aurait faussement déclaré ne pas le savoir ou ne pas le pouvoir.

308. — La déclaration de ne savoir ou de ne pouvoir signer doit émaner du testateur lui-même.

309. — Suite. — Il n'est pas nécessaire que le notaire interpelle, à cet effet, le testateur.

310. — Si la déclaration du testateur suffit sans l'interpellation du notaire, l'interpellation du notaire suffit-elle, en sens inverse, sans la déclaration du testateur?

311. — Suite.

312. — Suite.

313. — Suite.

314. — Suite.

315. — Faut-il que le notaire donne lecture au testateur de sa déclaration de ne savoir ou de ne pouvoir signer, ainsi que de la cause qui l'en empêche?

316. — Faut-il que la présence des témoins à cette déclaration du testateur, soit l'objet d'une mention spéciale?

317. — La déclaration du testateur, ainsi que la mention qui la constate, doit faire connaître la cause, qui l'empêche de signer.

318. — Suite.

319. — Suite.

320. — La mention de la signature du testateur, ou de la déclaration qui remplacera sa signature, peut être placée indifféremment à la fin, au milieu, ou dans le commencement de l'acte.

321. — 3° Le testament doit être signé par les témoins, et régulièrement, par tous les témoins qui savent et peuvent signer, même dans les campagnes.

322. — Suite.

323. — Le notaire doit faire mention de la signature des témoins. — Renvoi.

324. — Dans les campagnes, il suffit qu'un des deux témoins signe, si le testament est reçu par deux notaires, et que deux des témoins signent, si le testament est reçu par un notaire. — Mais alors faut-il que celui ou ceux des témoins qui ne signent pas, déclarent eux-mêmes ne savoir ou ne pouvoir signer?

325. — Suite. — N'est-il pas nécessaire que le notaire fasse mention lui-même, de son chef, du défaut de signature des témoins et de la cause qui les a empêchés de signer?

326. — Suite.

327. — Quel est le sens du mot : *campagnes*, dans l'article 974?

227 *bis.* — C'est une règle, qui nous est maintenant

acquise, que la loi générale du 25 ventôse an XI, sur les actes notariés, doit être observée dans les testaments par acte public, sur tous les points où le Code Napoléon n'y a pas spécialement dérogé (*supra*, n° 167).

Cette règle, que nous venons d'appliquer aux personnes qui figurent dans le testament, est également applicable aux formalités, qui doivent y être accomplies.

Ces formalités sont donc de deux sortes :

I. Les unes, générales pour tous les actes notariés, qui sont prescrites par la loi du 25 ventôse an XI ;

II. Les autres, spéciales pour les testaments, qui sont prescrites par le Code Napoléon.

Nous allons exposer successivement les unes et les autres.

228. — I. Au premier rang des dispositions de la loi du 25 ventôse, auxquelles le Code Napoléon n'a pas dérogé, il faut mettre l'article 11, qui impose aux notaires, lorsqu'ils ne connaissent pas les parties, l'obligation de se faire attester leur individualité (comp. *supra*, n° 190).

La partie, c'est ici le testateur ; et il est d'autant plus essentiel que le notaire connaisse bien son nom, son état et sa demeure, que le faux par supposition de personne est, particulièrement en cette matière, l'une des fraudes les plus redoutables ; d'autant plus, en effet, que la découverte ne s'en fait presque toujours qu'après la mort de celui qui aurait pu la démontrer le plus facilement! (Comp. Coin-Delisle, art. 971, n° 19 ; Bayle-Mouillard sur Grenier, t. II, n° 230, note *a*; Demante, t. IV, n° 116 *bis*, II; Saintespès-Lescot, t. IV, n° 1021.)

229. — Il en est de même de l'article 12 (*supra*, n° 189).

En conséquence, le testament par acte public doit énoncer les nom et lieu de résidence du notaire ou des notaires, qui le reçoivent.

Faut-il qu'il énonce, en outre, leur qualité de notaires?

On l'a soutenu ainsi, et même que cette énonciation

était plus rigoureusement exigée que celle de leurs nom
et lieu de résidence; car celle-ci n'est pas exigée, à peine
de nullité, par la loi du 25 ventôse (comp. art. 68 et
loi du 16 janv. 1824, art. 10); tandis que l'énonciation de la qualité du notaire serait exigée à peine
de nullité du testament : soit parce qu'elle est substantielle, dit Merlin (*Répert.*, v° *Testam.*, sect. II, § 2,
art. 3); soit, dit Coin-Delisle (art. 971, n° 19), parce
que la nullité résulte de la combinaison des articles
971 et 1001 du Code Napoléon (comp. Toullier, tome
VIII, n° 284).

Mais le texte de la loi ne nous paraît pas justifier cette
exigence; est-ce que, d'ailleurs, l'énonciation de la qualité du notaire ne résulte pas virtuellement de l'énonciation de ses nom et lieu de résidence, et de l'exercice
même qu'il en fait, et de la forme de son acte! (Comp.
Duranton, t. IX, n° 60; Augan, *Cours de Notariat*, p. 54;
Rolland de Villargues, *Répert.*, v° *Acte notarié*, n° 82;
Bayle-Mouillard sur Grenier, *loc. supra cit.*)

230. — Il s'ensuit encore que le testament doit énoncer les noms des témoins instrumentaires et leur demeure,
ainsi que le lieu, l'année et le jour où il a été passé (art.
12; comp. Cass., 23 mars 1825, d'Olce, Sirey, 1826, I,
57; Lyon, 18 janv. 1832, Blenet, Dev., 1832, II, 363;
Riom, 18 mai 1841, Rougier, D., 1841, II, 249; Limoges, 14 déc. 1842, Cordova, Dev., 1844, II, 7; Duranton, t. IX, n° 55; Bayle-Mouillard sur Grenier, t. II,
n° 230, note *a*; Troplong, t. III, n°ˢ 1571, 1572).

L'énonciation du mois se trouve implicitement comprise dans celle du jour.

Quant à l'énonciation de l'heure, elle n'est pas requise;
néanmoins, il se pourrait qu'il fût utile de la mentionner; comme si, par exemple, c'était la nuit, à une heure
insolite, que le notaire fût appelé; si la mort du testateur paraissait imminente; et si son intelligence altérée
ne se montrait plus que par intervalles.

Les principes, que nous avons établis en ce qui concerne la date du testament olographe, sont d'ailleurs, pour la plupart, communs à la date du testament public; c'est ainsi que la seule intention de dater ne suffirait pas sans doute, s'il n'y avait pas effectivement une date; mais la date peut être indiquée de toute manière; et les irrégularités qui pourraient s'y rencontrer, peuvent être corrigées à l'aide des énonciations contenues dans le testament (comp. *supra*, n°s 75 et suiv.; Rouen, 23 juill. 1825, Brisset, D., 1826, II, 43; Toullier, t. VIII, n° 83; Bayle-Mouillard sur Grenier, t. II, n° 230, note *a*; Troplong, t. III, n° 1573; D., *Rec.*, *alph.*, *h. v.*, n° 2800; Saintespès-Lescot, t. IV, n° 1024).

231. — On ne doit pas hésiter non plus à appliquer aux testaments l'article 13 de la loi du 25 ventôse an XI, en ce qui concerne l'obligation d'écrire les actes en un seul et même contexte, lisiblement et en toutes lettres.

Il faut en dire autant des articles 15 et 16, relativement aux renvois et apostilles, et aux surcharges, interlignes ou additions dans le corps de l'acte (comp. Cass., 6 juin 1826, Huguenin, Sirey, 1827, I, 144; Cass., 23 mars 1829, Corvasier, Sirey, 1829, I, 138; Lyon, 18 janv. 1832, Blenet, Dev., 1832, II, 363; Grenoble, 26 déc. 1832, Addon, Dev., 1833, II, 233; Duranton, t. IX, n° 58; Bayle-Mouillard sur Grenier, t. II, n° 230, note *a*; Demante, t. IV, n° 116 *bis*, II; *voy.* toutefois Cass., 21 mai 1838, Dutertre, Dev., 1838, I, 397; Troplong, t. III, n° 1575).

232. — Remarquons que l'article 16 restreint la nullité aux mots surchargés, interlignés ou ajoutés; et que par conséquent, le testament, comme tout autre acte notarié, n'en est pas moins valable, abstraction faite de ces mots.

Il n'en serait autrement qu'autant que le renvoi, la surcharge, interligne ou addition, contiendrait une partie substantielle de l'acte, comme, par exemple, la mention de l'écriture par le notaire ; puisque, dans ce cas, le testament, en faisant abstraction de ces mots, manquerait de l'une des conditions essentielles pour sa validité. (Art. 972 ; comp. Cass., 6 juin 1826, Sirey, 1827, I, 111 ; Cass., 23 mars 1829, Corvasier, Sirey, 1829, I, 138 ; Lyon, 18 janv. 1832, Blenet, Dev., 1832, II, 363 ; Grenoble, 26 déc. 1832, Addon, Dev., 1833, II, 233 ; Pau, 17 janv. 1835, Darmussey ; et Cass., 24 nov. 1835, Escabasse, Dev., 1836, I, 106, et note i ; Coin-Delisle, art. 971, n° 32 ; Bayle-Mouillard sur Grenier, t. II, n° 230, note a ; Zachariæ, Aubry et Rau, t. V, p. 512 ; Saintespès-Lescot, t. IV, n°ˢ 1025 et suiv.)

233. — Les articles, que nous venons de citer (11, 12, 13, 15 et 16), de la loi du 25 ventôse an XI, sont certainement applicables au testament par acte public (*supra*, n°ˢ 238 et suiv.).

Toutes les opinions, à cet égard, sont d'accord.

Mais il n'en est pas de même de quelques autres articles de cette loi, et notamment des articles 14, 20 et 22, sur lesquels s'est élevée, au contraire, avec beaucoup de dissidences, la question de savoir s'il faut les appliquer au testament.

Et d'abord, faut-il appliquer l'article 14, d'après lequel les actes doivent être signés *par les parties, les témoins et les notaires, qui doivent en faire mention à la fin de l'acte?*

Ce n'est pas en ce qui concerne la signature des notaires, que la difficulté peut naître ; le Code Napoléon, en effet, ne s'en étant pas occupé, et l'article 14 de la loi de ventôse étant le seul texte qui l'exige, il est évident que cet article est applicable au testament ; ou bien on arriverait à cette conséquence impossible que la signature du notaire ou des notaires n'y serait pas exigée ! (*Infra*, n° 305.)

Ajoutons, d'ailleurs, que, d'après un avis du conseil d'État du 16 juin 1810, approuvé le 20 du même mois, la signature du notaire ou des notaires suffit, sans qu'il soit nécessaire, à peine de nullité, d'en faire mention (comp. Merlin, *Répert.*, v° *Testam.*, sect. II, § 3, art. 2, p. 667).

234. — Mais voici où le doute est venu : c'est à savoir si l'article 14 est applicable au testament par acte public, en tant qu'il exige que les notaires fassent mention de la signature des parties (c'est-à-dire ici du testateur), et des témoins ?

Non ! a-t-on répondu : la loi du 25 ventôse an XI n'est applicable au testament, que relativement aux points, que le Code Napoléon n'a pas réglés par une disposition spéciale ; or, le Code Napoléon a réglé spécialement, par les articles 973 et 974, ce qui concerne les signatures du testateur et des témoins ; et il n'exige pas qu'il en soit fait mention ; donc, cette mention n'est pas nécessaire ; *in toto jure, generi per speciem derogatur* (comp. Coin-Delisle, art. 973, n°4, *note ;* et art. 974, n° 3 ; Marcadé, art. 973, note 1 ; Demante, t. IV, n°s 116 *bis*, II, 118 *bis*, I, et 119 *bis*, II).

Cet argument sans doute ne manque pas de force ; et pourtant il n'a pas réussi. On a généralement considéré que si les articles 973 et 974 s'occupent des signatures du testateur et des témoins, ce n'est point relativement à la mention qui doit en être faite, et que le silence qu'ils gardent sur ce point, ne saurait être considéré comme une dérogation à l'article 14 de la loi du 25 ventôse ; d'autant plus que cette mention, en même temps qu'elle atteste la sincérité des signatures, est une garantie de la liberté avec laquelle elles ont été données au moment même de la confection de l'acte (comp. *infra*, n° 323 ; Cass., 1er octobre 1810, Vanderschuren, Sirey, 1811, I, 21 ; Aix, 3 déc. 1812, Courme, Sirey, 1813, II, 374 ; Caen, 12 nov. 1814, Regnault, Sirey, 1816, II, 361 ; Limoges, 8 août 1821, Niveau, Sirey, 1822, II, 341 ; Cass., 23 nov. 1825, d'Olce, Sirey, 1826, I, 157 ; Cass., 21 mai

1838, Dutertre, Dev., 1838, I, 397 ; Merlin, *Répert.*, v°
Signature, § 3, art. 3, n°ˢ 1-3; et v° *Testam.*, sect. II,
§ 3, art. 2, n° 8 ; Grenier, t. II, n° 243 ; et Bayle-Mouillard, *h. l.*, note *c;* Toullier, t. III, n° 434 ; Poujol, art. 973,
n° 25 ; Zachariæ, Aubry et Rau, t. V, p. 512 ; Saintespès-
Lescot, t. IV, n° 1072).

235. — Aux termes de l'article 20 de la loi du 25 ventôse an XI :

« Les notaires seront tenus de garder minute de tous
« les actes qu'ils recevront.

« Ne sont néanmoins compris, dans la présente dispo-
« sition, les certificats de vie, procurations, actes de no-
« toriété, quittances de fermages, de loyers, de salaires,
« arrérages de pensions et rentes, et autres actes simples,
« qui, d'après les lois, peuvent être délivrés en bre-
« vet. »

Cet article est compris au nombre de ceux, dont l'article 68 prescrit l'accomplissement à peine de nullité.

Est-il applicable au testament par acte public ?

En d'autres termes, le testament public serait-il nul,
si le notaire n'en avait pas gardé minute, et s'il l'avait
délivré au testateur en brevet ?

Merlin a soutenu, avec beaucoup de fermeté, la négative (*Répert.*, v° *Notaire*, § 5, n° 6); et plusieurs auteurs
l'ont également adoptée (comp. Delvincourt, t. II, p. 84,
note 2 ; Favard de Langlade, *Répert.*, *Acte notarié*, § 3 ;
Toullier, t. III, n° 659 ; Massé, qui avait aussi exprimé ce
sentiment, s'en est ensuite départi, *Parfait notaire*, t. I,
chap. IV, 6ᵉ édit.).

Mais la doctrine contraire a généralement prévalu; et
avec raison, suivant nous :

La règle, en effet, c'est que les notaires doivent garder
minute *de tous les actes*, qu'ils reçoivent, à moins qu'il ne
s'agisse d'un de ces actes simples, qui, d'après les lois,
peuvent être délivrés en brevet ;

Or, d'une part, on ne saurait ranger le testament, c'est-

à-dire l'un des actes les plus solennels et les plus importants de la vie civile, dans la classe des *actes simples*, à
l'égal des certificats de vie, des actes de notoriété, et
autres, que l'article 20 énumère; d'autre part, aucune
loi n'a décidé, spécialement pour les testaments, qu'ils
pourraient être délivrés en brevet ;.

Donc, la règle posée par la première partie de l'article 20, leur est applicable.

On objecte que la déclaration du 7 décembre 1723 avait
défini, dans son article 4, les actes simples: ceux qui
n'ont rapport à aucun titre et ne contiennent aucune obligation respective ; or, tel est, dit-on, le testament, qui
n'a pour but ni de reconnaître, ni de confirmer, ni de
modifier des titres antérieurs, et qui ne renferme non
plus aucune obligation.

Mais vraiment, est-ce qu'il n'est pas destiné à en renfermer? est-ce qu'il ne doit pas devenir le titre des légataires et de l'héritier, ou plutôt la loi commune, qui ré-
glera les droits et les obligations respectifs de chacun?
oui sans doute ; et le législateur, qui le soumet à des
formes si rigoureuses, n'a pas eu en vue seulement l'é-
poque de la vie du testateur, où le testament ne produit
encore aucun effet, mais surtout l'époque de son décès,
où le testament se réalise !

Aussi, dès le seizième siècle, les testaments étaient-ils
même les seuls actes, dont les notaires ne pussent se dispenser de garder minute (*Ordonn.* de 1539, art. 173); et
s'il est vrai que les notaires aient été autrefois autorisés,
par l'édit du mois de mars 1693, à remettre aux testateurs la minute de leurs testaments, ces pratiques relâ-
chées témoignent elles-mêmes que les testaments étaient
reçus en minute (Ferrières, *Science du Notaire*, t. I, 22;
Tribun. civ. de Clamecy, 14 juill. 1836, R..., Dev., 1836,
II, 484).

C'est en ce sens que s'exprimait le rapporteur de la loi
du 25 ventôse an XI, lorsqu'il définissait les actes simples :

« *ceux dont le contenu, la nature et les effets ne présen-*
« *tent qu'un objet ou un intérêt simple et passager....* »
(Merlin, *Répert.*, v° *Notaire*, § 5, p. 626.).

Et enfin, cette interprétation a été consacrée par un
avis du comité de législation, du conseil d'État du
7 avril 1821 (Sirey, 1823, II, 83).

Au point où nous en sommes, est-il nécessaire de répondre à l'argument, que l'opinion contraire voudrait
déduire de l'article 931, en disant que le législateur, qui
a exigé qu'il restât minute de l'acte portant donation
entre-vifs, n'a rien exigé de pareil, à l'égard du testament? ce ne serait là tout au plus qu'un argument *a con-
trario*, et bien peu décisif! car de ce que le législateur a
cru devoir soumettre, par un article spécial, à la nécessité de la minute les donations entre-vifs, on ne saurait
conclure qu'il en dispense tous les actes notariés, qu'il
n'y a pas soumis expressément! (Comp. le tome III de ce
Traité, n° 19; et notre *Traité de la Paternité et de la filiation*, n° 396.)

En résumé, le Code Napoléon ayant, sur ce point,
gardé le silence, il faut appliquer la loi sur le notariat;
or, nous venons de voir qu'il résulte des articles 20 et 68
que le testament par acte public serait nul, s'il était délivré en brevet (comp. Grenier, t. II, n° 577; et Bayle-
Mouillard, *h. l.*, note *a*; Rolland de Villargues, *Répert.
du notariat*, v° *Minute*, n° 99; Duranton, t. IX, n° 64;
Poujol, art. 971, n° 6; Coin-Delisle, art. 971, n°s 39, 51;
Troplong, t. III, n° 1508; Demante, t. IV, n° 116 *bis*, IV;
Saintespès-Lescot, t. IV, n° 1030).

256. — Supposons donc que le notaire a la minute
du testament.

Vient maintenant notre dernière question :

Doit-il conserver cette minute?

En d'autres termes, faut-il appliquer au testament l'article 22 de la loi de ventôse, qui porte que : « Les no-
« taires ne pourront se dessaisir d'aucune minute, si ce

« n'est dans les cas prévus par la loi et en vertu de
« jugements? »

Évidemment oui, suivant nous, malgré le jugement
précité du tribunal de Clamecy (*supra*, n° 235).

En vain, on objecterait les inconvénients, qui peuvent
résulter de cette solution, et les avantages, que présenterait, au contraire, la liberté laissée au testateur d'effacer,
en retirant la minute de son testament, jusqu'à la trace
même des dispositions, qu'il avait faites contre sa famille,
dans un moment d'irritation peut-être et d'injustice.

La réponse est dans l'article 22, qui est ici applicable
comme l'article 20, et par le même motif, sans que l'ancien
édit du mois de mars 1693 puisse aujourd'hui prévaloir
contre les termes absolus de ce nouveau texte.

Il y a toutefois, entre l'un et l'autre de ces articles,
une différence considérable, et qui fait que ces deux questions, que certains auteurs semblent avoir confondues,
sont, au contraire, distinctes: c'est que l'article 22, à la
différence de l'article 20, n'est pas rappelé dans l'article
68; et par conséquent, si le notaire, par erreur, ou autrement, s'était dessaisi du testament, dont il avait d'abord
gardé minute, le testament, qui était valable, ne deviendrait pas nul pour cela : 1° parce que la loi ne prononce
pas cette nullité (comp. art. 22 et 68); 2° parce qu'il ne
se pouvait pas, en effet, que le sort d'un acte, une fois valable, dépendît du fait postérieur du notaire, de son ignorance, ou de sa légèreté. (Comp. Coin-Delisle, art. 971,
n° 51; Bayle-Mouillard, *loc. supra;* Troplong, t. III,
n° 1509; Demante, t. IV, n° 116 *bis*, V.)

237. — Mais le notaire peut délivrer au testateur une
expédition de son testament; sans même qu'il soit besoin
de le faire préalablement enregistrer. (Décision du Ministre des finances du 25 avr. 1809, Sirey, 1809, II, 270.)

238. — Nous ferons une dernière remarque :

C'est que, parmi les différents articles de la loi du
25 ventôse an XI, que nous venons de déclarer applica-

bles au testament, les uns sont prescrits à peine de nullité ; tandis qu'il n'en est pas ainsi des autres. (Comp. les articles 11, 12, 13, 14, 15, 16, 20 et 22, avec l'article 68; *supra*, n⁰ˢ 232 et 236.)

Or, il est clair que chacun de ces articles est applicable au testament, de la même manière, ni plus ni moins, qu'aux autres actes notariés.

Donc, chacun d'eux est applicable aux testaments, avec la sanction de la nullité, pour ceux, dont l'observation est prescrite sous cette peine, et sans la sanctiou de la nullité, pour ceux, dont l'inobservation n'entraîne pas cette conséquence; en remarquant que, pour ceux-ci, il ne serait pas possible de prononcer la nullité en vertu de l'article 1001 du Code Napoléon, puisque ce n'est pas alors le Code Napoléon, qui est applicable, mais seulement la loi du 25 ventôse an XI.

Ce qu'il faut ajouter, c'est que le testament qui serait nul comme acte notarié, d'après l'article 68 de cette loi, ne pourrait pas valoir comme acte sous-signature privée; et la nullité résulterait alors du Code Napoléon, qui n'admet pas que le testament, par acte privé, puisse être valable avec la seule signature du testateur.

329. — II. Nous avons à exposer maintenant les formalités spéciales au testament par acte public, qui sont réglées par le Code Napoléon (*supra*, n° 221).

Et d'abord, il faut remarquer que d'après l'article 971, lors même que le testament est reçu par deux notaires, l'assistance des deux témoins n'en est pas moins requise; et qu'il en faut même quatre, si le testament n'est reçu que par un notaire ; c'est là, en effet, une disposition spéciale au testament, puisque, d'après l'article 9 de la loi du 25 ventôse an XI, lorsque l'acte est reçu par deux notaires, aucun témoin n'est exigé; et qu'il ne faut que deux témoins, lorsque l'acte est reçu par un notaire.

239 *bis.* — Ajoutons que la présence réelle du notaire ou des notaires et des témoins, que notre ancien droit exigeait déjà, (Pothier, *Introduct. au tit.* xvɪ *de la cout. d'Orléans,* n° 12), a toujours été aussi exigée, en vertu de la disposition spéciale de notre article 974 ;

En cela, lors même que la présence du notaire en second ou des témoins n'était pas exigée pour les autres actes, c'est-à-dire dès avant la loi du 21 juin 1843, qui, en effet, n'a pas eu besoin de mentionner le testament au nombre des actes à l'égard desquels elle a exigé, pour l'avenir, la présence réelle du notaire en second ou des témoins.

La présence des notaires et des témoins est d'ailleurs exigée, sans discontinuité, pendant toute la durée de la confection du testament, et pour toute la série des opérations dont il se compose ; en sorte que le testament serait nul, si l'un des témoins s'était absenté pendant sa confection, ne fût-ce qu'un instant. (Comp. Paris, 11 avril 1832, Gaillard, D., 1832, II, 186; Nancy, 24 juill. 1833, Claudel, Dev., 1835, II, 90; Caen, 15 fév. 1842, Barberel, Dev., 1842, II, 199; Bourges, 9 janv. 1863, Causel; Cass., 18 janv. 1864, Barbier, Dev., 1864, I, 81 ; Troplong, t. III, n°ˢ 1507 et 1522; Zachariæ, Aubry et Rau, t. V, p. 513).

240. — Ce n'est pas que le testament par acte public doive être nécessairement fait *d'un seul contexte,* c'est-à-dire *de suite et sans divertir à autres actes.*

Notre Code n'a pas reproduit, pour le testament par acte public, la disposition de l'article 5 de l'Ordonnance de 1735, qui l'exigeait ainsi, conformément aux traditions romaines, pour le testament nuncupatif écrit.

Il est vrai que notre Code lui-même exige cette condition, dans l'article 976, pour le testament mystique ; mais c'est, précisément, encore de là qu'on doit conclure qu'il n'a pas voulu l'exiger pour le testament public, auquel il ne l'applique pas. Et cette différence peut très-bien s'expliquer : soit parce que le testament par acte public peut être long, compliqué, et nécessiter plusieurs séances, à raison de la maladie du testateur, de sa fatigue, ou d'autres causes, tandis que l'acte de suscription d'un testament mystique est toujours simple et court; soit parce qu'il était particulièrement important que l'acte de suscription fût accompli de suite, afin de prévenir le plus possible le danger particulier, en effet, du testament mystique, à savoir : la substitution frauduleuse d'un faux testament au testament véritable.

Or, ce que le droit romain, et, après lui, l'ancienne Ordonnance entendait par ces mots : *uno contextu*, en matière de testament, c'était l'unité de temps et d'action : *uno tempore, eodemque die, ... nullo actu extraneo interveniente. (Inst., § 3 de Testam. ordin.; L. 21 et 28, Cod. de Testam. ordin.)*

Donc, notre Code, qui n'exige pas, dans la confection du testament public, l'unité de contexte, n'y exige, en effet, ni l'unité de temps, ni l'unité d'action.

C'est-à-dire, d'une part, que le testament peut être fait en plusieurs séances, et par suite, en plusieurs jours;

Et d'autre part, qu'un autre acte, même étranger au testament, peut être fait soit par les notaires, soit par le testateur, dans l'intervalle de l'une des séances à l'autre.

Est-il besoin d'ajouter néanmoins combien il est plus prudent, lorsqu'on le peut, de l'achever en une seule séance! et dans tous les cas, lorsque l'on emploie plusieurs séances à le faire, d'avoir grand soin, après l'avoir interrompu, de ne le reprendre qu'en présence de tous les témoins, et d'en donner, lors de la dernière séance, lecture entière au testateur en présence des témoins.

Ceci prouve assez que, lorsque l'article 13 de la loi du 25 ventôse an XI exige que les actes notariés soient écrits *en un seul et même contexte*, il emploie cette formule dans un sens tout autre, et qu'il ne se doit entendre que de la rédaction matérielle, qui doit offrir en effet, à ce point de vue, l'unité de contexte, dans le testament public comme dans les autres actes (*supra*, n° 231; comp. Turin, 27 août 1806, Merlin, *Répert.*, v° *Testam.*, sect. II, § 2, art. 5;

Delvincourt, t. II, p. 81, note 11 ; Grenier, t. II, n° 241 ; et Bayle-Mouillard, *h. l.*, notes *a* et *b*; Coin-Delisle, art. 972, n° 13; Troplong, t. III, n° 1507; Demante, t. IV, n° 121 *bis*, I; Massé et Vergé sur Zachariæ, t. III, p. 108).

241. — Les formalités spéciales du testament par acte public sont déterminées par notre Code, en ces termes :

Article 972 : « Si le testament est reçu par deux no- « taires, il leur est dicté par le testateur; et il doit être « écrit par l'un de ces notaires, tel qu'il est dicté.

« S'il n'y a qu'un notaire , il doit également être dicté « par le testateur, et écrit par ce notaire.

« Dans l'un et l'autre cas, il doit en être donné lecture « au testateur, en présence des témoins.

« Il est fait, du tout, mention expresse. »

Article 973 : « Ce testament doit être signé par le tes- « tateur; s'il déclare qu'il ne sait ou ne peut signer, il « sera fait, dans l'acte, mention expresse de sa déclara- « tion, ainsi que de la cause qui l'empêche de signer. »

Article 974 : « Le testament devra être signé par les té- « moins; et néanmoins, dans les campagnes, il suffira « qu'un des deux témoins signe, si le testament est reçu « par deux notaires, et que deux des quatre témoins si- « gnent, si le testament est reçu par un notaire. »

C'est d'après ces articles, que nous allons examiner les formalités spéciales du testament par acte public, à savoir :

A. La dictée, qui doit en être faite par le testateur au notaire ou aux notaires;

B. L'écriture, qui doit en être faite par un des no- taires;

C. La lecture, qui doit en être donnée par l'un des no- taires au testateur ;

D. La mention de l'accomplissement de ces formalités ;

E. La signature du testament par le testateur et par les témoins.

242. — A. Et d'abord, le testament doit être *dicté* par le testateur au notaire ou aux notaires.

Notre ancien droit avait exigé déjà cette condition (comp. art. 289 de la *Cout. d'Orléans;* art. 5 de l'Ordonnance de 1735 ; Pothier, *des Donat. testam.,* chap. 1, art. 3, § 1 ; Furgole, chap. 11, sect. 111, n° 6).

Le législateur de notre Code, en la maintenant, a considéré qu'elle est, en effet, le meilleur moyen de prévenir les erreurs, les suggestions et les surprises, et qu'aucune formalité ne peut être plus propre à constater :

D'une part, que les dispositions du testateur seront bien comprises par lui, bien conformes à sa volonté personnelle, à sa volonté libre et spontanée ;

D'autre part, qu'elles seront aussi bien comprises par les notaires et par les témoins, qui, après avoir entendu les paroles du testateur, peuvent apprécier si la rédaction y est exactement conforme.

Aussi, la dictée est-elle la formalité fondamentale du testament public, celle dont toutes les autres formalités n'ont, en réalité, pour but que de garantir le sincère accomplissement.

C'est assez dire que rien ne saurait la remplacer !

242 *bis.* — Vainement donc, le testateur aurait manifesté sa volonté par les signes les plus expressifs et les moins équivoques !

L'article 2 de l'Ordonnance de 1735 déclarait formellement *nulles toutes dispositions, qui ne seraient faites que par signes, encore qu'elles eussent été rédigées par écrit sur le fondement desdits signes.*

Il en est de même aujourd'hui.

Il faut la manifestation orale de la volonté du testateur.

D'où il suit que le malade, qui ne peut pas se faire entendre du notaire par la voix, ne peut pas faire un testament public.

243. — Nous en avons aussi déjà conclu que le muet et le sourd-muet ne peuvent pas employer cette forme de testament (*supra,* n° 169).

244. — Mais pourtant voici un sourd-muet, qu'on est parvenu à instruire de manière à lui rendre le jeu de l'organe vocal, avec l'intelligence des paroles qu'il prononce !

Coin-Delisle est d'avis qu'il pourra tester par acte public : « Ce n'est pas, dit le savant auteur, d'une incapacité, mais d'une impossibilité physique qu'il est frappé ; si cette impossibilité était complétement surmontée par l'éducation, pourquoi ne pas lui permettre l'exercice d'un droit qu'aucune loi ne lui refuse? » (Art. 974, n° 13.)

Tel est aussi le sentiment de M. Bayle-Mouillard (sur Grenier, t. II, n° 230, note a, p. 349), et de M. Saintespès-Lescot (t. IV, n° 1.039).

Est-il bien certain pourtant que cette articulation artificielle et purement automatique satisfasse à la condition de la dictée, à cette condition qui suppose certainement que le testateur a entendu lui-même ses paroles ?

Il est permis d'en douter ; d'autant plus que cette méthode d'éducation n'est pas universellement approuvée, et que beaucoup, et des plus autorisés, soutiennent qu'elle ne développe pas l'intelligence aussi sûrement que la pantomime ou l'alphabet manuel (comp. de Gérando, *de l'Éducation des sourds-muets*, part. I, chap. I, p. 27, et part. III, chap. v).

245. En vain le testateur aurait répondu, même verbalement, de la manière la plus distincte et la plus affirmative, à l'interrogation qui lui aurait été faite par le notaire, par un témoin ou par tout autre.

Notre ancien droit avait déjà déclaré nul le testament fait par interrogat, *ad alterius interrogationem* (Ricard, III° part., chap. I, n°ˢ 53-56).

C'est qu'il n'y a pas, en effet, de procédé plus dangereux, ni qui soit plus de nature à favoriser les surprises et les suggestions ; aussi, le mot même de *suggestion*, était-il autrefois spécialement appliqué au testament fait *par interrogat* (voy. le tome I de ce *Traité*, n° 388).

Ce n'est donc pas seulement par des monosyllabes *oui* ou *non*, ni par des phrases quelconques d'approbation ou d'adhésion, que le testateur doit s'exprimer; il faut, s'il est permis de dire ainsi, que la disposition tout entière passe par sa bouche! (Comp. Nancy, 24 juill. 1833, Claudel, D., 1834, II, 204; Cass., 12 mars 1838, Saint-Martin, Dev., 1838, I, 206; Pau, 26 mars 1836, Philip, Dev., 1837, II, 266; Bordeaux, 9 mars 1859, Fieffé de Lievreville, Dev., 1859, II, 609; Merlin, *Répert.*, v° *Suggestion*, § 2; Duranton, t. IX, n° 69; Coin-Delisle, art. 972, n° 4; Marcadé, art. 972, n° 1; Troplong, t. III, n° 1521; *voy.* toutefois Nîmes, 14 déc. 1827, Cartier, Siney, 1828, II, 98; Cass., 19 janv. 1841, Boissonnet, Dev., 1841, I, 333; Grenoble, 7 déc. 1849, Meynier, Dev., 1850, II, 411).

246. — N'en concluons pas, toutefois, qu'aucune question ne puisse être adressée au testateur!

Ce serait là une exagération.

Et d'abord, que le notaire puisse éclairer le testateur sur le caractère des dispositions qu'il exprime; qu'il puisse ou plutôt même qu'il doive l'avertir, si elles lui paraissent devoir être nulles ou susceptibles de difficultés; cela n'est pas douteux.

De même qu'il peut, s'il n'a pas bien entendu, le faire répéter; s'il n'a pas bien compris, lui demander des explications, comme, par exemple, sur l'identité et la désignation des légataires, ou des objets légués (comp. Cass., 23 juin 1843, Gaussen, D., 1844, I, 130; Cass., 15 janv. 1845, Miquel, D., 1845, I, 920; Cass., 19 mars 1861, Belot, Dev., 1861, I, 760).

Il n'est pas moins certain qu'il peut aussi lui adresser certaines questions, relativement aux dispositions mêmes qu'il a le dessein de faire : *Quelles sont vos volontés? — N'avez-vous pas d'autre disposition à faire? Est-ce là tout?* (Comp. Cass. 15 janv. 1866, Bazengue, Dev., 1866, I, 47.)

Il se serait même avancé jusqu'à dire : *Ne laisserez-vous rien à un tel, à votre neveu, à votre frère ?* qu'il n'y aurait pas là non plus de *suggestion*, ni de nullité, si le testateur avait, après cette interpellation, dicté lui-même une disposition au profit de son neveu ou de son frère (comp. le tome I, n°385).

Le notaire, sans doute, ne saurait mettre, en tout ceci, trop de discrétion et de réserve; ce qu'il faut éviter principalement, c'est que ces sortes de questions soient adressées au testateur par d'autres que par lui ; car ce serait là un moyen indirect et fort périlleux de les lui suggérer, de les lui *souffler !*

Pour prévenir ce danger, Coin-Delisle voudrait qu'une conférence préalable eût lieu entre le testateur et le notaire, afin de bien s'entendre avant la confection du testament, et de ne la point interrompre une fois commencée (art. 972, n° 14).

Le conseil est bon à suivre, lorsqu'on le peut (*voy.* aussi *infra,* n° 249) ; mais on ne le peut pas toujours; et puis d'ailleurs, il peut survenir, dans la confection même du testament, des doutes, ou des objections, ou des idées nouvelles, qui n'auraient pas été prévus dans la conférence préparatoire (comp. Bayle-Mouillard sur Grenier, t. II, n° 230, note *a,* p. 345).

247. — Un notaire, après avoir écrit les volontés du testateur sous sa dictée, lui demande *s'il entend révoquer un testament antérieur,* dont il avait pris connaissance pour avoir ses prénoms; et le testateur se borne à répondre *oui.*

Le testament est-il nul ?

La Cour de Rouen, par un arrêt du 17 août, a décidé la négative :

« Attendu que la question a été plutôt faite par le notaire pour se conformer aux usages du notariat, et pour prévenir les doutes, qui auraient pu naître de l'existence simultanée de deux testaments; qu'annuler l'acte au-

thentique du 23 juin, pour une seule réponse par mono-
syllabe faite au moment où la testatrice avait encore
toute son intelligence et assez d'énergie et de force pour
formuler par des phrases articulées, sa volonté, ce serait
évidemment aller au delà de la loi sainement interpré-
tée.... »

La Cour de cassation a rejeté le pourvoi qui avait été
formé contre cet arrêt :

« Attendu que, s'il est vrai, en principe, qu'il n'y a pas
dictée du testament, dans le sens de la loi, lorsque le testateur se borne à répondre, par des monosyllabes, aux
questions du notaire, ce principe, qui n'a d'autre but que
de prévenir la suggestion ou l'erreur, a pu ne pas être
appliqué à une clause purement révocatoire, complément
naturel et presque de forme d'un testament qui portait
sur l'universalité des biens de la testatrice, clause qui,
d'ailleurs, n'avait pour objet que de déterminer les conséquences et la portée des dispositions antérieures de ce
testament. » (19 mars 1861, Belot, Dev., 1861, I, 760 ;
voy. aussi *infra*, n° 276).

On pourrait ajouter que la clause révocatoire n'a pas
été, en effet, considérée par la loi comme un testament,
puisqu'elle est affranchie des conditions solennelles du
testament, et notamment de la dictée (comp. art. 1035).

Et toutefois, cette décision nous paraît grave.

Ce n'est pas d'un acte révocatoire, qu'il s'agit ; c'est
d'un testament ! or le testament doit être dicté par le testateur ; le testament, disons-nous, tout entier, sans qu'il
y ait lieu de distinguer entre les différentes clauses dont
il se compose.

Aussi, les notaires feront-ils sagement, à notre avis,
de ne pas admettre cette distinction. (Comp. Merlin,
Répert., v° *Testament*, sect. II, § 3, art. 2, n° 6 *bis*.)

248. — Que le testament soit nul, s'il a été seulement
copié par le notaire sur des notes à lui remises par le
testateur, cela résulte aussi de ce qui précède (comp.

Poitiers, 30 juin 1836, Hillaireau, Dev., 1836, II, 508 ; Duranton, t. IX, n° 69 ; Zachariæ, Aubry et Rau, t. V, p. 513).

249. — Mais ce n'est pas à dire pourtant que le testateur ne puisse pas préparer ses dispositions par des notes, et faire même entièrement par écrit le projet de son testament.

Il peut l'écrire de sa main ; il peut le faire écrire par un tiers, par son conseil, par son notaire lui-même, ou par tout autre, fût-ce le légataire !

Le testament, fait sur ce modèle, n'en sera pas moins valable, si le testateur l'a dicté lui-même au notaire, en le lisant à haute voix.

De même donc que, dans le testament olographe, le testateur peut copier un projet écrit par un autre ; de même il peut, dans le testament par acte public, dicter au notaire un projet écrit ; car il se l'approprie, dans le premier cas, par l'écriture ; dans le second cas, par la dictée.

Cette pratique, qui est toujours sage, est même quelquefois nécessaire ; si, par exemple, les dispositions testamentaires sont longues et compliquées, comme il arrive notamment dans les partages d'ascendants (comp. Cass., 14 juin 1837, Mousseron, Dev., 1837, I, 482 ; Bergier sur Ricard, Ire part., chap. v, sect. ii, *Additions ;* Grenier, t. I, n° 145 ; et Bayle-Mouillard, t. II, n° 230, note *a*, p. 346, 347 ; *voy.* toutefois Angers, 8 mars 1855, Sinoir, D., 1855, II, 129).

250. — Il faut donc toujours qu'il y ait *dictée.*

Or, dicter, c'est prononcer mot à mot ce qu'un autre écrit en même temps.

Cette acception usuelle est aussi l'acception juridique.

L'article 5 de l'Ordonnance de 1735 portait que le testateur, qui voudra faire un testament nuncupatif écrit, *en prononcera intelligiblement toutes les dispositions...*, et que le notaire ou tabellion *écrira lesdites dispositions à mesure qu'elles seront prononcées par le testateur.*

Voilà ce qu'exige aussi notre article 972, qui ajoute même que le testament doit être écrit par le notaire *tel qu'il est dicté.*

Mais on se récrie : est-ce que cela est possible ! et si le testateur fait des fautes de français ! et si ses phrases sont obscures, sans ordre et sans suite ! il faudra donc que le notaire reproduise, dans son acte public, ces obscurités, ce désordre, ces barbarismes !

Ce n'est pas là ce que nous voulons dire ; nous croyons, au contraire, que la dictée, dont il s'agit, n'est pas la dictée servile et mot à mot du *magister,* du maître d'école ; le notaire, dit fort bien Demante, est sans doute le secrétaire du testateur, mais il doit être un secrétaire habile et intelligent (t. IV, n° 447 *bis,* I) ; nous ajoutons que la loi, qui exige la dictée, a dû entendre cette condition dans un sens raisonnable, conformément aux usages de la pratique, à la nécessité des choses, et à l'évident intérêt des testateurs eux-mêmes !

D'où il résulte :

1° Qu'il appartient au notaire de ne pas reproduire les incorrections de langage ni les tours de phrase vicieux ou obscurs, que le testateur pourrait employer ;

2° Qu'il lui appartient même de mettre ses dispositions dans un ordre meilleur que celui dans lequel il les exprime, afin de leur donner plus de suite et de clarté.

La Cour de Bordeaux en a conclu qu'il n'est pas nécessaire qu'il y ait *simultanéité entre l'opération de la dictée et celle de l'écriture ; que celle-ci ne doit même, en général, venir qu'après celle-là, et à un intervalle qu'il est impossible de préciser ; car tout dépend des circonstances* (9 mars 1859, Fieffé de Liévreville, Dev., 1859, II, 609).

Mais il faudrait prendre garde de s'avancer trop dans cette voie ; tout en faisant aux nécessités de la pratique la part qui leur est due, maintenons toujours que la condition de la dictée implique, autant que possible, la simultanéité des deux opérations ; il faut, disait

Furgole, que les dispositions dictées par le testateur, *soient couchées tout de suite!* (Chap. ii, sect. iii, n° 8.)

Que les notaires, donc, n'oublient pas qu'ils ne doivent faire, soit aux expressions du testateur, soit à l'ordre dans lequel il les exprime, que le moins de changements possible; et que ces changements ne doivent porter que sur la forme, sur le style, sur la distribution matérielle des dispositions, sans jamais en altérer le sens, sans y rien supprimer, ni ajouter! de manière à ce que les mots employés par le notaire, s'ils ne sont pas les mêmes que ceux dont le testateur s'est servi, *reproduisent, complétement et exactement, tout ce qu'il a dicté.* (Comp. Cass., 12 mars 1838, Saint-Martin, Dev., 1838, I, 206; Cass., 20 janv. 1840, Julien, D., 1840, I, 107; Cass., 19 juin 1841, Boissonnet, Dev., 1841, I, 333; Cass., 15 janv. 1845, Miquel, Dev., 1845, I, 303; Duranton, t. IX, n°s 76, 77; Coin-Delisle, art. 972, n° 18; Bayle-Mouillard sur Grenier, t. II, n° 230, note *a*; Troplong, t. III, n° 1523; Demante, *loc. supra cit.*; Massé et Vergé sur Zachariæ, t. III, p. 106; Saintespès-Lescot, t. IV, n°s 1036, 1037.)

251. — Voici un testateur, qui veut faire son testament dans un idiome étranger; c'est un Anglais, par exemple, ou un Allemand, qui ne parle que sa langue nationale; ou bien un Alsacien, un Breton, un Provençal, qui ne peut s'exprimer que dans *le patois* de sa province.

Il est évident, d'abord, qu'il faut que la langue, l'idiome ou le patois, dont il va se servir, soit compris par le notaire et par les témoins!

Aucun truchement ou interprète ne pourrait se placer entre le testateur et le notaire et les témoins; car c'est directement de la bouche du testateur lui-même que le notaire et les témoins doivent entendre les dispositions qu'il doit dicter (comp. *supra,* n° 196; Duranton, t. IX, n° 80; Bayle-Mouillard sur Grenier, art. 971, n° 3;

Poujol, art. 972, n° 13; Troplong, t. III, n° 1534; Vazeille, t. II, n° 230, p. 348, 349; Coin-Delisle, art. 972, n° 11; *voy.* aussi l'arrêté du ministre de la guerre, du 30 déc. 1842, portant règlement de la profession du notariat en Algérie).

252. — Mais comment le notaire va-t-il faire?

D'une part, les actes publics, en France, doivent être rédigés en français (comp. Ordonn. du mois d'août 1539, art. 3; Décrets du 2 thermidor et du 16 fructidor an II; arrêté du gouvernement du 24 prairial an XI; Cass., 4 mai 1807, Sirey, 1807, I, 224; Merlin, *Répert.*, v° *Langue française*, n° 3);

Et, d'autre part, le testament doit être dicté par le testateur au notaire, qui est tenu de l'écrire tel qu'il est dicté (art. 972).

Est-ce qu'il n'y a point là contradiction?

On l'avait cru ainsi dans l'origine; et même les notaires de Bruxelles avaient présenté cette objection au ministre de la justice, qui répondit par deux lettres en date des 4 et 29 thermidor an XII, l'une au procureur général, l'autre aux notaires composant la chambre de discipline, que : « Lorsque la loi dit (dans l'article 972) que le testateur dictera son testament, elle ne dit pas que ce sera en français; qu'on ne peut forcer quelqu'un de parler une langue qu'il ne sait point; le notaire est seulement tenu de rédiger le testament en langue française; rien n'empêche, d'ailleurs, qu'il n'en fasse une traduction en flamand à mi-marge; l'arrêté même du 24 prairial an XI (art. 2) l'y autorise; mais cette traduction n'aura pas l'authenticité de la rédaction française. »

Ainsi, le testateur dictera en langue étrangère; et le notaire écrira en français; c'est-à-dire qu'il fera instantanément la traduction du testament d'un idiome dans l'autre, en l'écrivant; et lecture sera donnée au testateur de la traduction, qui en sera faite, en marge, dans sa langue nationale.

Il faut convenir que si la condition de la dictée est, dans ce cas, satisfaite, du moins sommes-nous arrivés à la dernière limite.

Néanmoins, la jurisprudence et la doctrine s'accordent à admettre ce mode de procéder (comp. Cass., 4 mai 1807, de Brommer, Sirey, 1807, II, 224; Grenier, t. II, n°s 255, 256 bis; Bayle-Mouillard, h. l., note a; Troplong, t. III, n° 1529; Zachariæ, Aubry et Rau, t. V, p. 492, 493; Demante, t. IV, n° 117 bis, I; Saintespès-Lescot, t. IV, n° 1054).

252 bis. — On ne saurait nier non plus que cette nécessité d'une traduction instantanée impose au notaire une tâche difficile, surtout s'il ne connaît pas très-bien la langue étrangère du testateur.

Aussi pensons-nous qu'il pourrait écrire le testament dans la langue étrangère, et qu'il ferait même sagement d'en agir ainsi; car la règle, qui prescrit d'écrire les actes publics en français, ne nous paraît point établie à peine de nullité (comp. les textes ci-dessus, n° 251; Merlin, *Quest. de droit*, v° *Testament*, § 17, art. 3; Grenier, Demante, *loc. supra; voy.* toutefois Zachariæ, Aubry et Rau, t. V, p. 492).

253. — On a décidé que la rédaction du testament à la troisième personne et par forme de narration : *le testateur a déclaré vouloir*, etc., n'était pas exclusive de la dictée faite par lui au notaire ; nous le pensons, en effet, ainsi, quoique pourtant il nous paraisse préférable que le notaire fasse parler le testateur directement à la première personne (comp. Angers, 13 août 1807, Mars, Sirey, 1807, II, 653; Riom, 17 nov. 1808, Martel, Sirey, 1809, II, 73; Cass., 18 janv. 1809, Décourt, Sirey, 1809, I, 129; Bourges, 29 fév. 1855, Guillot-Chemerand, Dev., 1855, II, 498; Merlin, *Répert.*, v° *Testam.*, sect. II, § 3, art. 2, n° 2, quest. 7; Duranton, t. IX, n° 84; Troplong, t. III, n° 1529; Zachariæ, Aubry et Rau, t. V, p. 514).

254. — Une seconde dictée serait-elle nécessaire, dans le cas où le notaire, après avoir écrit le testament sous la dictée du testateur, croirait devoir le transcrire sur une autre feuille de papier ?

La feuille de papier timbré, par exemple, sur laquelle il a écrit d'abord, est surchargée de renvois, de ratures ; ou bien, les dispositions ont été exprimées par le testateur sans suite, sans clarté ; et le notaire pense qu'il importe de transporter le testament sur une autre feuille, où l'écriture sera correcte, et les dispositions classées dans un ordre meilleur.

Il se peut même que le notaire, prévoyant que ces inconvénients-là vont se produire, écrive d'abord le testament, sous la dictée du testateur, sur une feuille de papier libre, et qu'il le transcrive ensuite, pour la première fois, sur une feuille de papier timbré.

Suffira-t-il alors qu'il recopie le testament ?

Ou faudra-t-il, au contraire, que le testateur le lui dicte de nouveau ?

Peut-être pourrait-on soutenir qu'une seconde dictée est nécessaire, en disant que c'est la seconde feuille qui seule constitue le testament.

Mais ce serait là, suivant nous, une exagération.

Nous supposons, bien entendu : 1° que la seconde feuille a été écrite sans intervalle et sans désemparer ; 2° qu'elle a été écrite en présence des témoins ; 3° qu'il en a été donné lecture au testateur, aussi en présence des témoins.

Or, ces trois conditions, qui sont, en effet, nécessaires, se trouvant réunies, il nous paraît que l'écriture faite par le notaire sur la seconde feuille de papier, doit être considérée comme ayant été faite par lui sous la dictée du testateur ; car le vœu de la loi a été satisfait ; avec plus de garantie même encore, s'il est possible, que si l'on s'était borné à la première écriture ; et il faut ajouter, avec la Cour de Bordeaux, que « la loi (qui exige la dictée)

doit être entendue d'une manière raisonnable et pratique. » (9 mars 1859, Fieffé de Liévreville, Dev., 1859,
II, 609; Cass., 19 mars 1861, Belot, Dev., 1861, I, 760;
Bayle-Mouillard sur Grenier, t. II, n° 230, note *a*, p. 347,
348 ; Saintespès-Lescot, t. III, n° 1047.)

254 bis. — La Cour de Bordeaux admet même, dans
son arrêt précité du 9 mars 1859, que « si, *au lieu de
faire usage de l'écrit, qu'il venait de tracer, le notaire l'eût
mis de côté, et, se fiant à ses souvenirs, eût recommencé le
testament, ce testament écrit sous la seule impression de la
dictée, échapperait aux reproches dirigés contre celui qui a
été copié sur le premier écrit, quoiqu'il présentât, en réalité,
moins de garanties.* »

Il faudrait toutefois prendre garde de s'avancer trop
dans cette voie. Que le notaire, à qui le testateur vient de
dicter un testament simple et court, qui, par exemple, se
borne à un legs universel, puisse déchirer la feuille de
papier sur laquelle il l'a écrit, si cette feuille se trouvait
tachée d'encre, et écrive de suite, sans une nouvelle dictée,
le testament sur une autre feuille, cela peut être.

Mais de graves difficultés pourraient naître, et nous
ne voudrions pas répondre que le testament en sortirait
valable, si les dispositions testamentaires étaient plus
étendues, et s'il était établi que le notaire ne l'a écrit une
seconde fois que d'après ses souvenirs !

255. — L'article 972 dispose que, si le testament est
reçu par deux notaires, il *leur* est dicté par le testateur.

Mais cela signifie seulement qu'il est dicté *à l'un d'eux,
en présence de l'autre.*

Et il n'est pas nécessaire que les deux notaires écrivent
sous sa dictée, puisque précisément l'article 972 lui-
même ajoute que le testament est *écrit par l'un des notaires*
(comp. *infra*, n° 285; Discussion au conseil d'État, Locré, *Législat. civ.*, t. XI, p. 233; Merlin, *Répert.*, v°
Testam., sect. II, § 3, art. 2, n° 2; Demante, t. IV,
n° 117 *bis*, I).

256. — Que la présence des témoins à la dictée soit indispensable, c'est ce que nous avons annoncé déjà. (*Supra*, n° 229 *bis*.)

On objecterait en vain que l'article 972 n'exige pas que le testament soit dicté et écrit en présence des témoins.

Est-ce que, en effet, cette condition ne résulte pas de l'article 971, qui veut que le testament tout entier soit reçu en leur présence !

Et, quand l'article 972 exige qu'il soit donné lecture du testament au testateur, en présence des témoins, ne suppose-t-il pas nécessairement lui-même que les témoins qui doivent constater si le notaire a bien reproduit la dictée, doivent par cela même aussi l'avoir entendue ! (Comp. Nancy, 25 juill. 1833, Dev., 1835, II, 90 ; Bordeaux, 9 mars 1859, Fieffé de Liévreville, Dev., 1859, II, 609 ; Cass., 19 mars 1861, Belot, Dev., 1861, I, 760 ; Troplong, t. III, n° 1522 ; Zachariæ, Aubry et Rau, t. V, p. 513.)

257. — Cette condition de la dictée exige aussi que le notaire ou les notaires et les témoins voient et entendent le testateur.

S'ils ne le voyaient pas, comment pourraient-ils être assurés que c'est lui qui dicte ?

Et comment pourraient-ils écrire ce qu'il dicte, s'ils ne l'entendaient pas ?

Aussi, le testament serait-il nul tout entier, si l'un des notaires, ou l'un des témoins, s'absentait, ne fût-ce même qu'un seul instant ; et sans qu'il y eût lieu d'examiner si l'opération qui s'est faite en son absence, avait plus ou moins d'importance ! (Comp. Angers, 8 mars 1855, Sinoir, D., 1855, II, 129.)

Voilà le principe.

Et, maintenant, c'est un point de fait de savoir si le notaire ou les notaires et les témoins ont été placés de manière à voir et à entendre convenablement le testateur.

Il ne serait pas impossible que cette condition parût avoir été remplie, dans le cas même où, le testateur étant dans une chambre, les notaires, ou le notaire, et les témoins auraient été dans une autre chambre, si les deux chambres étaient voisines, et que les portes de communication ouvertes eussent permis de voir et d'entendre de l'une dans l'autre (comp. Rouen, 17 août 1859, Belot, Dev., 1860, I, 763 ; Bayle-Mouillard sur Grenier, t. II, n° 230, note *a*, p. 350).

258. — Et le testateur? faut-il, lui! qu'il voie et qu'il entende le notaire ou les notaires et les témoins?

On a répondu que « cela n'est utile en aucune manière, et qu'il suffit qu'il soit instruit de leur présence, afin de dicter sciemment. » (Bayle-Mouillard, *loc. supra cit.*; comp. Cass., 20 janvier 1840, Julien, D., 1840, I, 107.)

Cette proposition nous paraît vraie, en ce sens que le testateur, à raison de sa maladie ou autrement, peut se trouver dans une position ou attitude telle, qu'il n'ait pas les regards tournés vers eux.

Mais ce qui n'est pas moins certain, c'est qu'il faut qu'il sache qu'ils sont là ! (*Infra*, n° 266 ; art. 971, 972.)

259. — La condition de la dictée, d'ailleurs, ne s'applique qu'à la manifestation de la volonté du testateur, c'est-à-dire à ce qui s'appelle le *testament*, dans l'article 972.

D'où il suit, conformément à la raison, ainsi qu'à l'usage, qu'il n'est pas nécessaire que le testateur dicte le *préambule* ou le *protocole* du testament (comp. *infra*, n° 264).

260. — *b.* Il faut, en second lieu, que le testament soit *écrit* par l'un des notaires, ou par le notaire, s'il n'y en a qu'un.

Nul autre que le notaire, ni un clerc, ni un témoin, ne peut donc tenir la plume; et cela, lors même que, par une circonstance quelconque, le notaire se trouverait accidentellement dans l'impossibilité d'écrire! (Comp. Ordonn. de 1735, art. 5 et 23.)

261. — « C'est une précaution très-sage, disait Furgole, pour obvier aux fraudes, et afin qu'on ne puisse pas coucher, dans le testament, des dispositions, que le testateur n'aurait point dictées. »

Et il ajoutait :

« Comme cet inconvénient ne serait pas à craindre, si le testateur écrivait lui-même sa disposition, elle ne pourrait pas être regardée comme nulle, pour n'être pas écrite de la main d'un des notaires ; cela est conforme à l'esprit de la loi. » (*Des Testam.*, chap. ii, sect. iii, n° 7.)

Cet amendement sans doute pourrait paraître raisonnable ; et il aurait l'avantage de permettre à ceux qui ne peuvent pas ou qui ne peuvent plus parler, de faire un testament authentique.

Mais nous ne croyons pourtant pas qu'il soit admissible.

Les formes établies par la loi, en cette matière, sont de rigueur ; et elles n'admettent pas d'équivalent ;

Or l'article 972 exige que le testament soit dicté par le testateur au notaire, et écrit par celui-ci ; et le testament alors ne serait ni *dicté par le testateur*, ni *écrit par le notaire;*

Donc, il serait nul, aux termes de l'article 1001.

Et cela, lors même que le testateur, en écrivant, aurait (comme il le faudrait d'ailleurs dans la doctrine contraire) prononcé lui-même à haute voix, devant les notaires et les témoins, les dispositions qu'il écrivait.

Aussi, Denizart atteste qu'un ancien arrêt (de 1746 ou de 1747) prononça la nullité d'un testament notarié, par le motif que le testateur y avait lui-même écrit un legs (v° *Testament*, n°ˢ 44, 45).

Le législateur, il est vrai, aurait pu introduire cette forme de tester ; mais enfin il ne l'a pas introduite ; et une telle forme ne constituerait pas, dans notre droit,

un testament (comp. *infra*, n°s 271, 272; Coin-Delisle,
art. 972, n° 17; Bayle-Mouillard sur Grenier, t. II,
n° 230, note *a*, p. 351, 352; Saintespès-Lescot, t. IV,
n° 1050).

262. — Il est donc indispensable que l'écriture soit
de la main du notaire, ou de l'un des notaires.

Peu importe d'ailleurs lequel, lorsqu'il y en a deux;
celui qui ne fait qu'assister son confrère, a tout aussi bien
qualité pour écrire, que celui qui doit garder la minute;
la loi ne distingue pas (comp. Pothier, *Introduct. au
lit.* xvi *de la cout. d'Orléans*, n° 14; Toullier, t. III, n° 422
en note; Bayle-Mouillard sur Grenier, t. II, n° 230,
note *a*, p. 353).

263. — « Il n'importe aussi, disait Pothier (*loc.
supra*), que l'un des notaires l'ait écrit seul, ou qu'il ait
été écrit en partie par l'un d'eux, et en partie par l'autre »
(ajout. Furgole, *Des Testam.*, chap. ii, sect. iii, n° 8).

Nous le croyons encore de même, en ajoutant qu'il faudrait alors faire mention de cette circonstance (arg. de
l'article 972).

Objectera-t-on que l'article 972 dispose que le testament sera écrit par *l'un de ces notaires?*

Mais, en s'exprimant ainsi, le législateur a seulement
voulu dire qu'il ne pourrait pas être écrit par un clerc
ou par toute autre personne qu'un notaire; il n'a pas
voulu, et il n'avait aucune raison de vouloir que, si l'un
des notaires, par fatigue ou autrement, ne peut plus tenir
la plume, il ne pût la mettre dans la main de son confrère,
dont la compétence est tout à fait égale à la sienne!
(Comp. Toullier, *loc. supra cit.*; Coin-Delisle, art. 972,
n° 16; Bayle-Mouillard, *loc. supra cit.*; Troplong, t. III,
n° 1531; Zachariæ, Aubry et Rau, t. V, p. 513; Massé et
Vergé, t. III, p. 106).

264. — Tout ce qui doit être *dicté* par le testateur,
doit certainement aussi *être écrit par le notaire* (art 972;
supra, n° 259).

Mais le notaire est-il tenu d'*écrire* ce que le testateur n'est pas tenu de *dicter*, et ce qu'il ne dicte, en effet, jamais, c'est-à-dire le protocole de l'acte, les noms et prénoms des témoins, la mention que le testateur était sain d'esprit?

La Cour de Caen a jugé l'affirmative, et que ces mots de l'article 972 : *il doit être écrit,* doivent s'entendre de l'acte entier ; que, par suite, les noms et demeures des témoins étant écrits d'une autre main que celle du notaire, il y a lieu de prononcer la nullité du testament (15 févr. 1842, Barberel, Dev., 1842, II, 199 ; ajout. Dalloz, *Rec. alph., h. v.,* n° 2887).

Qu'il soit plus prudent, de la part du notaire, d'en agir ainsi, nous le pensons nous-même.

Mais il nous paraît difficile d'admettre que cette condition soit prescrite à peine de nullité.

Ce qui résulte, à notre avis, de l'ensemble de l'article 972, c'est que les formalités dont il exige l'accomplissement, se rapportent aux *dispositions* même, qui constituent le *testament* (arg. de l'article 895).

Voilà seulement ce qui doit être dicté par le testateur (*supra,* n° 259).

Et voilà, par suite, aussi seulement ce qui doit être écrit par le notaire.

Car les deux formalités sont corrélatives.

Et de là même il suit que cette partie de l'acte, le protocole et les noms et demeures des témoins, peuvent être écrits d'avance, hors de la présence du testateur et des témoins (comp. Cass., 14 juin 1837, Mousseron, Dev., 1837, I, 482 ; Cass., 4 mars 1840, Leribeau, Dev., 1840, I, 337 ; Duranton, t. IX, n° 66 ; Coin-Delisle, art. 972, n°ˢ 17, 18 ; Marcadé, art. 972, n° 2 ; Massé et Vergé sur Zachariæ, t. III, p. 106 ; Saintespès-Lescot, t. IV, n° 1049 ; Bayle-Mouillard sur Grenier, t. II, n° 230, note *a,* p. 352);

265. — Est-il besoin d'ajouter que l'écriture par le

notaire doit avoir lieu en présence du testateur aussi bien que des témoins ?

Eh ! sans doute ! puisque le notaire doit écrire sous la dictée du testateur !

Et puis, l'écriture, c'est le testament lui-même ! comment se pourrait-il qu'elle se fît hors de la présence du testateur ?

Aussi, avons-nous vu déclarer nul, et très-justement, un testament, que le notaire avait écrit au rez-de-chaussée, où il s'était empressé de descendre, avec les témoins, après avoir entendu le testateur, au second étage, lui dire qu'il instituait sa femme sa légataire universelle.

Il est vrai que le testateur était atteint du choléra, et que le notaire et les témoins étaient bien aises de ne rester près de lui que le moins possible.

On ajoutait, dans l'intérêt du testament, qu'il était simple et court ; qu'il avait été écrit par le notaire presque aussitôt que prononcé par le testateur ; et que le notaire et les témoins étaient remontés dans sa chambre pour lui en donner lecture.

Tout cela était exact.

Mais tout cela n'empêchait pas que le testament n'eût été écrit dans une chambre autre que celle du testateur, et d'où celui-ci n'aurait pas pu converser avec le notaire ! (Comp. *supra*, n°ˢ 257, 258; Caen, 29 janv. 1839, Collette; Cass., 20 janv. 1840, Julien, Dev., 1840, I, 111 ; Angers, 8 mars 1855, Sinoir, D., 1855, II, 129 ; Cass., 19 mars 1861, Belot, Dev., 1861, I, 760 ; Bayle-Mouillard sur Grenier, t. II, n° 230, note *a*, p. 350, 351.)

266. — *c.* Il doit être donné lecture du testament au testateur, en présence des témoins (art. 972).

C'est la troisième condition du testament par acte public, et non pas la moins essentielle.

La lecture, en effet, fournit au testateur le moyen de s'assurer si ses dispositions ont été bien comprises et exactement reproduites par le notaire ; elle lui permet aussi d'en apprécier l'ensemble et les détails, de les reviser, de les modifier, s'il le juge convenable.

Et les témoins qui, après avoir entendu la dictée, entendent maintenant la lecture, sont mis en mesure eux-mêmes de contrôler la conformité de ce que le testateur a dicté avec ce que le notaire a écrit !

267. — Aussi, le législateur attache-t-il à cette condition une grande importance.

C'est ainsi que, à la différence des actes notariés ordinaires, dont la lecture aux parties n'est pas prescrite à peine de nullité (comp. art. 13 et 68 de la loi du 25 ventôse an XI), le testament serait nul, s'il n'en avait pas été donné lecture au testateur ; de même que si la mention expresse n'en avait pas été faite (comp. art. 972 et 1001).

Il faut même remarquer le soin avec lequel l'article 972 exige que cette lecture soit donnée au testateur, *en présence des témoins.*

Mais quoi ? est-ce que toute la série d'opérations, dont se compose le testament par acte public, ne doit pas avoir lieu en présence des témoins, et la dictée par le testateur, et l'écriture par le notaire ?

Assurément (*supra*, n° 256).

Eh ! pourquoi donc alors exige-t-on spécialement leur présence à la lecture ?

Cela n'est pas, il est vrai, nécessaire ; mais le législateur aura voulu sans doute, par cette insistance particulière, rappeler aux témoins eux-mêmes et au notaire, toute l'attention qu'exige d'eux cette décisive solennité de la lecture, et qu'ils doivent y être présents, dit Demante, *et de corps et d'esprit !* (T. IV, n° 117 *bis*, II.)

268. — Faut-il que la lecture soit donnée par le notaire lui-même ?

Ou peut-elle être donnée par une autre personne, par un témoin, par un clerc ?

Question délicate et controversée.

Un parti considérable, dans la jurisprudence et dans

là doctrine, enseigne qu'il n'est pas nécessaire que ce soit le notaire lui-même qui lise :

1° S'il faut accomplir scrupuleusement, dit-on, toutes les prescriptions de la loi, il n'est pas moins certain qu'on ne saurait y ajouter, ni en aggraver la rigueur ;

Or, l'article 972, qui exige que le testament soit *écrit par le notaire*, n'exige pas, au contraire, qu'il soit lu par lui : *Dans l'un et l'autre cas,* IL EN SERA DONNÉ *lecture au testateur; en présence des témoins....* Par qui ? l'article ne le dit pas ;

Donc, il est impossible, sans aller au delà du texte, d'exiger que cette lecture soit donnée, sous peine de nullité, par le notaire.

2° Il y en a encore une preuve dans l'article 972.

Si, en effet, la lecture devait être donnée par le notaire lui-même, il faudrait que la mention expresse, qui est exigée de la lecture, sous peine de nullité, portât qu'elle a été faite par le notaire; car la mention exigée par la loi ne doit pas se borner à dire que les formalités ont été accomplies ; elle doit dire qu'elles ont été accomplies exactement comme elles devaient l'être, et en reproduire les détails (art. 972, 1001) ;

Or, cette mention n'est pas exigée; et il suffit, conformément au texte même de l'article 972, de mentionner *qu'il a été donné* lecture du testament au testateur, en présence des témoins, sans dire que c'est par le notaire que la lecture a été donnée.

Et, par conséquent, dès que la mention de la lecture par le notaire n'est pas exigée, c'est que la lecture par le notaire n'est pas, en effet, elle-même exigée.

3° Enfin, on ajoute qu'il est facile de concevoir que « le législateur, tout en supposant, ce qui aura lieu presque toujours, que le notaire lira lui-même le testament, qu'il a écrit, n'ait pas néanmoins voulu en faire une règle absolue; qu'il ait entendu laisser, à cet égard, une latitude, qui, à raison d'une faiblesse naturelle ou accidentelle de l'officier public, ou des infirmités du testateur, peut offrir quelquefois des avantages, et ne saurait avoir d'inconvénients sérieux.... » (Bordeaux, 5 juill. 1855, Balès, Dev., 1855, II, 758 ; Rolland de Villargues, *Répert. du notariat*, v° *Testament*, n° 309 ; Coin-Delisle, art. 972, n° 20 ; Bayle-Mouillard sur Grenier, t. II, n° 230, note *a*, p. 353 ; Zachariæ, Aubry et Rau, t. V, p. 514 ; Marcadé, art. 972, n° 3 ; Demante, t. IV, n° 117 *bis*, II ; Saintespès-Lescot, t. IV, n° 1057.)

269. — Cette argumentation ne nous paraît pas décisive ; et notre avis est, au contraire, que c'est le notaire lui-même, qui doit donner lecture du testament :

1° La preuve en résulte, suivant nous, du texte même des articles 971 et 972.

Aux termes de l'article 971, le testament par acte public est celui *qui est reçu par deux notaires*, en présence de deux témoins, *ou par un notaire*, en présence de quatre témoins ; et nous avons déjà remarqué que cet article, spécial au testament, avait une portée plus grande que l'article 1 de la loi du 25 ventôse an XI, d'après lequel les notaires sont institués *pour recevoir* les actes auxquels les parties veulent donner le caractère d'authenticité ; car le but évident de l'article 971 est d'attribuer aux notaires eux-mêmes, en personne, un rôle actif dans la réception des testaments (*supra*, n° 229 *bis* et 260) ;

Or, *la réception* du testament, c'est toute la série des opérations, dont le testament se compose ; et la lecture est l'une de ces opérations les plus essentielles ;

Donc, c'est par le notaire lui-même, que la lecture doit être faite, puisque c'est le notaire lui-même, qui doit recevoir le testament, dont la lecture est un élément constitutif.

Mais, dit-on, l'article 971 ne suffit pas pour justifier cette déduction, puisque l'article 972 a cru devoir ajouter que le testament serait *écrit par le notaire ;* addition, qui aurait été inutile, si déjà cette nécessité de l'écriture par le notaire eût été la conséquence de l'article 971 ; or, l'article 972 n'ajoute pas que le testament sera lu par le notaire.

Que les rédacteurs du Code aient cru devoir insister particulièrement sur la condition de l'écriture par le no- taire, on le conçoit ; d'autant mieux que cette condition, contraire aux usages du notariat pour les autres actes, avait, même pour les testaments, dans notre ancien droit, rencontré certaines résistances, et que, depuis même l'Ordonnance de 1735, les parlements avaient dû faire quelques exemples, en annulant des testaments écrits par des clercs. Mais ce serait méconnaître, suivant nous, l'in- tention des auteurs du Code, que d'en conclure qu'ils n'ont pas exigé que la lecture soit donnée aussi par le notaire, comme l'exigeait déjà notre ancienne jurispru- dence (comp. Ordonn. de 1735, art. 23).

L'article 972 exige aussi spécialement que la lecture soit donnée au testateur, *en présence des témoins ;* et pour- tant, qui voudrait en conclure que la dictée par le testa- teur, et l'écriture par le notaire, ne doivent pas avoir lieu aussi *en présence des témoins ?*

Personne, assurément! car, il est manifeste que la pré- sence des témoins à toute la série des opérations est exi- gée par l'article 971 (*supra*, n° 267).

Eh bien! de même que la condition de la présence des témoins, exigée spécialement, par l'article 972, pour la lecture, n'empêche pas que leur présence à la dictée et à l'écriture, ne soit exigée aussi par l'article 971 ;

De même, la condition de l'écriture par le notaire, exi- gée spécialement par l'article 972, n'empêche pas que la condition de la lecture par le notaire, ne soit aussi exigée par l'article 971.

Et l'article 972 lui-même le démontre!

Trois acteurs, comme on sait, figurent dans le testa- ment par acte public : le testateur, le notaire ou les no- taires, et les témoins; la loi n'en reconnaît pas d'autres (*supra*, n° 167); et elle a distribué, souverainement, à chacun d'eux son rôle!

Or, pour la lecture, que résulte-t-il de l'article 972?

Qu'elle *doit être donnée* au *testateur;* donc, ce n'est pas le testateur qui la donne, puisqu'elle *doit lui être donnée* !

Qu'elle doit être donnée en présence *des témoins;* donc, ce n'est pas parmi les témoins, que la loi choisit le lecteur ; donc, ce n'est pas le témoin lui-même, qui donne la lecture, puisque la loi déclare qu'elle est donnée en sa présence.

Que reste-t-il? le notaire, qui, d'après l'article 971, reçoit le testament, et qui, d'après l'article 972, est le seul ministre, en effet, de cette réception, le seul, qui ait qualité pour en accomplir les solennités.

Aussi, lorsque, après avoir dit, dans les deux premiers *alinéa* de l'article 972, que le testament sera écrit par l'un des notaires, le législateur, dans le troisième alinéa, ajoute que, *dans l'un et l'autre cas, il doit en être donné lecture* au testateur, en présence des témoins, c'est la même scène qu'il a en vue et qu'il développe ; et c'est au notaire, qui vient d'écrire le testament, qu'il s'adresse, en lui disant : *il faut en donner lecture !*

2° Si ces déductions ne sont pas exactes, que l'on dise donc par qui la lecture du testament devra ou pourra être donnée !

Ah ! c'est ici qu'il faut voir les hésitations et les dissidences des partisans de la doctrine que nous combattons.

« On devra, dit Armand Dalloz, avoir soin de ne pas « confier cette lecture, qui, dans tous les cas, devra être « faite sous les yeux du notaire, à l'un des témoins ou à « une personne dénommée dans l'acte. » (*Dictionn.*, v° *Testament.*)

Eh ! pourquoi donc pas à l'un des témoins? se récrie M. Bayle-Mouillard, qui se borne à croire *qu'on ne doit pas confier la lecture à un légataire ni à un intéressé, quel qu'il soit (loc. supra cit.).*

Mais la vérité est que tout ceci est arbitraire ; dès l'instant où l'on admet que la lecture peut être donnée par un autre que le notaire, par un témoin, par un clerc, il n'y a plus de règle ni de limite ; et il faut admettre nécessairement qu'elle peut être donnée par qui que ce soit, par le légataire lui-même ou par un clerc, fût-il même mineur, ou par une femme !

Oserait-on bien aller jusque-là ? il nous est difficile de le penser ; et pourtant, la conséquence est inévitable !

Si ce n'est pas le notaire, qui a donné lecture du testament, parce qu'il en aurait été empêché, *il nous paraîtrait sage*, dit encore M. Bayle-Mouillard, *de mentionner, dans l'acte, la cause de cet empêchement* (loc. supra cit.).

Nous répondons qu'aucune mention de ce genre n'est requise, si, d'après le texte de la loi, la lecture peut être, en effet, donnée par toute personne indifféremment !

3° De ce que l'article 972 n'exige pas la mention expresse et spéciale que la lecture a été donnée par le notaire, on conclut qu'il n'exige pas non plus que cette lecture soit donnée par lui !

La conclusion n'est, à notre avis, nullement nécessaire !

Ce qui résulte seulement de l'article 972, c'est que la lecture par le notaire ne doit pas être, en effet, l'objet d'une mention spéciale (comp. Agen, 5 août 1824, Lafforgue, D., 1825, II, 60) ; et qu'elle est comprise dans la mention expresse que le testament a été reçu par le notaire ; mais il ne s'ensuit pas qu'elle ne soit pas exigée ; c'est ainsi que la dictée par le testateur et l'écriture par le notaire doivent avoir lieu en présence des témoins ; encore bien que la loi n'en exige pas une mention expresse spéciale, comme elle exige une mention expresse spéciale de la lecture en présence des témoins.

Ajoutons enfin que, malgré certains avantages que pourrait parfois offrir la doctrine d'après laquelle la lec-

ture pourrait être donnée par toute autre personne que
par le notaire, cette doctrine n'en serait pas moins périlleuse. La lecture ! mais c'est l'opération décisive et suprême, qui va mettre le sceau aux dernières volontés du
disposant; *c'est la pierre de touche du testament!* dit Ricard (*loc. supra*); et nous croyons qu'il est sage qu'elle
soit donnée par l'officier public lui-même, qui pourra,
au besoin (comme il arrive presque toujours), corriger,
en lisant, les imperfections de sa propre écriture, et notamment de la ponctuation, qui est si importante, et que
l'on complète seulement à cette épreuve de la lecture
(comp. Montpellier, 1ᵉʳ déc. 1852, Fleuret-Gauzit, Dev.,
1853, II, 7; Delvincourt, t. II, p. 81, note 5; Grenier,
t. II, n° 282; Duranton, t. IX, n° 83; Troplong, t. III,
nᵒˢ 1533 et 1550; ces derniers auteurs affirment que la
lecture du testament doit être donnée par le notaire; et
ils n'en ont pas même fait l'objet d'une question).

270. — Nous venons de dire que, dans la voie où la
doctrine contraire s'engage, il n'y a plus de règle ni de
limite.

On a donc aussi demandé si la lecture, qui serait faite
par le testateur lui-même, ne satisferait pas à la condition exigée par l'article 972?

La négative est d'abord évidente, si c'est à voix basse,
et pour lui seul, que le testateur a lu; car l'article 972,
qui exige que la lecture du testament soit donnée en présence des témoins, exige apparemment qu'ils l'entendent!
(Comp. *les Citations, infra*, n° 272.)

271. — Mais c'est à haute voix que le testateur lui-même a donné lecture du testament, en présence du notaire ou des notaires, et des témoins.

Oh! dans ce cas, a-t-on dit, la loi est satisfaite! car
d'une part, l'article 972 n'exige pas que la lecture soit
donnée par récitation; et c'est aussi *donner lecture* d'un
acte à une personne, que *de lui donner cet acte à lire;*
d'autre part, cette interprétation de la loi a le grand avan-

tage de laisser la faculté de faire un testament par acte
public à ceux qui, pouvant parler, ne peuvent pas entendre ; aux malades, par exemple, qui, par suite d'une
surdité accidentelle, aux approches peut-être de la mort,
mais dans la plénitude encore de leurs facultés intellectuelles, pourraient lire, sans pouvoir ni entendre ni écrire;
tandis que la doctrine contraire les réduirait à l'impossibilité absolue de tester (comp. Coin-Delisle, art. 972,
n° 20 ; et *Revue critique de législat.*, 1853, t. III, p. 367 ;
Marcadé, art. 972, n° 111 ; Bayle-Mouillard sur Grenier,
t. II, n° 230, note *a*, p. 353 ; Demante, t. IV, n° 107 *bis*,
II).

272. — Nous contestons absolument l'exactitude de
cette déduction ; il nous paraît même qu'elle est contraire, plus encore que dans l'hypothèse précédente, au
texte de notre article ; et la preuve en est que nos savants
collègues, MM. Aubry et Rau, qui admettent que la lecture peut être donnée au testateur par une autre personne que par le notaire, ne croient pas qu'elle puisse
être faite par le testateur lui-même (t. V, p. 488 et 514).

C'est que, effectivement, le sens de notre article est,
suivant nous, très-net ; et, en face d'un texte, qui dit
qu'il doit en être donné *lecture* au testateur, nous ne
saurions admettre une doctrine, qui prétend, tout au
contraire, que c'est le testateur *lui-même, qui en* donnera *lecture !*

Mais pourtant, a dit le tribunal d'Espalion, *le notaire,
dans l'espèce, a rempli la loi dans son interprétation et
dans son esprit !* (22 mars 1852, Dev., 1853, II, 8.)

On n'interprète pas une formalité ; on l'acomplit ou
on ne l'accomplit pas ; il n'y a pas d'autre alternative !

Et la même réponse s'adresse à ceux qui ont avancé
que la lecture faite à haute voix par le testateur était un
équipollent exact de la lecture faite par le notaire, et
qu'elle offrait même plus de garanties !

Il n'y a pas d'équipollence possible dans l'accomplissement d'une *solennité* légale ; c'est, pour ainsi dire, oui ou non; il faut qu'elle soit violée ou qu'elle soit accomplie !

Oh ! sans doute, l'équipollence peut être admise dans les mots, dans les expressions, lorsque la loi n'a pas exigé une formule sacramentelle (ce qu'elle fait rarement) (comp. *infra*, n° 281).

Mais il ne s'agit pas ici d'une formule.

Il s'agit d'un *fait* défini par la loi, et dans l'accomplissement duquel consiste précisément la *solennité* testamentaire (*voy.* le tome III de ce *Traité*, n° 20).

Ce fait, c'est que la lecture du testament *soit* DONNÉE au *testateur !*

Eh bien ! quand la lecture du testament n'aura pas été donnée au testateur, la solennité légale n'aura pas été accomplie ; quelle que soit d'ailleurs la manière dont il en aura pris lui-même connaissance, cette manière fût-elle aussi bonne, fût-elle même beaucoup meilleure !

On aura imaginé alors une autre forme de testament, une forme meilleure, si l'on veut, que celle qui a été établie par notre Code; mais on n'aura pas accompli la forme, qui a été établie par notre Code, c'est-à-dire la seule forme actuellement reconnue ! (Art. 893, 1001.)

Comment ! d'un côté, on nous propose de faire écrire le testament authentique par le testateur lui-même, au lieu de le faire écrire par le notaire (*supra*, n° 261).

Et voici que, maintenant, on nous propose de le faire lire aussi par le testateur lui-même !

Se figure-t-on bien un testament par acte public, écrit par le testateur et lu par le testateur, en présence du notaire, qui serait là seulement pour regarder et pour entendre !

Nous ne voulons pas dire que ces formes nouvelles n'offriraient pas des garanties et qu'elles ne seraient pas secourables aussi dans certaines situations.

Mais ce que nous affirmons, c'est que ces formes-là,

les deux ensemble, ou l'une séparément de l'autre, sont,
dans l'état actuel de notre droit, absolument arbitraires,
et qu'elles ne sauraient constituer un testament! (Comp.
Montpellier, 1er déc. 1852, Fleuret-Gauzit, Dev., 1853,
II, 7 ; Cass., 10 avril 1854, mêmes parties, Dev., 1854,
I, 353 ; Vazeille, art. 979, n° 8 ; Delvincourt, t. II, p. 81,
note 5 ; Grenier, t. II, n° 231 ; Duranton, t. IX, n° 83 ;
Massé et Vergé sur Zachariæ, t. III, p. 108.)

273. — Il faut donc, à notre avis, sous peine de
nullité, que la lecture du testament soit donnée par le
notaire (art. 972, 1001).

Ce que nous admettons d'ailleurs, c'est qu'elle peut
être donnée lorsqu'il y a deux notaires, soit par celui
qui a écrit, soit par son collègue, soit par l'un et par
l'autre, successivement et alternativement (comp. *supra*,
n°s 262, 263).

274. — C'est du testament lui-même, bien entendu,
et du testament *entier*, que la lecture doit être donnée
(comp. art. 5 de l'*Ordonn.* de 1735);

Même des dispositions, qui seraient prohibées par la
loi ? assurément ! (Cass., 24 nov. 1835, Escabasse, Dev.,
1836, I, 106.)

Et sans excepter les renvois ou additions, qui y auraient été régulièrement faits.

Aussi, est-ce le testament tout entier, qui serait nul,
si l'une de ces dispositions, quelle qu'elle fût, n'avait
pas été lue !

On s'est récrié contre la rigueur de cette doctrine.
Pourquoi ne pas appliquer la maxime : *utile per inutile
non vitiatur ?* (Comp. Vazeille, art. 972.)

Par la raison qu'il s'agit de la forme du testament, et
que la nullité, qui en résulte, n'est pas locale ou partielle,
mais qu'elle est, au contraire, universelle et générale,
c'est-à-dire indivisible !

Est-ce qu'un testament écrit en partie par le notaire,
et en partie par son clerc, serait nul seulement quant

aux dispositions écrites par le clerc, et valable quant aux dispositions écrites par le notaire?

Évidemment, il serait nul pour le tout.

Eh bien ! il en est de même du défaut de lecture d'une partie des dispositions (comp. Bayle-Mouillard sur Grenier, t. II, n° 239, note c).

275. — La solution, toutefois, devrait être différente, si la disposition, qui n'aurait pas été lue, ne pouvait pas être considérée comme faisant partie du testament; puisque, alors, le défaut de lecture de cette disposition n'empêcherait pas que le testament eût été lu tout entier.

C'est ce qui arriverait, par exemple, s'il s'agissait d'un renvoi écrit après la lecture du testament, qui n'aurait pas été régulièrement fait et qui serait nul; car cette nullité ne serait que locale et partielle (comp. Pau, 17 janv. 1835, Darmusey, Dev., 1835, I, 106, en note; Cass., 24 nov. 1835, Escabasse, Dev., h. l.).

276. — On applique généralement la même doctrine aux clauses ou énonciations, qui ne seraient pas *dispositives*, et qui ne devraient être considérées que comme explicatives et même surérogatoires, en ce sens que, lors même que le testateur ne les aurait pas exprimées, le juge aurait dû les suppléer d'après la loi, l'usage ou les termes même du testament : *vel ex consuetudine, vel ex vicinis scripturis;*

Comme la clause, par laquelle le testateur aurait déclaré que les légataires payeraient, chacun sa part, dans les droits d'enregistrement et les honoraires du notaire (art. 1016; Grenoble, 6 juill. 1823);

Ou la clause finale et, pour ainsi dire, banale, qui contiendrait révocation, pour la forme, de testaments antérieurs, qui n'existeraient pas, ou qui même se trouveraient révoqués par les dispositions du dernier testament (*supra*, n° 247; Limoges, 28 août 1839, D., 1840, II, 71; Cass., 19 mars 1861, Belot, Dev., 1861, I, 760; *voy.* toutefois aussi Cass., 4 nov. 1811).

Ces sortes de clauses, par lesquelles le testateur ne *dispose* pas, mais *explique* seulement ses dispositions, *nihil nunc dat, sed datum significat*, ces clauses, disons-nous, ne sont pas soumises aux formes testamentaires, pas plus à celle de la lecture, qu'à celle de la dictée par le testateur, et de l'écriture par le notaire (comp. L. 21, § 1, ff. *Qui testam. facer. poss.* ; Merlin, *Répert.*, v° *Testam.*, sect. II, § 111, art. 111, n° 6 *bis* ; Delvincourt, t. II, p. 81, note 6 ; Bayle-Mouillard sur Grenier, t. II. n° 239, note *b*).

Mais il y faut prendre garde ! cette exception est même, à notre avis, périlleuse ; et nous conseillons aux notaires d'observer scrupuleusement, pour tout ce que le testateur lui-même déclare, toutes les solennités testamentaires sans distinction ! (Comp. le tome V, de ce *Traité*, n° 154 ; Cass., 4 nov. 1811, rapporté par Merlin, *Répert.*, v° *Testament*, sect. III, § 1, n° 3 ; et Consultations de M. Ravez, Dev., 1855, I, 324.)

277. — *D. Il est fait du tout mention expresse*, dit l'article 972.

La *mention* est donc elle-même une formalité spéciale, distincte des formalités auxquelles elle s'applique.

Il ne suffirait pas que ces formalités eussent été accomplies ; le testament serait nul, tout aussi bien que si elles n'avaient pas été accomplies, dans le cas où la mention de leur accomplissement n'aurait pas été faite.

C'est ainsi que le défaut de mention de l'écriture par le notaire serait une cause de nullité, lors même que l'état matériel du testament témoignerait évidemment, et de l'aveu même des héritiers, que c'est le notaire qui l'a écrit ! (Comp. Cass., 13 thermidor an XIII, Froidfond, Sirey, 1805, I, 185 ; Bruxelles, 29 brumaire an XIV, Steps, Sirey, 1813, II, 346 ; Merlin, *Répert.*, v° *Testam.*, sect. II, § 2, art. 4 ; Troplong, t. III, n° 1542 ; Zachariæ, Aubry et Rau, t. V, p. 515.)

278. — Cette exigence de la mention, si rigoureuse

qu'elle puisse paraître, n'est pourtant pas un pur formalisme ; et elle se justifie par deux motifs également sérieux :

D'une part, c'est le testament lui-même, qui doit, ainsi que nous l'avons déjà dit, faire foi de l'accomplissement de toutes les solennités qui le constituent; et le législateur n'a pas voulu que le sort d'un acte de cette importance dépendît de la preuve testimoniale ou d'autres preuves extrinsèques (*supra*, n° 49).

D'autre part, le moyen le plus efficace de s'assurer que les formalités requises seront accomplies, c'est évidemment d'exiger la mention de leur accomplissement; car si le notaire déclarait monsongèrement les avoir accomplies, quand il ne l'aurait pas fait, les témoins et le testateur lui-même pourraient protester et refuser leur signature ; et dans tous les cas, cette déclaration mensongère l'exposerait à la peine du faux ! (Comp. Merlin, *Répert.*, v° *Testament*, sect. II, § 2, art. 4.)

279. — A quelles formalités s'applique cette condition de la mention ?

Il n'est pas douteux que le testament lui-même doit attester qu'il a été reçu, conformément à l'article 971, par deux notaires, en présence de deux témoins, ou par un notaire, en présence de quatre témoins (comp. *supra*, n° 229 *bis*; Duranton, t. IX, n° 86).

Toutefois, ce n'est pas à l'article 791, que se réfèrent ces mots de l'article 972 : *Il est fait du tout mention expresse;* c'est seulement aux formalités requises par l'article 972 lui-même.

Voilà pourquoi nous ne devons pas exiger la mention spéciale de la présence des témoins à la dictée par le testateur et à l'écriture par le notaire, pas plus d'ailleurs qu'aux signatures du testateur et du notaire. (*Infra*, n° 316.)

Il faut certainement que les témoins y soient présents, sous peine de nullité ! (*Supra*, n° 239 *bis*.)

Mais enfin, il n'est pas, sous peine de nullité, nécessaire qu'une mention expresse spéciale soit faite de leur présence à *la dictée*, à *l'écriture*, ni *aux signatures ;* et là preuve en est que l'article 972 n'exige la mention expresse de leur présence que pour *la lecture* (comp. *supra*, n° 267 ; Metz, 19 déc. 1816, Sirey, 1818, II, 32 ; Cass., 3 mai 1836, Delacroix, Dev., 1836, I, 914 ; Merlin, *Répert.*, v° *Testam.*, sect. II, § 3, art. 2, n° 4, quest. 3 ; Troplong, t. III, n° 1539 ; Zachariæ, Aubry et Rau, t. V, p. 515 ; Bayle-Mouillard sur Grenier, t. II, n° 243, note *c ;* Demante, t. IV, n° 117 *bis*, II ; Saintespès - Lescot, t. IV, n°ˢ 1063 et suiv. ; *voy.* aussi Dijon, 12 août 1847, Desvilles, Dev., 1848, II, 289 ; Cass., 28 nov. 1849, Savary, Dev., 1850, I, 134).

280. — D'où il résulte que la nécessité d'une mention spéciale et expresse, s'applique seulement :

1° A la dictée par le testateur ;

2° A l'écriture par l'un des notaires ou par le notaire ;

3 A la lecture au testateur, en présence des témoins.

281. — Notre Code d'ailleurs, n'ayant pas indiqué la forme, dans laquelle ces mentions devraient être faites, il n'y a pas, à cet égard, de termes sacramentels.

Le mieux, sans doute, est de se servir des expressions, que l'article 972 a employées ; et les développements, qui vont suivre, prouveront même que les notaires ne s'en écartent jamais sans danger !

Mais enfin, ces expressions ne sont pas de rigueur ; et elles peuvent être remplacées par des termes équipollents.

Car il ne s'agit pas ici de l'accomplissement de la formalité elle-même, qui n'est pas, elle ! comme nous l'avons vu susceptible d'équipollence. (*Supra*, n° 272.)

Il ne s'agit que de la mention de cet accomplissement, et des mots, par lesquels elle peut être exprimée ; or, les mots sont susceptibles d'être remplacés par des équipollents, c'est-à-dire par des synonymes.

Aussi, cette règle, déjà certaine dans notre ancien droit, est-elle encore aujourd'hui incontestable (comp. art. 23 de l'Ordonn. de 1735; Ricard, Ire part., n° 1502; Merlin, *Répert.*, v° *Testam.*, sect. ii, § 3, art. 3, n° 2; Troplong, t. III, n° 1535; et les citations *infra*, n° 282).

282. — Seulement, bien entendu, il faut qu'il y ait équipollence.

Et voilà précisément le danger que nous signalons, et l'écueil où tant de testaments ont échoué, au grand dommage des familles et de la responsabilité notariale !

C'est à savoir dans quels cas les expressions, que le notaire a substituées aux expressions mêmes de la loi, renferment suffisamment la mention expresse qu'elle exige.

Trois systèmes d'interprétation ont été proposés :

Le premier système n'admet l'équipollence qu'autant que la formule employée par le notaire, exprime nécessairement la mention de l'accomplissement de la formalité, et qu'elle n'est susceptible d'aucune autre interprétation (comp. Merlin, *Répert.*, v° *Testam.*, sect. 2, § iii, art. 2).

D'après le second système, au contraire, la mention est suffisante toutes les fois qu'il est possible de l'entendre en ce sens qu'elle constate l'accomplissement de la formalité, lors même qu'elle pourrait aussi être entendue d'une autre manière; c'est l'application, à notre sujet, de l'article 1157, qui porte que : « Lorsqu'une clause est susceptible de deux sens, on doit plutôt l'entendre dans celui avec lequel elle doit avoir quelque effet, que dans le sens avec lequel elle n'en pourrait produire aucun. » (Comp. Toullier, t. III, n°^{s} 427 et suiv.; Vazeille, art. 972; Zachariæ, Aubry et Rau, t. V, p. 517.)

Enfin, le troisième système n'exige pas, comme le premier, qu'il y ait *nécessité* d'entendre la formule employée par le notaire, dans le sens de l'accomplissement de la formalité; mais il ne lui suffit pas non plus, comme au second, qu'il y ait *possibilité* de l'entendre ainsi; la condition, qui lui paraît indispensable et dont il se contente, c'est que cette formule, entendue dans le sens naturel, qu'elle présente, exprime *certainement* l'accomplissement de la formalité.

Ce dernier système, qui prévaut aujourd'hui dans la jurisprudence et dans la doctrine, nous paraît meilleur que les deux autres.

Le premier, qui a régné dans le commencement de la publication de notre Code, ne pèche-t-il pas, en effet, par un excès de sévérité, lorsque, en présence d'une mention qui exprime, d'ailleurs, d'une manière certaine, l'accomplissement de la formalité, il n'en prononce pas moins la nullité du testament, par le motif que, à la rigueur, il ne serait pas impossible d'extraire de cette mention, un autre sens plus ou moins vraisemblable!

Et n'est-ce pas, en sens inverse, un excès d'indulgence, qu'il faut reprocher au second système, lorsque, en présence d'une formule équivoque, il choisit de préférence l'interprétation possible, qui rendrait le testament valable, à l'autre interprétation, tout aussi possible, qui le rendrait nul? La loi, qui veut *une mention expresse*, ne se contente évidemment pas d'une simple probabilité, ni d'une induction plus ou moins conjecturale; elle veut une *certitude!* et voilà pourquoi l'article 1157 ne saurait ici trouver d'application. Que cet article soit applicable dans l'interprétation d'un testament régulier en la forme, et lorsqu'il s'agit seulement de rechercher l'intention du testateur, nous le croyons aussi, et que le sens *utile* doit être alors préféré au sens *inutile*; mais tout autre est notre question! il ne s'agit pas ici, en effet, d'une question de volonté; il s'agit de la constatation d'un fait, à savoir : si, oui ou non, la formalité requise par la loi a été accomplie.

Ce qu'il faut donc, c'est que l'accomplissement de la formalité soit mentionné d'une façon assez certaine, pour que le notaire doive encourir la peine du faux, si la formalité n'avait pas été accomplie (*supra*, n° 278).

Voilà comment il faut entendre ce que disait Ricard, que l'équipollence doit être rejetée, « si elle n'est identique, et si ce qui est employé pour accomplir les solennités prescrites par la coutume, ne comprend son intention *adequatè et identicè ;* de sorte que si les mots employés au testament, n'avaient pas la même force que ceux qui ont été omis et qui étaient désirés par la coutume, et qu'il s'y puisse figurer quelque sorte de différence, le testament serait nul. » (*Loc. supra cit.*)

D'Aguesseau a dit mieux encore que : « s'il n'y a rien de déterminé sur la forme de l'expression, il faut au moins que le fond ou la substance même de ce qui en a été l'objet, soit *exactement observé*, de quelque manière que le notaire juge à propos de l'exprimer. » (Lettre du 30 déc. 1742, au premier président du parlement de Grenoble, t. IX, p. 477.)

Telle est aujourd'hui la règle généralement admise ; et nous la trouvons dans plusieurs arrêts de la Cour de cassation, fort bien résumés en ces termes :

« Attendu que l'article 972 ne prescrit aucune formule spéciale ni aucune expression sacramentelle pour la mention des formalités qu'il exige ; d'où il suit que, pour que le vœu de cet article soit rempli, il suffit que l'accomplissement des formalités prescrites ressorte manifestement de l'acte et de l'ensemble de sa rédaction.... » (Cass., 7 déc. 1846, Lavalette, Dev., 1847, I, 69 ; Cass., 5 févr. 1850, Richard, Dev., 1850, I, 523 ; Cass., 24 mai 1853, Picart, Dev., 1853, I, 406 ; *voy.* toutefois Cass., 24 mars 1854, Garsin, Dev., 1854, I, 297 ; Bayle-Mouillard sur Grenier, t. II, n° 230, note *b*, et n° 240 *bis*, note *a ;* Duranton, t. IX, n° 80 ; Troplong, t. IV, n° 1560 ; Demante, t. IV, n° 117 *bis*, III.)

283. — Ce que nous devons aussi remarquer, c'est que : « la question de savoir si un testament est revêtu des formes prescrites par la loi, à peine de nullité, n'est pas une question de fait et d'interprétation d'acte, *mais bien une question de droit et d'application légale, dont la sanction peut être soumise à la Cour de cassation.* »

C'est en ces termes que la Cour suprême consacre cette doctrine, précisément en ce qui concerne la *mention expresse*, qui est requise par notre article 972 (comp. arrêts précités, *supra*, n° 282).

D'où il résulte que non-seulement la Cour de cassation peut rejeter les pourvois formés contre des décisions judiciaires, qui ont maintenu des testaments, par le motif que la mention était suffisante, mais qu'elle peut même casser des décisions judiciaires, qui ont annulé des testaments, par le motif que la mention n'était pas suffisante. (Comp. le tome I, n° 171.)

284. — Et néanmoins, on ne saurait nier combien est puissante, dans ces sortes de questions, l'influence particulière des faits.

Aussi, serait-ce une tâche impossible que de passer en revue la longue nomenclature de toutes les espèces en si grand nombre, et d'une infinie variété, sur lesquelles la jurisprudence a eu à prononcer ; voilà pourquoi nous nous sommes principalement appliqué à poser le principe général, et, en quelque sorte, directeur, qui doit servir à les résoudre.

Ce qui peut être utile seulement, et ce que nous allons faire, c'est d'en citer quelques applications, parmi celles, qui se sont déjà présentées, et qui sont le plus de nature à se présenter encore, relativement à la mention : soit de la dictée; soit de l'écriture; soit de la lecture (*supra*, n° 280).

285. — *a*. D'après l'article 972, si le testament est reçu par deux notaires, il *leur* est dicté par le testateur.

Or, voici un testament, qui porte que la dictée a été faite A L'UN *des notaires, en présence de l'autre.*

Cette mention est-elle suffisante?

Assurément ; car le mot : *dicter,* dans le premier alinéa de notre article, n'a pas un autre sens. (Comp. *supra,* n° 255; Cass., 19 août 1807, Marchand-Duchambre, Sirey, 1807, I, 428 ; Merlin, *Répert.,* v° *Testament,* sect. II, § 3, art. 2, quest. 3 et 4.)

286. — Mais ne faut-il pas du moins que la mention désigne nominativement celui des deux notaires, auquel la dictée a été faite, et qui a écrit?

Toullier enseigne l'affirmative, et que, à défaut de cette mention, le testament serait nul (t. III, n° 423).

Mais pourtant que dit le texte de l'article 972?

Que si le testament est reçu par deux notaires, il doit être écrit *par l'un de ces notaires ;*

Or, nous supposons que ce testament, ayant été reçu par deux notaires, porte la mention qu'il a été écrit *par l'un d'eux ;*

Donc, il est conforme à la lettre même de la loi ! (Comp. Cass., 26 juill. 1842, Delalleau, Dev., 1842, I, 937 ; Duvergier sur Toullier, *loc. supra cit.,* note *a ;* Zachariæ, Aubry et Rau, t. V, p. 515.)

287. — A plus forte raison, s'il n'y a qu'un notaire, la mention que le *testament a été dicté par le testateur et écrit par le notaire,* est-elle très-complète.

Cette mention ne dit pas pourtant que la dictée a été faite AU *notaire !*

Mais d'abord, le second alinéa de l'article 972 ne le dit pas non plus ; il dit seulement, pour ce cas, que le testament *doit être dicté par le testateur et écrit par le notaire.* .

Et puis, est-ce que la mention de la dictée au notaire ne ressort pas certainement de ces deux faits simultanés de la dictée par le testateur, et de l'écriture par le notaire! (Comp. Bruxelles, 16 janv. 1808, Debrout, Sirey, 1810, II, 503 ; Paris, 23 août 1811, de Pancement, Sirey, 1812,

II, 7 ; Merlin, *Répert.*, v° *Testament, loc. supra cit.* ; Toullier, t. III, n° 446 ; Duranton, t. IX, n° 70 ; Bayle-Mouillard sur Grenier, t. II, n° 235, *notea* ; Zachariæ, Aubry
et Rau, t. V, p. 545.)

288. — Le mot: *dicter*, n'est pas d'ailleurs sacramentel. (Comp. *supra*, n° 284.)

Et il peut être remplacé par tout autre mot synonyme
ou par un tour de phrase, qui présenterait exactement
le même sens.

Qui pourrait hésiter, par exemple, à voir une équipollence parfaite de ce mot, dans la mention que *le testament a été prononcé par le testateur et écrit par le notaire à
mesure que le testateur prononçait!*

Il faut toutefois y prendre garde.

Supposons que le testament se borne à constater que
le testateur a dit...;

Ou bien que le notaire *a écrit de mot à mot....*

Ces mentions-là, qui ne prouvent pas certainement le
fait de la dictée, devraient être déclarées insuffisantes.
(Comp. Paris, 12 juill. 1806, Masset; Sirey, 1806, II, 194 ;
Aix, 18 mars 1844 ; Dijon, 12 avr. 1820, Sirey, 1820,
II, 74 ; Troplong, t. III, n° 1540 ; Bayle-Mouillard sur
Grenier, *loc. supra* ; Zachariæ, Aubry et Rau, t. V, p. 515;
voy. pourtant, Riom, 26 mars 1810, Falcimagnet, Sirey,
1811, II, 94 ; Duranton, t. IX, n° 71.)

289. — *b.* Aux termes de l'art. 972, si le testament
est reçu par deux notaires, *il doit être écrit par l'un de ces
notaires,* TEL QU'IL EST DICTÉ :

Et s'il n'y a qu'un notaire, *il doit être également écrit
par le notaire.*

Eh bien ! le testament porte la mention *qu'il a été dicté
par le testateur et écrit par l'un des notaires ou par le notaire.*

Mais il n'ajoute pas : *tel qu'il a été dicté.*

Cette mention est-elle suffisante ?

L'affirmative serait évidente, si d'autres mots du testament exprimaient la même idée ; comme, par exemple, s'il portait que le notaire a écrit *mot à mot..... ou au fur et à mesure que le testateur parlait.*

Mais nous croyons même qu'il faudrait maintenir cette solution, dans le cas où on ne trouverait pas, dans le testament, des expressions qui pussent être considérées comme équipollentes aux mots : *tel qu'il a été dicté.*

La corrélation nécessaire, qui lie, entre elles, ces deux opérations de la dictée par l'un et de l'écriture par l'autre, nous paraît prouver que ces mots de l'article 972 ne sont pas essentiels à insérer dans la mention ; et c'est bien là ce que paraît supposer aussi le second alinéa de l'article 972 lui-même, qui ne les reproduit pas (comp. Turin, 16 avr. 1806, Bertotti ; et 25 avr. 1806, Tornavacca, Sirey, 1806, II, 650 et 736 ; Toullier, t. III, n° 424 ; Duranton, t. IX, n° 82 ; Troplong, t. III, n° 1548.)

290. — Mais le notaire a déclaré seulement :

Qu'il a retenu ou reçu le testament au fur et à mesure qu'il lui a été dicté ;

Ou que le testament lui a été dicté, qu'il l'a rédigé, fait et dressé, et qu'il en a donné acte ;

Ou encore que le testateur a dicté le testament, et que l'acte a été passé et rédigé par les notaires.

Toutes mentions, qui ont été jugées insuffisantes !

Et si rigoureuses que ces décisions puissent paraître, on ne saurait dire qu'elles n'ont pas fait une juste application de la loi.

D'une part, en effet, la mention de la dictée par le testateur n'implique pas certainement l'idée de l'écriture par le notaire lui-même ; et l'article 972, en effet, exige, en même temps et par deux fois, les deux conditions de la dictée par le testateur, et de l'écriture par le notaire ;

Et, d'autre part, tous ces mots : *reçu* par le notaire, *retenu, rédigé* par le notaire, n'impliquent pas non plus certainement l'idée de l'*écriture* par le notaire lui-même *manu propriâ !* l'*écriture* est, en effet, une opération de la main ; tandis que la *rédaction* est une opération de l'esprit ; on peut écrire sans rédiger ; de même qu'on peut rédiger sans écrire (comp. Toulouse, 16 déc. 1806, Bregan, Sirey, 1807, II, 273 ; Cass., 27 mai 1807, Branquin, Sirey, 1807, I, 342 ; Cass., 4 févr. 1808, Bolot, Sirey, 1808, I, 173 ; Turin, 14 avr. 1810, Malengo, Sirey, 1810, II, 277 ; Aix, 3 déc. 1812, Courme, Sirey, 1813, II, 374 ; Colmar, 11 févr. 1815, Rieffel, Sirey, 1818, II, 159 ; Duranton, t. IX, n° 74 ; Bayle-Mouillard sur Grenier, t. II, n° 238, note *d ;* Troplong, t. III, n° 1543 à 1548).

291. — Il en serait autrement, toutefois, si le mot *rédiger* était accompagné d'autres expressions, qui le rendissent synonyme du mot *écrire ;* comme, par exemple, si la mention portait que le notaire *a rédigé le testament sous la dictée du testateur ;* ou mieux encore que *le testateur a prié le notaire de rédiger son testament, dont ledit notaire a écrit les dispositions au fur et à mesure que ledit testateur les a dictées.* (Comp. Cass., 8 juill. 1834 ; Nîmes, 26 mars 1830, *J. du P.,* 1838, I, p. 655 ; Bayle-Mouillard sur Grenier, t. II, n° 235, note *a* et n° 238, note *e ;* Troplong, t. III, n° 1545.)

292. — c. Enfin, l'article 972 dispose *qu'il doit en être donné lecture au testateur, en présence des témoins.*

Ce qu'il faut que cette dernière mention fasse connaître, c'est l'opération simultanée :

D'abord, de la lecture *au* testateur ;

Et puis, de la lecture *au* testateur, *en présence des témoins !*

Le testament porte que *la lecture en a été donnée dans l'appartement du testateur, et à côté de son lit.*

Mention insuffisante ; testament nul ! (Comp. Aix, 11 mai 1807, Rogier, Sirey, 1807, II, 294 ; Merlin, *loc. supra cit. ;* Troplong, t. III, n° 1551, note 4.)

On se récrie qu'il n'y a guère apparence pourtant que le testateur ne fût pas là, dans son lit !

Qu'est-ce qui le prouve ? et pourrait-on condamner

comme coupable de faux, le notaire, qui s'étant exprimé
de cette façon, aurait lu le testament, en l'absence du
testateur ?

Et puis, en vérité, est-ce donc si difficile de déclarer
que le testament a été *lu au testateur !* Pourquoi ces péri-
phrases ?

Vous voulez me dire, Acis, qu'il fait froid. Que ne disiez-
vous: il fait froid !

293. — Il en serait de même de la mention *de la*
lecture du testament, en présence des témoins.

De la lecture.... à qui ?

Cette mention ne le fait pas connaître (comp. Turin,
30 frimaire an xiv, Scaroupi, Sirey, 1806, II, 65 ; Merlin, *Répert.*, v° *Testam!.*, sect. ii, § 3, art. 2, n° 3, quest.
1 et 2 ; *voy.* aussi d'Aguesseau, lettre du 30 déc. 1742,
t. IX, p. 477).

294. — Mais le notaire a dit que, *après la lecture du*
testament, le testateur a déclaré y persévérer.

La mention sera suffisante ; car elle prouve que c'est
au testateur que lecture a été donnée, puisque c'est en
conséquence de cette lecture qu'il a déclaré y persévérer
(comp. Cass., 6 avr. 1824 ; Merlin, v° *Testament, Répert.*,
sect. ii, § 3, art. 2, et aux *Additions*, sect. ii, § 2, art. 2 ;
Quest. de droit, § 10 ; Troplong, t. III, n° 1551 ; Zachariæ, Aubry et Rau, t. V, p. 516).

295. — Même solution, si le testament porte qu'il en
a été *donné lecture en présence du testateur.*

En sa présence ; donc, c'est à lui !

« Coram Titio aliquid facere jussus, non videtur *præ-*
sente eo fecisse, nisi is intelligat. »

Ainsi disait Florentinus, et très-justement. (L. 209, ff.
De verbor. signif. ; comp. Bruxelles, 18 juill. 1807 ; Dev.
et Car., II, 2, 280 ; Merlin, *Répert.*, v° *Testament*, t. XVII,
quest. 4 ; Troplong, t. III, n° 1551.)

296. — Des mentions ont été souvent faites en ces
termes :

Que le testament a été lu au testateur et aux témoins ;

Ou bien qu'il a été lu *au testateur ainsi qu'aux té-moins*... ; *aux témoins ainsi qu'au testateur.*

Mais est-ce en même temps et simultanément, que la lecture a été donnée au testateur et aux témoins... ; au testateur AINSI qu'aux témoins ?

La mention ne le dit pas ; et elle se prête aussi bien à la supposition de deux lectures séparées, dont l'une aurait été donnée au testateur, sans les témoins, et l'autre aux témoins, sans le testateur, qu'à une lecture unique au testateur en présence des témoins.

Ces mentions-là sont donc équivoques et insuffisantes. (Comp. Limoges, 8 juill. 1808, Boisse, Sirey, 1808, II, 234 ; Cass., 13 sept. 1809, Marton, Sirey, 1810, I, 234 ; Cass., 24 juin 1811, de Trémanville, Sirey, 1811, I, 259 ; Cass., 6 mai 1812, de Bouche, Sirey, 1812, I, 333 ; Cass., 30 nov. 1813, Chalandar, Sirey, 1814, I, 70 ; Cass., 23 mai 1814, Lafoi, Sirey, 1814, I, 145 ; Cass., 20 nov. 1817, Laporte, Sirey, 1819, I, 31 ; Bastia, 2 juin 1828, Rouassera, Sirey, 1828, II, 268 ; Cass., 20 mars 1854, Garzin, Dev. 1854, I, 297 ; Merlin, *Répent.*, v° *Testament*, sect. II, § 3, art. 2, quest. 3 et 4 ; Duranton, t. IX, n° 85 ; Bayle-Mouillard sur Grenier, t. II, n° 240, note *a*, Troplong, t. III, n° 1552, 1553 ; Zachariæ, Aubry et Rau, t. V, p. 516.)

297. — Nous terminerons ce qui concerne les *mentions* par trois observations générales :

I. On s'accorde aujourd'hui à considérer que les différentes mentions exigées par l'article 972, et notamment celle de la lecture du testament au testateur en présence des témoins, peuvent résulter de plusieurs phrases distinctes et même séparées les unes des autres par des dispositions ; c'est-à-dire que, pour savoir si le testament renferme la mention qu'il en a été donné lecture au testateur en présence des témoins, il y a lieu de combiner entre elles les différentes énonciations et de tenir la mention pour suffisante, si elle résulte, en effet, de l'ensemble

de ces énonciations (comp. Cass., 28 nov. 1816, Lachaume, Sirey, 1848, I, 11 ; Riom, 1er déc. 1818, Meneslou, Sirey, 1820, II, 132 ; Cass., 9 févr. 1820, Dhouan,
Sirey, 1820, I, 197 ; Cass., 2 août 1821, Bayer, Sirey,
1822, I, 16 ; Cass., 12 juill. 1827, Moreau, Sirey, 1827,
I, 523 ; Cass., 22 juill. 1829, Collignon, Sirey, 1829, I,
343 ; Orléans, 10 févr. 1830, Cotignon, Dev., 1830, II,
156 ; Cass., 7 déc. 1846, Lavalette, Dev., 1847, I, 69 ;
Cass., 5 févr. 1850, Richard, Dev., 1850, I, 523 ; Dijon,
2 mars 1853, Bordot ; et Douai, 24 mars 1853, Moché,
Dev., 1853, II, 377 et 379 ; Cass., 24 mai 1853, Picart,
Dev., 1853, I, 406 ; Zachariæ, Aubry et Rau, t. V,
p. 547).

297 *bis.* — Cette doctrine nous paraît exacte, en ce
sens que notre Code n'exige pas de termes sacramentels ;
d'où l'on est autorisé à conclure que la mauvaise ponctuation du notaire, l'incorrection de son style, ou le désordre de sa rédaction, peuvent ne pas empêcher de reconnaître la mention de l'accomplissement des formalités
prescrites, lorsque, en effet, cette mention s'y trouve par
équipollence (*supra*, n° 281).

Voilà comment d'Aguesseau disait encore :

« La loi ne détermine rien sur la forme des expressions ; elle ne s'attache ni aux points ni aux virgules ; elle
ne s'occupe pas de la situation grammaticale dans laquelle
le notaire place le testateur pour exprimer ses intentions... ; elle n'écoute pas de vaines cavillations de mots,
lorsqu'elle trouve que ce qu'elle a voulu a été accompli ;
elle ne s'occupe que de la chose. » (Comp. Cass., 1er mars
1841, Tartayre, Dev., 1841, I, 205.)

Mais encore faut-il que *la chose* s'y trouve ; et ce serait
faire abus de cette doctrine, que d'en venir à prétendre
que la mention des formalités requises par l'article 972,
peut résulter de la déclaration du notaire que le testament a été fait d'un seul contexte ; ce que veut, en effet,
la loi, c'est une mention expresse, qui constate spéciale-

ment l'accomplissement de chacune des formalités qu'elle
exige; la mention vague de l'unité de contexte n'y suffirait donc pas; et on peut en voir la preuve, dans l'arrêt
de la Cour de cassation du 29 mars 1854 (Garsin, Dev.,
1854, I, 297; comp. Duranton, t. IX, n° 85; Troplong,
t. III, n° 1552).

298. — II. Les mentions exigées par l'article 972, peuvent d'ailleurs être mises soit à la fin, soit au milieu, soit
au commencement de l'acte.

Deux conditions sont seulement requises, lorsqu'elles
se trouvent au commencement ou dans le cours de l'acte,
à savoir :

D'une part, qu'elles se rapportent à toutes ses parties,
à celles qui les suivent, comme à celles qui les précèdent;

Et d'autre part, qu'elles soient toujours mises avant
les signatures. (*Infra*, n° 300.)

Objectera-t-on qu'il est étrange que la mention qu'une
formalité a été accomplie, soit faite avant son accomplissement?

La réponse est que toutes les parties de l'acte reçoivent,
en même temps, leur perfection par les signatures, et
que, dès ce moment, l'acte ne formant qu'un seul contexte et *un tout individu*, disait Ricard (Ire part., n° 1519),
l'ordre de l'écriture est indifférent, puisque les signatures
attestent que la mention de la formalité que l'on se proposait d'accomplir, a été effectivement accomplie (comp.
infra, n° 320).

Au reste, les notaires feront toujours certainement
mieux de placer les mentions des formalités dans l'ordre
successif de leur accomplissement, comme semble l'indiquer, en effet, la nature des choses.

Ce que nous disons seulement, c'est que cet ordre n'est
pas prescrit à peine de nullité. (Comp. Turin, 30 frimaire
an XIV, Scaroupi, Sirey, 1806, II, 65; Cass., 9 juill.
1806, Sirey, 1806, I, 350; Cass., 26 juill. 1808, Gaubert,
Sirey, 1809, I, 369; Cass., 18 octobre 1809, Marette,

Sirey, 1810, I, 57; Cass., 8 juillet 1834, Simon, Dev., 1834, I, 75; Ricard, *loc. supra cit.*; Merlin, *Répert.*, v° *Testament*, sect. ii, § 2, art. 5; Grenier, t. II, n° 238; et Bayle-Mouillard, *h. l.*, note *f*; Coïn-Delisle, art. 972, n° 45; Troplong, t, III, n° 1561; Zachariæ, Aubry et Rau, t. V, p. 517; Massé et Vergé, t. III, p. 108; Demante, t. IV, n° 117 *bis*, IV; Saintespès-Lescot, t. IV, n° 1067.)

299. — III. C'est le notaire lui-même qui doit faire la mention de l'accomplissement des formalités prescrites par la loi; et il ne peut pas, sous peine de nullité, placer cette mention dans la bouche du testateur.

Duranton, toutefois, n'a pas adopté ce sentiment; et tout en reconnaissant que, régulièrement, les notaires feront bien d'attester eux-mêmes l'observation des formalités requises, le savant auteur ajoute :

« Cependant, comme le Code civil n'exige pas, à peine de nullité du testament, que les mentions soient mises dans la bouche du notaire plutôt que dans celle du testateur, nous ne pensons pas que l'on dût annuler un testament, par cela seul que ces mentions se trouveraient, en effet, exprimées par le disposant. » (T. IX, n° 101 ; comp. Turin, 29 déc. 1810, Mongiardi, Sirey, 1812, II, 101; Saintespès-Lescot, t. IV, n° 1066.)

Mais la doctrine contraire a été généralement admise; et elle nous paraît aussi la seule vraie :

1° Elle est d'abord conforme aux traditions de l'ancien droit; c'est ainsi que l'article 5 de l'Ordonnance de 1735 voulait que la mention de la lecture du testament fût faite par le notaire; et une déclaration du 16 mai 1763 avait étendu cette disposition à toutes les autres mentions requises pour la validité du testament.

2° L'article 14 de la loi du 25 ventôse an xi porte également, sous la peine de nullité prononcée par l'article 68, que les actes seront signés par les parties, les témoins, *et les notaires, qui doivent en faire mention.*

3° Mais précisément, dit-on, le Code Napoléon, qui

forme, à cet égard, une loi spéciale, n'a pas appliqué aux testaments cette disposition générale pour les actes notariés ordinaires; car l'article 972 se borne à dire : *qu'il est fait du tout mention expresse.*

Nous répondons que, tout au contraire, le Code Napoléon exige aussi que les mentions requises dans les testaments émanent de la déclaration personnelle du notaire.

En effet, aux termes de l'article 971, le testament doit être reçu par le notaire; or, recevoir le testament, c'est faire tout ce que la loi exige pour que le testament soit valable; et de la même manière que c'est le notaire lui-même qui doit écrire le testament et qui doit en donner lecture au testateur, c'est le notaire lui-même qui doit faire mention de l'écriture et de la lecture (*supra*, n°s 268, 269).

Ce qui est vrai seulement, c'est qu'il n'y a pas de formule sacramentelle ; d'où il suit que, lors même que le notaire aurait mis, en effet, dans la bouche du testateur, la mention de l'accomplissement des formalités, il se pourrait que le testament ne fût pas nul, s'il avait fait aussi cette mention en son nom, où même seulement s'il s'était, de quelque manière que ce fût, approprié celle qu'il aurait mise dans la bouche du testateur ; et cette observation pourrait même être un moyen de conciliation entre plusieurs arrêts, qui paraissent contraires et que l'on oppose d'ordinaire les uns aux autres.

Mais toujours faut-il que la mention, d'une manière ou de l'autre, émane personnellement de lui, (Comp. Limoges, 22 juin 1813, Andouin, Sirey, 1844, II, 268; Bruxelles, 5 avril 1846, et 16 mai 1821, cité par Merlin, *infra ;* Cass., 12 nov. 1823, Fraichot, Sirey, 1824, I, 65; Cass., 13 mai 1829, Pocheville, Sirey, 1829, II, 233 et 282; Merlin, *Répert.*, v° *Testament*, sect. II, § 14, art. 6; et *Questions de droit*, v° *Testament*, n° 13 ; Coin-Delisle, art. 972, n° 33 ; Bayle-Mouillard sur Grenier, t. II, n° 236, note *a ;* Troplong, t. III, n° 1565 ; Zachariæ,

Massé et Vergé, t. III, p. 108 ; Aubry et Rau, t. V, p.
547.)

300. — E. Nous arrivons à la dernière condition du
testament par acte public, c'est-à-dire aux signatures par
lesquelles il doit se terminer (*supra*, n° 244).

Cette condition, qui est le complément de tous les actes
en général (art. 14 de la loi du 25 ventôse an XI), est particulièrement constitutive du testament.

Le testament étant un acte solennel, qui n'a d'existence que par le complet accomplissement des formes
auxquelles la loi l'a soumis, il en résulte qu'il n'existe pas,
en effet, tant que ces formes n'ont pas été complétement
accomplies (*supra*, n° 24) ; et il n'est pas besoin sans
doute d'ajouter qu'il n'en est pas de plus essentielles que
les signatures (ou les déclarations équipollentes), qui
peuvent seules imprimer au testament le sceau de sa perfection.... *jure perfectum*.

Jusque-là, donc, rien n'est fait encore ; et si avancées
que soient les choses, il n'y a pas de testament !

D'où la conséquence qu'il faudrait considérer le testament comme inachevé et inexistant :

1° Si le testateur venait à mourir, avant d'avoir signé,
ou même avant d'avoir achevé sa signature commencée ;

2° S'il venait à mourir, même après avoir signé,
mais avant que tous les témoins et le notaire eussent
signé ;

3° Si l'un des témoins, le notaire ou l'un des notaires
venait à mourir, avant d'avoir signé.

En vain, lorsque le testateur serait décédé, avant
d'avoir signé ou achevé sa signature, demanderait-on à
prouver qu'il **a**, malgré la défaillance de sa main, déclaré, par ses signes ou même de vive voix, qu'il voulait que *son testament* fût exécuté !

La réponse est qu'il n'a pas fait de *testament*, s'il n'a
pas, en effet, signé, ou si le notaire n'a pas fait mention
de sa déclaration de ne pouvoir signer ainsi que de la

cause qui l'en a empêché ; il vient donc de mourir
intestat ; et sa succession, immédiatement acquise à ses
héritiers légitimes, ne saurait désormais leur être enlevée ! (Comp. notre *Traité des Successions*, t. I, n° 86 ;
Gand, 5 avril 1833, Elmens, Dev., 1834, II, 671 ; Cass.,
20 janv. 1840, Julien, Dev., 1840, I, 111 ; Merlin,
Répert., v° *Signature ;* Duranton, t. IX, n° 98 ; Coin-Delisle, art. 973, n° 2 ; Bayle-Mouillard sur Grenier, t. II,
n° 244 *bis*, note *a ;* Troplong, t. III, n° 1590 ; Zachariæ,
Aubry et Rau, t. V, p. 518.)

301. — Ce que nous venons de dire de la mort du
testateur, serait également vrai de la perte de ses facultés
intellectuelles, avant la confection du testament, s'il était
prouvé (preuve, il est vrai, fort difficile, en fait), que
le testateur avait totalement perdu son intelligence, avant
que le testament fût accompli. (Comp. le tome I de ce
Traité, n° 367 ; Paris, 14 juillet 1851, Picart, Dev.,
1852, II, 26.)

302. — Les signatures requises sont celles :

1° Du notaire ou des notaires ;

2° Du testateur ;

3° Des témoins.

303. — I. Notre Code ne dit rien de la signature du
notaire ou des notaires.

Mais nous avons déjà vu qu'elle n'en est pas moins
évidemment nécessaire, par application de l'article 14 de
la loi du 25 ventôse an xi (*supra*, n° 233).

304. — 2° Quant au testateur, l'article 973 exige :

Soit sa signature ;

Soit sa déclaration de ne savoir ou de ne pouvoir
signer ;

Avec la mention expresse de sa déclaration de ne
savoir ou de ne pouvoir signer, ainsi que de la cause qui
l'en empêche.

305. — Nous n'avons rien à dire de la signature elle-
même ; il suffit de se reporter aux explications, que

nous avons fournies, en ce qui concerne le testament olographe, et qui sont, également, aussi applicables dans les autres testaments (*supra*, n° 101 et suiv.).

Ajoutons seulement que c'est dans les testaments par acte public, plus souvent encore que dans les autres, qu'il arrive que le testateur, dans son lit, et affaibli par la douleur, ne peut pas toujours tracer, d'une façon très-distincte, les lettres, qui forment son nom.

C'est une question de fait alors que de savoir si la signature, telle qu'il a pu la faire, plus ou moins régulière et complète, est suffisante (comp. Bordeaux, 7 mars 1828, Berthonnet, D., 1829, I, 173 ; Nancy, 1ᵉʳ mars 1831, Pierron, Dev., 1831, II, 182 ; Troplong, t. III, n° 1587).

On a eu raison sans doute de remarquer que « c'est surtout lorsqu'il s'agit d'un testament *in extremis*, qu'il convient de se conformer scrupuleusement aux prescriptions édictées par la sagesse des législateurs, dans le but de prévenir les erreurs et les surprises. » (Paris, 14 juill. 1851, Picart, Dev., 1852, II, 26.)

Mais il ne faut pas non plus d'exagération ; et nous croyons qu'il est sage aussi de tenir compte, dans l'exécution de ces prescriptions, de l'état physique du testateur, de ses souffrances, de sa faiblesse, et de la position presque toujours gênée, où il se trouve dans son lit pour signer.

Au reste, lorsque la signature du testateur paraîtra irrégulière, incomplète, ou illisible, ce sera, de la part du notaire, une précaution bonne à prendre que de l'interpeller s'il ne peut pas signer mieux et de faire mention de la déclaration affirmative, qu'il en aura faite. (Comp. Cass., 19 juill. 1842, *J. du P.*, 1842, t. II, p. 372 ; Toullier, t. III, n° 443 ; et Duvergier, *h. l.*, note *a*.)

306. — Nous avons déjà dit d'ailleurs que, dans tous les cas, le notaire doit faire mention de la signature du testateur (*supra*, n° 324 ; comp. Cass., 21 mai 1838,

Dutertre, D., 1838, I, 234 ; Bayle-Mouillard sur Grenier, t. II, n° 243, note c).

307. — A défaut de signature, il faut que le testateur déclare qu'il ne sait ou ne peut signer; et il doit être fait mention expresse de sa déclaration, ainsi que de la cause qui l'empêche de signer.

Qu'il ne sait ou ne peut signer, disons-nous avec le texte même de l'article 974 (*voy.* aussi l'article 14 de la loi du 25 ventôse an XI).

D'où il suit que le testament serait nul, si le testateur, sachant ou pouvant signer, avait faussement déclaré qu'il ne le savait pas ou qu'il ne le pouvait pas (comp. Lyon, 16 août 1861, Charlat, Dev., 1861, II, 474 ; et *J. du P.*, 1863, p. 407).

Une telle déclaration ne saurait être, en effet, considérée que comme un refus de signer, un refus prémédité peut-être, afin précisément, disait Raviot, de ne pas donner ce témoignage de sa volonté à des dispositions qu'il ne faisait que contre son gré, par suite des obsessions qui l'assiégeaient (sur Périer, t. II, p. 376).

Ce motif même prouve assez qu'il ne faut appliquer notre solution qu'à l'hypothèse où c'est intentionnellement que le testateur a fait une fausse déclaration de ce genre.

Il en serait donc autrement, et le testament devrait être maintenu, si la déclaration de ne savoir ou de ne pouvoir signer avait été faite de bonne foi : soit par un testateur illettré, qui, ne sachant former que des caractères grossiers, croyait ne savoir pas signer, surtout s'il n'avait pas signé les autres actes de sa vie civile; soit par un testateur, qui ayant pu signer antérieurement, aurait déjà, depuis plus ou moins longtemps, cessé de le pouvoir et de le faire (comp. Grenoble, 25 juill. 1810, Armand, Sirey, 1811, II, 460; Trèves, 18 nov. 1812, Henninger, Sirey, 1813, II, 366; Limoges, 26 nov. 1823, Séigaud, Sirey, 1826, II, 180; Cass., 5 mai 1831, Nicolle, Dev., 1831, I, 190; Montpellier, 27 juin 1834, Cassan, Dev.,

1835, I, 169 ; Bordeaux, 15 janv. 1837, Bounin, Dev.,
1837, II, 218 ; Cass., 28 janv. 1840, mêmes parties, Dev.,
1840, I, 115 ; et le rapport de M. le conseiller Mestadier,
h. l. ; Merlin, *Quest. de droit,* v° *Signature,* §. 3 ; Grenier,
t. II, n° 243 *bis ;* et Bayle-Mouillard, *h. l.,* note *a ;* Toullier, t. III, n° 439 ; Duranton, t. IX, n° 99 ; Coin-Delisle,
art. 973, n° 3 ; Troplong, t. III, n° 1585 ; Zachariæ, Aubry et Rau, t. V, p. 519 ; D., *Rec. alph., h. v.,* n°ˢ 3056
et suiv. ; Saintespès-Lescot, t. IV, n°ˢ 1078, 1079).

308. — Voilà pourquoi il faut que la déclaration de
ne savoir ou de ne pouvoir signer, émane du testateur
lui-même : *s'il déclare,* dit l'article 973.

Ce que veut, en effet, la loi, c'est que l'absence de sa
signature soit expliquée par le testateur lui-même personnellement, afin que l'on soit certain que le défaut de signature est indépendant de sa volonté, et qu'il aurait, au
contraire, signé, s'il avait su ou pu le faire.

« Quand le notaire parle lui-même, disait Lemaître
(sur la *Cout. de Paris),* en déclarant la cause du défaut de
signature du testateur, sans la lui avoir demandée, *il peut
se tromper ; ou du moins, il n'en juge que par les apparences.* »

Aussi, faudrait-il déclarer nul le testament, dans lequel la mention faite par le notaire, porterait directement,
soit sur le fait que le testateur ne savait ou ne pouvait
pas signer, soit sur la cause qui l'en a empêché.

La mention doit, au contraire, porter sur la déclaration
du testateur lui-même, relativement à ces deux faits.

309. — Mais, pourtant, si la mention que le testateur *ne savait pas ou n'a pas pu signer,* était accompagnée
de la mention que *le notaire a interpellé le testateur de signer ou de déclarer son impossibilité de signer ?*

Remarquons d'abord que cette interpellation n'est pas
nécessaire.

On avait fini par ne plus l'exiger autrefois, en présence
même des anciennes Ordonnances, qui portaient que les
notaires feraient mention *de l'interpellation qu'ils auraient*

faite au testateur. (Ordonn. de Blois, art. 165; Ordonn. d'Orléans, art. 84; Ricard, III⁰ part., n° 1525.)

Et l'Ordonnance de 1735 (art. 5 et 23) avait, en effet, supprimé cette condition.

Il est vrai que la loi du 8 septembre 1791 l'avait, au contraire, rétablie, en décrétant *que les notaires seront tenus de faire mention formelle de la réquisition par eux faite aux testateurs de signer.*

Mais notre Code est revenu au droit de l'Ordonnance de 1735, et très-justement sans doute ! qu'importe, en effet, que la déclaration du testateur ait été ou non précédée d'une interpellation du notaire, dès que cette déclaration a eu lieu !

Si donc, par exemple, le testateur, ayant d'abord tenté de signer, s'arrête, en disant *qu'il ne le peut pas, et qu'il n'en a pas la force,* la mention de cette déclaration *proprio motu* satisfait certainement au vœu de la loi (comp. Douai, 6 mars 1833, B..., D., 1834, II, 16; Toullier, t. III, n° 437; Grenier, t. II, n° 242; et Bayle-Mouillard, *h. l.*, note *a*).

310. — Si la déclaration du testateur suffit, sans l'interpellation du notaire, l'interpellation du notaire suffit-elle, en sens inverse, sans la déclaration du testateur?

Le notaire, par exemple, a mentionné le défaut de signature du testateur, avec cette formule, que l'on rencontre, en effet, quelquefois : « .... *Lequel n'a pas su ou n'a pas pu signer, de ce requis et interpellé.* »

Une telle mention est-elle régulière?

L'affirmative compte des partisans considérables, qui concluent de ce qu'il y a eu question par le notaire, qu'il y a eu réponse par le testateur, et que c'est cette réponse même, que le notaire a mentionnée (comp. Cass., 2 pluviôse an VII, Chabrier, Sirey, I, 194; Liége, 24 nov. 1806, Bragort, Sirey, 1807, II, 22; Toulouse, 27 avril 1813, Merle; et 29 juin 1821, Deoux, Sirey, 1822, II, 168; Toullier, t. III, n° 438; Coin-Delisle, art. 973, n° 6).

Cette conclusion est-elle bien certaine?

Que la réponse suppose la demande, cela est vrai; et voilà, en effet, sur quel motif on s'est autrefois fondé pour supprimer la nécessité de l'interpellation.

Mais ce qui nous paraît moins exact, c'est de dire que la demande ou l'interpellation du notaire suppose la réponse ou la déclaration du testateur; or, c'est là déclaration du testateur que la loi exige, et dont il doit être fait mention expresse.

Tout au moins, faudrait-il que la rédaction du testament fût telle, qu'il en résultât une corrélation non équivoque entre la mention que le testateur ne savait pas ou n'a pas pu signer et l'interpellation mentionnée, et que cette mention apparût comme la preuve de la réponse faite par le testateur à l'interpellation du notaire; comme si, par exemple, le testament était ainsi conçu : *et a, la testatrice fait sa marque, pour ne savoir écrire ni signer, de ce enquise suivant la loi* (comp. Limoges, 17 juin 1808, Magoustier, Sirey, 1808, II, 218; Colmar, 13 nov. 1813, Gall, Sirey, 1814, II, 284; Toulouse, 5 avril 1821, Jamme, Sirey, 1823, II, 68; Limoges, 4 déc. 1821, Sarrazin, Sirey, 1822, II, 167; Bordeaux, 17 juill. 1845, Graffeille, Dev., 1846, II, 440; Merlin, *Répert.*, vº *Signature*, § 3, art. 2, nº 8; Bayle-Mouillard sur Grenier, t. II, nº 242 *bis*, note c).

311. — Vainement aussi, la mention faite par le notaire, que *le testateur n'a pas pu signer*, serait-elle appuyée sur des preuves matérielles, résultant du testament lui-même, et qui témoigneraient, en effet, matériellement de l'impossibilité, où il était de signer.

Voici, par exemple, des testaments, qui mentionnent que le testateur *a fait tous ses efforts pour signer, mais qu'il en a été empêché par sa faiblesse et par la position incommode, où il se trouvait dans son lit;*

Ou par le tremblement de ses mains....

Et on peut y voir, en effet, quelques caractères in-

formes, qui attestent un essai de signature illisible !

Ces testaments n'en seraient pas moins nuls ; car la
mention ne porte que sur le fait de l'impossibilité ; elle
ne porte pas sur la *déclaration* de cette impossibilité par
le testateur lui-même ! (Comp. Toulouse, 5 avr. 1821,
Jamme, Sirey, 1823, II, 68 ; Caen, 11 déc. 1822, Magdeleine, Sirey, 1823, II, 128 ; Cass., 25 avr. 1825, La-
non, D., 1825, I, 220 ; Merlin, *Répert.*, *loc. supra cit.*;
Toullier, t. III, n° 437; Grenier, t. II, n° 242; et Bayle-
Mouillard, *h. l.*, note *a* ; Vazeille, art. 973, n° 7 ; Coin-
Delisle, art. 973, n° 9 ; Zachariæ, Aubry et Rau, t. V,
p. 519.)

312. — Le notaire, après avoir fait d'abord la mention que *le testateur a signé*, fait ensuite la mention que,
*ayant essayé de signer, il a déclaré être dans l'impossibilité
de le faire, à cause de sa maladie et de sa faiblesse.*

Y a-t-il contradiction ?

Non sans doute ; et les deux mentions s'expliquent
parfaitement (comp. Cass., 21 juill. 1806, Hazard, Sirey, 1806, II, 950 ; Cass., 18 juin 1816, Bailly, Sirey,
1817, I, 158 ; Merlin, *Répert.*, v° *Signature*, § 3, art. 2,
n° 10 ; Duranton, t. IX, n°ˢ 96, 97 ; Troplong, t. III,
n° 1586).

313. — Il y a même si peu de contradiction entre
l'une et l'autre de ces mentions, qu'elles sont, suivant
nous, en cas pareil, toutes les deux indispensables.

Supposez, en effet, que le notaire, ayant mentionné
d'abord que le testateur a signé, mentionne ensuite *qu'il
a essayé de le faire, mais qu'il n'a pas pu former sa signature à cause de sa maladie et de sa faiblesse.*

Nous croyons, contrairement à l'opinion de Delvincourt
(t. II, p. 81, note 9), que ce testament serait nul : puisque,
d'une part, il ne serait pas signé par le testateur ; et que
d'autre part, la mention que le testateur n'a pas pu signer,
n'émanerait que du notaire et point du testateur (comp.

Douai, 6 mars 1833, B..., D., 1835, II, 16 ; Zachariæ, Aubry et Rau, t. V, p. 520.)

314. — Ce n'est pas d'ailleurs qu'il y ait, pour cette mention-là, plus que pour les autres, de termes sacramentels ; elle peut aussi être faite par des expressions équivalentes, dès qu'il en résulte certainement que c'est le testateur lui-même, qui a déclaré ne savoir ou ne pouvoir signer, et la cause qui l'en empêchait (comp. *supra*, n° 281 ; Colmar, 13 nov. 1813, Gall, Sirey, 1814, II, 284 ; Troplong, t. III, n° 1588 ; Bayle-Mouillard sur Grenier, t. II, n° 242, note *a ;* Zachariæ, Aubry et Rau, *loc. supra cit.*).

315. — Faut-il que le notaire donne lecture au testateur de la mention de sa déclaration de ne savoir ou de ne pouvoir signer, ainsi que de la cause qui l'en empêche ?

On l'a soutenu ainsi (comp. Paris, 14 juill. 1851, Picart, Dev., 1852, II, 26 ; Troplong, t. III, n° 1591).

Mais la doctrine contraire a prévalu ; et avec raison, suivant nous :

Plus les formalités testamentaires sont rigoureuses, moins il est permis d'y ajouter des conditions que le texte lui-même n'exige pas ;

Or, l'article 973, qui est distinct de l'article 972, n'exige pas cette lecture ;

Donc, nous ne devons pas l'exiger ; d'autant moins qu'elle n'était pas autrefois requise par l'Ordonnance de 1735 pour les testaments (art. 3 et 25), pas plus qu'elle ne l'est aujourd'hui par la loi du 25 ventôse an XI, pour les actes notariés ordinaires (comp. Montpellier, 3 juin 1833, Giret, Dev., 1834, II, 107 ; Cass., 3 juill. 1834, Pons, D., 1834, I, 302 ; Douai, 6 mars 1833, B..., Dev., 1834, II, 16 ; Aix, 16 févr. 1853, Richard-Machet, Dev., 1853, II, 182 ; Douai, 24 mai, Moché ; et Dijon, 2 mars 1853, Bordot, Dev., 1853, II, 377, 381 ; Bastia, 10 avr. 1854, Arrighi, Dev., 1854, II, 236 ; Cass., 24 mai 1853, Picart, Dev., 1853, I, 406 ; Caen, 17 juill. 1854, Poulain,

Dev., 1854, II, 735 ; Angers, 3 janv. 1855, Blanchard, Dev., 1855, II, 250 ; Cass., 8 mai 1855, Vieules ; même jour, Garos, 4 juin 1855, Durand ; même jour, Poulain ; 12 juin 1855, Doritchen, Dev., 1855, I, 597, 598 ; Bayle-Mouillard sur Grenier, t. II, n° 240, note *h* ; Marcadé, *Revue crit. de jurisprud.*, t. II, p. 337 ; Zachariæ, Aubry et Rau, t. V, p. 518).

316. — Il n'est pas davantage nécessaire que la présence des témoins à la déclaration, dont il s'agit, soit l'objet d'une mention spéciale (comp. *supra*, n° 279 ; et les citations au numéro qui précède).

317. — C'est, avons-nous dit, du testateur lui-même, que doit émaner la déclaration mentionnée par le notaire, qu'il ne sait ou ne peut signer.

Ajoutons que cette déclaration, ainsi que la mention qui la constate, doit faire aussi connaître la cause qui empêche le testateur de signer.

L'Ordonnance de 1735 n'avait pas exigé cette dernière condition (comp. art. 5 et 23), que la loi du 25 ventôse ans xi n'exige pas non plus pour les actes notariés ordinaires (comp. art. 14).

C'est donc là une condition nouvelle, que le législateur du Code Napoléon a établie pour les testaments, afin de constater d'autant mieux que, si le testateur n'a pas signé, c'est par un obstacle indépendant de sa volonté, et pour qu'il soit possible aux intéressés de s'assurer, s'il y a lieu, de la vérité de la cause déclarée.

Aussi, faut-il que la déclaration du testateur de la cause qui l'empêche de signer, soit faite de manière à ne laisser aucune ambiguïté.

318. — Il n'y a pas d'équivoque possible, dans la déclaration *de ne savoir signer*, qui est, par elle-même suffisamment indicative de la cause qui en empêche.

Il en serait ainsi de la déclaration que ferait le testateur interpellé de signer, qu'il est *illettré*.

Mais nous n'en dirions pas autant de la déclaration *de*

ne pouvoir signer, qui nous paraît exiger, en outre, l'indication précise de la cause actuelle de cette impuissance,
qu'elle ne fournit pas elle-même. (Comp. Caen, 11 déc.
1822, Magdeleine, Sirey, 1823, II, 128; Poitiers, 28 août
1834, de Gibot, Dev., 1834, II, 522 ; Merlin, *Répert.*,
v° *Signature*, § 3, art. 2, n° 8 ; Durantou, t. IX, n° 95 ;
Troplong, t. III, n° 1588 ; Zachariæ, Aubry et Rau, t. V,
p. 519 ; *voy.* pourtant Demante, t. IV, n° 119 *bis*, II.)

319. — La déclaration du testateur de ne *savoir écrire*,
fait-elle suffisamment connaître la cause du défaut de signature ?

Oui, a-t-on dit: la signification des mots est, en effet,
relative, *secundum subjectam materiam* ; or, de quoi s'a-
git-il ici pour le testateur? d'écrire un discours, une
disposition, ou même seulement une phrase ? pas du tout;
ce n'est que son nom qu'il doit écrire, c'est-à-dire qu'il
ne doit que *signer*; donc, le mot *écrire*, employé en cas
pareil, est synonyme du mot *signer* (comp. Liége, 22 avril
1813, D., *Rec. alph. h., v.*, n° 2045 ; Merlin, *Répert.*,
v° *Signature*, § 3, art. 22, n° 3 ; Toullier, t. III, n° 438;
Coin-Delisle, art. 973 ; Vazeille, art. 973 ; Bayle-Mouillard
sur Grenier, t. II, n° 242, note *b*).

Non ! au contraire, a-t-on répondu : tel qui ne sait pas
écrire, sait *signer*; et par conséquent, déclarer qu'on ne
sait pas *écrire*, c'est-à-dire figurer indistinctement toutes
sortes de mots, ce n'est pas déclarer qu'on ne sait pas *signer*, c'est-à-dire tracer seulement les lettres qui forment
le nom. (Comp. Cass., 14 août 1807, Sirey, 1808, I, 47;
Douai, 9 nov. 1809, Wallez, Sirey, 1812, II, 407 ; Delvincourt, t. II, p. 81, note 8 ; Grenier, t. II, n° 242 ; Duranton, t. IX, n° 95 ; Zachariæ, Aubry et Rau, t. V,
p. 518.)

Cette solution serait, à notre avis, la plus sûre; ou du
moins voudrions-nous, pour avoir la certitude que le mot
écrire a été employé par le testateur comme synonyme du
mot *signer*, que la preuve en résultât soit de quelque

énonciation du testament, soit de faits matériels constatés aussi par le testament lui-même.

Nous comprenons que, lorsque le testateur, interpellé s'il sait *écrire*, répond seulement aussi qu'il ne sait pas *écrire*, il ne soit pas prouvé suffisamment qu'il ne sait pas *signer*.

Mais le notaire a demandé au testateur s'il savait *signer;* et le testateur a répondu ne *savoir écrire*;

Ou bien, indépendamment de toute interpellation, il a déclaré *ne savoir ou ne pouvoir écrire à cause de sa maladie,... ou de sa vue faible,... ou du tremblement de sa main*;

Ou encore, ayant déclaré ne savoir *écrire*, il a apposé une marque ou une croix en place de signature; ou bien, il a déclaré ne savoir *ni lire ni écrire.*

Dans ces différents cas, on pourrait décider qu'il est établi, par le testament lui-même, que le testateur, en déclarant ne pas *savoir ou ne pouvoir écrire*, entendait déclarer ne *pouvoir ou ne savoir signer* (comp. Bruxelles, 15 mars 1810, Lomsen, Sirey, 1810, II, 258; Colmar, 1ᵉʳ févr. 1812; Bruxelles, 6 oct. 1815; Cass., 11 juill. 1816, Jacger, Sirey, 1817, I, 135; Cass., 20 déc. 1830; Cass., 1ᵉʳ févr. 1859, Casale, Dev., 1859, I, 393; Bourges, 15 févr. 1860, Saintherand, Dev., 1861, II, 70; Cass., 23 déc. 1861, mêmes parties, Dev., 1862, I, 29; Cass., 10 déc. 1861, Faran, Dev., 1862, I, 193; Coin-Delisle, art. 973, n° 7; Grenier, t. II, n° 242; Zachariæ, Aubry et Rau, t. V, p. 518, 519).

320. — Nous avons dit (*supra*, n° 298), que les mentions exigées par l'article 972 pouvaient être placées indifféremment à la fin, au milieu, ou même au commencement de l'acte.

En est-il ainsi : soit de la mention de la signature du testateur, soit de la mention de sa déclaration de ne pouvoir ou de ne savoir signer, et de la cause qui l'en empêche?

On a enseigné que ces mentions devaient être, au contraire, sous peine de nullité, placées *à la fin de l'acte*, par application des articles 14 et 68 de la loi du 25 ventôse an XI, qui, dit-on, l'exige ainsi (comp. Grenier, t. II, n° 243 ; Duranton, t. IX, n°ˢ 88 et 100).

Mais la doctrine contraire est généralement admise ; et avec raison, suivant nous :

1° D'abord, en ce qui concerne la déclaration du testateur de ne savoir ou de ne pouvoir signer, l'article 973 se borne à dire qu'il en doit être fait mention *dans l'acte*, sans indiquer la place où cette mention devra être faite ; et il nous paraîtrait impossible d'annuler un testament, *dans lequel* cette mention aurait été faite, à quelque place, d'ailleurs, que ce fût !

Or, si la mention de la déclaration du testateur de ne savoir ou de ne pouvoir signer, peut être faite indifféremment au milieu, au commencement ou à la fin, comment serait-il possible que la mention de la signature elle-même, dont cette déclaration tient lieu, dût être, sous peine de nullité, placée à la fin de l'acte ! et, quoique M. Saintespès-Lescot admette cette différence (t. IV, n° 1086), elle serait, suivant nous, tout à fait inexplicable !

Il en doit donc être de la mention de la signature comme de la mention de la déclaration.

2° Est-ce à dire que l'article 973 du Code Napoléon a dérogé, en ce point, à l'article 14 de la loi du 25 ventôse an XI ?

Plusieurs l'ont pensé ainsi, et que si, dans les testaments, la mention de la signature ou de la déclaration qui la remplace, pouvait être mise à une place quelconque, c'était par dérogation à l'article 14 de la loi de l'an XI, qui n'était pas alors applicable.

Mais cet argument ne serait pas, à notre estime, très-sûr ! car nous avons pensé, au contraire, qu'il fallait, par application de cet article, exiger la mention de la signature du testateur (*supra*, n° 306).

Ce qui nous détermine, c'est un motif plus général, à savoir : que, dans les actes notariés ordinaires, il n'est pas non plus nécessaire, sous peine de nullité, que la mention de la signature des parties ou de leur déclaration de ne savoir ou de ne pouvoir signer, soit placée *à la fin de l'acte;* si l'article 14 s'exprime ainsi, c'est qu'il est naturel et ordinaire, en effet, qu'elles soient mises à cette place ; mais ce n'est pas sur ce détail que porte la peine de nullité, c'est sur le défaut absolu de mention ; et, à ce point de vue, on peut dire que l'article 973 renferme, non pas une modification, mais une interprétation de l'article 14 de la loi de l'an xi (comp. Dijon, 8 janv. 1811, Dessoye, Sirey, 1811, II, 489 ; Cass., 18 août 1817, Coache, Sirey, 1817, I, 385 ; Cass., 10 mars 1824 ; Merlin, *Répert.,* v° *Signature,* § 3, art. 3, n°ˢ 8 à 11 ; *Quest. de droit,* v° *Testament,* § 13 ; Toullier, t. III, n° 425 ; et t. VIII, n° 92 ; Dalloz, *Consultation,* 1834, I, 302 ; Bayle-Mouillard sur Grenier, t. II, n° 238, note *f,* et 243, note *e;* Zachariæ, Aubry et Rau, t. V, p. 520 ; *Encyclopédie du droit,* v° *Acte notarié,* § 5, n° 28, article de M. Teste ; Demante, t. IV, n° 118 *bis,* II).

321. — 3° Enfin, le testament doit être signé par les témoins (art. 974 ; *supra,* n° 302).

Régulièrement, tous les témoins doivent signer ; et il en est ainsi, même dans les campagnes.

Il est vrai que, dans les campagnes, il suffit, comme nous l'allons voir, de la signature d'un témoin sur deux, ou de la signature de deux témoins sur quatre.

Oui, lorsque l'autre témoin ou les deux autres ne savent ou ne peuvent signer (*infra,* n° 324).

Mais « *si tous les témoins savaient signer, ils devraient tous signer, même quand leur signature ne serait pas strictement nécessaire.* » C'est en ces termes que le Tribunat en fit l'observation (comp. Locré, *Législat. civ.,* t. XI, p. 320).

Et, en effet, quand un témoin sait et peut signer, la

règle est partout qu'il faut qu'il signe ; le défaut de signature équivaudrait alors à un refus ; et le refus de signer de la part d'un témoin, qu'est-ce autre chose que le
refus même d'être témoin ! (Comp. Bayle-Mouillard sur
Grenier, t. II, n° 246, note *b*, p. 458.)

322. — On a remarqué que la signature des témoins
devait être régulière, plus régulière encore que celle du
testateur : « *ils sont choisis ; ils sont bien portants ; leur
attitude n'est pas gênée.* » (Bayle-Mouillard, *loc. supra cit.*)

Ce n'est toutefois, là, bien entendu, qu'une question
de fait.

Ce qu'il faut, c'est que les témoins signent le testament
de la même manière dont ils signent habituellement leurs
actes publics et privés, et de façon à ne laisser aucun
doute sur l'identité de leurs personnes.

Quant à l'incorrection et à l'irrégularité plus ou moins
grande de leur signature en elle-même, on appréciera
(*loc. supra,* n° 305 ; comp. Amiens, 2 avril 1840, D.,
1840, II, 147 ; Cass., 24 juill. 1840, Mirault, Dev., 1841,
I, 79 ; Cass., 4 mars 1840, Boisgirard, Dev., 1841, I,
442).

323. — Nous avons déjà d'ailleurs exprimé l'avis que
le notaire doit faire mention de la signature des témoins
(*supra,* n° 234).

324. — Telle est, disons-nous, la règle que tous les
témoins doivent signer.

Le législateur, toutefois, a compris qu'il pourrait être,
dans certaines localités, difficile et souvent même impossible de réunir un nombre suffisant de témoins en état de
signer, et pouvant inspirer confiance au testateur ; de
les réunir, comme il le faut quelquefois, en cas pareil,
presque instantanément.

Et, afin de ne pas rendre impossible, pour un grand
nombre de personnes, la faculté même de tester, il a
décidé que : « dans les campagnes, il suffira qu'un des
« deux témoins signe, si le testament est reçu par deux

« notaires, et que deux des quatre témoins signent, s'il
« est reçu par un notaire. »

Faut-il alors que celui ou ceux des témoins, qui ne
signent pas, déclarent eux-mêmes ne savoir ou ne pouvoir signer?

L'ordonnance de 1735 l'exigeait formellement ainsi :

« *Et à l'égard de ceux qui ne sauront ou ne pourront le*
« *faire, il sera fait mention qu'ils ont été présents et ont*
« *déclaré ne savoir ou ne pouvoir signer.* » (Art. 28, 34,
45.)

Mais, au contraire, cette condition n'a pas été reproduite par nos textes modernes :

Ni par la loi du 25 ventôse an XI, dont l'article 14
n'exige que *des parties*, la déclaration de ne savoir ou de
ne pouvoir signer ;

Ni par le Code Napoléon, dont l'article 974 n'en dit
rien.

D'où il faut conclure, suivant nous, que, en effet, la
déclaration des témoins *non signataires*, de ne savoir ou
de ne pouvoir signer, n'est pas aujourd'hui requise ; car
on ne saurait exiger, sous peine de nullité, une formalité,
qu'aucun texte ne rend obligatoire! (Comp. Toulouse,
27 avril 1813, Merle; et 29 juin 1821, Déoux, Sirey,
1822, II, 168, 169; Merlin, *Répert.*, v° *Signature*, § 3,
art. 2, n° 1; Grenier, t. II, n° 242 *bis*; et Bayle-Mouillard, *h. l.*, note *d;* Vazeille, art. 974, n° 1; Troplong,
t. III, n° 1596; Zachariæ, Aubry et Rau, t. V, p. 521.)

325. — Mais, du moins, n'est-il pas nécessaire, dans
ce cas, que le notaire fasse mention lui-même, de son
chef, du défaut de signature des témoins et de la cause
qui les a empêchés de signer?

L'affirmative semblerait, cette fois, devoir être admise:

1° En effet, puisque, pour ceux des témoins, qui ont
signé, il doit être fait, sous peine de nullité, mention de
leur signature, comment se pourrait-il que, pour ceux
qui n'ont pas signé, aucune mention ne fût requise de

ce défaut de signature! ne serait-ce pas une inconséquence!

2° Et puis, à laisser ainsi, sans aucune explication, ce défaut de signature d'un ou de deux témoins, ne courrait-on pas le risque de voir mettre en doute le fait même de leur présence à la réception de ce testament, dans lequel ils n'auraient pas signé, et où aucune mention ne remplacerait leur signature!

3° Voilà pourquoi le législateur exige la mention par l'officier public, de la cause, qui a empêché les témoins de signer, toutes les fois qu'il admet que leur signature elle-même ne sera pas nécessaire; ainsi, dans les actes de l'état civil (art 39); ainsi, dans les testaments privilégiés, pour lesquels l'article 998 dispose que : « Dans le « cas ou la présence de deux témoins est requise, le « testament sera signé au moins par l'un d'eux; *et qu'il* « *sera fait mention de la cause pour laquelle l'autre n'aura* « *pas signé;* » or, s'il en est ainsi pour les testaments privilégiés, qui sont soumis à des formes moins rigoureuses, comment en serait-il autrement pour les testaments ordinaires, où les formes sont plus rigoureusement exigées! (Comp. Duranton, t. IX, n° 103; Zachariæ, Aubry et Rau, t. V, p. 521.)

Malgré la gravité de ces motifs, nous croyons qu'il n'est pas non plus nécessaire, à peine de nullité, que mention soit faite du défaut de signature des témoins, ni de la cause qui les a empêchés de signer.

Notre argument est le même, à savoir : qu'on ne saurait exiger, sous peine de nullité, une formalité, que le texte même de la loi n'exige pas; or, ni le texte de l'article 974, ni aucun autre, n'exige cette mention!

L'article 39 l'exige dans les actes de l'état civil! — D'accord!

L'article 998 l'exige dans les testaments privilégiés! — Il est encore vrai !

Mais cela ne fait pas que l'article 974 l'exige dans les testaments de droit commun.

Nous ne voulons pas nier sans doute l'anomalie, qui en résulte, et qu'il est fort singulier que, tandis que la signature des témoins, qui est là, en toutes lettres, doit être mentionnée, il ne soit pas nécessaire de mentionner le défaut de leur signature !

Mais précisément, c'est peut-être cette anomalie elle-même, qui va nous donner le secret de l'omission et de l'inadvertance, que nous constatons ici de la part du législateur.

En vertu de quel texte est requise la mention de la signature des témoins ? c'est, nous l'avons dit, en vertu de l'article 14 de la loi du 25 ventôse an XI, à laquelle le Code Napoléon, par son silence sur ce point, s'est tacitement référé (*supra*, n° 323).

Or, la loi du 25 ventôse an XI n'a pas exigé la mention du défaut des signatures des témoins ; et cela, par la raison toute simple, que d'après cette loi, tous les témoins, dans les actes notariés ordinaires, doivent signer!

Et voilà comment il a pu arriver que les rédacteurs du Code, en admettant, pour les testaments, une hypothèse, qui ne pouvait pas se présenter pour les autres actes notariés, n'ont pas songé à régulariser cette hypothèse spéciale, qui sortait des prévisions de la loi du 25 ventôse an XI.

Il est vrai qu'ils avaient, sous les yeux, l'Ordonnance de 1735, qui aurait pu les en faire souvenir.

Quoi qu'il en soit, ce qui nous paraît certain, c'est qu'il ne serait pas possible de prononcer la nullité d'un testament, par le motif que le notaire n'aurait pas fait mention du défaut de signature d'un ou de deux témoins, dans le cas prévu par l'article 974 (comp. Coin-Delisle, art. 974, n° 7 ; Bayle-Mouillard sur Grenier, t. II, n° 246, note *b* ; Demante, t. IV, n° 119 *bis*, II ; D., *Rec. alph.*, *h. v.*, n° 2054; Saintespès-Lescot, t. IV, n° 1096).

326. — Est-il besoin, d'ailleurs, d'ajouter que les notaires feront bien de mentionner le défaut de signature des témoins ainsi que la cause qui les empêche de signer.

Sans doute, il n'est pas nécessaire que cette mention porte sur la déclaration du témoin, qui n'est tenu de rien déclarer (*supra,* n° 324).

Mais, du moins, est-il prudent que le notaire lui-même la fasse, de son chef; cela est, disons-nous, prudent, quoique l'absence de cette mention ne nous paraisse pas être une cause de nullité (*supra,* n° 325).

327. — C'est *dans les campagnes,* que l'article 974 se contente de la signature de la moitié des témoins.

Mais quel est ici le sens de ces mots?

L'Ordonnance de 1735 exigeait la signature de tous les témoins *dans les villes ou bourgs fermés,* et se contentait de la signature de la moitié des témoins *dans les autres lieux* (art. 45).

On conçoit que notre Code n'ait pas reproduit ces expressions; car nous n'avons plus guère aujourd'hui de villes ou de bourgs avec des murs d'enceinte.

Le Tribunat avait demandé que l'on considérât comme campagnes *les communes au-dessous de mille âmes;* en faisant remarquer qu'il serait *infiniment sage de ne point laisser d'arbitraire sur la détermination des lieux où un nombre moindre de témoins signataires suffirait* (Locré, *Législat. civ.,* t. XI, p. 319, 320).

Mais il ne fut pas donné suite à cette proposition; et le mot : *campagnes,* se trouve seul, dans notre article.

En faut-il conclure que le législateur de 1804 a voulu l'opposer purement et simplement aux anciens mots de l'Ordonnance, et que, dès lors, tout ce qui sera *ville ou bourg,* ne pourra pas être considéré comme *campagne;* d'où il résulterait que ce mot, dans l'article 974, ne s'entendrait que de la pleine campagne ?

Quoiqu'on ait paru le penser ainsi d'abord (comp.

Douai, I, juin 1812, *J. du P.*, X, p. 434), ce serait évidemment là une interprétation trop restrictive !

Ce qui est vrai, c'est que notre Code, ayant employé ce mot sans le préciser, s'en est, par cela même, remis à l'appréciation des juges du fait, sur le point de savoir si la localité, dans laquelle le testament a été reçu, devrait ou ne devrait pas être considérée comme campagne; et il est clair que, dans le silence de la loi, cette appréciation doit être faite eu égard au motif qui a dicté l'exception de l'article 974 ;

Or, ce motif, c'est la difficulté extrême et souvent peut-être l'impossibilité de trouver, dans certains lieux, des témoins sachant signer;

Donc, c'est d'après les circonstances, et suivant que les juges reconnaîtront que cette difficulté ou cette impossibilité existait ou n'existait pas dans la localité où le testament a été passé, qu'ils auront à décider si l'article 974 était ou n'était pas applicable.

Telle est, en effet, la solution généralement admise dans la doctrine et dans la jurisprudence.

Il se pourra donc que l'on considère *comme campagnes*, dans le sens de l'article 974, certaines localités, qui seraient d'ailleurs désignées sous les noms de bourgs ou de villes ; — fût-ce même un chef-lieu de canton, si d'ailleurs la population n'est pas considérable ; si elle n'est pas agglomérée ; si, la population étant relativement considérable, la majorité des habitants est livrée aux travaux des champs ; — fût-ce même, dirons-nous aussi, une ville, si le testament a été reçu dans un lieu, qui en dépendait, mais éloigné et isolé.

De même, en sens inverse, qu'il se pourra que l'on ne doive pas considérer comme *campagnes*, d'autres localités, comme il y en a aujourd'hui beaucoup, auxquelles, dans l'usage, on ne donne pas la qualification (assez arbitraire d'ailleurs), de bourgs ou de villes, mais qui, malgré leur nom de *villages*, qu'ils ont gardé, n'en res-

semblent pas moins à des villes, par la forme et l'agglo-
mération de leurs constructions, par les établissements
qu'ils renferment, par le nombre et les habitudes com-
merciales de leur population.

Ceci prouve, au reste, que l'observation du Tribunat
ne manquait pas de prévoyance ; et que les notaires feront bien, tant qu'ils le pourront, de ne pas s'exposer à
ces difficultés, en exigeant que tous les témoins sachent signer (comp. notre *Traité des Servitudes*, t. I, n° 380 ; Turin, 23 mai 1810, Sirey, 1811, II, 53 ; Cass., 10 juin
1817, Sirey, 1819, I, 11 ; Lyon, 20 nov. 1828, Sirey,
1829, II, 220 ; Cass., 10 mars 1829, Sirey, 1829, I, 252 ;
Bordeaux, 20 avril 1829, Sirey, 1829, II, 360 ; Grenoble,
22 mars 1832, Dev., 1833, II, 133 ; Grenoble, 7 juill.
1838, D., 1839, II, 11 ; Angers, 17 juin 1841, D., 1841,
I, 193 ; Grenier, t. II, n° 145 ; et Bayle-Mouillard, *h. l.*,
note *a ;* Troplong, t. III, n° 1595 ; Demante, t. IV,
n° 119 *bis ;* Saintespès-Lescot, t. IV, n°ˢ 1093, 1094).

§ III.

Du testament mystique.

SOMMAIRE.

328. — Notions historiques.
329. — Des avantages et des inconvénients du testament mystique.
330. — Exposition générale des formes du testament mystique.
331. — Suite. — Division.
332. — I. *De l'écriture intérieure du testament.* — Le testateur peut
l'écrire lui-même, ou le faire écrire par un autre.
333. — Suite.
334. — Suite.
335. — Suite.
336. — Suite.
337. — Suite.
338. — Suite.
339. — Il n'est pas nécessaire que la disposition intérieure soit datée.
Explication.
340. — Suite.
341. — Suite.
342. — En règle générale, l'écriture intérieure doit être signée par le
testateur. — Observation.

343. — II. *De la clôture et du scel.* — Cette opération peut être faite d'avance; ou elle peut être faite, en présence du notaire et des témoins.

344. — L'acte de suscription peut être dressé soit sur le papier même qui renferme le testament, soit sur l'enveloppe, qui couvre ce papier. Observation.

345. — Que signifient ces mots : *clos et scellé?* et en quoi consiste cette double opération?

346. — Suite. — Suffit-il que le testament soit fermé de manière à ne pouvoir être ouvert sans bris ou fracture? Ou faut-il encore, outre la clôture, qu'il soit muni d'un cachet portant une empreinte?

347. — Suite.

348. — Suite.

349. — Suite.

350. — Suite.

351. — Suite.

352. — Le secret est-il de l'essence du testament mystique?

353. — Suite.

354. — III. *De la présentation du papier intérieur par le testateur au notaire et aux témoins ; et de l'acte de suscription.*

355. — Suite.

356. — L'acte de suscription est un acte notarié. — Conséquence.

357. — Suite. — Faut-il que l'acte de suscription soit écrit par le notaire lui-même?

358. — Faut-il qu'il soit passé en minute?

359. — Suite.

360. — La capacité du notaire, dont le Code ne s'est pas occupé, est, en conséquence, réglée par la loi du 25 ventôse an xi. — Mais il importe de ne pas confondre la disposition intérieure avec l'acte de suscription.

361. — Suite. — Le notaire peut-il dresser l'acte de suscription, si le papier intérieur renferme une disposition soit au profit de ses parents ou alliés, soit à son profit personnel?

362. — Suite. — *Quid,* si le papier intérieur avait été écrit par le notaire lui-même?

363. — Les témoins doivent être au nombre de six au moins. — Observation.

364. — Il est même nécessaire d'appeler un témoin de plus, dans le cas où le testateur ne sait pas signer, ou n'a pas pu le faire, lorsqu'il a fait écrire ses dispositions.

365. — Suite. — C'est à l'opération tout entière, et non pas seulement aux signatures, que ce septième témoin doit être appelé.

366. — Suite.

367. — Suite.

368. — La capacité légale absolue des témoins, pour les testaments mystiques, est, de même que celle des témoins pour les testaments par acte public, réglée par l'article 980.

369. — En est-il ainsi de *la capacité naturelle absolue?* — Un aveugle ou un sourd peut-il être témoin d'un testament mystique?

370. — *Quid,* de celui qui ne comprendrait pas la langue, dans laquelle le testateur fait sa déclaration au notaire et aux témoins?

328. Le testament mystique procède du droit romain; il n'était pas observé, en France, dans les pays de coutume; mais il avait été admis dans les pays de droit écrit, dont il était le testament *solennel*, et qui en avaient emprunté les formes au dernier état de la législation Justinienne (L. 21, *Hac consultissima*, Cod. *De testamentis;* comp. *supra*, n° 52; Chabrol, sur la *Cout. d'Auvergne*, XII, 48; Furgole, *des Testaments*, chap. II, sect. III, n° 12).

L'Ordonnance de 1735, en le maintenant dans les pays de droit écrit, lui avait conservé ses formes romaines (art. 9 à 12, 38, 43).

Et le Code Napoléon en l'établissant dans toute la France, a lui-même presque littéralement reproduit les articles de l'Ordonnance.

329. Le testament mystique a, sur le testament olographe, cet avantage qu'il participe, à certains égards, de l'authenticité du testament par acte public.

Et il a cet avantage, sur le testament par acte public, qu'il est secret, ainsi que son nom lui-même l'indique, et qu'il ne met ni le notaire ni les témoins dans la confidence du testateur : « ..... *si nullum scire volunt ea, quæ in eo scripta sunt....* » (L. 21, Cod. *supra.*)

Papon le vantait même, sous ce rapport, assez naïvement, en ces termes :

« Tout homme ayant du bien, sous l'espoir duquel il est entretenu, caressé, servi, suivi, obéi, aimé et honoré de son vivant, doit tenir couvert, suspens et douteux envers tous, lequel de ses parents et amis sera son héritier..., afin qu'il ne perde et irrite le reste. Par ainsi, lui est donnée forme de testament, par où autre que lui ne pourra savoir quel doit être et sera son héritier. » (Premier notaire, liv. VII, *des Testaments,* p. 429.)

Pourtant, cette forme de testament est, dans nos mœurs, beaucoup moins usitée que les deux autres ; ce qu'il faut attribuer sans doute à sa plus grande complication, e peut-être aussi à son origine romaine, surtout dans les anciens pays de coutume (comp. aussi Papon, liv. VII, *des Testaments,* p. 429 et suiv.; Bayle-Mouillard sur Grenier, t. II, n° 258 *bis,* note *a*).

330. — L'article 976 est ainsi conçu :

« Lorsque le testateur voudra faire un testament mys-
« tique ou secret, il sera tenu de signer ses dispositions,
« soit qu'il les ait écrites lui-même, soit qu'il les ait fait
« écrire par un autre. Sera le papier, qui contiendra ses
« dispositions, ou le papier, qui servira d'enveloppe, s'il
« y en a une, clos et scellé. Le testateur le présentera
« ainsi clos et scellé au notaire et à six témoins au moins ;
« ou il le fera clore et sceller en leur présence ; et il dé-
« clarera que le contenu en ce papier est son testament
« écrit et signé de lui, ou écrit par un autre et signé de
« lui ; le notaire en dressera l'acte de suscription, qui sera
« écrit sur ce papier ou sur la feuille, qui servira d'en-
« veloppe ; cet acte sera signé tant par le testateur que
« par le notaire, ensemble par les témoins. Tout ce
« que dessus sera fait de suite et sans divertir à autres
« actes ; et, en cas que le testateur, par un empêchement

« survenu depuis la signature du testament, ne puisse
« signer l'acte de suscription, il sera fait mention de la
« déclaration, qu'il en aura faite, sans qu'il soit besoin,
« en ce cas, d'augmenter le nombre des témoins. »

Ainsi, d'une part, la présentation faite par le testateur
au notaire et aux témoins, d'un papier, qu'il déclare être
son testament;

D'autre part, l'acte de suscription dressé par le notaire, afin de garantir l'identité de ce papier et d'empêcher les altérations, ou substitutions frauduleuses, que
l'on voudrait essayer d'y faire :

Voilà la forme essentielle du testament mystique.

Et nous allons voir, en effet, que les différentes conditions, que le législateur y exige, se proposent toutes
ce double but :

D'abord, de constater la présentation du testament,
avec la déclaration personnelle du testateur, où se trouve
toute la garantie de la sincérité de ce testament, qui n'est
pas dicté par le testateur, et qui peut même n'être ni
écrit ni signé par lui;

Et ensuite, de protéger le papier remis par le testateur
au notaire, contre les fraudes, dont il pourrait être l'objet.

331. — Ces conditions sont principalement, d'après
l'article 976, au nombre de quatre, à savoir :

I. L'écriture du testament;

II. La clôture et le scel;

III. La présentation au notaire et aux témoins, avec la
déclaration du testateur, et l'acte de suscription;

IV. L'unité de temps et de lieu.

332. — I. Le testateur peut écrire lui-même ses dispositions.

Il peut aussi les faire écrire par un autre, soit qu'il
ne sache ou ne puisse pas écrire, soit que, par un motif
quelconque, il ne veuille pas écrire lui-même, quoique
sachant et pouvant le faire; la loi ne distingue pas.

333. — *Par un autre,* dit notre article 976; *vel cujus-*

libet alterius, disait aussi la loi romaine (L. 21, Cod. *de Testam.;* ajout. l'article 9 de l'Ordonnance de 1735).

Rien de plus général ! et il n'est pas, en effet, douteux que le testament mystique peut être écrit par un tiers, quel qu'il soit :

Par le notaire, qui dressera ensuite l'acte de suscription, et qui est alors employé, non pas comme personne publique, mais comme personne privée (*voy.* l'espèce de l'arrêt de la Cour de cassation du 22 juin 1852, de Murat, Dev., 1852, I, 699);

Par l'une des personnes qui y seront appelées comme témoins;

Par un mineur, un étranger, ou une femme;

Par un légataire, fût-ce même par celui que le testament instituerait seul légataire universel !

Car ce n'est pas dans l'écriture du testament que réside la garantie de cette forme ; c'est dans la lecture, que le testateur en fait lui-même, et dans la déclaration, par laquelle il l'atteste et se l'approprie devant le notaire et les témoins (comp. Nîmes, 21 fév. 1821, les pauvres de la commune de Chirac, Sirey, 1822, II, 274; Gand, 15 juin 1839, Verspeyen, D., *Rec. alph., h. v.,* n° 3231 ; Bordeaux, 6 avril 1854, Deymard, Dev., 1854, II, 736; Merlin, *Répert.,* v° *Testament,* sect. II, § 3, art. 2, n° 20; Toullier, t. III, n° 456; Duranton, t. IX, n° 126 ; Grenier, t. II, n° 263; Poujol, art. 976, n° 4 ; Coin-Delisle, art. 976, n° 4; Troplong, t. III, n° 1621 ; Zachariæ, Aubry et Rau, t. V, p. 522 ; Massé et Vergé, t. III, p. 112 ; Saintespès-Lescot, t. IV, n° 1124).

334. — Aussi, le testament peut-il être écrit indifféremment, soit par une seule personne ou par plusieurs, soit en partie par le testateur lui-même et en partie par un autre, ou par plusieurs autres (comp. Cass., 11 mai 1841 ; Merlin, *Répert., loc. supra cit.,* n° 12; *voy.* pourtant *infra,* n° 335).

335. — Il n'est pas même, en général, nécessaire que

le testament fasse connaître le nom de la personne qui l'a écrit; ni, par conséquent, que le testament soit signé de cette personne.

Par un autre, dit seulement notre texte (comp. Metz, 22 janv. 1833, Nivoix, D., 1834, II, 158 ; Cass., 16 déc. 1834, mêmes parties, D., 1835, I, 158).

Et s'il arrive quelquefois que le notaire le déclare, lorsqu'il l'écrit lui-même, avant de dresser l'acte de suscription, ce n'est là, dit Grenier, qu'un *trait de délicatesse*, qui n'est pas commandé par la loi.

Ajoutons pourtant que, dans le cas où le testament a été écrit en partie par le testateur, et en partie par un autre, il importe que cette circonstance soit déclarée par le testateur et mentionnée dans l'acte de suscription (art. 976 ; *infra*, n° 364) ; car autrement, ce mélange d'écritures différentes pourrait faire soupçonner quelque altération, et entraîner la nullité du testament, surtout si la réalité du fait n'était pas conforme à la déclaration du testateur. C'est alors aux magistrats qu'il appartiendrait d'apprécier l'état de la pièce, et de vérifier si le défaut de conformité entre l'écriture du testament et la déclaration du testateur, est assez grave pour faire légitimement douter que le papier, sur lequel l'acte de suscription a été dressé, soit bien le même que celui sur lequel le testament a été écrit.

On ne devrait guère, en général, hésiter à valider le testament, si la déclaration du testateur étant que le testament a été écrit *par un autre*, il s'y trouvait seulement quelques corrections faites *par lui*, ou même quelques additions, de peu d'importance, qu'il y aurait faites.

Le cas, au contraire, serait plus grave, si le testateur ayant déclaré que le testament a été écrit *par lui*, il s'y trouvait des dispositions écrites *par un autre* ; il faudrait alors examiner les circonstances du fait, et notamment si la clôture et le scellé n'offriraient pas des imperfections ou des traces d'altération, etc. (Comp. Cass., 11

mai 1821, Berty, D., *Rec. alph.*, *h. v.*, n° 3245; Lyon,
26 janv. 1822, Sirey, 1823, II, 295; Merlin, *Répert.*, *loc.
supra cit.*, n° 12; Bayle-Mouillard sur Grenier, t. II,
n° 264, note *b*, Troplong, t. III, n° 1631 ; Zachariæ, Aubry
et Rau, t. V, p. 522; Massé et Vergé, t. III, p. 113.)

336. — Mais voici que la tierce personne, qui a écrit
le testament, l'a signé.

Qu'importe! sa signature, qui n'est pas exigée, n'est
pas non plus défendue! (Comp. Cass., 8ᵉ avril 1806, D.,
Rec. alph., *h. v.*, n° 3247; Bayle-Mouillard sur Grenier,
t. II, n° 264, note *b*.)

337. — Avons-nous besoin d'ajouter qu'il n'est pas
nécessaire, lorsque le testament est écrit par une tierce
personne, qu'il lui soit *dicté* par le testateur!

Que le testateur l'ait lu, voilà tout ce qu'il faut ; de
quelque manière d'ailleurs que le tiers ait écrit, soit sous
sa dictée, soit en copiant un modèle, ou de toute autre
manière (*supra*, n° 333).

338. — Mais, du moins, faut-il que le testateur l'ait
lu; car c'est dans cette lecture, que réside essentiellement la garantie que le papier, qu'il présente, renferme
bien ses volontés!

Ce n'est pas, d'ailleurs, que la loi exige que l'écriture
intérieure mentionne que le testateur l'a lue; Furgole
atteste que l'ancien droit n'exigeait pas cette condition
(chap. II, sect. III, n° 21); et rien, dans notre droit nouveau, n'autoriserait non plus à l'exiger.

Ce qui est seulement indispensable, c'est que le testateur ait pu le lire et qu'il ne soit pas établi qu'il ne l'a
pas pu! (Art. 978, *infra*; n°˙ 399 et 399 *bis*.)

339. — Notre Code n'ordonne pas, si ce n'est dans un
cas exceptionnel, que l'écrit, qui renferme les dispositions, soit daté (comp. art. 976 et 979; *infra*, n° 405).

Et il a, en ce point, dérogé à l'Ordonnance de 1735,
qui voulait, au contraire, que la règle générale, qui exige
que les testaments soient datés, fût observée, dans les tes-

tamenls mystiques, *tant pour la date de la disposition que pour celle de la suscription.*

De cette dérogation, d'ailleurs, l'explication n'est pas difficile :

C'est que la date du testament mystique n'est pas celle *de la disposition,* mais seulement celle *de la suscription.*

De sorte que, dans le cas même où la disposition porterait une date différente de celle de la suscription, une date, par exemple, de beaucoup antérieure, c'est à la date de la suscription, qu'il faudrait toujours s'attacher, pour décider :

1° Si le testateur était ou n'était pas incapable de faire la disposition qu'il a faite; d'où il suit que la disposition serait valable, s'il avait été capable à la date de la suscription, quoiqu'il eût été incapable, à la date de la disposition, et *vice versa;*

2° Lequel, entre plusieurs testaments, est antérieur ou postérieur aux autres; d'où il suit que la disposition devrait être considérée comme postérieure à des testaments, qui porteraient une date plus récente, si la suscription, qui la confirme, portait elle-même une date postérieure à ces testaments!

La suscription, en effet, c'est le procès-verbal de la déclaration du testateur, de sa déclaration actuelle, à la date même où ce fait se passe, que le papier, qu'il présente, est son testament; et par conséquent, c'est bien à cette date que la disposition renfermée dans ce papier, est faite par lui! (Comp. Cass., 14 mars 1809, Capdeville, Sirey, 1809, I, 255; Colmar, 20 janv. 1824; Merlin, *Répert.,* v° *Testament,* sect. II, § 3, art. 3, n° 10; Toullier, t. III, n° 475; Bayle-Mouillard sur Grenier, t. II, n° 266, note *a;* Duranton, t. IX, n° 123; Troplong, t. III, n° 1623; Zachariæ, Aubry et Rau, t. V, p. 538; Demante, t. IV, n° 124 *bis,* I; Saintespès-Lescot, t. IV, n° 1127.)

340. — Ceci prouve que la forme mystique peut être un moyen de valider des dispositions, qui auraient été faites antérieurement, dans un testament olographe, qui serait nul comme tel.

Le testateur, qui peut-être ne peut plus écrire, et qui répugne néanmoins à employer la forme du testament par acte public, peut faire revêtir ce testament olographe de la forme mystique.

Et, dans cette transformation du testament olographe en testament mystique, la nullité, qui viciait le premier, disparaît! (Comp. Bayle-Mouillard sur Grenier, t. II, n° 258, note *a*.)

341. — Que l'écriture intérieure puisse être faite à différentes reprises et en plusieurs séances, et à une époque quelconque, antérieure à l'acte de suscription, cela est évident. Qu'importe, en effet, le temps qu'on y a mis, et l'époque où elle a été faite, et l'intervalle plus ou moins long, qui a pu s'écouler entre la disposition et l'acte de suscription !

Cette écriture que voilà, est-elle bien celle que le testateur présente comme son testament? cela suffit.

Aussi, n'est-ce pas à cette écriture que s'applique la condition de *ne pas divertir à autres actes*, que notre article 976 exige ; c'est seulement à l'acte de suscription (comp. *infra*, n° 388; Troplong, t. III, n° 1624; Demante, t. IV, n° 121 *bis*, I; Saintespès-Lescot, t. IV, n° 1128).

342. — Le testateur, dit l'article 976, *sera tenu de signer* ses dispositions, soit qu'il les ait écrites lui-même ou qu'il les ait fait écrire par un autre.

L'article 9 de l'Ordonnance de 1735 était conçu dans les mêmes termes ; et Furgole en concluait que « cet article n'exigeant qu'un seing, il faut l'apposer à la fin de l'écrit, et qu'il n'est pas nécessaire que le testateur signe à chaque page. » (*Des Testam.*, chap. II, sect. III, n° 21.)

Nous l'avons aussi admis, même pour le testament olographe (*supra*, n° 128); à plus forte raison devons-nous l'admettre pour le testament mystique, où la signature du testateur n'est pas même indispensable (*infra*, n° 364).

343. — II. Le papier, qui contient les dispositions, doit être *clos* et *scellé*.

Cette opération peut être faite d'avance, de manière que le papier soit présenté clos et scellé au notaire et aux témoins;

Ou le testateur peut le faire clore et sceller en leur présence.

Dans l'un et l'autre cas, le testateur peut le faire clore et sceller par qui bon lui semble, sans qu'il soit nécessaire d'indiquer la personne qu'il en a chargée; c'est évidemment par inadvertance que Duranton (t. IX, n° 124), a écrit que, si le testament n'est pas encore clos et scellé, lors de la présentation, il doit être clos et scellé *par le notaire;* car l'article 976 ne l'exige pas ainsi (comp. Marcadé, art. 976, n° 2; D., *Rec. alph., h. v.,* n° 3256; Saintespès-Lescot, t. IV, n° 1431).

L'Ordonnance de 1735 paraissait bien exiger que le papier, qui renferme les dispositions, fût toujours clos et scellé, lors même qu'il se trouvait sous une enveloppe, qui devait être aussi close et scellée (art. 9).

Ce qui faisait, dans ce dernier cas, double clôture et double scel. (Comp. Furgole, chap. i, sect. iii, n° 22; Locré, *Législat. civ.,* t. XI, p. 320.)

Il n'en est pas ainsi, d'après l'article 976, qui n'exige la clôture et le scel qu'une fois; à savoir:

Soit du papier, qui renferme les dispositions, s'il n'y a pas d'enveloppe;

Soit seulement de l'enveloppe, s'il y en a une, sous laquelle ce papier est placé.

344. — On peut, en effet, mettre ou non le testament sous enveloppe:

« A moins pourtant, disait justement Bergier, que l'écrit ne finît que sur la dernière page de la feuille ou du cahier; car alors il devient indispensable de se servir d'une enveloppe pour couvrir l'écriture, de manière qu'elle ne paraisse pas à l'extérieur. » (Sur Ricard, t. I, p. 412; *infra,* n° 345.)

345. — Que signifient ces mots *clos* et *scellé?* et en quoi consiste cette double opération ?

L'article 9, que nous venons de citer de l'ancienne Ordonnance, portait que le papier serait clos et scellé *avec les précautions en tel cas requises et accoutumées.*

Et ces expressions avaient été conservées dans l'article 88 du projet adopté par le conseil d'État, et correspondant à notre article 976 (Locré, *Législat. civ.*, t. XI, p. 284).

Mais elles furent supprimées, sur l'observation du Tribunat, *qu'elles ne signifiaient rien de positif, et que ce qui précédait suffisait pour la sûreté du testament.* (Locré, *loc. supra cit.*, p. 320.)

De là sans doute il ne faut pas conclure que le législateur de 1804 a entendu répudier les anciennes traditions et changer la signification des mots, qui avait été consacrée par la doctrine et par l'usage.

Tout au contraire ! en reproduisant les mêmes mots qu'avait employés l'Ordonnance, il leur a certainement conservé la même acception, qu'ils avaient autrefois reçue.

346. — Cette observation nous paraît importante ; elle est, à notre avis, le moyen de solution d'une difficulté, qui s'est depuis longtemps élevée dans cette matière, et sur laquelle de vives dissidences s'agitent encore aujourd'hui.

Il s'agit de savoir s'il suffit, pour que le testament soit *clos et scellé*, qu'il soit fermé de manière à ne pouvoir être ouvert sans bris ou fracture ?

Ou s'il faut, outre la clôture, qu'il soit muni d'un scel, c'est-à-dire d'un cachet portant une empreinte ?

D'après une doctrine accréditée par d'imposants suffrages, cette dernière condition ne serait pas nécessaire :

1° L'article 975, dit-on, qui exige que le testament soit *clos et scellé*, ne détermine pas de quelle manière cette disposition devra être exécutée ; et c'est, en conséquence, aux juges du fait qu'il appartient d'apprécier si le mode de clôture et de scel, qui a été pratiqué, remplit le but que la loi s'est proposé;

Or, ce que la loi a voulu, c'est assurer le secret et la conservation de l'écrit, qui renferme les volontés du testateur, et qu'il fût, dès lors, fermé de façon à ce qu'il fût impossible de l'ouvrir sans laisser des traces de fracture;

Donc, tout mode de clôture et de scel, qui atteindra ce but, devra être considéré comme suffisant, lors même que le papier, qui renferme le testament, ou le papier, qui lui sert d'enveloppe, ne serait pas revêtu d'un sceau ou cachet avec empreinte.

2° C'est que, en effet, le mot : *scellé*, dans l'article 976, ne signifie pas que le testateur doive apposer un sceau portant une empreinte ; il exprime seulement qu'il ne suffit pas que le testament soit *clos* d'une manière quelconque, avec un ruban, par exemple, ou un lacet, ou du fil ou des épingles, qui permettraient de l'ouvrir et de le refermer sans bris ni fracture; mais qu'il faut qu'il soit clos d'une certaine manière, qui est précisément le scel ou le *scellement*, avec de la cire ou du pain à cacheter, ou de la colle forte, ou de la gomme, qui en rende l'ouverture impossible sans effraction! le *scel*, en un mot, ce n'est qu'un mode spécial de *clôture ;* et c'est en ce sens qu'on dit *sceller* une porte, une bouteille, c'est-à-dire la fermer d'une certaine façon, qui ne permet plus de l'ouvrir, sans laisser des traces de cette ouverture.

3° Il est d'autant plus impossible d'entendre le mot *scellé* en ce sens qu'il exigerait l'apposition d'un sceau muni d'une empreinte, que, de nos jours, et depuis longtemps déjà, les particuliers n'ont plus de sceau. Il est vrai que, chez les Romains, et en France, pendant le moyen âge, les simples citoyens ont été dans l'usage de se servir de sceaux privés dans les actes à l'effet de confirmer ou même de remplacer leur signature, *annulus signatorius;* mais cet usage a disparu; et les expressions :

scellé, *sceau*, ne s'appliquent aujourd'hui, dans les lois comme dans l'usage, que lorsqu'il s'agit, pour les personnes publiques, d'attribuer à leurs actes un caractère de solennité.

Mais il n'en est pas ainsi des simples citoyens, dont un grand nombre ne possède même pas de sceaux ou de cachets, et dont les sceaux ou cachets, d'ailleurs, pour ceux qui en possèdent, seraient sans aucun caractère aux yeux de la loi.

4° On ajoute enfin, d'une part, que, à supposer que l'apposition d'un sceau avec empreinte fût nécessaire, on ne pourrait pas exiger (ce que la loi n'exige certainement pas), que ce sceau fût celui du testateur, qui pourrait ne pas en avoir; et d'autre part, que le notaire ne serait pas tenu de décrire, dans son acte de suscription, les signes distinctifs de cette empreinte, puisque la loi ne l'exige pas davantage; d'où il suit que cette empreinte n'offrirait aucun supplément de garantie, et qu'il est tout simple, dès lors, que le législateur ne l'ait pas exigée (comp. Agen, 27 févr. 1855, Simon, Dev., 1855, II, 340; Cass., 2 avr. 1856, mêmes parties, Lonbathères, Dev., 1856, I, 581; Malleville, art. 976; Vazeille, art. 976, n° 4 ; Coin-Delisle, art. 976, n° 28; Demante, t. IV, n° 121 *bis*, II ; Mourlon, qui cite en ce sens M. Valette, *Répét. écrit.*, t. II, p. 340, 341; Mimerel, *Revue crit. de Législat.*, 1856, t. I, p. 292 ; Massé et Vergé sur Zachariæ, t. II, p. 112; Saintespès-Lescot, t. IV, n° 1129).

347. — Cette argumentation est d'une gravité incontestable ; et le succès, qu'elle a obtenu dans la jurisprudence, ne nous étonne pas. Nous croyons, il est vrai, pour notre part, que l'article 976 exige que le testament mystique soit revêtu d'un sceau ou cachet portant une empreinte; mais, comme cette formalité n'a pas été, il faut bien le reconnaître, suffisamment organisée, et que la garantie, qui en résulte, sans être nulle assurément, a pu néanmoins paraître assez médiocre, on conçoit que beaucoup et des meilleurs, n'aient pas consenti à en reconnaître la nécessité.

Notre avis est pourtant que cette nécessité existe :

1° L'article 976 exige, en effet, simultanément deux conditions, à savoir : 1° que le papier, qui contient l'écriture intérieure, ou le papier qui lui sert d'enveloppe, soit *clos ;* 2° qu'il soit *scellé ;* et on ne saurait admettre que le législateur, en employant ces deux expressions par trois fois, dans l'article 976, n'ait commis qu'une pure redondance ;

Or, précisément, d'après l'interprétation qui précède, ces deux conditions se confondent ; le terme *clos* devient une inutilité complète dans l'article 976 ;

Donc, cette interprétation n'est pas possible.

Tout ce qui est *clos* n'est pas *scellé,* dit-on !

D'accord ; mais apparemment, aussi, tout ce qui est *scellé* est *clos !*

Donc, si le mot *scellé* signifie *clôture,* le mot *clos,* qui le précède, est tout à fait superflu.

2° Est-il vrai que nous ayons là, en effet, ce pléonasme trois fois répété ?

Pour établir qu'il n'en est pas ainsi, il suffit de rappeler que les rédacteurs de l'article 976, ayant reproduit ces deux expressions d'après l'article 9 de l'Ordonnance de 1735, ont évidemment voulu leur attribuer la même signification, et que les deux conditions, qu'elles exigent, fussent exécutées, dans l'avenir, de la même manière qu'elles l'avaient été dans le passé ; voilà en quel sens il est exact de dire que l'article 976 ne détermine pas le mode de la *clôture* et du *scel ;* en ce sens, qu'en exigeant tout à la fois la clôture et le *scel,* il s'en remet, pour les détails de l'exécution, aux usages antérieurs qui avaient déjà donné l'interprétation pratique de ces mots ;

Or, à cet égard, les témoignages de notre ancien Droit sont nombreux et irrécusables ; on peut les voir dans une intéressante dissertation de M. le président Nicias Gaillard, où la preuve historique déborde ! (*Du testament mys-*

tique, et en particulier de l'obligation de le sceller, Revue crit. de Législat., 1857, t. X.)

« Quand le testateur, disait M. de Lamoignon, voudra tenir sa disposition secrète jusqu'à sa mort, il pourra écrire son testament de sa main, ou le faire écrire par un autre, et le signera, s'il peut écrire ; et le testament *étant fermé et clos* SOUS LE CACHET DU TESTATEUR OU D'AUTRES, seront appelés un notaire et six témoins ; et sera déclaré, en leur présence, par le testateur, que ce qui est écrit dans ce papier ou parchemin, ainsi CLOS est CACHETÉ, et son testament....» (Arrêtés, art. 60 du titre : *des Testaments.*)

Il y en a bien d'autres, qui le proclament ainsi, et Papon (*Premier notaire,* liv. VII, *des Testaments,* p. 429); et Bergier sur Ricard (Ire part., chap. v, sect. II, *Additions,* n° 6); et tous ceux, que le savant magistrat de la Cour de cassation a rappelés.

Si nous citons le passage des arrêtés de Lamoignon, c'est qu'il est, à notre estime, décisif.

Comment, en effet, soutenir qu'il suffit d'une clôture quelconque, sans un sceau ou un cachet, en présence de cet *Arrêté,* qui veut que le testament soit *fermé et clos* SOUS le CACHET DU TESTATEUR OU D'AUTRES.

Et peut-on équivoquer sur ce mot : CACHET, accompagné de ceux-ci : *du* TESTATEUR OU D'AUTRES !

Expressions inintelligibles, s'il ne s'agit pas d'un sceau ou cachet portant une empreinte, qui le rattache à quelqu'un, et si l'on peut employer seulement de la colle ou toute autre substance pareille, à l'égard desquelles la distinction entre le *testateur* et les *autres,* auxquels elle pourrait appartenir, serait un non-sens manifeste !

Aussi, Rousseau de la Combe disait-il, très-nettement, que le testateur doit *sceller* son testament AVEC CACHET ET EMPREINTE. (*Comm. sur les nouv. Ordonn.,* p. 147.)

Voilà les traditions, et comment ces mots de l'Ordonnance : *clos* et *scellé*, avaient été autrefois compris et pratiqués !

3° Ajoutons qu'en les comprenant et en les pratiquant ainsi, nos anciens se conformaient à l'exacte signification, qui leur appartient, dans notre matière, eu égard à l'objet auquel ils s'appliquent.

Oh ! sans doute, ce mot *scellé* est susceptible de plusieurs acceptions diverses ; c'est même un terme de maçonnerie.... *à chaux*, *à plâtre* ou *à ciment* (voy. art. 535); et il est vrai aussi que l'on *scelle* des portes ou des bouteilles !

Mais ce n'est ni de maçonnerie, ni de portes, ni de bouteilles, qu'il est ici question !

Il s'agit d'un papier ou d'une enveloppe.

Or, qu'est-ce qu'un sceau, en cas pareil ? « Rien autre chose, répond Merlin, qu'un instrument à l'aide duquel on fait une ou diverses empreintes sur l'objet auquel on l'applique. » (*Répert.*, v° *Testament*, sect. II, § 3, art. 3, n° 14.)

Sceller le papier, qui renferme un testament, c'est donc y apposer un sceau portant une empreinte ; et ce sens est surtout évident, lorsque la condition de le *sceller* est imposée après la condition de le clore , comme formant elle-même une condition nouvelle et distincte de la première ! (*Voy.* art. 991, 992.)

4° Est-il besoin, enfin, de répondre à l'objection, qui consiste à dire que les simples particuliers, en France, n'ont plus de sceaux !

A la bonne heure ; mais ils ont des *cachets* ; et alors, qu'importe l'objection, *si*, comme le dit M. Nicias Gaillard, *le sceau est un cachet*, et *si le cachet est un sceau*; or, cette parfaite synonymie des deux mots est attestée, de toutes les manières, dans l'ancien Droit et dans le Droit nouveau !

Nous concluons donc que, d'après le texte même de l'article 976, il faut que le testament mystique, outre la

clôture, soit revêtu d'un sceau ou cachet avec empreinte.
(Comp. Cass., 7 août 1810, Philippine, Sirey, 1810, 1,
253; Bruxelles, 18 février 1818, Dev. et Car., *Collect.
nouv.*, V, II, 354; Merlin, *loc. supra cit.*; Delvincourt,
t. II, p. 521, note 14; Grenier, qui après avoir adopté la
doctrine contraire, est revenu à celle-ci, t. II, n° 261 *bis;*
et Bayle-Mouillard, *h. l.*, note *a;* Toullier, t. III, n° 463;
Duranton, t. IX, n° 123; Poujol, art. 976, n° 5; Marcadé,
art. 976, n° 2; Nicias Gaillard, *loc. supra cit.;* Zachariæ,
Aubry et Rau, t. V, p. 523.)

348. — Il est vrai que notre Code, conforme d'ailleurs à l'ancienne Ordonnance, n'exige pas expressément
que le sceau, dont le testament porte l'empreinte, soit
décrit dans l'acte de suscription.

Et c'est en ceci qu'il aurait pu montrer plus de prévoyance. (*Supra*, n° 347.)

Notre savant confrère, M. Ripault, remarquait toutefois, fort justement, à l'audience de la Cour de cassation
du 2 avril 1856, que l'acte de suscription, lorsqu'il sera
bien fait, renfermera toujours cette description. (Dev.,
1856, I, 584.)

Et la vérité est que, dans la pratique, les choses ne se
passent pas autrement.

La loi elle-même semble bien l'avoir ainsi supposé,
puisque l'article 1007 ordonne que, à la mort du testateur, le testament mystique soit présenté au président du
tribunal, et que ce magistrat en fasse l'ouverture et la
description, en présence du notaire et des témoins signataires de l'acte de suscription, qui se trouvent appelés à
reconnaître l'état matériel de la pièce, et par conséquent
le sceau ou le cachet, avec l'empreinte, qu'ils y ont vu
lors de l'acte de suscription. (Comp. Merlin, *Répert.*, v°
Testament, sect. II, § 3, art. 3, n° 14; Bayle-Mouillard
sur Grenier, t. II, n° 261 *bis*, note *a;* Nicias Gaillard,
loc. supra, n 23.)

439. — Peu importe le sceau ou le cachet, dont le

testateur s'est servi : le sien ou celui de tout autre, de
l'un des témoins, par exemple, ou du notaire qui reçoit
l'acte de suscription.... *alterius cujusque.* (L. 22, § 2, ff.,
Qui testam. fac. poss.)

Faut-il aller jusqu'à dire qu'il pourrait y employer
même une pièce de monnaie ou un dé à coudre?

Ce n'est pas là un sceau ni un cachet !

Il est vrai ; et pourtant dès qu'il n'est pas nécessaire
que le sceau ou cachet porte une empreinte spéciale au
testateur, le silence de la loi semble laisser, sur ce point,
une grande latitude.

Preuve nouvelle que la formalité, qu'elle exige, n'a pas
été réglementée comme elle aurait dû l'être !

On sait que l'Administration des postes exclut *les
empreintes banales* pour les lettres chargées ; et il est
permis de croire que le législateur aurait pu, sans gêner
la liberté du testament mystique, préciser aussi un peu
plus cette condition de sceau qu'il exige (nous croyons
l'avoir prouvé), mais qu'il a néanmoins si peu organisée,
que l'on a pu soutenir avec succès qu'il ne l'exigeait pas !
(*Supra*, n° 347 ; comp. Cass., 8 févr. 1820, Guilhem,
Sirey, 1820, II, 194 ; Bruxelles, 16 févr. 1822 ; Colmar,
20 juin 1824; Merlin, *loc. supra cit.* ; Favard de Langlade,
Répert., v° *Testament*, sect. IV, n° 4; Duranton, t. IX,
n° 129 ; Coin-Delisle, art. 976, n° 29 ; Bayle-Mouillard
sur Grenier, t. II, n° 264 *bis*, note *a*; Troplong, t. III,
n° 1628; Zachariæ, Aubry et Rau, t. V, p. 523 ; Demante, t. IV, n° 124 *bis*, II.)

350. — Une seule empreinte suffit, dès que l'ouverture du papier ou de l'enveloppe ne peut se faire sans la
briser, lors même qu'il y aurait d'ailleurs d'autres applications de cire ou de pain à chanter, sans empreinte.

Mais est-ce donc que *le pain à chanter* peut être employé?

Nous le croyons, dès que l'empreinte du sceau peut y

être appliquée. (Furgole, chap. II, sect. III, n° 22; Ferrière, v° *Cachet*.)

Il est clair, toutefois, que la cire est bien préférable ; et elle est, en effet, presque toujours employée. (Comp. Nicias Gaillard, *loc. supra cit.*, n° 20.)

351. — Sur tous ces détails d'exécution d'ailleurs, le législateur s'en est remis à l'appréciation des magistrats.

Ce qu'il a voulu, c'est que, par l'accomplissement de la double formalité de la clôture et du scel, il ne fût pas possible d'ouvrir sans bris ou fracture le papier, qui renferme le testament, ou celui qui lui sert d'enveloppe.

Si cela est possible, le testament mystique est nul ; car alors, on ne saurait affirmer que ce papier soit bien le même que celui qui a été présenté par le testateur au notaire et aux témoins, ou, s'il est le même, qu'il n'y ait pas été fait des altérations. (Comp. Angers, 19 févr. 1824, Poulet, Sirey, 1824, II, 164 ; Cass., 27 nov. 1865, Cornuault, Dev., 1866, I, 354 ; Furgole, Merlin, *loc. supra cit.*)

352. — Mais aussi, lorsque la clôture et le scel sont tels, que l'on ne puisse ouvrir le testament sans altérer le papier et le cachet, la condition essentielle est remplie ; et il n'y a pas lieu de s'arrêter à quelques imperfections de détails, que le mode d'exécution qui a été employé, pourrait offrir. (Comp. arrêt du Parlement de Paris du 12 février 1779, rapporté par Bergier, sur Ricard, t. I, p. 412 ; Colmar, 20 janvier 1824, Dev. et Car., *Collect. nouv.*, 7, II, 323 ; Bayle-Mouillard sur Grenier, t. II, n° 261 *bis*, note *a*.)

352 *bis*. — Furgole a enseigné que :

« Si l'acte de suscription était apposé à la même feuille où est écrite la disposition du testament, de manière qu'on n'ait pas à craindre le changement ou la supposition d'une autre écriture, le testament n'en serait pas moins bon, quoiqu'il ne fût ni clos ni scellé de manière qu'on ne pût pas en connaître le contenu, parce que le secret n'est pas de l'essence du testament, et qu'il im-

porte peu qu'on puisse en faire la lecture ou non.... »
(Chap. ii, sect. iii, n° 24.)

Mais cette doctrine, qu'il fondait, plus ou moins justement, sur la loi 21, au Code, *De testamentis*, nous aurait paru déjà, de son temps, inconciliable avec le texte
de l'article 9 de l'Ordonnance de 1735; comme elle nous
paraît inconciliable aujourd'hui avec le texte de l'article 976;

1° Les *solennités* testamentaires doivent être, comme
nous l'avons déjà dit, observées scrupuleusement; et
elles ne sauraient admettre d'équipollence (*supra*, n°s 270
et suiv.);

Or, la solennité essentiellement constitutive du testament mystique, c'est d'être clos et scellé; c'est, en un
mot, d'être *mystique* !

Donc, lorsque l'acte n'est ni clos ni scellé, il ne saurait y avoir de testament mystique; et ce serait là encore une forme de testament de *fantaisie*, en quelque
sorte, comme nous en avons vu déjà d'autres exemples
(*supra*, n°s 270 et suiv.);

2° Ceci est absolu; de façon qu'il faudrait appliquer
cette solution, même dans le cas où le testament étant
écrit en entier, daté et signé de la main du testateur, il
semble qu'on n'y aurait à craindre ni substitution ni altération; ce testament, sans doute, pourrait valoir comme
olographe (*infra*, n° 408); mais il ne vaudrait pas comme
mystique; et, par exemple, la date en serait toujours
celle de la *disposition*, et non pas celle de la *suscription*
(*supra*, n° 339).

Ajoutons d'ailleurs que les fraudes pourraient être à
craindre, dans le cas où la disposition ne serait pas écrite
de la main du testateur; car, si la substitution d'un autre
papier à celui sur lequel serait portée la suscription, serait alors impossible, rien n'empêcherait du moins d'y
faire des altérations ou du moins des additions postérieures à la suscription ! (Comp. Bordeaux, 21 mars 1822,

Ichon, Sirey, 1823, II, 49; Merlin, *Répert.*, v° *Testament*, sect. II, § 3, art. 3, n° 14; Grenier, t. II, n° 262; Toullier, t. III, n° 560; Duranton, t. IX, n° 124; Coin-Delisle, art. 976, n° 30; Troplong, t. III, n° 1629; Zachariæ, Aubry et Rau, t. V, p. 523.)

353. — A quel point de vue donc peut-il être vrai de dire, avec Furgole, que *le secret n'est pas de l'essence du testament mystique ?*

C'est en fait seulement, mais non pas en droit, quant à la forme !

En fait, disons-nous, le testateur est bien libre sans doute de faire connaître ses dispositions, soit avant l'acte de suscription, en les lisant, ou en les faisant lire au notaire ou aux témoins, soit après l'acte de suscription, en les révélant de vive voix; le secret, sous ce rapport, est dans son seul intérêt; mais ce n'est là qu'un pur fait, dont Marcadé a pu dire que, s'il n'est pas *illégal*, il est *extra-légal*, c'est-à-dire en dehors de la loi (art. 976, n° 5).

Mais en droit, le testateur ne pourrait pas renoncer aux formalités, par lesquelles la loi, dans son intérêt comme dans celui de sa famille, veut souverainement garantir la sincérité de ses dispositions (comp. le tome I de ce *Traité*, n°s 5, 6; Merlin, *loc. supra*, Delvincourt, t. II, p. 306, note 2; Toullier, t. III, n° 670; Vazeille, art. 976, n° 8; Saintespès-Lescot, t. IV, n°s 1122 et 1134).

354. — III. Le testateur doit présenter le papier, ainsi clos et scellé, au notaire et aux témoins, ou le faire clore et sceller en leur présence; et leur déclarer que le contenu en ce papier est son testament, écrit et signé par lui, ou écrit par un autre et signé de lui, ou écrit en partie par lui et en partie par un autre; ou écrit par plusieurs autres alternativement, suivant les cas.

Cette déclaration pesonnelle du testateur est très-importante; et on pourrait dire qu'elle tient lieu, dans le testament mystique, de la DICTÉE, qui est la garantie du testament par acte public, et qui fait ici défaut.

C'est par elle aussi que se trouve constatée l'identité de l'écrit présenté au notaire et aux témoins, avec celui sur lequel la suscription est dressée.

Et c'est pourquoi il faudrait prononcer la nullité du testament, si le testateur ayant déclaré que le papier présenté par lui était écrit de sa main, on trouvait, après son décès, sous la suscription, un papier écrit par un autre; la présomption serait alors qu'il y aurait eu une substitution frauduleuse (*voy.* toutefois *supra*, n° 335).

355. — C'est de cette présentation et de cette déclaration du testateur, que le notaire doit dresser un procès-verbal : ... *ut exteriores scripturæ fidem interiori servent*, disait Paul (*Sententiæ*, lib. XXV, § 6).

Ce procès-verbal est appelé *acte de suscription*, parce qu'il doit être écrit sur le papier même, qui contient le testament, ou sur l'enveloppe; de sorte qu'il y aurait nullité, si le notaire avait dressé ce procès-verbal sur un papier distinct et à part (comp. Turin, 5 pluviôse an XIII, Bergonzi, Sirey, 1805, II, 263; Gênes, 29 déc. 1810, Pistone, Sirey, 1811, II, 177; Cass., 6 juin 1815, Dev. et Car., V, I, 59; Merlin, *Répert.*, v° *Testament*, sect. II, § 3, art. 3, n° 17; Troplong, t. I, n° 1639; Zachariæ, Aubry et Rau, t. V, p. 524).

356. — L'acte de suscription étant, d'ailleurs, un acte notarié, demeure soumis aux règles prescrites par la loi du 25 ventôse an XI pour les actes notariés en général, lorsque le Code n'y a pas, explicitement ou implicitement, dérogé.

C'est ainsi qu'il doit, aux termes de l'article 12 de la loi de ventôse, énoncer les noms et lieu de résidence du notaire, les noms des témoins instrumentaires, leur demeure, le lieu, l'année et le jour où il est passé; et il faut de même y déclarer applicables les articles 13, 14, 15 et 16 (comp. *supra*, n°s 228 et suiv.; Metz, 22 janv. 1833, Nivoix, Dev., 1835, II, 70; Cass., 16 déc. 1834, Nivoix, Dev., 1835, I, 463; Cass., 3 janv. 1838, Salèles, Dev.,

1838, I, 244; Zachariæ, Aubry et Rau, t. V, p. 526; Marcadé, art. 976, n° 5; Demante, t. IV, n° 121 *bis*, VI; Saintespès-Lescot, t. IV, n° 1440).

357. — Mais il est, en même temps, soumis à certaines règles spéciales, par lesquelles le Code a dérogé aux règles générales de la loi du 25 ventôse an XI.

Et d'abord, l'une de ces dérogations nous paraît être que le notaire est tenu d'écrire lui-même l'acte de suscription.

On a contesté, toutefois, cette doctrine, en disant, d'une part, que l'article 976 dispose seulement que le notaire *en dressera l'acte de suscription*, et que *dresser*, dans ce cas, n'est pas synonyme *d'écrire;* d'autre part, que le motif, pour lequel le législateur a voulu que le testament par acte public, qui est la manifestation même de la volonté du testateur, fût écrit par le notaire, n'existe pas relativement à l'acte de suscription, qui n'est qu'un simple procès-verbal (comp. *supra*, n° 290; Malleville, sur l'article 976; Vazeille, art. 976, n° 17; Duranton, qui avait exprimé aussi ce sentiment, s'en est départi dans sa dernière édition, t. IX, n° 127).

La réponse nous paraît facile :

1° On sait que les articles de notre Code, relatifs au testament mystique, ont été presque tous littéralement empruntés à l'Ordonnance de 1735; et il est dès lors vraisemblable que les mêmes mots ont conservé, dans notre droit nouveau, la signification qu'ils avaient dans le droit ancien ;

Or, le mot : *dresser*, employé par l'article 9 de l'Ordonnance, était entendu, dans la doctrine et dans la pratique, en ce sens que c'était le notaire qui devait écrire l'acte de suscription ; et même, une Déclaration du 6 mars 1754 avait déterminé ainsi l'acception de ce mot;

Donc, telle est aussi l'acception que le législateur de notre Code a entendu y attacher, en le reproduisant.

2° Ce qu'il pourrait y avoir d'équivoque dans cette

expression : *dresser*, que l'article 976 emploie, se trouve d'ailleurs éclairci par l'article 979, qui dispose, comme avait fait déjà l'article 12 de l'Ordonnance, que le *notaire* ÉCRIRA *l'acte de suscription;* et non-seulement, on ne pourrait indiquer aucun motif de différence entre l'hypothèse prévue par l'article 976 et celle prévue par l'article 979 ; mais c'est évidemment *à fortiori,* qu'il faut argumenter de l'article 979; car, dans l'hypothèse qu'il prévoit, disait très-bien Furgole, *la volonté du testateur est encore plus assurée,* puisque le testament est écrit en entier, daté et signé du testateur; et si néanmoins on a voulu, même alors, que le notaire écrivît l'acte de suscription, à combien plus forte raison a-t-on dû le vouloir ainsi, dans ce cas où l'écriture intérieure est étrangère au testateur et pourrait même n'avoir pas été signée par lui!

Il est vrai que, en Sardaigne, d'après des lettres patentes du roi Charles-Albert, du 10 octobre 1840, l'acte de suscription peut n'être pas écrit de la main du notaire.

Mais nous pensons avoir démontré que notre Code en a disposé autrement (comp. Merlin, *Répert.*, v° *Testament*, sect. ii, § 11, art. 4, n° 1 ; et *Quest. de droit, eod. verb.*, n° 5 ; Delvincourt, t. II, p. 85, note 8; Toullier, t. III, n° 681; Grenier, t. II, n° 271 ; Favard, *Répert.*, v° *Testament*, sect. i, § 4, n° 7; Poujol, art. 976, n° 12 ; Marcadé, art. 976, n° 5; Troplong, t. III, n° 1637; Zachariæ, Aubry et Rau, t. V, p. 324; Massé et Vergé, t. III, p. 114; Demante, t. IV, n° 121 *bis*, I; Saintespès-Lescot, t. IV, n° 1136).

358. — Nous croyons aussi que, par dérogation à l'article 20 de la loi du 25 ventôse an xi, il n'est pas nécessaire que l'acte de suscription soit passé en minute.

On a contesté encore cette proposition, par le motif qu'il n'est pas possible de considérer comme un *de ces actes simples*, qui peuvent être délivrés en brevet, celui précisément de tous les actes, pour lequel la loi exige le plus de témoins, et *qu'elle environne,* disait M. Jaubert, dans son rapport au Tribunat, *du plus grand appareil;* et Rolland de Villargues rapporte, en effet, une délibération de la Chambre des notaires de Paris, du 6 février 1823, qui a décidé qu'il ne serait remis aux testateurs *ni testaments mystiques, ni actes de suscription* (*Code du Notariat,* p. 458 ; comp. Grenier, t. II, n° 277 *bis;* et Bayle-Mouillard, *h. l.*, note *a;* Dalloz, *Rec. alph., h. v.*, n° 3312 ; Saintespès-Lescot, t. IV, n° 1143).

Mais cette nouvelle dissidence, n'est pas, à notre avis, plus fondée que la première (*voy.* n° 357) :

1° Nous ferons, en effet, remarquer ici, comme tout à l'heure, que notre ancienne jurisprudence n'exigeait pas qu'il fût gardé minute du testament mystique (comp. Papon, *Premier notaire*, liv. VII ; Riom, 1ᵉʳ déc. 1818, Dev. et Car., *Collect. nouv.*, V, 2, 429).

2° Cette doctrine d'ailleurs résulte virtuellement des formes mêmes de cette espèce de testament. Eh ! pourquoi donc la clôture, et le cachet, et les signatures d'un si grand nombre de témoins, si cet acte de suscription devait rester dans l'étude du notaire, où le secret en serait protégé, indépendamment de toutes ces précautions, par le caractère même de l'officier public ?

3° Aussi, tous nos textes supposent-ils qu'il n'en est pas ainsi :

Et l'article 976, tout le premier, qui, loin d'exiger que ce testament soit *remis* au notaire, se borne à dire qu'il lui sera *présenté;* laissant virtuellement au testateur la liberté de le reprendre, lorsqu'il aura été revêtu des formes requises ;

Et les articles 1007 et 1008, qui, assimilant, sur ce point, le testament mystique au testament olographe, impliquent qu'il ne se trouve pas en dépôt chez le notaire, auquel, dans ce cas, aurait dû toujours être imposée la charge d'en faire la présentation au président du tribunal, mais qui veulent seulement que le notaire, mis, à cet égard, sur la même ligne que les témoins, soit appelé à cette présentation, s'il est sur les lieux, et qui laissent ensuite au président le pouvoir d'en ordonner le dépôt chez un notaire quelconque, même autre que celui qui a reçu l'acte de suscription (*voy.* aussi l'article 916 du Cod. de pr.).

En présence de ces textes, il nous paraît difficile de dire, comme on l'a fait, que notre Code a changé les traditions antérieures ; ce qui nous paraît, au contraire, en ressortir, c'est qu'il a considéré, à l'exemple de l'ancien droit, que l'acte de suscription, qui n'est lui-même qu'un procès-verbal, devait être considéré comme un acte simple et qu'il pouvait être, en conséquence, délivré au testateur (comp. Riom, 1er déc. 1818, Meneslou, Sirey, 1820, II, 132 ; Bruxelles, 2 juill. 1825, Dev. et Car., *Collect. nouv.*, VIII, 2, 17 ; Cass., 26 mai 1826, Merlin, *Quest. de droit*, v° *Notaire*, § 14 ; Carré et Chauveau, *Lois de la procéd. civ.*, art. 916, 917 du Cod. de procéd. ; Toullier, t. III, n° 659 ; Duranton, t. IX, n° 470, note ; Coin-Delisle, art. 976, n° 20 ; Troplong, t. III, n° 1653 ; Demante, t. IV, n° 121 *bis*, IV).

359. — C'est en conséquence de cette règle qu'il a été décidé que le testateur, qui a d'abord laissé son testament mystique entre les mains du notaire, est fondé à se le faire remettre ensuite (comp. Tribunal civil de la Seine, 11 déc. 1847, N.... ; Paris, 10 juin 1848, Rousse, Dev., 1848, II, 45 et 356).

360. — Pareillement, en ce qui concerne la capacité du notaire, dont le Code ne s'est pas occupé, le principe nous paraît être qu'elle doit être réglée par la loi du 25 ventôse an XI.

Il importe toutefois d'ajouter que l'application de ce principe doit être faite eu égard à la nature du testament mystique, et de manière à ne pas confondre la *disposition intérieure*, qui n'est point reçue par le notaire, avec la *suscription*, qui seule est un acte notarié.

Ainsi, d'abord, que l'acte de suscription ne puisse

pas, aux termes de l'article 8 de la loi du 25 ventôse, être dressé par le notaire qui serait parent ou allié du testateur en ligne directe, à tous les degrés, et en collatérale jusqu'au degré d'oncle ou de neveu inclusivement, c'est ce que nous croyons; car le testateur est, bien entendu, *partie* dans cet acte (comp. *supra*, n° 228; Marcadé, art. 976, n° 5; Demante, t. IV, n° 121 *bis*, V).

361. — Mais faut-il également décider, par application de cet article 8, que le notaire ne pourra pas dresser l'acte de suscription, si le papier intérieur renferme une disposition, soit au profit de ses parents ou alliés, soit à son profit personnel?

Non, certainement!

1° En effet, l'acte de suscription, le seul acte, que le notaire doive dresser, ne renferme aucune disposition; il n'est qu'un simple procès-verbal.

2° Les dispositions renfermées dans le papier intérieur n'étant pas connues, il serait impossible d'appliquer cette incapacité du notaire; ou bien, on arriverait à cette conséquence inique, que le notaire serait exposé à prêter son ministère pour un acte, à l'égard duquel il ignorerait son incapacité, et qui se trouverait frappé d'une nullité contre laquelle il n'aurait pas pu prémunir non plus l'inexpérience du testateur! (Comp. Dalloz, *Rec. alph.*, *h. v.*, n° 3301.)

362. — Ce dernier motif a soulevé une difficulté nouvelle; et on a demandé si la solution, qui précède, devrait être maintenue, dans le cas où l'acte de suscription aurait été dressé par le notaire, qui aurait lui-même écrit le testament intérieur, où se trouvent des dispositions soit au profit de ses parents ou alliés, soit à son profit personnel?

Trois opinions se sont produites :

A. D'après la première opinion, un pareil testament serait toujours nul; et cela, sans qu'il fût nécessaire de prouver que le notaire, en dressant l'acte de suscription, savait que le testament, qui lui a été présenté, était le même que celui qu'il avait écrit. Que n'en faisait-il la question? s'il l'a demandé, il l'a su ; et s'il ne l'a pas demandé, c'est qu'il le savait d'avance. Il faut donc maintenir la règle : *Nemo potest esse auctor in rem suam!* car c'est là une règle *nécessaire*, qui préexiste à tous les Codes (comp. Grenier, t. II, n° 269 *bis;* et Bayle-Mouillard, *h. l.*, note *a*).

B. La seconde opinion exige, au contraire, pour que le testament puisse être déclaré nul, qu'il soit prouvé que le notaire savait que le testament, qui lui a été présenté, était le même qui avait été écrit par lui ; et encore, les partisans de cette opinion se divisent-ils : les uns voulant que la preuve n'en puisse résulter que de la déclaration formelle, que le testateur en aurait faite (Vazeille, art. 976, n° 15 ; Favard, *Répert.*, v° *Testament*, sect. ı, § 4, n° 5); tandis que les autres admettent que la preuve pourrait *résulter des circonstances.* (Troplong, t. III, n° 1639 ; Saintespès-Lescot, t. IV, n° 1155.)

C. Mais nous croyons, pour notre part, devoir proposer la troisième opinion, d'après laquelle le notaire, qui a écrit le testament, peut toujours dresser l'acte de suscription, sans qu'il y ait lieu de s'enquérir s'il savait ou s'il ne savait pas que le testament, qui lui a été présenté, était le même que celui qu'il avait écrit :

1° Le motif essentiel, sur lequel nous avons fondé notre première solution (*supra*, n° 361), nous paraît, en effet, commander également celle-ci.

De deux choses l'une :

Ou l'article 8 de la loi du 25 ventôse an xı, qui défend aux notaires de recevoir des actes qui renferment des dispositions au profit de leurs parents et alliés ou à leur profit personnel, est applicable à l'acte de suscription; ou il n'est pas applicable ;

Dans le premier cas, le testament devra être déclaré nul, lors même qu'il n'aurait pas été écrit par le notaire;

Et il devra être, au contraire, dans le second cas, déclaré valable, lors même qu'il aurait été écrit par le notaire ;

Or, il vient d'être établi que l'article 8 de la loi de ventôse ne saurait être appliqué à l'acte de suscription (*supra*, n° 364);

Donc, cet article n'est alors applicable en aucun cas.

2° Mais c'est le notaire qui l'a écrit ! mais il savait que le testament, qui lui était présenté, et sur lequel il allait dresser l'acte de suscription, était le même que celui qui avait été écrit par lui !

Nous répondons que, en droit, la disposition intérieure est réputée secrète, et que nul n'est présumé la connaître. Il se peut sans doute que, en fait, elle soit connue du notaire et des témoins; mais c'est là seulement un fait, qui n'empêche pas que, légalement, le notaire et les témoins soient censés l'ignorer (*supra*, n° 353).

Qui ne voit, d'ailleurs, dans quelles incertitudes on se trouverait engagé avec la doctrine contraire, et combien il serait souvent difficile de prouver si le notaire a su ou n'a pas su que le testament, qui lui était présenté, était le même que celui qu'il avait écrit ! (Comp. Nîmes, 21 févr. 1821, *Les pauvres de la commune de Chirac*, Sirey, 1821, II, 274; Montpellier, 9 févr. 1836, Barthoulh, Dev., 1837, II, 270 ; Merlin, *Répert.*, v° *Testament*, sect. ii, § 3, art. 3, n° 20 ; Toullier, t. III, n° 167 ; Duranton, t. IX, n° 143; Coin-Delisle, art. 980, n° 40 ; Marcadé, art. 976, n° 5; Zachariæ, Aubry et Rau, t. V, p. 525.)

363. — Quant aux témoins, ils doivent être six au moins.

Ce nombre est considérable sans doute, et véritablement exceptionnel ; mais, outre l'autorité de la tradition, d'où nous l'avons reçu, il faut remarquer que c'est, en effet, le nombre des témoins, et leurs signatures, qui constituent principalement l'authenticité du testament mystique.

Aussi, faut-il toujours que ce nombre soit complet; on ne pourrait pas le diminuer, comme pour le testament par acte public, en appelant un second notaire, que la loi d'ailleurs n'exige nullement (comp. Grenier, t. II, n° 267).

364. — Bien plus! l'article 977 dispose que :

« Si le testateur ne sait signer ou s'il n'a pu le faire, « lorsqu'il a fait écrire ses dispositions, il sera appelé à « l'acte de suscription un témoin, outre le nombre porté « par l'article précédent, lequel signera l'acte avec les « autres témoins; et il sera fait mention de la cause pour « laquelle ce témoin aura été appelé. » (*Voy.* l'article 10 de l'Ordonn. de 1735.)

Ainsi, le nombre des témoins doit être alors au moins de sept; et la signature du testateur, qui manque ici absolument, se trouve remplacée par celle de ce témoin *surnuméraire*, dit Furgole (chap. II, section III, n° 29).

365. — Ce n'est pas qu'il suffise d'appeler ce témoin de surcroît uniquement pour signer.

Tout au contraire! c'est, d'après l'article 977, à l'*acte de suscription*, qu'il doit être appelé, c'est-à-dire à toute la série des opérations dont cet acte se compose, à la présentation du testament, à la déclaration du testateur, à l'écriture par le notaire, et aux signatures; ce témoin joue, en un mot, absolument le même rôle que les autres témoins; et le testament serait nul, si on ne l'avait appelé que pour la signature. Aussi, est-il prudent, afin d'éviter toute difficulté, de ne pas séparer ce septième témoin des six autres, dans les différentes énonciations de l'acte (comp. Bordeaux, 20 nov. 1833, Solèles; et Cass., 3 janv. 1838, mêmes parties, Dev., 1838, I, 244, 245; Marcadé, art. 977; Bayle-Mouillard sur Grenier, t. II, n° 265, note *a*; Troplong, t. III, n° 1658).

366. — Il faut d'ailleurs que la présence de ce septième témoin soit expliquée; et voilà pourquoi l'article 977 exige qu'il soit fait mention de la cause pour laquelle il aura été appelé, c'est-à-dire qu'il a été appelé, parce que le testateur ne savait pas signer, ou parce qu'il n'a pu signer, lorsqu'il a fait écrire ses dispositions.

Mais c'est là tout ce que l'article exige; et il n'est pas nécessaire, dans le cas où le testateur n'a pas pu signer, de faire mention de la cause de cette impossibilité; on conçoit, du reste, que le législateur ait pu se montrer ici moins exigeant que dans le cas du testament par acte public (art. 973; *supra*, n° 304); car on n'a guère à craindre, dans le testament mystique, que le testateur déclare faussement qu'il ne peut pas signer, afin de créer une nullité, et de déjouer les obsessions dont il serait l'objet (comp. Coin-Delisle, art. 977, n° 6; Troplong, t. III, n° 1657).

367. — La mention, dont il s'agit, n'est soumise à aucune forme sacramentelle ; elle peut donc être faite par des équipollents ;

De même qu'elle peut être placée indifféremment dans quelque partie que ce soit de l'acte de suscription (comp. *supra*, n° 281; Cass., 3 janv. 1838, Solèles, Dev., 1838, I, 244; Saintespès-Lescot, t. IV, n° 1163, 1164).

368. — Nous avons déjà remarqué que la capacité *légale absolue* des témoins pour le testament mystique, était, comme celle des témoins pour le testament par acte public, réglée par l'article 980 (*supra*, n° 179).

Il n'y a donc pas lieu d'invoquer, en ce qui les concerne, l'article 9 de la loi du 25 ventôse an XI, qui règle cette capacité pour les témoins dans les actes notariés en général.

Et ce ne peut être que par inadvertance, que M. Troplong a exprimé une proposition contraire, dans un endroit de son ouvrage, qu'il réfute, en effet, lui-même presque aussitôt, dans d'autres endroits (comp. t. III, n° 1632 et n°ˢ 1603, 1635 et 1681).

369. — Il faut, à notre avis, en dire autant de la capacité *naturelle absolue*, qui doit aussi être la même que pour les témoins des testaments par acte public.

Nous exclurions donc l'aveugle, qui ne pourrait pas voir le testateur, et le sourd, qui ne pourrait pas. l'entendre (*supra*, n° 192; comp. l'article 48 de l'Ordon. de 1735).

370. — Ne s'ensuit-il pas également que les témoins des testaments mystiques doivent comprendre la langue, dans laquelle le testateur fait sa déclaration au notaire et aux témoins?

Nous le croyons ainsi (*supra*, n° 197).

Plusieurs jurisconsultes, il est vrai, dans l'ancien droit et dans le droit nouveau, ont enseigné la doctrine contraire, surtout d'après la loi romaine, et qu'il suffisait, pour cette forme de tester, que le témoin comprît, de quelque manière que ce fût, la scène qui se passe devant lui.... *si vel sensu percipiat.* (L. XX, § 9, ff. *Qui testam. fac. poss.*; comp. Doneau, lib. VI, chap. x, n° 9; Ricard, part. I, n° 1606; Furgole, chap. III, sect. 1, n° 9; Troplong, t. III, n° 1636).

Mais il ne s'agit pas seulement d'un fait, qu'il suffise de voir par les yeux; il s'agit de la déclaration du testateur, que le papier, qu'il présente, est son testament; déclaration essentielle, qui remplace la dictée du testament par acte public, et qu'il nous paraît nécessaire que les témoins eux-mêmes puissent comprendre (comp. Coin-Delisle, art. 980, n° 28; Marcadé, art. 980, n° 59; Saintespès-Lescot, t. IV, n° 1157).

371. — Faut-il dire des incapacités relatives, ce que nous venons de dire des incapacités absolues, à savoir : qu'elles sont les mêmes pour les témoins des testaments mystiques que pour les témoins des testaments par acte public?

Évidemment non!

Et même, à notre avis, la différence est profonde, au contraire, à ce point qu'il n'y a pas du tout d'incapacités relatives, en ce qui concerne les témoins des testaments mystiques!

En effet, nous avons déjà démontré (nous le pensons ainsi du moins), que tout ce qui concerne les témoins testamentaires, est exclusivement réglé par le Code Napoléon, qui a, sur ce point, dérogé à la loi générale du 25 ventôse an XI (*supra*, n° 198);

Or, aucun article de notre Code n'établit d'incapacités relatives, en ce qui concerne les témoins du testament mystique;

Donc, aucun article, en effet, ne pourrait être invoqué pour les frapper d'une incapacité de ce genre : ni l'article 10 de la loi du 25 ventôse an XI, qui n'est pas applicable; ni l'article 975 du Code Napoléon, qui ne s'applique qu'aux *témoins du testament par acte public.*

Et voïlà bien ce qui résulte de la discussion au conseil d'État et du rapport fait au Tribunat par M. Jaubert (Locré, *Législat. civ.*, t. IX, p. 234 et 466).

372. — La première conséquence à tirer de cette règle, c'est que *les légataires, à quelque titre qu'ils soient,* peuvent être témoins dans l'acte de suscription du testament mystique.

Il en est de même, à plus forte raison, de leurs parents et alliés.

Cette conséquence est généralement admise.

373. — Si des dissentiments se sont élevés, c'est seulement sur le point de savoir si le légataire pourrait encore être témoin de l'acte de suscription, dans le cas où le testament, qui renferme la disposition à son profit, aurait été écrit par lui?

Mais nous ne saurions pas plus trouver une incapacité relative dans la personne de ce témoin, que nous n'en avons trouvé dans la personne du notaire, qui, après avoir écrit la disposition à son profit, dresserait ensuite l'acte de suscription (*supra*, n° 362).

374. — Devons-nous conclure de notre règle que l'on

peut admettre aussi comme témoins du testament mystique :

Soit les parents et alliés, et les serviteurs du testateur ;

Soit les parents et alliés, les serviteurs, et les clercs du notaire ?

L'affirmative nous paraît inévitable !

Il faut que nous ajoutions, toutefois, que cette conséquence est fort contestée, et que beaucoup d'auteurs enseignent, au contraire, la négative (comp. Malleville, art. 980 ; Delvincourt, t. II, p. 82, note 10 ; Toullier, t. III, n° 468 ; Grenier, t. II, n° 270 ; et Bayle-Mouillard, h. l., note a; Favard, *Répert.*, v° *Testament*, sect. I, § 4; Duranton, t. IX, n° 144 ; Vazeille, art. 980, n° 16 ; Poujol, art. 980, n° 8 ; Marcadé, art. 976 ; Dalloz, *Rec. alph.*, h. v., n° 3323 ; Saintespès-Lescot, t. IV, n° 1158).

Cette seconde conséquence est pourtant, à notre avis, aussi nécessaire que la première (*supra*, n°ˢ 371, 372); et les jurisconsultes dissidents n'ont pu, en effet, la nier qu'en arrivant jusqu'à nier la règle elle-même, d'où elle dérive, et à soutenir que les incapacités relatives, décrétées par l'article 10 de la loi du 25 ventôse an XI, pour les témoins des actes notariés ordinaires, doivent être appliquées aux témoins des testaments mystiques, par le motif, ont-ils dit, que le Code Napoléon, qui s'en est occupé, en ce qui concerne le testament par acte public, a gardé le silence, en ce qui concerne le testament mystique.

Mais c'est précisément de ce silence du Code Napoléon, c'est-à-dire de la loi spéciale et complète, qui fait seule, sur ce point, notre règle, qu'il faut déduire la conclusion toute contraire, que le législateur n'a pas voulu appliquer ces incapacités relatives aux témoins des testaments mystiques (comp. *supra*, n° 210; Merlin, *Répert.*, v° *Testament*, sect. II, § 3, art. 2, n° 8 ; Coin-Delisle, art. 980, n° 39 ; Troplong, t. III, n° 1635 ; Zachariæ, Aubry et Rau, t. V, p. 525 ; Mourlon, *Répét. écrit.*, t. II, p. 345, 346; Demante, t. IV, n° 121 *bis*, IV).

.375. — Quant aux énonciations, que l'acte de suscription doit contenir, on s'accorde généralement à reconnaître que trois faits principaux doivent y être constatés,
à savoir :

1° La présentation par le testateur au notaire et aux témoins, du papier qui renferme son testament;

2° L'état de ce papier, s'il était clos et scellé déjà, lorsqu'il a été présenté au notaire et aux témoins, ou s'il a
été clos et scellé en leur présence;

3° La déclaration du testateur que le contenu en ce papier est son testament écrit et signé par lui, ou écrit par
un autre et signé par lui, etc. (*supra*, n°s 332 et suiv.).

Voilà bien, en effet, ce qui résulte de l'article 976, qui,
après avoir exigé l'accomplissement de ces trois formalités, ajoute que le notaire *en dressera l'acte de suscription*.

Coin-Delisle (art. 976, n° 46), a toutefois exprimé
un sentiment contraire; et, d'après le savant auteur, le
pronom *en* se rapporterait uniquement au mot *testament;*
de sorte que l'article 976 se bornerait à dire que le notaire
dressera l'acte de suscription du testament mystique, sans
indiquer d'ailleurs aucun des éléments dont cet acte devrait être formé, et que le notaire, libre, en conséquence,
de constater ou de ne pas constater les formalités accomplies, pourrait passer absolument sous silence les faits
mêmes dont l'accomplissement constitue la solennité du
testament mystique! ce qui réduirait, dit M. Bayle-Mouillard, l'acte de suscription *à une simple étiquette signée!*
(Sur Grenier, t. II, n° 264, note *c.*)

Mais ceci est évidemment impossible! les formalités
dont il s'agit, sont, disons-nous, constitutives du testament mystique; et l'*acte de suscription* est le *procès-verbal,*
qui doit témoigner de leur accomplissement, puisque, s'il
n'en était pas ainsi, rien n'attesterait qu'elles ont été accomplies, et que la prescription qui les ordonne serait
dépourvue de toute sanction.

Est-il besoin, après cela, de s'arrêter à l'objection

grammaticale, qui a déterminé Coin-Delisle? Si la particule *en* se rapportait à la présentation du testament et
à la déclaration du testateur, la phrase, dit-il, ne serait
pas correcte! car on aurait dû dire, dans ce cas, que le
notaire en dressera *un* acte de suscription, et non pas
l'acte de suscription.

Soit! la rédaction aurait pu être plus correcte; mais
indépendamment de l'argument, décisif, à notre avis, que
nous venons de présenter, et à s'attacher même seulement
à la constitution grammaticale de notre texte, comment
soutenir que la particule *en* ne se rapporte qu'au mot *testament*, quand on voit qu'elle est séparée de ce mot par
deux phrases entières et complètes, dont chacune se termine par *un point*, ou si l'on veut, *par des points et des
virgules !*

Concluons donc que l'acte de suscription doit constater
l'accomplissement des trois formalités, que nous venons
de rappeler (comp. Cass., 7 avril 1806, Dev. et Car., II, I,
232; Cass., 7 août 1810, Bouvet, Sirey, 1810, I, 353;
Poitiers, 28 mai 1825, Valentin, Sirey, 1825, II, 259;
Merlin, *Répert.*, v° *Testament*, sect. II, § 3, art. 3, n° 8;
Delvincourt, t. II, p. 307; Grenier, t. II, n° 264; et Bayle-
Mouillard, *loc. supra cit.*; Toullier, t. III, n°ˢ 471, 472;
Duranton, t. IX, n° 139; Marcadé, art. 976, n° 4; Zachariæ, Aubry et Rau, t. V, p. 525; Demante, t. IV, n° 121
bis, III; Saintespès-Lescot, t. IV, n° 1145).

376. — Ce qui est vrai seulement, c'est que le législateur n'a pas, ici plus qu'ailleurs, prescrit de formules sacramentelles (*supra*, n° 281).

Et même on pourrait remarquer que l'article 976 n'exige
pas, en termes aussi impératifs que l'article 972, qu'il en
soit fait *mention expresse;* d'où l'on est, de plus en plus,
autorisé à conclure que l'accomplissement des trois formalités, que l'acte de suscription doit mentionner, peut
être, en effet, mentionné par des équipollents.

C'est-à-dire que la mention de leur accomplissement

peut résulter de termes différents de ceux dont le législateur s'est servi, dès que ces termes sont synonymes;

De même qu'elle peut résulter du rapprochement des diverses énonciations contenues dans l'acte de suscription et de l'état matériel de la pièce; .

De même, enfin, qu'il n'importe pas à quel endroit de l'acte, au commencement, au milieu ou à la fin, ces énonciations auront été faites. (Comp. Turin, 5 déc. 1806, Audifredi, Sirey, 1806, II, 760; Colmar, 10 juill. 1814, Sirey, 1814, II, 458; Cass., 22 mai 1817, Bischoff, Sirey, 1818, I, 210; Bordeaux, 5 mai 1828, Laguerrerie, Sirey, 1828, II, 230.)

Telle est la règle.

377. — Et maintenant, en fait, dans quels cas la mention sera-t-elle suffisante pour constater l'exact accomplissement des formalités requises par la loi?

C'est là surtout une question d'interprétation.

L'article 976, par exemple, dispose que le testateur *présentera* son testament au notaire et aux témoins.

Et voilà un acte de suscription, qui porte que le testateur a *remis* son testament au notaire et aux témoins.

Présenter ou *remettre*, c'est bien évidemment la même chose! (Comp. Cass., 7 avril 1806, Olivier, Sirey, 1806, II, 287; Cass., 11 mai 1811; Merlin, *Répert.*, *loc. supra cit.*; Troplong, t. III, n° 1642.)

378. — Mais, du moins, faut-il qu'il résulte de l'acte de suscription, que c'est par le testateur lui-même que le testament a été présenté ou remis au notaire et aux témoins.

Il ne suffirait pas que l'acte de suscription se bornât à mentionner que le testateur a parlé de son testament comme d'une pièce, qui se trouvait placée sous leurs yeux.

Comment, en effet, et pourquoi cette pièce s'y trouvait-elle? Par qui avait-elle été placée? Par le testateur lui-même, ou par le notaire, ou par un tiers? Et si c'était par un tiers, une substitution frauduleuse n'aurait-elle pas pu être commise? (Comp. Merlin, *Répert.*, v° *Testa-ment*, sect. II, §. 3, art. 3, n° 14-4° ; Grenier, t. II, n° 264 ; Zachariæ, Aubry et Rau, t. V, p. 526.)

Telles sont les objections, graves, suivant nous, qu'a soulevées un arrêt de la Cour de Colmar du 10 juillet 1814, qui a validé un acte de suscription, dans lequel le fait de la présentation du testament par le testateur pouvait, en effet, paraître n'avoir pas été l'objet d'une mention assez précise; ajoutons pourtant que le pourvoi formé contre cet arrêt a été rejeté par la Cour de cassation le 22 mai 1817 (comp. D., *Rec. alph.*, *h. v.*; Bayle-Mouillard sur Grenier, *loc. supra cit.*, note a; Troplong, t. III, n° 1642).

379. — L'article 976 dispose que le testateur présentera son testament *au notaire et à six témoins....*

Et voilà un acte de suscription, qui porte que le testateur a présenté son testament *au notaire, en présence des témoins.*

Qui pourrait mettre en doute la parfaite équipollence de cette mention! (Comp. Turin, 5 déc. 1806, Audifredi, Sirey, 1806, II, 760 ; Bordeaux, 5 mai 1828, Laguerrerie, Sirey, 1828, II, 330 ; Toulouse, 19 juin 1830, Vernhes, Sirey, 1830, II, 365.)

380. — De même, si l'acte de suscription porte que le testateur a déclaré avoir dicté son testament à un tiers, ne sera-t-il pas évident qu'il mentionne, conformément à l'article 976, la déclaration du testateur que son testament a *été écrit* par un autre! (Comp. Turin, 5 déc. 1806, *supra.*)

381. — Mais le notaire s'est borné à dire, dans l'acte de suscription, que le testateur lui a présenté son testament *clos*, sans ajouter le mot : *et scellé.*

Une telle mention est-elle suffisante, lorsque d'ailleurs le testament se trouve clos et scellé?

Cette question est controversée; et trois opinions sont en présence :

A. La première opinion répond que cette mention

suffit toujours (com. Vazeille, Coin-Delisle, art. 976 ; et *supra*, n⁰ˢ 345, 346 ; Dalloz, *Rec. alph.*, *h. v.*, n° 3268).

B. D'après la seconde opinion, au contraire, elle ne suffit jamais (comp. Merlin, *Répert.*, v° *Testament*, sect. II, § 3, art. 3, n° 15-4° ; Zachariæ, Aubry et Rau, t. V, p. 526 ; Massé et Vergé, t. III, p. 113 ; Saintespès-Lescot, t. IV, n° 1146).

C. Enfin, la troisième opinion y voit une question de fait ; et elle déclare cette mention suffisante, s'il résulte de l'état matériel de la pièce que le testament était clos et scellé, au moment où l'acte de suscription a été dressé (comp. Bordeaux, 24 mai 1822 ; et Cass., 24 mai 1824, D., *Rec. alph.*, *h. v.*, n° 3270 ; Grenier, t. II, n° 264 *bis* ; et Bayle-Mouillard, *h. l.*, note *b*, et n° 264, note *c*).

Nous sommes porté à croire, avec la seconde opinion, qu'il faut que l'acte de suscription constate tout à la fois la clôture et le scel ; car l'une et l'autre formalité sont également substantielles. (*Supra*, n° 346.)

Les partisans de la troisième opinion en conviennent ; mais, ajoutent-ils, la loi n'ayant pas exigé une mention expresse des formalités accomplies, il suffit que cet accomplissement soit constaté d'une manière quelconque ; or, il s'agit ici d'un fait extérieur et permanent, qui, très-différent de la présentation du testament et de la déclaration du testateur, dont il ne resterait aucun vestige, si elles n'étaient pas mentionnées, laisse, au contraire, des traces de son accomplissement ; lorsque, en effet, il est reconnu que le scel a été apposé au moment de l'acte de suscription, on doit décider que la *clôture* mentionnée par le notaire, comprend aussi le *scel*.

Ces motifs sont sérieux ; et, pourtant, nous conservons des doutes.

Est-ce que, en effet, l'article 976 n'exige pas tout à la fois la clôture et le scel ? et surtout, ne faut-il pas que le scel, aussi bien que la clôture, aient lieu avant que l'acte de suscription soit dressé ?

Oui, certainement! or, si le notaire ne constate que la *clôture*, comment pourra-t-on être sûr que le *scel* n'a pas été apposé postérieurement à l'acte de suscription?

C'est là un fait extérieur et permanent, dit-on!

Oui, sans doute, quand il a été accompli; mais quand est-ce qu'il a été accompli? c'est précisément ce que l'existence matérielle du fait n'établit pas.

Nous pensons bien que l'état matériel de la pièce peut venir en aide aux énonciations mentionnées dans l'acte de suscription (*supra*, n° 376); mais encore faut-il que ces énonciations s'y trouvent d'une manière quelconque!

La clôture aussi est un fait extérieur et permanent; voudrait-on en conclure qu'il n'est pas nécessaire que l'acte de suscription la mentionne? l'argument serait le même; mais alors nous voici ramené à la doctrine de Coin-Delisle, qui pense que l'acte de suscription ne doit constater ni l'une ni l'autre! (*Supra*, n° 375.)

Il nous paraîtrait donc plus logique de conclure qu'il doit, au contraire, constater l'une et l'autre.

382. — Nous admettrions plutôt la validité d'un acte de suscription, qui porterait seulement que le testateur a présenté son testament *scellé*, sans ajouter le mot *clos;* car le *scel* implique la *clôture* (*supra*, n° 347; comp. Colmar, 20 janv. 1824, D., *Rec. alph.*, *h. v.*, n° 346; Troplong, t. III, n° 1644).

Et encore, notre avis est-il que le notaire fera bien d'éviter ces périlleuses abréviations!

383. — Voici un acte de suscription, qui ne mentionne pas la déclaration du testateur que son testament est signé de lui.

Il sera nul; et cela, lors même que, en fait, le testament serait signé du testateur.

N'est-ce pas là une preuve encore qu'il faut se défier de la théorie, d'après laquelle il ne serait pas nécessaire de mentionner, dans l'acte de suscription, les formalités, qui consistent dans des faits extérieurs et permanents?

(Comp. *supra*, n° 381 ; Turin, 1er fév. 1806, Marguerite Core, Sirey, 1806, II, 99 ; Dijon, 17 avril 1817, Vendière, Sirey, 1818, II, 231 ; Merlin, *Répert.*, v° *Testament*, sect. II, § 3, art. 3, n° 15 ; Zachariæ, Aubry et Rau, t. V, p. 526).

384.—Au reste, les trois mentions, que nous venons de rappeler (*supra*, n° 375), sont les seules, qui nous paraissent exigées, à peine de nullité, dans l'acte de suscription.

Ainsi, il n'est pas nécessaire que cet acte mentionne :

1° Qu'il a été écrit de la main du notaire, pourvu, bien entendu, qu'il ait été effectivement écrit de sa main (*supra*, n° 357);

2° Qu'il a été écrit sur la feuille même du testament ou sur l'enveloppe qui le renferme; d'où il suit même qu'une mention inexacte, à cet égard, ne serait pas une cause de nullité (comp. Gênes, 7 juin 1810, Pistone, Sirey, 1811, II, 177; Bruxelles, 9 août 1808, l'Héritier, Sirey, 1809, II, 63);

3° Qu'il a été lu au testateur, en présence des témoins; car on ne saurait appliquer ici l'article 972, qui ne concerne que les testaments par acte public; et, d'après l'article 13 de la loi du 25 ventôse an XI, qui est seul applicable, le défaut de lecture de l'acte aux parties soumet seulement le notaire à une amende (comp. Bordeaux, 5 mai 1828, Laguerrerie, Sirey, 1828, II, 330);

4° Qu'il a été fait de suite et sans divertir à autres actes (comp. Cass., 8 fév. 1820, Guilhem, Sirey, 1820, II, 191).

Ces différentes formalités ne sont pas, en effet, comprises dans la formule de l'article 976 : *le notaire en dressera l'acte de suscription;* et comme c'est de cette formule, que nous avons déduit la nécessité des mentions, qui nous paraissent exigées, il s'ensuit que les autres ne sont pas exigées par notre texte.

Ce n'est pas que nous pensions que le notaire ne fera

pas sagement de mentionner aussi l'accomplissement de ces formalités; ce que nous disons seulement, c'est que ces mentions ne sont pas requises, à peine de nullité (comp. Merlin, *Répert.*, v° *Testament*, sect. II, § 3, art. 4, n° 6; Delvincourt, t. II, p. 84, note 5; Toullier, t. 3, n° 481; et Duvergier, *h. l.*, note *b*; Duranton, t. IX, n° 127; Coin-Delisle, art. 976, n° 44; Bayle-Mouillard sur Grenier, t. II, n°s 264 *bis*, note *b*, et 264, note *c*; Troplong, t. III, n°s 1646, 1649 et 1651; Zachariæ, Aubry et Rau, t. V, p. 526; Demante, t. IV, n° 121 *bis*, III).

385. — L'acte de suscription doit être signé tant par le testateur, que par le notaire, ensemble par les témoins.

Et, en cas que le testateur, par un empêchement survenu depuis la signature du testament, ne puisse pas signer l'acte de suscription, il sera fait mention de la déclaration, qu'il en aura faite, sans qu'il soit besoin, en ce cas, d'augmenter le nombre des témoins (art. 976, 977; et *supra*, n° 364).

Remarquons qu'il n'est pas nécessaire de mentionner la cause de l'empêchement, par suite duquel le testateur, qui a signé le testament, ne peut pas signer l'acte de suscription; il suffit de mentionner la déclaration qu'il fait de cet empêchement.

Et encore bien que, régulièrement, cette mention doive être placée à la fin de l'acte, il n'y aurait pas d'ailleurs nullité, si elle avait été placée au commencement ou au milieu (comp. *supra*, n° 298; Cass., 3 janv. 1838, Solèles, Dev., 1838, II, 244; Duvergier sur Toullier, t. III, n° 484, note *b*; Troplong, t. III, n° 1647; Zachariæ, Aubry et Rau, t. V, p. 524).

386. — Les signatures de tous les témoins sont indispensables; et cela, même dans les campagnes.

C'est-à-dire qu'on ne saurait appliquer au testament mystique la disposition de l'article 974, qui, par la place même qu'il occupe dans la distribution de notre section, ne se réfère évidemment qu'au testament par acte public.

Il semblerait, à la vérité, que l'exception faite par cet article, en faveur du testament par acte public, aurait été, pour le moins, aussi nécessaire, en faveur du testament mystique, où, précisément, le nombre des témoins étant plus considérable, il sera plus difficile encore d'en trouver qui sachent signer; on pourrait ajouter que le rôle des témoins dans le testament mystique, est aussi plus simple que celui des témoins dans le testament par acte public, puisqu'il leur suffit d'avoir des yeux et des oreilles pour voir et entendre la scène de l'acte de suscription, sans qu'ils aient, comme les témoins du testament par acte public, à écouter la dictée du testateur et à en vérifier la conformité avec l'écriture du notaire; et qu'il est étonnant dès lors que le législateur exige d'eux une garantie qu'il n'exige pas des autres (comp. Malleville, sur l'article 976).

Mais il a considéré sans doute que la foi du testament mystique reposait principalement sur leur témoignage, et qu'il importait, en conséquence, que chacun d'eux attestât, par sa signature, ce qu'il avait vu et entendu. (Comp. Liége, 29 mai 1806, Kepper, Sirey, 1806, II, 173; Bordeaux, 12 avril 1808, Durand-Duréclus, Sirey, 1808, II, 158; Cass., 20 juillet 1809, mêmes parties, Sirey, 1809, II, 370; Pau, 19 déc. 1829, Estiet, Dev., 1830, II, 133; Toulouse, 1er mars 1836, Esparbès, D., Rec. alph., h. v., n° 2334; Merlin, Répert., v° Témoin instrumentaire, § 2, n°s 3-23°; Delvincourt, t. II, p. 85, note 9; Toullier, t. III, n° 483; Duranton, t. IX, n° 144; Grenier, t. II, n° 274; Poujol, art. 976, n° 9; Vazeille, art. 976, n° 20; Coin-Delisle, art. 976, n° 39; Marcadé, art. 976, n° 4; Troplong, t. III, n° 1632; Zachariæ, Aubry et Rau, t. V, p. 524; Demante, t. IV, n° 121 bis, I; Saintespès-Lescot, t. IV, n° 1139).

387. — Est-il nécessaire que l'acte de suscription

fasse mention des signatures du testateur et des témoins?

La question peut paraître douteuse ; et elle est, en effet,
controversée.

Pour la négative, on peut dire, d'une part, que les formalités de l'acte de suscription sont réglées spécialement
par l'article 976 du Code Napoléon ; d'où il suit que les
articles 14 et 68 de la loi du 25 ventôse an xi, qui exigent cette mention dans les actes notariés en général, ne
sont pas ici applicables; et d'autre part, que la formalité
des signatures n'est pas comprise dans ces mots de l'article 976, d'où dérive la nécessité des mentions : *le notaire en dressera acte* (*supra*, n° 384) ; que cet article, en
effet, n'exige d'autre mention spéciale que celle de la déclaration du testateur de ne pouvoir signer (comp. Bayle-
Mouillard sur Grenier, t. II, n° 275, note *a;* Demante,
t. IV, n° 121 *bis*, III).

Notre avis est, toutefois, que la doctrine contraire serait la plus sûre; nous avons, en effet, exigé la mention
des signatures dans le testament par acte public ; et la
même solution nous paraît, par les mêmes motifs, applicable au testament mystique (*supra*, n° 323); on a même
ajouté qu'elle résulte spécialement, en ce qui le concerne, de l'article 976, qui, en exigeant que le tout soit
fait de suite et sans divertir à autres actes, exige, par
cela même, que toutes les formalités, dont l'acte de suscription se compose, se trouvent immédiatement consta-
tées par cet acte (comp. Turin, 11 nov. 1811, *J. du P.*,
IX, p. 687; Cass., 16 fév. 1814, Dev. et Car., IV, I, 537;
Metz, 22 janv. 1833, Nivoix, D., 1834, II, 158; Cass.,
16 déc. 1834, mêmes parties, Dev., 1835, II, 153; Grenier, t. II, n° 275; Toullier, t. III, n° 485; Troplong, t. III, n° 1646; Dalloz, *Rec. alph.*, *h. v.*,
n° 3308).

388. — IV. Enfin, l'article 976 dispose que *tout ce
que dessus* (c'est-à-dire toutes les formalités constitutives

de l'acte de suscription), *sera fait de suite et sans divertir à autres actes.*

C'est l'unité de temps et d'action, que le droit romain exigeait, et que l'Ordonnance de 1735 avait elle-même exigée pour les testaments mystiques (art. 5).

Le législateur de notre Code a maintenu cette condition, qui est, en effet, une mesure de prudence, afin de prévenir l'espèce de fraude, qui est ici particulièrement à craindre, à savoir : la substitution d'un autre papier à celui que le testateur a présenté au notaire et aux témoins ; car plus l'opération sera continue et prompte, moins cette fraude sera possible !

Et il était d'autant plus convenable d'exiger ici cette condition, que l'acte de suscription est, de sa nature, assez simple et assez court pour pouvoir être fait d'un seul trait (comp. *supra*, n° 240).

589. — Le droit romain, après avoir posé cette condition en termes assez vagues, *uno contextu*, l'avait ensuite expliquée d'une façon suffisamment précise :

« *Est autem uno contextu testari, uno eodemque die, nullum alienum actum testamento intermiscere* ; »

Et il ajoutait :

Quod si aliquid pertinens ad testamentum faciat, non vitiatur (L. 1, ff., *Qui testam. fac. pos.; Inst.* § 3, *De testam. ordin.*; L. 1 et 28 *Cod. De testam. et quemadm. Testam. ordin.*).

Ainsi, ce que la loi exige, c'est : 1° que l'acte de suscription, une fois commencé, se termine dans une seule séance ; .... *uno eodemque die* ; 2° que, dans cette unique séance, on ne le suspende pas pour faire un autre acte, *alienum actum*; ce qu'exprime très-bien l'article 976 par ces mots : *sans divertir à autres actes.*

590. — Voilà le sens de notre texte, c'est-à-dire qu'il ne faut pas, une fois l'acte de suscription commencé, l'interrompre pour vaquer à d'autres affaires, *negotia.*

Aussi, l'unité de temps et d'action ne serait-elle pas

rompue, s'il arrivait qu'il fallût suspendre momentanément l'opération :

Soit parce que le testateur ou l'un des témoins, *vel tes-
tatori, vel testibus*, ou le notaire, seraient obligés de sortir
pour satisfaire un besoin physique, *si quid autem neces-
sarium evenerit ;*

Soit parce qu'il faudrait accorder un peu de repos au
testateur malade, ou lui administrer un médicament (L.
28, *Cod. supra cit.*).

Le droit romain, auquel nous avons emprunté cette
condition, l'entendait ainsi ; et la raison ne permet pas
de l'entendre autrement (comp. Voët, *ad Pandect. Qui
testam. facere poss.*, n° 14).

Ce qu'il faut ajouter seulement, c'est que la suspension,
qui peut avoir lieu pour ces sortes de causes, doit être
courte ; et nous croyons, avec Doneau, que l'acte de suscription serait à recommencer, s'il avait fallu l'interrompre à cause d'une défaillance prolongée du testateur,
ou par suite d'un mal qui lui serait survenu, et qui aurait exigé un remède de quelque durée, comme, par
exemple, une opération grave (Comm., *lib.* VI, *cap.* VIII,
n° 6; comp. Limoges, 14 déc. 1842, Cordova, Dev.,
1844, II, 7; Troplong, t. III, n° 1651 ; Demante, t. IV,
n° 121 *bis*, I; Saintespès-Lescot, t. IV, n° 1138).

391. — Telles sont les formalités générales du testament mystique.

Le législateur de notre Code les a complétées, en prévoyant, à l'exemple de l'Ordonnance de 1735, deux hypothèses spéciales : l'une, dans l'article 978 ; l'autre,
dans l'article 979.

I. L'article 978, emprunté à l'article 11 de l'Ordonnance, est ainsi conçu :

« Ceux qui ne savent ou ne peuvent lire, ne pourront
« faire de dispositions dans la forme du testament mys-
« tique. »

Le motif en est simple ; c'est qu'ils ne pourraient pas

vérifier eux-mêmes si le papier, qu'ils présenteraient au notaire et aux témoins, renferme l'expression fidèle de leurs volontés, et qu'ils se trouveraient ainsi exposés à des erreurs et à des fraudes (*supra*, n° 330 ; comp. Cass., 6 messidor an XII, Sirey, XII, I, 987).

392. — Ce motif même prouve assez que c'est au moment où le testateur présente son testament au notaire et aux témoins, qu'il est nécessaire qu'il puisse lire ; et c'est bien là ce que suppose la rédaction de l'article 978.

Il ne suffirait donc pas que le testateur eût pu lire au moment où l'écriture intérieure a été faite, s'il ne pouvait pas lire à l'époque où l'acte de suscription devrait être dressé ; car il serait hors d'état d'affirmer lui-même que le papier, qu'il présente comme son testament, est bien celui qu'il a lu, lorsqu'il pouvait lire, et qu'il n'y a pas eu, par erreur ou par fraude, de changement ou de substitution.

Il en serait ainsi d'ailleurs, même dans le cas où l'écriture intérieure serait tout entière de sa main ; est-ce qu'en effet, le testateur ne pourrait pas avoir écrit des dispositions différentes sur plusieurs papiers distincts ? et où serait alors la garantie que le papier, qu'il présente, est bien celui qu'il voulait choisir, et qu'il n'y a pas eu d'erreur ni de surprise ? (Comp. Orléans, 17 juill. 1847, Richon, Dev., 1847, II, 614 ; Furgole, chap. II, sect. III, n° 29 ; Catellan, liv. II, chap. XII ; Grenier, t. II, n° 258 ; et Bayle-Mouillard, *h. l.*, note *b ;* Troplong, t. III, n° 1660.)

393. — Furgole a écrit, d'après Catellan, que « le défaut de savoir lire doit s'entendre, non de l'écriture moulée, mais de l'écriture de main, parce que tel sait lire la lettre moulée, qui ne sait pas lire l'écriture de main, et que, dans un testament, il est question de l'écriture de main. » (*Loc. supra cit.*)

Et la même solution a été reproduite sous notre Code (comp. Grenier, t. II, n° 258 *bis ;* Duranton, t. IX, n° 135).

Cette solution est certainement exacte, en tant que celui-là qui ne peut lire que l'écriture *moulée*, ne peut pas faire un testament mystique, qui serait *de l'écriture de main.*

Mais il ne faudrait point, suivant nous, l'étendre au delà de ces termes ; et nous ne voyons pas pourquoi celui qui sait lire *l'écriture moulée,* ne pourrait pas faire un testament mystique, qui serait *d'écriture moulée,* et qui aurait été précisément fait ainsi à la main par un tiers, afin de le rendre lisible pour le testateur. « Tout ce qu'il faut, dit M. Bayle-Mouillard, c'est que le testateur puisse lire l'écriture employée pour le testament. » (Sur Grenier, *loc. supra cit.*, note *a ;* Coin-Delisle, art. 978, n° 2 ; Marcadé, art. 978 ; Saintespès-Lescot, t. IV, n° 1169.)

394. — Mais si on peut, en imitant à la main la forme des caractères d'imprimerie, rendre possible le testament mystique pour celui qui ne sait lire que ces caractères, ne s'ensuit-il pas que l'on pourrait faire imprimer effectivement les dispositions sur le papier que le testateur présenterait au notaire et aux témoins ?

L'affirmative paraît raisonnable et logique.

L'imprimerie, en effet, n'est-ce pas une sorte d'écriture perfectionnée? et comment les caractères imprimés ne seraient-ils pas admis, quand l'écriture moulée n'est admise elle-même que parce qu'elle les imite! (Comp. Coin-Delisle, Marcadé, *loc. supra cit. ;* Dalloz, *Rec. alph.,* *h. v.,* n° 2341 ; Massé et Vergé sur Zachariæ, t. III, p. 116.)

395. — Les deux auteurs, que nous venons de citer, vont même plus loin encore ; et ils décident qu'un aveugle pourrait valablement présenter au notaire et aux témoins, pour le faire revêtir de la forme mystique, un testament *qu'il aurait fait imprimer en caractères saillants, et qu'il aurait pu lire par le toucher.* (Comp. Coin-Delisle, art. 976, n° 4 ; Marcadé, *loc. supra cit. ;* ajout. Dalloz, *Rec. alph., h. v.,* n° 2233).

Mais nous ne voudrions pas nous avancer jusque-là !

Notre texte exige que le testateur puisse lire ; or, on ne lit que par *les yeux ;* et il est facile de comprendre les dangers et les abus, auxquels pourrait donner lieu le procédé, que nous ne croyons pas pouvoir admettre.

396. — Quelle est celle des parties, qui doit prouver que le testateur ne pouvait ou ne savait pas lire ?

Furgole proposait, à cet égard, les distinctions suivantes :

« Si le testateur avait su lire autrefois, et qu'il ne le pût pas lors de la disposition, c'est à celui qui fonde la nullité sur le défaut de pouvoir lire, à prouver le fait, à moins que l'acte ne le justifiât, parce que l'aveuglement ou l'affaiblissement de la vue est un événement contraire à l'état naturel.

« Que si la nullité est opposée de ce que le testateur ne savait pas lire, ou bien le testament ou l'acte de suscription justifie que le testateur savait lire, comme s'il est dit qu'il a lu sa disposition, ou s'il y a une présomption, comme si le testateur a signé, ce qui peut faire présumer qu'il savait lire, celui qui attaque le testament doit être chargé du fardeau de la preuve ; .... Que s'il n'y a aucune présomption que le testateur sache lire, l'héritier, qui soutient le testament, doit être chargé de prouver le fait affirmatif, parce que *ei incumbit probatio qui dicit, non qui negat* » (chap. ii, sect. iii, n° 29 ; ajout. Catellan, liv. II, chap. xii).

Ces distinctions nous paraissent fondées sur les principes ; et elles devraient être encore admises aujourd'hui (comp. Cass., 22 janv. 1852, de Murat, Dev., 1852, I, 699 ; Merlin, *Répert.,* v° *Testament,* sect. ii et iii, art. 3, n°s 6, 7 ; Grenier, t. II, n° 259 ; et Bayle-Mouillard, *h. l.,* note *b;* Troplong, t. III, n° 1662).

397. — On vient de voir que Furgole admet les héritiers ab intestat (ou tous autres qui attaquent le testament), à prouver que le testateur ne pouvait pas lire, lors même qu'il aurait signé ses dispositions, ou qu'il aurait déclaré, devant le notaire, qu'il les a lues.

Nous croyons encore que cette doctrine est très-juridique ; à ce point qu'elle devrait être aussi maintenue dans le cas même où le notaire aurait déclaré que le testament à été lu en sa présence par le testateur ; car celui-ci, dit fort judicieusement M. Bayle-Mouillard, par la simulation d'une lecture à voix basse, ou par une récitation faite inexactement à haute voix, peut l'avoir induit en erreur sur un fait, *que l'officier public n'était pas appelé à constater* (sur Grenier, t. II, n° 259, note *b* ; comp. Bordeaux, 2 avril 1828, Sallegourde, D., 1828, II, 152 ; Massé et Vergé sur Zachariæ, t. III, p. 116 ; Saintespès-Lescot, t. IV, n° 1172).

398. — Il est bien entendu d'ailleurs que la pertinence et l'admissibilité des faits articulés sont soumises à l'appréciation souveraine des magistrats, qui jugent, en effet, ces sortes de questions, sans que leurs décisions puissent être, de ce chef déférées à la Cour suprême (comp. Cass., 6 fév. 1820, Guilhem, D., 1820, I, 161).

399. — Remarquons enfin que ce qu'exige la loi seulement, c'est que le testateur *ait pu lire* ses dispositions, lorsqu'il les a présentées au notaire et aux témoins (art. 978) ; elle n'exige pas qu'il soit prouvé qu'il les a *lues* effectivement, ni que la mention de cette lecture se trouve, soit dans l'écrit intérieur, soit dans l'acte de suscription. La loi s'en rapporte, sur ce point, à l'intérêt du testateur lui-même ; et sa présomption est que, par cela même qu'il est prouvé *qu'il pouvait lire*, il est prouvé *qu'il a lu!* (Comp. *supra,* n° 338 ; Gand, 15 juin 1839, Verspeyen, D., *Rec. alph., h. v.,* n° 2231 ; Cass., 22 juin 1852, de Murat, Dev., 1852, I, 699 ; Troplong, t. III, n° 1663.)

399 bis, — Les principes, que nous venons d'exposer, ont donné lieu, depuis notre dernière édition, à un procès important, sur lequel nous avons été consulté, et qui

nous fournit l'occasion d'y revenir encore et de leur donner une forme plus précise.

L'article 978 dispose que : « Ceux qui ne savent ou
« ne peuvent lire, ne peuvent faire de dispositions dans
« la forme du testament mystique. »

Quelle est, au juste, la conséquence qu'il faut en déduire?

Le législateur exige-t-il seulement que le testateur *ait
pu lire ?*

Exige-t-il, au contraire, que *le testateur ait lu?*

Voici des héritiers, qui demandent à prouver que leur
auteur, qui a laissé un testament mystique écrit par une
main étrangère, *ne l'a pas lu*, tout en convenant d'ailleurs
qu'il *aurait pu le lire ;* ils invoquent, à l'appui de leur
demande, les faits les plus pertinents et les plus graves :
le testateur, sur son lit de mort, était en proie aux
plus vives souffrances ; et quoiqu'il ne fût pas encore dans
l'impossibilité absolue de lire, cette lecture lui aurait
causé une fatigue extrême et aurait pu même peut-être
déterminer une crise redoutable ; c'est ce qu'il a lui-même
répondu à la personne, qui le priait de lire le testament
qu'elle venait d'écrire pour lui : *qu'il s'en rapportait à
elle, et qu'il n'avait pas le courage de faire cet effort et de
soutenir cette lutte contre la douleur.*

Telles étaient, à peu près, les circonstances, dans lesquelles la question se présentait devant la Cour impériale
de Pau, qui rejeta la demande des héritiers, en décidant
qu'il n'est pas nécessaire que le testateur *ait lu*, et qu'il
suffit qu'il ait *eu la possibilité de lire.* (7 juill. 1865,
Brauhauban, D., 1865, II, 209 ; Dev., 1866, II, 9.)

Et la Cour de cassation a rejeté le pourvoi, qui avait
été formé contre cet arrêt :

« Attendu que, si la loi exige, pour la validité du testament mystique, que le testateur puisse lire l'acte contenant ses dernières volontés, elle ne lui interdit pas de
s'assurer, par la lecture qui lui en est faite par un tiers
investi de sa confiance, que ses intentions ont été exac-

tement suivies, si d'ailleurs, il peut, lorsqu'il le juge nécessaire, relire lui-même son testament ; — Attendu que les articles 976 et 978 du Code Napoléon *ne l'obligent pas à faire personnellement cette lecture ;* — qu'il suffit *qu'il ait eu la possibilité de la faire et de se livrer, sans intermédiaire, à un contrôle abandonné à son appréciation;* — Attendu qu'il est constaté, en fait, par l'arrêt attaqué, que le sieur Victor Brauhauban savait et pouvait lire ; que ce n'est pas par suite d'un empêchement quelconque qu'il n'a pas lu son testament, mais que c'est volontairement qu'il ne l'a pas lu lui-même et qu'il se l'est fait lire par le sieur Daléas, qui l'avait écrit, et dont l'honorabilité lui était bien connue ;... — Que dans ces circonstances, l'arrêt attaqué, en refusant de prononcer la nullité du testament, n'a violé aucune des dispositions de loi invoquées par le pourvoi.... » (7 mai 1866, Brauhauban, Dev., 1866, 1, 329.)

A l'appui de cette doctrine, on a produit des consultations délibérées par nos éminents confrères du barreau de la Cour de Paris, MM. Senard, Dufaure et Allou, et du barreau de la Cour de cassation, M. Michaux-Bellaire.

Mais la doctrine contraire a été soutenue dans une consultation délibérée par nos savants collègues de la Faculté de droit de Toulouse, MM. Rodière, Bressolles et Molinier, que M. Valette, de la Faculté de Paris, a fortifiée de son adhésion, et à laquelle nous avons adhéré nous-même.

C'est un grave échec assurément que notre doctrine vient de recevoir dans ces deux décisions judiciaires, et surtout dans celle de la Cour de cassation ! Ajoutons que la Cour d'Aix vient aussi de se ranger à la théorie de la Cour suprême (13 août 1866, Rey, Dev., 1867-2-324).

Et pourtant, nous ne pouvons nous empêcher de croire encore qu'il ne suffit pas que le testateur *ait pu lire* les dispositions écrites par un étranger, mais qu'il est nécessaire qu'il *les ait lues effectivement.*

La preuve en résulte, suivant nous : — soit des traditions de l'ancien droit écrit, d'où le testament mystique nous est venu ;—soit des textes mêmes de notre Code, et des principes essentiels qui gouvernent la confection des testaments ; — soit des inconvénients ou plutôt des dangers redoutables auxquels la doctrine contraire expose inévitablement les familles et le testateur lui-même :

1° Avant l'Ordonnance de 1735, deux questions s'étaient élevées :

Faut-il que le testateur prenne lecture du testament, lorsqu'il a été écrit par une main étrangère ?

Faut-il qu'il soit fait mention de cette lecture soit dans le testament, soit dans l'acte de suscription ?

La première question était, en général, résolue affirmativement :

« C'est cette sorte de testament, disait Domat, qu'on
« appelle clos et secret, dont la forme est telle, que le
« testateur, qui sait lire et écrire, ou seulement lire,
« écrit lui-même ou fait écrire par une autre personne,
« *et relit ses dispositions,* et les trouvant conformes à sa
« pensée, présente... » (Lois civiles, *Des Testaments.*)

Et prévoyant précisément l'espèce, où le testateur n'aurait pas lu les dispositions, qu'il aurait fait écrire par une personne étrangère, dans la probité de laquelle sa confiance était absolue, il ajoutait :

« En général, un tel testament serait sans aucune
« preuve, *parce qu'il dépendrait de la foi de celui, qui l'a*
« *écrit.* »

Quant à la seconde question, elle avait été très-controversée. Boutaric nous atteste que plusieurs arrêts avaient décidé que la mention devait être faite de la lecture par le testateur, des dispositions, qui avaient été écrites par un tiers. (*Instit. conférées avec le Droit franç.,* p. 234 et suiv.); mais la solution négative avait prévalu; et les derniers arrêts avaient décidé que cette mention n'était pas nécessaire.

Remarquons que ces arrêts eux-mêmes, d'ailleurs,

impliquaient la nécessité de la première condition, à savoir : de la lecture par le testateur ; car si cette lecture n'eût pas été elle-même nécessaire, il n'y aurait pas eu évidemment lieu de se demander si la mention devait en être faite !

Et cette remarque, que nous suggère l'état de la jurisprudence ancienne, antérieurement à l'Ordonnance de 1735, s'applique également à l'état de la jurisprudence postérieurement à l'Ordonnance.

Quelle est, en effet, la question, qui s'agite entre les commentateurs de l'œuvre de d'Aguesseau?

Se demandent-ils s'il est nécessaire que le testateur lise les dispositions qui ont été écrites par une main étrangère ?

Non! tel n'est pas le sujet de leur controverse.

Ce qu'ils discutent, c'est à savoir s'il est nécessaire de mentionner, soit dans le testament, soit dans l'acte de suscription, qu'il les a lues.

Or, dirons-nous encore, poser la seconde question, c'est donner nécessairement à la première une solution affirmative !

Ils donnent, il est vrai, une solution négative à la seconde ; et, généralement, leur avis est que la mention de la lecture par le testateur n'est pas nécessaire.

Et pourquoi ?

Oh! certes le motif en eût été sans réplique, si la lecture elle-même par le testateur n'eût pas été nécessaire ; et les commentateurs de l'Ordonnance n'auraient pas manqué de le donner !

Mais pas du tout!

Ils se bornent à dire que l'Ordonnance n'exige pas la mention de la lecture !

D'où il suit évidemment que, d'après eux, l'Ordonnance exige la lecture elle-même ! (Comp. Furgole, *des Testaments*, *loc. supra* ; Boutaric, *loc. supra*, Serres, *Instit. du Droit franç.*, liv. II, tit. x, p. 248.)

2° Telles sont les traditions antérieures.

Or, le Code Napoléon, pour régler les formes du testament mystique, a reproduit presque littéralement l'Ordonnance de 1735 ;

Et, par conséquent, son intention a été de consacrer, sur ce point, la doctrine ancienne.

Voilà bien, en effet, ce qui résulte de nos textes.

Que dit d'abord l'article 976 ?

« Lorsque le testateur voudra faire un testament mys-
« tique, *il sera tenu de signer ses dispositions*, soit qu'il
« les ait écrites lui-même, *ou qu'il les ait fait écrire par*
« *un autre.* »

Ainsi, la signature du testateur est une des formes normales du testament mystique, lorsque le testateur sait signer ; et, en effet, l'article 976 dispose encore que le testateur, en présentant son testamemt au notaire, doit déclarer que le contenu en ce papier est son testament écrit et *signé* par lui, ou écrit par un autre et *signé* par lui ; ce n'est que dans le cas où le testateur ne peut signer, que la signature n'est pas exigée ; et alors l'article 977 dispose qu'il doit être appelé à l'acte de suscription un témoin de plus ; mais la règle est, disons-nous, qu'il doit signer ;

Or, on ne signe point apparemment un acte sans le lire ! la signature, sans la lecture, serait une dérision ; puisque, précisément, la signature est la preuve et la garantie de cette lecture par celui qui a signé ;

Donc la loi, qui exige que le testateur *signe*, exige par cela même, qu'il *lise !*

Donc, par suite, lorsque l'article 978 dispose que : ceux qui ne savent ou ne peuvent lire, ne peuvent faire de dispositions dans la forme du testament mystique, ce qu'il exige aussi, ce n'est pas seulement que le testateur ait *eu la possibilité de lire*, c'est *qu'il ait lu !*

Est-ce que tel n'est pas, en effet, le sens naturel de cette disposition ? et quand la loi exige *qu'une partie sache et puisse lire*, à l'effet de passer un certain acte, n'est-il pas raisonnable de croire qu'elle exige, en effet, que la partie lise cet acte!

3° Cette interprétation, qui résulte de nos textes mêmes, est d'ailleurs, suivant nous, commandée par les principes essentiels qui gouvernent la matière des testaments.

Nous en fournirons deux preuves: '

La première, c'est que la loi n'admet jamais, en cette matière, une formalité *facultative*, qu'il dépendrait du testateur d'accomplir ou de ne pas accomplir!

Toutes les formalités testamentaires, qu'elle exige, c'est impérativement, absolument, et *à peine de nullité*, qu'elle les exige! (Art. 1001.)

Ainsi, dans le testament olographe! Ainsi, dans le testament par acte public!

Or, au contraire, que verrions-nous ici, dans le testament mystique?

Une formalité, pour l'accomplissement de laquelle la loi s'en remettrait à l'appréciation personnelle de chaque testateur en particulier, en lui disant : *lisez, si vous voulez; ne lisez pas, si vous ne voulez pas!*

Eh bien! nous maintenons que ceci est le renversement de toute la théorie du législateur, en cette matière.

De deux choses l'une :

Ou le législateur a pensé que la lecture par le testateur, des dispositions écrites par une main étrangère, était une garantie nécessaire ou même seulement utile du testament mystique; et, dans ce cas, il aura exigé, non pas seulement que le testateur *ait la possibilité de lire*, mais *qu'il lise;*

Ou il a pensé que cette lecture n'avait pas ce caractère; et dans ce cas, non-seulement il n'aura pas exigé *qu'il lise*, mais il n'aura pas même exigé qu'il eût la possibilité de lire.

Et par conséquent, dès qu'il exige que le testateur ait *la faculté de lire*, c'est pour qu'il l'exerce, en effet, et *pour qu'il lise.*

Notre seconde preuve n'est elle-même qu'une déduction de la première ; mais une déduction, qui la confirme de plus en plus.

Nous disons donc, en second lieu, que le législateur, en matière de formes testamentaires, ne se contente pas *de probabilités et de vraisemblances*; ce qu'il veut, c'est la *certitude*, et même la *certitude absolue*.

Et très-justement sans doute ! car il s'agit d'assurer la manifestation exacte et sincère de la volonté personnelle du testateur lui-même.

Or, tout au contraire, encore, que verrions-nous ici, dans le testament mystique, si la doctrine, que nous combattons, triomphait ?

C'est que cette forme testamentaire ne fournirait évidemment plus une garantie certaine de la volonté du testateur ! cela est, disons-nous, évident, puisque, pour rappeler les sages paroles de Domat, ce testament *dépendrait de la foi de celui, qui l'a écrit*, et auquel le testateur pourrait s'en rapporter aveuglément, en signant, de confiance, l'acte, que ce tiers aurait écrit, ou même en ne le signant pas, s'il se trouvait dans le cas de l'article 977.

Mais vraiment, si cela est possible, voici, dans notre Code, des inconséquences inouïes et d'intolérables contradictions.

Comment ! quand il s'agit d'un testament par acte public, notre Code exige, entre autres formalités :

1° Qu'il soit dicté par le testateur lui-même au notaire ;

2° Qu'il soit écrit par le notaire lui-même tel qu'il lui est dicté par le testateur ;

3° Qu'il en soit donné lecture (par le notaire), au testateur, en présence des témoins (art. 972).

Et, quand il s'agit d'un testament mystique, notre Code admettrait :

1° Qu'un tiers, quel qu'il soit, sans aucun caractère public, pourrait écrire les dispositions, sans aucune dictée et sans aucune participation du testateur ;

2° Qu'aucune lecture ne serait exigée de la part du testateur; et qu'il suffirait qu'il présentât ensuite cet acte au notaire, en déclarant que le contenu en *ce papier est son testament*.

Mais où donc est la garantie certaine, que le contenu en *ce papier est votre testament!*

Où est-elle, cette garantie, si le papier a été écrit par une main étrangère! et si vous ne l'avez pas lu!

Non! nous ne pouvons plus, avec un tel système, affirmer que ce papier renferme, exactement et sincèrement, vos dernières volontés!

L'arrêt précité de la Cour de cassation (du 7 mai 1866) relève cette circonstance de fait, que, dans l'espèce, le tiers, qui avait écrit le testament, en avait donné lecture au testateur.

Mais d'abord, il est manifeste que cette lecture, par un tiers, sans aucun caractère public, n'offre pas la même garantie que la lecture par le testateur, et qu'elle peut même devenir un danger de plus, si le tiers n'est pas honnête.

Ce n'est pas tout! nous ajoutons que la loi n'exige nullement la lecture par un tiers quelconque; elle n'en fait aucune mention! et s'il n'est pas nécessaire que le testateur lise lui-même, la conséquence irrésistible en est qu'il n'est pas nécessaire que le testament soit lu du tout, c'est-à-dire qu'il n'est pas nécessaire que le testateur sache, au juste, ce qui est écrit dans ce papier, qu'il présente comme son testament!

4° Nous avons annoncé enfin que la doctrine, que nous combattons, présente les dangers les plus redoutables; et au point où nous en sommes, qui donc pourrait les méconnaître!

Est-ce que, en effet, le testament mystique n'est pas alors l'œuvre exclusive du tiers, qui l'a écrit sans aucune participation, sans aucun contrôle de la part du testateur, qui ne l'a pas lu, et qui peut même ne pas l'avoir entendu lire!

Et comment n'être pas effrayé de voir les volontés testamentaires ainsi livrées à la merci des fraudes, ou même
seulement des erreurs ou des malentendus, que ce tiers,
subissant aussi lui-même d'autres influences, pourrait
impunément commettre ! comment n'en être pas effrayé,
surtout quand on songe que ce testament pourrait être
fait par des personnes déjà défaillantes, aux approches
même de la mort !

Nous disions, dans la consultation que nous avons délibérée sur l'affaire, qui a été jugée par la Cour de Pau:

S'il était admis une fois que le testament mystique
peut être fait ainsi, *in extremis*, par ceux, qui, sans être
privés absolument de la faculté de lire, n'en auraient
plus néanmoins déjà, par suite de leurs douleurs ou de
leurs infirmités, ni le courage ni la force, il y aurait là,
pour les familles, un grand péril, puisque le testament
mystique pourrait alors prendre la place du testament par
acte public, le seul évidemment qui puisse être employé
en ces situations suprêmes, le seul, en effet, qui offre les garanties si sagement prescrites par la loi, et qui dans ces situations mêmes, sont encore plus nécessaires que jamais.

Cette conclusion sera encore la nôtre.

La loi, sans doute, n'exige pas, nous l'avons déjà reconnu, que le papier intérieur ou l'acte de suscription
fasse mention de la lecture que le testateur a prise des
dispositions écrites par une main étrangère; et la présomption est que le testateur *a lu*, dès *qu'il pouvait lire ;*
c'est en ce sens qu'il est vrai de dire que, sur le fait de
cette lecture, la loi s'en est remise à lui-même et à son
propre intérêt.

Mais aussi, quand les héritiers demandent à prouver,
au contraire, que le testateur n'a pas lu, et qu'ils arti-
culent les faits les plus graves, d'où il résulte que cette
lecture, si elle ne lui était pas absolument impossible,
lui aurait été très-difficile et très-douloureuse, et qu'il a
déclaré lui-même ne pas la vouloir faire, nous croyons

que la preuve doit être admise, et, si elle est fournie, que le testament doit être annulé.

400. — II. La seconde hypothèse (*supra,* n° 391), est réglée par l'article 979, en ces termes :

« En cas que le testateur ne puisse parler, mais qu'il « puisse écrire, il pourra faire un testament mystique, à « la charge que le testament sera entièrement écrit, daté « et signé de sa main ; qu'il le présentera au notaire et « aux témoins ; et qu'au haut de l'acte de suscription, il « écrira, en leur présence, que le papier, qu'il présente, « est son testament ; après quoi, le notaire écrira l'acte de « suscription, dans lequel il sera fait mention que le tes- « tateur a écrit ces mots en présence du notaire et des « témoins, et sera, au surplus, observé tout ce qui est « prescrit par l'article 976. »

Tel était l'article 12 de l'Ordonnance de 1735, que notre article 979 a reproduit mot pour mot ; et nous allons voir qu'il n'est pas sans intérêt de faire cette observation (*infra,* n° 405).

Le cas, que cet article prévoit, est celui où le *testateur ne peut a rler.*

Ces termes sont généraux ; et ils comprennent non-seulement le muet, mais aussi le sourd-muet, même de naissance ; les doutes qui ont été exprimés à cet égard dans l'origine, ne sauraient aujourd'hui nous arrêter (comp. Colmar, 7 février 1815, Schœffer, D., *Rec. alph., h. v.,* n° 3224 ; Merlin, *Répert.,* v° *Testament,* t. XVII, p. 591 ; Toullier, t. III, n° 477 ; Vazeille, art. 979, n° 2).

Il est clair également que l'article 979 est applicable à quiconque ne peut parler, même par une cause accidentelle, comme une paralysie de la langue.

401. — C'est au moment où l'acte de suscription est dressé, qu'il est nécessaire et qu'il suffit que le testateur puisse parler ; car, c'est à ce moment qu'il doit déclarer au notaire et aux témoins, que le papier, qu'il leur présente, est son testament (comp. art. 976 et 979).

S'il peut alors faire usage de la parole, il n'importe pas qu'il fût dans l'impossibilité de parler, au moment ou l'écriture, qui contient ses dispositions, a été faite ; car il n'avait, à ce moment, nul besoin de parler ; et le testament, qu'il aurait fait écrire par un tiers, pourrait être présenté par lui au notaire et aux témoins, sans qu'il fût nécessaire d'observer les prescriptions spéciales de l'article 979 (comp. Orléans, 17 juill. 1847, Richon, Dev., 1847, II, 614 ; Troplong, t. III, n° 1668 ; Zachariæ, Aubry et Rau, t. V, p. 527).

402. — Celui qui ne peut point parler, ne pourrait pas faire un testament mystique par signes ; le législateur n'ayant point admis ce mode de manifestation de la volonté du testateur (*supra*, n° 242 *bis* ; *voy.* toutefois *infra*, n° 431).

Il faut, en conséquence, qu'il sache écrire.

Et alors il peut, bien entendu, faire un testament olographe (*supra*, n° 71 *bis*).

De plus, le législateur a voulu lui fournir aussi le moyen de faire un testament mystique, d'après les formalités, que prescrit l'article 976.

Mais il a cru devoir le soumettre, en outre, à deux conditions spéciales, et il exige :

1° Que le testament soit entièrement écrit, daté et signé de sa main ;

2° Qu'au haut de l'acte de suscription, il écrive que le papier qu'il présente, est son testament, sans d'ailleurs que notre texte exige une signature spéciale de cette déclaration (comp. Saintespès-Lescot, t. IV, n° 1482).

403. — Cette seconde condition est facile à expliquer.

C'est la déclaration *écrite*, qui remplace alors la déclaration *orale*, que le testateur ne peut pas faire ; et la garantie qui en résulte, est pour le moins aussi rassurante.

404. — Mais c'est précisément pour cela qu'il est difficile de se rendre compte de la première condition, qui est exigée par l'article 979.

Et d'abord, pourquoi faut-il que le testament soit entièrement écrit de la main du testateur?

Aux termes de l'article 976, le testament peut être écrit *par un autre;* et il suffit que le testateur s'approprie cette écriture par sa déclaration verbale devant le notaire et les témoins; or, la déclaration écrite supplée certes, de la façon la plus complète, la déclaration verbale; et on ne voit pas, dès lors, par quel motif le testateur ne pourrait s'approprier, par écrit, l'écriture d'un autre, comme il peut le faire de vive voix !

Il se peut que le législateur de 1804, qui avait, dans cet article, principalement en vue les *sourds-muets*, ait cru devoir exiger cette condition comme une preuve légale de leur intelligence, et afin que l'on fût bien sûr qu'ils disposeraient en connaissance de cause.

Mais cette exigence, qui déjà, dès cette époque, nous aurait paru rigoureuse, serait encore plus difficile à justifier aujourd'hui que l'éducation des sourds-muets est parvenue à un si merveilleux degré de perfection.

Ajoutons que cette exigence pourrait avoir aussi, dans certains cas, pour conséquence regrettable, de priver de la faculté de tester, en la forme mystique, ceux-là mêmes, auxquels l'article 979 a voulu l'accorder; car il est telle personne, qui pourrait bien, à la rigueur, écrire les quelques lignes, dont se compose la déclaration devant le notaire et les témoins, et qui ne pourrait pas écrire le testament tout entier, pour peu qu'il eût quelque étendue.

405. — Une observation du même genre, et plus grave encore, s'applique à la date, que l'article 979 exige dans l'écriture intérieure.

Eh ! pourquoi donc la date de cette écriture, puisqu'elle est indifférente, et que c'est uniquement la date de l'acte de suscription, qui est à considérer? Aussi, l'article 976 n'exige-t-il pas que cette écriture soit datée ; et il paraît impossible d'expliquer par quel motif l'article 979 l'exige dans le cas où le testateur ne peut parler ; qu'importe, à cet égard, que le testateur parle ou qu'il écrive devant le notaire et les témoins !

Cette exigence serait, en effet, inexplicable si l'on ne se rappelait que l'article 979 a été littéralement emprunté à l'Ordonnance de 1735.

L'article 12 de l'Ordonnance, dont notre article est la reproduction, voulait aussi que le testament fût daté ; mais c'est que l'article 38 exigeait, dans tous les cas, la date de l'écriture intérieure ; et l'article 12 n'était alors lui-même qu'une conséquence toute naturelle de l'article 38.

Mais, dès que notre législateur nouveau supprimait, dans l'article 976, la nécessité de la date de l'écriture intérieure, il est manifeste qu'il devait la supprimer aussi dans l'article 979 ; et ce n'est évidemment que par inadvertance, qu'il l'y a maintenue.

Cela est, en effet, si évident, que l'on a mis en doute si l'on devrait annuler, dans le cas prévu par l'article 979, un testament mystique, dans lequel la date de l'écriture intérieure aurait été omise (comp. Demante, t. IV, n° 124, *bis*).

Mais le texte est, à notre avis, trop explicite, pour qu'il soit possible d'échapper à la nullité, qui résulterait de l'inobservation de cette formalité. (Art. 979, 1001 ; comp. Marcadé, art. 979 ; Saintespès-Lescot, t. IV, n° 1179.)

406. — Nous avons vu que celui qui est sourd, ne peut pas employer la forme du testament par acte public (*supra* n° 169).

Et s'il ne sait ou ne peut écrire, il ne pourra pas employer non plus la forme du testament olographe.

Aura-t-il du moins la ressource du testament mystique, s'il peut lire et parler ?

L'affirmative est bien favorable ; et nous croyons, en effet, qu'on doit l'admettre, puisque notre testateur pourra lire l'écriture intérieure qui aura été faite par un autre, et qu'il pourra déclarer aux notaires et aux témoins que le papier, qu'il leur présente, est son testament (*supra*, n° 400).

Voici pourtant une objection, qui ne manque pas de gravité : l'acte de suscription est un acte notarié, {dont il doit être donné lecture au testateur ; et par consé-quent, la même impossibilité, où est le sourd d'entendre la lecture du testament par acte public, l'empêche d'en-tendre la lecture de l'acte de suscription ; donc, il ne peut pas plus tester en la forme mystique qu'en la forme publique.

Mais ne peut-on pas répondre :

1° Que la lecture de l'acte de suscription par le notaire au testateur, n'est pas ordonnée par les articles du Code Napoléon, et que, par conséquent, l'article 1001, qui prononce la nullité pour cause d'inobservation des for-malités prescrites par le Code, n'est pas alors applicable ;

2° Que cette lecture est, à la vérité, prescrite par l'arti-cle 13 de la loi du 25 ventôse an XI, mais que cet article ne se trouve pas compris dans l'article 68, qui contient l'énonciation limitative de ceux des articles dont l'obser-vation est prescrite à peine de nullité ;

3° Que la condition de la lecture a d'ailleurs, dans le testament mystique, bien moins d'importance que dans le testament par acte public, puisque l'acte de suscription, qui seul doit être lu, n'est pas le testament lui-même, mais un simple procès-verbal très-court. (Comp. Bordeaux, 3 mai 1828, Ducheylard, Sirey, 1828, II, 33 ; Merlin, *Répert.*, v° *Testament*, t. XVII, p. 591 ; Troplong, t. III, n° 1649 ; D., *Rec. alph.*, h. v., n°ˢ 3224, 3226 et 3307.)

407. — Il ne nous reste plus qu'à exposer quel est l'effet soit de l'accomplissement, soit de l'inaccomplisse-ment des formalités prescrites pour le testament mystique.

A. D'abord, si les formalités n'ont pas été accomplies, rien de plus simple ; le testament mystique est nul (art. 1001).

Et cette nullité est même complète et sans ressource, lorsque l'écrit intérieur n'est pas de la main du testateur.

408. — Mais en est-il ainsi, dans le cas où la disposition intérieure est écrite en entier, datée et signée de sa main ?

Le testament, qui est nul en la forme mystique, peut-il être valable en la forme olographe ?

Question célèbre, et depuis longtemps débattue, dans l'ancien droit et dans le droit nouveau.

Quelques auteurs autrefois enseignaient la négative ; Ricard, notamment, a écrit « qu'on peut avancer pour une maxime générale, qu'il est nécessaire que le testament soit parfait en la forme, en laquelle le testateur a commencé de disposer ; et que, quoique cet acte ait des solennités suffisantes pour valoir en une autre forme permise par la loi ou par la coutume, il ne laissera pas de demeurer sans effet, s'il n'est accompagné de celles qui sont requises pour l'accomplissement de l'espèce de testament en laquelle il a voulu disposer, » et il citait avec plusieurs textes romains (L. *ult.*, *Cod. de codic.* ; L. 19, *Cod. de fedeicomm.*), deux arrêts du Parlement de Paris des 28 août 1575 et 20 juillet 1655 (Part. I, n°s 1669 et suiv. ; ajout. Serres, *Inst. du droit français*, liv. II, tit. x, § 3 ; Chabrol sur la *Cout. d'Auvergne*, t. II, p. 58).

Mais d'autres jurisconsultes, non moins autorisés, tenaient déjà, dès ce temps, pour la doctrine contraire ; et ils la fondaient aussi sur le droit romain, avec bien plus de raison certes que Ricard ! ce qui résulte, en effet, seulement des lois citées par cet auteur, c'est qu'il n'était pas possible de convertir en un codicille le testament, qui était nul par vice de forme ; et on en comprend le motif; car le testament romain et le codicille n'étant pas deux formes égales de disposer, mais constituant, au contraire, deux modes de disposition très-différents dans leurs effets, rien n'autorisait à dire que le testateur, qui avait voulu faire l'un, eût, par cela même, voulu faire l'autre. Mais, lorsqu'il ne s'agissait que de savoir si le testament, qui était nul en une certaine forme, qui n'y avait pas été exactement observée, pouvait valoir comme testament, en une autre forme, qui s'y trouvait observée, le droit romain lui-même répondait affirmativement; et voilà comment Ulpien, à l'occasion du testament d'un soldat, sur lequel on demandait si, quoique nul comme testament solennel, il pouvait être valable, comme testament militaire, posait, dans les termes les plus généraux, cette règle excellente : *nec credendus est* QUISQUAM *genus testandi eligere ad impugnanda judicia sua* (L. 3, ff., *de Testam. milit.*)

C'est ainsi que l'on décidait encore que le testament, qui se trouvait nul comme *nuncupatif écrit*, pouvait être valable comme *nuncupatif verbal*, s'il remplissait les conditions de validité requises pour cette dernière forme, c'est-à-dire si le testateur en avait donné connaissance aux sept témoins, qui avaient été appelés pour la suscription; telle était la jurisprudence du parlement de Bordeaux (arrêt du 5 sept. 1672) et de Toulouse (arrêts des 15 mars 1631 et 22 mai 1632; Lapeyrère, lettre v, n° 46; d'Olive, *Quest. notables*, liv. V).

Il faut ajouter que l'Ordonnance de 1629, qui avait entrepris de généraliser l'usage des testaments olographes dans toute la France (*supra*, n° 57), portait expressément que leur validité était indépendante de l'emploi de la forme mystique : *laquelle*, disait l'article 26, *si elle y est ajoutée, n'y fera préjudice, non plus que le défaut qui se pourrait rencontrer es dites solennités, si ledit testament est olographe;* ce qui prouve que la prétendue maxime de Ricard n'était rien moins que *générale,* et que même la maxime contraire prédominait dans notre ancienne jurisprudence (comp. Bartole, *ad leg.* 29, *De jure codicill.* ; Menochius, *de Præsumptionibus*, lib. IV, présumpt. II, n° 14 et *sequent;* Favre, *de error. pragmat.* Decad. 75, err. 6 ; Henrys, liv. V, chap. I, quest. 2 et 3, et chap. IV, *Quest.* 67).

409. — La même controverse s'est pourtant reproduite sous notre Code; et, pour soutenir que le testament, qui est nul comme mystique, ne peut pas être valable comme olographe, on a surtout employé les trois arguments que voici :

1° L'écrit intérieur, qui renferme les dispositions, et l'acte de suscription, ne forment qu'un testament unique et un tout indivisible; et, lors même que cet écrit aurait eu d'abord, en la forme olographe, une existence indépendante, cette existence s'anéantit dans le testament mystique, où elle vient se perdre et se confondre;

Or, on suppose que le testament mystique est nul;

Donc, la nullité est nécessairement totale, puisqu'elle frappe désormais un acte unique et indivisible.

2° Voilà ce qui résulte de la combinaison des articles 979 et 1001.

Aux termes de l'article 979, le testament mystique de celui qui ne peut parler, doit être écrit en entier, daté et signé de sa main; c'est-à-dire qu'il doit être fait d'abord en la forme olographe, afin d'être ensuite revêtu de la forme mystique;

Et, aux termes de l'article 1001, il est nul, si ces formalités n'y ont pas été observées.

D'où il suit qu'il est nul tout entier, malgré l'emploi de la forme olographe, qui n'était elle-même que l'un des éléments de la forme mystique.

3° Cette solution est, dit-on, conforme à l'intention vraisemblable du testateur, qui doit être présumé n'avoir considéré son testament olographe que comme un simple projet, dès qu'il se proposait de le faire revêtir de la forme mystique; d'où la conséquence que le défaut d'accomplissement de cette forme fait que sa volonté est restée à l'état de projet manqué! (Comp. Poitiers, 28 mai 1825, Valentin, Sirey, 1825, II, 259; Favard, *Répert.*, v° *Testament*, section 1, § 4; Coin-Delisle, art. 976, n° 15.)

Mais cette doctrine nous paraît inadmissible :

On parle de l'intention du testateur; et c'est très-justement, suivant nous; car il s'agit ici beaucoup plus encore d'une question de fait et d'interprétation que d'une question de droit.

Aussi, reconnaissons-nous que le testament, nul comme mystique, ne pourrait pas être déclaré valable comme olographe, s'il résultait, explicitement ou implicitement, de ce testament lui-même, que le testateur a entendu subordonner l'efficacité de ses dispositions à l'accomplissement exact des formalités du testament mystique.

Mais ce qui ne saurait être contesté non plus, réciproquement, c'est que le testament, nul comme mystique, devrait être, au contraire, déclaré valable comme olographe, s'il résultait, explicitement ou implicitement, de l'acte même, que le testateur, après avoir fait d'abord un testament olographe, ne l'a fait ensuite revêtir de la forme mystique que par un surcroît de précaution, et qu'il a entendu tester, comme disait Ulpien, *utroque genere* (l. 3, ff. de *Testam. mil.*), ou, comme disait aussi Mantica, *omni meliore modo!* (Lib. I, titre IX, n° 11 ; comp. Bourges, 10 août 1813; et Cass., 6 juin 1815, Dev. et Car., V, I, 59.)

Or, la question étant ramenée à ces termes-là (et ce sont bien ses véritables termes), est-ce que la solution peut être sérieusement douteuse! qui voudrait dire, en effet, que le testateur aurait mieux aimé voir ses volontés dernières annulées, plutôt que de les voir validées en la forme olographe, et non point en la forme mystique!

c'est évidemment une présomption toute contraire, que la raison commande, d'autant plus que les formalités du testament mystique, par leur nature, n'impliquent aucune autre intention, de la part du disposant, que celle de mieux assurer le secret et la conservation de son testament!

2° En droit, d'ailleurs, il n'est pas exact d'avancer, d'une manière absolue, que l'écrit intérieur et l'acte de suscription forment nécessairement toujours un tout indivisible.

Qu'il en soit ainsi, quand l'écrit intérieur n'a, par lui-même, aucune force, on le comprend.

Mais sur quel motif de raison ou de principe serait-il possible de fonder cette indivisibilité, dans le cas où l'écrit intérieur a lui-même une validité propre et indépendante de l'acte de suscription!

Menochius, à propos du testament *nuncupatif écrit*, qui était revêtu des formalités du testament *nuncupatif verbal* (*supra*, n° 408), s'exprimait ainsi :

« Dicitur quædam species mixta testamenti; et com-
« munem esse sententiam asseruit ipse Vasquius, qui
« scripsit *quod una forma alteram non consumit*, sed ambæ
« simul concurrere et esse possunt; quod ait probari.... »
(*Loc. supra cit.*)

Cette formule est très-juste; et elle s'applique parfaitement à notre hypothèse d'un testament olographe revêtu des formalités du testament mystique.

Toullier a d'ailleurs remarqué, avec raison, que le principe général, dont elle est l'expression, a été consacré par notre droit moderne! c'est ainsi que l'acte public, qui est nul comme tel, est cependant valable comme acte sous seing privé, s'il est signé de toutes les parties (art. 68 de la loi du 25 ventôse an XI; art. 1318, Code Napol.).

3° Est-il besoin, après ce qui précède, de répondre à l'argument que la doctrine contraire a déduit de la combinaison des articles 979 et 1001 ?

Ce qui résulte, en effet, de la disposition générale de l'article 1001, c'est que le testament mystique, dans lequel les formalités n'auront pas été observées, sera nul.

Eh! oui, sans doute; il sera nul, comme testament mystique.

Mais le testament olographe, qui resterait tout seul, avec sa validité propre, ne pourra-t-il pas valoir? l'article 1001 ne dit rien qui s'y oppose; et nous croyons avoir établi qu'il n'avait en effet, aucune raison de s'y opposer; ajoutons que, puisque l'acte de suscription est nul, il ne saurait avoir d'effet, et qu'il aurait un effet, s'il empêchait la validité du testament olographe!

Tels sont les motifs qui ont déterminé le succès, aujourd'hui définitif, de cette doctrine pendant si longtemps contestée; Merlin et Grenier, qui l'avaient d'abord combattue, ont eux-mêmes, en effet, fini par s'y rallier (comp. Aix, 18 janv. 1808, Viale, Sirey, 1810, II, 521; Cass., 6 juin 1815, Bréchard, Sirey, 1815, I, 386; Caen, 26 janv. 1826, Bourdon, Sirey, 1826, II, 328; Cass., 23 déc. 1828, Goulhey, D., 1829, I, 78; Merlin, *Répert.*, v° *Testament*, sect. II, § 4, art. 4; et *Quest. de droit, h. v.*, § 6; Toullier, t. III, n° 480; Duranton, t. IX, n° 138; Grenier, t. II, n°ˢ 276 et 276 *bis;* et Bayle-Mouillard, *h. l.*, note *a*; Mourlon, *Répét. écrit.*, t. II, p. 342; Troplong, t. III, n° 1654; Zachariæ, Aubry et Rau, t. V, p. 527; Massé et Vergé, t. III, p. 117, 118; Demante, t. IV, n° 121 *bis*, VII; Dalloz, *Rec. alph., h. v.*, n°ˢ 3336 et suiv.; Saintespès-Lescot, t. IV, n° 1160).

410. — B. Lorsque toutes les formalités prescrites par la loi ont été observées, l'écrit intérieur, qui renferme les dernières volontés, et l'acte de suscription, ne forment désormais qu'un seul tout, un testament unique.

Aussi, avons-nous vu que lors même que l'écrit intérieur porterait une date différente de la date de l'acte de suscription, il n'y a plus à considérer que celle-ci (*supra*, n° 339).

411. — En faut-il conclure que l'écrit intérieur participe de l'authenticité de l'acte de suscription ; de sorte que, si l'écriture ou la signature est méconnue, ceux qui se prévalent du testament, ne soient pas tenus d'en poursuivre la vérification, et que le testament ne puisse être attaqué que par la voie de l'inscription de faux ?

L'affirmative est généralement admise ; et nous croyons que c'est avec raison.

Mais nous ne voulons pas nier pourtant la sérieuse gravité des objections, dont elle a été l'objet :

1° Le notaire, dit-on, comme tout officier public, ne peut imprimer le caractère d'authenticité qu'aux faits qui se passent en sa présence, et qu'il peut constater *de visu aut auditu ;*

Or, le notaire a bien entendu la déclaration du testateur que le papier, qu'il lui présentait, était signé par lui ; mais il ne l'a pas vu signer ;

Donc, l'acte de suscription, qui doit sans doute faire foi, jusqu'à inscription de faux, du fait de la déclaration du testateur, ne saurait faire la même foi de la sincérité de cette déclaration.

Ne se peut-il pas, en effet, que, par un motif quelconque, le testateur ait fait en connaissance de cause, une fausse déclaration ? et lors même qu'il aurait été de bonne foi, qui peut affirmer que le papier, qu'il a signé, est bien le même que celui qu'il a présenté, et qu'une substitution n'a pas eu lieu à son insu ?

2° On ajoute que l'article 1008 impose au légataire universel, institué par testament mystique, comme à celui qui a été institué par testament olographe, l'obligation de se faire envoyer en possession par une ordonnance du président du tribunal ; et que cette assimilation du testament mystique au testament olographe ne s'expliquerait pas, si l'on voulait admettre que l'écrit, qui contient les dernières volontés, participe de l'authenticité de l'acte de suscription (comp. Bruxelles, 4 mars 1831, N...., D., *Rec. alph.*, h. v., n° 3289; Zachariæ, Aubry et Rau, t. V, p. 528).

Ce n'est pas cette dernière objection, qui serait, à notre avis, la plus forte; Furgole explique, en effet, très-bien comment, malgré l'authenticité, que l'acte de suscription communique à l'écrit intérieur, il a pu paraître nécessaire que le testament mystique fût soumis à des précautions pareilles à celles auxquelles on a soumis le testament olographe, et qui n'étaient pas nécessaires pour le testament par acte public : « c'est, dit-il, afin de constater l'état du testament, et que le testateur n'a pas changé de volonté, soit en déchirant le papier, ou bien en l'ouvrant, ou en coupant le fil ou le ruban, qui lui servait de ligature, ou en emportant les sceaux.... » (Chap. ii, sect. iv, n° 3.)

Mais il n'est pas aussi aisé de répondre à la première objection, qui est déduite du principe, d'après lequel le notaire n'imprime le caractère d'authenticité qu'à ceux des faits qu'il atteste *propriis sensibus*.

Et, toutefois, notre avis est que le législateur a entendu attacher cet effet à la déclaration personnelle du testateur; voilà pourquoi il l'a entourée de cette solennité spéciale, qui consiste dans la présence d'un grand nombre de témoins assistant l'officier public pour l'entendre et la constater! c'est même là ce qui distingue le testament olographe d'avec le testament mystique (*supra*, n° 143); et il n'y a pas lieu d'ailleurs de s'étonner de ce que l'écriture ou la signature du testateur ainsi attestée, ne soit pas sujette à une dénégation pure et simple de la part de ceux qui attaquent le testament, quand on voit que l'acte de suscription peut communiquer la force probante à une disposition qui ne serait ni écrite ni même signée par le testateur! (Comp. Bruxelles, 23 mai 1811, Hubens, Sirey, 1812, II, 94; Metz, 8 mars 1821, Dominé, Dev. et Car.,

III, II, 458 ; Bordeaux, 9 sept. 1829, *J. du P.*, 22, 1441 ;
Besançon, 22 mai 1845, Pourron, Dev., 1846, II, 238 ;
Merlin, *Répert.*, v° *Testament*, sect. II, § 4, n° 29 ; Grenier, t. II, n° 276 ; et Bayle-Mouillard, n° 258, note *a;*
Toullier, t. III, n° 501 ; Duranton, t. IX, n° 145 ; Vazeille,
art. 976 ; n° 23 ; Coin-Delisle, art. 976, n° 6 ; Troplong,
t. II, n° 1652 ; Saintespès-Lescot, t. IV, n° 1144.)

SECTION II.

DES RÈGLES PARTICULIÈRES SUR LA FORME DE CERTAINS TESTAMENTS.

SOMMAIRE.

412. — Exposition.
413. — Division.

412. — Les formes des testaments ordinaires sont
telles, qu'il pourrait être, dans certaines situations, d'une
extrême difficulté, et quelquefois d'une impossibilité
absolue de les remplir.

De là une seconde classe de testaments, extraordinaires et privilégiés, que les législateurs de tous les
temps ont établie, afin précisément de ne pas réduire à
l'impossibilité de tester les personnes qui se trouveraient
dans ces situations exceptionnelles (comp. art. 59 et
suiv.; et notre *Traité de la Publication, des Effets et de
l'Applicaion des lois*, etc., n°ˢ 309 et suiv.).

413. — Les règles que notre Code renferme sur ce
point, sont relatives à quatre hypothèses, savoir :

A. Si le testateur est militaire ou employé dans les armées ;

B. S'il se trouve dans un lieu avec lequel toute communication soit interceptée, à cause d'une maladie contagieuse ;

C. S'il est en mer, dans le cours d'un voyage ;

D. S'il se trouve en pays étranger.

Nous allons les exposer successivement.

A. — *Du testament militaire.*

SOMMAIRE.

les juges de paix, ou les officiers municipaux, recevoir un testament *simplifié*, dans les circonstances prévues par la section ii?

437. — Des moyens de précaution à prendre, relativement aux testaments militaires.

414. — Les formes du testament militaire sont organisées par les articles 981 à 984, dont voici les termes :

Article 981 : « Les testaments des militaires et des « individus employés dans les armées pourront, en quel- « que pays que ce soit, être reçus par un chef de batail- « lon ou d'escadron, ou par tout autre officier d'un grade « supérieur, en présence de deux témoins, ou par deux « commissaires des guerres, ou par un de ces commis- « saires, en présence de deux témoins. »

Article 982 : « Ils pourront encore, si le testateur est « malade ou blessé, être reçus par l'officier de santé en « chef, assisté du commandant militaire chargé de la « police de l'hospice. »

Article 983 : « Les dispositions des articles ci-dessus « n'auront lieu qu'en faveur de ceux qui seront en expé- « dition militaire, ou en quartier, ou en garnison hors « du territoire français, ou prisonniers chez l'ennemi ; « sans que ceux qui seront en quartier ou en garnison « dans l'intérieur, puissent en profiter, à moins qu'ils « ne se trouvent dans une place assiégée, ou dans une « citadelle, et autres lieux, dont les portes soient fer- « mées et les communications interrompues, à cause de « la guerre. »

Article 984 : « Le testament fait dans la forme ci-des- « sus établie sera nul six mois après que le testateur « sera revenu dans un lieu où il aura la liberté d'em- « ployer les formes ordinaires. »

Il faut ajouter l'article 998, qui est ainsi conçu :

« Les testaments compris dans les articles ci-dessus de « la présente section, seront signés par les testateurs et « par ceux qui les auront reçus.

« Si le testateur déclare qu'il ne sait ou ne peut signer,

« il sera fait mention de sa déclaration, ainsi que de la
« cause qui l'empêche de signer.

« Dans les cas où la présence de deux témoins est re-
« quise, le testament sera signé au moins par l'un d'eux ;
« et il sera fait mention de la cause pour laquelle l'autre
« n'aura pas signé. »

Tels sont les textes, d'après lesquels nous avons à préciser :

1° Par qui, et dans quelles circonstances le testament
militaire peut être fait ? — Et pendant combien de temps
il est valable ?

2° Par qui il peut être reçu ? — Et que es formes doivent y être observées ?

415. — 1° Les formes très-simplifiées du testament
militaire présentent, il faut bien le reconnaître, moins de
garanties que les formes du droit commun ; c'est la nécessité seule qui les a fait introduire.

D'où il suit qu'elles peuvent être employées sans doute
par tous ceux-là qui se trouvent sous l'empire de cette
nécessité, mais aussi rien que par ceux-là.

416. — Par tous ceux, disons-nous, qui se trouvent
sous l'empire de la nécessité, qui ne permet pas de recourir aux formes du droit commun ;

Non-seulement donc par les *militaires* eux-mêmes,
mais encore *par les individus employés dans les armées.*

Ces derniers mots sont évidemment, dans notre article 981, la reproduction abrégée de l'article 51 de l'Ordonnance de 1735, qui accordait le droit de tester militairement à ceux *qui, n'étant ni officiers, ni engagés dans
les troupes, se trouveront à la suite des armées ou chez les
ennemis, soit à cause de leurs emplois ou fonctions, soit
pour le service qu'ils rendront aux officiers, soit à l'occasion
de la fourniture des vivres et munitions des troupes* (comp.
notre *Traité* précité, n° 314; *supra*, n° 412, lois des
30 sept., 19 oct. 1791, tit. I, art. 6; et du 12 janv.
1817, art. 12).

Tels sont les chirurgiens militaires et leurs aides, tout le corps de l'intendance, les aumôniers, les fournisseurs, vivandiers et vivandières, les valets, etc. (*Voy.* toutefois, Dalloz, *Rec. alph.*, *h. v.*, n° 3354).

Nous croyons qu'il y faut également comprendre les savants, qui seraient attachés à l'expédition, en vertu d'une mission du gouvernement; comme aussi les plénipotentiaires, qui accompagnent l'armée, pour traiter, suivant les circonstances, avec les parties belligérantes (comp. Cass., 28 ventôse an XIII, De Mercy-Argenteau; Merlin, *Répert.*, v° *Testament*, t. XIII, p. 738; Bayle-Mouillard sur Grenier, t. II, n° 279, note *a;* Troplong, t. III, n° 1698, 1699).

417. — Ce n'est pas d'ailleurs, comme à Rome, dans les premiers temps, *propter imperitiam*, que les militaires, et les autres personnes, qui leur sont assimilées, ont été exemptés des formalités des testaments ordinaires. (*Inst. De milit. test. princ.*)

C'est seulement à cause de la nécessité, qui les empêche d'y recourir.

Et voilà pourquoi le bénéfice du testament privilégié ne leur est accordé qu'autant qu'ils sont en expédition militaire, ou en quartier, ou en garnison hors du territoire français, ou prisonniers chez l'ennemi.

Quant à ceux qui sont dans l'intérieur, en quartier ou en garnison, ils n'en peuvent profiter qu'autant qu'ils se trouvent dans une place assiégée, ou dans une citadelle ou autres lieux, dont les portes sont fermées et les communications interrompues à cause de la guerre (art. 983).

418. — Le militaire français, qui aurait été pris par des pirates, pourrait-il tester *jure militari?*

On a répondu par une distinction :

Oui, si la France est en guerre avec la puissance à laquelle appartiennent ces pirates ; car il sera vrai de dire, dans ce cas, qu'il est *prisonnier chez l'ennemi;*

Non, dans le cas contraire (comp. Delvincourt, t. II,

p. 316, note 3 ; Duranton, t. IV, n° 154 ; Vazeille, art. 983 , n° 3 ; D., *Rec. alph.*, *h. v.*, n° 3366).

Ne serait-il pas plus vrai de répondre que les pirates n'appartiennent à aucune nation, et qu'ils doivent être considérés comme étant toujours en guerre avec toutes les puissances ?

Nous sommes porté à le croire ainsi (comp. Bayle-Mouillard sur Grenier, t. II, n° 279, note *a* ; Saintespès-Lescot, t. IV, n° 1226).

419. — On a jugé, avec raison, suivant nous, que la discontinuation ou la suspension momentanée des hostilités dans une ville assiégée, n'empêche pas les militaires de tester *jure militari ;* n'y a-t-il pas, en effet, toujours par des causes diverses, des intervalles, plus ou moins longs, dans les opérations des assiégeants, sans que l'on puisse dire que le siége a cessé ? (Comp. Paris, 1er déc. 1815, Pélissier, Sirey, 1818, II, III ; Bayle-Mouillard sur Grenier, *loc. supra cit.*; Troplong, t. III, n° 1703 ; Saintespès-Lescot, t. IV, n° 1245.)

420. — Remarquons d'ailleurs que le militaire, dans une place assiégée, peut tester militairement, lors même qu'il s'y trouverait des notaires ; notre article 983 ne distingue pas (comp. l'Instruct. du ministre de la guerre du 24 brumaire an XII ; Duvergier sur Toullier, t. III, n° 485, note *c*).

421. — La raison essentielle de la loi nous paraît exiger aussi que l'on assimile à une ville assiégée par l'ennemi, la ville déclarée en état de siége par suite de révolte intérieure ou autrement.

De même qu'il faudrait considérer comme *étant en expédition* les militaires qui défendraient, à l'intérieur, le territoire français envahi par l'ennemi ! (Comp. notre *Traité de la Publication, des Effets et de l'Application des lois,* etc., n° 314 ; Troplong, t. III, n° 1702).

422. — Les gardes nationaux, dans le cas où il sont appelés à faire un service de guerre, doivent être assimilés aux militaires, et admis, par conséquent, à tester *juré militari* (*voy.* les actes 138, 139, de la loi du 22 mars 1831 ; Bayle-Mouillard sur Grenier, t. II, n° 279, note *a* ; Saintespès-Lescot, t. IV, n° 1227).

423. — C'est aussi parce que la nécessité seule a fait établir le testament militaire (et les autres testaments d'exception), qu'ils perdent leur force après l'expiration d'un certain délai, à partir du jour où le testateur a pu employer les formes du testament public ou mystique (comp. *infra*, n° 455 ; art. 984, 986, 987).

Le délai est de six mois pour le testament militaire.

Ajoutons, toutefois, que si, avant l'expiration de ce délai, la cause de l'exception venait à renaître, le testament continuerait à valoir, comme s'il avait été fait depuis qu cette cause s'est reproduite.

D'où il faut conclure que, lors même que le délai de six mois après la cessation de la première cause d'exception, aurait été sur le point d'expirer, quand la seconde cause est survenue, le testament pourrait encore valoir pendant six mois, après la cessation de cette seconde cause (comp. L. 38, § 1, ff. *de Testam. mil.*; Delvincourt, t. II, p. 88, note 4 ; Duvergier sur Toullier, t. III, n° 485, note *c;* Duranton, t. IX, n° 153 ; Coin-Delisle, art. 984; Troplong, t. III, n° 1705 ; Zachariæ, Aubry et Rau, t. V, p. 530; Massé et Vergé, t. III, p. 118 ; Demante, t. IV, n° 127 *bis*, IV ; Saintespès-Lescot, t. IV, n° 1232).

424. — La solution, qui précède, ne s'applique néanmoins qu'au cas où la seconde cause d'exception est de la même nature que la première ; comme si un militaire, après une première expédition, dans le cours de laquelle il a fait un testament *jure militari*, est appelé à une seconde expédition, avant l'expiration de six mois depuis la fin de la première.

Mais il en serait, suivant nous, autrement dans le cas où il y aurait, avant l'expiration de six mois, passage d'une cause d'exception à une autre cause d'exception, non-seulement nouvelle, mais différente; comme si notre militaire, avant l'expiration des six mois depuis la fin de l'expédition, se trouvait dans un lieu avec lequel les communications seraient interrompues à cause de la peste; il ne serait pas alors possible de faire valoir, en vertu de la seconde cause d'exception, le testament fait en vertu de la première ; car les formes de l'une et de l'autre étant différentes, on ne saurait considérer comme ayant été fait depuis la survenance de la seconde cause d'exception, le testament qui avait été fait pendant la durée de la première (comp. Demante, *loc. supra cit.*).

425. — 2° L'exception, qui constitue les testaments extraordinaires, consiste surtout dans l'attribution à certains officiers, autres que les notaires, de la faculté de les recevoir, et dans la dispense, qui leur est accordée, d'observer toutes les solennités du testament ordinaire.

C'est ainsi, d'abord, que le testament militaire peut être reçu soit par un chef de bataillon ou d'escadron, ou par tout autre officier d'un grade supérieur, en présence de deux témoins, soit par deux sous-intendants militaires ou par un sous-intendant, en présence de deux témoins; les sous-intendants militaires ont, en effet, remplacé les commissaires des guerres, dont il est question dans l'article 981 (Ordonnance du 29 juillet 1817).

426. — En outre, si le testateur est malade ou blessé, le testament peut être reçu par l'officier de santé en chef, assisté du commandant militaire chargé de la police de l'hospice, quel que soit d'ailleurs son grade dans l'armée (art. 982).

Encore bien que cet article ne mentionne que l'hospice, il s'applique également aux ambulances, ainsi que l'observation en a été faite par M. Jourdan, dans le conseil d'État, avec l'assentiment de l'assemblée (comp. Locré *Législat. civ.*, t. XI, p. 236 ; Marcadé, art. 982 ; Saintespès-Lescot, t. IV, n° 1220).

427. — Reste à exposer quelles formes doivent être

observées, dans les testaments militaires, par les officiers qui sont chargés de les recevoir.

Question délicate, et la plus difficile, en effet, de toutes celles que cette matière exceptionnelle peut soulever.

Comme cette question d'ailleurs est commune, en même temps qu'au testament militaire, aux testaments faits sur mer et dans un lieu envahi par une maladie contagieuse, nous allons la traiter ici, une fois pour toutes, afin de n'avoir plus à y revenir.

428. — L'article 998 est le seul texte, qui paraisse y avoir trait, dans notre section.

Et tout ce qui en résulte, c'est que la loi exige que les testaments soient signés par les testateurs, par ceux qui les auront reçus, et par les témoins.

Si le testateur ne signe pas, c'est lui-même qui doit déclarer son empêchement de signer et la cause qui l'empêche; et c'est de cette déclaration du testateur, que l'officier public doit faire mention (comp. *supra*, n° 307).

Quant aux témoins, notre article exige seulement que le testament soit signé au moins par l'un des deux ; mais alors, si l'un des deux, en effet, ne signe pas, il suffit que l'officier public lui-même fasse mention de la cause pour laquelle il n'aura pas signé ; notre texte n'exigeant pas, pour ce cas, la déclaration personnelle du témoin (*supra*, n° 325).

429. — Faut-il encore observer d'autres formalités ?

En d'autres termes, les *règles particulières*, prescrites par la section II, *sur la forme de certains testaments*, sont-elles les seules auxquelles les testaments privilégiés soient soumis ?

Ou, au contraire, les *règles générales*, prescrites par la section I, *sur les formes des testaments*, y sont-elles également requises, en tant qu'elles sont conciliables avec les règles particulières de la section II ?

Une proposition est d'abord certaine, c'est qu'il y a, dans la section I, trois articles au moins, qui sont applicables à la section II; de même qu'il y a, dans la section II, un article, qui est applicable à la section I.

Les termes mêmes de l'article 1001, qui termine la section II, portent, en effet, expressément qu'il régit aussi la section I.

Il est vrai que nous ne trouvons pas une semblable déclaration dans les articles 967, 968 et 969 de la section I; mais on ne saurait contester qu'ils régissent également la section II.

L'article 967! mais, en consacrant la faculté de disposer sous toute dénomination propre à manifester la volonté, que fait-il autre chose que poser une règle évidemment générale?

Il en est de même de l'article 968, qui prohibe les testaments mutuels ou faits conjointement.

Et, quant à l'article 969, d'après lequel un testament pourra être olographe, ou fait par acte public, ou dans la forme mystique, on ne doit pas davantage hésiter à dire qu'il est applicable aux hypothèses exceptionnelles de la section II; en ce sens que les personnes qui se trouvent dans ces hypothèses, et qui auraient le droit d'employer les formes des testaments privilégiés, sont libres de ne pas user de ce droit et d'employer, au contraire, les formes des testaments ordinaires, lorsqu'elles en ont la possibilité (comp. l'article 37 de l'Ordonn. de 1735).

Et ce sont précisément là, en effet, *les règles générales*, que Pothier, comme nous l'avons vu (*supra*, nos 5 et 7), dans la division de son *Traité*, entendait appliquer à tous les testaments sans distinction (comp. notre *Traité de la Publication, des Effets, et de l'Application des lois en général*, etc., n° 315 ; Coin-Delisle, *Observat. prélimin. sur la sect.* I; Bayle-Mouillard sur Grenier, t. II, n° 278, note *a*, Marcadé, art. 998; Demante, t. IV, n° 127; Saintespès-Lescot, t. IV, n° 1211).

430. — Est-ce tout? et, après avoir déclaré les articles 967, 968 et 969 de la section I applicables aux situations exceptionnelles prévues par la section II, doit-on décider que tous les autres articles y sont, au contraire, inapplicables ?

L'affirmative est enseignée par plusieurs jurisconsultes ; et nous ne nierons pas la gravité des arguments, qu'ils invoquent :

1° Les rédacteurs du Code, en commençant la section II, n'ont pas dit (comme ils l'ont fait, dans l'article 88, en commençant le chapitre V, *Des actes de l'état civil concernant les militaires hors du territoire de l'empire*), que l'on suivrait les règles précédentes, sauf les exceptions, qui allaient suivre ; et tout au contraire ! ils présentent ces règles particulières de la section II, sans aucune observation, comme indépendantes des règles de la section I, et comme formant, par elles-mêmes, un système complet.

2° La preuve en est dans l'article 998, qui reproduit presque littéralement, dans son second alinéa, les dispositions de l'article 973.

Si, en effet, le législateur avait entendu que toutes les règles générales de la section I, qui ne seraient pas inconciliables avec les règles particulières de la section II, seraient, de plein droit, applicables à celle-ci, il eût été inutile de les rappeler ; et surtout, il eût été contradictoire de rappeler les unes et point les autres ;

Or, voilà précisément ce qu'il a fait, en rappelant seulement la règle écrite dans l'article 973, sans rappeler aucune des autres ;

Donc, il a entendu que la seule règle, qu'il empruntait à la section I, pour la transporter dans la section II, serait, en effet, la seule applicable à cette section.

3° On ajoute que la nécessité même, qui a fait établir ces testaments d'exception, exigeait qu'il en fût ainsi. Est-ce qu'il était possible d'astreindre les officiers spéciaux, qui sont chargés de les recevoir, à la stricte observation des solennités minutieuses du droit commun, dont ils n'ont presque jamais la première notion ! et, quant aux témoins, les circonstances extraordinaires, et souvent pressantes, dans lesquelles les testaments d'exception sont reçus, ne permettant pas d'examiner des questions de capacité absolue ou relative, il fallait bien que le législateur permît de prendre alors ceux que l'on trouve, sous la condition tacite, bien entendu, que le témoin, que l'on prendra, quel qu'il soit, homme ou femme, majeur ou mineur, national ou étranger, soit en état de comprendre l'opération du testament et d'en rendre compte (comp. Grenier, t. II, n° 278; Duranton, t. IX, n° 150; Poujol, art. 981, n° 2; Marcadé, art. 998, n° 2; Dalloz, *Rec. alph.*, *h. v.*, n° 3404; Saintespès-Lescot, t. IV, n° 1211).

431. — Cette doctrine, toutefois, nous paraît trop absolue; et il faut, suivant nous, distinguer, dans les articles de la section I, ceux qui sont relatifs aux formes mêmes de la rédaction, de ceux qui sont relatifs à la capacité des témoins.

Nous croyons aussi que les premiers ne sont pas applicables à la section II.

Mais il en est, à notre avis, différemment des autres :

Et d'abord, nous ne faisons aucune difficulté d'admettre, avec la doctrine qui précède, que les articles de la section I, qui règlent les formes de la rédaction instrumentaire, ne doivent pas être étendus à la section II; et nous argumentons aussi de l'article 998, qui, en soumettant à quelques-unes seulement de ces formes les testaments exceptionnels, nous paraît, par cela même, les avoir affranchis des autres; nous déclarons, en conséquence, les articles 972, 973 et 974 de la section I, inapplicables à la section II.

Il n'est donc pas nécessaire que les testaments d'exception soient *dictés;* le testateur peut manifester sa volonté à l'officier public de toute manière, soit par un écrit tracé de sa main ou de la main d'un autre, soit par des réponses à ses interrogations, soit même par des signes.

L'officier public n'est pas tenu d'écrire lui-même le testament, ni d'en donner lecture au testateur en présence des témoins ; et, bien entendu, dès lors, il n'y a pas lieu d'exiger les mentions expresses de ces formalités.

C'est ainsi que l'article 972 se trouve écarté. On objecterait en vain que les articles de la section II disposent que les testaments d'exception sont reçus par les officiers spéciaux, qu'ils en chargent. — Il est vrai ! mais la *réception* d'un acte, quel qu'il soit, n'exige point, par elle-même, quand la loi ne s'en est pas expliquée, l'accomplissement des solennités qui sont prescrites par l'article 972.

Et, quant aux articles 973 et 974, l'application s'en trouve, ainsi que nous venons de le dire, écartée par l'article 998, qui règle spécialement, pour les testaments d'exception, tout ce qui concerne les signatures (*supra*, n° 428).

Nous conseillerons, il est vrai, toujours aux officiers spéciaux, qui reçoivent des testaments d'exception, d'observer, le plus possible, quand ils les connaissent, les formes des testaments du droit commun ; ce parti est assurément le meilleur ; car on ne saurait nier que les procédés, que nous venons d'énoncer, tels, par exemple, que le testament par *simples signes*, ne puisse soulever de sérieuses contestations ! ce que nous croyons néanmoins, c'est que ces procédés mêmes ne leur sont pas défendus, sous peine de nullité.

432. — Mais la solution, que nous admettons en ce qui concerne les formes de la rédaction, doit-elle être aussi admise, en ce qui concerne la capacité relative et absolue des témoins ?

Et faut-il écarter de la section II les articles 975 et 980, comme nous venons d'en écarter les articles 972, 973 et 974 ?

Voilà ce qu'il nous serait difficile de concéder.

Il est vrai que les rédacteurs du Code n'ont pas déclaré, dans la section II, comme ils l'ont fait dans le cha-

pitre v des actes de l'état civil concernant les militaires
hors du territoire de l'empire, que les règles générales de
la section i seraient observées sur les points où la section ii n'y apportait pas d'exception.

Mais cette différence ne sera évidemment qu'une simple omission, d'où il n'y aura rien à induire, si la volonté du législateur que la section i gouverne, en effet,
la section ii, résulte tout à la fois des traditions antérieures, de l'intitulé et de la distribution de ces deux
sections, et de la raison elle-même.

Or, telle est précisément la preuve, que ces trois éléments d'interprétation nous paraissent fournir.

La place même, qu'occupaient, dans l'ordonnance de
1735, les articles 39 à 42, qui déterminaient les incapacités absolues et relatives des témoins, suffit à démontrer
qu'ils s'appliquaient à *tous* les testaments, ordinaires ou
extraordinaires ; or, on sait que cette Ordonnance a servi
de type aux rédacteurs de notre Code.

L'intitulé des sections i et ii témoigne qu'ils ont voulu
la suivre aussi dans ce cas ; puisque la section i renferme
des *règles générales* ; que quelques-uns de ses articles doivent être, de l'aveu de tous, étendus à la section ii (*supra*,
n° 429) ; et que ceux des articles, sur lesquels s'élèvent
des controverses, sont eux-mêmes conçus dans des termes
tellement absolus, qu'il semble impossible d'en restreindre l'application aux testaments ordinaires.

Quoi de plus général, en effet, que les termes des articles 975 et 980 ? et, lorsque ensuite, dans la section ii,
le législateur exige que les testaments d'exception soient
faits en présence de *deux témoins*, sans rien ajouter de
plus, n'est-il pas raisonnable de croire qu'il entend parler
des *témoins*, dont il a déjà réglé les conditions d'idonéité ?

Est-ce que, d'ailleurs, la raison ne l'exige pas ainsi ?
n'y aurait-il pas, dans notre Code, une lacune regrettable,
s'il n'avait pas pris le soin de régler les qualités absolues

ou relatives des témoins des testaments de la section II?
l'objection, que l'on déduit de la difficulté de se procurer
des témoins dans ces situations exceptionnelles, et de
vérifier leurs qualités, n'a pas toute la gravité qu'on lui
prête; et la preuve en est dans le précédent même, que
nous venons de citer, de l'Ordonnance de 1735, qui avait
pensé, au contraire, qu'il y aurait beaucoup d'imprévoyance à admettre indistinctement toute personne,
quelle qu'elle fût, comme témoin, dans ces testaments,
où les formes de la rédaction présentant moins de garantie que dans les autres, le rôle des témoins acquiert,
par cela même, aussi plus d'importance !

Nous concluons donc :

D'une part, que les incapacités absolues établies par
l'article 980, s'appliquent aux témoins des testaments
privilégiés, sans qu'il y ait lieu même de faire, à l'égard
des étrangers, l'exception, que l'article 40 de l'Ordonnance de 1735 avait faite et que notre Code n'a pas reproduite (Vazeille, art. 983, n° 3);

Et d'autre part, que les incapacités relatives établies
par l'article 975, doivent également leur être appliquées.

Nos savants collègues, MM. Aubry et Rau, en admettant
aussi que les légataires ne peuvent pas y être témoins,
ajoutent toutefois qu'il n'est pas possible d'en écarter
leurs parents ou alliés jusqu'au quatrième degré, par la
raison que cette dernière incapacité ne repose pas sur un
principe incontestable, comme celle qui s'oppose à ce
qu'un individu soit témoin instrumentaire dans un acte
où il est personnellement intéressé (t. V, p. 529).

Mais cette distinction est, à notre avis, difficile à défendre; car, si nous déclarons l'article 975 applicable
aux témoins des testaments privilégiés, comment appliquer seulement l'une de ces dispositions et point les
autres?

Aussi, l'instruction du ministre de la guerre du 24 brumaire an XII (Sirey, 1804, II, 758), porte-t-elle que l'on

doit considérer comme incapables de servir de témoins dans les testaments militaires, les parents et alliés des légataires jusqu'au quatrième degré.

L'instruction ministérielle comprend même, dans cette incapacité, les commis et les délégués de l'officier, par lequel le testament est reçu ; mais l'assimilation de ces commis de l'officier avec les clercs du notaire, si raisonnable qu'elle puisse paraître en fait, serait contestable en droit ; et comme il s'agit d'une incapacité, nous croyons qu'elle ne devrait pas être étendue d'un cas à un autre (comp. Merlin, *Répert.*, v° *Témoin instrumentaire*, § 11, n° 3, 14° ; Bayle-Mouillard sur Grenier, t. II, n° 278, note *a ;* Coin-Delisle, *Observ. prélim. à la section* II, n°ˢ 11, 12 ; Troplong, t. III, n° 1731 ; Demante, t. IV, n° 127 *bis*, I).

433. — On a demandé si la forme du testament mystique pouvait être employée dans les circonstances exceptionnelles, qui sont prévues par la section II.

Qu'elle puisse être employée d'après le droit commun, avec l'accomplissement de toutes les solennités prescrites par les articles 976 à 979, et par conséquent avec le ministère d'un notaire, cela est, suivant nous, certain (*supra*, n° 429).

Mais ce qui ne nous paraît pas moins évident, c'est que, cette forme de testament n'ayant pas été réglée par la section II, d'une manière spéciale, elle n'y saurait être employée autrement, ni avec des solennités moindres ; car il résulte de tous les articles de notre section II, que la seule forme du testament, qui y ait été admise avec simplification des formes ordinaires, c'est le testament par acte public.

Ne pourrait-on pas, néanmoins, arriver à faire, dans ces cas exceptionnels, une sorte de testament mystique ?

Supposez, en effet, que le testateur remette à l'officier spécial un papier, en lui déclarant que ce papier contient son testament, et que l'officier constate, sur le papier même, cette déclaration dans les formes simples, dont l'emploi lui est permis ; est-ce que ce testament ne sera pas valable ?

Nous répondons qu'il pourra être valable, en effet ; car la volonté du testateur pouvant être, dans ce cas, manifestée de toute manière, et même par relation à un autre écrit (*supra*, n° 431), il n'y aura pas, dans cette circonstance, une cause de nullité ; mais la vérité est que ce sera toujours là, dans l'exactitude juridique des termes, un testament public privilégié, bien plutôt qu'un testament mystique (comp. Coin-Delisle, *Observ. prélim.*, *loc. supra cit.*, n° 13 ; Marcadé, art. 998, n° 11 ; Dalloz, *Rec. alph.*, *h. v.*, n° 3404 ; Demante, t. IV, n° 127 *bis*, III).

434. — La loi du 25 ventôse an xi n'est pas d'ailleurs applicable aux testaments exceptionnels de notre section ii ; car les officiers spéciaux, qui les reçoivent, ne sont pas des *notaires ;* et leurs actes ne sont pas des actes *notariés.*

Cette solution, qui est incontestable, peut nous causer, toutefois, quelques embarras.

On a demandé, par exemple, si les testaments d'exception doivent être datés.

Il est clair, d'après ce que nous venons de dire, qu'il n'est pas possible d'invoquer, en faveur de l'affirmative, l'article 12 de la loi du 25 ventôse an xi, qui exige la date dans les actes notariés.

Et, comme aucun texte de notre section n'exige non plus la date dans les testaments d'exception, la conséquence en serait qu'ils pourraient n'être pas datés !

Mais pourtant, est-ce que la date n'est pas une formalité substantielle de tous les actes publics ? en particulier dans les testaments d'exception, n'est-elle pas exigée par la nécessité même des choses, puisque ces testaments ne peuvent être faits que dans certaines circonstances de lieu et de temps, que la date seule peut déterminer et prouver ! et, s'il y avait plusieurs testaments contraires les uns aux autres, comment saurait-on lequel est antérieur et lequel

postérieur? aussi, l'article 38 de l'Ordonnance de 735
exigeait-il indistinctement la date pour toute espèce de
testament (comp. Zachariæ, Aubry et Rau, t. V, p. 530;
Troplong, t. III, n° 1732; D., *Rec. alph.*, *h. v.*, n° 3405;
Saintespès-Lescot, t. IV, n° 1276).

Nous comprenons, toutefois, qu'en présence du silence
de notre Code, on ait pu penser que le défaut de date ne
serait pas nécessairement une cause de nullité, dans un
testament privilégié, si d'ailleurs il résultait des circonstances elles-mêmes qu'il a été fait dans le cas de l'exception prévu par la loi (comp. Cass., 6 févr. 1843, de Bonneval, Dev., 1843, I, 209; Furgole, chap. ii, sect. ii,
n° 13; Coin-Delisle, *Observ. prélim.*, n° 18; Bayle-Mouillard sur Grenier, t. II, n° 278, note *a*).

435. — On ne saurait non plus invoquer l'article 8 de
la loi du 25 ventôse an xi, pour décider que les officiers
spéciaux ne peuvent pas recevoir des testaments, qui contiendraient des dispositions au profit de leurs parents ou
alliés, ou à leur profit personnel.

Et, pourtant, aucun article du Code Napoléon ne renferme non plus de prohibition à cet égard. On a proposé,
il est vrai, d'appliquer l'article 975 aux officiers, qui reçoivent le testament, en les assimilant aux témoins (Vazeille, art. 981, n° 3); mais nous avons déjà reconnu
l'inexactitude de cette assimilation (*supra*, n° 174).

La conséquence de ceci serait donc que les officiers
spéciaux pourraient recevoir des testaments qui contiendraient des legs au profit de leurs parents, et même à leur
profit personnel (Dalloz, *Rec. alph.*, *h. v.*, n° 3404; Saintespès-Lescot, t. IV, n° 1216).

Mais, en vérité, cette conséquence est telle, du moins
en ce qui concerne l'officier lui-même, que nous croyons
qu'il faudrait l'écarter en vertu de cette règle essentielle,
qui s'oppose à ce que la même personne remplisse tout
à la fois le double rôle d'officier public et de partie!
(Comp. Aubry et Rau sur Zachariæ, t. V, p. 529.)

436. — Les notaires pourraient-ils, comme les officiers militaires, les juges de paix, ou les officiers municipaux, recevoir un testament *simplifié*, dans les circonstances prévues par notre section II?

L'affirmative est enseignée par plusieurs jurisconsultes :

1° La compétence des notaires est, dit-on, générale; si des circonstances particulières ont déterminé le législateur à autoriser certains officiers spéciaux à recevoir, avec des formes très-simples de rédaction et en présence d'un petit nombre de témoins, des actes, que, en dehors de ces circonstances, ils ne pourraient pas recevoir, comment se pourrait-il que les notaires fussent incapables de recevoir ces actes, avec la même simplification, dès que les circonstances sont les mêmes!

2° La section II accorde aux testateurs deux bénéfices : d'abord, elle diminue les formalités; ensuite, elle attribue une compétence exceptionnelle à des officiers spéciaux; or, si un testateur peut user à la fois de ces deux bénéfices, il peut aussi, à plus forte raison, n'user que de l'un d'eux (comp. Vazeille, art. 985; Coin-Delisle, *Observ. prélim.* sur la sect. II, n° 19; Bayle-Mouillard sur Grenier, t. II, n° 278, note *a*; Marcadé, art. 998, n° 3; Troplong, t. III, n° 1733).

Cette solution serait sans doute raisonnable; et le législateur aurait pu la consacrer; mais l'a-t-il consacrée, en effet?

Il nous paraît permis d'en douter :

Nous ne croyons pas qu'il soit exact de dire que la section II accorde aux testateurs deux bénéfices distincts; elle ne leur en accorde qu'un seul; et ses dispositions nous semblent former un tout indivisible.

Est-ce que, en effet, la simplification des formes du testament d'exception n'est pas la conséquence de cette compétence spéciale, que la loi attribue à certains officiers, qui presque toujours ignorent les formes ordinaires!

Il n'est pas ainsi des notaires; et la preuve en est que l'on reconnaît que les notaires, qui recevraient un testament, dans les circonstances prévues par la section II, n'en devraient pas moins toujours observer les formalités de la loi du 25 ventôse an XI, sur les actes notariés;

Or, les officiers spéciaux ne sont pas tenus, au contraire, d'observer ces formalités (*supra*, n° 434);

Donc, les notaires ne sont pas, comme eux, dispensés des formes ordinaires; et s'ils doivent observer les formalités prescrites par la loi du 25 ventôse an XI, on ne voit pas pourquoi ils ne seraient pas tenus d'observer aussi les formalités prescrites par le Code Napoléon (comp. D., *Rec. alph., h. v.*, n°ˢ 3374 et 3407).

437. — Notre Code n'a ordonné, en ce qui concerne le testament militaire, aucune précaution semblable à celles, dont nous allons voir que le testament maritime a été l'objet (*infra,* n° 460).

Mais cette omission a été réparée par une instruction générale du ministre de la guerre, du 28 mars 1823 (*Journal militaire,* 1823, 1ʳᵉ série, p. 341). Il en résulte que les testaments des militaires doivent être transmis au ministre, qui les fait déposer *clos et cachetés au greffe de la justice de paix du lieu du dernier domicile du testateur,* et qu'il ne doit en être donné communication à personne, avant la mort du testateur et une ordonnance rendue par le président du tribunal (comp. Grenier, t. II, n° 279; Bayle-Mouillard, *h. l.*, note *b;* D., *Rec. alph.*, *h. v.*, n° 3360).

B. — *Du testament fait en temps de peste.*

SOMMAIRE.

438. — Le testament fait en temps de peste, est l'objet des articles 985 à 987, dont voici les termes :

Article 985 : « Les testaments faits dans un lieu avec « lequel toute communication sera interceptée à cause de « la peste ou autre maladie contagieuse, pourront être « faits devant le juge de paix, ou devant l'un des offi- « ciers municipaux de la commune, en présence de deux « témoins. »

Article 986 : « Cette disposition aura lieu, tant à l'é- « gard de ceux qui seraient attaqués de ces maladies, « que de ceux qui seraient dans les lieux qui en sont « infectés, encore qu'ils ne fussent pas actuellement ma- « lades. »

Article 987 : « Les testaments mentionnés aux deux « précédents articles deviendront nuls, six mois après « que les communications auront été rétablies dans le « lieu où le testateur se trouve, ou six mois après qu'il « aura passé dans un lieu où elles ne seront point inter- « rompues. »

Ces articles ont été empruntés à l'Ordonnance de 1735, dont ils reproduisent presque littéralement les articles 35, 36 et 39.

Et ils décident très-clairement les deux questions, que nous nous sommes proposées sur les testaments d'exception (*supra*, n° 414).

439. — 1° D'abord, ce testament ne peut être fait que par ceux qui se trouvent dans un lieu, avec lequel toute communication est interceptée, à cause de la peste ou autre maladie contagieuse.

Il ne suffit donc pas que le lieu où l'on se trouve, soit envahi par la maladie; il est nécessaire que toute communication soit interceptée (comp. Aix, 16 déc. 1836, Marcel, Dev. 1836, II, 262).

440. — Faut-il que les communications soient interceptées officiellement ?

On peut répondre que l'article 985 ne l'exige pas, et que dès lors, les habitants d'un pays frappé par la peste, peuvent user du bénéfice de la loi, dès qu'il y a, par le fait, interruption des communications (comp. Marcadé, art. 985 ; D., Rec. alph., h. v., n° 3370).

Mais comment constater ce fait ? et peut-on bien dire, d'ailleurs, légalement que *toute communication soit interceptée*, lorsque l'autorité administrative n'ayant pris aucune mesure, toutes les communications, au contraire, demeurent permises et possibles ? L'article 986, qui se rapporte à des communications *interrompues* d'abord et *rétablies* ensuite, ne suppose-t-il pas, en effet, par ces termes, l'intervention de l'autorité publique ?

Ajoutons que cette intervention a aussi pour résultat de trancher la question de savoir si la maladie est ou n'est pas contagieuse (comp. Coin-Delisle, art. 985).

441. — Le bénéfice de l'exception est accordé à tous ceux, qui se trouvent dans les lieux infectés, sans distinguer s'ils sont ou ne sont pas malades ; la difficulté de tester dans les formes ordinaires étant presque toujours, en ces circonstances, la même pour les uns que pour les autres.

442. — L'article 987 dispose que le testament ainsi fait, deviendra nul, six mois après que le testateur aura pu recourir aux formes ordinaires.

C'est une disposition semblable à celle de l'article 984 ; et il faut appliquer tout ce que nous avons dit sur ce dernier article (*supra*, n°s 423, 424).

443. — 2° Ce testament peut être reçu soit par le juge de paix, soit par l'un des officiers municipaux de la commune, en présence de deux témoins.

Par le juge de paix, ou par son suppléant ; l'opinion

contraire, qui a été exprimée par Delaporte (*Pandect. franç.*, art. 985), ne saurait évidemment être admise. (Comp. Coin-Delisle, Marcadé, art. 985.)

Il n'est pas d'ailleurs nécessaire que le juge de paix soit assisté de son greffier ; et rien ne s'oppose même à ce que celui-ci serve de témoin.

Par *officiers municipaux*, notre texte entend seulement le maire et ses adjoints, mais non pas les membres du conseil municipal. (D., *Rec. alph.*, h. v., art. 3375.)

444. — On a remarqué que deux juges de paix ou deux officiers municipaux ne pourraient pas ensemble recevoir le testament sans témoins. (Coin-Delisle, art. 985.)

Cela nous paraît certain ; pas plus que un juge de paix et un officier municipal ne pourraient ainsi le recevoir.

Le texte de notre article, très-différent de l'article 981, est formel ; il veut que le testament soit reçu, en présence de deux témoins, soit par le juge de paix, soit par l'un des officiers municipaux.

445. — L'article 998 est applicable au testament fait en temps de peste, comme au testament militaire.

Et il y faut appliquer, pour ce qui concerne les formes de la rédaction, la date et les incapacités absolues ou relatives des témoins, tout ce que nous avons dit à cet cet égard (*supra*, n°s 428 et suivants).

446. — Remarquons, enfin, que, aux termes de la loi du 3 mars 1822 (art. 1 et 15), nos trois articles, 985, 986 et 987, sont applicables dans les lazarets et autres lieux, où le régime sanitaire est établi ; et que les testaments peuvent y être reçus par les autorités sanitaires. (Comp. notre *Traité de la Publication, des Effets, et de l'Application des lois*, etc., n° 311.)

C. — *Du testament maritime.*

SOMMAIRE.

plus, s'ils sont parents du testateur. — L'exception déduite de la parenté, s'étend-elle au delà du douzième degré ?

447. — Les formes du testament maritime étaient, dans notre ancien droit, réglées, non point par l'Ordonnance de 1735, qui ne s'en était pas occupée, mais par l'Ordonnance de la marine de 1681 (liv. III, tit. II), à laquelle notre Code les a empruntées, en les modifiant, toutefois, sur plusieurs points importants.

448. — 1° Par qui, et dans quelles circonstances le testament maritime peut-il être fait; et pendant combien de temps est-il valable ?

Telle est notre première question (*supra*, n° 414).

La réponse est, d'abord, dans le premier alinéa de l'article 988, qui ne s'applique qu'aux *testaments faits sur mer, dans le cours d'un voyage....*

L'article 994 ajoute que :

« Le testament ne sera point réputé fait en mer, quoi-
« qu'il l'ait été dans le cours d'un voyage, si, au temps
« où il a été fait, le navire avait abordé une terre, soit
« étrangère, soit de la domination française, où il y aurait
« un officier public français; auquel cas, il ne sera va-
« lable qu'autant qu'il aura été dressé suivant les formes
« prescrites en France, ou suivant celles usitées dans le
« pays où il aura été fait. »

Et, aux termes de l'article 995 :

« Les dispositions ci-dessus seront communes aux tes-
« taments faits par les simples passagers, qui ne feront
« point partie de l'équipage. »

Nous pouvons donc dire encore, avec Furgole, que le testament maritime peut être fait par tous ceux qui sont en mer, *mâles ou femelles, maîtres, capitaines, patrons, pilotes ou autres officiers, passagers, et autres* (chap. II, sect. II, n° 7; comp. Valin sur l'article 1).

449. — Il faut même ajouter que la faculté de faire cette espèce de testament est plus complète aujourd'hui qu'elle n'était autrefois.

En effet, d'après l'article 2 du titre précité de l'Ordonnance de 1681, le testateur ne pouvait disposer, en mer, que des effets qu'il avait dans le vaisseau et des gages qui lui étaient dus; tel était du moins le droit pour la marine marchande; car, il en était autrement pour la marine militaire; et les officiers ou gens de l'équipage sur les vaisseaux du Roi pouvaient disposer, en mer, de tous leurs biens.

Cette différence n'existe plus aujourd'hui; et l'effet du testament maritime peut s'étendre à toute la fortune du testateur, quelle que soit sa condition.

450. — Les militaires embarqués sur les vaisseaux de l'État, même avec l'état-major, pour une expédition, sont donc considérés comme passagers, et peuvent, en conséquence, tester suivant les formes du testament maritime.

Mais peuvent-ils aussi tester suivant les formes du testament militaire?

La négative a été enseignée, par le motif que l'instruction du ministre de la guerre, du 24 brumaire an XII, porte que les officiers de terre n'ont, à la mer, d'autres fonctions à remplir que de prendre note des mutations sur le contrôle nominatif de leur troupe. (Comp. Delvincourt, t. II, p. 317; Vazeille, art. 995; D., *Rec. alph.*, *h. v.*, n° 3382.)

Mais nous croyons que rien, d'après la loi, ne fait obstacle à ce que ces deux formes exceptionnelles de testament soient, en même temps, permises aux militaires; comme leur seraient permises, en même temps, les formes du testament militaire et les formes du testament fait en temps de peste, s'ils se trouvaient en expédition, dans un pays infecté d'une maladie contagieuse.

On ne saurait douter d'ailleurs, surtout en cas de guerre maritime, que les militaires, une fois embarqués pour être transportés sur le théâtre de la guerre, ne soient déjà en expédition. (Comp. Delvincourt, t. II,

p. 88, note 5; Coin-Delisle, art. 995, n° 3; Saintespès-Lescot, t. IV, n° 1261.)

451. — Il ne suffit pas que le testament ait été fait *en mer ;* il faut aussi qu'il ait été fait *dans le cours d'un voyage* (art. 988, 994).

Ces termes absolus comprennent, d'accord avec le motif de la loi, les voyages au cabotage, aussi bien que les voyages de long cours, sans excepter même ceux de petit cabotage, qui se font de port en port. (Comp. Valin, *loc. supra ;* Furgole, *loc. supra,* n° 10.)

452. — De là résultent deux conséquences :

D'une part, le testament maritime ne peut pas encore être fait, même après l'embarquement, tant que le vaisseau *n'a pas fait voile* ou quitté le port, ou, tout au moins, tant qu'il est encore possible de descendre à terre pour requérir un notaire (arg. de l'article 328, Code de comm.; Vazeille, art. 988, n° 2; Saintespès-Lescot, t. IX, n° 1248; Massé et Vergé, t. II, p. 119);

Et, d'autre part, il ne peut plus être fait, lorsque le vaisseau a abordé un port d'arrivée ou de désarmement; si le marin ou passager qui voudrait tester, ne pouvait pas descendre à terre, il faudrait appeler un notaire à bord. (Comp. Valin, *loc. supra cit. ;* D., *Rec. alph., h. v.,* n° 3386.)

453. — Bien plus! même dans le cours du voyage, après le départ et avant l'arrivée, le testament maritime n'est plus possible, lorsque le navire a abordé une terre où il y a un officier public français, sans qu'il y ait lieu de distinguer si cette terre est étrangère ou française.

Tel nous paraît être le sens évident de l'article 994. Nous devons dire, toutefois, que cet article n'a pas été entendu ainsi par tous les jurisconsultes, et que même, d'après l'opinion du plus grand nombre, ces mots : *où il y aurait un officier public français,* se rapporteraient uniquement à la terre de la domination française, et non point à la terre étrangère; d'où ils concluent que, lorsque le navire aborde une terre étrangère, la faculté de disposer suivant les formes maritimes, doit cesser, lors même qu'il n'y aurait pas, sur cette terre, d'officier public français; et c'est alors, suivant eux, seulement devant les officiers publics étrangers que les marins et les passagers peuvent tester, d'après la règle : *locus regit actum*. (Comp. Delvincourt, t. II, p. 88 ; Poujol, art. 994; Vazeille, *eod.;* Duranton, t. IX, n° 159; Troplong, t. III, n° 1719; *voy.* aussi tribunal civil de la Seine, Dugommier, D., 1825, II, 228.)

Mais cette doctrine est, suivant nous, contraire au texte de la loi et à l'intention du législateur :

1° On ne saurait, en effet, contester que, grammaticalement, les mots de l'article 994 : *où il y aurait un officier public français,* se rapportent au mot : *terre;* et les deux incises alternatives, qui s'y trouvent intercalées, loin de détruire cette relation, ne font que la constater davantage, en prouvant que cet article n'a pas en vue deux cas différents, mais bien un seul cas, à savoir : celui où il y a un officier public français sur la terre, soit étrangère, soit française, que le navire aborde; *auquel cas,* dit-il; donc, il en suppose un seul et non pas deux!

L'historique de sa rédaction ne laisse d'ailleurs sur ce point aucun doute; le projet de Code civil (liv. III, tit. IX, art. 90) portait d'abord seulement ces mots : *où il y aurait un officier public,* qu'il avait empruntés à Valin (sur l'article 1 du titre II du livre III de l'Ordonnance de 1681; *voy.* Fenet, t. II, p. 289); et il était alors bien évident que ces mots se référaient également à la terre étrangère et à la terre de domination française; or, comment se pourrait-il que l'addition, qui a été faite du mot : *français,* à la suite des mots : *officier public,* eût changé le sens de la phrase, dont la construction grammaticale est d'ailleurs, de tous points, restée la même !

2° Et maintenant, pourquoi cette addition a été faite, il est facile de le comprendre; c'est précisément afin de

ne pas forcer le Français à recourir aux officiers publics
étrangers, sur une terre étrangère, où il n'y aurait pas
d'officier public français ; voilà pourquoi on a voulu qu'il
pût encore, dans ce cas, tester *jure maritimo*, devant des
officiers qu'il connaît et qui parlent sa langue ; ajoutons
que l'interprétation contraire pourrait avoir des conséquences très-fâcheuses, comme si le navire abordait dans
certains pays, au Levant, par exemple, ou en Barbarie,
puisqu'elle n'aboutirait à rien moins, ainsi que l'a remarqué le ministre des affaires étrangères (dans une circulaire du 22 mars 1834), « qu'à priver absolument de la
faculté de tester les Français, qui se trouvent hors d'état
de le faire par testament olographe. » (Comp. *infra*,
n° 477 ; Coin-Delisle, art. 994, n°ˢ 6-8 ; Bayle-Mouillard
sur Grenier, t. II, n° 278, note *a;* Marcadé, art. 994 ;
Colmet de Santerre, t. IV, n° 132 *bis;* D., *Rec. alph., h. v.*,
n° 3391 ; Saintespès-Lescot, t. IV, n°ˢ 1257-1259.)

454. — D'après l'article 996 :

« Le testament fait sur mer, en la forme prescrite par
« l'article 988, ne sera valable qu'autant que le testateur
« mourra en mer, et dans les trois mois après qu'il sera
« descendu à terre, et dans un lieu où il aura pu le re-
« faire dans les formes ordinaires. »

L'Ordonnance de 1681 n'admettait, au contraire, la
validité du testament maritime qu'autant que le testateur
mourait en mer, pendant le voyage.

Cela était bien dur ! et le nouveau législateur a sagement compris que la concession d'un délai pour le refaire en la forme ordinaire, après le voyage terminé,
était la conséquence nécessaire du bénéfice même, qu'il
accordait, et sans laquelle ce bénéfice pourrait être illu-
soire (comp. art. 984, 987).

Aussi, faut-il appliquer à ce délai de trois mois, tout
ce que nous avons dit du délai de six mois qui est accordé, relativement au testament militaire ou fait en
temps de peste (*supra*, n°ˢ 423, 424).

Et il nous paraît impossible d'admettre la distinction, que M. Saintespès-Lescot a faite entre les marins marchands et les simples passagers d'une part, et les marins et les passagers militaires d'autre part, pour déclarer l'article 996 applicable seulement à ceux-ci et point aux premiers (t. IV, n° 1266).

Il suffit, suivant nous, de rapprocher les termes des articles 995 et 996, pour reconnaître que ce dernier article s'applique à tous ceux auxquels le premier article est applicable.

455. — De ces mots de l'article 996 : *dans la forme ordinaire*, Coin-Delisle a conclu que :

« Si le testateur était descendu dans un lieu où il n'au-
« rait pas les moyens de faire recevoir son testament par
« un officier public, et qu'il fût assez lettré pour faire un
« testament olographe, le testament maritime y devien-
« drait nul par l'expiration du délai de trois mois ; car le
« testament olographe est un testament dans les formes
« ordinaires, suivant notre droit actuel. » (Art. 996, n° 1;
ajout. Marcadé, art. 996, n° 1.)

Mais cette doctrine ne nous paraît pas exacte ; et nous croyons, au contraire, que, pour que le délai de trois mois puisse courir, il faut qu'il y ait, sur la terre où le navire a abordé, un officier public français, devant lequel le testateur ait pu refaire son testament *en la forme publique ou mystique* (*supra*, n° 422).

Tel est, à notre avis, le sens limité de ces mots de l'article 996 : *dans les formes ordinaires*, malgré leur généralité apparente.

La preuve en est d'abord dans l'article 994.

Et elle ne ressort pas moins des motifs de la loi.

Ce que la loi évidemment suppose, c'est que le testateur ne pouvait pas employer, à bord du vaisseau, la forme de testament, qu'il peut employer à terre, une fois qu'il y est descendu ;

Or, la forme olographe peut être, au contraire, employée toujours et partout, par le marin ou passager sur le vaisseau en mer, comme par le militaire en expédition, et par celui qui se trouve dans un lieu infecté de la peste;

Donc, la loi, dans ces divers cas d'exception, n'a pas eu en vue le testament olographe, mais seulement le testament qui exige le concours d'un officier public.

La conséquence logique de la doctrine de Coin-Delisle serait que la loi n'aurait pas dû permettre les testaments d'exception à ceux qui pouvaient tester en la forme olographe; or, il est certain qu'elle les leur a néanmoins permis; donc, par la même raison que ces personnes ont pu tester en la forme exceptionnelle, quoiqu'elles pussent faire un testament olographe, le testament exceptionnel, qu'elles ont fait, doit valoir trois mois ou six mois encore, après que la situation exceptionnelle a cessé; cette seconde déduction découle inévitablement de la première.

Coin-Delisle enseigne lui-même que « le testament olographe fait sur mer, ne cessera pas d'être valable trois mois après que le testateur sera descendu à terre.... » (Art. 997, n° 5.)

Et cela est d'évidence! (*voy.* l'article 37 de l'Ordonnance de 1735); aussi, l'article 996, qui limite à trois mois depuis ce jour, l'effet du testament maritime, ne s'applique-t-il *qu'au testament fait en la forme prescrite par l'article* 988.

Mais il en résulte aussi la preuve que le législateur n'a eu nullement en vue le testament olographe (comp. Bayle-Mouillard sur Grenier, t. II, n° 278, note *a;* Zachariæ, Aubry et Rau, t. V, p. 530; Saintespès-Lescot, t. IV, n° 1215 et 1264).

456. — 2° Il nous reste à savoir par qui le testament maritime doit être reçu? et quelles en sont les formalités?

Sur le premier point, les articles 988 et 989 sont ainsi conçus :

Article 988 : « Les testaments faits sur mer dans le
« cours d'un voyage, pourront être reçus, savoir :

« A bord des vaisseaux et autres bâtiments de l'Empe-
« reur, par l'officier commandant le bâtiment, ou, à
« son défaut, par celui qui le supplée dans l'ordre du
« service, l'un ou l'autre conjointement avec l'officier
« d'administration, ou avec celui qui en remplit les fonc-
« tions ;

« Et, à bord des bâtiments de commerce, par l'écrivain
« du navire, ou celui qui en fait les fonctions, l'un ou
« l'autre conjointement avec le capitaine, le maître ou
« le patron, ou, à leur défaut, par ceux qui les rem-
« placent.

« Dans tous les cas, ces testaments devront être reçus
« en présence de deux témoins. »

Article 989. « Sur les bâtiments de l'Empereur, le tes-
« tament du capitaine ou de l'officier d'administration,
« et, sur les bâtiments de commerce, celui du capitaine,
« du maître ou patron, ou celui de l'écrivain, pourront
« être reçus par ceux qui viennent, après eux, dans l'or-
« dre du service, en se conformant, pour le surplus, aux
« dispositions de l'article précédent. »

Ce qu'il faut remarquer de spécial, dans cette compétence, c'est, que le testament maritime doit toujours être
reçu *conjointement par deux officiers, en présence de deux
témoins;* d'où il suit que notre Code s'est montré plus sévère que l'Ordonnance de 1681, qui exigeait un seul officier et trois témoins.

457. — Ces mots : *à défaut,* dans l'article 988, paraissent bien impliquer que ceux qui sont désignés principalement pour recevoir le testament maritime, ne cessent
d'être compétents, que lorsqu'ils sont empêchés; et que
ceux qui viennent après eux, n'ont compétence que dans
le cas de cet empêchement, qu'il est dès lors prudent de
mentionner.

Il est bien entendu aussi que la compétence est attribuée, à leur défaut, à ceux qui viennent immédiatement après eux, dans l'ordre du service (comp. Coin-Delisle, art, 988, n°s 3, 4; art. 989; Marcadé, *h. l.*).

458. — En ce qui concerne les formalités, qui doivent être observées dans le testament maritime, il faut appliquer l'article 998.

Nous ne pouvons que nous référer aux développements, que nous avons fournis sur ce point, ainsi que sur les incapacités absolues et relatives des témoins, en ce qui concerne le testament militaire et le testament fait en temps de peste (*supra*, n°s 428 et suiv.).

459. — Mais nous avons, en outre, relativement au testament maritime, deux sortes de dispositions à exposer :

Les unes, toutes réglementaires (art, 990-993);

L'autre, qui touche à la capacité de disposer et de recevoir (art. 997).

460. — *a*. L'article 990 dispose que :

« Dans tous les cas, il sera fait un double origi-
« nal des testaments mentionnés aux deux articles précé-
« dents. »

Article 991 : « Si le bâtiment aborde dans un port
« étranger dans lequel se trouve un consul de France,
« ceux qui auront reçu le testament, seront tenus de dé-
« poser l'un des originaux clos *ou* cacheté[1] entre les
« mains de ce consul, qui le fera parvenir au ministre
« de la marine; et celui-ci en fera faire le dépôt au greffe
« de la justice de paix du lieu du domicile du testateur. »

Article 992 : « Au retour du bâtiment en France, soit
« dans le port de l'armement, soit dans un port autre
« que celui de l'armement, les deux originaux du testa-
« ment, également clos et cachetés, ou l'original qui res-
« terait, si, conformément à l'article précédent, l'autre
« avait été déposé dans le cours du voyage, seront remis
« au préposé de l'inscription maritime; ce préposé les

---

1. Il faut lire évidemment : clos *et* cacheté (voy. l'article 992).

« fera passer sans délai au ministre de la marine, qui
« en ordonnera le dépôt, ainsi qu'il est dit au même
« article. »

Article 993 : « Il sera fait mention sur le rôle du bâti-
« ment, à la marge du nom du testateur, de la remise
« qui aura été faite des originaux du testament, soit
« entre les mains d'un consul, soit au bureau d'un pré-
« posé de l'inscription maritime. »

Voilà bien, en effet, des formalités purement extrinsèques et réglementaires, dont le seul but est : d'une
part, de soustraire le testament maritime aux chances de
perte, dont il peut être menacé, et d'en assurer la conservation matérielle; et d'autre part, de fournir aux parties intéressées le moyen de le connaître et de se le procurer (comp. art. 60, 86 et 87).

Aussi, faut-il tenir pour certain qu'elles ne sont pas
prescrites, à peine de nullité du testament; car l'article 1001 ne prononce cette sanction qu'en ce qui concerne *les formalités, auxquelles les divers testaments sont
assujettis,* c'est-à-dire en ce qui concerne les formalités
intrinsèques et constitutives de la solennité des testaments
(comp. art. 893, 1001; *infra,* n° 487); or, tel n'est nullement le caractère des formalités prescrites par les articles 990 à 993; et on peut en trouver une preuve encore dans les termes de l'article 996 (comp. Vazeille,
art. 990, n° 1; Coin-Delisle, art. 990 et 992, n° 1; Bayle-
Mouillard sur Grenier, t. II, n° 278, note *a*; Troplong,
t. III, n° 1717; Zachariæ, Aubry et Rau, t. V, p. 532;
Colmet de Santerre, t. IV, n° 131 *bis;* Saintespès-Lescot,
t. IV, n°s 1249 et suiv.).

461. — Est-ce que, par exemple, le testament maritime, une fois signé par le testateur, par les témoins et
l'officier public, n'est point immédiatement parfait, et
dès avant même que le second original ait été fait?

Sans aucun doute! malgré le dissentiment isolé de Delvincourt (t. II, p. 89, note 2).

Ce testament devrait donc produire effet :

Soit que le testateur vînt à mourir, avant que le second original eût pu être dressé;

Soit qu'il n'eût jamais été dressé de second original, et a *fortiori*, dans le cas où deux originaux ayant été dressés, on aurait négligé d'en faire mention dans les deux ou dans l'un des deux.

462. — Vazeille a écrit que le greffier de la justice de paix, constitué, par le ministre de la marine, dépositaire du testament, a qualité pour en délivrer expédition (art. 992; ajout. Delaporte, n° 302).

Mais cette attribution ne nous paraît pas résulter, pour le greffier, des articles 991, 992; et nous pensons que la seule conséquence, qu'il faille en induire, c'est qu'il devra, lors du décès du testateur, présenter le testament au président du tribunal, conformément à l'article 1007 (comp. art. 917 et 918 *Cod. de procéd. civ.*; Coin-Delisle, art. 991, n° 3; Bayle-Mouillard sur Grenier, *loc. supra cit.*).

463. — Rien d'ailleurs ne nous paraît faire obstacle à ce que le testateur lui-même réclame des officiers spéciaux, qui l'ont reçu, la minute de son testament, soit pour la détruire, soit pour la faire parvenir en lieu sûr (comp. Coin-Delisle, *loc. supra cit.*).

464. — *b.* Aux termes de l'article 997 :

« Le testament fait sur mer ne pourra contenir aucune disposition au profit des officiers du vaisseau, s'ils ne sont parents du testateur. »

Voilà bien, au contraire, une disposition qui tient au fond même du droit; à ce point qu'elle s'applique dans tous les cas, quelle que soit la forme de testament, qui ait été employée (*infra*, n° 469).

Il est facile, d'ailleurs, d'en apercevoir le motif; le législateur a voulu prévenir les abus d'influence, qui auraient pu être à craindre, en raison de l'autorité absolue des officiers du vaisseau; et il a, en conséquence, à

l'exemple de l'Ordonnance de 1681 (art. 3 du titre précité), décrété une incapacité relative, semblable à celles
qui se trouvent dans les articles 907 et 909 (comp. Valin,
sur l'article 3 de l'Ordonnance).

465. — Cette incapacité n'étant prononcée que contre
les officiers du vaisseau, ne saurait être étendue aux gens
de l'équipage, qui n'ont pas le grade d'officier, ni aux
simples passagers, de la part desquels, en effet, on n'a
pas à craindre la même intimidation, que les officiers
pourraient quelquefois, même sans le vouloir et sans le
savoir, exercer sur l'esprit du testateur (comp. art. 995
et 997; Coin-Delisle, art. 977, n° 3).

466. — Mais aussi, réciproquement, l'incapacité est
prononcée dans les termes les plus absolus, contre *les
officiers du vaisseau*, et par conséquent contre tous les
officiers, sans qu'il y ait lieu de distinguer si l'officier
légataire figure ou ne figure pas au testament, soit comme
officier public recevant, soit comme témoin.

467. — Cette distinction, toutefois, ne doit-elle pas
être faite pour résoudre une autre question, à savoir : si
le testament maritime, qui contient une disposition au
profit d'un officier du vaisseau, doit être déclaré nul tout
entier? ou si, au contraire, la nullité n'est que partielle
et ne tombe que sur cette disposition?

Un point d'abord est certain, c'est que la nullité n'est,
en effet, que partielle et relative, lorsque l'officier, au
profit duquel la disposition a été faite, est demeuré
étranger à la confection du testament; l'article 3 de
l'Ordonnance l'exprimait bien ainsi, en disant que les
dispositions au profit des officiers du vaisseau *ne pourront valoir*; et, quoique la formule de notre article 997
soit un peu différente, la pensée n'en est pas moins évidemment la même; car il n'y a pas de raison pour que
l'incapacité relative de l'un des légataires soit, au préjudice des autres légataires capables, une cause de nullité
d'un testament d'ailleurs régulier !

468. — Mais faut-il maintenir cette solution, dans le cas où l'officier légataire a reçu lui-même le testament, ou y a figuré comme témoin?

Plusieurs jurisconsultes enseignent l'affirmative, par le motif que cette incapacité étant applicable à tous les officiers du vaisseau, en tant qu'officiers, et à toutes les formes de testaments, ne peut pas être considérée comme une prescription relative aux formes du testament maritime (comp. Malleville, art. 997; Delaporte, *Pandect. franç.*, art. 997; Vazeille, Marcadé, mêmes articles; Colmet de Santerre, t. IV, n° 135 *bis*, II; Troplong, t. III, n° 1727; Saintespès-Lescot, t. IV, n° 1268; c'est aussi à cette opinion que s'est rangé Coin-Delisle, après avoir d'abord embrassé l'opinion contraire, art. 997, n° 2).

Voici notre réponse :

Nous avons reconnu, d'accord, en ce point, avec Coin-Delisle lui-même, que l'article 975, qui détermine les incapacités relatives des témoins testamentaires, est applicable aux testaments d'exception (*supra* n° 431); et, en conséquence, un simple passager ne pourrait pas être à la fois témoin et légataire dans un testament maritime;

Or, s'il en est ainsi, il ne se peut pas qu'un officier du vaisseau puisse être à la fois témoin et légataire; car ce n'est pas apparemment l'incapacité spéciale, que l'article 997 prononce de plus contre lui, qui peut le relever de l'incapacité générale, que l'article 975 prononce contre tous les témoins légataires;

Donc, la nullité totale du testament, qui existe dans le premier cas, doit nécessairement, et même *a fortiori*, exister dans le second!

Et, si la disposition avait été faite au profit de l'officier recevant, notre décision serait la même : *nemo potest esse auctor in rem suam!* (Comp. *supra*, n° 435; Duranton, t. IX, n° 168; Poujol, art. 997, n° 5; Bayle-Mouillard sur

Grenier, t. II, n° 278, note *a*; Zachariæ, Aubry et Rau, t. V, p. 532.)

469. — Ce qui, d'ailleurs, ne saurait être contesté, c'est que l'article 997 est applicable à tout testament fait sur mer, sans excepter le testament olographe.

C'est ce que prouve la généralité des termes de notre article, qui porte : *le testament fait sur mer*, sans ajouter, ainsi que le fait l'article 996 : *en la forme prescrite par l'article* 988 ; ce contraste entre deux articles qui se suivent, est certainement décisif; d'autant plus que tel était déjà le droit établi par l'ancienne Ordonnance (art. 1 et 3), et que le motif qui a dicté notre article, ne comporte aucune distinction; ne serait-il pas, en effet, aussi facile aux officiers du vaisseau d'abuser de leur autorité pour contraindre un passager à écrire un testament en leur faveur! (Comp. Valin, sur les articles précités de l'Ordonnance de 1681 ; Vazeille, art. 997, n° 1 ; Coin-Delisle, art. 997, n° 2 ; Bayle-Mouillard sur Grenier, t. II, n° 278, note *a*; Troplong, t. III, n° 1726; Zachariæ, Aubry et Rau, t. V, p. 522.)

470. — L'incapacité prononcée par l'article 997 contre les officiers du vaisseau, n'existe plus, *s'ils sont parents du testateur.*

C'est une exception semblable à celle que nous avons trouvée déjà dans les articles 907 et 909, et qui est fondée sur le même motif, à savoir : que le lien de parenté écarte le soupçon d'influence et d'abus (*voy.* le tome I, n° 493).

Seulement, à la différence des articles 907 et 909, l'article 997 ne limite cette exception à aucune ligne ni à aucun degré.

En faut-il conclure que l'exception s'étend *in infinitum*, même au delà du douzième degré de parenté?

Tel est l'avis de Vazeille, qui enseigne qu'on ne pourrait pas, sans arbitraire, limiter la généralité absolue du texte de la loi (art. 997).

Mais cette doctrine a paru inadmissible ; et avec raison, suivant nous.

Il est évident, en effet, qu'il faut marquer une limite à cette exception, pour qu'elle n'absorbe pas la règle elle-même ;

Or, où se trouverait la limite, si la parenté même la plus éloignée pouvait rentrer dans l'exception ; tous les hommes n'ont-ils pas un auteur commun !

Donc, il est indispensable de trouver un point d'arrêt ; et rien n'est plus raisonnable que de le placer au douzième degré, c'est-à-dire au degré au delà duquel on ne succède plus (art. 755).

C'est qu'une parenté, qui ne confère plus la vocation héréditaire, ne saurait être considérée comme une parenté civile (comp. Malleville, art. 997 ; Duranton, t. IX, n° 167 ; Coin-Delisle, art. 997, n° 4 ; Marcadé, art. 997 ; Bayle-Mouillard, *loc. supra cit.* ; Troplong, t. III, n° 1728 ; D., *Rec. alph., h. v.,* n° 3400).

D. — *Du testament fait par un Français, en pays étranger ; et du testament fait par un étranger, en France ou en pays étranger.*

SOMMAIRE.

ter devant le chancelier du consulat français? — Et, en cas d'affirmative, suivant quelles formes?

478. — Les testaments faits par les Français en pays étranger, suivant les formes qui viennent d'être exposées, sont valables aussi bien que s'ils avaient été faits en France. — Conséquence.

479. — Suite. — Il faut, toutefois, que les testaments faits en pays étranger, soient enregistrés en France. — Explication.

480. — b. — Du testament fait par l'étranger. — Exposition.

481. — Le testament fait par un étranger, en France ou en pays étranger, doit être considéré comme valable, s'il a été fait devant des officiers publics compétents, et suivant les formes usitées dans le pays où il a été passé.

482. — Mais que décider, en ce qui concerne le testament olographe? — La faculté de tester en cette forme, doit-elle être considérée comme une émanation du statut personnel? ou n'y faut-il voir, au contraire, qu'une application de la maxime : *Locus regit actum?* — Exposition des controverses de l'ancien droit sur cette thèse?

483. — Suite. — Un étranger, en France, peut-il faire un testament olographe, suivant l'article 970 de notre Code, si sa loi nationale n'admet pas cette manière de tester.

484. — Que faudrait-il décider d'un testament fait, en France, par un étranger, suivant les formes de sa loi nationale, si cette forme était différente de la forme française? — Renvoi.

485. — *Quid*, du testament fait par un étranger, hors de France, d'après une forme, qui ne serait celle ni de la loi nationale de cet étranger, ni du lieu où le testament aurait été fait?

486. — Le testament fait par un étranger, doit être enregistré en France, conformément à la dernière partie de l'article 1000.

471. — Nous allons nous occuper d'abord du testament fait par un Français en pays étranger, la seule hypothèse, que notre Code ait réglée.

Nous examinerons ensuite l'hypothèse, dont il n'a rien dit, du testament fait par un étranger, en France ou en pays étranger.

472. — A. Que le Français, en France, ne puisse tester que suivant les formes de la loi française, cela est d'évidence !

Et, lorsqu'il ne les a pas observées, tous les intéressés, quels qu'ils soient, Français ou étrangers, peuvent demander la nullité de son testament.

Car les formes testamentaires sont établies dans un intérêt général ; et la nullité, qui résulte de leur inobservation, n'est pas relative à telle ou telle personne ; elle existe *erga omnes !* (Art. 1001.)

473. — Aussi, n'est-il ici question que du Français, qui se trouve en pays étranger.

L'article 999 est ainsi conçu :

« Un Français, qui se trouvera en pays étranger, pourra « faire ses dispositions testamentaires par acte sous si-« gnature privée, ainsi qu'il est prescrit en l'article 970, « ou par acte authentique, avec les formes usitées dans « le lieu où cet acte sera passé. »

Ainsi, d'après cet article, le Français, en pays étranger, peut tester de deux manières :

1° Par acte sous signature privée, c'est-à-dire en la forme olographe ;

2° Par acte authentique, avec les formes usitées dans le pays où il se trouve ;

3° Nous verrons s'il n'y a pas encore une troisième manière, qui serait un acte reçu par les chanceliers de consulat.

474. — 1° Le Français, en pays étranger, peut tester en la forme olographe.

Et cela, non-seulement lorsque la loi du pays où il se trouve, admet aussi cette forme, mais encore lor smême que cette loi ne l'admettrait pas.

L'article 999 ne fait aucune distinction de ce genre ; et il est d'autant plus impossible de l'y introduire, que c'est d'après *ce qui est prescrit en l'article* 970, qu'il autorise le Français à employer cette forme ; c'est-à-dire qu'il l'autorise à tester, même en pays étranger, suivant la forme olographe française.

En faut-il conclure que le législateur du Code Napoléon a considéré que la faculté de faire un testament olographe, appartient à l'ordre des lois personnelles, qui régissent les Français, même en pays étranger ? (Art. 3.)

C'est ce que nous allons bientôt examiner *(infra,* n° 482).

Quant à présent, qu'il nous suffise de constater : d'une part, que, quel que soit le motif sur lequel cet article est fondé, la disposition en est législativement très-nette ; et d'autre part, qu'elle est aussi très-conforme à la logique et à l'intérêt des Français, qui se trouvent en pays étranger. Quelle bonne raison, en effet, y aurait-il d'empêcher les Français d'employer, même en pays étranger, une forme française de testament, qui peut être employée partout ? et n'est-ce pas, pour eux, un précieux avantage de pouvoir écrire eux-mêmes leurs dernières volontés, sans être obligés de recourir à des formes étrangères, qu'ils ne connaissent pas, et qui pourraient ne leur offrir que de médiocres garanties ?

475. — 2° En second lieu, le Français en pays étranger pourra faire ses dispositions testamentaires par acte authentique, dit notre article, avec les formes usitées dans le lieu où cet acte sera passé.

Le principe, sur lequel cette disposition est fondée, n'est pas douteux ; c'est bien certainement l'application de la maxime : *locus regit actum.*

Et pourtant, une question sérieuse s'est soulevée, à savoir : si le Français, en pays étranger, ne peut faire son testament que par acte authentique ? ou s'il peut aussi le faire par acte sous seing privé, suivant les formes usitées dans le pays où il se trouve ?

Trois opinions se sont produites :

A. La première opinion répond que le Français ne peut tester que devant un officier public étranger :

D'une part, dit-elle, le texte même de la loi exige *un acte authentique ;* or, aux termes de l'article 1317, l'acte authentique est celui qui est reçu par un officier public ;

D'autre part, il est facile de comprendre pourquoi le législateur a voulu, tout en permettant au Français de faire son testament, suivant les formes de la loi étrangère, que ces formes offrissent des garanties suffisantes de liberté et de certitude, garanties pour lesquelles il a exigé la présence d'un officier public (comp. trib. civ. de Rouen, 17 déc. 1839, de Bonneval, Dev., 1840, II, 515).

B. La seconde opinion enseigne aussi, avec la première, que l'article 999 ne laisse pas au Français la faculté d'adopter distinctement toutes les formes de testament, qui pourraient être usitées dans le pays où il se trouve ; et que, en exigeant que le testament soit fait par acte authentique, il n'admet que d'une manière restreinte la maxime : *locus regit actum*.

Mais elle ajoute que, pour déterminer ce qu'on doit entendre par acte authentique dans l'article 999, il ne faut pas s'en référer à l'article 1317, qui subordonne l'authenticité à la présence d'un officier public, et que l'on doit consulter seulement la loi du pays où le testament a été fait.

D'où cette opinion conclut que si, d'après cette loi, un testament peut être fait sans la présence d'un officier public comme, par exemple, en Angleterre et en Sardaigne, où l'on se contente de la signature de plusieurs témoins, le testament fait en cette forme, par le Français, devra être considéré comme authentique, d'après l'article 999, et déclaré valable en France.

On ajoute qu'il en sera ainsi, même dans le cas où, à côté de cette forme pour laquelle elle n'exige pas la présence d'un officier public, la loi étrangère admettrait une autre forme, pour laquelle la présence d'un officier public serait nécessaire ; et que le testament fait par le Français, dans la forme qui n'exige pas d'officier public, n'en devrait pas moins être déclaré valable. (Comp. Rouen, 21 juillet 1840, de Bonneval, Dev., 1840, II, 515 ; Cass., 6 février 1843, mêmes parties, Dev., 1843, I, 209 ; Paris, 19 avril 1853, Levis-Mirepoix ; et Pau, 26 juillet 1853, Poujet, Dev., 1853, II, 570-572 ; Cass., 3 juillet 1854, Ancinelle, Dev., 1854, I, 417 ; Coin-Delisle, art. 999, n° 7 ; Troplong, t. III, n°s 1734, 1735 ; Bayle-

Mouillard sur Grenier, t. II, n° 280, note *b* ; Zachariæ, Aubry et Rau, t. V, p. 485.)

C. Cette seconde opinion est incontestablement, suivant nous, préférable à la première, qui nous paraît tout à fait inadmissible.

Non certes ! l'article 999 n'a pas voulu réduire les Français hors de France, à ne pouvoir faire leurs dispositions testamentaires que devant un officier public étranger, ou, en d'autres termes, réduire à l'impossibilité absolue de tester, tous ceux de nos nationaux qui, ne sachant ou ne pouvant écrire, se trouveraient dans des pays où les formes testamentaires ne comportent pas la présence d'un officier public !

Tout au contraire ! le but de l'article 999 est de leur accorder le moyen de faire, en tous pays, leurs dispositions testamentaires ; et à cet effet, il consacre la maxime : *locus regit actum ;* il la consacre, disons-nous, explicitement en ces termes : *avec les formes usitées dans le lieu où l'acte sera passé;* voilà son but essentiel ; et s'il a inséré aussi ces mots : *par acte authentique,* c'est qu'il venait d'autoriser l'emploi de l'acte *sous signature privée ;* mais ce n'est là qu'une simple antithèse, qui n'a nullement pour but ni pour résultat de restreindre l'effet de la règle générale, qu'il a voulu consacrer, pour les testaments, avec la même étendue que pour les autres actes; et on peut en voir une preuve encore dans l'article 994.

Aussi pensons-nous que la seconde opinion ne va pas elle-même assez loin ; et voilà pourquoi nous proposons cette troisième opinion, d'après laquelle le Français, en pays étranger, peut faire son testament *avec les formes usitées dans le pays où cet acte est passé,* quelles que soient d'ailleurs ces formes, authentiques ou sous signature privée; et nous croyons qu'il faut aller jusqu'à dire : lors même qu'il s'agirait *d'un testament nuncupatif !* (Comp. Cass., 30 nov. 1834, D., 1832, I, 54 ; Massé et Vergé sur Zachariæ, t. III, p. 80.)

Au reste, si nous y avons insisté, c'est surtout parce que cette dernière opinion nous paraît plus conforme aux principes ; car, dans la pratique, la concession si grave, que fait la seconde opinion, en reconnaissant comme authentique un acte qui n'aurait pas été reçu par un officier public, cette concession est telle, que la seconde opinion sera presque toujours amenée aux mêmes solutions que celles qui résulteraient de notre doctrine (comp. notre *Traité de la Publication des Effets et de l'Application des lois*, etc., n° 106 ; Toulouse, 11 mai 1850, Serres, Dev., 1850, II, 529 ; Mourlon, qui cite en ce sens M. Valette, t. II, p. 351 ; Marcadé, art. 999, n° 3 ; D., *Rec. alph.*, *h. v.*, n°ˢ 3410-3416 ; Saintespès-Lescot, t. IV, n° 1281).

476. — C'est par ce motif que le testament mutuel ou conjonctif, fait par un Français dans un pays où il serait admis, nous paraît devoir être considéré comme valable en France (*supra*, n° 20 ; Toulouse, 11 mai 1850, Serres, Dev., 1850, II, 529).

477. — 3° Aux termes de l'article 24 du livre I du titre II de l'Ordonnance de 1681 :

« Les testaments reçus par le chancelier, dans l'étendue du consulat, en présence du consul et de deux témoins, et signés d'eux, sont réputés solennels. »

C'est une question controversée que celle de savoir si cet article est toujours en vigueur, et si le Français, en pays étranger, peut encore faire, devant le chancelier du consulat, un testament *solennel*, comme on disait autrefois, ou *par acte public*, comme nous disons aujourd'hui ?

Pour la négative, on raisonne ainsi :

L'article 7 de la loi du 30 ventôse an XII (21 mars 1804) porte abrogation des ordonnances, règlements et coutumes, dans les matières qui font l'objet du Code Napoléon ;

Or, le Code Napoléon a réglé, d'une manière complète,

par l'article 999, les formes du testament fait par le Français en pays étranger ; de même, que par les arti-cles 988 et suivants, il a réglé les formes du testament maritime (*supra*, n° 447) ;

Donc, l'article 999 a abrogé l'article 24 de l'Ordon-nance de 1681 ; de même qu'il a abrogé, ainsi que tous le reconnaissent, les articles de cette Ordonnance, qui s'occupent du testament maritime (comp. Trib. civ. de la Seine, 19 mars 1825 ; et Cour de Paris, 27 août 1825, Dugommier, D., 1825, II, 228 ; Grenier, t. II, n° 280 ; Duranton, t. IX, n° 160 ; Poujol, art. 999, n° 4 ; Vazeille, art. 994, n° 2 ; Duvergier sur Toullier, t. III, n° 485, note *b*).

Cette manière de voir avait même été autorisée d'abord par une circulaire ministérielle du 2 novembre 1815, qui, toutefois, a été rapportée par une autre circulaire du 22 mai 1834 (*voy.* aussi *Instruct. spéciale du 30 nov.* 1833 ; Hauterive, *Traités de commerce*, t. X, p. 243).

La doctrine contraire compte aussi beaucoup de par-tisans ; mais ils ne se sont pas accordés sur le meilleur moyen de la défendre :

Les uns, en effet, concédant que la loi du 30 ventôse an XII a abrogé l'article 24 du titre précité de l'Ordon-nance de 1681, répondent que la seule conséquence, qui en résulte, c'est que les chanceliers de consulat ne peu-vent plus recevoir les testaments des Français, suivant les formes réglées par cet article ; mais ils ajoutent que la loi du 30 ventôse n'a pas abrogé les autres Ordon-nances, qui confèrent, en principe général, aux chance-liers des consulats la capacité notariale dans l'intérêt des Français (*Édit. de Versailles de* 1778 ; *Ordonn. du* 24 *mars* 1778, et du 3 mars 1781, art. 3) ; et que les chanceliers peuvent toujours recevoir, en pays étranger, les testaments des Français, en suivant les formes du Code Napoléon et de la loi du 25 ventôse an XI sur le notariat (comp. Cass., 4 févr. 1863, Aberjoux, Dev.,

1863, I, 200 ; Merlin, *Répert.*, v° *Testament*, sect. II et III,
n° 8 ; Coin-Delisle, art. 999, n°⁰ˢ 8-15 ; Bayle-Mouillard
sur Grenier, t. II, n° 280, note *c* ; Marcadé, art. 999,
n° 4 ; D., *Rec. alph.*, v° *Consuls*, n° 70 ; et *h. v.*, n° 3408 ;
Saintespès-Lescot, t. IV, n° 1281).

Les autres, au contraire, enseignent que l'article 24
de l'Ordonnance n'a pas été abrogé, et que c'est encore
aujourd'hui, d'après les formes spéciales de cet article,
que les chanceliers des consulats peuvent recevoir les
testaments des Français.

Cette dernière opinion nous paraît la meilleure.

C'est aussi celle que le ministre des affaires étrangères a exprimée, de concert avec le garde des sceaux,
dans la circulaire du 21 mars 1834, dont le motif est
celui-ci :

De deux choses l'une :

Ou l'article 999 comprend les testaments reçus par
les chanceliers; et alors, ce ne peut être que pour les
admettre, puisqu'il dispose qu'un Français à l'étranger
pourra tester par acte authentique, avec les formes usitées dans le lieu où cet acte sera passé, et que les testaments reçus par les chanceliers des consulats étaient précisément une de ces formes, à l'époque où fut promulgué
l'article 999 ;

Ou, au contraire, cet article ne concerne pas les testaments reçus par les chanceliers ; et alors, l'article 7 de la
loi du 30 ventôse n'est pas applicable, puisqu'il n'a trait
qu'aux matières, qui font l'objet du Code Napoléon.

On peut objecter, contre la première partie de ce di-
lemme, que ces mots de l'article 999 : *avec les formes usitées dans le pays*, ne font que consacrer la règle : *locus
regit actum*, et que cette règle n'est point faite pour les
actes reçus par nos officiers publics en pays étranger,
ainsi que la preuve en résulte des articles 47, 48 et 170
(comp. Duvergier, *loc. supra*).

Aussi croyons-nous qu'il vaut mieux reconnaître que le

législateur du Code n'a pas entendu s'occuper, dans l'article 999, de la compétence spéciale des chanceliers des consulats, qui forme un sujet à part, de droit public autant que de droit privé; et son intention paraît avoir été si peu, en effet, de les destituer de cette compétence, si précieuse d'ailleurs, ou plutôt même si nécessaire dans l'intérêt des Français, que d'autres articles de notre section elle-même en supposent le maintien; c'est ainsi que l'article 994 admet qu'il peut exister, sur une terre étrangère, un officier public français, compétent pour recevoir les testaments des Français; or, cet officier ne peut être que le chancelier du consulat (*voy.* aussi l'article 991); nous savons bien que l'on objecte encore que, d'après l'article 994, ce testament doit alors être dressé *suivant les formes prescrites en France;* mais, à notre avis, ces mots ne signifient autre chose que *conformément à la loi française;* et par conséquent, ils autorisent eux-mêmes l'emploi de la forme établie par l'article 24 de l'Ordonnance de 1681 (comp. notre *Traité de la Publication, des Effets et de l'Application des lois,* etc., n° 108; Troplong, t. III, n° 1738; Zachariæ, Aubry et Rau, t. V, p. 485; Massé et Vergé, t. III, p. 80; Colmet de Santerre, t. IV, n° 138 *bis,* II).

478. — Remarquons que les testaments faits par les Français, en pays étranger, suivant les formes que nous venons d'exposer, sont valables, aussi bien que s'ils avaient été faits en France.

Et ils continuent d'être valables, après le retour du testateur en France, sans qu'il soit besoin de les refaire sous une autre forme, et à quelque époque qu'il vienne ensuite à décéder.

Nous ne trouvons, en effet, relativement à ces testaments, aucune disposition semblable à celles des articles 984, 987 et 996.

479. — Seulement, l'article 1000 dispose que :

« Les testaments faits en pays étranger ne pourront

« être exécutés sur les biens situés en France, qu'après
« avoir été enregistrés au bureau du domicile du testa-
« teur, s'il en a conservé un, sinon au bureau de son der-
« nier domicile connu en France; et dans le cas où le
« testament contiendrait des dispositions d'immeubles
« qui y seraient situés, il devra être, en outre, enregistré
« au bureau de la situation de ces immeubles, sans qu'il
« puisse être exigé un double droit.»

Il était, en effet, impossible que le testament fait en
pays étranger, fût affranchi de la formalité de l'enregistrement, à laquelle sont soumis les testaments faits en
France.

Mais on voit qu'il ne s'agit pas d'une formalité intrinsèque, constitutive du testament, à laquelle on puisse
appliquer l'article 1004 : c'est là simplement une mesure
extrinsèque, qui n'a trait qu'à la manière dont le testament doit être exécuté, et dont le retard ou l'omission ne
serait pas une cause de nullité (comp. *supra*, n° 460, et
infra, n° 487 ; Cass., 25 mai 1864, Rebotie-Dachie, Dev.,
1864, I, 333).

480. — B. Notre Code ne s'est point occupé du testament fait par un étranger.

Pourtant, les étrangers peuvent être propriétaires de
biens en France ; et, aux termes de la loi du 14 juillet
1819, ils peuvent en disposer par testament (comp. notre
*Traité de la Publication, des Effets et de l'Application des
lois*, etc., n° 243).

Il est donc intéressant de savoir quelles sont les formes qu'ils doivent observer.

481. — On a, de tout temps, reconnu, et il est toujours certain que, en ce qui concerne les testaments reçus
par des officiers publics, il faut appliquer la règle *locus
regit actum ;* et que dès lors le testament fait par un étranger en France, suivant les formes de la loi française, est
valable ; de même que le testament fait par lui, dans un
pays étranger, quel qu'il soit, suivant les formes usitées

dans ce pays (comp. *supra*, n° 475; Cass., 6 févr. 1843, de Bonneval, Dev., 1843, I, 209).

482. — La difficulté n'existe donc que relativement au testament olographe; mais, sur ce point, il faut reconnaître qu'elle est très-grave.

Cette difficulté, d'ailleurs, n'est pas nouvelle; et elle a été fort agitée sous l'empire des anciennes coutumes, qui réglaient autrefois si diversement les formes testamentaires.

« Dans cette variété de lois touchant le testament olographe, disait Pothier, doit-on suivre celle du domicile du testateur, ou celle du lieu où le testament olographe a été écrit? » (*Des Donat. testam.*, chap. I, art. 2, § 1.)

Tels étaient les termes de la question, qui divisait nos anciens jurisconsultes.

Les uns, voyant dans la faculté de faire un testament olographe, une émanation du statut personnel, en déduisaient cette double conséquence :

D'une part, que, si le testateur était domicilié dans un pays, dont la loi admettait le testament olographe, il pouvait tester partout en cette forme, lors même qu'il se trouvait dans un pays, dont la loi ne l'admettait pas;

Et d'autre part, que, si le testateur était domicilié dans un pays, dont la loi n'admettait pas le testament olographe, il ne pouvait tester nulle part en cette forme, lors même qu'il se trouvait dans un pays dont la loi l'admettait. (comp. Bouhier, *Cout. de Bourgogne*, chap. XXVIII; Ricard, *du Don mutuel*, n° 307, qui toutefois avait enseigné la doctrine contraire dans son *Traité des Donations*, Ire part., nos 1286 et 1560);

Tandis que les autres, considérant que la loi, qui admet le testament olographe, n'a point le caractère d'une loi personnelle, et ne se rapporte qu'à la forme de l'acte, voulaient qu'on lui appliquât la règle : *locus regit actum;* d'où ils concluaient en sens inverse :

D'une part, que celui qui se trouvait dans un lieu, dont la loi admettait le testament olographe, pouvait tester en cette forme, lors même que la loi de son domicile ne l'admettait pas ;

Et, d'autre part, que celui qui se trouvait dans un lieu, dont la loi n'admettait pas le testament olographe, ne pouvait pas tester en cette forme, lors même que la loi de son domicile l'admettait.

Cette dernière doctrine était la plus générale; et elle paraissait même, dans les derniers temps, avoir presque partout prévalu (comp. Furgole, *des Testam.*, chap. ii, sect. ii; Pothier, *loc. supra cit.;* Boullenois, *des Statuts réels et personnels*, IIe part., tit. ii, chap. iii, observ. 34).

483. — La même question a continué d'être agitée dans notre droit nouveau, non plus, bien entendu, de province à province, entre deux coutumes différentes, mais d'État à État, entre la loi française et la loi étrangère.

Un étranger, en France, peut-il faire un testament olographe, suivant l'acticle 970 de notre Code, si sa loi nationale n'admet pas cette manière de tester?

Non! a-t-on répondu : le Code Napoléon, par l'article 999, a tranché l'ancienne controverse, en ce sens qu'il a considéré que la loi, qui accorde la faculté de tester en la forme olographe, est une loi personnelle de capacité, qui suit le Français, même en pays étranger (art. 3); en conséquence, par le même motif que le Français peut faire un testament olographe, même dans un pays étranger qui n'admet pas cette forme, l'étranger ne peut pas tester, en France, dans la forme olographe, si sa loi nationale, qui le régit aussi chez nous, ne l'admet pas (comp. Grenier, t. II, n° 280; et Bayle-Mouillard, *h. l.*, note *a*; Marcadé, art. 999, n°s 1, 2; Demante, t. IV, n° 138 ; Saintespès-Lescot, t. IV, n° 1278).

Mais cette doctrine a rencontré de graves résistances,

devant lesquelles on peut dire aujourd'hui qu'elle a suc-
combé.

Il faut que nous ajoutions, toutefois, qu'elle n'a pas été
combattue, avec les mêmes armes, par tous ses adversaires.

Il en est quelques-uns, qui, pour soutenir la validité,
en France, du testament olographe fait par un étranger,
dont la loi nationale ne reconnaît pas cette forme, enseignent que la loi, qui admet le testament olographe, appartient à l'ordre des statuts réels; et ils invoquent, en ce
sens, l'article 2 de la loi du 14 juillet 1819, qui porte que
les étrangers peuvent disposer *de la même manière* que les
Français; d'où ils concluent que, quelque part que le testament olographe soit fait par l'étranger, fût-ce même
dans un pays qui n'admet pas cette forme, ce testament
devra être considéré comme valable en France, relativement aux biens, dont l'étranger sera propriétaire (art. 3;
comp. Duranton, t. IX, n° 15; Coin–Delisle, art. 999,
n° 6; Poujol, article 999, n° 1).

D'autres, au contraire, soutiennent, purement et simplement, que l'ancienne doctrine est encore vraie, et que
le testament olographe de cet étranger sera valable en
France, d'après la règle : *locus regit actum*, qui est applicable au testament olographe, comme aux testaments par
acte public ou mystique.

Nous croyons, pour notre part, que cette doctrine est
la seule juridique.

Il nous paraît, en effet, certain que la loi, qui admet
le testament olographe, ne saurait être considérée ni
comme personnelle, ni comme réelle.

Elle n'est point personnelle; car elle ne régit pas l'état
ni la capacité du testateur; elle ne dit pas s'il pourra ou
ne pourra pas tester, mais seulement de quelle manière
il le pourra;

Elle n'est point réelle; car elle n'a, en aucune façon,
pour objet les biens eux-mêmes, ni leur nature, ni le mode

de leur transmission (comp. notre *Traité de la Publication, des Effets et de l'Application des lois*, etc., n° 76).

Son but unique est de régler la forme de l'acte ; et, par conséquent, elle appartient à cet ordre de lois, dont on a dit : *locus regit actum.*

Il est vrai que l'article 999 autorise le Français à faire un testament olographe, suivant la forme française, dans les pays même où cette forme ne serait pas admise ; mais c'est là une exception, que la loi française a faite en faveur des Français, afin de leur donner le plus de moyens possible de faire leur testament en pays étranger ; exception de faveur, disons-nous, qui ne prouve nullement que les auteurs de notre Code aient méconnu le vrai caractère de la loi, qui autorise cette forme de testament (comp. Cass., 25 août 1847, Quartier, Dev., 1847, I, 742 ; Grenoble, 25 août 1848, Chauten, Dev., 1849, II, 257 ; Orléans, 4 août 1859, Simon-Wall, Dev., 1860, II, 37 ; Troplong, t. III, n° 1736 ; Zachariæ, Aubry et Rau, t. I, p. 267, et t. V, p. 486 ; Massé et Vergé, t. III, p. 79 ; Colmet de Santerre, t. IV, n° 128 *bis*, IV).

484. — La solution, qui précède, s'applique au testament olographe fait, en France, par un étranger, conformément à la forme française, telle qu'elle est réglée par notre article 970.

Mais que faudrait-il décider d'un testament fait, en France, par un étranger, suivant la forme de sa loi nationale, si cette forme était différente de la forme française ?

Supposons, par exemple, une loi étrangère, qui admette que le testament peut être d'une autre main que celle du testateur, et qu'il suffit que celui-ci l'approuve et le signe.

Ce testament, fait par l'étranger, en France, sera-t-il valable, relativement aux biens, dont il y est propriétaire ?

On a enseigné l'affirmative, et que la règle : *locus regit actum*, devrait être considérée comme simplement facultative, et non pas comme obligatoire : l'article 3 du Code, a-t-on dit, soumet bien les étrangers à nos lois de police et de sûreté, et à celles qui régissent les immeubles; mais aucun texte ne leur commande d'observer celles de nos lois qui règlent la forme des actes; et une induction contraire résulte même de l'article 999; car, on ne voit pas pour quel motif l'étranger ne pourrait pas tester, en France, suivant la forme olographe étrangère, comme le Français peut tester, en pays étranger, suivant la forme olographe française (comp. Fœlix, *Droit international*, etc., n° 59; Zachariæ, Aubry et Rau, t. I, p. 100, et t. V, p. 486).

Cette doctrine, sans doute, pourrait paraître raisonnable; et nous sommes, en effet, porté à croire qu'elle serait, si elle était admise, un progrès du droit nouveau sur l'ancien droit.

Mais il faut reconnaître que l'ancien droit ne l'avait pas admise; et nous avons aussi constaté ailleurs qu'elle n'a pas encore non plus réussi à se faire reconnaître dans notre droit nouveau (comp. le tome III de ce *Traité*, n° 114; et notre *Traité de la Publication, des Effets et de l'Application des lois*, etc., n° 106 *bis*; Paris, 25 mai 1852; de Veine, Dev., 1852, II, 289; Cass., 9 mars 1853, Browning, Dev., 1853, I, 274; Merlin, *Répert.*, v° *Testament*, sect. II, § 4, art. 2; Coin-Delisle, art. 999, n° 6, et *Revue critique de législat.*, 1853, t. III, p. 758 et suiv.; Colmet de Santerre, *loc. supra cit.*).

485. — Ce qui est certain, à notre avis, c'est qu'on ne saurait considérer comme valable, en France, un testament fait par un étranger, hors de France, d'après une forme, qui ne serait celle ni de la loi nationale de cet étranger, ni du lieu où le testament aurait été fait.

Duranton n'a pu enseigner une doctrine contraire qu'en considérant la loi, qui règle la forme des testaments, comme un statut réel (t. VIII, n° 218, et t. IX, n° 15).

Mais nous avons déjà dit qu'une telle appréciation manque d'exactitude (*supra*, n° 483); l'article 2 de la loi du 14 juillet 1819 qui porte que les étrangers auront le *droit de disposer et de recevoir* DE LA MÊME MANIÈRE *que les Français*, décide une question de capacité personnelle, et non pas une question de *formalités testamentaires*.

486. — Remarquons, d'ailleurs, que la dernière partie de l'article 1000 doit être appliquée au testament fait par l'étranger, en pays étranger, et contenant disposition d'immeubles situés en France ; le motif de la loi étant évidemment applicable dans ce cas, comme dans celui où le testament a été fait par un Français, en pays étranger (comp. loi du 14 juil. 1819 ; Duranton, t. IX, n 172).

APPENDICE

Relatif : 1° à la sanction par laquelle la loi garantit l'observation des formalités testamentaires; 2° au mode d'exécution des testaments.

SOMMAIRE.

et leur inobservation n'aurait pas, en général, pour résultat de compromettre le droit des légataires.

504. — Le légataire universel, institué par un testament olographe ou mystique, est tenu, lorsqu'il n'y a pas d'héritiers à réserve, de se faire envoyer en possession par une ordonnance du président du tribunal. — Explication.

505. — Suite.

506. — Suite.

507. — Suite.

508. — Suite.

509. — Suite.

510. — Suite. — Les héritiers légitimes sont-ils fondés : soit à intervenir, avant que l'ordonnance d'envoi en possession soit rendue, pour s'y opposer, soit à employer, contre l'ordonnance rendue, une voie quelconque de recours?

511. — Suite. — L'appel serait-il recevable de la part du légataire universel, dans le cas où le président aurait refusé de lui accorder l'envoi en possession?

512. — Les parties intéressées peuvent, dans tous les cas, recourir à des mesures conservatoires; et c'est ainsi que les héritiers légitimes, nonobstant l'ordonnance d'envoi rendue au profit du légataire universel, peuvent faire apposer les scellés et dresser un inventaire des biens de la succession.

513. — Suite.

514. — Suite. — Les parties intéressées peuvent même demander l'emploi de ces moyens provisoires, par voie de référé, au président du tribunal, qui aurait rendu l'ordonnance d'envoi en possession.

515. — Le légataire universel ne peut exercer aucune action, avant d'avoir obtenu l'ordonnance d'envoi en possession.

516. — Suite. — Il ne peut pas non plus, avant d'avoir rempli cette condition, se mettre en possession des biens héréditaires. — *Quid*, pourtant, s'il l'avait fait ainsi?

517. — Par qui doivent être supportés les frais de la demande en délivrance du legs et les droits d'enregistrement?

518. — *a*. Des frais de la demande en délivrance.

519. — Suite.

520. — Suite.

521. — Suite.

522. — *b*. Des droits d'enregistrement.

523. — Le testateur peut mettre à la charge du légataire les frais de la demande en délivrance, ou mettre à la charge de la succession les frais d'enregistrement. — Explication.

487. — Nous réunissons ici quelques dispositions, qui sont, en général, communes aux diverses formes de testaments, que nous venons d'exposer.

488. — 1° Tel est d'abord l'article 1001, dont voici les termes :

« Les formalités, auxquelles les divers testaments sont
« assujettis par les dispositions de la présente section et
« de la précédente, doivent être observées à peine de
« nullité. » (Comp. art. 893.)

Cette nullité est la conséquence nécessaire du principe, sur lequel ce sujet tout entier repose, à savoir : que
la volonté testamentaire n'existe, aux yeux du législateur,
qu'autant qu'elle se manifeste suivant les formes, qu'il a
déterminées (art. 893 ; *supra*, n° 21).

Il est bien entendu d'ailleurs que l'article 1001 ne
s'applique qu'à l'inobservation des formalités constitutives des testaments eux-mêmes, et qu'il ne concerne
point les simples mesures réglementaires ou d'exécution,
auxquelles les testaments se trouvent, dans certains cas,
encore assujettis (*supra*, n°ˢ 460, 479, et *infra*, n° 503 ;
Pothier, *des Donat. testam.*, chap. i, art. 2 et § 3).

489. — Mais aussi, lorsqu'il s'agit, en effet, de l'inobservation d'une formalité constituve du testament, la nullité, que prononce l'article 1001, est totale ; car un acte,
considéré dans sa forme, est nécessairement indivisible :

« *Forma est de genere individuorum, et quælibet mutatio
in forma mutat totum !* (Comp. Leprêtre, cent. 1, chap. XLV ;
supra, n° 63.)

490. — Et cette nullité ne résulte pas seulement de
l'entière inobservation de l'une des formalités essentielles
du testament.

Il faudrait la prononcer de même, dans le cas où la
formalité n'aurait été observée que d'une manière incomplète ou irrégulière, *quælibet mutatio*, ainsi que nous en
avons fourni beaucoup d'exemples (art. 893, 1001).

490 *bis*. — On a demandé ce qu'il fallait décider dans
le cas où il paraissait douteux si la formalité prescrite par
la loi, avait ou n'avait pas été régulièrement observée ?

Faut-il en présumer l'observation et déclarer le testament valable ?

Ou doit-on, au contraire, déclarer le testament nul, en présumant l'inobservation de la formalité ?

Nous pensons, contrairement à l'avis de Toullier (t. III, n° 428), que ce dernier parti est le seul juridique.

« En effet, dit Merlin, quand les testaments sont-ils « favorables ? c'est lorsque, parfaitement réguliers dans « leurs formes, il ne s'agit que de savoir ce qu'a voulu le « testateur ; mais il n'en est pas de même, lorsque le « doute tombe sur la régularité du testament ; comme le « testament tire toute sa force de la solennité, et que toute « la solennité consiste dans l'observation exacte des formes « prescrites par la loi, c'est en faveur de l'héritier légitime « que le doute doit être résolu, parce que du seul fait qu'il « est douteux si les formes ont été bien observées naît la « conséquence qu'il est incertain si le testament existe ; « et que, dans cette incertitude, la succession ne peut « appartenir qu'à l'héritier légitime. » (*Répert.*, v° *Testament*, sect. II, § 11, art. 4 ; comp. Furgole, liv. I, chap. II, sect. I, n° 2 ; Troplong, t. III, n°ˢ 1554 et 1741.)

491. — Que le testateur ne puisse réparer, par aucun acte confirmatif, les vices de son testament, cela est d'évidence !

Et du testament, on doit dire, comme de la donation entre-vifs, avec l'article 1339, que, nul en la forme, il faut qu'il soit refait en la forme légale (*supra*, n° 46).

492. — Mais doit-on appliquer de même aux héritiers du testateur, la règle, que l'article 1340 applique aux héritiers du donateur ?

a. Peuvent-ils renoncer à opposer les vices de formes du testament de leur auteur ?

b. S'ils le peuvent, dans quels cas est-on fondé à soutenir qu'ils l'ont fait ?

c. Quels sont les effets de cette renonciation ?

Toutes questions, qui se rattachent à l'explication de l'article 1340, et que nous retrouverons plus tard.

492 *bis.* — L'héritier légitime, qui se trouve écarté de la succession par deux testaments, peut-il demander la nullité du second, sans demander en même temps la nullité du premier ?

Il faut faire une distinction :

Si les deux testaments sont au profit du même légataire, il est évident que l'héritier, auquel ces deux testaments sont opposés en même temps, doit aussi, en même temps, en demander la nullité ; car s'il ne demandait la nullité que du dernier, il serait non-recevable pour défaut d'intérêt, puisque même en admettant que le dernier fût déclaré nul, le premier lui ferait encore obstacle et l'écarterait toujours de la succession.

Mais, au contraire, les testaments ont-ils été faits au profit de deux légataires différents ?

Rien ne s'oppose à ce que l'héritier demande d'abord la nullité du second testament, contre le dernier légataire, sauf à demander ensuite la nullité de l'autre testament contre le premier légataire :

« Attendu, dit fort justement la Cour de cassation, que les défendeurs éventuels *tenaient de la loi et de leur qualité d'héritiers légitimes le droit d'attaquer ces deux actes de dernière volonté et de les attaquer dans l'ordre qu'ils jugeaient le plus utile et le plus favorable à leurs prétentions..... »*

Ajoutons que le légataire institué par le premier testament, exciperait évidemment du droit d'autrui, s'il invoquait, contre l'héritier, l'existence du second testament, qui institue un autre légataire. Que lui importe, en effet, à lui, un autre testament, qui détruirait le sien ! Ce sera, s'il y a lieu, un débat à régler entre l'héritier légitime et le second légataire, mais qui est tout à fait étranger au premier !

Mais ce motif même témoigne que la décision devrait être différente, dans le cas où le premier légataire aurait traité avec le second, et se serait fait céder, par lui, les droits, qui en résultaient contre l'héritier légitime ; car, alors, le premier légataire pourrait opposer, en même temps, à l'héritier les deux testaments ; et en lui opposant le second, il n'exciperait pas du droit d'autrui, mais bien de son propre droit! Nous avons vu cette espèce se pré-senter ; et il nous paraît d'autant plus utile d'en faire mention, qu'elle met bien en relief le motif juridique sur lequel repose la distinction, que nous venons d'ex-poser (comp. Bordeaux, 9 mars 1859, Fieffé, Dev., 1859, II, 610 ; Cass., 26 juin 1860, Burette, Dev., 1860, I, 710 ; Bastia, 27 juin 1865, Filippi, Dev., 1866, II, 265).

493. — 2° Le législateur n'avait à décréter aucune mesure particulière, relativement à l'exécution du testa-ment par acte public.

Ce testament est, en effet, un acte authentique, qui fait foi par lui-même, et qui est revêtu de la force exécu-toire ; la conservation en est assurée ; et les parties inté-ressées peuvent, après le décès du testateur, en prendre connaissance chez le notaire, dépositaire de la minute, qui ne peut refuser de leur en délivrer des expéditions.

Il suffisait donc, en ce qui le concerne, de se référer, tacitement, au droit commun des actes authentiques (comp. *infra*, n° 559).

494. — Mais il n'en était pas de même du testament olographe, ni du testament mystique ; et il fallait que le législateur instituât certaines formalités, afin d'en pro-curer l'ouverture, d'en constater la régularité, et d'en assurer la conservation.

Deux intérêts, également dignes de protection, l'exi-geaient ainsi :

D'une part, l'intérêt des héritiers légitimes, auxquels il importe que la succession ne puisse pas être appréhendée par le premier venu, qui se prétendrait légataire, en vertu d'un titre quelconque, et qui doivent pouvoir examiner, afin de le contester, s'il y a lieu, le testament qui les dé-pouille ;

Et d'autre part, l'intérêt des légataires, auxquels il n'importe pas moins de pouvoir connaître aussi le testament qui fait leur titre, et que ce titre ne puisse pas être soustrait ou détruit.

C'est en ce sens qu'Ulpien disait que le testament appartient à tous les intéressés :

« *Tabularum testamenti instrumentum non esse unius hominis, hoc est hæredis, sed universorum quibus quid illic adscriptum est; quin potius publicum est instrumentum!* » (L. II, princ. ff. *Testam. quemadm. aper.*)

495. — Le droit romain renfermait, en effet, sur ce point, quelques règles fort prévoyantes (*loc. cit.* et *Cod. eod.*).

Ces règles, plus ou moins modifiées par l'usage, avaient été adoptées par nos anciennes provinces de droit écrit.

Le testament était-il mystique? on appelait, par assignation devant le juge ou le notaire, les plus proches successeurs ab intestat, et les témoins, qui avaient été présents au testament, afin qu'ils eussent à reconnaître leurs signatures et leurs sceaux; et procès-verbal était dressé de cette opération.

Si le testament était olographe, le procès-verbal devait exprimer qu'il avait été procédé à la *publication* du testament; c'est-à-dire, suivant l'acception technique de ce mot à cette époque, que le testament pouvait être désormais considéré comme *public*, et consulté par toute personne intéressée (comp. Furgole, chap. II; sect. IV, n°s 6 et suiv.).

Quant aux provinces coutumières, le mode d'ouverture et de *publication* des testaments, n'y était pas réglé d'une manière uniforme, ni même bien certaine. D'après l'usage du Châtelet de Paris, le ministère du juge n'était requis, pour les testaments olographes, qu'autant qu'ils étaient cachetés; et pour ceux qui ne l'étaient pas, il suffisait que celui qui en était porteur, le déposât chez un notaire. (Comp. Pothier, *des Donat. testam.*, chap. I, art. 2, § 3; Ferrières, sur l'article 289 *de la Cout. de Paris*, gloss. 1, n° 16.)

L'Ordonnance de 1735 avait d'ailleurs laissé les choses

dans cet état, en déclarant, par son article 69, ne pas régler ce qui concerne « *l'ouverture, l'enregistrement et la publication des testaments ou autres actes de dernière volonté.* »

496. — Les projets de Code civil ne s'en étaient pas d'abord non plus occupés; ce fut seulement lorsque l'on décida que le légataire universel aurait la saisine, dans le cas où le testateur ne laisserait pas d'héritier à réserve, que la section de législation du conseil d'État proposa de le soumettre, dans ce cas, à l'obligation de présenter au président du tribunal le testament olographe ou mystique, en vertu duquel il serait institué, et le Tribunat, dont l'attention était appelée sur cette lacune, la répara, en réglant, à cet endroit, pour tous les cas, ce qui concerne cette espèce de procédure. Voilà ce qui explique la place peu méthodique, où se trouvent les articles 1007 et 1008, dans la section du legs universel, à laquelle ils n'appartiennent pas exclusivement, et où ils interrompent l'ordre logique des idées.

Quoi qu'il en soit, l'article 1007 est ainsi conçu:

« Tout testament olographe sera, avant d'être mis à
« exécution, présenté au président du tribunal de pre-
« mière instance de l'arrondissement dans lequel la suc-
« cession est ouverte. Ce testament sera ouvert, s'il est
« cacheté; le président dressera procès-verbal de la pré-
« sentation, de l'ouverture et de l'état du testament, dont
« il ordonnera le dépôt entre les mains du notaire par
« lui commis.

« Si le testament est dans la forme mystique, sa pré-
« sentation, son ouverture, sa description et son dépôt
« seront faits de la même manière; mais l'ouverture ne
« pourra se faire qu'en présence de ceux des notaires et
« des témoins, signataires de l'acte de suscription, qui
« se trouveront sur les lieux, ou eux appelés. »

497. — Les termes mêmes de cet article prouvent assez ce que nous venons de dire, à savoir: que la procédure, qu'il établit, doit être observée pour TOUT *testament olographe ou mystique*, quelle que soit d'ailleurs la nature des legs, qu'il renferme, universel, à titre universel, ou à titre particulier, et sans qu'il y ait lieu de s'enquérir si le testateur laisse ou ne laisse pas d'héritier à réserve.

Il ne s'agit que d'une question de forme.

498. — C'est *avant d'être mis à exécution*, que le testament est soumis à ces formalités ; et, par conséquent, toute action doit être refusée aux légataires, tant qu'elles n'ont pas été remplies (comp. *infra*, n° 545).

499. — Ces formalités, d'ailleurs, sont très-simples :

1° Présentation du testament, olographe ou mystique, au président du tribunal ;

2° Ouverture du testament par le président, qui dresse un procès-verbal de la présentation, de l'ouverture et de l'état du testament : par quels mots il commence ; par quels mots il finit ; combien il renferme de lignes ; s'il y trouve des renvois, des ratures, etc. ;

3° Le dépôt entre les mains d'un notaire commis par ordonnance du président (comp. Cass., 5 décembre 1860, *l'Admin. de l'Enregistr.*, Dev., 1864, I, 133) ;

4° Et en outre, lorsque le testament est mystique, il faut appeler le notaire[1] et les témoins signataires de l'acte de suscription, s'ils se trouvent sur les lieux ; et la description doit alors constater aussi le mode et l'état de clôture, les sceaux et leur empreinte, etc. (*supra*, n° 348).

500. — C'est le devoir de toute personne, qui se trouve, à quelque titre que ce soit, lors du décès du testateur, en possession de son testament, olographe ou mystique, d'en faire la présentation au président (comp. Cass., 31 mars 1857, Thoreau-Lassalle, Dev., 1857, I, 337).

---

1. L'article 1007 dit : *les notaires;* mais c'est là une inadvertance, puisque le testament mystique n'est jamais reçu que par un seul notaire.

Nous n'exceptons pas les notaires, auxquels le testateur aurait remis son testament, fût-ce même en vertu d'un acte de dépôt régulier ; car, le testament n'en reste pas moins, pour cela, simplement olographe (*supra*, n° 143 ; comp. Coin-Delisle, art. 1007, n° 3 ; Montpellier, 8 avril 1830, Roquefeuil, D., *Rec. alph., h. v.*, n° 3642 ; Saintespès-Lescot, t. IV, n° 1348).

Et c'est ainsi que les articles 916 et 918 du Code de procédure disposent que le juge de paix, qui trouve un testament dans les papiers du défunt, doit en faire la présentation au président.

Il est bien entendu que le testament doit être présenté par la personne, qui le détient, dans l'état où il se trouve, et qu'elle doit se garder de l'ouvrir ou de le décacheter, s'il est clos ou cacheté ; car c'est au président seul que la loi confie cette mission ! (*Voy.* toutefois *infra*, n° 503.)

501. — L'article 1007 dispose que c'est au président du tribunal de l'arrondissement dans lequel la succession est ouverte, que le testament doit être présenté (comp. art. 110 ; et notre *Traité de la Publication, des Effets et de l'Application des lois*, etc., n° 339).

Telle est, en effet, la règle (comp. Pigeau, t. II, liv. III, tit. i, chap. i, sect. i, n° 4 ; Carré, sur l'article 917).

Mais, pourtant, si un testament était trouvé dans un lieu dépendant d'un arrondissement autre que celui de l'ouverture de la succession, si ce lieu surtout était à une longue distance, n'y aurait-il pas plus de prudence à ne pas exposer le testament aux risques d'un transport, et à le présenter au président du tribunal de l'arrondissement dans le ressort duquel il aurait été trouvé ? ce président en ordonnerait le dépôt entre les mains d'un notaire de son arrondissement ; et les légataires pourraient en obtenir une expédition, qui serait présentée au président du tribunal du lieu de l'ouverture de la succession.

Nous croyons, en effet, que ce mode de procéder pourrait être employé ; le législateur n'ayant pas sanctionné, à peine de nullité, cette procédure réglementaire (comp. Toulouse, 29 janv. 1829, Dassier, D., 1829, II, 293; Coin-Delisle, art. 1007, n° 5; Bayle-Mouillard sur Grenier, t. II, n° 291, note *a*; Saintespès-Lescot, t. IV, n° 1349).

502. — L'office du président, en cette circonstance, appartient à la juridiction volontaire ou gracieuse.

On en a généralement conclu que son ministère est purement passif; qu'il ne pourrait, sous aucun prétexte, refuser l'ouverture, la description et l'ordonnance de dépôt; et que notamment, il n'a point à examiner si le testament, qui lui est présenté, est ou non régulier en la forme : *itemque imperfecta solemus dicere testamenta!* (L. 2, § 1, ff. *Testam. quemadm. aper.*; comp. Merlin, *Répert.*, v° *Juridiction volontaire*, et v° *Testament*, sect. II, § 4, art. 6; Coin-Delisle, art. 1007, n° 7; Bayle-Mouillard sur Grenier, t. II, n° 290, note *c*; Troplong, t. IV, n° 1821).

Cette déduction nous paraît vraie; car il ne s'agit que d'une mesure conservatoire, qui ne peut préjudicier à personne.

Il faut d'ailleurs ajouter : 1° que le président ne doit ouvrir le testament, que lorsque le décès du testateur est notoire, ou qu'il lui en est justifié; 2° qu'il ne doit ordonner le dépôt, que lorsque l'acte, qui lui est présenté, offre, du moins en apparence, la teneur d'un testament (comp. Coin-Delisle, *loc. supra cit.*).

Mais lorsque ces deux conditions se rencontrent, il doit ordonner le dépôt, de quelque manière que le testament lui parvienne, fût-ce même seulement au moyen d'une production anonyme par la poste; car le mot *présenté* de notre article a certainement cette étendue (comp. Cass., 24 avril 1844, Quatrefarges, Dev., 1845, I, 66).

503. — Les mesures, qui sont ordonnées par l'article 1006, n'ont trait qu'à l'exécution du testament; si importantes qu'elles puissent être, elles ne sont que réglementaires; et comme la loi ne les a pas prescrites à

peine de nullité, leur inobservation ne saurait avoir
pour résultat de détruire le droit des légataires.

Voilà, par exemple, que toutes les parties intéressées,
les héritiers légitimes et les légataires d'accord, ont eux-
mêmes ouvert le testament; qui pourrait prétendre que
le droit des légataires en souffrira? (Comp. Coin-Delisle,
Revue critique de législat., 1853, t. III, p. 759.)

Bien plus! c'est un tiers, le dépositaire du testament,
peut-être, qui, par erreur ou par indiscrétion, l'a déca-
cheté, et qui vient le présenter tout ouvert au président!
(*Supra*, n° 500.)

Bien plus encore! c'est le légataire lui-même qui, de
sa propre autorité, en a fait l'ouverture!

Nous n'en dirons pas moins que ces procédés, tout irréguliers qu'ils sont, n'ont pas compromis la validité du
testament;

A la condition, bien entendu, qu'aucune fraude n'aura
été commise; et c'est surtout en ce qui concerne le testament mystique, qu'il faudra veiller à cette condition!
mais enfin, s'il est certain que, en effet, aucune substitution n'a eu lieu, et que le papier présenté au président
est le même que celui que le testateur a présenté au notaire et aux témoins, comme si, par exemple, l'acte de
suscription avait été écrit sur ce papier lui-même, l'ouverture prématurée et irrégulière, qui en aurait été faite, ne
pourrait pas préjudicier aux légataires (comp. Riom, 17
mars 1807, Boutarel, Sirey, 1807, II, 1227; Rouen, 25
janv. 1808, Leprévost, Sirey, 1808, II, 72; Metz, 10 juill.
1816, Blandin, Sirey, 1819, II, 69; Merlin, *Répert.*,
v° *Testament*, sect. II, § 4, art. 5, n° 2; Delvincourt, t. II,
n° 388; Vazeille, art. 1007, n° 2; Grenier, t. II, n° 290;
et Bayle-Mouillard, *h. l.*, note *a*; Coin-Delisle, art. 1007,
1008, n°s 6 et 9; Troplong, t. IV, n° 1819; Zachariæ,
Aubry et Rau, t. IV, p. 128, 129; Saintespès-Lescot,
t. IV, n° 1846).

504. — Les formalités prescrites par l'article 1007

doivent être observées, quelle que soit la nature du legs, particulier, à titre universel, ou même universel, qui se trouve dans un testament olographe ou mystique (*supra*, n° 497).

Mais, en outre, une formalité spéciale est prescrite, lorsque le legs est universel, et que le testateur ne laisse pas d'héritier à réserve.

L'article 1008, qui règle cette hypothèse, est ainsi conçu :

« Dans le cas de l'article 1006, si le testament est olo-« graphe ou mystique, le légataire universel sera tenu de « se faire envoyer en possession, par une ordonnance du « président, mise au bas d'une requête à laquelle sera « joint l'acte de dépôt. »

Nous verrons bientôt que le cas de l'article 1006 est celui où le législateur déclare que, s'il n'y a pas d'héritier à réserve, le légataire universel sera saisi, de plein droit, par la mort du testateur, sans être tenu de demander la délivrance.

D'où il suit que le légataire universel se trouve substitué au lieu et place de l'héritier légitime, et qu'il peut appréhender la succession, en vertu du testament, comme l'héritier légitime peut faire en vertu de la loi (comp. art. 724 et 1006; et notre *Traité des Successions*, t. I, n° 142).

Cette conséquence est toujours grave sans doute ; mais enfin elle n'a rien d'excessif, quand le legs universel se trouve dans un testament par acte public.

Tandis qu'elle aurait pu offrir beaucoup de dangers, si elle eût été appliquée, sans aucune précaution, même au cas où le legs universel se trouve dans un testament olographe ou mystique.

« Toutefois, disait M. Jaubert, il n'était pas possible d'autoriser indistinctement tout individu, qui se prétendrait légataire universel, à s'emparer de la succession, sans qu'il fût préalablement pris aucune précaution pour rassurer la société, et pour garantir les droits des absents intéressés.

« Il faut donc distinguer les diverses espèces de testaments.

« Un légataire universel, qui a pour lui un testament par acte public, n'est obligé à aucune précaution judiciaire; la forme authentique de l'acte doit en assurer l'exécution la plus prompte.

« Mais s'il s'agit d'un testament ou olographe ou mystique, le légataire universel doit demander l'envoi en possession au président du tribunal, qui l'ordonne sur simple requête. » (Locré, *Législat. civ.*, t. XI, p. 471, 472.)

Nous avons reproduit ce passage du discours de l'orateur du gouvernement, parce qu'il nous paraît bien caractériser cette situation, et définir exactement le caractère de l'ordonnance, que le président est alors appelé à rendre.

D'une part, lorsqu'il n'y a pas d'héritier à réserve, le légataire universel est saisi; et il n'a aucune demande en délivrance à former contre les héritiers; cela est vrai de tout légataire universel, de celui qui est institué par un testament olographe ou mystique, aussi bien que de celui qui est institué par un testament notarié ; l'article 1008 ne déroge en rien, sous ce rapport, à l'article 1006 ;

Mais, d'autre part, comme le testament olographe ou mystique n'a pas l'authenticité et la force exécutoire, dont le testament public est pourvu, le législateur a considéré que l'intérêt public et l'intérêt privé exigeaient que, dans ce cas, le légataire universel ne pût exercer sa saisine de droit et y joindre la saisine de fait, qu'après avoir préalablement obtenu du président du tribunal une ordonnance, par laquelle ce magistrat donnera au testament cette force d'exécution, qui lui manque.

Il ne s'agit donc pas d'une demande en délivrance, dans le sens technique de ces mots; et le légataire universel

n'a point, en effet, à appeler les héritiers légitimes;
c'est par une simple requête, qu'il demande au président l'envoi en possession; et c'est par une simple ordonnance mise au bas de la requête, que le président la
lui accorde.

En un mot, cette ordonnance ne constitue qu'une sorte
de *visa* et de *pareatis*, dont le but est de placer le légataire universel, institué par un testament olographe ou
mystique, dans la même position que le légataire universel institué par un testament public, et de l'autoriser
à exercer, en vertu de sa saisine de droit, la saisine de
fait, c'est-à-dire à prendre la possession effective des
biens de la succession.

C'est assez dire qu'en ceci, le président exerce une
juridiction spéciale, et qui lui est propre; juridiction essentiellement volontaire, en vertu de laquelle il ne fait
qu'un acte d'administration et de commandement.... *magis imperii quam juridictionis !*

505. — Il n'en faut certes pas conclure que le président n'exerce, à cet égard, qu'un ministère purement
passif, et qu'il ne doive se livrer à aucun examen.

Tout au contraire! et c'est précisément dans l'appréciation qu'il doit faire des principaux éléments de la situation, avant de rendre son ordonnance, que réside la
garantie, que le législateur a voulu donner aux familles
et à la société.

Cette appréciation ne peut être sans doute que sommaire et superficielle; il est vrai aussi qu'elle n'est pas
faite, comme disait d'Argentré, de la juridiction contentieuse, *secundum allegata et probata, ex legitimâ cognitione*
(sur la *Cout. de Bretagne*, art. 1), puisqu'elle est faite
sans contradicteur.

Mais, du moins, le président peut-il, comme c'est le
droit ou plutôt le devoir du magistrat exerçant la juridiction volontaire, s'éclairer personnellement par les
moyens qui sont en son pouvoir, et tenir compte de tous

les indices que la situation peut présenter; et c'est, en effet, à la condition de ce contrôle, que le législateur a subordonné l'exécution parée du testament olographe ou mystique.

Or, afin de remplir cette mission, il est évident que le président doit porter son attention sur les points suivants, à savoir :

1° En la forme, si l'acte, qui lui est présenté, paraît régulier ; c'est ainsi qu'il ne devrait pas rendre une ordonnance d'envoi en possession en vertu d'un prétendu testament olographe, qui ne serait pas daté ou signé, ou d'un testament, qui se trouverait adiré et bâtonné ;

2° Au fond, si ce testament renferme un legs universel; non pas, sans doute, pour décider la question elle-même entre les parties, mais pour remplir le devoir particulier, dont il est chargé, de n'ordonner l'envoi en possession que dans le cas où il s'agit d'un legs universel (comp. Cass., 25 nov. 1856, Béguin, Dev., 1857, I, 113);

3° Si le testament a été régulièrement déposé;

4° Enfin, si le testateur n'a pas laissé d'héritier à réserve.

Ne s'élève-t-il, dans son esprit, aucune objection sérieuse sur ces différents points?

Il doit rendre l'ordonnance d'envoi en possession au profit du légataire universel.

Que si, au contraire, il éprouve des doutes, s'il est arrêté par quelque objection, il doit refuser l'envoi en possession, d'office, et de sa propre autorité, sans renvoyer la question devant le tribunal, puisqu'il s'agit, en effet, d'un acte d'autorité bien plutôt que de juridiction (comp. *supra*, n° 504, et *infra*, n° 510; Lyon, 22 déc. 1848, Soupat, Dev., 1849, II, 3.; Rennes, 20 janv. 1849, de Villartay, Dev., 1849, II, 575; Caen, 14 mai 1856, Génin, Dev., 1857, II, 122; Cass., 26 nov. 1856, Béguin, Dev., 1857, I, 113; ajout. Poitiers, 5 mars 1856, Cottenceau,

Dev., 1856, II, 205; Merlin, *Répert.*, v° *Testament*, sect. II, § 4, art. 5; et *Quest. de droit*, v° *Légataire*, § 2; Zachariæ, Aubry et Rau, t. VI, p. 129; Saintespès-Lescot, t. IV, nᵒˢ 1357, 1358).

506. — On a même décidé « qu'il est du devoir du président de s'enquérir si le requérant a un domicile connu, et jouit d'une réputation, qui garantisse que le testament, qu'il représente, n'est pas un acte destiné à favoriser une spoliation. » (Rouen, 27 mai 1807, Sirey, 1807, II, 651.)

Et nous croyons, en effet, que ces circonstances peuvent être prises en considération dans cette conjoncture délicate, où il s'agit surtout d'empêcher les fraudes et de prévenir les spoliations (comp. Troplong, t. IV, nᵒ 1828).

507. — De même, si les héritiers s'opposaient à l'exécution du testament olographe, en méconnaissant l'écriture, il appartiendrait au président d'apprécier le caractère plus ou moins sérieux de cette méconnaissance, et d'accorder ou de refuser, suivant les cas, l'envoi en possession.

Ce n'est pas que l'ordonnance d'envoi en possession ait, suivant nous, pour résultat de changer les rôles, ni de mettre à la charge des héritiers l'obligation de poursuivre la vérification; nous croyons avoir prouvé, au contraire, que cette obligation incombe toujours au légataire (*supra*, nᵒˢ 14 et suiv.).

Mais c'est à un autre point de vue, que cette méconnaissance de l'écriture par les héritiers nous paraît de nature à pouvoir empêcher l'envoi en possession; à savoir : lorsque, à raison de sa gravité, elle élève des doutes sérieux sur la sincérité même du titre présenté, et peut faire ainsi redouter une spoliation (comp. Douai, 23 juill. 1844, Gay, Dev., 1845, II, 33; Cass., 27 mai 1856, de Quatrefarges, Dev., 1856, I, 711; Agen, 26 août 1856, Perès, Dev., 1856, II, 515; *voy.* pourtant Paris, 4 août

1809, Dejouy, Sirey, 1810, II, 139; Bastia, 1er juin 1840, Saliceti, D., 1840, II, 164).

508. — Le président n'a point à apprécier les causes de nullité intrinsèque, dont le testament pourrait être affecté ; comme si, par exemple, les héritiers l'attaquaient pour cause d'incapacité du testateur ou du légataire ; tous leurs droits, à cet égard, demeurant réservés, malgré l'ordonnance d'envoi en possession, comme ils le seraient, malgré la force d'exécution parée du testament par acte public, *salvâ eorum disceptatione*, disait Paul, à propos de la possession prétorienne, qui était accordée à l'héritier institué, après l'ouverture du testament, et qui offrait bien quelque analogie avec l'envoi en possession de l'article 1008, malgré la différence, qui, certainement d'ailleurs, l'en distingue (Pauli Sent., lib. III, tit. v, § 17 ; comp. Voët, *ad Pandect.*, tit. *Quorum bon.*, n° 4).

Mais, même dans ce cas, il pourrait appartenir au président de refuser l'envoi en possession, si la cause de nullité invoquée était telle, qu'elle fît naître un grave soupçon de fraude, comme s'il s'agissait d'une plainte en faux principal ou d'un faux incident (art. 19 de la loi du 25 ventôse an XI ; art. 1319 Code Napoléon ; comp. Poitiers, 5 mars 1856, Cottenceau, Dev., 1856, II, 205 ; Troplong, t. IV, n° 1830 ; Massé et Vergé sur Zachariæ, t. III, p. 282).

509. — Mais voilà que deux requêtes sont présentées à la fois au président par deux individus, et qui prétendent, chacun de son côté, que le testament, qu'il produit, est postérieur à celui de l'autre, et qu'il est, en conséquence, le légataire universel au profit duquel l'envoi en possession doit être ordonné ?

Que le président ne soit pas compétent pour juger cette question entre les deux prétendants, cela va de soi !

Mais, du moins, a-t-il le pouvoir d'apprécier, au point de vue de sa mission spéciale, lequel des deux titres lui paraît, au provisoire, devoir l'emporter sur l'autre (comp. *supra*, n° 505).

S'il arrivait qu'il éprouvât, sur ce point, une perplexité telle qu'il ne pût discerner lequel des deux prétendants doit obtenir l'envoi en possession, eh bien! alors, il ne devrait l'accorder ni à l'un ni à l'autre. (Comp. Voët, *ad Pandect.*, tit. *Quorum bonorum*, n° 6; Troplong, t. IV, n° 1833.)

510. — Les héritiers légitimes sont-ils fondés :

Soit à intervenir, avant que l'ordonnance d'envoi en possession soit rendue, pour s'y opposer;

Soit à employer, contre l'ordonnance rendue, une voie de recours?

La négative nous paraît résulter de tout ce que nous venons de dire (*supra*, n° 504).

Mais la solution contraire a été consacrée par de nombreux arrêts; et elle est enseignée par plusieurs jurisconsultes; nous devons ajouter toutefois qu'il règne sur ce point, dans la jurisprudence et dans la doctrine, beaucoup d'incertitudes; et ce n'est pas un des moindres arguments contre la thèse elle-même tout entière, que de lui opposer les contradictions, qui divisent ses partisans : les uns n'admettant que l'opposition et point l'appel; les autres n'admettant que l'appel et point l'opposition; ceux-ci admettant à la fois l'opposition et l'appel; ceux-là enfin, qui n'admettent ni l'opposition ni l'appel, déclarant seulement recevable la tierce opposition! on peut en voir le tableau complet dans une *Note* de M. Massé, sur l'arrêt de la Cour de cassation du 25 novembre 1856 (Béguin, 1857, I, 113, 115).

Le moyen commun d'ailleurs de ces solutions diverses, est que l'envoi en possession est un acte de la juridiction contentieuse, qui peut causer un préjudice aux héritiers légitimes.

Ce moyen serait assurément fort sérieux, si la base, sur laquelle on le fonde, était sûre! et nous en serions nous-même fort touché; s'il était vrai, par exemple, que l'ordonnance d'envoi en possession changeât la position des héritiers, au point de mettre à leur charge l'obligation d'entreprendre la vérification de l'écriture du testament, il nous serait plus difficile de comprendre comment le législateur aurait pu leur refuser un mode de recours (*supra*, n° 148).

Mais, alors ce n'est pas seulement un mode de recours, qu'il aurait dû leur accorder; il aurait dû, avant tout, vouloir qu'ils fussent préalablement appelés, et que l'ordonnance ne pût être rendue que contradictoirement avec eux!

Or, précisément, il ne l'a pas fait; et c'est par la même raison que les héritiers ne doivent pas être appelés, qu'ils ne peuvent pas non plus employer de moyen de recours.

Aussi, l'appréciation, que fait cette doctrine, du caractère de l'ordonnance, dont il s'agit, manque-t-elle, à notre avis, tout à fait d'exactitude; nous croyons avoir déjà établi que cette ordonnance n'émane que de la juridiction volontaire (*supra*, n° 504); et l'embarras, où l'on se trouve, pour déterminer l'espèce de recours, dont elle pourrait être susceptible, nous en fournit une nouvelle preuve. Comment admettre, en effet, l'opposition, qui n'est ouverte qu'à la partie défaillante, c'est-à-dire à celle qui a dû être appelée, comment l'admettre là où la partie n'a pas été appelée, et ne devait pas l'être! Il en est de même de l'appel, qui n'est admis que contre les jugements qui font grief; et de même aussi de la tierce opposition; or, l'ordonnance, dont il s'agit, ne prononce rien; et elle ne fait dès lors aucun grief aux héritiers, dont les droits, au fond et en la forme, demeurent entièrement réservés! (Comp. Douai, 21 juill. 1854, Coppens, Dev., 1856, II, 116; Bordeaux, 6 mai 1863, Fielié, Dev., 1863, II, 155; Zachariæ, Aubry et Rau, t. IV, p. 129; Colmet de Santerre, t. IV, n° 154 *bis*, I; *Revue du notariat et de l'enregistrement*, 1864, p. 183.)

511. — L'appel ne serait-il pas du moins recevable

de la part du légataire universel lui-même dans le cas où le président aurait refusé de lui accorder l'envoi en possession ?

On pourrait plus facilement soutenir l'affirmative, puisque ce refus envers la partie requérante lui préjudicie, et qu'il semblerait naturel qu'elle pût réclamer, par voie d'appel, l'exécution de son titre, qui se trouve paralysée par le refus du président (comp. Caen, 14 mai 1856, Delaunay, Dev., 1857, II, 122).

Et pourtant, ne serait-ce pas là aussi un échec aux principes ? est-ce que le pouvoir du président, de quelque façon qu'il croie devoir l'exercer, n'est pas toujours un simple pouvoir d'administration et un acte d'autorité ?

512. — Au reste, les parties intéressées demeurent, comme nous l'avons dit, réservées dans tous leurs moyens de forme ou de fond.

Elles peuvent, en conséquence, requérir des mesures conservatoires ; et nous croyons qu'elles sont fondées notamment à faire apposer les scellés et à faire dresser un inventaire des biens de la succession.

Il est vrai que ce droit leur a été contesté (comp. Paris, 19 messidor an IX, Surgères, IV, 2, 34 ; Bordeaux, 15 déc. 1828, Boucheron, Sirey, 1829, II, 149 ; Chauveau sur Carré, quest. 3064 *ter*).

Mais la doctrine et la jurisprudence paraissent aujourd'hui s'accorder à le leur reconnaître ; et très-justement ! est-ce que, en effet, aux termes de l'article 909 du Code de procédure, l'apposition des scellés ne peut pas être requise par tous ceux qui prétendent droit dans la succession ? et n'est-il pas du plus pressant et du plus légitime intérêt, pour ces prétendants, d'empêcher les fraudes, les détournements, souvent si difficiles à prouver, et les dilapidations de la succession, que l'insolvabilité de celui qui en obtient la possession, rendrait peut-être irréparables !

Aussi, ces mesures conservatoires sont-elles également permises dans le cas où le légataire universel est institué par un testament public; et c'est par la même raison *a fortiori*, qu'elles doivent être permises dans le cas où le légataire universel, institué par un testament olographe ou mystique, a été mis, par l'ordonnance d'envoi en possession, dans la même position, ni plus ni moins, que s'il avait été institué par un testament public (comp'. Amiens, 7 mai 1806, Vallet, Sirev, 1809, II, 1057, Bruxelles, 9 mars 1811, Bergoyck; 28 nov. 1810, Strugens, Sirey, 1811, II, 255 et 264; Nîmes, 27 déc. 1810, Boyer, Sirey, 1811, II, 240 ; Douai, 6 août 1808, Leuillot, et 24 mai 1845, Glorieux, Dev., 1845, II, 543, 544; Pigeau, t. II, p. 617 ; Favard, *Répert.*, v° *Scellé*, § 1, n° 1; Toullier, t. III, n° 504 ; Bayle-Mouillard sur Grenier, t. II, n° 292 *quater*, note *a*, et n° 293, note *f*; Bilhard, *du Bénéf. d'inv.*, p. 506; Troplong, t. IV, n° 1834; Zachariæ, Aubry et Rau, t. VI, p. 130 ; Colmet de Santerre, t. IV, n° 151 *bis*, I).

513. — Il n'est pas douteux non plus que les parties intéressées pourraient obtenir le séquestre des biens de la succession, ou même que la possession provisoire leur en fût confiée pendant le litige.

514. — Ce n'est pas seulement devant le tribunal saisi de la contestation, que les parties intéressées peuvent demander l'emploi de ces mesures conservatoires.

Elles peuvent les demander, par voie de référé, au président même, qui a rendu l'ordonnance d'envoi en possession, et qui a le pouvoir, en vertu de cette compétence tout à fait distincte de l'autre, d'ordonner toutes les mesures provisoires, que l'urgence rendrait nécessaires; de les ordonner, disons-nous, provisoirement, dans les limites de cette compétence nouvelle, et sans qu'il y ait lieu, pour cela, de rapporter l'ordonnance d'envoi en possession, dont il se borne, comme juge du référé, à modifier ou à suspendre les effets (art. 806 Code de procéd.).

Et, dans ce cas, il est bien entendu que l'ordonnance sur référé est susceptible d'appel (art. 809, Code de procéd.; comp. Cass., 24 avr. 1844, de Quatrefarges, Dev., 1845, I, 66; Bordeaux, 4 avril 1855, Laville, Dev., 1856, II, 117; Bordeaux, 6 mai 1863, Fieffé, Dev., 1863, II, 155; Troplong, t. IV, n° 1826; Massé et Vergé sur Zachariæ, t. III, p. 282; et Massé, *Observations* sur l'arrêt précité de la Cour de cassation du 24 avril 1844, Dev., 1845, I, 66-68).

515. — De ce qui précède, il résulte que le légataire universel, institué par un testament olographe ou mystique, doit être déclaré non recevable dans les actions, qu'il formerait soit contre les héritiers légitimes, soit contre les tiers, avant d'avoir obtenu l'envoi en possession, à la condition duquel est subordonnée, pour lui, la saisine de fait (comp. *supra,* n° 498).

516. — Et il est évident aussi qu'il ne peut pas, avant d'avoir rempli cette condition, se mettre en possession des biens héréditaires.

Mais s'il l'avait fait pourtant, qu'arriverait-il?

Devrait-il être déclaré déchu de son legs? ou ne faudrait-il pas au moins qu'il restituât les fruits par lui perçus, jusqu'à ce qu'il eût obtenu l'envoi en possession?

Nous ne le croyons pas.

La privation de son legs! cela serait évidemment excessif; et aucun texte ni aucune raison n'autoriseraient à la prononcer.

Nous en dirons même autant de la privation des fruits, qui, après tout, sont les fruits de sa chose et qui lui appartiennent.

C'est donc, d'abord, au moyen de mesures conservatoires que les héritiers doivent pourvoir à leur garantie, et ensuite par des demandes en dommages-intérêts, si, après que le testament aurait été déclaré nul, ils établissaient que le légataire universel a commis des fraudes à leur préjudice; et tous les moyens alors leur seraient

permis, pour établir quelle était la consistance des valeurs
héréditaires (comp. Merlin, *Répert.*, v° *Testament*, sect. II,
§ 4, art, 5, n° 3, et *Quest. de droit, eod. verb.*, § 19; Zachariæ, Aubry et Rau, t. VI, p. 130 et 158).

517. — Voici enfin une dernière disposition, plus
générale, qui se rattache à l'objet actuel de notre étude,
c'est-à-dire au mode d'exécution des testaments.

L'article 1016 est ainsi conçu :

« Les frais de la demande en délivrance seront à la
« charge de la succession, sans, néanmoins, qu'il puisse
« en résulter de réduction de la réserve légale.

« Les droits d'enregistrement seront dus par le léga-
« taire :

« Le tout, s'il n'en a été autrement ordonné par le
« testament.

« Chaque legs pourra être enregistré séparément, sans
« que cet enregistrement puisse profiter à aucun autre
« qu'au légataire ou à ses ayants cause. »

Par qui sont dus les frais de la demande en délivrance, que le légataire peut être tenu de former contre
la succession?

Et par qui les droits d'enregistrement?

Telle est la double question, que notre article décide
fort justement, en mettant les premiers à la charge de la
succession, et les seconds à la charge des légataires.

518. — a. Et d'abord, pourquoi les frais de la demande en délivrance sont à la charge de la succession,
la raison en est simple : c'est que les frais de payement
sont, en règle générale, à la charge du débiteur, auquel
ils procurent sa libération ; or, la succession est débitrice
envers les légataires des legs, que le testateur leur a lais-
sés (art. 1248 et 1608 du Code Napol.; comp. L. 44, § 9,
et L. 108, ff. *De legat.*, 1°; Ricard, part. II, n° 46).

519. — Il faut, toutefois, qu'il n'en résulte pas une
atteinte à la réserve, qui ne saurait être, ni indirectement ni directement, entamée par les legs ; et, en consé-

quence, la valeur cumulée des legs et des frais de demande en délivrance, ne doit jamais excéder la quotité
disponible (art. 920).

Il n'en serait autrement qu'autant que l'héritier réservataire aurait élevé une prétention mal fondée; car, il
devrait être alors condamné aux dépens, lors même que
sa réserve s'en trouverait entamée (comp. *infra*, n° 524;
Cass., 26 avril 1864, Meyer, *Gazette des Tribunaux* du
27 avril 1864; Bayle-Mouillard sur Grenier, t. II, n° 307,
note *a*).

520. — Et encore, dans tous les cas, ne doit-on mettre à la charge de la succession que *les frais de la demande en délivrance* proprement dite, c'est-à-dire, selon
l'expression de Ricard, *ceux qui sont absolument nécessaires à l'effet que les légataires puissent jouir civilement
des choses léguées* (loc. *supra*, n° 47).

Il cite, à cette occasion, un arrêt de la grand'chambre du 17 avril 1784, qui a jugé, avec beaucoup de raison, qu'un testateur ayant légué la portion d'une maison,
dont il jouissait par indivis avant son décès, les héritiers
n'étaient pas tenus de fournir aux frais du partage, que
le légataire en voulait faire avec les autres copropriétaires.

521. — Il faut en conclure aussi que la succession
ne serait pas tenue de supporter les frais d'un procès,
qu'elle aurait été forcée de soutenir contre le légataire,
qui aurait élevé une prétention injuste; et c'est alors le
légataire, qui devrait être, au contraire, condamné aux
dépens. (Comp. *supra*, n° 519; art. 1382, Cod. Napol.;
art. 130 du Code de procéd.; Cass., 28 février 1826,
Ladmirault, D., 1826, I, 177; Troplong, t. IV, n° 1918.)

522. — *b*. Quant aux droits d'enregistrement et de
mutation, qui doivent être supportés par celui au profit
duquel la mutation s'opère, ils sont évidemment à la
charge du légataire (comp. Tribun. civ. de la Seine,
7 juill. 1866, Guimpier, Dev., 1867, II, 90).

Mais il faut remarquer que chaque legs peut être enregistré séparément, et que, à cet effet, chaque légataire peut obtenir séparément l'extrait du testament, qui le concerne (*voy.* Fenet, t. XII, p. 29).

Il n'en était pas ainsi autrefois; et celui des légataires, qui voulait faire enregistrer le testament, était tenu de le faire enregistrer tout entier! c'est-à-dire qu'il était dans cette alternative : ou de faire une avance de fonds souvent considérable et au-dessus de ses moyens; ou de ne pouvoir demander la délivrance de son legs, tant qu'un autre légataire ne l'avait pas fait enregistrer.

Telle est la situation, que le législateur a voulu empêcher : « on ne verra plus, disait M. Jaubert, dans son rapport au Tribunat, un ancien serviteur, qui aura reçu un legs d'aliments, languir dans la misère, par l'impossibilité de fournir aux frais de l'enregistrement du testament entier. » (Fenet, t. XII, p. 610.)

Toutefois, cette dernière partie de l'article 1016 ne concerne, en réalité, que les légataires particuliers; car les légataires universels ou à titre universel sont, de même que les héritiers légitimes, tenus, lorsqu'ils font enregistrer le testament, de payer la totalité des droits, sauf leur recours contre les légataires particuliers, à raison de cette avance; mais ce sujet n'est plus de notre domaine (comp. loi du 22 frimaire an VII, art. 32; avis du conseil d'État du 20 sept. 1808).

523. — Reste une règle commune aux frais de la demande en délivrance et aux frais d'enregistrement.

C'est que le testateur est libre d'en ordonner autrement, et qu'il peut, en conséquence, soit mettre à la charge du légataire les frais de la demande en délivrance, soit mettre à la charge de la succession les frais d'enregistrement; car il peut diminuer ou augmenter le legs.

Sa volonté, à cet égard, peut être expresse ou tacite.

Et, lorsqu'elle n'est que tacite, c'est dans l'ensemble des clauses du testament, et surtout dans le caractère même du legs, qu'il faut chercher à la découvrir, comme s'il s'agit d'un legs à titre d'aliments (arg. de l'article 1015-2°).

II.

Des dispositions, que les testaments peuvent contenir.

SECTION III.

DES INSTITUTIONS D'HÉRITIER ET DES LEGS EN GÉNÉRAL.

SOMMAIRE.

524. — Transition.
525. — Toutes les dispositions testamentaires reçoivent aujourd'hui la dénomination de legs, et constituent, suivant les cas, soit des legs universels, soit des legs à titre universel, soit des legs à titre particulier.
526. — Suite.
527. — Suite.
528. — Suite. — La question de savoir si une disposition testamentaire constitue un legs universel, ou un legs à titre universel, ou un legs à titre particulier, est une question de droit, et non pas seulement une question de fait et d'interprétation de volonté. — Conséquence.
529. — Division.

524. — Nous venons d'exposer les formes extrinsèques des testaments.

Nous avons à exposer maintenant les caractères et les effets des dispositions, qu'ils peuvent contenir (*supra*, n° 3).

525. — L'article 1002 est ainsi conçu :

« Les dispositions testamentaires sont ou universelles,
« ou à titre universel, ou à titre particulier.

« Chacune de ces dispositions, soit qu'elle ait été faite
« sous la dénomination d'institution d'héritier, soit
« qu'elle ait été faite sous la dénomination de legs, pro-
« duira son effet suivant les règles ci-après établies pour
« les legs universels, pour les legs à titre universel, et
« pour les legs particuliers. »

Ainsi, d'après notre Code, toute disposition testamentaire reçoit la dénomination de *legs ;*

458 COURS DE CODE NAPOLÉON.

De quelque manière que le testateur lui-même l'ait dénommée ;

Et sans qu'il y ait à distinguer si elle a pour objet
l'universalité des biens, ou une quote-part de l'universalité, ou seulement tels ou tels biens déterminés.

La disposition, disons-nous, de quelque nom que le
testateur l'ait qualifiée, et quels que soient les biens auxquels elle s'applique, n'en garde pas moins toujours légalement cette commune qualification de *legs*.

Seulement, elle constituera, suivant les cas, soit un
legs universel, soit un legs à titre universel, soit un legs
à titre particulier.

526. — Nous avons déjà, sur l'article 967, fourni
l'explication de l'article 1002, qui ne fait, en quelque
sorte, que le reproduire.

On a vu que cette explication est principalement historique (*supra*, nos 8-11).

Ce que cet article a pour but de décider, c'est que le
caractère et les effets de la disposition testamentaire sont
désormais, à la différence de notre ancien droit, indé-
pendants de la dénomination, dont le disposant s'est
servi, et qu'il n'y a plus de différence entre l'institution
d'héritier et le legs.

Peu importe donc que le testateur emploie l'une ou
l'autre qualification, et qu'il dise, par exemple, *j'institue
Paul mon* HÉRITIER..... ou *j'institue Paul mon* LÉGATAIRE UNI-
VERSEL ;

De même qu'il n'y a pas lieu de s'arrêter à la manière,
plus ou moins inexacte, dont il aurait caractérisé son
legs; comme, s'il avait dit : *j'institue Paul mon* LÉGATAIRE
PARTICULIER *de tous mes biens;* ou *j'institue Paul mon* HÉRI-
TIER *pour ma maison de Paris* (comp. Rouen, 2 mars 1853,
Montcheuil, D., 1854, II, III; Cass., 9 août 1858, Mercier, Dev., 1858, I, 789; D., *Rec. alph., h. v.,* nos 3422
et 3570).

Ce n'est point d'après les dénominations, dont le tes-

tateur s'est servi, qu'il faut apprécier la disposition qu'il
a faite; c'est d'après le caractère réel de cette disposition
elle-même.

Tel est, disons-nous, le seul objet de l'article 1002;
c'est *de vider la question de mots* (comp. notre *Traité des
Successions*, t. I, n°ˢ 80, 80 *ter;* et t. V, n°ˢ 27, 37, 38).

En résumé, ce qui en résulte, c'est que notre Code,
tout en laissant au testateur la liberté d'employer les dénominations qu'il voudra, décide que la dénomination
légale des dispositions testamentaires est celle de *legs.*

Voilà pour la forme!

Et maintenant, au fond, quels seront les effets du legs?

Seront-ils ceux qui dérivaient de l'institution d'héritier, dans les pays de droit écrit?

Ou ceux, au contraire, que les pays coutumiers atta-
chaient aux simples legs?

Cette question-là, ce n'est pas l'article 1002, qui la
décide; tout au contraire, il la réserve, en se bornant
à annoncer que *les règles,* à ce sujet, vont *être ci-après
établies!*

527. — Et, en effet, les rédacteurs de notre Code,
dans les sections qui suivent, fournissent la définition
légale de chacun des trois legs, auxquels doivent être
ramenées toutes les dispositions testamentaires, quels
que soient les termes, dont le testateur ait pu se servir.

Oh! sans doute, les termes, dont il se servira, ont
toujours, même sous ce régime, une grande importance;
ce sont, évidemment, les termes qu'il emploie, qui
servent à manifester sa volonté; et, bien entendu, c'est
sa volonté seule qui décide du caractère de son legs.

Il est vrai! mais très-souvent aussi, les mots, qu'il
emploie, expriment inexactement sa volonté et ne correspondent pas au caractère de sa disposition, telle qu'il
a lui-même certainement voulu la faire; et voilà pourquoi
le législateur, après avoir défini les trois catégories de
legs, dans lesquelles toutes les dispositions testamentaires

doivent être classées, a fort sagement décidé qu'elles devaient être, en effet, classées dans l'une ou dans l'autre de ces catégories, suivant leur caractère intrinsèque.

528. — Aussi, la question de savoir dans quelle classe il faut ranger telle ou telle disposition testamentaire, et si elle constitue un legs universel, ou un legs à titre universel, ou un legs à titre particulier, n'est-elle pas seulement une question d'interprétation de volonté, que les tribunaux et les Cours puissent décider, en fait, souverainement.

C'est, au contraire, une question de droit, qui peut être portée devant la Cour de cassation :

« Attendu qu'alors, le travail d'appréciation, qui con-« siste à préciser le caractère de la disposition dans ses « rapports avec la loi, qui l'a défini, et à régler les effets « qu'elle doit produire, tombe sous le contrôle de la « Cour de cassation, puisqu'une telle appréciation peut « avoir pour résultat une violation de la loi.... » (Comp. Cass., 5 mai 1835, Dev., 1835, I, 466 ; Cass., 4 août 1851, Manent, Dev., 1851, I, 662 ; Cass., 5 mai 1852, Tanquerel, Dev., 1852, I, 522 ; Cass., 9 août 1858, Mercier, Dev., 1858, I, 789 ; Cass., 28 janv. 1862, Chauvin, Dev., 1862, I, 572.)

529. — Nous allons donc exposer successivement les caractères et les effets :

Du legs universel ;

Du legs à titre universel ;

Et du legs particulier ou à titre particulier.

Et, afin de ne pas changer l'ordre du Code, nous réserverons, pour la section qui traite des legs particuliers, l'explication de certaines règles, que les rédacteurs y ont placées, quoique plusieurs d'entre elles gouvernent tous les legs sans distinction.

Nous terminerons cette partie de notre sujet par l'examen de la section, qui est consacrée aux *exécuteurs testamentaires*.

SECTION IV.

DU LEGS UNIVERSEL.

SOMMAIRE.

530. — Quels sont les caractères distinctifs du legs universel?

Et quels en sont les effets?

Telle est la double question, que nous avons à examiner.

531. — A. L'article 1003 est ainsi conçu :

« Le legs universel est la disposition testamentaire

« par laquelle le testateur donne à une ou plusieurs per-
« sonnes l'universalité des biens, qu'il laissera à son
« décès. »

Ainsi, ce qui caractérise le legs universel, c'est qu'il
a pour objet l'*universalité des biens, que le testateur laissera
à son décès.*

L'*universalité,* c'est-à-dire cet être collectif, que l'on
appelle le patrimoine, qui est susceptible d'augmentation et de diminution, et dont l'étendue compréhensive
embrasse tous les biens, meubles et immeubles, corporels
ou incorporels, connus ou inconnus, présents et à venir
du testateur (comp. notre *Traité de la Distinction des biens,*
etc., t. I, n°s 62-64 ; et notre *Traité des Successions,* t. I,
n° 2, et t. V, n° 38).

Voilà le legs universel ! celui qui est fait *per modum universitatis,* ou UNIVERSALITATIS, comme disait Pothier (*des
Donat. testam.,* chap. II, sect. I, § 2) ; de manière à comprendre, en masse, *in globo,* tous les biens du disposant,
non-seulement ceux qui lui appartiennent à l'époque de
la confection du testament, mais encore ceux qu'il pourra
acquérir depuis la confection du testament jusqu'à sa
mort (comp. Bourges, 19 août 1824, Avigneau, D., *Rec.
alph., h. v.,* n° 4242 ; Colmar, 7 août 1824, Alliman, D.,
h. l., n° 3605 ; Cass., 17 mai 1852, de Pons, D., 1852,
I, 289).

532. — Et ce qu'il faut remarquer, c'est qu'il n'est
pas nécessaire que le légataire obtienne tous les biens,
pour que son titre soit universel ; il suffit qu'il puisse
éventuellement les obtenir !

Ne regardons point à ce qu'il recueille, ni à l'étendue
de son émolument effectif.

Voyons seulement ce qu'il pourrait recueillir et si sa
vocation est telle, qu'elle s'applique, *in solidum,* à l'unité
collective du patrimoine, et qu'elle lui confère un droit
éventuel à tous les biens sans exception ; de sorte que,
si les legs à titre universel ou à titre particulier, que le

testateur en aurait distraits, ne sont pas exécutés par un
motif quelconque, prédécès, incapacité ou refus des légataires, les biens, qui en font l'objet, retombant dans
l'universalité, devraient lui appartenir.

M. Nicod disait, en 1827, à l'audience de la Cour de
cassation :

« Pour savoir si un legs est universel, il faut se de-
« mander : qu'arriverait-il, si les autres dispositions
« étaient caduques? le legs, dont il s'agit, embrasserait-
« il l'universalité? si la réponse est affirmative, le legs
« est universel. » (Cass., 7 août 1827, de Loyens, D.,
1827, I, 462.)

Cette règle est, en effet, très-sûre ! le legs universel,
c'est l'entière exclusion de l'héritier légitime ; et dès lors,
c'est le légataire universel, qui doit, à l'exclusion de l'héritier légitime, profiter de la nullité ou de la caducité de
tous les autres legs (comp. le tome I de ce *traité*, n° 191 ;
Cass., 29 nov. 1843, Oulters, Dev., 1843, I, 859 ; Cass.,
17 août 1852, Hanaire, D., 1852, I, 264 ; Cass., 3 mars
1857, de Sauvan, Dev., 1857, I, 182 ; Merlin, *Répert.*,
v° *Institution d'héritier*, sect. II, n° 3, et sect. VII, n° 7).

533. — De là résultent les conséquences suivantes :

1° Un légataire pourrait recueillir tous les biens du
testateur, et n'être pas néanmoins un légataire universel, s'il ne les recueillait pas *per modum universitatis*,
mais seulement comme biens individuellement déterminés.... *sigillatim!*

C'est ainsi que le legs fait par un testateur d'une succession, qui lui est échue, n'est qu'un legs particulier,
si considérable que cette succession puisse être, et lors
même quelle formerait toute sa fortune, sans qu'il y ait
lieu non plus de s'enquérir si elle a été ou non recueillie
par lui à titre universel.

Il en serait de même, si une femme mariée sous le régime de la communauté, qui n'aurait pas de biens propres, léguait tous ses droits dans la communauté. (Comp.

Cass., 9 avril 1834, Carnus, D., *Rec. alph.*, *h. v.*, n° 2576; Duranton, t. IX, n° 231 ; Coin-Delisle, art. 1003, n° 20 ; Bayle-Mouillard sur Grenier, t. II, n° 288, note *b*).

534. — 2° *A fortiori*, ne saurait-on voir le caractère d'universalité :

Ni dans un legs d'objets déterminés fait à une personne, lorsqu'il résulte du testament que le legs ne porte que sur ces objets (comp. Cass., 25 avr. 1860, Roux, Dev., 1860, I, 625) ;

Ni dans plusieurs legs faits à différentes personnes, lors même que la réunion de ces legs absorberait la totalité des biens du testateur, si chacun d'eux s'applique déterminément à certains biens, sans qu'aucun lien de conjonction réunisse ces divers légataires dans une vocation collective et solidaire à l'universalité (comp. Delvincourt, t. II, p. 84; Toullier, t. III, n°s 505, 506; Duranton, t. IX, n°s 180 et suiv.; Grenier, t. II, n° 288; Zachariæ, Aubry et Rau, t. VI, p. 144; Massé et Vergé, t. III, p. 247; Saintespès-Lescot, t. IV, n°s 1304, 1305; *voy.* toutefois, Limoges, 8 déc. 1837, Tramont, Dev., 1839, II, 27).

535. — 3° En sens inverse, réciproquement, le légataire pourrait être universel, lors même qu'il ne recueillerait pas tous les biens du testateur ; bien plus ! lors même qu'il n'en recueillerait que très-peu ou pas du tout ! il n'en serait pas moins, disons-nous, légataire universel, s'il était reconnu que sa vocation est telle que, dans le cas où les autres legs seraient nuls ou caducs, c'est à lui que la nullité ou la caducité profiterait (comp. *infra*, n° 571).

C'est ainsi que l'on a décidé qu'il fallait considérer comme légataire universel, celui que le testateur avait, en effet, institué tel, encore bien qu'il l'eût grevé de legs particuliers, qui absorbaient toute sa fortune, en ne lui laissant qu'une tabatière en or de 300 fr. ; mais comme il fut constaté, en fait, malgré cette circonstance, qu'il n'était pas seulement un exécuteur testamentaire, on dut maintenir au legs son caractère universel (comp. Cass., 14 juill. 1830, Colot, D., 1830, I, 374 ; Orléans, 22 avr. 1847, Bergeron, D., 1847, II, 314).

536. — On voit, d'après ce que nous venons de dire, que le legs universel peut concourir avec des legs à titre particulier, ou avec des legs à titre universel.

Et cela est, en effet, d'évidence ! soit que le legs universel se trouve dans le même testament que les legs à titre particulier ou les legs à titre universel, soit qu'il se trouve dans un testament antérieur ou postérieur.

Et voilà comment la présence d'un héritier à réserve ne fait pas perdre au legs universel son caractère (art. 1009 ; comp. Cass., 20 nov. 1843, Outters, Dev., 1843, I, 859 ; Duranton, t. IX, n° 188 ; Zachariæ, Aubry et Rau, t. VI, p. 146).

537. — Mais l'article 1003 admet aussi qu'un legs universel peut être fait à *plusieurs personnes.*

Eh ! comment donc ?

Rien n'est plus simple.

Le legs est universel, avons-nous dit, quand il embrasse, ne fût-ce même qu'éventuellement, tous les biens, que le testateur laissera à son décès, et que les autres legs, quels qu'ils soient, quand ils se trouvent nuls ou caducs, viennent s'y réunir et s'y confondre ;

Or, ce caractère peut très-bien se rencontrer dans le legs universel fait à plusieurs personnes ; de manière que, si l'un ou plusieurs des légataires ne le recueillent pas, l'universalité demeure tout entière à celui qui seul le recueillera ;

Donc, le legs ainsi fait peut être universel.

Et c'est ce qui arrive, en effet, lorsque l'universalité est léguée à plusieurs personnes, non point *pro parte, pro diviso,* mais collectivement, solidairement, *pro indiviso.*

Je lègue à Pierre la moitié de mes biens, et à Paul l'autre moitié ; voilà deux legs à titre universel.

Mais je n'aurai fait, au contraire, qu'un legs universel, si j'ai dit : Je lègue à Pierre et à Paul l'universalité de mes biens; si l'un et l'autre recueillent, il sera sans doute nécessaire de partager; mais c'est leur concours seul, qui produira cette nécessité : *concursu fiunt partes;* et si l'un des deux vient à manquer, l'autre recueillera l'universalité tout entière, en vertu de sa vocation directe et personnelle, par droit d'accroissement ou plutôt de non-décroissement.

Dans quel cas devra-t-on reconnaître, entre plusieurs légataires, cette conjonction, qui donne lieu, entre eux, *au droit d'accroissement?*

C'est ce que nous nous réservons d'examiner, lorsque nous traiterons cette matière (sur les articles 1044, 1045; comp. Metz, 23 mars 1865, Picard, Dev., 1865, II, 234).

538. — Faut-il considérer comme universel, le legs de l'universalité des biens *en propriété?*

Oui, sans doute! car ce légataire n'a pas seulement la chance éventuelle de recueillir, en pleine propriété, tous les biens que le testateur laissera à son décès; il en a la certitude! puisque l'effet nécessaire de l'inévitable extinction de l'usufruit sera la réunion de la jouissance à son droit de nue propriété (art. 617).

Ou, plus exactement encore, nous devons dire qu'il recueille l'universalité tout entière, dès l'instant même du décès du testateur; car l'usufruit n'est qu'une simple charge, qui ne démembre pas, qui ne fractionne pas cette universalité (comp. notre *Traité de la Distinction des biens*, etc., t. II, n° 258; Cass., 7 août 1827, de Layens, Sirey, 1827, I, 444; Proudhon, *de l'Usufruit*, t. I, n° 475; Coin-Delisle, art. 1003, n°s 16, 17; Duranton, t. IX, n°s 181, 182; Bayle-Mouillard sur Grenier, t. II, n° 288, note *b*; Colmet de Santerre, t. IV, n° 244 *bis*, IV; Saintespès-Lescot, t. IV, n° 1321).

539. — Et le legs de l'universalité *en usufruit?*

C'est tout autre chose !

Et il n'est pas non plus douteux, en sens inverse, qu'un tel legs n'est pas universel; comment pourrait-il avoir ce caractère, puisqu'il laisse en dehors la nue propriété de tous les biens, c'est-à-dire l'universalité elle-même tout entière (comp. *supra*, n° 537).

Mais alors quel est le caractère de ce legs? est-il à titre universel ou à titre particulier? c'est ce que nous examinerons bientôt (*infra*, n° 586).

540. — C'est une question, qui peut paraître délicate, que celle de savoir si l'on doit considérer comme un legs universel, celui par lequel le testateur a déclaré léguer *ce dont il peut disposer...., son disponible...*, ou même *sa portion ou sa quotité disponible?*

L'affirmative est généralement admise; et avec raison, suivant nous, en y ajoutant toutefois le tempérament, que nous allons proposer :

1° Le legs est universel, lorsqu'il confère au légataire une vocation éventuelle à tous les biens, que le testateur laissera à son décès ;

Or, tel est le caractère du legs, qui nous occupe; si, en effet, le testateur, qui a légué *ce dont il peut disposer* ou *son disponible,* ayant, à l'époque de la confection de son testament, trois enfants, n'en laissait que deux, à l'époque de son décès, le disponible serait du tiers, et non pas seulement du quart; si, au lieu de deux enfants, le testateur n'en laissait qu'un seul, le disponible serait de moitié; et il faut bien dès lors arriver à conclure que le disponible serait l'universalité tout entière, si les trois enfants du testateur étaient morts avant lui !

Donc, un pareil legs est universel, puisqu'il est susceptible de diminution, s'il survient au testateur de nouveaux héritiers à réserve, ou d'augmentation, si ses héritiers à réserve prédécèdent.

2° Aussi, l'article 1010 suppose-t-il que le legs *de tous les biens dont la loi permet de disposer*, doit être considéré comme universel, puisqu'il ne considère comme un legs à titre universel, que celui par lequel le testateur lègue seulement *une quote-part des biens dont la loi lui permet de disposer.*

3° La même solution, d'ailleurs, doit être appliquée au cas où le testateur aurait légué *sa portion ou sa quotité disponible;* car les mots n'ont d'autre signification que celle qui s'y attache d'après la loi, d'après l'usage, surtout d'après l'intention de ceux qui les emploient; or, en cette matière, les mots : *quotité* ou *portion,* n'impliquent pas l'idée d'un fractionnement du patrimoine; ce ne sont que des synonymes du mot : *disponible,* qui n'en est lui-même que l'abréviation. Il n'en serait autrement qu'autant que le testateur aurait spécialement déterminé la signification de ces mots; comme s'il avait dit : Je lègue *ma moitié disponible,* ou *mon tiers* ou *mon quart disponible.*

Ces déductions nous paraissent logiques.

Mais il importe d'ajouter pourtant qu'elles n'ont rien d'absolu, et qu'elles sont toujours subordonnées à la grande et décisive question, qui domine toutes les autres, de savoir quelle a été, en fait, d'après les termes du testament et les circonstances, la véritable intention du testateur !

Or, deux circonstances sont, à notre avis, particulièrement de nature à témoigner, en cas pareil, de l'intention du testateur; et nous serons, en effet, tout porté à adopter la conclusion, qui précède : 1° lorsque le testateur aura pu, à l'époque de la confection de son testament, prévoir le prédécès de son héritier à réserve; 2° lorsque, ce prédécès étant accompli, il n'aura pas changé son testament. C'est un homme, par exemple, qui, ayant encore sa mère, fait un legs de ce dont il peut disposer, ou de sa quotité disponible; legs universel, dans sa pensée, mais par lequel pourtant il ne veut point paraître dépouiller sa mère elle-même de sa réserve; sa mère meurt avant lui; et il meurt lui-même ensuite, ne

laissant que des collatéraux, sans avoir modifié ce testament, par lequel il a légué sa quotité disponible; eh
bien! nous disons que ce legs est universel (arg. de l'article 1009; comp. Cass., 11 avril 1838, Mengelle, Dev.,
1839, I, 448).

Mais nous croirions, au contraire, qu'il pourrait y avoir
lieu de répondre autrement, s'il était reconnu que le testateur, ni à l'époque de la confection de son testament,
ni à l'époque de son décès, n'a pu avoir la pensée de
comprendre dans son legs l'universalité de ses biens.
Nous en avons vu un exemple, qui nous paraît significa-
tif; un homme ayant un fils, jeune et plein d'avenir,
lègue à sa femme, *en toute propriété, ce dont la loi lui permet de disposer;* ensuite, il est frappé d'aliénation men-
tale; c'est après qu'il a perdu la raison, que son fils vient
à décéder; et il décède lui-même, sans avoir connu la
mort de son fils.

La question s'éleva de savoir si la femme, en cette circonstance, devait être considérée comme légataire universelle?

Nous ne l'avons pas cru : 1° parce que le caractère du
legs, sous le rapport de son étendue, dépend essentiellement de l'intention du testateur; qu'il était on ne peut
plus vraisemblable qu'en faisant, dans une telle situation de famille, un legs de ce dont il pouvait disposer, il
entendait léguer seulement la moitié de ses biens; et
qu'aucune circonstance postérieure à la confection du testament ne venait infirmer cette vraisemblance; 2° parce
que les libéralités entre époux, qui sont si convenables
et si légitimes, lorsqu'elles se renferment dans une certaine mesure, et surtout lorsqu'elles ont pour objet des
usufruits, qui ne dépouillent pas la famille du prédécédé,
peuvent, au contraire, devenir excessives et injustes,
lorsqu'elles embrassent, au préjudice des parents légitimes du disposant, la pleine propiété de tous ses biens,
et qu'il faut, suivant nous, qu'une telle volonté soit bien

certaine pour qu'on la reconnaisse! (Comp. le tome I de ce *Traité*, n° 135.)

Objectera-t-on que celui qui fait un legs universel, comprend, par cela même, dans sa libéralité, toutes les augmentations, espérées ou inespérées, prévues ou imprévues, qui pourront grossir l'universalité des biens, qu'il laissera à son décès?

Oui, répondrons-nous, *celui qui fait un legs universel!* mais c'est là précisément la question à résoudre : *a-t-il fait un legs universel?* (Comp. le tome VI de ce *Traité*, n° 590; Colmar, 26 mai 1830, Lotzbeck, D., 1830, II, 293; Cass., 26 mai 1831, Dev., 1831, I, 210; Duranton, t. IX, n°ˢ 181,182; Grenier, t. II, n° 289; et Bayle-Mouillard, *h. l.*, note *a; Coin-Delisle, art. 1003, n° 9; Vazeille, art. 1003, n° 4; Troplong, t. IV, n° 1784; Zachariæ, Aubry et Rau, t. VI, p. 145; Massé et Vergé, t. III, p. 247; Colmet de Santerre, t. IV, n° 144 *bis*, III; Saintespès-Lescot, t. IV, n° 1320.)

541. — Voici encore une formule, qui est quelquefois employée dans les testaments, et qui y a soulevé des difficultés.

Un testateur, après avoir fait un ou plusieurs legs, fait ensuite à une ou plusieurs autres personnes le legs *du surplus de ses biens....; ou du restant...; ou de ce qui en reste.*

Ce legs est-il universel?

Cette question peut être plus ou moins délicate, suivant une distinction, qu'il importe, avant tout, de poser :

Ou les legs, qui précèdent la disposition du *surplus*, sont à titre particulier;

Ou ils sont à titre universel.

542. — *a.* Supposons, d'abord, que ce sont des legs particuliers, qui précèdent le legs *du surplus* ou *du restant.*

Quelques-uns ont pensé, dans l'ancien droit, et dans

le droit nouveau, que, même dans ce cas, ce legs ne pouvait pas être considéré comme universel.

« En général, disait Denizart, les legs particuliers appartiennent au légataire universel, à titre d'accroissement, et non à l'héritier. Mais il y a des cas où les legs particuliers caducs appartiennent à l'héritier, et non au légataire universel. Par exemple, si le testateur, après avoir fait des dispositions particulières, disait, ainsi que cela se trouve souvent : *Et quant au surplus de mes biens, je les laisse à X..., que j'institue mon légataire universel;* alors, le légataire ne pourrait avoir que le surplus, parce que la lettre du testament résiste à l'accroissement. » (V° *Accroissement,* n°ˢ 22, 23; comp. Ricard, IIIᵉ part., n° 502; Aix, 5 juin 1809, Mérendol, Sirey, VII, II, 1039.)

Un arrêt du parlement de Paris du 28 mars 1740, cité par Ricard (*loc. supra,* n° 501), avait, toutefois consacré, la doctrine contraire, qui était aussi celle de Pothier. (*Introduct. au titre* xvi *de la cout. d'Orléans,* n° 142.)

Telle est encore la doctrine généralement admise; et avec raison, suivant nous :

1° En effet, les legs particuliers, qui ont été faits d'abord, n'ayant pas fractionné l'universalité, le legs qui vient ensuite, l'embrassera naturellement tout entière, s'il est lui-même susceptible de cette étendue;

Or, comment ne pas reconnaître cette puissance de compréhension dans le legs *du surplus* ou *du restant?* est-ce que ces mots, dans leur généralité absolue, n'attribuent pas au légataire, à l'exclusion des héritiers, tous les biens, dont le testateur n'aura pas disposé!

2° On en convient! mais on se récrie que, précisément, il avait disposé de ceux des biens, qui faisaient l'objet de ses legs particuliers; qu'il les avait, par conséquent, retranchés *du restant* ou *du surplus;* et que ce n'est dès lors que défalcation faite de ces biens, qu'il a entendu léguer *le surplus.*

Cet argument est spécieux ; mais nous ne croyons pas qu'il soit décisif.

C'est précisément le caractère du legs universel d'être ainsi élastique, éventuel, et l'on pourrait dire, jusqu'à un certain point, aléatoire ! susceptible de comprendre des biens, que le testateur lui-même n'avait peut-être pas cru devoir y entrer. Un testateur, après avoir fait des legs particuliers, a légué le surplus de ses biens ; et voilà qu'une succession considérable lui échoit à son insu, quelques jours peut-être seulement avant sa mort ; cette succession y sera comprise ; or, si les biens nouveaux et ignorés, qui lui surviennent, en font partie, comment serait-il possible d'en distraire les biens qu'il avait déjà, et qui restent dans son patrimoine, par l'effet de la nullité ou de la caducité des legs, qu'il en avait faits !

3° Ajoutons que cette interprétation du legs *du surplus* ou *du restant*, acquiert surtout une force très-grande, lorsque le testateur lui-même a qualifié ce legs d'universel ; sans doute, ce n'est point par la qualification, plus ou moins exacte, que le testateur a donnée à son legs, qu'il faut l'apprécier ; c'est d'après le caractère du legs lui-même ; mais il n'est pas moins certain que, lorsque ce caractère peut paraître équivoque, la qualification que le testateur y a donnée, doit être l'un des plus puissants moyens de solution (comp. Delvincourt, t. II, p. 345, note).

De ces arguments, on conclut, disons-nous, généralement, que le legs *du surplus* est, dans ce premier cas, universel ; et cela, quelle que soit d'ailleurs l'importance des objets légués à titre particulier, comparativement à la valeur totale de la succession, et par suite, à la valeur de *ce surplus*, que forme le legs universel.

Nous le croyons, en effet, ainsi ; en ajoutant que cette solution n'étant fondée que sur l'interprétation de la volonté du testateur, il faudrait s'en départir, si la preuve d'une volonté contraire résultait des termes du testament, et des circonstances du fait ; et nous reconnaissons qu'au premier rang de ces circonstances, il convient de placer l'importance plus ou moins grande des legs particuliers, qui précèdent le legs du surplus (comp. Toulouse, 10 juillet 1827, Danizon, D.., 1828, II, 27 ; Cass., 8 août 1848, Bouche, Dev., 1849, I, 66 ; Cass., 5 mai 1852, Tanquerel, Dev., 1852, I, 522 ; Cass., 4 mai 1854, Lapie, Dev., 1855, I, 368 ; Cass., 9 août 1858, Mercier, Dev., 1858, I, 798 ; Cass., 25 avril 1860, Roux, Dev., 1860, I, 635 ; Merlin, *Répert.*, v° *Légataire*, § 6, n° 18 *bis;* Toullier, t. III, n° 513 ; Bayle-Mouillard sur Grenier, t. II, n° 289, note *c;* Proudhon, *de l'Usufruit*, t. II, n°ˢ 601, 602 ; Duranton, t. IX, n° 187 ; Troplong, t. IV, n° 1784 ; Zachariæ, Aubry et Rau, t. IV, p. 145, 146 ; D., *Rec. alph.*, *h. v.*, n° 3591 ; Saintespès-Lescot, t. IV, n° 1345).

543. — *b.* Notre seconde hypothèse est celle où le legs *du surplus*, du *restant*, est précédé d'un legs à titre universel de quote-part ou de quotité (*supra*, n° 541).

Je lègue à Primus le tiers de mes biens ; et je lègue le *surplus à* Secundus..

Ce dernier legs est-il universel ?

On a soutenu encore l'affirmative, et que les mots : *le surplus*, conservaient, dans ce second cas, la même généralité compréhensive que dans le premier (*supra*, n° 542 ; comp. Zachariæ, § 711 ; Troplong, t. IV, n° 1316).

Nous croyons, toutefois, qu'il existe, entre les deux hypothèses, une différence :

On ne saurait nier, en effet, que la signification, assez vague par elle-même, de ces mots : *le surplus*, ne soit corrélative à la nature du legs, qui les précède, et n'y soit, dès lors, subordonnée ; or, le legs, qui les précède, dans cette hypothèse, est un legs de quotité, qui a fractionné l'universalité elle-même ; et par conséquent, *le surplus* semble bien ne plus pouvoir s'entendre que de l'autre quotité corrélative, qui reste de cette universalité ; de sorte qu'il faut lire comme si le testateur avait écrit : Je

lègue à Primus le tiers de mes biens, et à Secundus les
deux autres tiers; ce qui formerait, sans aucun doute, s'il
était ainsi exprimé, deux legs à titre universel (*supra*,
n° 532).

Il est vrai que l'on a décidé qu'il fallait considérer
comme universelle la disposition par laquelle le testateur, après en avoir distrait la réserve de sa mère, léguait le surplus de ses biens (comp. *supra*, n° 540; Cass.,
14 avril 1838, Mengette, Dev., 1838, I, 448; Aix, 26
avril 1843, André, D., *Rec. alph.*, h. v., n° 3580).

Mais c'est que la réserve ne constituait pas, à vrai
dire, un legs, mais plutôt seulement une charge, et que
l'on a pu penser que cette défalcation n'était pas exclusive
du legs universel.

Quoi qu'il en soit, le plus sûr, en règle générale, nous
paraît être de ne pas voir un legs universel dans le legs
du *surplus*, lorsqu'il est précédé *d'un legs de quotité*.

Tel est aussi le sentiment, qu'exprimait M. Bigot-Préameneu, dans *l'Exposé des motifs :*

« Lorsqu'il y aura un légataire à titre universel d'une
quotité quelconque de tous les biens, on devra mettre
dans cette classe celui qui serait porté, dans le même testament, pour le surplus des biens, sous le titre de légataire
universel. » (Locré, *Législat. civ.*, t. XI, p. 407, n° 66).

L'orateur nous paraît, toutefois, s'avancer un peu trop,
lorsqu'il ajoute : *sous le titre de légataire universel;* car,
suivant nous, cette qualification aurait le plus souvent
pour effet d'élargir la signification des mots : *le surplus*,
et devrait faire reconnaître au legs le caractère, que le
testateur lui aurait attribué (comp. *supra*, n° 542; Bruxelles, 29 juillet 1809; Delvincourt, t. II, p. 94, note 5;
Toullier, t. III, n° 512; Duranton, t. IX, n° 486;
Proudhon, *de l'Usufruit*, t. II, n° 600; Coin-Delisle,
art. 1003, n° 8; Vazeille, art. 1003, n° 4; Bayle-Mouillard sur Grenier, t. II, n° 289, note *c;* Zachariæ, Aubry
et Rau, t. VI, p. 445).

544. — La même solution serait, à notre avis, applicable au cas où le legs *du surplus* serait précédé d'un legs à titre universel comprenant, en tout ou en partie, une certaine espèce de biens : soit tous les immeubles, soit tous les meubles, soit une quotité fixe de tous le simmeubles ou de tous les meubles (art. 1010).

Je lègue à Primus tous mes immeubles, et à Secundus *le surplus de mes biens.*

En général, nous ne verrions, dans cette seconde disposition, qu'un legs à titre universel des meubles, sauf, bien entendu, l'interprétation contraire, qui pourrait résulter des termes du testament et des circonstances du fait. (Comp. les citations, *supra,* n° 543.)

545. — Au reste, la Cour de cassation a fort justement décidé :

« Que l'institution d'un légataire universel n'est pas, plus que tout autre legs, soumise à des termes sacramentels où à une formule déterminée; et qu'il suffit, pour qu'elle existe, que le testateur ait clairement manifesté son intention de transmettre à celui qu'il gratifie, l'universalité des biens qu'il laissera à sa mort, à l'exclusion de tous autres. » (5 mai 1852, Tanquerel, Dev., 1852, II, 522.)

C'est ainsi que ces mots : *j'institue Paul mon héritier ;...* ou : *je veux que Paul soit mon légataire,* peuvent contenir un legs universel, lorsque cette idée d'universalité, qu'ils expriment, n'ayant pas été restreinte, il est impossible de poser une limite à la libéralité, qui dès lors embrasse tout! (Comp. Malleville, art. 1002; D., *Rec. alph., h. v.,* n° 3580.)

De même, il peut arriver qu'un legs universel soit renfermé dans un ensemble de legs particuliers, par lesquels le testateur a déclaré vouloir disposer de la totalité de ses biens, à l'entière exclusion de ses héritiers.

Un sieur Jahan, après avoir légué des objets particuliers et des sommes d'argent, s'exprima ainsi :

« *Ce qui restera de ma succession, après le payement des legs ci-dessus, appartiendra, par accroissement, au marc le franc, à ceux de mes légataires, à qui j'ai fait des legs en deniers, s'il y avait déficit, il serait supporté entre eux de la même manière.* »

Ce n'est pas là, dira-t-on, un legs universel! ce ne sont que des legs particuliers ; or, il ne suffit pas que les legs particuliers absorbent tous les biens, pour qu'ils deviennent des legs universels ! (Comp. *supra*, n° 533 ; Orléans, 21 août 1831, Jahan, Dev., 1832, II, 146.)

Il est vrai! mais on doit aussi reconnaître que le legs est universel et non pas seulement particulier, lorsque, finalement, il en résulte que l'universalité tout entière est léguée à tous les légataires et à chacun d'eux; si bien que, lors même qu'un seul d'entre eux survivrait, elle lui appartiendrait, en effet, tout entière; or, tel est précisément le caractère de ces legs, à titre particulier en apparence, mais reliés et réunis, au fond, par une conjonction telle, qu'ils ne forment, tous ensemble, qu'un legs universel! (Comp. Bordeaux, 29 mai 1816, Brémont, Sirey, 1817, II, 230 ; Cass., 13 avril 1817, Brémont, D., *Rec. alph.*, *h. v.*, n° 3593 ; Cass., 8 août 1848, Bouche, Dev., 1848, I, 66 ; Bayle-Mouillard sur Grenier, t. II, n° 288, note *b*, Troplong, t. IV, n° 1772 ; Saintespès-Lescot, t. IV, n° 1313).

546. — De tout ceci résulte un enseignement précieux à recueillir ; c'est que les mots et les formes de la rédaction ont toujours, en ce sujet, une grande importance ; qu'il ne faut pas oublier que le caractère du legs se détermine surtout par les effets, qu'il peut éventuellement produire ; et que, si l'on n'y prenait garde, on pourrait être exposé à faire un vrai legs universel, tout en ne voulant faire peut-être que des legs particuliers !

547. — B. Supposons maintenant que nous sommes en présence d'un legs universel.

Quels en sont les effets ?

C'est notre seconde question (*supra*, n° 529).

Ces effets doivent être examinés sous trois points de vue, à savoir :

1° De quelle manière le légataire peut-il prendre la possession des biens? et à partir de quelle époque a-t-il droit aux fruits?

2° De quelle manière est-il tenu des dettes?

3° De quelle manière est-il tenu des legs?

Tel est le triple objet, que nous aurons à examiner sur chacune des espèces de legs, universel, à titre universel ou à titre particulier.

548. — Nous poserons toutefois, d'abord, une règle, qui est commune à tous les legs, et qui leur est même applicable dans tous les cas, sans qu'il y ait à distinguer si le legs est universel ou à titre particulier; si le testateur laisse ou ne laisse pas d'héritiers à réserve; ou si le testament est par acte public, olographe, ou mystique.

Cette règle est consacrée par le premier alinéa de l'article 1014, en ces termes :

« Tout legs pur et simple donnera au légataire, du jour
« du décès du testateur, un droit à la chose léguée, droit
« transmissible à ses héritiers ou ayants cause. »

Tout legs *pur et simple*, ou mieux encore, *non conditionnel;* en effet, lorsque le legs est conditionnel, nous verrons bientôt que, d'après l'article 1040, le droit n'est acquis au légataire et transmissible à ses héritiers, qu'après l'accomplissement de la condition.

Mais, quel que soit d'ailleurs le jour de l'ouverture du legs, la mort du testateur, s'il est pur et simple, ou l'événement de la condition, s'il est conditionnel, notre règle est que, dès ce jour, le droit aux biens légués est acquis, *recta via,* au légataire ;

Et non-seulement au légataire particulier, malgré la place peu méthodique, qui a été donnée, dans la section intitulée : *Des legs particuliers,* à ce premier alinéa de l'article 1014, dont la généralité comprend d'ailleurs d'autant plus évidemment TOUT *legs* quelconque, que le second alinéa, par un contraste très-significatif, ne concerne, au contraire, que le *légataire particulier;*

Mais encore aux legs universels ou à titre universel, qui sont, aussi bien que les legs particuliers, des manières d'acquérir reconnues par l'article 711. (Comp. Cass., 15 mai 1839, Guénot, D., *Rec. alph.*, *h. v.*, n° 3616; ajout. art. 895, 1003, 1010, 1014.)

Gardons-nous donc bien de comparer notre légataire universel à l'héritier institué du droit romain, qui, au contraire, ne transmettait l'hérédité à ses successeurs qu'après qu'il l'avait acceptée! (Comp. *Inst. de Hæred. qualit. et differ.*, § 3; L. I, § 5, Cod. *de Caduc. tollend.*)

549. — Il en faut aussi conclure que, de même que le légataire particulier, lorsque le legs a pour objet un corps certain, en acquiert la propriété, dès le jour du décès du testateur ou de l'événement de la condition; de même, le légataire universel acquiert aussi, dès ce jour, la propriété de tous les biens héréditaires, s'il n'y a pas d'héritier à réserve, ou la propriété indivise des biens formant la quotité disponible, s'il y a des héritiers à réserve; comme le légataire à titre universel acquiert la propriété indivise de la fraction, qui lui est léguée. (Comp. art. précités 711, 1003, 1010.)

C'est-à-dire qu'ils sont, les uns et les autres, *loco hæredum*, succédant, en effet, à l'instar des héritiers légitimes, *in universum jus quod defunctus habuit.* (L. 128, § 1, ff. *de Diver. reg. juris.*)

D'où il suit qu'ils ont les mêmes droits que les héritiers légitimes :

Soit contre les débiteurs de la succession, ou contre les tiers détenteurs des biens héréditaires ;

Soit contre les héritiers légitimes eux-mêmes, afin d'obtenir le partage de la succession par la voie du tirage au sort, conformément à la règle générale. (Art. 819 et suiv.; comp. notre *Traité des Successions*, t. I, n° 80 *bis*.)

Toullier a, toutefois, enseigné que l'héritier légitime, en concours avec un légataire universel ou à titre universel, peut, après avoir procédé à la formation des lots, lui délivrer le lot qu'il veut, sans tirage au sort. (T. III, n° 530.)

Mais cette doctrine, que son savant annotateur, M. Duvergier, a désavouée (t. II, n° 515, note *t*) n'a pas été admise ; et elle ne pouvait évidemment pas l'être.

La demande en délivrance, à laquelle est tenu le légataire universel, en concours avec un héritier à réserve, et le légataire à titre universel, dans tous les cas, n'implique nullement une telle conséquence! ce n'est là qu'une forme de procéder, qui n'empêche pas que le légataire universel ou à titre universel n'ait acquis, dès le jour du décès, la propriété de sa part indivise dans la succession ; or, s'il a une part indivise, il a droit de réclamer un partage suivant les conditions et les garanties ordinaires du partage! tel est aussi le droit de l'enfant naturel en concours avec des héritiers légitimes. (Comp. notre *Traité des Successions*, t. II, n° 38 ; Toulouse, 27 juin 1835, Lajuzan-Lafont, D., 1835, II, 186 ; Merlin, *Répert.*, v° *Droits successifs*, n° 9 ; Bayle-Mouillard sur Grenier, t. II, n° 296, note *a* ; Zachariæ, Aubry et Rau, t. VI, p. 165 ; Colmet de Santerre, t. IV, n° 145 *bis*, II.)

550.— Mais si tous les légataires sont de même condition, relativement au fond du droit, il n'en est pas ainsi de la forme, c'est-à-dire du mode d'exercice de ce droit.

Et nous revenons ainsi à ce qui fait, en ce moment, l'objet de notre étude, à savoir : de quelle manière les légataires peuvent prendre possession des biens légués ; et à compter de quel jour ils ont droit aux fruits.

551. — 1° Parlons d'abord du légataire universel.

Ce fut, lors des travaux préparatoires de notre Code, une question fort agitée que celle de savoir de quelle manière le légataire universel pourrait prendre possession des biens de la succession.

Fallait-il lui attribuer, de plein droit, la saisine légale héréditaire, au lieu et place de l'héritier légitime, et le traiter, en conséquence, comme l'*héritier testamentaire* des anciennes provinces de droit écrit ?

Ne devait-on pas plutôt, à l'exemple des anciennes provinces de droit coutumier, ne faire de lui qu'un simple légataire, obligé, dans tous les cas, de demander la délivrance à l'héritier du sang, toujours seul investi de la saisine légale ?

On peut voir, dans les procès-verbaux, l'intéressan débat, auquel cette thèse a donné lieu (comp. Locré, *Législat. civ.*, t. IX, p. 245 à 255).

Il se termina par une sorte de transaction, que M. Jollivet proposa, et qui fut appuyée par le consul Cambacérès et par M. Tronchet.

Et l'on s'entendit pour refuser la saisine au légataire universel, lorsque, au décès du testateur, il existe des héritiers à réserve, et pour la lui accorder lorsqu'il n'en existe pas.

Telle est, en effet, la distinction que notre Code a consacrée.

552. — *a.* La première hypothèse est réglée, en ces termes, par l'article 1004 :

« Lorsque, au décès du testateur, il y a des héritiers « auxquels une quotité de ses biens est réservée par la « loi, ces héritiers sont saisis, de plein droit, par sa mort, « de tous les biens de la succession ; et le légataire uni- « versel est tenu de leur demander la délivrance des biens « compris dans le testament. »

La qualité privilégiée des héritiers réservataires, et la prééminence, qui leur appartient envers un légataire étranger ;

La nécessité surtout d'assurer l'intégrité de leur réserve, qui aurait pu être compromise, si le légataire avait pu, de sa propre autorité, se mettre en possession des biens de la succession ;

Tels sont les motifs, qui ont déterminé les rédacteurs de notre Code à décider que, dans ce cas, l'héritier réservataire aurait la saisine *de tous les biens* de la succession, et que le légataire universel serait tenu de lui demander la délivrance.

Il est vrai que, en principe, c'est l'héritier à réserve, qui doit agir en réduction contre les libéralités, qui excèdent la quotité disponible (art. 920) ; mais ce principe, d'ailleurs, demeure toujours applicable ; et le légataire universel peut, en effet, réclamer, contre l'héritier à réserve, la délivrance de tous les biens, qui font l'objet de son legs, sauf à celui-ci à en demander, par voie d'exception, la réduction (comp. Toullier, t. III, n° 579 ; Coin-Delisle, art. 1003, n° 5 ; Duranton, t. IX, n° 181 ; Troplong, t. III, n°ˢ 1774-1777 ; Dev., *Rec. alph.*, *h. v.*, n° 3581 ; *voy.* pourtant Zachariæ, Aubry et Rau, t. VI, p. 379).

553. — Les motifs même, par lesquels nous venons d'expliquer la disposition de l'article 1004, prouvent assez que le testateur n'aurait pas le pouvoir d'y déroger, en déclarant qu'il dispense son légataire universel de l'obligation de demander la délivrance aux héritiers réservataires ; c'est là, en effet, dans l'intérêt des familles, une mesure de prévoyance, et, l'on peut dire, d'ordre public ! (Art. 6, 900 ; comp. Bruxelles, 2 déc. 1830, Forlier, Dev., 1831, II, 63 ; Ricard, part. II, chap. ɪ, sect. ɪ et ɪɪ ; Pothier, *des Donat. testam.*, chap. v, sect. ɪɪ, § 2 ; Merlin, *Répert.*, v° *Testam.*, sect. ɪɪɪ, p. 783 ; Grenier, t. II, n° 299 ; et Bayle-Mouillard, *h. l.*, note *a* ; Toullier, t. III, n° 494 ; Duranton, t. IX, n° 191 ; Coin-Delisle, art. 1004, n° 6 ; Troplong, t. IV, n° 1792 ; Colmet de Santerre, t. IV, n° 146 *bis*, II.)

554. — Nous exposerons d'ailleurs bientôt ce qui concerne la demande en délivrance des legs en général (*infra,* n°ˢ 589 et suiv.).

555. — Tant que le légataire universel n'a pas obtenu, volontairement ou judiciairement, la délivrance qu'il est

tenu de demander aux héritiers à réserve, il ne peut exercer aucune action contre les débiteurs de la succession
ou les détenteurs des biens héréditaires, pas plus que les
tiers ne seraient fondés à exercer d'action contre lui
(comp. *supra*, n° 515).

C'est assez dire que l'action, qu'il aurait formée dans
l'année du décès contre un tiers, débiteur de la succession
ou détenteur d'un bien héréditaire, ne lui donnerait pas
droit aux fruits, à l'encontre de l'héritier réservataire,
contre lequel il n'aurait pas formé de demande en délivrance (art. 1005 ; comp. Caen, 5 mai 1866, Auzerais,
Rec. des arrêts de Caen et de Rouen, 1866, p. 195 ; Saintespès-Lescot, t. IV, n° 2338).

556. — Mais aussi, une fois qu'il a obtenu la délivrance, il doit être considéré comme ayant eu lui-même,
a die mortis, la saisine de tous les biens qui font l'objet
de son legs (comp. notre *Traité des Successions*, t. I,
n°ˢ 152 et suiv., et t. V, n°ˢ 38 et 42).

557. — Quant à l'époque à partir de laquelle il aura droit
aux fruits, il était bon que le législateur s'expliquât ;
et tel est l'objet de l'article 1005, qui est ainsi conçu :

« Néanmoins, dans les mêmes cas, le légataire univer-
« sel aura la jouissance des biens compris dans le testa-
« ment, à compter du jour du décès, si la demande en
« délivrance a été faite dans l'année depuis cette époque ;
« sinon, cette jouissance ne commencera que du jour de
« la demande formée en justice, ou du jour que la déli-
« vrance aurait été volontairement consentie. »

Cette disposition est, comme on voit, la contre-partie
de celle, que nous avons trouvée déjà dans l'article 928
(comp. le tome II de ce *Traité*, n° 610).

Elle est, d'ailleurs, très-nette ; et la controverse, qui
s'y est élevée n'a trait, en effet, qu'aux motifs sur lesquels
elle repose.

Nous verrons bientôt l'importance de cette controverse,
relativement au point de savoir à partir de quelle époque

le légataire à titre universel peut réclamer les fruits (comp. *infra*, n° 595).

Voici l'explication, qui nous paraît la plus juridique :

La demande en délivrance est-elle formée dans l'année du décès? le législateur applique la maxime : *fructus augent hæreditatem* (L. 20, § 2, ff. *de Hered. petit.*); et sans s'occuper du point de savoir si l'héritier à réserve est de bonne foi ou de mauvaise foi, c'est-à-dire s'il a connu ou s'il a ignoré le legs universel, le législateur considère qu'il a pu, dans l'année du décès, s'attendre à une demande de ce genre; en conséquence, il autorise le légataire universel à demander sa part de l'universalité, grossie des fruits, qui sont venus s'y confondre depuis le décès; et cela paraît d'autant plus juste, que le légataire universel est tenu des dettes de la succession.

Si, au contraire, la demande n'est formée par le légataire qu'après l'année du décès, c'est la bonne foi, légalement présumée, de l'héritier à réserve, qui l'emporte (art. 549, 550); et sans qu'il y ait lieu non plus d'examiner s'il a connu ou s'il a ignoré le legs universel, le législateur considère qu'il a pu croire, après une année de silence, que la demande ne serait pas formée, ou que le légataire renonçait à réclamer les fruits, tant qu'il ne réclamait pas la délivrance des biens eux-mêmes.

« Il paraît, dit Coin-Delisle, qu'on a voulu suivre l'ancienne règle du droit français, reproduite par l'article 2243 du Code Napoléon et par l'article 23 du Code de procédure, que le droit à la possession se prescrit par une année de non-jouissance. » (Art. 1004-1006, n° 8; comp. Fungole, chap. x, n° 112; Troplong, t. IV, n° 1801; Saintespès-Lescot, t. IV, n° 1337.)

558. — *b.* Supposons maintenant que le testateur n'a pas laissé d'héritiers à réserve (*supra*, n° 551).

Cette seconde hypothèse est réglée par l'article 1006;

« Lorsque, au décès du testateur, il n'y aura pas d'hé-
« ritiers auxquels une quotité de ses biens soit réservée

« par la loi, le légataire universel sera saisi, de plein
« droit, par la mort du testateur, sans être tenu de de-
« mander la délivrance. »

Il n'y a pas alors, en effet, de réserve, qu'il faille défendre contre les usurpations du légataire; et l'héritier
légitime pouvant être dépouillé de tous les biens de la
succession par la volonté du défunt, le législateur a pensé
que la vocation du légataire devait prévaloir, de suite,
sur la vocation de l'héritier.

Tels sont les motifs qui expliquent l'article 1006, en
sens inverse de l'article 1004, et qui justifient la distinction, que les rédacteurs de notre Code ont adoptée (*supra*,
n° 551).

On peut objecter, il est vrai, que le titre du légataire
universel peut être nul ou faux, et qu'il y a danger à le
laisser prendre possession de la succession, sans aucun
contrôle, puisqu'on lui fournit ainsi le moyen de la
dilapider!

Mais il faut bien pourtant que quelqu'un succède à la
possession du défunt; et si ce n'est pas le légataire, que
ce soit l'héritier! or, ne pouvait-on pas craindre aussi,
en attribuant, de plein droit, la possession à l'héritier
dépouillé par le testament, qu'il ne commît des fraudes
au préjudice du légataire!

Quant à la sincérité et à la régularité du titre du légataire, nous savons que le législateur y a pourvu, par les
mesures, qu'il a prescrites pour le cas où le testament est
olographe et mystique (*supra*, n°s 504 et suiv.).

559. — Le légataire universel est donc alors saisi,
de plein droit!

C'est-à-dire que la saisine héréditaire, que l'article 724
conférait à l'héritier légitime, est transportée sur la tête
du légataire, qui s'en trouve seul investi en son lieu et
place (comp. notre *Traité des Successions*, t. V, n° 142).

Or, on se rappelle les effets de la saisine légale, et que
notamment elle place le successeur au milieu même de

l'hérédité; de sorte qu'il n'a rien à demander, ni à la justice, ni à personne, pour entrer dans la maison du défunt,
qui est désormais la sienne, et qu'il acquiert, en effet,
la saisine, c'est-à-dire la possession de tous les biens du
défunt; à ce point qu'il peut de suite exercer toutes les
actions héréditaires, pétitoires et possessoires!

De même que, passivement, il se trouve immédiatement soumis, de la part des tiers, à toutes les actions,
personnelles ou autres, auxquelles son auteur était soumis (comp. le *Traité* précité, t. I, n°s 131 et suiv.; Rouen,
23 mai 1842, d'Osmoy, D., 1845, IV, 503).

Le tout, d'ailleurs, sous la réserve de droit, pour les
héritiers légitimes, ou autres intéressés, de demander et
d'obtenir, s'il y a lieu, l'emploi de mesures conservatoires, s'ils veulent attaquer le testament (comp. *supra*,
n°s 512 et suiv.; D., *Rec. alph.*, *h. v.*, n° 3626; Rouen,
21 mai 1810, Duval, D., *h. l.*, n° 3645; Bastia, 10 janv.
1849, Orsini, D., 1852, II, 130).

560. — Mais, puisque le légataire universel n'a rien
à faire pour obtenir l'exercice direct et immédiat de son
droit, comment saura-t-on s'il accepte le legs, ou s'il y
renonce?

La réponse à cette question nous paraît être précisément dans la saisine légale, que l'article 1006 confère au
légataire universel, et par suite de laquelle il se trouve
assimilé à l'héritier légitime, qu'il remplace.

Nous lui appliquerons, en conséquence, les articles,
qui règlent, pour l'héritier légitime :

Soit l'acceptation pure et simple (art. 778 et suiv.);

Soit l'acceptation bénéficiaire (art. 795 et suiv.);

Soit la renonciation (art. 784 et suiv.).

Que ces articles soient inapplicables au légataire particulier, nous le croyons. (Comp. Cass., 24 nov. 1857,
Hiron, Dev., 1858, I, 240; Tribun. civ. de Toulouse,
9 fév. 1858; et de Muret, 26 fév. 1858, Leblanc, Dev.,
1860, I, 567.)

Mais tout autre est le legs universel, qui fait du légataire un successeur *in universum jus*, et le met *loco hæredis !*

Et voilà pourquoi les articles sur l'acceptation bénéficiaire nous paraissent également applicables aux légataires à titre universel, qui, tenus, suivant nous, *ultrà vires*, comme les héritiers légitimes, doivent pouvoir recourir au même secours, qui est accordé aux héritiers, pour se garantir de ce danger. (Comp. le tome V de ce *Traité*, n°s 215, 216 ; Riom, 26 juill. 1862, Esbelin, Dev., 1863, II, I ; Cass., 19 mai 1862, Touzède, Dev., 1863, I, 94 ; Poitiers, 16 mars 1864, Savy, Dev., 1865, II, 63 ; notre *Traité* précité, t. I, n° 80 *ter* : et t. V, n° 38 ; Merlin, *Répert.*, v° *Légataire*, § 4, n° 2 ; Troplong, t. IV, n° 1884 et 2155 ; D., *Rec. alph.*, *h. v.*, n°s 3552 et suiv.; *voy.* toutefois Colmet de Santerre, t. IV, n° 152 *bis*, IX).

561. — Il se peut que le legs universel ait été fait sous une condition suspensive.

Nous croyons, malgré le dissentiment de Zachariæ, que le légataire ne pourrait être, alors, en aucun cas, saisi des biens de la succession qu'après l'événement de la condition, qui tient en suspens l'existence même du legs (art. 1040), et c'est l'héritier légitime, quel qu'il fût, réservataire ou non réservataire, qui en resterait provisoirement saisi, *pendente conditione*. (Comp. Cass., 7 août 1827, de Layeux, Sirey, 1827, I, 441 ; Troplong, t. IV, n° 1815 ; Zachariæ, Aubry et Rau, t. VI, p. 159 ; Massé et Vergé, t. III, p. 281.)

562. — L'importante distinction, qui est faite par les articles 1004 et 1006, dépend donc du point de savoir si, *au décès du testateur, il y a des héritiers auxquels une quotité de ses biens soit réservée par la loi.*

Ce point est, en général, facile à résoudre.

Les enfants et les ascendants du défunt sont les seuls auxquels la loi réserve une quotité de ses biens ; mais nous savons aussi que la loi y met pour condition qu'ils acceptent la succession! aussi nos deux textes ne sont-ils relatifs qu'*aux héritiers*, auxquels une quotité de biens est réservée.

De là résultent les conséquences suivantes :

1° Le légataire universel, lors même que le testateur laisserait des enfants ou des ascendants, n'en serait pas moins saisi de plein droit, si les enfants ou les ascendants renonçaient ou étaient exclus comme indignes (comp. le tome II de ce *Traité*, nᵒˢ 41 et suiv.).

563. — 2° Le légataire universel serait saisi, de plein droit, si le testateur ne laissait, pour héritiers, que des frères ou sœurs et des aïeux (art. 750).

Le sentiment contraire, exprimé par Delvincourt (t. II, p. 215, note 5), et par Goin-Delisle (art. 1004, n° 5), n'a pas été admis ; et nous croyons qu'il ne pouvait pas l'être.

La règle est, en effet, que le légataire universel a la saisine, toutes les fois que le testateur ne laisse pas d'héritier à réserve ; or, les aïeux ne sont pas héritiers à réserve, lorsque le défunt laisse des frères, puisqu'ils ne sont pas héritiers du tout !

Ce n'est donc qu'autant que les frères ou sœurs renonceraient ou seraient exclus comme indignes, que les aïeux devenant héritiers, le légataire universel serait tenu de leur demander la délivrance (comp. le tome II de ce *Traité*, nᵒˢ 119 et suiv.; Duranton, t. IX, n° 135; Poujol, art. 1004, n° 2; Bayle-Mouillard sur Grenier, t. II, n° 294, note *a;* Troplong, t. IV, n° 1814; Saintespès-Lescot, t. IV, n° 1332).

564. — 3° Enfin, le légataire universel serait encore saisi, de plein droit, si le testateur laissait seulement des parents collatéraux et un enfant naturel.

L'enfant naturel a une réserve !

Il est vrai ; mais il n'est pas *héritier* ; il n'est pas *saisi !* (Art. 724-756 ; comp. *infra*, n° 567 ; notre *Traité des Successions*, t. I, n° 142 ; et t. II, n° 198 ; Delvincourt, t. II,

p. 347, note; Duranton, t. IX, n° 194; Bayle-Mouillard sur Grenier, t. II, n° 194, note *a*; Massé et Vergé sur Zachariæ, t. III, p. 281 ; Saintespès-Lescot, t. IV, n° 1331.)

565. — Le Code a prévu deux hypothèses : la première, dans l'article 1004, où le testateur laisse des héritiers à réserve ; la seconde, dans l'article 1006, où le testateur ne laisse pas d'héritiers à réserve.

Mais une troisième hypothèse peut se présenter, où les deux autres se trouveraient réunies, à savoir : celle où le testateur laisse des héritiers à réserve dans une ligne, et n'en laisse pas dans l'autre ligne.

Paul meurt, après avoir fait un legs universel, laissant pour héritiers son père et un cousin maternel.

Que faut-il décider, en ce qui concerne la saisine du légataire?

Il semblerait naturel d'appliquer, distributivement, les articles 1004 et 1006 à chacune des deux situations, qui y correspondent, et de dire que le légataire universel ne sera pas saisi, à l'encontre de la ligne paternelle, dans laquelle il existe un héritier à réserve, mais qu'il sera saisi, à l'encontre de la ligne maternelle, dans laquelle il n'en existe pas ; cette *fente* de la succession entre les deux lignes, n'en fait-elle pas, en quelque sorte, deux successions? (art. 733) et puis, le legs universel n'en conserve pas moins son caractère, lorsqu'il existe un héritier à réserve ; ce n'est que relativement à cet héritier, qu'il ne produit pas tous ses effets (art. 920) ; mais, relativement à tous autres, le legs n'en doit pas moins être considéré comme universel, et par conséquent, le cousin maternel n'est pas saisi de la moitié des biens afférente à sa ligne, dont le legs universel le dépouille (art. 724, 1006). D'un autre côté, il est impossible que le père soit saisi de tous *les biens de la succession*, puisque, à supposer même qu'il n'y eût pas de légataire universel, il n'aurait été saisi que de la moitié ; donc, la saisine des biens, qui ne saurait appartenir ni au père, ni au cousin maternel, ne peut appartenir qu'au légataire universel; et à qui pourrait-il en demander la délivrance, s'il n'en était pas saisi? (Comp. Toullier, t. III, n° 494; Coin-Delisle, art. 1004, n° 2; Marcadé, art. 1004.)

Cette solution paraît logique; cependant nous doutons beaucoup qu'elle soit conforme à la pensée du législateur : on ne saurait nier, en effet, qu'elle ne trouve pas d'appui dans le texte; car tout au contraire! l'article 1006 n'attribue la saisine au légataire universel que *lorsque, au décès du testateur, il n'y aura pas d'héritiers, auxquels une quotité de ses biens soit réservée par la loi;* or, il y a ici le père, auquel la loi réserve une quotité des biens; et quand on considère le motif qui a fait refuser, dans ce cas, la saisine au légataire universel, afin de l'empêcher d'appréhender les valeurs de la succession, en fraude de la réserve, nous croyons que le parti le plus sûr est d'appliquer l'article 1004 et de lui refuser la saisine; car le danger des détournements apparaît avec la même gravité, dans tous les cas, dès qu'on autorise le légataire universel à s'emparer, sans contrôle, même seulement d'une partie de la succession! Rappelons d'ailleurs aussi qu'il ne serait pas exact de dire que la division de la succession entre les deux lignes a pour résultat d'ouvrir deux successions. (Comp. notre *Traité des Successions,* t. I, n° 367; Colmet de Santerre, t. IV, n° 148 *bis,* II.)

566. — Nous terminerons ce sujet, en remarquant qu'il peut arriver exceptionnellement :

Soit que le légataire universel ait la saisine, quoiqu'il existe des héritiers à réserve;

Soit qu'il n'ait pas la saisine, quoiqu'il n'existe pas d'héritiers à réserve.

La première exception se produirait, dans le cas où ce serait l'héritier à réserve lui-même, qui aurait été institué légataire universel; comme si un homme, ayant pour héritier son père et un cousin maternel, avait fait un legs universel en faveur de son père; il est évident, en effet, que ce légataire universel serait alors saisi, pour ainsi dire, deux fois pour une, et en vertu des articles 724 et 1004, comme héritier légitime réservataire, et en vertu de l'article 1006, comme légataire universel; qui pourrait alors se plaindre! (Comp. Cass., 2 juin 1813, Tillette, D., *Rec. alph.*, *h. v.*, n° 3620; Bayle-Mouillard sur Grenier, t. II, n° 294, note *a.*)

567. — Quant à l'autre exception en sens inverse, il peut y en avoir deux exemples, à savoir :

a. Le cas où le testateur, ayant des parents au degré successible, aurait fait un legs universel au profit de son enfant naturel légalement reconnu (comp. *supra*, n° 564; art. 757 et 908; notre *Traité des Successions*, t. II, n° 88 et suiv.; Duranton, t. IX, n° 195);

b. Le cas où un mineur, parvenu à l'âge de seize ans, aurait fait un legs universel; car nous avons vu qu'il ne peut disposer, à cet âge, que jusqu'à concurrence seulement de la moitié des biens, dont la loi permet au majeur de disposer (art. 904; comp. le tome I de ce *Traité*, n° 427).

Mais la vérité est que, dans ces deux cas, si le legs ne confère pas la saisine, c'est qu'il n'est pas effectivement un legs universel!

Voilà pour la manière, dont le légataire universel peut prendre possession des biens.

568. — 2° et 3° Nous avons à voir maintenant de quelle manière il est tenu des dettes et des legs (*supra*, n° 546).

Mais nous avons déjà fourni, sur ces deux points, dans notre *Traité des Successions*, des développements auxquels il suffira de nous référer.

L'article 1009 est ainsi conçu :

« Le légataire universel, qui sera en concours avec un « héritier auquel la loi réserve une quotité des biens, « sera tenu des dettes et charges de la succession du « testateur, personnellement pour sa part et portion, et

« hypothécairement pour le tout ; et il sera tenu d'ac-
« quitter tous les legs, sauf le cas de réduction, ainsi
« qu'il est expliqué aux articles 926 et 927. »

Cet article ne règle explicitement que l'hypothèse où
le légataire universel se trouve en concours avec un héritier à réserve.

Mais il n'en fournit pas moins aussi, quoique implicitement, la règle, qui doit gouverner l'hypothèse, où le
légataire universel recueille tous les biens, parce qu'il
n'existe pas d'héritier réservataire.

569. — Supposons donc d'abord cette dernière hypothèse, et qu'il n'existe pas d'héritier à réserve (art. 1006).

La réponse est très-simple :

Le légataire universel est tenu de toutes les dettes ;

Il est tenu de tous les legs.

570. — *a.* Il est tenu, disons-nous, de toutes les
dettes ; car, les dettes sont une charge de l'universalité
du patrimoine, qu'il recueille seul tout entière !

Et nous croyons avoir démontré qu'il en est tenu,
comme l'héritier légitime, *ultra vires*, à moins qu'il n'ait
accepté sous bénéfice d'inventaire. (Comp. notre *Traité
des Successions*, t. III, n° 117 ; et t. V, n°ˢ 37, 38.)

571. — *b.* Le légataire universel est aussi tenu de tous
les legs (arg. de l'article 1009).

C'est-à-dire d'abord qu'il ne peut exercer, sur les legs
qu'il est chargé d'acquitter, aucune réduction ni retenue,
sous quelque dénomination que ce soit, *de quarte Falcidie*, ou autre !

Il est vrai que l'article 30 du projet de Code civil, correspondant à l'article 926, et l'article 98, correspondant
à l'article 1024, portait que :

« Lorsqu'il y a un légataire universel de la totalité de
« la portion disponible, c'est à lui à payer tous les legs
« à titre particulier, *jusqu'à concurrence seulement des
« trois quarts de la valeur de cette portion....* » (Locré,
Législat. civ, t. XI, p. 180 et 244.)

Mais ces deux articles ont disparu de la rédaction définitive; et c'est une règle, désormais certaine, que le bénéfice de la *quarte Falcidie*, qui avait été introduit, en
droit romain, par un motif tout à fait étranger à nos
mœurs françaises, afin d'empêcher que le testament ne
fût abandonné et que le testateur ne mourût *intestatus*,
n'existe plus dans notre Code.

Le légataire universel est donc tenu, en effet, d'acquitter tous les legs, lors même qu'ils épuiseraient la totalité des biens du testateur, et qu'il se trouverait réduit
au simple rôle d'exécuteur testamentaire (*supra*, n° 535;
et comp. le tome II de ce *Traité*, n° 551).

572. — Ne faut-il pas aller encore plus loin, et décider que le légataire universel est tenu des legs, même
ultra vires, comme des dettes, s'il n'a pas accepté sous
bénéfice d'inventaire?

Question délicate, et très-controversée, en effet, que
nous avons cru devoir résoudre affirmativement (dans notre *Traité des Successions*, t. IV, n°ˢ 520-522; comp. Dalloz, *Rec. alph.*, h. v., n° 3690; Angers, 1ᵉʳ mai 1867, Mé-
nage, Dev., 1867, 2, 305).

573. — Reste l'hypothèse, directement prévue par
l'article 1009, où le légataire universel se trouve en concours avec un héritier à réserve.

Mais elle est elle-même déjà expliquée par ce que nous
venons de dire.

S'agit-il de la *contribution*, c'est-à-dire des rapports du
légataire universel avec l'héritier à réserve?

Le légataire universel est tenu, dit l'article 1009, DES
DETTES *de la succession pour sa part et portion;* et cela est,
en effet, très-juste : car les dettes sont une charge de
l'universalité; or, le légataire universel et l'héritier à réserve prennent chacun une portion de l'universalité; donc,
ils doivent être tenus, aussi chacun, d'une portion des dettes
correspondante à la portion de l'universalité, qu'ils recueillent (comp. le tome II de ce *Traité*, n°ˢ 396 et suiv.)

Mais, au contraire, le légataire universel *est tenu d'acquitter* TOUS LES LEGS; car, l'héritier réservataire doit avoir sa réserve intacte, et, en tant que sa réserve se trouverait entamée, l'*unité*, qui doit satisfaire aux legs, ce n'est pas l'universalité du patrimoine, c'est seulement la portion disponible !

Voilà, suivant nous, le vrai sens de ces mots de l'article 1009 : *tous les legs;* c'est-à-dire qu'ils tranchent la question du payement des legs, seulement entre l'héritier à réserve et le légataire universel.

Et les mots, qui viennent ensuite : *sauf le cas de réduction, ainsi qu'il est expliqué aux articles 926 et 927*, n'ont trait qu'aux rapports du légataire universel avec les autres légataires; c'est ce que nous croyons avoir déjà démontré (*voy.* le tome II de ce *Traité*, n° 552; Grenoble 1er mars 1866, Ducrest, Dev. 1866, 2, 225; comp. Bertauld, *Quest. prat. et doctr. de Code Napol.*, n°s 348-357; Caen, 19 févr. 1866, Jurispr. de la Cour de Caen, 1866, p.40).

574. — S'agit-il du *droit de poursuite*, c'est-à-dire des rapports du légataire universel avec les créanciers de la succession ?

Le légataire universel est tenu personnellement pour sa part et portion, et hypothécairement pour le tout (art. 1009).

C'est-à-dire qu'il est tenu absolument de la même manière que l'héritier légitime (comp. art. 873).

D'où nous avons déduit déjà cette conclusion, dans laquelle nous nous sentons de plus en plus affermi, à savoir :

D'une part, qu'il en est tenu même *ultra vires*, s'il n'a pas accepté sous bénéfice d'inventaire;

Et, d'autre part, que non-seulement il peut être poursuivi directement par les créanciers de la succession, mais que les héritiers à réserve ne peuvent pas être poursuivis pour la portion de dettes, qui est à sa charge (comp. notre *Traité des Successions*, t. V, n°s 35 et suiv.; Bordeaux, 13 juill. 1867, 2, 340).

SECTION V.

DU LEGS A TITRE UNIVERSEL.

SOMMAIRE.

575. — Exposition. — Historique.

576. — Division.

577. — A. Quels sont les caractères distinctifs du legs à titre universel?

578. — 1o Le legs est à titre universel, lorsqu'il s'applique à une quote-part de tous les biens, ou de la portion des biens, dont la loi permet de disposer.

579. — Suite.

580. — Suite.

581. — 2o Le legs est à titre universel, lorsqu'il s'applique à tous les immeubles, ou à tout le mobilier, ou à une quotité fixe de tous les immeubles ou de tout le mobilier.

582. — Suite.

583. — Suite.

584. — Suite.

585. — Suite. — Dans quels cas le legs *des meubles*, ou *des biens meubles*, ou *du mobilier*, est-il à titre universel?

586. — Le legs de l'usufruit de tous les biens ou d'une quote-part de tous les biens, doit-il être considéré comme un legs à titre universel?

587. — Un legs à titre universel perdrait-il ce caractère, par cela seul que le testateur aurait affranchi le légataire de toute contribution aux dettes?

588. — B. Quels sont les effets du legs à titre universel? — Division.

589. — 1o De quelle manière le légataire à titre universel peut-il prendre possession des biens légués?

590. — Suite.

591. — Suite.

592. — Suite.

593. — Suite.

594. — Suite. — *Quid*, si le testateur avait nommé un exécuteur testamentaire? — Renvoi.

595. — A compter de quelle époque le légataire à titre universel a-t-il droit aux fruits?

596. — Suite.

597. — Suite.

598. — Suite.

599. — 2o De quelle manière le légataire à titre universel est-il tenu des dettes?

600. — Suite.

601. — Suite.

602. — 3o De quelle manière le légataire à titre universel est-il tenu des legs? — Exposition.

603. — Suite.

604. — Suite.

605. — Suite.

606. — Suite.

607. — Le testateur est libre de changer le mode de contribution aux dettes et aux legs, que le législateur a établi entre les héritiers et les légataires à titre universel.

608. — Suite. — Du cas où la volonté du testateur, à cet égard, est expresse.

609. — Suite. — Du cas où sa volonté n'est que tacite.

610. — Suite.

575. — Le legs à titre universel n'était pas, dans notre ancienne jurisprudence, distinct du legs universel.

« On appelle legs universel, disait Pothier, le legs de l'universalité de ses biens, ou d'une quotité, comme lorsqu'on lègue le tiers, le quart, le vingtième de ses biens. »

Et il ajoutait : « le legs d'une certaine espèce de biens, soit pour le total, soit pour une quotité, sont aussi des legs universels, comme lorsqu'un testateur lègue à quelqu'un ses biens meubles, ou le tiers, le quart de ses biens meubles, etc. » (*Des Donat. testam.*, chap. II, sect. I, § 11 ; comp. Furgole, chap. VIII, n° 24 ; Merlin, *Répert.*, v° *Légataire*, § 1).

C'est-à-dire que l'on appelait indifféremment *legs universel, ou à titre universel*, tout legs, qui avait pour objet l'universalité, en tout ou en partie ; comme on appelait, et comme nous avons continué d'appeler indifféremment *legs particulier ou à titre particulier*, tout legs qui a pour objet certains biens considérés déterminément.

De façon qu'il n'y avait que deux espèces de legs, à savoir : le legs universel, ou à titre universel, et le legs particulier ou à titre particulier.

Les rédacteurs de notre Code avaient d'abord conservé cette double classification ; et nous avons déjà remarqué qu'on la retrouve encore dans le titre *des Successions* (art. 871 ; comp. notre *Traité des Successions*, t. V, n° 31).

Bien plus ! le projet de notre titre *des Donations entrevifs et des Testaments* l'avait également maintenue. (Comp. l'article 85, correspondant à l'article 1014 ; Fenet, t. XII, p. 384.)

Ce fut seulement plus tard, lorsqu'on décida que le légataire universel aurait la saisine, dans le cas où le testateur ne laisserait pas d'héritiers à réserve, que l'on se trouva conduit à cette sous-distinction du legs d'universalité en legs universel et legs à titre universel ; et la raison principale en fut que la saisine ne pouvait être accordée qu'au légataire de l'universalité tout entière (comp. Fenet, *loc. supra*, p. 387 et suiv.).

Telle est, en effet, la différence principale, qui sépare le legs universel d'avec le legs à titre universel : que l'un peut, dans certains cas, conférer la saisine, qui ne peut, au contraire, jamais résulter de l'autre.

Nous avons dit aussi que le droit d'accroissement, qui est possible entre les légataires universels, est impossible entre les légataires à titre universel ; il est vrai que cette différence n'est pas le résultat de la nouvelle classification de notre Code, puisqu'elle existait déjà dans l'ancien droit; mais elle en dérive naturellement, à ce point qu'elle suffirait pour la justifier.

Enfin, il y aurait encore une troisième différence, et fort importante, entre le legs universel et le legs à titre universel, s'il était vrai que l'article 1005 ne fût applicable qu'au premier ; mais c'est là une question délicate, à laquelle nous allons bientôt arriver (*infra*, n° 595).

576. — Quels sont les caractères distinctifs du legs à titre universel?

Et quels en sont les effets?

Voilà les deux points, que nous avons à examiner (*supra*, n° 530).

577. — A. L'article 1010 est ainsi conçu :

« Le legs à titre universel est celui par lequel le tes-
« tateur lègue une quote-part des biens dont la loi lui
« permet de disposer, telle qu'une moitié, un tiers, ou
« tous ses immeubles, ou tout son mobilier, ou une
« quotité fixe de tous ses immeubles ou de tout son mo-
« bilier.

« Tout autre legs ne forme qu'une disposition à titre
« particulier. »

Ainsi, tandis que le legs universel embrasse l'universalité tout entière, le legs à titre universel n'a pour objet
qu'une fraction de l'universalité ; et on comprend, en
effet, qu'un tel legs ne soit pas considéré comme universel.

De cette notion, il résulte que le legs est à titre universel, dans deux cas :

1° Lorsqu'il s'applique à une quote-part de tous
les biens, ou de la portion de biens, dont la loi permet
de disposer ;

2° Lorsqu'il s'applique à l'une des deux grandes
divisions, que la loi a faite des biens, en meubles et en
immeubles.

578. — 1° Nous disons que le legs est à titre universel, lorsqu'il s'applique à une quote-part *de tous les
biens*, à la moitié, au tiers, au vingtième.

Et cela est d'évidence ! quoique l'article 1010 ne présente comme legs à titre universel que celui qui s'applique *à une quote-part des biens dont la loi permet de disposer.*

Mais cette définition n'est pas complète ; et, quel que
soit le motif pour lequel le législateur ait cru devoir la
formuler ainsi ; qu'il ait voulu rappeler les règles de la
réserve, comme il les avait rappelées dans la section :
Du legs universel ; ou qu'il ait voulu décider que le legs
de toute la portion de biens disponible est, non pas à titre
universel, mais universel; il est certain que le legs d'une
quote-part de tous les biens est à titre universel, de
même que le legs de tous les biens est universel (art.
1003); l'article 1010 fournirait lui-même, en ce sens,
s'il en était besoin, un argument *a fortiori.*

579. — C'est que, en effet, toute disposition, qui a
pour objet une fraction de l'universalité, constitue un
legs à titre universel, c'est-à-dire cette espèce de legs,

que les Romains avaient appelé *legatum partitionis....
id est ejus legatarii, cui pars bonorum legabatur....* (*Inst.
de fideicomm. hæredit.*, § 5.)

Et voilà pourquoi on a décidé, avec beaucoup de
raison, qu'il faut considérer comme un legs à titre universel, la disposition, par laquelle un légataire, universel
ou à titre universel, est chargé de payer à un tiers une
quote-part des valeurs, qu'il recueillera dans la succession (comp. Cass., 27 mars 1855, Bonaventure, Dev.,
1855, I, 702 ; Zachariæ, Aubry et Rau, t. VI, p. 146).

580. — Un testateur, en léguant une quote-part de
ses biens, en a fixé la valeur en argent.

Le legs est-il à titre universel, susceptible, dans la
mesure de la quotité léguée, d'augmentation ou de diminution ?

Le légataire peut-il exiger la délivrance de la quote-
part en nature ?

L'héritier peut-il le forcer de la recevoir en argent, ou
vice versâ ?

Questions de fait et d'interprétation, qui sont subordonnées à la volonté du testateur, et au but qu'il s'est
proposé, en estimant la quote-part, qu'il a léguée. (Comp.
Cass., 2 ventôse, an XII, Canton ; et les conclusions de
Merlin, *Quest. de droit*, v° *Legs*, § 1.)

581. — 2° L'article 1010 ajoute que le legs est encore
à titre universel, lorsqu'il s'applique à tous les immeubles, ou à tout le mobilier, ou à une quotité fixe de
tous les immeubles ou de tout le mobilier.

Je lègue à Paul mes biens immeubles...., ou mes biens
meubles...., ou le quart ou le tiers de mes biens immeubles, ou de mes biens meubles.

Autant de legs à titre universel !

Il faut convenir, toutefois, que le caractère d'universalité n'y apparaît pas avec la même évidence, que dans les
legs de quotité ou de quote-part.

Pothier, expliquant pourquoi les legs d'une certaine

espèce de biens, tels que des meubles, ou des acquêts, ou du quint des propres, étaient considérés comme des legs universels, en donnait ce motif que : « non-seulement l'universalité générale des biens d'une personne, mais l'universalité des biens de chaque espèce, *genera subalterna*, sont des universalités de biens. » (*Des Donations testam.*, chap. II, sect. I, § 2.)

Il est vrai ; et nous pensons, en effet, que l'on a pu considérer comme des fractions de l'universalité *générale*, ces universalités *spéciales*, qui ne sont elles-mêmes les éléments.

Mais l'influence des traditions coutumières n'a-t-elle pas contribué aussi à faire maintenir, dans notre Code, cette classification ? cela nous paraît très-vraisemblable.

582. — Pour que le legs d'une certaine espèce de biens, soit à titre universel, il faut évidemment qu'il soit fait *per modum universitatis*.

Et afin de savoir s'il est fait ainsi, ce qu'il faut considérer, ce n'est pas l'émolument, que le légataire en obtient effectivement; c'est le caractère de son titre, et s'il est susceptible d'augmentation ou de diminution.

C'est ainsi que le legs d'un ou de plusieurs immeubles déterminés ne constituerait qu'un legs à titre particulier, lors même que le testateur n'aurait pas laissé d'autres immeubles ;

Tandis que, réciproquement, en sens inverse, le legs de tous les immeubles constituerait un legs à titre universel, lors même que le testateur n'aurait laissé qu'un seul immeuble. (Comp. *supra*, n° 532 ; Proudhon, *de l'Usufruit*, t. IV, n° 1830 ; *voy.* toutefois Cass., 4 fructidor an XIII, Guido, Sirey, 6, I, 18.)

583. — Il s'ensuit encore qu'il serait impossible de voir un legs à titre universel dans le legs, que le testateur aurait fait de tous ses bois, ou de toutes ses vignes; ou encore de ses biens de campagne, comme disait Pothier, ou de ses biens de ville.

« Car, ajoutait-il, les biens de campagne et les biens de ville sont une espèce *de choses* plutôt qu'une espèce de *biens ;* la division des biens a lieu en biens meubles et en biens immeubles ; mais on n'a jamais divisé les biens en biens de ville et en biens de campagne. » (*Des Donat. testam.*, chap. II, sect. I, § 2.)

Ce ne serait donc là qu'un legs à titre particulier.

584. — De même que le legs, par lequel le testateur disposerait de tous les immeubles, qu'il possède dans les colonies, ou dans telle commune, ou dans tel département.

Et c'est par la même raison que son avons dit déjà que le legs d'une succession échue au testateur, ou ses droits dans une communauté, ne constituent non plus qu'un legs particulier. (Comp. *supra*, n° 533 ; Lebrun, *des Successions*, liv. IV, chap. II, sect. II ; Grenier, t. II, n° 288 ; et Bayle-Mouillard, *h. l.;* Coin-Delisle, art. 1003, n° 14 ; Troplong, t. IV, n° 1849 ; Zachariæ, Aubry et Rau, t. VI, p. 147.)

585. — Il n'y aura guère, en général, de difficulté sur le point de savoir si le legs, qui s'applique à des biens immeubles, est à titre universel ou à titre particulier.

Mais ces doutes peuvent souvent, au contraire, s'élever, lorsque le legs s'applique à des biens meubles ; car la signification des mots, qui expriment ces legs, n'est plus alors, à beaucoup près, aussi précise !

Ce qu'il faut remarquer, toutefois, c'est que ces sortes de difficultés ne soulèvent presque jamais que des questions d'interprétation de volonté.

Primus, par exemple, a *légué ses meubles* à Secundus.

Ce legs est-il à titre universel ?

Nous répondrons : non, en thèse générale, avec l'article 533 ;

Tandis que, s'il avait légué *ses biens meubles…, son mo-*

bilier..., ses effets mobiliers, nous répondrions : oui, en thèse générale, avec l'article 535.

Mais ni l'une ni l'autre de ces solutions ne saurait être absolue; et elles sont, au contraire, toutes les deux, susceptibles d'être modifiées d'après les termes des legs et les circonstances.

C'est ainsi, d'une part, que *le legs des meubles* pourrait constituer un legs à titre universel, s'il était accompagné de quelque addition, comme si le testateur avait dit : *Je lègue tous les meubles que je possède*, ou même seulement *tous mes meubles*, ou *mes meubles en totalité* (art. 533);

Tandis que, réciproquement, le legs *du mobilier*, ou *des effets mobiliers*, pourrait ne constituer qu'un legs particulier, s'il était accompagné de quelques expressions restrictives ; comme si le testateur avait dit : *je lègue tout le mobilier, qui se trouvera dans la maison que j'habite.*

La distraction faite par le testateur de certains meubles ou de certains immeubles déterminés, n'empêcherait pas d'ailleurs que le legs de ses immeubles ou de ses meubles constituât un legs à titre universel, si cette distraction, faite à titre particulier, n'en altérait pas le caractère.

Souvent aussi, les testateurs font suivre le legs de *leur mobilier*, d'une certaine énumération; et c'est surtout alors que la question peut être délicate; mais elle n'est toujours qu'une question d'interprétation :

L'énumération de certains biens meubles, faite par le testateur, est-elle limitative? le legs sera à titre particulier.

Cette énumération n'est-elle que démonstrative? le legs sera à titre universel (comp. notre *Traité de la Distinction des biens*, etc., t. I, n°s 441 et suiv.; Rouen, 27 mai 1806, Grécy, Sirey, VI, II, 129; Bruxelles, 9 mai 1813, Desryeux, Sirey, 1814, II, 304; Bordeaux, 6 août 1834, Viveille, Dev., 1835, II, 61; Cass., 3 mars 1836, Dubois, Dev., 1836, I, 759; Bourges, 9 mai 1848, Hospices de Vierzon, Dev., 1848, II, 586; Cass., 20 juin 1854, Malles, Dev., 1855, I, 702; Zachariæ, Aubry et Rau, t. VI, p. 142; D., *Rec. alph.*, *h. v.*, n° 3704).

586. — Ce qui est, au contraire, vraiment une question de droit, c'est de savoir si le legs de l'usufruit de tous les biens, ou d'une partie des biens du testateur, doit être considéré comme un legs à titre universel.

On s'accorde généralement à reconnaître qu'il ne aurait être considéré comme un legs universel (*supra*, n° 539).

Mais, d'après une opinion, que d'imposants suffrages recommandent dans la jurisprudence et dans la doctrine, il constituerait un legs à titre universel. (comp. Cass., 4 fructidor an XIII, Guigo, Sirey, VI, I, 18; Cass., 7 août 1827, Chieffries, Sirey, 1827, I, 441; Cass., 28 août 1827, Fabre, Sirey, 1827, I, 537; Cass., 8 déc. 1862, de Lapanouze, Dev., 1863, I, 34; Delvincourt, t. II, p. 95; Vazeille, art. 1003, n° 3; Duranton, t. IV, n°s 522 et 633, et t. IX, n° 208; Poujol, art. 1006, n° 6; Troplong, t. IV, n° 1848; Zachariæ, Massé et Vergé, t. III, p. 249, 250; Labbé, *Observations* sur l'arrêt de la Cour de Riom du 26 juill. 1862, Esbalin, *J. du P.*, 1863, I, 113).

Nous avons déjà exprimé le sentiment contraire (dans notre *Traité de la Distinction des biens, de la Propriété, et de l'Usufruit*, t. II, n° 258).

Et nous persistons à croire qu'un legs en usufruit ne peut jamais être qu'un legs à titre particulier, lors même qu'il a pour objet l'universalité des biens :

1° Aux termes de l'article 1010, le legs à titre universel est celui qui a pour objet, soit une quote-part des biens, soit tous les meubles ou tous les immeubles, ou une quotité fixe des uns ou des autres; et l'article ajoute que tout autre legs ne forme qu'une disposition à titre particulier;

Or, le legs de l'usufruit de tous les biens n'a pas pour

objet une quote-part de l'universalité; quelle serait, en effet, cette quote-part, le tiers, la moitié? il serait impossible de le dire! d'autre part, ce legs n'a pas non plus pour objet les meubles ni les immeubles, considérés comme des fractions spéciales de l'universalité générale;

Donc, il n'est qu'un legs à titre particulier!

2° Cet argument, que nous déduisons du texte même, est aussi très-conforme à la véritable nature du droit d'usufruit.

M. Troplong a écrit que « le legs de l'usufruit DE TOUS LES BIENS n'est qu'un *legs à titre universel;* en effet, dit-il, *le légataire d'un tel legs n'a* QU'UN DROIT LIMITÉ A UNE NATURE DE BIENS. » (*Loc. supra cit.*)

Nous répondrons que le droit de ce légataire n'est nullement limité *à une nature de biens,* puisqu'il s'étend, au contraire, *à tous les biens!* ce qui est vrai seulement, c'est que son droit, qui pèse sur l'universalité tout entière, ne l'entame dans aucune de ses fractions, et ne lui en attribue aucune!

Or, comment serait-il possible de considérer comme légataire à titre universel, celui qui n'acquiert aucune fraction de l'universalité des biens!

Le légataire à titre universel, c'est un successeur *in universum jus!* c'est un représentant de la personne du testateur, et qui est, en effet, tenu personnellement de ses dettes (art. 1012).

Eh bien! cette succession *in universum jus,* cette représentation de la personne est impossible de la part d'un usufruitier, qui n'a que le droit de jouir *des choses, dont un autre à la propriété,* droit temporaire, essentiellement exclusif, par cela même, de cette représentation! (Art. 578, 617.)

3° On objecte que le légataire de l'usufruit de tous les biens est tenu personnellement des dettes de la succession, aux termes de l'article 612.

Nous le nions tout à fait; non! jamais le légataire de
l'usufruit n'est tenu personnellement des dettes du testateur; tout ce qui résulte de l'article 612, c'est qu'il est
soumis à la règle : *bona non sunt, nisi deducto ære alieno*,
et qu'il n'a le droit de jouir que de ce qui reste des biens
après les dettes acquittées; c'est en ce sens seulement que
certains articles appliquent à l'usufruitier ces dénominations d'usufruitier universel ou à titre universel, à l'effet
de déterminer l'étendue de son droit, quant aux biens, et
nullement le caractère même de son titre d'acquisition!
(Comp. notre *Traité* précité, n° 522.)

Que le nu-propriétaire, seul obligé personnellement,
ait néanmoins le droit de mettre en cause le légataire de
l'usufruit, lorsque le payement d'une dette ou la délivrance
d'un legs qui lui sont demandés, nous l'admettons, avec
l'arrêt précité de la Cour de cassation du 8 décembre 1862;
car, par cela même que ce payement et cette délivrance
doivent opérer un retranchement sur les biens soumis à
son usufruit, le légataire a intérêt à les contrôler.

Mais de là il ne résulte pas qu'il soit un légataire à titre
universel!

Nous comprendrions bien plutôt qu'on fît de lui un légataire universel; cette thèse-là sans doute serait impossible; mais une thèse, qui ne nous paraît pas l'être moins,
c'est celle qui, après avoir reconnu que le legs de l'usufruit de tous les biens n'est pas *universel,* finit par conclure
qu'il est *à titre universel!*

Est-ce que le legs à titre universel n'est pas, moins
seulement l'étendue, de même nature que le legs universel? Est-ce qu'il n'est pas, pour ainsi dire, la partie du
tout? nous le croyons ainsi, quoique l'on ait écrit le contraire (Derôme, *Revue de législation*, 1852, t. III, p. 364);
la preuve en est que ces deux legs étaient autrefois confondus; et en effet, le legs à titre universel, comme le legs
universel, a pour objet l'universalité; ce qui les distingue, c'est que le legs à titre universel est contenu par une

limite, qui l'empêche de s'étendre à tous les biens; mais enlevez cette limite; et le legs, par sa propre nature, devient tout aussitôt universel!

Or, vous auriez beau laisser libre carrière à un legs d'usufruit; jamais, à moins de changer complétement de nature, il ne pourrait devenir un legs universel!

D'où nous concluons qu'il n'est pas à titre universel, et qu'il ne peut constituer qu'un legs particulier (comp. Bordeaux, 19 février 1853, Marteau, Dev., 1853, II, 327; Riom, 26 juill. 1862, Esbelin, Dev., 1863, II, 1; Agen, 19 déc. 1866, Sirvain, Dev., 1867, II, 180; Nîmes, 21 déc. 1866, X...., Dev. 1867-2-320; Proudhon, *de l'Usufruit*, t. II, n° 476; Duvergier sur Toullier, t. III, n° 432, note *a;* Coin-Delisle, art. 1003, n° 17; Bayle-Mouillard sur Grenier, t. II, n° 288, note *c*; Marcadé, art. 1010, n° 3; Mourlon, *Répét. écrit.*, t. I, p. 727; Aubry et Rau sur Zachariæ, t. VI, p. 147; Colmet de Santerre, t. IV, n° 157 *bis*, II; Saintespès-Lescot, t. IV, n° 1381).

587. — Voilà un testateur, qui, en faisant un legs de quotité, du tiers, par exemple, de ses biens, et par conséquent un vrai legs à titre universel, déclare affranchir son légataire de toute contribution aux dettes.

Cette clause a-t-elle pour résultat de changer le caractère du legs?

Coin-Delisle a répondu affirmativement, et qu'il ne faut plus y voir qu'un legs à titre particulier (art. 1002, n° 16; ajout. Zachariæ, Massé et Vergé, t. III, p. 276).

Nous ne le pensons pas ainsi.

Le legs, en effet, tel que nous le supposons, constitue, d'après l'article 1010, un legs à titre universel; et il devra dès lors conserver ce caractère, toutes les fois que les clauses ou modifications, que le testateur aurait pu y ajouter, n'auront pas pour résultat de le dénaturer.

Or, tel n'est point, suivant nous, le résultat de la clause par laquelle le légataire à titre universel est déchargé de la contribution aux dettes; ce n'est là qu'une modification secondaire, qui n'a trait qu'aux effets du legs, sans affecter son caractère constitutif ;

Donc, le legs demeure, malgré cette modification, dans celle des catégories à laquelle il appartient ; et il doit être soumis, quant aux autres effets, aux règles du legs à titre universel.

C'est par le même motif, en sens inverse, qu'un legs à titre particulier ne perdrait pas son caractère, parce que le testateur l'aurait assujetti au payement d'une dette ou même d'une quotité de dettes. (Comp. Bayle-Mouillard sur Grenier, t. II, n° 288, note c.)

588. — B. Nous avons maintenant à exposer les effets du legs à titre universel, aux trois points de vue sous lesquels nous avons exposé déjà les effets du legs universel (*supra*, n° 547) ; à savoir :

1° De quelle manière le légataire à titre universel peut prendre possession des biens légués ? et à compter de quelle époque il a droit aux fruits ?

2° De quelle manière il est tenu des dettes ?

3° De quelle manière il est tenu des legs ?

589. — 1° L'article 1011 est ainsi conçu :

« Les légataires à titre universel seront tenus de de-
« mander la délivrance aux héritiers auxquels une quotité
« des biens est réservée par la loi ; à leur défaut, aux lé-
« gataires universels ; et, à défaut de ceux-ci, aux héritiers
« appelés dans l'ordre établi au titre *des Successions*. »

La première conséquence, qui résulte de cet article, c'est que le légataire à titre universel n'est jamais saisi, et qu'il doit toujours demander la delivrance, lors même qu'il n'y a pas d'héritiers à réserve.

Quant à ceux auxquels il doit demander la délivrance, la loi prévoit trois hypothèses :

1° Celle où il existe des héritiers à réserve, sans légataire universel ;

2° Celle où il existe un légataire universel, sans héritier à réserve ;

3° Celle enfin où il existe des héritiers non réservataires, sans légataire universel.

Et notre texte explique clairement à qui, dans chacun de ces cas, le légataire à titre universel doit s'adresser.

590. — Mais ces hypothèses ne sont pas les seules, qui puissent se présenter ; il en est encore quelques autres, que la loi a omises, et qui sont pourtant moins simples peut-être que celles qu'elle a prévues.

Il ne sera pas, toutefois, difficile de les résoudre, à l'aide du principe, dont la solution législative de l'article 1011 paraît être la conséquence.

Ce principe, c'est que la délivrance doit être demandée par le légataire qui n'est pas saisi, au successeur qui est saisi, c'est-à-dire à celui qui, ayant la possession des biens légués, peut seul, en effet, en faire la délivrance.

Ajoutons pourtant qu'il faut également considérer si celui qui a la possession de l'objet du legs, en est, en même temps, aussi le débiteur (*infra*, n° 591).

591. — Supposons d'abord qu'il existe un héritier à réserve et un légataire universel.

Auquel des deux le légataire à titre universel doit-il demander la délivrance ?

Il faut distinguer :

Ou le légataire universel a lui-même obtenu déjà la délivrance contre l'héritier à réserve ;

Ou il ne l'a pas encore obtenue.

Dans le premier cas, ce n'est évidemment qu'au légataire universel, que le légataire à titre universel peut demander la délivrance ; au légataire universel, disons-nous, qui seul aurait intérêt à la contester, et qui est seul en possession des biens à délivrer.

Dans le second cas, au contraire, le légataire à titre universel doit demander la délivrance à l'héritier à réserve, qui est encore saisi ; mais, comme, en définitive, c'est sur le legs universel, que pèse le legs à titre universel, il convient que le légataire universel soit mis en cause; et si le légataire à titre universel ne l'y avait pas appelé, l'héritier à réserve ferait prudemment de l'y appeler lui-même, afin de n'être pas exposé à un recours de sa part, si celui-ci prétendait, par exemple, que le legs, dont la délivrance aurait été faite par l'héritier à réserve, était entaché de nullité ou n'avait pas toute l'étendue, qu'il lui a reconnue; car la chose jugée contre l'héritier à réserve, au profit du légataire à titre universel, ne serait pas opposable au légataire universel, qui n'aurait pas été partie (art. 1351, 1640; comp. Cass.. 8 déc. 1862, de Lapanouse, Dev., 1863, I, 34; Bayle-Mouillard sur Grenier, t. II, n° 297, note a; Coin-Delisle, art. 1011, n° 4; Zachariæ, Aubry et Rau, t. VI, p. 160; Colmet de Santerre, t. IV, n° 154 bis, I; D., Rec. alph., h. v., n° 3716).

592. — La succession se divise-t-elle entre des héritiers réservataires et des héritiers non réservataires? (Comp. supra, n° 565.)

Les uns et les autres étant également saisis, c'est également aux uns et aux autres, que le légataire à titre universel doit demander la délivrance, tant que le partage n'a pas eu lieu; d'autant plus qu'ils peuvent avoir un commun intérêt à contester son titre.

Mais après le partage, le légataire à titre universel ne pourrait s'adresser qu'aux héritiers non réservataires, s'il ne restait dans les mains des héritiers réservataires que des biens non disponibles. (Art. 915; comp. Coin-Delisle, art. 1011, n° 6; Bayle-Mouillard, loc. supra cit. Saintes-pès-Lescot, t. IV, n° 1391.)

593. — Mais voilà que, à défaut de parents légitimes, soit qu'il n'en existe pas, soit que ceux qui existent, aient renoncé, la succession est dévolue à des successeurs irréguliers, à un enfant naturel, au conjoint, à l'État?

La réponse est très-simple:

Les successeurs irréguliers ont-ils eux-mêmes obtenu déjà l'envoi en possession? (Art. 724.)

C'est.à eux que le légataire à titre universel doit s'adresser.

Ne l'ont-ils pas encore obtenu?

Le légataire à titre universel doit former sa demande en délivrance contre un curateur à succession vacante (art. 811; comp. Toullier, t. III, n° 550; Proudhon, *de l'Usufruit*, t. I, n° 391; Duranton, t. IX, n° 209; Coin-Delisle, art. 1011, n° 8; Poujol, art. 1011, n° 2; Bayle-Mouillard sur Grenier, *loc. supra cit.*; Taulier, t. IV, p. 153; Troplong, t. IV, n° 1854; Zachariæ, Aubry et Rau, t. VI, p. 160; Saintespès-Lescot, t. IV, n°s 1392, 1393).

594. — Nous avons toujours supposé, dans ce qui précède, que le testateur n'avait pas nommé d'exécuteur testamentaire.

Les solutions que nous venons de présenter, pourraient-elles se trouver modifiées, si le testateur en avait nommé un, surtout s'il lui avait attribué la saisine du mobilier? (Art. 1025 et suiv.)

C'est ce que nous examinerons bientôt (comp. le tome V, n° 69).

595. — A compter de quelle époque le légataire à titre universel a-t-il droit aux fruits?

Nous avons vu que cette question est résolue par l'article 1005, relativement au légataire universel, qui se trouve en concours avec un héritier à réserve, en ce sens qu'il a la jouissance, à compter du jour du décès, si la demande en délivrance a été faite dans l'année; sinon, que cette jouissance ne commence que du jour de la demande formée en justice ou de la délivrance volontairement consentie.

Nous verrons aussi bientôt que, relativement au légataire particulier, l'article 1014 dispose qu'il ne peut prétendre les fruits ou intérêts qu'à compter du jour de sa demande en délivrance ou du jour de la délivrance volontairement consentie.

Mais, au contraire, notre Code a gardé, sur ce point, le silence, en ce qui concerne le légataire à titre universel.

Et c'est une question délicate, et fort controversée, en effet, que celle de savoir s'il faut, en l'assimilant au légataire universel, lui appliquer l'article 1005, ou s'il ne faut pas plutôt lui appliquer l'article 1014, en l'assimilant au légataire particulier.

Trois opinions sont en présence.

a.. — La première enseigne que l'article 1005 n'est jamais applicable au légataire à titre universel, qui, en conséquence, n'a droit à la jouissance, que conformément à l'article 1014, comme le légataire particulier.

Les partisans de cette opinion raisonnent ainsi :

1° La règle générale, qui était observée, autrefois, dans les provinces de droit coutumier, était qu'aucun légataire, soit particulier, soit universel, ne pouvait prétendre aux fruits ou intérêts, qu'à compter du jour de sa demande en délivrance (comp. Pothier, *Introduct. au tit.* xvi *de la coutum. d'Orléans*, n° 75); et dans l'article 85 du projet de Code civil (correspondant à l'article 1014), le nouveau législateur avait maintenu cette règle dans toute sa généralité (comp. Fenet, t. XII, p. 384);

Or, l'article 1005 n'y a dérogé, exceptionnellement, qu'en faveur du légataire universel;

Donc, le légataire à titre universel est demeuré sous l'empire de la règle.

2° Le motif même de l'exception, qui y a été faite en faveur du légataire universel, atteste d'ailleurs qu'elle ne doit s'appliquer qu'à lui; les représentants des provinces de droit écrit voulaient que le légataire universel eût toujours la saisine, sans être obligé de demander la délivrance; et ce fut par une sorte de transaction, que, en même temps qu'on refusait la saisine au légataire universel, pour le cas où il existe des héritiers à réserve, on décida qu'il aurait droit aux fruits dès le jour du décès, si la demande en délivrance était formée dans l'année (*supra*, nᵒˢ 552 et 557);

Or, ce motif est tout à fait étranger au légataire à titre universel.

Peut-être aussi, l'article 1005 est-il fondé sur ce que le légataire universel, dans ce cas, subit une réduction; motif, qui serait encore inapplicable au légataire à titre universel.

Quoi qu'il en soit, la règle générale est que l'héritier (ou le légataire universel), doit être considéré comme possesseur de bonne foi, tant que le légataire à titre universel, de même que le légataire à titre particulier, n'a pas formé, contre lui, une demande en délivrance (art. 138, 549, 550; comp. Bourges, 1ᵉʳ mars 1821, Bouchard, Sirey, 1823, II, 358; Coin-Delisle, art. 1014, n° 8; Bugnet sur Pothier, t. VIII, p. 303; Derôme, *Revue de législation*, 1852, t. III, p. 357; Marcadé, art. 1005 et 1011; Troplong, t. IV, n° 1855; D., *Rec alph.*, *h. v.*, n° 3728, Massé et Vergé sur Zachariæ, t. III, p. 286; Saintespès-Lescot, t. IV, n° 1394).

596. — *b.* D'après la seconde opinion, que Duranton a proposée (t. IX, n° 211), il faudrait distinguer :

Le legs à titre universel a-t-il pour objet une quote-part de l'universalité, ou le mobilier en tout ou en partie? c'est l'article 1005, qui est applicable; car il est fondé sur la maxime : *fructus augent hæredita em.*

Mais, au contraire, si le legs à titre universel a pour objet les immeubles, ou une quotité fixe des immeubles, on doit appliquer l'article 1014; car, les fruits, une fois perçus, deviennent eux-mêmes des biens mobiliers, qui ne sauraient être considérés comme faisant partie des immeubles légués, dont ils sont séparés, et dont ils ne sauraient augmenter la masse.

597. — *c.* Enfin, la troisième opinion, qui nous paraît la meilleure, enseigne que l'article 1005 est toujours applicable au légataire à titre universel :

1° La preuve en résulte d'abord des travaux préparatoires, que la première opinion invoque, suivant nous,
mal à propos.

Voici en quels termes était conçu l'article 85 du projet :

« Tout legs pur et simple, fait *soit à titre universel, soit*
« *à titre particulier,* donnera au légataire, du jour du
« décès du testateur, un droit à la chose léguée, droit
« transmissible à ses héritiers ou ayants cause.

« Néanmoins, *le légataire* ne pourra se mettre en pos-
« session de la chose léguée, ni en prétendre les fruits
« ou intérêts qu'à compter du jour de sa demande en dé-
« livrance..., » etc. (Fenet, t. XII, p. 384.)

Ainsi, le legs à titre universel et le legs universel (qui
n'en formaient alors qu'un seul), étaient soumis à la
même règle ; et ils ne donnaient, l'un et l'autre, droit
aux fruits qu'à compter du jour de la demande en délivrance, comme le legs particulier.

Mais cette rédaction a été modifiée ; et les deux changements, qui y ont été faits, nous paraissent témoigner
que le législateur a voulu que la même règle, avec la modification qu'il y apportait, fût aussi également applicable
au legs universel et au legs à titre universel.

Non-seulement, en effet, il a supprimé dans le premier
alinéa de l'article du projet, ces mots : *soit à titre univer-*
sel, soit à titre particulier ; mais, ce qui est surtout signi-
ficatif ! il a ajouté, dans le second alinéa, le mot : *parti-*
culier, à la suite du mot : *légataire.*

D'où il résulte que, d'après le texte même de notre
article 1014, c'est *le légataire* PARTICULIER seulement, qui
n'a droit aux fruits ou intérêts qu'à compter du jour de
la demande en délivrance.

On se récrie, en disant que ces mots : *à titre universel,*
n'ont été supprimés du projet, que dans l'intérêt du légataire universel, et afin de donner une satisfaction à ceux
qui réclamaient, pour lui, la saisine dans tous les cas.

Ce qui résulte seulement de cette objection, c'est que ce fut, en effet, à cette occasion, que le changement du projet a eu lieu; mais on n'en saurait conclure qu'en établissant une différence entre *le legs à titre universel* et *le legs particulier*, le législateur ait entendu établir, encore et en outre, une autre différence, toute nouvelle, entre le legs universel et le legs à titre universel; toute nouvelle! disons-nous; car l'ancien droit coutumier avait eu si peu le pressentiment de la doctrine, que nous combattons, qu'il les avait, tous les deux, confondus dans la même dénomination et dans la même règle.

2° C'est que, en effet, au point de vue des principes, une telle différence serait impossible à justifier.

Est-ce que la position du légataire universel, qui se trouve en concours avec un héritier à réserve, n'est pas absolument la même que celle d'un légataire à titre universel ?

Et, dès lors, est-ce que les motifs, quels qu'ils soient, par lesquels on voudra expliquer l'article 1005, ne s'appliquent pas aussi au légataire à titre universel ?

Évidemment oui !

Or, deux motifs nous paraissent fournir l'explication de l'article 1005 :

D'une part, le légataire universel est tenu des dettes, comme l'héritier à réserve ; il en est tenu, non-seulement pour le capital, mais encore pour les intérêts ; et il est équitable qu'il eût droit, aussi, par compensation, aux fruits et aux intérêts ;

Or, il suffit de comparer l'article 1012 à l'article 1009, pour reconnaître la parfaite analogie, sous ce rapport, du legs à titre universel avec le legs universel.

D'autre part, le légataire universel et l'héritier à réserve ont, chacun, quoique à des titres différents, un droit de même nature dans l'universalité héréditaire ; si l'un est héritier, l'autre est *loco hæredis*, successeur *in universum jus* ; il fallait dès lors leur appliquer, à tous les deux, la règle : *fructus augent hæreditatem.* (L. 56, ff. *Famil. ercisc.*);

Or, telle est aussi la position du légataire à titre universel ; et, puisque la fraction de l'universalité, qui appartient au légataire universel en concours avec un héritier réservataire, s'augmente des fruits perçus depuis le décès, on ne comprendrait pas que la fraction de cette universalité n'en fût pas également augmentée au profit du légataire à titre universel. -

Nous savons bien que l'on prétend que l'art. 1005 n'est pas fondé sur la maxime : *fructus augent hæreditatem* ; que l'article 138 prouve que cette maxime n'a pas été admise dans notre droit ; et que cette preuve résulte de l'article 1005 lui-même, puisque, si la demande en délivrance n'est formée qu'après l'année du décès, le légataire universel n'aura droit aux fruits qu'à compter du jour de cette demande.

Mais nous avons déjà répondu que le législateur avait fait ici une sorte de transaction entre la règle : *fructus augent hæreditatem*, et cette autre règle, qui attribue les fruits au possesseur de bonne foi ; il a considéré que, dans l'année du décès, à supposer même que l'héritier ne connût pas le testament, il pouvait s'attendre à le voir apparaître ; et qu'il n'y avait lieu de le considérer comme de bonne foi, qu'après l'expiration de cette année (*supra,* n° 557).

Or, que le legs soit universel ou à titre universel, cette raison-là est toujours aussi vraie !

Nous concluons donc que l'article 1005 est applicable au légataire à titre universel.

598. — Les développements, qui précèdent, ont, par avance, démontré que nous ne faisons aucune distinction entre les legs à titre universel.

La distinction, proposée par Duranton, nous paraît, en effet, inadmissible :

1° Parce qu'elle introduit, entre les legs à titre

universel, une différence, qui ne repose sur aucun texte ;

2° Bien plus ! parce qu'elle viole les textes mêmes, qui soumettent aux mêmes règles, et notamment à l'obligation personnelle du payement des dettes de la succession, tous les legs à titre universel, soit d'une quotité de tous les biens, soit seulement du mobilier, ou seulement des immeubles ;

3° Enfin, parce que, en effet, cette assimilation est la conséquence nécessaire de la théorie législative, qui a classé ces espèces de legs parmi les legs à titre universel, et qui n'a pu les y classer qu'en faisant abstraction de la nature constitutive des immeubles légués, pour ne voir, dans ces immeubles, qu'une quote-part de l'universalité générale du patrimoine. (Comp. *supra*, n° 581, et *infra*, n° 600; Delvincourt, t. II, p. 354, 355; Grenier, t. II, n° 297 ; et Bayle-Mouillard, *h. l.*, note *b;* Toullier, t. III, n° 515; Poujol, art. 1011, n° 3; Favard, *Répert.* v° *Testam.*, sect. II, § 2, n° 5 ; Taulier, t. IV, p. 153 ; Zachariæ, Aubry et Rau, t. VI, p. 160-162; Colmet de Santerre, t. IV, n° 154 *bis*, II et III).

599. — 2° Notre seconde question est de savoir de quelle manière le légataire à titre universel est tenu des dettes (*supra*, n° 588).

Voici la réponse dans l'article 1012 :

« Le légataire à titre universel sera tenu, comme le lé-
« gataire universel, des dettes et charges de la succes-
« sion du testateur, personnellement pour sa part et por-
« tion, et hypothécairement pour le tout. »

C'est très-justement que cet article assimile, en ce qui concerne les dettes et charges de la succession, le légataire à titre universel au légataire universel ; cette assimilation est, en effet, complète, surtout lorsque le légataire universel, se trouvant en concours avec un héritier à réserve, n'est lui-même, à vrai dire, sous ce rapport, qu'un légataire à titre universel; aussi les articles 1009 et 1012 sont-ils conçus dans les mêmes termes (*voy.* encore art. 871).

Le légataire à titre universel est donc, à notre avis, comme le légataire universel, tenu, pour sa part et portion, personnellement envers les créanciers, et *même ultra vires*, s'il n'a pas accepté sous bénéfice d'inventaire.

Et sa part contributoire envers ses cosuccesseurs, est réglée aussi de la même manière.

Nous avons fourni déjà, sur ce sujet, des développements, auxquels il suffit de nous référer (dans notre *Traité des Successions*, t. V, n°s 31, 32, 33-41 et 44 ; comp. Cass., 13 août 1851, Toussaint, Dev., 1851, I, 653 ; Toulouse, 19 juin 1852, mêmes parties, *J. du P.*, 1852, I, 481 ; Taulier, t. IV, p. 154).

600. — Nous avons aussi remarqué (*loc. supra cit.*, n°s 34 et suiv.), qu'on ne doit point, sous ce rapport, faire de différence entre les diverses espèces de legs à titre universel, et que le légataire de tous les immeubles ou de tout le mobilier, ou d'une quotité fixe des immeubles ou du mobilier, est tenu des dettes de la succession, de la même manière que le légataire d'une quote-part de l'universalité des biens.

Seulement, tandis que la portion de dettes, que le légataire d'une quote-part de tout l'actif doit supporter, se trouve déterminée de suite à une quote-part proportionnelle du passif, il faut, quand il s'agit du légataire des immeubles ou du mobilier, ou d'une quotité fixe des immeubles ou du mobilier, faire une estimation de la succession, pour déterminer, en r ison de la valeur comparée de son legs, sa quote-part numérique dans les dettes ; mais voilà toute la différence ; elle ne réside que dans le mode de procéder.

Il n'y a pas lieu non plus de tenir compte de la nature mobilière ou immobilière des dettes ; de sorte que le légataire de tous les immeubles ou d'une quotité fixe des immeubles, n'en est pas moins tenu, dans la proportion de son legs, des dettes mobilières ; comme, réciproquement, le légataire du mobilier ou d'une quotité fixe du mobilier est tenu, dans la même proportion, des dettes immobilières. La règle générale est, en effet, que les dettes, quelles qu'elles soient, sont une charge de l'universalité du patrimoine, *universi patrimonii*, et non pas de telle espèce de biens (art. 2092, 2093) ; et comme la loi n'y a pas dérogé, en matière de legs, ainsi qu'elle l'a fait exceptionnellement en matière de communauté de biens entre époux, nous demeurons ici sous l'empire de la règle (comp. art. 1409-1°, 1414 ; notre *Traité des Successions*, t. V, n° 44 ; Duranton, t. IX, n° 243 ; Zachariæ, Aubry et Rau, t. VI, p. 175 ; Colmet de Santerre, t. IV, n° 155 *bis*, II).

601. — Nous avons vu s'élever l'espèce suivante :

Paul meurt, laissant un légataire à titre universel de tout son mobilier ; et trois légataires *à titre particulier* des trois seuls immeubles, qui lui appartenaient.

Le légataire à titre universel devrait-il supporter seul toutes les dettes ?

On soutenait la négative, en invoquant précisément la règle, que nous venons de poser, à savoir : que les dettes grèvent également tous les biens, meubles ou immeubles, qui composent l'ensemble du patrimoine ; et l'on ajoutait que cette autre règle, d'après laquelle les légataires à titre particulier ne sont pas tenus des dettes (art. 1024), n'y fait pas obstacle, puisque, si le testateur avait disposé de tous ses biens à titre particulier, il faudrait nécessairement que ses dettes fussent acquittées, aux dépens des légataires.

Oui! s'il avait disposé de tous ses biens à titre particulier (comp. notre *Traité* précité, t. V, n° 28).

Mais telle n'était pas l'espèce, qui se présentait ; le testateur avait fait, au contraire, un legs à titre universel, en même temps que des legs à titre particulier ; or, aux termes de l'article 1012, le légataire universel est tenu personnellement des dettes ; tandis que, aux termes de l'article 1024, le légataire à titre particulier n'en est pas tenu! est-ce que le légataire à titre universel de tout le mobilier, n'aurait pas été tenu de toutes les dettes, si le testateur n'avait pas eu d'immeubles? sans doute! or, quant au payement des dettes, c'est comme s'il n'en avait pas eu, lorsqu'il les a distraits de son patrimoine, par des legs à titre particulier.

602. — 3° Reste à savoir de quelle manière le légataire à titre universel est tenu des legs.

L'article 1013 est ainsi conçu :

« Lorsque le testateur n'aura disposé que d'une quo-
« tité de la portion disponible, et qu'il l'aura fait à titre
« universel, ce légataire sera tenu d'acquitter les legs
« particuliers par contribution avec les héritiers na-
« turels. »

Cet article correspond à la seconde partie de l'article 1009, où la loi s'est occupée, dans une seule disposition, en ce qui concerne le légataire universel, *des dettes et des legs;* tandis qu'elle s'occupe, en ce qui concerne le légataire à titre universel, dans deux dispositions distinctes : des *dettes* d'abord (art. 1012), et des *legs* ensuite (art. 1013).

Quoi qu'il en soit, l'article 1013 prévoit seulement une hypothèse, à savoir : celle où le testateur, laissant un héritier à réserve, n'a disposé à titre universel que d'une quotité de la portion disponible.

Mais cette hypothèse n'est pas la seule, qui puisse se présenter; il y en a encore deux autres, qu'il sera même utile d'examiner, avant d'arriver à celle que la loi a prévue, parce qu'elles doivent servir à la mieux faire comprendre.

603. — *a.* Il se peut d'abord que le testateur, laissant un héritier à réserve, ait disposé à titre universel de toute la portion disponible.

Rien de plus simple! nous dirons, de ce légataire à titre universel, ce que nous avons dit, avec l'article 1009, du légataire universel, qui se trouve en concours avec un héritier à réserve, *qu'il sera tenu d'acquitter tous les legs, sauf le cas de réduction, ainsi qu'il est expliqué aux articles* 926 *et* 927.

La situation des deux légataires est, en effet, absolument identique, à ce double point de vue :

D'une part, que l'héritier ne peut être tenu d'acquitter aucun legs sur sa réserve, qu'il doit toujours avoir intacte ;

Et, d'autre part, que le légataire, qui subit la réduction, est fondé à faire subir également aux autres legs, qu'il est chargé d'acquitter, une réduction proportionnelle (comp. *supra,* n° 571 ; le t. II de ce *Traité,* n° 556).

604. — *b.* La seconde hypothèse est celle où le testateur ne laissant pas d'héritier à réserve, a disposé, à titre universel, d'une portion de sa succession.

Primus meurt, laissant un frère pour héritier, un légataire à titre universel du quart de ses biens, et des legs particuliers.

L'actif net de la succession est de 100 000 fr.

Les legs particuliers s'élèvent à 10 000 fr.

Par qui seront dus les legs particuliers ?

A ne considérer que les principes et l'intention probable du testateur, on pourrait être porté à répondre que le frère, héritier, en sera seul tenu :

Le frère, en effet, n'a pas de réserve ; et le testateur aurait pu lui enlever, par des legs, sa succession tout entière ; dès lors, n'est-il pas vraisemblable que tous les legs, qu'il a faits, de quelque manière que ce soit, il les a voulu mettre à sa charge ? n'est-il pas naturel de croire, par exemple, qu'en léguant le quart de ses biens, il a entendu, puisqu'il avait 100 000 fr., laisser, réellement et effectivement, 25 000 fr. à son légataire à titre universel ; de même qu'il a entendu laisser, réellement et effectivement, 10 000 fr. à ses légataires particuliers. Eh ! de quoi donc le frère héritier pourrait-il se plaindre,

puisque son auteur lui laisse encore, à lui-même, après
ces legs, 65 000 fr., tandis qu'il aurait pu ne lui rien
laisser du tout!

Cette manière d'interpréter la volonté du testateur,
pourrait bien souvent ne pas manquer de vraisemblance;
et si nous avions à traiter ce sujet au point de vue lé-
gislatif, elle serait digne, à notre avis, de la plus sérieuse
attention (*voy.* aussi *infra*, n° 606).

Mais tel n'est point notre rôle; c'est la loi elle-même,
telle qu'elle existe, que nous devons interroger.

Or, il est incontestable que, d'après notre loi, l'héritier, même non réservataire, n'est tenu d'acquitter les
legs particuliers que par contribution avec le légataire à
titre universel; la preuve en résulte de l'article 1013,
qui, pour n'avoir pas prévu notre hypothèse elle-même,
ne la tranche pas moins certainement ainsi!

En effet, de l'article 1013 il résulte que l'héritier réservataire n'est tenu des legs particuliers que par contribution avec le légataire à titre universel, sur la quotité
de la portion disponible, dont le testateur n'a pas disposé;

Or, pourtant, la portion disponible pouvait être enlevée à l'héritier réservataire par des legs; comme la succession tout entière pouvait être enlevée à l'héritier non
réservataire;

Donc, de la même manière que l'héritier réservataire
n'est tenu des legs particuliers, sur la quotité de la portion disponible, qui lui reste, que par contribution, avec
le légataire universel; l'héritier non réservataire ne doit
être aussi tenu que par contribution sur la portion de la
succession, qui lui reste; car, la quotité, qui reste à
l'héritier réservataire en sus de sa réserve, était tout aussi
bien disponible, que la quotité de la succession, qui
reste à l'héritier non réservataire! (Comp. Colmet de Santerre, t. IV, n° 156 *bis*.)

605. — *c.* Nous arrivons à la troisième hypothèse,

à celle qui a été prévue directement par l'article 1013 (*supra*, n° 602).

Primus meurt, laissant un enfant, un légataire à titre universel du quart de ses biens, et des legs à titre particulier.

Sa succession (toutes dettes déduites), est de 100 000 francs.

La réserve de l'enfant, qui est de moitié, est de 50 000 francs.

Le legs à titre universel, qui est du quart, est de 25 000 francs.

Et les legs particuliers s'élèvent à 10 000 francs.

Notre texte décide que le légataire à titre universel est tenu d'acquitter ces legs, *par contribution avec les héritiers naturels*.

La règle est donc certaine; c'est par contribution entre l'héritier à réserve et le légataire universel, que les legs particuliers doivent être acquittés.

Mais quelle doit être la base de cette contribution?

Sur ce point, les opinions se divisent; et deux systèmes différents sont en présence :

L'un, d'après lequel l'héritier à réserve ne doit contribuer aux legs que dans la proportion de ce qu'il prend *dans la portion disponible*; ce qui, dans notre exemple, mettrait le payement des legs particuliers, par moitié, à la charge de l'héritier à réserve et du légataire à titre universel; puisque chacun d'eux prend moitié (25 000 francs) de la portion disponible;

L'autre, au contraire, d'après lequel l'héritier à réserve doit y contribuer en proportion de ce qu'il prend *dans la succession tout entière*; d'où il résulterait que l'héritier à réserve, qui a les trois quarts de la succession (75 000 francs), payerait les trois quarts des legs particuliers, et que le légataire à titre universel, qui n'a qu'un quart de la succession (25 000 francs), n'en payerait que le quart.

Cette controverse s'était élevée déjà dans notre ancienne jurisprudence; et il ne sera pas sans intérêt de
rappeler la solution, qu'elle y avait généralement reçue.

Un testateur, ayant légué la moitié de ses biens disponibles, c'est-à-dire la moitié de ses meubles et acquêts et
du quint de ses propres, avait fait aussi des legs particuliers de sommes d'argent; et la question était de savoir
dans quelle proportion l'héritier aux propres devait contribuer, avec le légataire à titre universel, au payement
des legs particuliers : si c'était en raison seulement de ce
qu'il prenait dans les biens disponibles, c'est-à-dire de
l'autre moitié des meubles et acquêts et du quint des propres; ou, au contraire, en raison de son émolument dans
la succession totale? question, comme on voit, tout à fait
pareille à la nôtre !

Pothier se montrait fort hésitant; et il n'était même pas
éloigné de croire que l'héritier ne devait pas contribuer
aux legs particuliers, en raison des quatre-quints, qui
formaient la réserve coutumière : « J'inclinerais assez à
ce sentiment, dit-il, parce que les legs ne sont pas, comme
les dettes, une charge de tous les biens, mais du disponible seulement. » (*Des Successions*, chap. v, art. 3 et 6;
et *des Donat. testam.*, chap. v, sect. III, § 2.)

Mais Lebrun enseignait la doctrine contraire (*des Successions*, liv. IV, chap. II, sect. IV, n° 10); et Bourjon,
qui la défend aussi avec une grande fermeté, atteste
qu'elle était conforme à la pratique constante du Châtelet
de Paris, où la solution de Pothier n'avait pas réussi à se
faire admettre. (*Droit commun de la France*, t. II, p. 314,
n° 8.)

Cette difficulté pourtant ne s'en est pas moins encore
élevée, sous notre Code.

Et l'on a soutenu que, d'après l'article 1013, c'est seulement en raison de la quotité qu'il prend dans la portion
disponible, que l'héritier à réserve est tenu de contribuer
à l'acquittement des legs particuliers :

1° Les legs, dit-on, à la différence des dettes, qui sont une charge de toute la succession, ne sont qu'une charge de la portion disponible; et la preuve en est que, s'ils épuisaient toute la portion disponible, l'héritier réservataire ne serait pas du tout tenu d'y contribuer;

Donc, s'il est tenu d'y contribuer, c'est seulement lorsqu'il prend une part de la portion disponible; et par conséquent aussi, il n'en est tenu que jusqu'à concurrence de la part qu'il y prend.

2° On ajoute que, d'après l'interprétation contraire, l'article 1013 ne serait qu'une inutile répétition de l'article 1012, avec lequel il ferait double emploi; en effet, l'héritier à réserve, en concours avec un légataire à titre universel d'une quotité de la portion disponible, serait tenu, en vertu de l'article 1013, des legs particuliers, par contribution, de la même manière dont il est tenu des dettes et autres charges de la succession, en vertu de l'article 1012; et, par conséquent, l'article 1012 aurait suffi; si donc, le législateur a édicté l'article 1013, c'est qu'il a voulu faire une différence entre les dettes et les legs, quant à la manière dont l'héritier à réserve est tenu d'y contribuer (comp. Bugnet sur Pothier, t. VIII, p. 295; Mourlon, *Répét. écrit.*, t. II, p. 369; Marcadé, art. 1013; D., *Rec. alph.*, h. v., nᵒˢ 3741, 3742; Taulier, t. IV, p. 154; Saintespès-Lescot, t. IV, nᵒ 1406; Colmet de Santerre, t. IV, nᵒ 156 *bis*; Duranton, qui avait d'abord enseigné cette doctrine, s'en est départi dans sa dernière édition, t. IX, nᵒ 222).

606. — Notre avis est, au contraire, que c'est en proportion de la part qu'il recueille dans la succession totale, que l'héritier réservataire doit contribuer, avec le légataire à titre universel, au payement des legs particuliers; et la preuve en résulte, suivant nous : soit du texte même de l'article 1013, soit des principes généraux du droit, soit enfin des travaux préparatoires, qui témoignent que telle a été, en effet, l'intention du législateur :

1° L'article 1013 suppose le cas où l'héritier à réserve, en concours avec un légataire à titre universel, recueille, dans la succession, comme héritier ab intestat, une part plus forte que sa réserve; et, dans cette hypothèse, que décide-t-il? que le légataire sera tenu d'acquitter les legs particuliers *par contribution* avec l'héritier; or, ces mots, appliqués au cas prévu par le texte, nous paraissent signifier que l'héritier est tenu d'y contribuer en raison de la part, qu'il conserve dans la succession, par l'effet de sa vocation héréditaire; de même que, réciproquement, le légataire est tenu d'y contribuer en raison de la part, qu'il y prend, par l'effet du testament.

C'est-à-dire que les termes généraux de la loi s'appliquent à la succession elle-même, à la succession totale, et non point seulement à la portion disponible.

2° Tel est, suivant nous, le sens naturel, que le texte présente; et nous ajoutons que le texte, ainsi entendu, est tout à fait conforme aux principes.

On objecte que la portion disponible peut seule être grevée de legs.

Il faut s'entendre!

Cette règle est vraie sans doute, en ce sens que la réserve ne peut pas être entamée par les legs; et il est incontestable que, dans le cas où les legs épuisent la portion disponible, l'héritier à réserve n'est, en aucune façon, tenu d'y contribuer. (Art. 1009; *supra,* n° 603.)

Mais on fait, au contraire, à notre avis, la plus inexacte application de la règle, lorsqu'on prétend en déduire que l'héritier réservataire n'est tenu de contribuer aux legs particuliers qu'en raison de ce qu'il prend de la portion disponible, dans le cas où les legs n'épuisant pas cette portion, il recueille, dans la succession ab intestat, une part plus forte que sa réserve; une telle prétention nous paraît même méconnaître les principes essentiels de la dévolution héréditaire!

L'héritier, même réservataire, qui recueille dans la

succession une part plus forte que sa réserve, n'a pas, en effet, deux titres : l'un, en vertu duquel il recueillerait la réserve ; l'autre, en vertu duquel il recueillerait la portion disponible ! pas plus qu'il n'y a là deux successions, ou, comme on dit, deux *unités*, dont l'une devrait entrer en ligne de compte pour la contribution aux legs, et dont l'autre n'y devrait pas entrer ! Tout au contraire ! l'héritier réservataire n'a qu'un titre unique, celui d'héritier ab intestat; et dès que sa réserve n'est pas entamée, il ne saurait l'invoquer en aucune manière ! nous l'avons déjà dit ailleurs, sur une question assez semblable à celle-ci : il n'y a pas lieu de parler de réserve, là où l'héritier réservataire recueille, dans la succession, une portion plus forte que sa réserve ! (*Voy.* le tome I de ce *Traité*, n° 432; *voy.* aussi l'article 915; et le tome II, n° 113).

De là cette double conséquence : d'une part, que le titre unique de l'héritier est indivisible; et d'autre part, qu'il n'y a qu'une seule succession, dans laquelle la distinction de la réserve et de la quotité disponible est impossible à faire !

3° Enfin, les travaux préparatoires témoignent que telle a été l'intention des rédacteurs de notre Code.

L'article 99 du projet (correspondant à l'article 1013) était d'abord ainsi conçu :

« Si le legs à titre universel ne comprend qu'une quo-
« tité de la portion disponible, *les legs particuliers sont*
« *acquittés d'abord par les héritiers, sur ce qui reste de la*
« *portion disponible, et subsidiairement par les légataires à*
« *titre universel,* ainsi qu'il est dit à l'article précédent. »
(Fenet, t. XII, p. 386.)

Ainsi, ce n'était pas seulement *par contribution* avec le légataire à titre universel, que l'héritier à réserve était tenu d'acquitter les legs particuliers; il en était seul tenu, tant que sa réserve ne se trouvait pas entamée ! et, il faut bien le reconnaître, cette disposition n'avait rien d'excessif; peut-être même aurait-elle été, dans la plupart des cas, plus conforme à la volonté probable du testateur, que la *contribution* (comp. *supra*, n° 604); elle ne fut pas conservée pourtant; et c'est la *contribution*, qui a été admise; mais le législateur, sans doute, n'a pas voulu se jeter d'une extrémité dans une autre; et, en admettant que les legs seraient acquittés par contribution entre l'héritier à réserve et le légataire à titre universel, sa pensée a été certainement que la contribution s'établirait, de chaque côté, en raison de la part, que chacun prenait dans la succession, tant que la réserve ne serait pas atteinte! il suffit de lire *l'Exposé des motifs*, pour reconnaître que M. Bigot-Préameneu, expliquant les articles 1012 et 1013, ne faisait aucune différence entre la contribution aux dettes et aux charges, et la contribution aux legs particuliers. (Fenet, t. XII, p. 559, 560.)

Mais alors, dit-on, l'article 1013 était inutile à faire!

Nous répondons que, de la même manière que le législateur s'était, dans l'article 1009, occupé séparément des dettes d'abord, et des legs ensuite, en ce qui concerne le légataire universel, il aura pu vouloir s'en occuper, aussi séparément, en ce qui concerne le légataire à titre universel, dans les articles 1012 et 1013 (*supra*, n° 602); il y en avait même, relativement à celui-ci, un motif spécial; c'est que, tandis que les dettes de la succession doivent être, dans tous les cas, supportées par contribution entre l'héritier à réserve et le légataire à titre universel, les legs particuliers ne doivent être supportés, par contribution, que dans les cas où le legs à titre universel ne porte que sur une quotité de la portion disponible; voilà ce que l'article 1013 a voulu dire; et, suivant nous, voilà seulement ce qu'il a dit (Comp. Grenier, t. II, n° 310; Zachariæ, Aubry et Rau, t. VI, p. 177; et un article de M. Dupret, où cette thèse est fort disertement traitée, *Revue de Droit français et étranger*, 1845, t. II, p. 881 et suiv.)

607. — Nous ferons une dernière observation : c'est que le testateur est libre de changer le mode de con- tribution aux dettes et aux legs, tel que le législateur l'a établi entre les héritiers et les légataires à titre universel.

Rien ne saurait, en effet, s'y opposer, sous la condition, bien entendu, que les dispositions qu'il pourrait faire, n'entameront point la réserve de ses héritiers (art. 920).

608. — La volonté du testateur de changer le mode de contribution, que la loi a établi, peut être expresse ou tacite.

Nous n'avons rien à dire du cas où le testateur a manifesté expressément sa volonté, si ce n'est que, s'il avait ainsi imposé à plusieurs de ses héritiers ou de ses légataires, l'obligation d'acquitter des legs, chacun d'eux en serait tenu seulement pour sa part personnelle et *numérale*, suivant le mot de Pothier; c'est-à-dire que, si le testateur en avait grevé deux personnes, chacune en serait tenue par moitié; et que, s'il en avait grevé trois, chacune en serait tenue pour un tiers, d'après le droit commun.

Il n'y aurait donc point de solidarité (arg. de l'article 1202);

Pas plus qu'on ne serait fondé à répartir, entre elles, la charge du legs, en proportion de la portion héréditaire, qu'elles recueillent (comp. Pothier, *des Donat. testam.*, chap. v, sect. iii, § 3).

609. — Quant à la volonté tacite du testateur de modifier le mode de contribution aux legs, elle doit s'induire surtout de la nature de ses dispositions.

C'est ainsi que le légataire à titre universel du mobilier doit être considéré, indépendamment de toute déclaration expresse, comme chargé seul de l'acquittement

des legs d'objets mobiliers déterminés dans leur individualité :

*Je lègue à Pierre tous mes meubles; et je lègue à Paul ma
bibliothèque..., ou telle somme qui m'est due par Jacques.*

Le legs particulier n'est, en effet, dans ce cas, qu'une
diminution, qu'une *délibation* du legs à titre universel;
et quel autre pourrait en être le débiteur, que le légataire des meubles, qui profiterait seul, en effet, de la nullité ou de la caducité de ce legs en sous-ordre! (Comp.
Pothier, *des Donat. testam.*, chap. VI, sect. V, § 1.)

Même solution, si, après avoir légué mes immeubles
à Pierre, j'avais légué ma maison de Marseille à Paul;
ce serait encore Pierre, qui serait seul débiteur de ce
legs.

Ce que nous disons du légataire à titre universel, il le
faut également dire de l'héritier; et le legs particulier
pourrait se trouver aussi exclusivement à sa charge :
comme si le testateur ayant légué à Pierre tous ses meubles, et laissé tous ses immeubles à son héritier, avait
légué à Paul sa maison de Marseille; cette maison ne
pourrait être évidemment due que par l'héritier, qui recueille seul les immeubles.

Et c'est ainsi que le légataire particulier lui-même, qui
n'est pas, en général, tenu des legs, pourrait s'en trouver tenu, par suite de la volonté tacite du testateur : *je
lègue à Pierre ma bibliothèque; et je lègue à Paul les œuvres
de Cujas, qui s'y trouvent;* c'est Pierre, qui est alors seul
débiteur envers Paul (comp. Pothier, *des Donat. testam.*,
chap. VI, sect. V, § 1; Delvincourt, t. II, p. 356; Duranton, t. IX, n° 217; Troplong, t. IV, n° 1866).

610. — Nous avons toujours supposé, dans les exemples qui précèdent, que les legs particuliers avaient
pour objet des biens déterminés dans leur individualité : *ma bibliothèque..., mon Cujas..., ma maison de Marseille.*

La même doctrine serait-elle applicable, dans le cas où

le legs particulier aurait pour objet des sommes d'argent, ou des biens déterminés seulement quant à leur espèce?

« Je lègue à Paul tout mon mobilier ; et je lègue à Pierre une somme de 10,000 fr., ou cent mesures de blé. »

La négative sera évidente, s'il ne se trouve, dans la succession, ni argent comptant, ni blé; et l'héritier, qui succède aux immeubles, sera certainement tenu de ce legs, par contribution avec le légataire à titre universel des meubles, conformément à l'article 1043.

Mais supposons qu'il existe, dans la succession, de l'argent comptant ou du blé.

Le legs particulier devra-t-il être supporté exclusivement par le légataire à titre universel des meubles?

On l'a enseigné ainsi, et que le legs particulier de cette somme ou de ces denrées, *in genere*, devait être considéré comme une délibation du legs à titre universel des meubles (comp. Duranton, t. IX, n°s 218, 219: A. Dalloz, *Dictionnaire*, v° *Legs*, n° 236; Bayle-Mouillard sur Grenier, t. II, n° 315, note *a*).

Mais la doctrine contraire a généralement prévalu; et nous croyons que c'est avec raison :

1° En effet, le legs d'une somme d'argent, ou d'une chose indéterminée quelconque, ne constitue, à vrai dire, qu'une créance; et cela, dans tous les cas, alors même qu'il existe, dans la succession, des deniers comptants ou des denrées de l'espèce semblable à celles qui ont été léguées; la preuve en est que l'article 1022 serait alors applicable, et que, si les denrées, qui existent dans la succession, étaient de la plus mauvaise qualité, le débiteur du legs ne pourrait pas forcer le légataire de les accepter (*infra*, n° 731); d'où il suit que ce ne sont pas ces denrées-là, en effet, *in specie*, *in individuo*, qui font l'objet du legs; or, si ce ne sont pas ces denrées qui font l'objet du legs, il n'y a pas de motif pour que ce legs soit dû plutôt par le légataire à titre universel des meubles, que par l'héritier qui succède aux immeubles!

2° C'est que, en effet, le mode de contribution établi par la loi, ne doit cesser d'être suivi, qu'autant qu'il est certain que le testateur a voulu le changer; et il s'en faut bien que cette certitude résulte de la seule circonstance, tout accidentelle peut-être, qu'il s'est trouvé, à son décès, du numéraire ou des denrées dans sa succession.

3° Ajoutons que, si le numéraire ou les denrées, qui s'y trouvent, ne suffisaient pas pour acquitter intégralement le legs particulier, il en résulterait cette conséquence bizarre que le légataire à titre universel aurait été tenu, exclusivement, pour partie, de l'acquittement du legs, et pour l'autre partie seulement par contribution avec l'héritier!

Notre conclusion est donc que, en général, et sauf les cas où les termes du testament révéleraient une intention différente, ces sortes de legs doivent être acquittés, d'après l'article 1013, par contribution entre l'héritier et le légataire à titre universel (comp. Pothier, *des Donat. testam.*, chap. v, sect. iii, § 2; Delvincourt, *loc. supra cit.*; Toullier, t. III, n° 559; Vazeille, art. 1013, n° 3; Marcadé, art. 1013; Troplong, t. IV, n° 1865; Zachariæ, Aubry et Rau, t. VI, p. 177; Massé et Vergé, t. III, p. 286, 287; Saintespès-Lescot, t. IV, n° 1405).

SECTION VI.

DES LEGS PARTICULIERS.

SOMMAIRE.

619. — Suite. — Du cas où le légataire était déjà, à un autre titre, co-propriétaire des biens à lui légués; — du legs fait par préciput à l'un des héritiers.

620. — Suite. — Ne faut-il pas, toutefois, excepter *le legs de libération?*

621. — *Quid*, du legs d'un objet mobilier, fait par le testateur à son exécuteur testamentaire, auquel il a donné la saisine de son mobilier. — Renvoi.

622. — Le testateur ne peut pas dispenser le légataire de l'obligation de demander la délivrance de son legs.

623. — La demande de délivrance ne peut être formée par le légataire, que lorsque son droit est ouvert et exigible.

624. — N'en faut-il pas conclure que la demande en délivrance d'un legs fait à une commune ou à un établissement public, ne peut être formée qu'après que l'acceptation du legs a été régulièrement autorisée?

625. — Contre qui le légataire doit-il former sa demande en délivrance?

626. — Suite. — Des legs de sommes d'argent ou de choses déterminées seulement quant à leur espèce.

627. — La délivrance doit être demandée en justice, à moins qu'elle ne soit volontairement consentie.

628. — Suite. — Elle doit être portée devant le tribunal du lieu où la succession s'est ouverte.

629. — De la délivrance volontaire. — Comment elle peut être faite. — De quelle manière elle peut être prouvée.

630. — La délivrance volontairement consentie produit les mêmes effets que la délivrance demandée en justice. — Conséquence.

631. — Le légataire n'en a pas moins, dès avant toute demande en délivrance, un droit acquis à la chose léguée. — Conséquences.

632. — Suite.

633. — Mais, avant la demande en délivrance, le légataire ne peut : ni se mettre en possession de la chose léguée; ni exercer aucune action relativement à cette chose; ni en prétendre les frais ou intérêts.

634. — Le légataire particulier n'a, en effet, droit aux fruits ou aux intérêts de la chose léguée qu'à compter de sa demande en délivrance ou de la délivrance volontairement consentie. — Exposition de l'ancien droit sur ce point.

635. — Suite.

636. — Suite.

637. — Les legs de l'usufruit soit d'un ou de plusieurs objets déterminés, soit d'une quote-part de l'universalité, ou même de l'universalité totale des biens, n'étant qu'un legs à titre particulier, il s'ensuit qu'il ne donne droit aux fruits ou intérêts qu'à compter de la demande en délivrance. — Renvoi.

638. — Le légataire particulier a droit aux fruits et aux intérêts, dès le jour de la demande en délivrance. — De là peut résulter la nécessité d'une répartition entre l'héritier et lui.

639. — Suite.

640. — Suite.

641. — Suite.

642. — Suite. — *Quid*, si le legs a pour objet des meubles, qui ne produisent ni fruits, ni intérêts?

non-seulement aux légataires particuliers, mais même aussi aux légataires à titre universel?

677. — B. Des choses, qui peuvent être léguées.

678. — Du legs de la chose d'autrui. — Exposition historique.

679. — Suite. — Exposition doctrinale.

680. — L'article 1021, qui déclare nul le legs de la chose d'autrui, est
inapplicable aux legs de quantités ou de choses indéterminées.

681. — a. Première hypothèse : Le testateur a dit : *Je lègue à Primus la
maison A ;* et cette maison ne lui appartient pas.

681 bis. — Il faut, pour que l'article 1021 soit applicable, que la chose
léguée n'appartienne pas au testateur, à l'époque de son décès.

682. — b. Seconde hypothèse : Le testateur a dit : *Je lègue à Primus la
maison A, qui appartient à Secundus ; et je charge mon héritier de
l'acheter moyennant 100 000 fr., ou, s'il ne peut pas se la procurer, de
remettre cette somme à Primus.*

683. — Suite.

684. — Suite.

685. — c. Troisième hypothèse : Le testateur a dit : *Je lègue à Primus
la maison A, qui appartient à Secundus.*

686. — Suite.

687. — L'article 1021 est-il applicable à la chose de l'héritier ou de tout
autre débiteur du legs?

688. — Suite.

689. — Le legs de la chose, qui appartient déjà au légataire, peut-il avoir
quelque effet?

690. — On ne saurait considérer comme chose d'autrui, la chose sur laquelle le testateur a un droit futur, certain, ou même conditionnel.

691. — Quel peut être l'effet du legs d'une chose, dont le testateur avait
la propriété indivise avec un tiers? — Exposition.

692. — a. Du cas où l'indivision a cessé, du vivant du testateur.

693. — b. Du cas où l'indivision existe encore, lors du décès du testateur.

694. — Suite.

695. — Suite.

696. — C. De l'exécution et de l'interprétation des legs. — En quel état
et avec quels accessoires la chose léguée doit-elle être délivrée ?

697. — a. Du cas où le legs s'applique à des objets déterminés dans leur
individualité.

698. — Suite. — L'héritier n'est pas tenu de l'obligation de garantie envers le légataire.

699. — Suite.

700. — Suite.

701. — La chose léguée doit être délivrée avec ses accessoires nécessaires, et dans l'état où elle se trouve, au jour du décès du testateur.

702. — Quel est le sens de ces mots : *accessoires nécessaires?*

703. — Suite.

704. — Suite.

705. — Suite.

706. — Des changements, qui ont pu survenir à la chose léguée, dans
l'intervalle du décès du testateur à la délivrance du legs.

739. — On peut appliquer à l'interprétation des testaments, les règles, qui ont été posées, dans les articles 1156 à 1164, sur l'interprétation des conventions.

740. — Suite.

741. — Suite.

742. — Suite. — Dans le doute, en faveur de quelle partie doit-on décider, de l'héritier ou du légataire?

611. — Nous avons, en ce qui concerne les legs particuliers, à examiner :

I. Quels en sont les caractères distinctifs;

II. Quels en sont les effets;

III. Nous exposerons un certain nombre de règles, que le législateur a aussi placées dans cette section.

612. — I. Notre Code n'a pas donné la définition du legs particulier; ou du moins, n'en a-t-il donné qu'une définition *négative*, en se bornant à dire, après avoir défini, dans les articles 1003 et 1010, le legs universel et le legs à titre universel, que :

« Tout autre legs ne forme qu'une disposition à titre particulier. »

D'où la conséquence que toute disposition, qui ne rentrera ni dans les termes de l'article 1003, comme legs universel, ni dans les termes de l'article 1010, comme legs à titre universel, sera nécessairement un legs particulier.

Nous en avons déjà fourni plusieurs exemples (*supra*, nos 583, 584).

613. — Et ce qu'il faut remarquer, c'est que le caractère du legs est indépendant de l'importance, plus ou moins considérable, de l'émolument, qui peut en résulter pour le légataire.

La pensée du législateur paraît bien avoir été sans doute de considérer le legs particulier comme le moins important des trois legs, qu'il admettait; et on pourrait en trouver la preuve dans des textes, qui, en défendant les dispositions universelles, autorisent les dispositions à titre particulier (*voy.* art. 909).

Il est vrai même d'ajouter que, en fait, il en est souvent ainsi.

Mais ce qui est certain, en droit, c'est que le legs particulier pourrait comprendre la plus grande partie ou même la totalité du patrimoine du testateur, sans perdre, pour cela, son caractère.

641. — II. Nous examinerons les effets du legs particulier, comme nous avons examiné les effets du legs universel et à titre un iversel (*supra*, n° 558), sous un triple point de vue, c'est-à-dire en ce qui concerne :

A. La mise en possession, et le droit aux fruits ou intérêts;

B. Le payement des dettes ;

C. Le payement des legs.

615. — *A.* L'article 1014, dans son second alinéa, est ainsi conçu ;

« Néanmoins, le légataire particulier ne pourra se
« mettre en possession de la chose léguée, ni en préten-
« dre les fruits ou intérêts, qu'à compter du jour de sa
« demande en délivrance, formée suivant l'ordre établi
« par l'article 1011, ou du jour auquel cette délivrance
« lui aurait été volontairement consentie. »

Cette obligation imposée au légataire de demander la délivrance de son legs, dérive de notre ancien droit coutumier, où elle était la conséquence de la maxime : *le mort saisit le vif;* les jurisconsultes français avaient considéré que la saisine légale, en vertu de laquelle l'héritier a la possession de tous les biens de la succession, ne pouvait être anéantie par la volonté unilatérale ni du testateur, ni du légataire, et qu'il y fallait le concours de l'héritier lui-même, *des mains duquel,* disait Ricard, *les légataires doivent prendre les legs.* (Part. II, chap. i, sect. ii, n°s 1 et suiv.; Furgole, *des Testam.,* chap. x; Pothier, *des Donat. testam.,* chap. v, sect. ii, § 2; Domat, *Lois civ.,* part. II, liv. IV, sect. viii, n° 3.)

Notre Code devait d'autant plus consacrer cette conséquence logique de la saisine héréditaire, qu'elle a le double avantage : soit de prévenir des voies de fait et des collisions entre le légataire et l'héritier; soit de permettre à l'héritier, débiteur du legs, de contrôler le titre du légataire, avant qu'il soit exécuté.

616. — Ces motifs témoignent, ainsi d'ailleurs que le texte même de la loi s'en explique, que l'obligation de demander la délivrance est imposée, non-seulement aux légataires à titre particulier, mais encore aux légataires à titre universel, et même au légataire universel, lorsqu'il se trouve en concours avec un héritier réservataire, qui a la saisine (art. 1004, 1011, 1014; *supra*, nos 552, 553; Ricard, *loc. supra cit.*, n° 10).

617. — C'est que, en effet, sauf le cas prévu par l'article 1006, la règle nous paraît être que tout légataire est tenu de demander la délivrance.

Nous devons dire, toutefois, que l'on a, dès longtemps, entrepris d'y apporter d'autres exceptions.

Et voilà comment déjà, dans notre ancien droit, on avait mis en question si le légataire, qui se trouve, lors du décès du testateur, en possession de l'objet légué, ne doit pas être dispensé de l'obligation d'en demander la délivrance; et la même controverse s'agite encore aujourd'hui.

Un parti considérable, dans la doctrine et dans la jurisprudence, tient pour l'affirmative.

On reconnaît, il est vrai, ce qui est, en effet, d'évidence! que si c'était de son autorité privée, que le légataire se fût mis en possession, du vivant du testateur, cette voie de fait ne saurait lui profiter, et qu'il n'en serait pas moins tenu de demander la délivrance.

Mais dans le cas, au contraire, où c'est par la volonté du testateur, que le légataire se trouve, à quelque titre que ce soit, en possession de la chose léguée, on décide qu'il n'est pas tenu de former une demande en délivrance, qui n'aurait plus d'objet, puisqu'il a déjà la possession,

qu'elle a seulement pour but de lui procurer ; la raison
et l'équité, dit-on, commandent alors d'éviter un circuit
inutile, d'après lequel le légataire rendrait la chose léguée à l'héritier, pour que l'héritier la délivrât au légataire.

Cette solution a été appliquée au cas où le légataire
détenait la chose léguée comme locataire ou fermier, et
encore au cas où un mari, que sa femme avait fait légataire de son mobilier, en avait la possession comme chef
de la communauté (comp. Nîmes, 6 janv. 1838, Porta-
nier, Dev., 1838, II, 289 ; Bourges, 27 janv. 1838,
Brossard, Dev., 1838, II, 116 ; Limoges, 21 fév. 1839,
Reyt, Dev., 1839, II, 334 ; Limoges, 5 juin 1846, Legay,
Dev., 1846, II, 578 ; Cass., 25 janv. 1865, Jaunac, Dev.,
1865, I, 88 ; Merlin, *Répert.*, v° *Légataire*, § 5, n° 7 ;
Delvincourt, t. II, p. 262 ; Proudhon, *de l'Usufruit*, t. I,
n° 386 ; Toullier, t. III, n° 541 ; Grenier, t. II, n° 304 ; et
Bayle-Mouillard, *h. l.*, note *a* ; Zachariæ, t. IV, § 747,
note 2 ; Poujol, t. II, p. 164, n° 6 ; Saintespès-Lescot,
t. IV, n°s 1423, 1424).

648. — Nous ne croyons pas que cette doctrine soit
juridique :

1° Elle nous paraît contraire au texte même de la loi,
qui, dans les articles 1005, 1011 et 1014, impose, sans
aucune distinction, aux légataires, l'obligation de demander la délivrance, et qui, spécialement en ce qui concerne le légataire particulier, ajoute *qu'il ne pourra se
mettre en possession de la chose léguée, ni en prétendre les
fruits ou intérêts,* qu'à compter du jour où il aura rempli
cette obligation, si ce n'est dans les deux cas d'exception
déterminés par l'article 1015.

2° On se récrie : l'article 1014, en décidant que le
légataire *ne pourra* SE METTRE *en possession,* suppose lui-
même que le légataire n'est pas déjà en possession !

Plusieurs réponses se présentent, également péremptoires, suivant nous :

C'est, d'abord, que la possession, qu'il s'agit, pour le légataire, d'acquérir, c'est la possession à titre de legs, *pro legato;* or, cette possession-là, il ne l'a pas encore! car précisément il ne la peut acquérir que par la délivrance du legs; et il ne saurait intervertir lui-même, par sa seule volonté, la cause de sa possession, au préjudice de la saisine légale de l'héritier! voilà en quel sens Ricard disait fort justement : *je n'estime pas que la possession de fait soit capable, en cette rencontre, d'acquérir la possession de droit!* (Part. II, chap. III, n° 11.)

Ajoutons que la demande en délivrance a aussi pour but de mettre l'héritier (ou plus généralement) le débiteur du legs, en mesure de le contrôler, et de le contester, s'il y a lieu, ou d'en reconnaître la validité! (*Supra*, n° 615.)

3° Aussi, telle était la doctrine généralement admise dans notre ancien droit : par Henrys, notamment (t. II, liv. VI, *dernière Question*); par Ricard (*loc. supra cit.*); et même aussi par Pothier, que les partisans de l'opinion contraire nous paraissent invoquer mal à propos; ce que dit seulement Pothier, c'est qu'il n'est pas nécessaire que le légataire, qui possède déjà la chose léguée, en remette effectivement la possession à l'héritier, pour que l'héritier, à son tour, la lui rende! (*Des Donations testam.*, chap. V, sect. II, § 2); c'est ce que dit aussi Ricard (*loc. supra*, n° 13), qui n'en conclut pas moins que le légataire n'est pas, pour cela, dispensé de demander la délivrance.

Nous le croyons, en effet, ainsi, et que si l'héritier, par exemple, venait réclamer la restitution de la chose léguée, contre le légataire, qui la détiendrait en qualité de locataire ou de fermier, celui-ci pourrait, par voie d'exception, en demander la délivrance, de manière à être dispensé de la restituer et d'en payer les loyers ou fermages pour l'avenir.

Nous ne demandons pas mieux que de reconnaître encore que, si le légataire, qui était déjà en possession de l'objet légué, lors du décès du testateur, avait été laissé, sciemment et volontairement, par les héritiers dans la jouissance paisible de cet objet, on en pourrait induire qu'ils ont consenti tacitement à la délivrance; car la délivrance alors s'opérant par *le seul consentement* (art. 1606), rien ne fait obstacle à ce qu'elle soit présumée; et ce sera là, le plus souvent, un correctif suffisant à des conséquences, dont on a reproché la dureté à notre doctrine (comp. *infra*, n° 629; Limoges, 12 déc. 1837, Masnyac, D., 1839, II, 69; Cass., 19 déc. 1840, de Bonnemains, D., 1841, I, 17; Riom, 11 avril 1856, Buy, Dev., 1856, II, 602; Caen, 4 mai 1866, Auzerais, *Rec. des arrêts de Caen et de Rouen*, 1866, p. 195).

Mais il nous serait impossible de faire d'autres concessions, et de décider, comme le font les partisans de la doctrine, que nous combattons, que *le légataire n'a, dans ce cas, aucune demande en délivrance à former!* Nous tenons, au contraire, qu'il doit, comme tout autre légataire, former une demande en délivrance (comp. Riom, 1er déc. 1818, Menesloux, Sirey, 1820, II, 132; Toulouse, 29 juill. 1829, Bilas, D., 1830, II, 262; Cass., 9 nov. 1831, Sauzay, D., 1832, I, 50; Duranton, t. IX, n° 272; Zachariæ, Aubry et Rau, t. VI, p. 155; Duvergier sur Toullier, t, III, n° 541, note 1; Colmet de Santerre, t. IV, n° 158 *bis*, IV).

619. — Nous appliquerions la même solution :

Soit au cas où le légataire serait déjà, à un autre titre, copropriétaire, par indivis, des biens à lui légués (*voy.* toutefois, en sens contraire, Bourges, 27 janv. 1838, Brossard, *supra*, n° 617);

Soit au cas où le legs aurait été fait à l'un des héritiers par préciput.

Cette dernière application de notre doctrine était autrefois fort contestée; et elle n'a pas cessé de l'être (comp. Furgole, *des Testam.*, chap. x, n° 58; Brodeau, lettre *h*, somm., XVI, n° 2; Chopin, *De priv. rust.*, liv. III, chap. VII, n° dernier; Bordeaux, 23 mai 1840, Michelin, D., 1841, II, 16; Grenier, t. II, n° 305; et Bayle-Mouillard, *h. t.*, note *a*; Poujol, art. 1006, n° 5; Toullier, t. III, n° 542; Coin-Delisle, art. 1006, n° 15; Marcadé, art. 1015, n° 2; Taulier, t. IV, p. 462).

Mais Ricard répliquait fort justement, que « la cou- « tume, en déclarant que l'héritier est saisi de plein « droit, ne peut s'entendre que jusqu'à concurrence de « sa part et portion; de sorte que si, en vertu d'un autre « titre, il a d'autres prétentions sur les biens du défunt, « il doit être considéré comme un étranger.... » (*Loc. supra cit.*, n° 2.)

Nous pensons donc que l'héritier, lors même qu'il accepte la succession, n'en est pas moins tenu de demander, comme tout autre légataire, la délivrance de son legs (*voy.* les citations, *supra*, n° 618).

A fortiori, cette solution doit-elle être maintenue, lorsque l'héritier renonce à la succession; ou, lorsque, n'étant pas héritier à réserve, il est exclu par un légataire universel, qui a la saisine (comp. notre *Traité des Successions*, t. I, n° 143; Bayle-Mouillard, *loc. supra cit.*; Saintespès-Lescot, t. IV, n° 1447).

620. — Ne faut-il pas faire une exception, du moins en ce qui concerne le legs de libération?

Cette exception était généralement admise dans notre ancien droit.

Denizart nous apprend, toutefois, qu'elle y avait excité des doutes :

« Quelques-uns néanmoins, dit-il, croient que, si la « dette léguée produisait des intérêts ou des arrérages, « le légataire serait, en ce cas, assujetti à former une « demande en délivrance, et qu'il devrait les intérêts « ou les arrérages à la succession jusqu'au jour de cette « demande, parce que, la dette étant dans la succession, « elle appartient à l'héritier auquel elle doit profiter jus-

« qu'à cette demande, qui donne seule au legs son com-
« plément et sa perfection. — Mais (ajoute-t-il) la de-
« mande en délivrance n'est pas plus nécessaire en ce
« cas que dans les autres, parce que le legs de libération
« n'aboutit point à quelque chose de réel, qui puisse
« être délivré, et qu'il opère seulement l'extinction d'un
« droit. Il est d'ailleurs évident que, dans ces sortes de
« legs, la volonté du testateur est que le légataire soit
« libéré de la dette et qu'il n'en supporte plus le poids,
« à compter du jour du décès; cette volonté, qui est la
« loi souveraine dans les testaments, n'aurait cependant
« pas son effet, si on faisait encore payer au légataire les
« intérêts ou les arrérages de la chose léguée échus dans
« le temps intermédiaire du décès et de la demande en
« délivrance. » (*Répert.*, v° *Legs.*)

Telle est encore la doctrine moderne; et nous la
croyons exacte; mais ne serait-il pas plus juridique de
la motiver, en disant que le légataire, même dans ce cas,
est tenu de demander la délivrance, et que, si les intérêts ou les arrérages cessent d'être dus par lui, dès
avant cette demande et à compter du jour du décès, c'est
en vertu de la volonté du testateur manifestée expressément par la nature même de l'objet légué; car, dès le
jour de son décès, la dette a été éteinte; or, s'il n'y a
pas de dette, comment pourrait-il y avoir des intérêts?
(Comp. Merlin, *Répert.*, v° *Légataire*, § 5, n° 9; Zachariæ, Aubry et Rau, t. VI, p. 156; Mourlon, qui cite,
en ce sens, M. Valette, *Répét. écrit.*, t. II, p. 365; Colmet
de Santerre, t. IV, n° 158 *bis*, V; D., *Rec alph.*, *h. v.*,
n° 3845; Taulier, t. IV, p. 162.)

621. — Nous verrons également si la demande en
délivrance n'est pas inutile de la part du légataire d'effets mobiliers, que le testateur aurait nommé son exécuteur testamentaire, en lui donnant la saisine, et si ce
légataire n'est pas alors autorisé à retenir, sans demande
en délivrance, les legs qui lui ont été faits (comp. le tome V

de ce *Traité*, n° 70; Toullier, t. III, n° 542; Zachariæ, Aubry et Rau, *loc. supra cit.*).

622. — Que le testateur ne puisse pas dispenser son légataire de l'obligation de demander la délivrance, c'est un principe, qui nous est maintenant bien acquis (*supra*, n° 553).

Et, malgré les doutes qui ont été exprimés par Toullier (t. III, n° 540, note 2) et par Grenier (t. II, n° 209), nous n'en exceptons aucun cas : ni celui où le testateur n'aurait laissé pour héritiers que des collatéraux ; ni même celui où le testateur, ne laissant que des héritiers collatéraux, aurait institué un légataire universel, en le grevant de legs particuliers; notre avis est que les légataires particuliers ne pourraient pas être dispensés de demander la délivrance, soit aux héritiers, soit au légataire universel (comp. Bruxelles, 2 déc. 1830, Foslier, Dev., 1831, II, 63; Ricard, part. II, chap. i, n° 10; Pothier, *loc. supra cit.;* Coin-Delisle, art. 1014; Bayle-Mouillard sur Grenier, *loc. supra cit.*, note *a; voy.* toutefois, Angers, 3 août 1851, Tanquerel, D., 185?, II, 155).

623. — Il est bien entendu que la demande en délivrance ne peut être formée par le légataire, que lorsque son droit est ouvert et exigible.

D'où la conséquence que, si le legs était soumis à une condition suspensive ou à un terme, cette demande ne serait pas recevable avant l'accomplissement de la condition ou l'échéance du terme (art. 1014, 1040).

624. — N'en faut-il pas conclure que la demande en délivrance d'un legs fait à une commune ou à un établissement public, ne peut être formée qu'après que l'acceptation du legs a été régulièrement autorisée?

Nous le croyons ainsi.

On objecte que le maire et les autres administrateurs ont le droit, même avant l'autorisation, d'accepter le legs provisoirement, et de faire, en conséquence, tous les actes conservatoires (comp. Paris, 19 mai 1851, d'Aligre, Dev., 1851, II, 369 ; Orléans, 8 janv. 1867, Adam, Dev., 1867, II, 111 ; Troplong, t. II, n°ˢ 678, 679 ; Durieu et Roche, *Répert. de l'admin. des établiss. de bienfaisance*, n° 54).

Mais il nous paraît impossible de considérer comme un acte simplement conservatoire la demande en délivrance du legs (comp. le tome I de ce *Traité*, n° 599 ; Cass., 1ᵉʳ nov. 1849, le Bureau de charité de Bordeaux, Dev., 1850, I, 198 ; Paris, 27 janv. 1851, d'Aligre, Dev., 1851, II, 72 ; Cass., 24 mars 1852, hospices de Bourbon-Lancy, Dev., 1852, I, 397 ; Cass., 12 nov. 1862, Planches, Dev., 1862, I, 1021 ; Caen, 18 déc. 1866, Séverie, *Rec. des arrêts de Caen et de Rouen*, 1867, p. 59 ; Zachariæ, Aubry et Rau, t. VI, p. 157).

625. — Nous avons déjà dit contre qui le légataire doit former sa demande en délivrance (*supra*, n°ˢ 585 et suiv.).

Régulièrement, c'est contre ceux qui ont la saisine, qu'elle doit être dirigée.

Voilà comment le légataire particulier, même d'un corps certain, doit en demander la délivrance à l'héritier ou au légataire universel ; et cela, lors même que le corps certain, qui lui a été légué, se trouverait compris dans un ensemble de biens légués à un légataire à titre universel ou à un légataire particulier, tant que ceux-ci n'ont pas eux-mêmes demandé la délivrance de leur legs.

Mais au contraire, après qu'ils en ont demandé la délivrance c'est à eux que le légataire particulier doit s'adresser.

626. — La même observation s'applique au légataire d'une somme d'argent, ou de choses déterminées seulement quant à leur espèce.

On pourrait dire, d'ailleurs, que ces sortes de legs ne constituant que des créances, la demande en délivrance, qui doit être formée contre ceux qui en sont débiteurs, n'est, en réalité, qu'une demande ordinaire de payement.

627. — La délivrance doit être demandée en justice, à moins qu'elle ne soit volontairement consentie.

Elle doit être, disons-nous, demandée en justice, suivant

les formes ordinaires, ainsi que la preuve en résulte du texte même des articles 1005 et 1015; d'où il suit qu'une simple sommation adressée à l'héritier de consentir la délivrance, devrait être considérée comme insuffisante (comp. Dijon, 14 mai 1847, Forneret, Dev., 1848, II, 95).

628. — Cette demande, d'ailleurs, doit être aussi, suivant les règles ordinaires, portée devant le tribunal du lieu où la succession s'est ouverte (art. 110 Cod. Napol.; art. 59-6° Cod. de procéd.; Toulouse, 22 mars 1839, Galès, D., 1839, II, 164).

629. — Que le consentement de l'héritier (ou plus généralement du débiteur du legs), à la délivrance, rende inutile la demande en justice, cela est bien clair.

Il faut ajouter que cette délivrance volontaire n'a été soumise, par la loi, à aucune forme spéciale.

D'où la conséquence, qu'elle peut être faite de toute manière, dès que la preuve en est fournie, d'après le droit commun.

C'est ainsi que cette preuve pourrait résulter :

Soit d'une simple lettre missive adressée par l'héritier au légataire (comp. Cass., 22 avril 1851, Berthemet, Dev., 1852, I, 726);

Soit du fait que l'héritier aurait servi les arrérages ou les intérêts au légataire d'une rente ou de l'usufruit d'une somme d'argent (comp. Bordeaux, 29 mai 1839, Galès, D., 1839, II, 268; Limoges, 23 novembre 1840 Chapeau, Dev., 1841, II, 161; Proudhon, *de l'Usufruit*, t. I, n° 385);

Soit même seulement de cette circonstance que le légataire aurait conservé ou aurait pris la possession des biens légués, au vu et su de l'héritier, sans opposition de sa part (comp. *supra*, n° 518; Cass., 18 nov. 1840, de Bonnemains, D., 1841, I, 17; Bordeaux, 23 avr. 1844, Maserat, Dev., 1844, II, 492; Riom, 11 avril 1856, Buy, Dev., 1856, II, 602; Cass., 25 mai 1864, Rebotie-Dachie, Dev., 1864, I, 333).

M. Bayle-Mouillard remarque toutefois, avec raison, que, si l'héritier prétendait, au contraire, que le légataire s'est mis en possession de l'objet légué par voie de fait, on ne pourrait justifier de son consentement par la preuve testimoniale (art. 1341), et qu'il est, dans tous les cas, plus prudent de faire constater la délivrance par écrit. (Sur Grenier, t. II, n° 298, note a.)

630. — La délivrance volontairement consentie produit les mêmes effets que la délivrance demandée en justice ; car la loi n'a pas fait de différence entre l'une et l'autre ; et il n'y aurait eu, en effet, de cela aucun motif! (Comp. Cass. 22 avril 1851, Berthemet, Dev., 1852, I, 726.)

Aussi, ne saurions-nous partager le sentiment de Coin-Delisle, qui enseigne que l'acte, par lequel l'héritier aurait reconnu l'existence du legs d'une somme d'argent envers le légataire, qui lui aurait accordé un délai, sans stipuler expressément les intérêts, ne suffirait pas pour les faire courir (art. 1015, n° 16).

Il nous paraît, au contraire, que cet acte de reconnaissance n'est, de la part de l'héritier, qu'un acte de délivrance ; or, la délivrance volontairement consentie fait courir les intérêts (art. 1014 ; comp. Bayle-Mouillard sur Grenier, t. II, n° 298, note *b*).

631. — Nous avons déjà dit que, dès avant toute demande en délivrance, le légataire a un droit acquis à la chose léguée, droit de propriété ou de créance, suivant les cas (*supra*, n° 548).

Il faut en conclure :

1° Qu'il peut, avant toute demande en délivrance, et dès le jour du décès du testateur, aliéner, soit à titre onéreux, soit à titre gratuit, les biens, qui font l'objet de son legs (comp. Cass., 2 déc. 1839, de Brainville, D., 1840, I, 140) ;

2° Que, par suite, ses créanciers peuvent également, avant toute demande en délivrance, frapper les biens légués, soit d'opposition, soit de saisie mobilière ou immobilière (arg. de l'article 1166; comp. Cass., 15 mai 1839, Guénot, D., 1839, I, 212; Zachariæ, Aubry et Rau, t. VI, p. 158).

632. — A plus forte raison, le légataire lui-même, ou ses créanciers en son nom, peuvent-ils, avant toute demande en délivrance, exercer des actes conservatoires; prendre, par exemple, inscription sur les immeubles de la succession (art. 2111), demander la séparation des patrimoines (art. 878, 2111), interrompre les prescriptions, etc. (arg. de l'article 1180).

633. — Mais, au contraire, le légataire ou ses ayants cause ne peuvent, avant la demande en délivrance :

1° Ni se mettre en possession des biens légués;

2° Ni exercer, relativement à ces biens, aucune action, soit contre les tiers détenteurs, soit contre les débiteurs; sauf à former cumulativement dans la même instance, la demande en délivrance du legs et toute autre action contre l'héritier lui-même ou contre un tiers, dans le cas où le même tribunal serait compétent pour connaître de l'une et de l'autre (comp. Cass., 4 avril 1837, Couston, Dev., 1837, I, 843; Toulouse, 22 mars 1839, Galès, D., 1840, I, 140; Pothier, *des Donat. testam.*, chap. v, sect. iii, art. 2, § 1);

3° Ni enfin avoir droit aux fruits ou aux intérêts de la chose léguée.

634. — Sur ce dernier point, nous nous sommes expliqué déjà, en ce qui concerne le légataire universel et le légataire à titre universel.

Et nous n'avons plus qu'à nous occuper du légataire particulier.

Nos anciens auteurs avaient été divisés sur la question de savoir si le légataire devait avoir droit aux fruits et intérêts de la chose léguée, à compter du jour du décès du testateur, ou seulement à compter du jour de la demande en délivrance.

Plusieurs voulaient que les fruits des biens corporels,

les arrérages des rentes, et les intérêts des créances léguées, lui fussent dus à compter du jour de la mort du
testateur; avec cet amendement, que quelques-uns avaient
proposé, que les legs, qui n'auraient pour objet que des
sommes d'argent, ne produiraient intérêt qu'à compter
de la demande (comp. Bacquet, *des Droits de justice*,
chap. viii, n° 25).

Mais cette opinion n'avait pas été admise; et c'était
une maxime généralement reconnue que le légataire n'a-
vait droit aux fruits ou intérêts, qu'à compter du jour de
sa demande en délivrance.

Telle était la doctrine de Ricard (part. II, chap. iii,
n° 99), de Pothier (*des Donat. testam.*, chap. v, sect. iii,
§ 8), et de Domat (*Lois civ.*, part. II, liv. IV, sect. viii,
n° 3).

Ils la fondaient sur ce que l'héritier, qui ne sait pas,
disait Pothier, si le légataire acceptera, est juste possesseur de la chose jusqu'à cette demande; à quoi Ricard
ajoutait qu'il n'est pas obligé de la livrer, avant qu'elle
soit demandée; c'était aussi le motif, que donnait le président Favre : « .... *quod utique legatario nihil petenti
offerre non debuit.* » (*Cod.*, lib. VI, tit. xxiv, def. 1.)

C'est que, en effet, les fruits et intérêts de la chose
léguée à titre particulier, une fois perçus par l'héritier,
tombent dans la masse du patrimoine; et le motif, qui
les a fait attribuer au légataire universel ou à titre universel, lorsqu'il forme sa demande dans l'année, n'existe
pas à l'égard du légataire particulier, qui n'a droit qu'à
un objet singulier, sans aucune relation avec la masse
générale des biens (*supra*, n° 557).

Aussi, l'article 1014 ne lui attribue-t-il les fruits et
les intérêts qu'à compter de sa demande en délivrance;
et cela, lors même qu'il l'aurait formée dans l'année du
décès du testateur.

635. — Grenier a écrit « que le légataire particulier
échapperait à cette rigueur, s'il avait ignoré le testa-

ment, ou si, à raison de circonstances particulières, celui contre lequel la demande en délivrance aurait dû être formée, était constitué en mauvaise foi. » (T. II, n° 297.)

La première exception proposée par le savant auteur nous paraît impossible; et il est, suivant nous, évident, en présence du texte absolu de l'article 1014, que la simple ignorance du testament par le légataire, ne saurait l'autoriser à réclamer les fruits ou les intérêts contre l'héritier, soit que celui-ci eût ignoré aussi le testament, soit même qu'il l'eût connu, si d'ailleurs il n'avait employé aucune manœuvre pour le cacher au légataire (comp. Vazeille, art. 1014, n° 2; Bayle-Mouillard sur Grenier, h. l., note b).

636. — Et ceci nous amène à la seconde exception, que nous admettrions, mais seulement dans le cas où le légataire justifierait, comme dit Pothier, de quelque manœuvre, par laquelle l'héritier, en lui cachant le legs, l'aurait empêché d'en demander la délivrance aussitôt son investiture (*Introduct. au titre* xvi *de la coutume d'Orléans*, n° 96; Domat, *loc. supra cit.*; arg. de l'article 1382; Merlin, *Répert.*, v° *Legs*, p. 343, n° 33; Delvincourt, t. II, p. 98; Troplong, t. IV, n° 1882; Zachariæ, Massé et Vergé, t. III, p. 288; Saintespès-Lescot, t. IV, n° 1419).

637. — La disposition de l'article 1014 est générale; elle s'applique à tous les legs particuliers, excepté seulement ceux qui se trouvent dans l'une ou dans l'autre des deux exceptions, qu'y apporte l'article 1015;

Or, le legs de l'usufruit, soit d'un ou de plusieurs objets déterminés, soit d'une quote-part de l'universalité, ou même de l'universalité totale des biens, est un legs particulier (*supra*, n° 586);

Et comme il ne se trouve pas compris dans les exceptions de l'article 1015, il faut en conclure qu'il demeure sous l'empire de la règle posée par l'article 1014.

On a invoqué, il est vrai, en sens contraire, l'article 604.

Mais nous avons déjà répondu; et il suffit de nous référer aux développements, par lesquels nous avons entrepris de justifier cette conclusion, dans laquelle nous ne pouvons que persister (comp. notre *Traité de la Distinction des biens, de la Propriété, de l'Usufruit*, t. II, n°s 517, 518; Saintespès-Lescot, t. IV, n° 1436).

638. — Si le légataire particulier n'a droit aux fruits et intérêts qu'à compter du jour de la demande en délivrance ou du jour de la délivrance volontairement consentie, du moins y a-t-il droit à compter de ce jour.

Et de là peut résulter la nécessité d'une répartition entre l'héritier (ou tout autre débiteur du legs) et le légataire, des fruits ou des intérêts de la chose léguée; ceux qui sont échus ou qui ont été perçus antérieurement à la demande en délivrance, doivent rester à l'héritier; tandis que ceux qui sont échus ou qui ont été perçus postérieurement, doivent appartenir au légataire.

Cette répartition sera, généralement, très-simple, quant aux fruits civils, qui s'acquièrent jour par jour, aux termes de l'article 586.

639. — Mais elle a soulevé quelques difficultés, relativement aux fruits naturels et industriels.

Il nous paraît certain, pourtant, qu'il faut appliquer, pour les fruits naturels et industriels, l'article 585; comme nous venons d'appliquer l'article 586, pour les fruits civils;

« C'est-à-dire que les fruits d'une même année ne se partagent pas entre l'héritier et le légataire, mais qu'ils doivent entièrement appartenir à l'un ou à l'autre, à celui qui se trouve en état d'en profiter, lorsque les fruits sont perçus. »

Ainsi s'exprimait fort justement Ricard, qui, toutefois, ne demeurait pas, comme nous l'allons voir, très-fidèle lui-même à son principe (part. II, n° 123).

Supposons qu'un immeuble a été légué, et que les fruits sont pendants par branches et par racines, lors du décès du testateur.

De deux choses l'une :

Ou le légataire demande la délivrance, avant la récolte; et alors, c'est à lui qu'elle appartient tout entière : soit en vertu de l'article 1018, qui porte que la chose léguée doit être délivrée dans l'état où elle se trouve (art. 520); soit en vertu de l'article 1014, qui lui donne droit aux fruits à compter de sa demande en délivrance; le légataire n'a pas même, dans ce cas, d'indemnité à payer pour les frais de labour et de semence, qui ont été faits par le testateur; si ces frais ont été payés, l'héritier ne peut exercer aucune répétition; et s'ils sont encore dus, ils sont à la charge de la succession, comme les autres dettes du défunt, dont le légataire particulier n'est pas tenu (art. 1024; *infra*, n° 655; comp. Cass., 14 fév. 1849, Forneret, D., 1849, V, 341; Pothier, *des Donat. testam.*, chap. v, sect. iii, § 8; et notre *Traité de la Distinction des biens, de la Propriété, de l'Usufruit*, t. II, n° 571);

Ou ce n'est qu'après la récolte, que le légataire a demandé la délivrance; et alors, c'est à l'héritier qui l'a faite, que cette récolte appartient tout entière.

Ricard et Lebrun voulaient qu'elle appartînt encore, même dans ce cas, au légataire, disant que les fruits, qui étaient pendants par racines, lors du décès du testateur, faisaient essentiellement partie de la chose léguée, et que l'héritier n'avait pas pu la déprécier, par son fait, en les percevant. (Part. II, chap. iii, n° 17.)

A quoi Pothier répliquait, avec une raison évidente, que ces fruits n'en faisaient partie que *ad tempus*, et que l'héritier, en les percevant avant toute demande en délivrance, les avait acquis très-légitimement (*loc. supra cit.*; et *Introduct. au titre* xvi *de la cout. d'Orléans*, n° 95).

Un auteur moderne a proposé une doctrine mitoyenne, qui consisterait à attribuer au légataire la valeur de la récolte, telle qu'elle était, lors du décès du testateur, et à l'héritier la valeur de l'accroissement qu'elle a reçu, depuis le jour du décès jusqu'au jour de la demande en délivrance (Delvincourt, t. II, p. 362, note); M. Dalloz avait admis cette doctrine, qu'il a, toutefois, abandonnée dans sa dernière édition. (*Rec. alph.*, *h. v.*, n° 3834.)

Nous croyons que M. Dalloz a bien fait; si ingénieuse que puisse paraître cette conciliation, elle est, à notre avis, tout à fait inadmissible : soit en droit, comme contraire au texte même de notre article 1014; soit en raison, à cause de ces estimations difficiles et contentieuses, qu'elle rendrait nécessaires, et que le législateur, au contraire, a voulu toujours éviter, comme l'article 585 en est la preuve (comp. Coin-Delisle, art. 1015, n° 13; Bayle-Mouillard sur Grenier, t. II, n° 298, note *b;* Saintespès-Lescot, t. IV, n° 1427).

640. — Faut-il appliquer la même solution aux fruits, que l'on a appelés *extraordinaires*, tels que les coupes de bois, les produits des carrières ou des mines?

La chose léguée est, par exemple, un bois, qui se coupe tous les dix ans.

Et, au moment où le testateur décède, l'époque de la coupe est venue.

L'héritier donc fait cette coupe, avant toute demande en délivrance; et lorsque le légataire se présente, il lui répond que la coupe, qu'il a faite, est un fruit, qu'il a légitimement perçu.

Est-il fondé?

Non, a-t-on répondu; car la loi n'entend parler ici que des fruits d'une périodicité ordinaire (comp. Coin-Delisle, art. 1015, n° 14; Bayle-Mouillard sur Grenier, *loc. supra cit.;* Saintespès-Lescot, t. IV, *loc. supra cit.*).

Nous comprenons le motif, très-grave, en effet, qui a déterminé les savants auteurs, et combien il pourrait être dur, pour le légataire, parce qu'il n'aurait demandé la délivrance qu'un mois après le décès, de se voir privé d'une récolte, qui était là toute prête, et qui représente les revenus de la chose pendant une période de dix ans!

Mais le moyen juridique d'empêcher ce résultat? nous avons peine à l'apercevoir; car, enfin, ce sont là aussi des fruits, qui s'acquièrent par la perception; et l'article 1014 ne distingue pas (comp. notre *Traité* précité *de l'Usufruit*, t. II, n° 271).

Ce que l'on pourrait dire seulement, c'est que ce serait une question de fait et de bonne foi, à résoudre d'après les circonstances, en égard au temps plus ou moins long, qui se serait écoulé depuis le décès jusqu'à la demande en délivrance, et à la précipitation, plus ou moins grande, que l'héritier aurait mise à abattre les bois (comp. *supra*, n°s 635, 636).

641. — S'il s'agit d'une récolte encore sur pied, et qui a été préparée par l'héritier, il est clair qu'elle n'appartient au légataire qu'à la charge de l'indemniser de ses frais de labour et de semence. (Art. 548; Pothier, *loc. supra cit.*; comp. notre *Traité* précité *de la Propriété*, t. I, n°s 587, 588.)

642. — « Je demande, disait Ricard, si, le legs étant d'un meuble meublant ou d'autre chose, qui n'est, de soi, capable de produire aucun profit dans le commerce, les intérêts en seront dus, dans les cas auxquels ils doivent être payés, lorsqu'il s'agit d'une somme de deniers? »

Et il répondait, en invoquant la loi romaine, 3, § 1, ff. *de Usuris*, par une distinction :

Non, si ces meubles ont été légués pour l'usage du légataire, *ad melius esse;*

Oui, s'ils lui ont été légués pour les vendre ou les louer. (Partie II, chap. III, n° 149.)

Cette distinction a été reproduite dans notre droit moderne; et même, quelques-uns, allant encore plus loin,

ont soutenu que l'intérêt de l'estimation des meubles
légués était dû, dans tous les cas, d'après l'article 1014,
à compter du jour de la demande en délivrance (comp.
Armand Dalloz, *Dict.*, v° *Legs*, n° 275; Vazeille, article 1014, n° 5).

Mais il nous paraît certain que c'est dans un sens
tout à fait inverse, qu'il faut rejeter la distinction de
Ricard; et, à notre avis, l'héritier ne doit, en aucun cas,
les *fruits* ou les *intérêts* de la chose léguée, si elle ne
produit ni fruits, ni intérêts; car l'article 1014 suppose
que la chose léguée est frugifère; et voilà bien ce que
disait Pothier; en ajoutant (ce qui est très-juste encore
aujourd'hui), « que si cependant le légataire a souffert
ou manqué de gagner par le retard, il peut prétendre des
dommages-intérêts. » (*Des Donat. testam.*, chap. v,
sect. III, § 8; comp. Cass., 3 juill. 1832, d'Arriule,
Dev., 1832, I, 360; Bayle-Mouillard sur Grenier, t. II,
n° 298, note *b*; Saintespès-Lescot, t. IV, n° 1428.)

643. — Au reste, la demande en délivrance de la
chose léguée suffit pour que les fruits et les intérêts soient
dus au légataire, lors même qu'il ne les aurait pas aussi
demandés, et qu'il n'y aurait conclu que plus tard, dans
le cours de l'instance.

Telle est la conséquence, qui résulte du texte même
de l'article 1014, et du principe sur lequel il est fondé;
les fruits et les intérêts étant dus, dès ce jour, à raison
de la demeure où se trouve constitué l'héritier.

Cette proposition est évidente, relativement au légataire universel ou à titre universel, dont la demande
en délivrance constitue une demande en partage, qui
s'applique à l'universalité tout entière. (Articles 1009,
1014.)

Mais elle ne nous paraît pas moins exacte, relativement au légataire particulier; c'est ce qu'attestaient déjà,
dans notre ancien droit, Ricard (part. II, n°s 104 et
suiv.); et Pothier (*des Donat. testam.*, chap. v, sect. III,

§ 8 ; comp. Montpellier, 3 août 1825, Bataille, D., 1826, II, 20 ; Bayle-Mouillard sur Grenier, *loc. supra cit.* ; *voy.* toutefois Coin-Delisle, art. 1015, n° 17).

644. — Aux termes de l'article 1015 :

« Les intérêts ou fruits de la chose léguée courront au « profit du légataire, dès le jour du décès, et sans qu'il « ait formé sa demande en justice :

« 1° Lorsque le testateur aura expressément déclaré sa « volonté, à cet égard, dans le testament ;

« 2° Lorsqu'une rente viagère ou une pension aura été « léguée à titre d'aliments. »

La règle coutumière, d'après laquelle les légataires n'avaient droit aux fruits et intérêts qu'à compter du jour de la demande en délivrance, admettait déjà ces exceptions (comp. Ricard, part. II, n°s 111-114 ; Pothier, *Introduct. au titre* XVI *de la cout. d'Orléans*, n° 96).

Notre Code les a maintenues, en les déterminant, toutefois, avec plus de précision.

645. — 1° Et, d'abord, les fruits et intérêts de la chose léguée, sont dus au légataire, dès le jour du décès, lorsque le testateur a expressément déclaré sa volonté, à cet égard, *dans le testament.*

C'est là, en effet, une extension, une augmentation de la libéralité, qui doit être, aussi bien que la libéralité elle-même, revêtue des formes testamentaires (arg. de l'article 919).

Nous avons, plusieurs fois déjà, rencontré ce mot : *expressément* (art. 843, 919, 927, 972).

Et nous en avons déduit deux conséquences, qui sont encore vraies, dans notre sujet actuel, à savoir :

D'une part, que l'on ne doit plus aujourd'hui, comme on le faisait dans l'ancien droit, induire cette volonté de simples conjectures plus ou moins équivoques (*infra*, n° 649) ;

Et, d'autre part, qu'il n'y a pourtant point, à cet égard, de formules sacramentelles, et qu'il suffit que la volonté du testateur résulte clairement des termes, quels qu'ils soient, par lui employés, ou du caractère et de l'ensemble de ses dispositions (comp. notre *Traité des Successions*, t. IV, nᵒˢ 232 et 235 ; et le tome II de ce *Traité*, nᵒ 563).

646. — C'est ainsi que la dispense de demander la délivrance, que le testateur aurait accordée au légataire, devrait avoir, suivant nous, pour effet de lui donner droit aux fruits et intérêts, dès le jour du décès.

On se récrie que cette dispense est impossible, qu'elle est contraire à la loi !

Nous l'avons reconnu nous-même, et que le testateur ne peut pas enlever la saisine à celui auquel la loi l'a conférée (*supra*, nᵒ 622).

Mais ce qu'il peut faire, c'est d'attribuer les fruits et intérêts au légataire, dès le jour du décès ; or, sa volonté, à cet égard, n'est-elle pas expresse, lorsqu'elle va même au delà, en le dispensant de toute demande en délivrance ! Rien ne s'oppose donc à ce qu'elle soit maintenue, dans la mesure où elle peut l'être (comp. Colmet de Santerre, t. IV, nᵒ 369 *bis*, I).

647. — Le testateur a déclaré que :

« *Les légataires disposeraient des objets, qu'il leur lègue, en toute propriété et jouissance, aussitôt après sa mort.* »

« C'est avec raison, à notre avis, qu'on a trouvé, dans cette clause, la manifestation suffisamment expresse de sa volonté de leur attribuer les fruits et intérêts, dès le jour de son décès (comp. Douai, 8 mai 1847, Deulin, Dev., 1848, II, 44).

648. — Faut-il en dire autant de la clause, par laquelle le testateur aurait déclaré qu'*il entend que ses légataires soient saisis de leur legs, dès l'instant et par le seul fait de sa mort ?*

Cette question peut paraître plus délicate ; et la négative a été, en effet, admise dans une hypothèse semblable (comp. Bruges, 16 janv. 1821, de Brechard, Sirey, 1822, II, 35 ; Cass., 16 août 1843, Montal, Dev., 1844, I, 874).

Ce sont là, d'ailleurs, des questions d'interprétation, sur lesquelles il faut reconnaître l'empire du fait, des termes du testament, et de toutes les circonstances, dont le reflet peut éclairer la volonté testamentaire.

Mais, en thèse générale, nous serions porté à répondre affirmativement, et que le testateur, qui voulait que son légataire *fût saisi du legs, dès l'instant de sa mort,* a voulu, au moins, qu'il eût droit aux fruits et intérêts dès cet instant (comp. *supra,* n° 646 ; Bourges, 3 févr. 1837, Bezave, Dev., 1838, II, 74 ; Merlin, *Répert.,* v° *Legs,* sect. IV, § 3, n° 28 ; Toullier, t. III, n° 540 ; Troplong, t. IV, n° 1888 ; Marcadé, art. 1015, n° 1 ; Zachariæ, Aubry et Rau, t. IV, p. 163 ; Massé et Vergé, t. III, p. 288).

649. — On décidait généralement, autrefois, que le legs de sommes déterminées, déclaré, par le testateur, payable à l'époque du mariage du légataire, devait produire des intérêts, de plein droit, dès l'époque de son mariage ; surtout lorsqu'il s'agissait d'un legs fait par un père à ses filles (Ricard, part. II, n°s 445 et suiv.).

Il serait, à notre avis, difficile de maintenir aujourd'hui cette solution (*supra,* n° 645 ; comp. Coin-Delisle, art. 1015, n° 20).

Tout au moins, faudrait-il quelque chose de plus, et que, par exemple, le testateur eût déclaré qu'il entendait faire ce legs *à titre de dot,* ou *pour tenir lieu de dot au légataire* (arg. des articles 1440, 1547, 1548 ; comp. Troplong, t. IV, n° 1880.)

650. — 2° La seconde exception a lieu, lorsqu'une rente viagère ou une pension a été léguée à titre d'aliments.

Le motif en est dans le caractère alimentaire de la rente ou de la pension ; d'où le législateur a induit la volonté du testateur d'accorder les arrérages au légataire, dès le jour de son décès, indépendamment de toute demande en délivrance.

Et cette volonté, en effet, pour être seulement tacite, n'en paraît pas moins vraisemblable; car il est dans la nature des prestations alimentaires de n'admettre point de retard, et d'être même, en général, payées d'avance.

654.—Telle est l'explication que tous les auteurs ont fournie de ce n° 2 de l'article 1015.

Un seul toutefois, Coin-Delisle, s'en est écarté, en reprochant même à ses devanciers de ne l'avoir pas compris.

Le savant interprète commence par poser en principe que la pension et la rente viagère, n'ayant point de capital, consistent uniquement dans les intérêts ou les arrérages, qui en doivent être payés.

Et il en déduit cette double conséquence :

1° Que le légataire de toute pension et de toute rente viagère, même non léguée à titre d'aliments, a droit aux intérêts ou arrérages dès le jour du décès, et avant sa demande en délivrance; qu'il y a droit, en vertu de l'article 1014, puisque ces intérêts ou arrérages forment la chose léguée;

2° Que, en outre, lorsque la pension ou la rente viagère a été léguée à titre d'aliments, le légataire a droit aux intérêts des intérêts ou des arrérages, dès le jour du décès, en vertu de l'article 1015, dont la disposition a pour but de lui attribuer, non pas les arrérages, auxquels il a droit, en vertu de l'article 1014, mais les intérêts de ces arrérages (art. 1015, n°s 24 et suiv.).

Mais cette interprétation nouvelle n'a pas réussi; et elle nous paraît, en effet, impossible :

D'abord, parce que l'objet même de la pension ou de la rente viagère consiste, non pas dans les arrérages, qui n'en sont que les fruits civils, mais dans le droit de les percevoir, droit qui forme une chose incorporelle, distincte des arrérages; il est vrai que la doctrine contraire avait trouvé, dans notre ancien droit, des défenseurs (comp. Favre, Cod., lib. VI, tit. xxvi, def. 1 ; Merlin, *Répert.*, v° *Legs*, sect. iv, § 3, n° 20); mais les auteurs de notre Code ne l'ont certainement pas admise. (Art. 588; comp. notre *Traité de la Distinction des biens, de la Propriété, de l'Usufruit*, t. II, n°ˢ 327, 328);

Ensuite, parce que, à supposer même que l'on reconnût, en fait, que l'intention du testateur aurait été de léguer seulement les annuités considérées comme telles, ce qui devrait encore prévaloir, c'est son intention, très-évidente, en cas pareil, de les considérer toujours elles-mêmes comme des intérêts ou des arrérages, dans les rapports de l'héritier avec le légataire (comp. notre *Traité des Successions*, t. IV, n°ˢ 438, 439; Bayle-Mouillard sur Grenier, t. II, n° 298, note *c;* Troplong, t. IV, n° 1903; Marcadé, art. 1015, n° 1 ; Saintespès-Lescot, t. IV, n° 1435).

652.— Des termes mêmes de l'article 1015, il résulte :

D'une part, qu'un capital ne produirait pas d'intérêts dès le jour du décès, lors même qu'il aurait été légué à titre d'aliments ; car l'article ne s'applique qu'à *la rente viagère ou à la pension* (comp. Bayle-Mouillard, *loc. supra cit.*);

Et d'autre part, que la pension ou la rente viagère elle-même ne produirait pas non plus, de plein droit, des arrérages, si elle n'était pas léguée à titre d'aliments.

653. — Est-ce à dire qu'il faille que le testament lui-même exprime que c'est à titre d'aliments, que la pension ou la rente viagère est léguée?

Il sera toujours mieux, sans doute, que le testateur s'en explique.

Mais nous ne croyons pas qu'une déclaration expresse soit nécessaire; et le caractère alimentaire de la pension ou de la rente viagère pourrait être reconnu, en fait, indépendamment de toute clause spéciale. (Comp. Marcadé, art. 1015, n° 1.)

654. — Le légataire, dans le cas prévu par le n₀ 2 de l'article 1015, a donc droit, dès le jour du décès, aux intérêts ou arrérages de sa pension ou de sa rente viagère.

Et cela, lors même qu'il n'aurait formé sa demande que plus d'une année après le décès, sans qu'il y ait non plus à distinguer s'il a connu ou s'il a ignoré soit le décès, soit le testament, et si l'héritier lui-même en a eu ou n'en a pas eu connaissance.

Le texte absolu de notre article ne paraît, en effet, comporter aucune de ces distinctions.

La prescription de cinq ans, établie par l'article 2277, serait alors seule opposable au légataire.

655. — *b.* En ce qui concerne le payement des dettes (*supra*, n° 614), l'article 1024 est ainsi conçu :

« Le légataire particulier ne sera point tenu des dettes « de la succession, sauf la réduction des legs, ainsi qu'il « est dit ci-dessus, et sauf l'action hypothécaire des « créanciers. »

Nous avons trouvé déjà une disposition semblable dans les articles 871 et 874 ; et les développements, que nous y avons consacrés, nous dispensent de nous y arrêter de nouveau. (Comp. notre *Traité des Successions*, t. V, nᵒˢ 27 et suiv.)

Ajoutons seulement que le principe, d'après lequel le légataire particulier n'est pas tenu des dettes de la succession, doit être appliqué même à celles des dettes, qui auraient pour cause l'amélioration, la conservation ou l'acquisition de la chose léguée.

C'est ainsi que nous avons reconnu que le légataire particulier, qui recueille un immeuble couvert de fruits, lors du décès du testateur, n'est pas tenu d'indemniser la succession des frais de labour et de semences, lors même qu'ils seraient encore dus (*supra*, n° 639).

Et on peut en trouver un exemple notable encore, dans un arrêt de la Cour de cassation, qui a décidé que le légataire d'un immeuble n'est pas tenu de rembourser les frais de construction d'un bâtiment, qui y aurait été élevé par le fermier du testateur, même en vertu d'une convention portée dans le bail (27 janvier 1852, Meignen, Dev., 1852, I, 131; arg. des articles 1018, 1019, 1024; comp. Alger, 22 déc. 1862, Alphonsi, D., 1863, II, 33).

656. — Il est clair d'ailleurs que notre principe devrait fléchir devant la manifestation d'une volonté contraire du testateur; et le légataire particulier serait tenu d'acquitter les dettes, qu'il aurait expressément mises à sa charge.

L'acceptation du legs emporterait même, de sa part, une obligation personnelle de les acquitter, qui serait exécutoire sur tous ses biens, et dont il ne pourrait désormais être affranchi ni par la perte de la chose léguée, ni par l'abandon qu'il offrirait d'en faire. (Comp. le tome III de ce *Traité*, n°s 434 et suiv.; Cass., 17 mai 1809, Merlin, *Répert.*, v° *Légataire*, § 6, n° 5 *bis*; Zachariæ, Aubry et Rau, t. VI, p. 178.)

657. — Est-il besoin de faire remarquer que le légataire particulier est aussi tenu d'acquitter les dettes et charges, qui sont inhérentes à la chose léguée? (Comp. Pothier, *Introduct. au tit.* XVI *de la cout. d'Orléans*, n° 120.)

C'est ainsi que le légataire d'une succession échue au testateur, ou de sa part dans une communauté de biens, ne peut prétendre à l'actif de la succession ou de la communauté, que déduction faite du passif; car la chose léguée, dans ce cas, c'est une universalité spéciale, qui se trouve dans l'universalité générale des biens du testateur; et il est évident qu'elle a été léguée telle qu'elle était, en actif et en passif; autrement, on attribuerait au légataire autre chose que le testateur n'a entendu lui léguer!

Nous disons : telle qu'elle était en actif et en passif; et cela, au moment du décès du testateur; car le légataire ne pourrait rien réclamer contre les héritiers, si le testateur en avait diminué l'actif; pas plus que les héritiers ne pourraient réclamer contre le légataire, s'il en avait diminué le passif, en payant lui-même une partie des dettes de la succession ou de la communauté; les articles 1697 et 1698, qui règlent les rapports du vendeur et de l'acheteur d'une hérédité, ne seraient alors, en effet, nullement applicables. (Comp. L. 76, § 1, et L. 88, § 2, ff. de Legat. 2°; Proudhon, de l'Usufruit, t. IV, n°s 1845 et suiv.; Duranton, t. IX, n° 230; Zachariæ, Aubry et Rau, t. VI, p. 178.)

658. — Il faut en dire autant du légataire de l'usufruit de la totalité ou d'une quote-part des biens du défunt, qui ne peut aussi avoir la jouissance que de ceux des biens, qui restent après la déduction des dettes et des charges. (Comp. supra, n° 586.)

659. — Quant à l'action hypothécaire des créanciers, le légataire particulier y demeure soumis, comme tout tiers détenteur d'un immeuble grevé d'hypothèque (art. 874, 1024, 2114, 2168).

Mais il n'est, en effet, tenu que comme détenteur; et, en conséquence, s'il a acquitté la dette, volontairement, ou par l'effet d'une poursuite hypothécaire, il a son recours, soit contre les héritiers ou successeurs universels, si le défunt était tenu personnellement de la dette comme débiteur principal, ou même seulement comme caution, soit contre le tiers débiteur, si la dette était celle d'un tiers. (Comp. Bordeaux, 31 janv. 1850, Lafourcade, Dev., 1851, II, 17.)

Voilà ce que décide l'article 874, conformément d'ailleurs aux règles du droit commun (art. 2178).

Ce serait bien à tort que l'on objecterait, en sens contraire, l'article 1020, qui dispose que, si la chose léguée est grevée d'hypothèque, celui qui doit acquitter le legs, n'est pas tenu de la dégager.

Si, en effet, ce texte devait être entendu en ce sens que celui qui doit acquitter le legs, n'est pas tenu de payer la

dette, lorsqu'elle devra être payée, et que c'est le légataire particulier qui en devient le débiteur personnel, il
serait en contradiction manifeste avec les articles 874,
1251 et 2178, non moins qu'avec les principes les plus
certains du droit civil.

Aussi, l'article 1020 ne dit-il rien de pareil ; ce qu'il
décide seulement, c'est que l'héritier n'est pas tenu d'affranchir l'immeuble légué de l'hypothèque, qui le grève ;
de l'en affranchir, dès le jour où il en fait la délivrance,
et avant l'échéance de la dette, si elle est à terme, ou l'é-
vénement de la condition, si elle est conditionnelle ; l'article 1020 n'est, en un mot, qu'une conséquence de l'article 1018, qui porte que la chose léguée doit être délivrée
dans l'état où elle se trouve ; et la preuve en est dans
l'assimilation qu'il établit entre le cas où la chose léguée
est grevée d'un usufruit. (Comp. *infra*, n° 725 ; notre
Traité des Successions, t. V, n⁰ˢ 29, 70, 71 ; Merlin, *Répert.*, v° *Légataire*, § 7, art. 2, n° 4 ; Grenier, t. I, n° 318 ;
Chabot, *des Successions*, art. 874, n° 3 ; Troplong, t. IV,
n° 1943 ; Zachariæ, Aubry et Rau, t. IV, p. 179 ; Massé
et Vergé, t. III, p. 280.)

660. — Nous avons aussi déjà remarqué qu'il se peut
que les dettes de la succession atteignent indirectement le
légataire particulier, à savoir : dans l'hypothèse où les
biens de la succession étant insuffisants pour acquitter
tous les legs, il devient nécessaire de les réduire ;

Hypothèse, d'ailleurs, qui suppose soit l'acceptation
bénéficiaire de la succession par l'héritier ; soit la séparation des patrimoines obtenue par les créanciers du défunt ; soit la vacance de la succession. (Comp. notre
Traité précité, t. V, n° 28 ; Cass., 18 juin 1862, Dumas,
Dev., 1862, I, 913.)

661. — Et alors, notre avis est que la réduction doit
être opérée conformément aux articles 926 et 927 ; c'est-
à-dire : 1° qu'elle doit porter, sans distinction, sur tous
les legs soit de sommes d'argent ou de quantités, soit de

corps certains ; 2° qu'il n'y a lieu d'en excepter que ceux
des legs, que le testateur aurait expressément déclaré
vouloir en affranchir. (Comp. le tome II de ce *Traité*, n°ˢ
560 et 566.)

662. — *c.* Quant au payement des autres legs, le légataire particulier n'en est pas tenu ; pas plus que des
dettes de la succession, si ce n'est de ceux, que le testateur aurait mis, par une clause particulière, à sa
charge.

663. — III. Il nous reste à exposer un certain nombre
de règles, que le législateur a placées dans cette section,
et qui sont relatives :

A. Aux actions, qui appartiennent au légataire pour
obtenir l'exécution du legs ;

B. Aux choses, qui peuvent être l'objet d'un legs ;

C. A l'interprétation et à l'exécution des legs.

664. — A. Dans le dernier état du droit romain, trois
actions pouvaient appartenir au légataire, à savoir : une
action personnelle ; une action réelle ; une action hypothécaire :

« .... *Liceat legatariis id persequi, non solum per actio-
nes personales, sed etiam per in rem et hypothecariam....* »
(*Inst. De legat.*, § 2.)

Telle était aussi notre ancienne jurisprudence, quoique
pourtant beaucoup de controverses s'y fussent élevées, en
ce qui concernait l'action hypothécaire (*infra*, n° 672).

Et cette triple action a été également accordée aux légataires, par notre Code.

La preuve en résulte de l'article 1014, premier alinéa,
que nous avons déjà cité, et de l'article 1017, dont voici
les termes :

« Les héritiers du testateur, ou autres débiteurs d'un
« legs, seront personnellement tenus de l'acquitter, cha-
« cun au prorata de la part et portion, dont ils profi-
« teront dans la succession.

« Ils en seront tenus hypothécairement pour le tout,

« jusqu'à concurrence de la valeur des immeubles de la
« succession, dont ils seront détenteurs. »

Voilà bien, en effet, les trois actions : *personnelle, réelle,*
et *hypothécaire.*

On se rappelle que les légataires ont, en outre, une
quatrième garantie dans le droit, qui leur appartient, de
demander la séparation des patrimoines (art. 878, 2111;
comp. notre *Traité des Successions,* t. V, n° 110).

665. — I. Les légataires ont d'abord l'action personnelle *ex testamento,* qui dérive du quasi-contrat, par lequel l'héritier, en acceptant la succession, ou tout autre
légataire, en acceptant un legs grevé lui-même d'un autre
legs, devient débiteur envers le légataire auquel il est
chargé de délivrer la chose, qui lui est léguée. (Comp.
notre *Traité des Successions,* t. II, n° 519; *Inst. de Obligat.
quæ quasi ex contractu nasc.,* § 5; Pothier, *Introduct. au
tit.* XVI *de la cout. d'Orléans,* n° 76.)

La demande en délivrance, dont nous venons de nous
occuper, est précisément, de la part des légataires, le
mode d'exercice de leur action personnelle contre les
héritiers ou autres débiteurs de leurs legs (art. 1004,
1011, 1014).

666. — L'action personnelle a, en effet, pour but
d'obtenir l'exécution du legs, et s'il y a lieu, les indem-
nités, dont l'héritier, ou tout autre débiteur du legs,
pourrait être tenu, à raison de la perte ou des dégradations de la chose léguée, qui lui seraient imputables.

667. — Il est certain, d'après le texte même de l'article 1017, conforme, en ce point, aux vrais principes et
à toutes les traditions antérieures, que les héritiers ou
autres débiteurs du legs, ne sont tenus de cette action
personnelle que *chacun au prorata de la part et portion,
dont ils profiteront dans la succession.*

D'où il suit que ceux qui sont solvables ne répondent
pas de l'insolvabilité des autres : *nec pro his qui solvendo
non sunt, onerari cohæredes oportet* (L. 33, ff. *De legat.*

2°; Furgole, des Testam., chap. x, n° 26 ; Pothier, *loc. supra cit.* ; Colmet de Santerre, t. IV, n° 162 *bis*, I).

668. — Quant à la question de savoir si les héritiers, ou autres débiteurs d'un legs, sont tenus *ultra vires*, par l'effet de cette obligation personnelle, elle est très-controversée, et, nous en convenons aussi, très-difficile !

Mais nous l'avons déjà examinée ; et l'affirmative, que nous avons entrepris de soutenir, nous paraît encore la plus juridique, malgré la dureté possible de ses conséquences (comp. *supra*, n° 572 ; notre *Traité des Successions*, t. II, n° 521).

669. — II. L'action réelle résulte, au profit du légataire, du premier alinéa de l'article 1014, conforme lui-même à l'article 711, qui met la donation testamentaire au nombre des manières, dont la propriété des biens s'acquiert et se transmet.

Il est évident, d'ailleurs, que cette action réelle ne peut naître qu'autant qu'il s'agit du legs d'un corps certain, appartenant au testateur lors de son décès.

Elle ne saurait, en effet, exister, dans le cas où le legs a pour objet une somme d'argent, ou des choses déterminées seulement quant à leur espèce ; et ce n'est alors qu'une action personnelle, que le légataire peut avoir.

Voilà peut-être ce qui explique la formule peu précise, dont le législateur s'est servi dans l'article 1014, lorsqu'il a dit que tout legs pur et simple donne au légataire *un droit à la chose léguée*, sans déterminer le caractère de ce droit, qui peut être, en effet, suivant les cas, tantôt un droit de propriété, *jus in re*, tantôt un droit de créance, *jus ad rem*.

670. — Nous nous sommes expliqué déjà sur les conséquences, qui résultent, au profit du légataire, de ce droit de propriété et de l'action réelle qu'il engendre (*supra*, n°ˢ 548 et 631-633).

Ajoutons seulement que, encore bien que le premier

alinéa de l'article 1014 ne mentionne que le legs pur et simple, il n'en est pas moins applicable au legs condi-tionnel, en ce sens que, si la condition vient à s'accom-plir en temps utile (art. 1040), le légataire sera réputé avoir été propriétaire de la chose léguée, dès le jour du décès du testateur (comp. le tome I de ce *Traité*, n° 96 ; Zachariæ, Aubry et Rau, t. VI, p. 165).

671. — III. Reste l'action hypothécaire (*supra*, n° 664).

L'origine de l'hypothèque des légataires remonte au droit romain ; ce fut Justinien, qui la leur accorda, afin d'assurer d'autant plus l'exécution des volontés du tes-tateur..., *ut omnibus modis voluntati ejus satisfiat* ; et il est, ainsi que nous l'allons voir, intéressant de rappeler d'a-bord les termes de sa Constitution :

« *Non abs re est, etiam nos.... hypothecariam donare actionem.... quæ, nullo verbo præcedente, possit ab ipsa lege induci...; in omnibus autem hujus modi casibus, in tan-tum et hypothecaria unumquemque conveniri volumus, in quantum personalis actio adversus eum competit; et hypo-thecam esse non ipsius hæredis vel alterius personæ quæ gravata est fideicommisso, rerum, sed tantummodo earum quæ a testatore ad eum pervenerunt....* » (L. 1, Cod., *Comm. de legat. et fideicom.*)

Ainsi :

1° Cette hypothèque était accordée *ab ipsa lege,* non-seulement contre l'héritier, mais contre tout autre débi-teur du fidéicommis ;

2° Elle frappait seulement les biens du testateur, mais non les biens de l'héritier ou de tout autre ;

3° Elle n'était accordée, contre chacun des héritiers ou autres débiteurs, que dans la mesure de l'obligation personnelle, dont il était tenu.

672. — Deux controverses considérables s'élevèrent, dans notre ancien droit, relativement à cette hypothèque légale des légataires :

L'une, sur le fait même de son existence, et pour savoir si elle devait y être admise ;

L'autre, sur son caractère et son étendue.

a. La première était particulière au pays de coutume.

Quelques-uns pensaient que les légataires devaient avoir seulement cette hypothèque *ex testamento,* lorsque le testament était reçu par une personne publique ; et que, par suite, ils ne la devaient point avoir, dans le cas où le testament était olographe (Loiseau, du *Déguerpissement,* liv. I, chap. vii, nᵒˢ 1-5 ; Renusson, *des Propres,* chap. iii, sect. xii, nᵒˢ 10 et suiv.).

D'autres, tout en rejetant aussi, en principe, l'hypothèque légale des légataires, l'admettaient toutefois exceptionnellement en faveur des legs pieux (Choppin, *De moribus parisiens.* L. II, t. IV, nᵒ 19 ; Maynard, L. VIII, chap. lxiii).

Mais la doctrine de la grande majorité des auteurs coutumiers était, au contraire, que la Constitution Justinienne devait être suivie en France ; et que, en conséquence, l'hypothèque était attribuée à tous les légataires, *ab ipsâ lege,* indépendamment de la forme de l'acte testamentaire (Pothier, *des Donat. testam.,* chap. v, sect. iii, § 2 ; et *Introduct. au tit.* xvi *de la cout. d'Orléans,* nᵒ 107 ; Merlin, *Répert.,* vᵒ *Légataire,* § 5, nᵒˢ 13-15).

b. La seconde controverse était commune aux pays coutumiers et aux pays de droit écrit.

L'hypothèque, qui appartenait aux légataires, leur conférait-elle le droit de poursuivre chacun des héritiers et autres débiteurs des legs, hypothécairement *pour le tout ?*

Ou, au contraire, ne les autorisait-elle à les poursuivre hypothécairement, que jusqu'à concurrence de la portion pour laquelle ils devaient personnellement les legs ?

Plusieurs auteurs tenaient pour le premier parti, invoquant le principe de l'indivisibilité de l'hypothèque

(Bacquet, *des Droits de justice*, chap. VIII, nombre 26; Mornac, t. I, p. 158, *ad leg.* 18, Cod. *De pact.*; Furgole, *des Testam.*, t. III, chap. X, n°s 43 et suiv.; Renusson, *loc. supra cit.*);

Tandis que d'autres voulaient, au contraire, que l'action hypothécaire n'eût pas, contre les héritiers et autres débiteurs des legs, plus d'étendue que l'action personnelle, dont ils étaient tenus.

Et, au premier rang de ceux-ci, il faut placer Pothier, qui justifiait excellemment cette doctrine :

D'abord, par le texte, très-précis, de la Constitution de Justinien : « .... *In tantum et hypothecaria unumquemque conveniri volumus, in quantum personalis actio adversus eum competit.* » (*Supra*, n° 671.)

Ensuite, par les principes les plus exacts du droit civil :

« En cela, disait-il, les legs diffèrent des dettes; et la raison de différence est sensible. Les dettes ont été contractées pour le total, par le défunt, qui y a hypothéqué tous et chacun de ses biens; et par conséquent, chaque portion des biens, auxquels chaque héritier succède, se trouve hypothéquée au total des dettes. Au contraire, l'obligation qui résulte des legs, n'a été contractée que divisément, dès son commencement, par chacun des héritiers, qui en sont tenus; et par conséquent, la partie des biens, auxquels chacun a succédé, ne peut être hypothéquée qu'à la part, dont il est tenu des legs. » (*Introduct. au tit.* XVI *de la cout. d'Orléans, loc. supra;* ajout. Henrys, t. II, part. II, quest. 57; Ferrières sur Bacquet, *loc. supra cit.*; Lebrun, *des Successions*, chap. II, sect. IV, n° 4; Ricard, *des Donations*, part. II, chap. I, sect. IV, n° 35.)

673. — Ces deux controverses de notre ancien droit ont été, suivant nous, nettement tranchées par notre Code.

Et, d'abord, que l'hypothèque légale existe au profit des légataires, c'est ce qu'il paraît bien difficile de contester, en présence de l'article 1017.

On l'a contesté pourtant; et, d'après une doctrine, qui compte même d'imposants suffrages, les légataires n'auraient plus aujourd'hui d'hypothèque légale :

1.° Les rédacteurs du Code, dit-on, dans l'article 1017, ont eu bien moins en vue de conférer une hypothèque aux légataires, que de déterminer la nature de celle qu'ils supposaient devoir leur être accordée plus tard, dans le titre *des Priviléges et hypothèques;* et, pour établir cette thèse, on argumente de la suppression de l'article 100 du projet du titre *des Donations*, et de l'article 52 du projet du titre *des Hypothèques* (comp. Locré, *Législat. civ.*, t. XI, p. 242, 243);

Or, supposer n'est pas disposer; et, la supposition, dans laquelle ils ont rédigé l'article 1017, ne s'est pas réalisée, puisque aucun article du titre *des Priviléges et hypothèques* n'attribue d'hypothèque légale aux légataires (*voy.* art. 2121);

Donc, aucun texte, en effet, ne leur attribue d'hypothèque.

2° On ajoute que le titre *des Priviléges et hypothèques* annonce, au contraire, l'intention du législateur de mettre, sous ce rapport, les légataires sur la même ligne que les créanciers; puisqu'il n'a accordé aux uns et aux autres que le droit de demander la séparation des patrimoines (art. 2111); droit suffisant, en effet, pour les légataires comme pour les créanciers, et avec lequel une hypothèque légale aurait fait double emploi (comp. Toullier, t. III, n.ᵒˢ 567-569; Grenier, t. II, n.ᵒˢ 311, 312; Zachariæ, Aubry et Rau, t. VI, p. 168-170; Gabriel Demante, *Revue crit. de jurisprud.*, 1854, t. V, p. 179).

Mais cette doctrine n'a pas été admise; et nous croyons qu'elle ne pouvait pas l'être :

1° L'article 1017 est formel: c'est dans les termes les plus explicites, qu'il dispose que les héritiers, ou autres débiteurs d'un legs, *en sont tenus* HYPOTHÉCAIREMENT *pour le tout;* or, ces mots ne peuvent pas être entendus, dans l'article 1017, comme les mêmes mots, dans l'article 873, d'une hypothèque, qui aurait été accordée par le défunt lui-même à son créancier; car il est clair qu'aucune convention n'est intervenue entre le testateur et le légataire! donc, ils consacrent une hypothèque légale, ou ils n'ont aucun sens!

2° C'est bien, en effet, à cette dernière alternative qu'il a fallu en venir ; et on a conclu que cette disposition de l'article 1017 *était sans objet!*

Conclusion, suivant nous, d'autant plus impossible, que l'article 1017, en conservant cette hypothèque légale, n'a fait que maintenir les traditions les plus anciennes du droit privé (*supra*, n°^{os} 671, 672), et que le silence gardé ensuite sur ce point par le législateur, dans le titre *des Priviléges et hypothèques*, ne saurait certes suffire pour abroger un texte aussi formel! Quant à la suppression, qui a été faite de l'article 100 du projet du titre *des Donations*, et de l'article 52 du titre *des Priviléges et hypothèques*, elle s'explique par la contrariété, que présentaient, entre elles, ces deux dispositions; mais il n'en résulte pas que l'article 1017 lui-même ne soit pas demeuré tel qu'il avait été fait.

L'hypothèque légale existe donc encore, sous notre Code, au profit des légataires, en même temps que le droit, qui leur appartient, de demander la séparation des patrimoines.

Et maintenant, pourquoi le législateur l'a-t-il maintenue?

La première raison en est vraisemblablement dans la tradition, et qu'il l'a maintenue parce qu'il l'a trouvée déjà faite!

On peut signaler d'ailleurs, entre les créanciers de la succession, auxquels aucune hypothèque légale n'est accordée, et les légataires, qui ont cette hypothèque, une double différence, qui en serait, sinon la justification complète, du moins l'explication, à savoir :

D'une part, que les créanciers généralement connaissent leurs titres et peuvent pourvoir à la sûreté de leurs créances ; tandis que les légataires peuvent ignorer le testament ;

Et, d'autre part, que les héritiers, parmi ceux-là même, qui mettent le plus d'empressement à payer les dettes, ne montrent pas toujours le même bon vouloir, en ce qui concerne le payement des legs.

Déjà, nous avons montré que l'hypothèque légale et le droit de demander la séparation des patrimoines ne se confondent pas, et que chacun d'eux a ses avantages particuliers (comp. notre *Traité des Successions*, t. V, n° 247 ; ajout. Ancelot, sur Grenier, t. II, n° 312, note *a*, édit. de M. Bayle-Mouillard).

Ce n'est pas ici le lieu d'y insister ; et nous reviendrons, sur cette matière, dans le titre *des Priviléges et hypothèques*, auquel elle appartient.

674. — Bornons-nous à constater, quant à présent :

1° Que cette hypothèque est légale ; et, par conséquent, qu'elle existe indépendamment de la forme de l'acte testamentaire, que le testament soit olographe ou par acte public (comp. Pothier, *loc. supra cit.*) ;

2° Qu'elle n'est pas toutefois dispensée d'inscription, et qu'elle ne prend rang, au contraire, qu'à compter de l'accomplissement de cette formalité (art. 2134) ;

3° Qu'elle ne frappe que les immeubles de la succession ;

4° Qu'elle est accordée aux légataires, non-seulement contre les héritiers du testateur, mais contre *tous autres* débiteurs d'un legs (*supra*, n° 674) ;

5° Enfin, que le testateur est libre, bien entendu, d'en affranchir son héritier, et de n'attribuer qu'une action purement personnelle ou seulement une hypothèque spéciale sur un seul immeuble à son légataire, auquel il aurait pu ne rien attribuer du tout (comp. Angers, 22

nov. 1850, Repoche, D., 1851, II, 19 ; Bruxelles, 16 juill.
1851, Brequigny, D., 1853, II, 69 ; ajout. Bordeaux, 27
févr. 1840, Barbon, D., *Réc. alph., h. v.*, n° 3896).

675. — Quant à l'étendue de l'hypothèque légale des
légataires, l'article 1017 a aussi tranché nettement l'ancienne controverse, en décidant que les héritiers, ou autres débiteurs du legs, en seront tenus *hypothécairement*
POUR LE TOUT !

D'où il suit :

1° Que celui-là même qui n'est tenu *personnellement*
du legs que pour *partie*, peut être forcé *hypothécairement*
d'abandonner les immeubles de la succession compris
dans son lot, si mieux il n'aime acquitter le legs POUR
LE TOUT !

2° Bien plus ! que celui que le testateur aurait affranchi de l'obligation de contribuer à l'acquittement des legs,
n'en serait pas moins tenu *hypothécairement pour le tout*,
à moins que le testateur n'eût déclaré l'affranchir aussi
de l'action hypothécaire. (Comp. Duranton, t. IX, n°s
384, 385.)

« On ne peut disconvenir, dit M. Troplong, que notre
Code n'ait choisi le parti le plus conforme aux principes
naturels de l'hypothèque.... » (T. IV, n° 1795.)

Il s'en faut bien, à notre avis !

Et nous pensons, au contraire, que, d'après les vrais
principes, si bien enseignés par Pothier (*supra*, n° 672),
on aurait dû considérer qu'il y avait là autant d'hypothèques distinctes que d'obligations personnelles ; que les
unes et les autres naissent en même temps, au moment
du décès du testateur ; et que l'on n'aurait porté nulle
atteinte au principe de l'indivisibilité de l'hypothèque, en
reconnaissant, non pas sans doute que l'hypothèque était
divisible, mais qu'il y avait autant d'hypothèques *indivi-
sibles* qu'il y a d'obligations personnelles.

Aussi, entre les deux interprétations de la loi 1 au
Code, *Communia de legatis et fideicommissis*, qui s'agitaient

dans notre ancien droit, les rédacteurs de notre Code n'ont-ils pas, suivant nous, adopté la meilleure !

676. — L'hypothèque légale, établie par l'article 1017, appartient-elle non-seulement aux légataires à titre particulier, mais même aussi aux légataires à titre universel ?

Primus a légué à Secundus tous ses meubles, laissant tous ses immeubles à Tertius, son héritier ab intestat.

Secundus, le légataire à titre universel des meubles, aura-t-il une hypothèque légale sur les immeubles de la succession, qui appartiennent à l'héritier ?

On peut soutenir, avec beaucoup de force, la négative : soit d'après la place, que l'article 1017 occupe dans la section : *Des legs particuliers*, auxquels il paraît dès lors seulement applicable, soit d'après les principes ; la concession d'une hypothèque implique, en effet, l'idée d'une créance et d'une dette ; or, il n'y a rien de pareil dans le cas d'un legs à titre universel du mobilier ; ce qui en résulte seulement c'est une indivision, qui doit donner lieu à un partage entre les copropriétaires ; mais on ne voit pas quelle serait alors la cause efficiente de l'hypothèque. Supposez que le testateur ait fait deux légataires à titre universel, l'un de ses meubles, l'autre, de ses immeubles ; si l'article 1017 est applicable au legs à titre universel, il faudra dire que les immeubles se trouvent grevés d'une hypothèque légale au profit du légataire des meubles ; mais pourquoi, entre ces deux légataires à droit égal, le lot de l'un serait-il garant du lot de l'autre ? (Comp. Montpellier, 6 juill. 1830, Portes, D., 1833, II, 27.)

Il faut, toutefois, que nous ajoutions que la doctrine contraire est enseignée : c'est à tous les légataires, *omnibus legatariis*, que Justinien avait attribué cette hypothèque, que notre droit français lui a empruntée ; et de ce que l'article 1017 a été placé dans la section : *Des legs particuliers*, on ne saurait conclure que le législateur ait

voulu en restreindre l'application à cette sorte de legs;
car il y a, dans cette section, d'autres articles encore,
qui sont certainement applicables à tous les legs sans
distinction (art. 1014, 1015, 1016). Est-ce que d'ailleurs,
l'hypothèque de l'article 1017 n'appartiendrait pas aussi
au légataire particulier d'un corps certain? oui sans
doute; car le texte ne la restreint pas au legs de quantités ou de choses indéterminées; et pourtant, il ne serait
pas possible de dire non plus que le légataire particulier
d'un corps certain est *créancier;* mais c'est que l'hypothèque légale est attribuée aux légataires pour la pleine
garantie de l'exécution de leur legs, et des dommages-
intérêts auxquels ils pourraient avoir droit, en cas
d'inexécution, contre ceux qui en sont débiteurs; or,
rien ne fait obstacle à ce que cette garantie hypothécaire
soit accordée à tous les légataires, sans distinction, à
titre universel ou à titre particulier (comp. Troplong,
t. VI, n° 1794).

677. — B. Sous ce titre : des choses, qui peuvent
être léguées ou non (*supra,* n° 663), Pothier enseignait
qu'on peut léguer toutes les choses, qui sont dans le
commerce, à la condition qu'elles soient héréditairement
transmissibles, et qu'elles puissent être acquises par le
légataire lui-même (*des Donat. testam.,* chap. vi, art. 1,
§ 1, VI).

Telle est aussi notre règle, que l'on peut fonder sur
l'article 711, d'après lequel *la donation testamentaire* est
mise, comme *la succession,* au nombre des manières,
dont la propriété des biens s'acquiert et se transmet.

On peut donc léguer, en effet, toutes les choses, qui
sont susceptibles d'être l'objet d'un droit, soit de propriété, soit de créance : corporelles, ou incorporelles,
déterminées ou indéterminées, présentes ou futures;
c'est ainsi qu'on peut léguer un office ministériel, de
notaire, d'avoué, etc. (comp. *infra,* n° 705, et le tome III
de ce *Traité,* nos 377 et suiv.).

Il n'est pas douteux non plus que les legs peuvent consister *in faciendo* ou *in non faciendo;* c'est-à-dire, ajoutait Pothier, que « un testateur peut charger son héritier ou toute autre personne, qu'il peut grever du legs, de faire telle chose ou de s'abstenir de telle chose, en considération de telle personne, qui y a intérêt (*loc. supra cit.;* comp. *Inst. de legatis*, § 21; Angers, 19 mai 1853, Lambert, D., 1853, II, 20; Ricard, part. III, chap. III, sect. III; Furgole, *des Testaments*, chap. VII, sect. I; Coin-Delisle, art. 1021, n° 1; Duranton, t. IX, n° 239; Zachariæ, Aubry et Rau, t. VI, p. 532, 533).

678. — La seule disposition, que notre Code renferme, sur ce sujet, se trouve dans l'article 1021, qui est ainsi conçu :

« Lorsque le testateur aura légué la chose d'autrui, le « legs sera nul, soit que le testateur ait connu ou non « qu'elle ne lui appartenait pas. »

Cette disposition est contraire aux traditions antérieures; et ce n'est pas en exagérer l'importance que de dire qu'elle constitue une innovation considérable dans l'histoire du droit privé.

Chez les Romains, le legs de la chose d'autrui était nul ou valable, suivant une distinction :

Le testateur avait-il ignoré qu'il léguait la chose d'autrui? le legs était nul.... *forsitan enim si scisset non legasset.*

L'avait-il su, au contraire? le legs était valable, en ce sens que l'héritier était tenu d'acheter la chose pour la remettre au légataire; et que, s'il ne pouvait pas se la procurer, il était tenu de lui en payer l'estimation.

Et c'était au légataire de prouver que le testateur avait su qu'il léguait la chose d'autrui (*Inst. de legat.*, § 4).

La distinction romaine avait passé dans notre ancienne jurisprudence française; et l'on y tenait aussi que le legs de la chose d'autrui était valable, lorsque le

testateur paraissait avoir su que la chose ne lui appartenait pas, comme, par exemple, si cette chose n'était
pas en sa possession; et que le legs était nul, lorsque le
testateur avait cru que la chose lui appartenait, comme
dans le cas où il en avait la possession. Quelquefois
même, le legs de la chose d'autrui était valable, quoique
le testateur eût cru léguer sa propre chose, à savoir :
lorsqu'il était vraisemblable que le testateur aurait fait
un autre legs au légataire, s'il ne lui eût pas légué cette
chose; et c'est ce qu'on présumait, lorsque le legs de la
chose d'autrui avait été fait à l'un des héritiers, *par
forme d'également*, ou lorsqu'il avait été fait à un bâtard,
à titre d'aliments.

Ajoutons que le legs de la chose de l'héritier n'avait
été, ni en droit romain, ni dans notre ancien droit, considéré comme le legs de la chose d'autrui; et qu'il était
valable, dans tous les cas, soit que le testateur eût su
qu'elle ne lui appartenait pas, soit qu'il l'eût ignoré
(*Inst. de legat.*, § 4; Pothier, Ricard, Furgole, *loc. supra
cit.*; Bourjon, *Droit commun de la France*, part. IV, *des
Testam.*, chap. VII).

679. — La doctrine que nous venons d'exposer n'a-
vait rien d'excessif; il faut même reconnaître qu'elle
pouvait paraître conforme à la volonté probable du testateur.

Oh! sans doute, lorsque le testateur a légué la chose
d'autrui, croyant qu'il léguait sa propre chose, on peut
supposer, avec beaucoup de vraisemblance, qu'il ne l'aurait pas léguée, s'il eût su qu'elle ne lui appartenait pas;
peut-être, en effet, s'est-il cru plus riche qu'il n'était
effectivement; et on ne sait pas s'il aurait fait le legs,
dans le cas où il aurait connu le surcroît de charges,
qu'il imposait par là à son héritier.

Mais, lorsqu'il l'a su, lorsque c'est en connaissance
de cause qu'il a légué la chose d'autrui, et que cette
preuve est faite, contre l'héritier, par le légataire auquel

le fardeau en est imposé, cette objection tombe! et ce qui s'élève alors, c'est la présomption toute contraire, que le testateur a voulu faire une disposition sérieuse et efficace, et que, en conséquence, il a entendu imposer à son héritier l'obligation de procurer au légataire la chose d'autrui, qu'il lui a sciemment léguée.

Il est vrai! mais le testateur l'avait-il su ou l'avait-il ignoré? voilà ce qui était à prouver; et on comprend les difficultés de cette preuve et les contestations auxquelles elle devait donner lieu; et c'est bien là ce qui était advenu!

Aussi, est-ce pour tarir la source de ces contestations pleines d'incertitudes, que le législateur nouveau a décrété l'article 1021.

« Il faut une règle, disait M. Treilhard, pour mettre fin aux subtilités; et la meilleure est celle qui exige que le testateur s'explique clairement. » (Locré, *Législat. civ.*, t. XI, p. 257.)

Et maintenant, quel est le vrai sens de cette disposition nouvelle de l'article 1021; et quelle en est la portée? c'est ce que nous avons à préciser.

680. — D'abord, que l'article 1021 ne s'applique pas aux legs de quantités ou de choses indéterminées, cela est d'évidence!

Un testateur peut certainement léguer 10 000 fr., ou cent mesures de blé, ou deux chevaux *in genere*, lors même qu'il n'aurait, ni argent comptant, ni blé, ni chevaux.

On peut vendre des choses indéterminées, c'est-à-dire s'obliger à les livrer à l'acheteur, lors même qu'on ne les a pas encore, sans contrevenir à l'article 1599, qui porte que la vente de la chose d'autrui est nulle.

C'est par la même raison qu'on peut les léguer, sans contrevenir à l'article 1021, parce que, en effet, les quantités ou les choses indéterminées, considérées *in genere*, n'appartiennent pas plus à l'un qu'à l'autre, précisément parce qu'elles sont indéterminées! (Art. 1022, 1246.)

On pourrait même léguer un immeuble *in genere*, *une maison*, par exemple, de 30 000 fr. ; car cette désignation rendrait le legs susceptible d'exécution (comp. le tome V de ce *Traité*, n° 234 ; Toullier, t. III, n° 516 ; D., *Rec. alph.*, *h. v.*, n° 3763 ; Taulier, t. IV, p. 158).

681. — Ce n'est donc qu'autant qu'il s'agit du legs d'une chose certaine et individuellement désignée, que l'article 1021 peut être applicable.

Et afin d'en mesurer, aussi exactement que possible, la portée, nous examinerons trois hypothèses :

a. Supposons, en premier lieu, un legs ainsi conçu :

« *Je lègue à Primus la maison A.* »

Il se trouve que cette maison n'appartient pas au tes- tateur ; elle appartient à Secundus.

Rien de plus simple !

Ce legs est nul, d'après les termes mêmes de l'ar- ticle 1021.

Vainement, demanderait-on à prouver que le testateur savait que cette maison ne lui appartenait pas.

La doctrine romaine, qui faisait cette distinction, n'est plus admise ; et notre article ne la rappelle que pour l'a- broger expressément !

681 *bis*. — Ajoutons seulement qu'il faut, pour que l'article 1021 soit applicable, même dans cette première hypothèse, la plus simple de toutes, que la chose léguée n'appartienne pas au testateur, à l'époque de son décès.

Il ne suffirait pas qu'elle ne lui eût pas appartenu, à l'époque de la confection du testament, s'il en était en- suite devenu propriétaire.

L'opinion contraire, qui est enseignée par Zachariæ (§ 676, note 3), nous paraît évidemment contraire soit au texte de l'article 1021, qui ne détermine pas l'époque à laquelle le testateur doit être propriétaire de la chose léguée ; soit aux principes généraux de notre droit, qui n'a pas admis la règle Catonienne, et desquels il résulte que c'est au moment du décès qu'il y a lieu d'examiner si le testament, en ce qui concerne les choses sur lesquelles il porte, est ou n'est pas légalement susceptible d'exécution (comp. le tome I de ce *Traité*, n°s 706 et suiv.; et le tome II, n° 193; Aubry et Rau, t. V, p. 536; Colmet de Santerre, t. IV, n° 166 *bis*, VII).

682. — *b*. Notre seconde hypothèse est celle où le testateur se serait exprimé ainsi :

« *Je lègue à Primus la maison A, qui appartient à Secundus; je charge, en conséquence, mon héritier Tertius de l'acheter moyennant* 100 000 *fr., pour la livrer à Primus; et si Secundus en demande un prix plus élevé ou refuse de la vendre, je charge mon héritier d'en remettre l'estimation, à savoir :* 100 000 *fr., à Primus.* »

Ce legs est-il nul, aux termes de l'article 1021, comme legs de la chose d'autrui?

On pourrait entreprendre de le soutenir, en raisonnant avec une certaine rigueur :

1° Ce que le droit nouveau défend, c'est le legs de la chose d'autrui, tel que l'ancien droit le permettait;

Or, l'ancien droit, en permettant le legs de la chose d'autrui, ne faisait autre chose à savoir : que d'interpréter la volonté du testateur, en ce sens qu'il avait imposé à son héritier l'obligation de l'acheter pour la livrer au légataire, ou de lui en payer l'estimation;

Donc, c'est le legs, ainsi interprété, que l'article 1021 a défendu, dans tous les cas.

2° On ajouterait que, si une fois cette déviation est admise, on ne saura plus où s'arrêter, et qu'il faudra, par exemple, valider le legs par lequel le testateur se serait borné à dire : *Je lègue à Primus la maison de Secundus;* car on devra nécessairement alors sous-entendre tacitement dans ce legs, l'explication qui se trouve explicitement dans le legs dont il s'agit (comp. Merlin, *Répert.*, v° *Legs*, sect. III, § 3, n°s 30 et suiv.).

Cette doctrine, toutefois, n'a pas été admise; et nous croyons, en effet, qu'elle ne pouvait pas l'être :

1.° L'article 1021 n'est pas seul dans notre Code; il faut le concilier avec les autres articles et avec les principes du droit civil;

Or, d'une part, il est certain que *les faits* peuvent être l'objet d'un legs; et que le testateur peut charger son héritier de faire telle chose pour le légataire, de lui construire, par exemple, une maison, sur tel terrain avec une somme déterminée (*supra*, n° 677); d'autre part, le testateur n'a pas fait vraiment autre chose par cette disposition, que de léguer *le fait* de son héritier, en le chargeant d'acheter la maison ou d'en payer l'estimation;

Donc, un tel legs est valable.

2° La preuve en est dans l'article 1020, où nous voyons que, si la chose léguée est grevée d'un usufruit, l'héritier peut être chargé par le testateur de la dégager, c'est-à-dire d'acheter l'usufruit à celui auquel il appartient.

Il faut donc conclure que ce que l'article 1021 prohibe seulement, c'est le legs principal et direct de la chose d'autrui, le legs par lequel le testateur, en effet, dispose de cette chose elle-même, comme si elle était la sienne (comp. Toullier, t. III, n° 517; Duranton, t. IX, n° 251; Bayle-Mouillard sur Grenier, t. II, n° 349, note *a*; Poujol, art. 1021, n° 5; Coin-Delisle, art. 1021, n° 9; Troplong, t. IV, n° 1948; Zachariæ, Aubry et Rau, t. V, n° 536; Colmet de Santerre, t. IV, n° 166 *bis*, V).

683. — *A fortiori*, faudrait-il considérer comme valable :

Le legs d'une certaine somme fait au légataire pour acquérir la chose d'autrui; car ce ne serait là qu'un legs de quantité, avec indication d'un emploi (comp. Delvincourt, t. II, p. 97, note 4; Toullier, Coin-Delisle, *loc. supra*);

Ou même le legs direct de la chose d'autrui ou de sa valeur estimative; comme si le testateur avait dit : *Je lègue à Primus la maison de Secundus ou une somme de*

100.000 *fr.*; c'est là, en effet, tout simplement un legs alternatif ; et de ce qu'il est nul, quant à l'une des choses sur lesquelles il porte, et qui ne peut pas faire l'objet d'un legs, il ne s'ensuit pas qu'il ne soit pas valable quant à l'autre chose, qui peut être valablement léguée ! (Art. 1192; comp. Cass., 17 janvier 1811, Rieul, Sirey, 1813, I, 425 ; Duranton, t. IX, n° 245; Poujol, Coin-Delisle, Zachariæ, Aubry et Rau, *loc. supra cit.* ; Bayle-Mouillard sur Grenier, t. II, n° 319, note *a*.)

684. — Nous venons de dire que le legs est valable, dans le cas où le testateur a imposé à son héritier la charge d'acheter la chose d'autrui pour la livrer au légataire, ou de lui en payer l'estimation ; en ce sens que, si l'héritier ne peut pas se procurer la chose, il doit en payer l'estimation.

Cette obligation subsidiaire d'en payer l'estimation, devrait-elle être imposée au légataire, si le testateur ne s'en était pas lui-même expliqué ?

« *Je lègue à Primus la maison de Secundus ; c'est-à-dire que je charge mon héritier de l'acheter à Secundus pour la livrer à Primus.* »

Voilà tout le testament.

Secundus refuse de vendre sa maison.

L'héritier en doit-il l'estimation au légataire ?

Oui ! a-t-on répondu ; dès l'instant où l'on admet la validité du legs de la chose d'autrui, il faut l'admettre avec les conséquences, fort raisonnables d'ailleurs, que le droit romain y avait attachées (comp. Mourlon, *Répét. écrit.*, t. II, p. 374 ; D., *Rec. alph.*, *h. v.*, n° 3767).

Nous ne pensons pas toutefois qu'il en soit ainsi :

Ce que le testateur a légué, ce qu'il a chargé son héritier de procurer au légataire, c'est une chose certaine et déterminée ; or, il arrive que, sans aucun fait impu-table à l'héritier, cette chose ne peut pas être délivrée au légataire ; donc, d'après le droit commun, l'héritier est affranchi de son obligation (arg. des articles 1042 et 1302).

Est-on bien sûr que le testateur ait entendu que, à défaut de la chose elle-même, l'héritier devrait livrer une somme d'argent au légataire ? le droit romain l'affirmait ; mais il est permis de penser, avec Coin-Delisle, que cette interprétation était *divinatoire,* ou tout au moins, incertaine (art. 1021, n°ˢ 2 et 10) ; et dans le doute, quand le testateur, qui pouvait s'expliquer, n'a rien dit, il nous paraîtrait plus sûr de ne pas suppléer d'office, en quelque sorte, à la charge de l'héritier, cette obligation subsidiaire (comp. *infra*, n° 730 ; Marcadé, art. 1021, n° 1 ; Bayle-Mouillard sur Grenier, t. II, n° 319 ; Saintespès-Lescot, t. IV, n° 1482).

685. — *c.* Nous voici à notre troisième hypothèse, et à la plus délicate (*supra,* n° 681).

Le testateur a dit :

« *Je lègue à Primus la maison qui appartient à Secundus.* »
Rien de plus !

Ce legs est-il valable ? et l'héritier est-il tenu d'acheter la maison de Primus, pour la livrer à Secundus ?

L'affirmative a été soutenue :

1° Le legs serait valable, si le testateur avait dit : *Je charge mon héritier d'acheter la maison de Primus pour la donner à Secundus* (*supra,* n° 682) ; or, telle a été, sans doute, son intention, lorsqu'il a dit simplement : *Je lègue à Primus la maison de Secundus;* et cette formule renferme implicitement la même pensée, qui se trouve explicitement dans l'autre ; donc, si l'un est valable, l'autre ne saurait être nul : *eadem vis est taciti atque expressi !*

2° L'article 1021 a eu un double but : d'une part, de prévenir les procès qui auraient pu s'élever sur le point douteux de savoir si le testateur avait connu ou non que la chose ne lui appartenait pas ; et d'autre part, d'empêcher que l'héritier ne fût grevé d'une charge plus lourde que celle que le testateur, qui s'était fait illusion sur le chiffre de sa fortune, avait cru lui imposer ; or, ni l'un ni l'autre de ces motifs n'existe, dans cette hypothèse, où

le testateur fait preuve, par ses termes mêmes, que c'est
bien sciemment que le testateur a légué la chose d'autrui.
(Comp. Mourlon, *Répét. écrit.*, t. II, p. 374; *voy.* aussi
Bayle-Mouillard sur Grenier, t. II, n° 319, note *a.*)

Si sérieuse que cette argumentation puisse paraître,
nous ne croyons pas que l'on doive s'y rendre :

1° Nous sommes bien, cette fois, effectivement en présence d'un legs direct de la chose d'autrui ! ce legs, il ne
porte pas sur un fait dont l'accomplissement serait imposé
à l'héritier ; c'est directement de la chose d'autrui, que
le testateur dispose; or, il nous paraît difficile de soustraire un legs pareil à l'application de l'article 1021 !

2° On objecte que les motifs, qui ont fait édicter cet
article, n'existent pas dans ce cas.

Nous répondons que le texte n'en est pas moins toujours là, avec sa généralité absolue ; et le texte prouve
bien, en effet, que le legs de la chose d'autrui est nul,
lors même que le testament porte la preuve que le testateur a connu que la chose, qu'il léguait, ne lui appartenait pas !

Cette preuve aurait-elle dû suffire pour le valider ? il
serait permis de le soutenir ; mais ce que nous croyons,
c'est que le législateur ne l'a pas voulu ainsi. (Comp.
Merlin, *loc. supra cit.*; Coin-Delisle, art. 1021, n° 4;
Marcadé, art. 1021, n° 22; Colmet de Santerre, t. IV,
n° 166 *bis*, IV.)

686. — De là ne faut-il pas conclure que le legs de
la chose d'autrui ne pourrait pas être valablement fait,
même sous forme de condition ?

« *J'institue Primus mon légataire universel, s'il donne à
Secundus la maison, qui appartient à Tertius.* »

On l'a enseigné ainsi, et que cette condition, comme
contraire à la loi, devrait être réputée non écrite (art. 900;
comp. Merlin, *loc. supra cit.*; Zachariæ, Aubry et Rau,
t. V, p. 536).

Mais cette dernière conclusion serait, à notre avis,

beaucoup moins sûre ; et nous allons bientôt y revenir (*infra*, n° 688).

687. — L'article 1021 est-il applicable à la chose de l'héritier, ou de tout autre débiteur du legs ?

« *Je lègue à Primus la maison A..* »

Il se trouve que cette maison appartient à l'héritier du testateur, ou à celui qu'il a institué son légataire universel ou à titre universel..

Le legs est-il valable ?. et l'héritier ou le légataire universel est-il tenu de livrer sa maison à Primus ?

L'affirmative compte des partisans considérables, qui raisonnent ainsi :

Les rédacteurs de l'article 1021, en réglant le sort du legs *de la chose d'autrui*, ont certainement employé ces mots, dans l'acception scientifique et traditionnelle, qu'ils ont toujours eue, soit dans le droit romain, soit dans notre ancien droit français ;

Or, en droit romain, et dans notre ancien droit, *la chose de l'héritier* n'était pas considérée, par rapport au testateur, comme *la chose d'autrui ;* et le legs en était valable, comme le legs de la chose du testateur lui-même, sans qu'il y eût lieu de rechercher s'il avait su ou s'il avait ignoré que cette chose ne lui appartenait pas ; si bien que l'héritier était obligé de délivrer la chose elle-même au légataire, sans pouvoir lui en offrir seulement l'estimation. (Comp. *supra*, n° 678 ; *instit. De legat.*, § 4 ; L. 57, § 8 *De legat.*, 2° ; Ricard, part. III, chap. iii, sect. iii, n° 292 ; Furgole, chap. vii, sect. i, n° 46 ; Pothier, *loc. supra cit.*) ;

Donc, telle est aussi l'acception de ces mots : *la chose d'autrui*, dans l'art. 1021 ; et ils ne s'appliquent pas plus à la chose de l'héritier ou du légataire universel qu'à la chose du testateur lui-même. (Comp. Turin, 26 août 1806, Gianazio, Sirey, VI, 2, 778 ; Bruxelles, 4 janv. 1817 ; Merlin, *Répert.*, v° *Legs*, sect. iii, § 3, n°s 3, 4 ; Paris, 5 juin 1820, D., 1822, II, 207 ; Bastia, 3 févr. 1836, Franchescini, Dev., 1836, II, 248; Delvincourt, t. II, p. 97; Toullier, t. III, n° 547; Duranton, t. IX, n° 251; Poujol, art. 1021, n° 3; Coin-Delisle, art. 1021, n° 17; Armand Dalloz, *Dict.*, v° *Legs*, n°ˢ 434-437; Bayle-Mouillard sur Grenier, t. II, n° 349, note *a*; D., *Rec. alph.*, h. v., n° 3770; Saintespès-Lescot, t. IV, n° 4489.)

Mais cette doctrine nous paraît inadmissible aujourd'hui :

1° Nous ferons remarquer, d'abord, que les jurisconsultes, qui l'enseignent, ne demeurent pas eux-mêmes fidèles à ces traditions, qu'ils invoquent; car ils n'admettent aujourd'hui la validité du legs de la chose de l'héritier, qu'autant que le testateur a connu que cette chose ne lui appartenait pas; or, nous venons de dire, au contraire, que, d'après les traditions antérieures, ce legs était indistinctement valable, soit que le testateur eût connu, soit qu'il eût ignoré que la chose était celle de son héritier; de sorte que cette doctrine se trouve tout à la fois contraire et à l'ancien droit, et au droit nouveau, qui n'admettent pas de distinction.

2° C'est d'ailleurs un argument facile à réfuter que celui, qui prétend expliquer, d'après le droit romain et notre ancien droit, le sens de ces mots : *la chose d'autrui*, dans l'article 1021; il est, en effet, manifeste que notre Code a rompu, entièrement, sur ce point, avec les anciens principes; et que ces mots, désormais, au lieu d'avoir l'acception purement relative et fictive, qu'on leur attribuait autrefois, ont repris leur acception véritable et absolue; or, la chose de l'héritier est certainement, à l'égard du testateur, la chose d'autrui; donc, le texte même de notre article 1021 s'y applique.

3° Et ce n'est pas seulement le texte que nous invoquons; ce sont encore les motifs essentiels, qui l'ont dicté !

Qui peut affirmer, en effet, que le testateur ne s'est pas cru plus riche qu'il n'était, et que, s'il avait su que cette chose ne lui appartenait pas, il en aurait fait le legs? ne faudrait-il pas, si l'on voulait s'en assurer, rouvrir cette source de contestations, que le législateur a précisément voulu fermer? La vérité est qu'il n'y a sous ce rapport, aucune différence entre le legs de la chose d'un tiers et le legs de la chose de l'héritier ; et la distinction romaine, que notre ancien droit avait admise, ne pouvait guère être justifiée; aussi, ne devons-nous plus l'admettre, en présence des termes absolus de notre texte nouveau. (Comp. Cass., 19 mars 1822, Loiseau, Sirey, 1822, I, 370; Bruxelles, 12 oct. 1821 ; Merlin, *Répert.*, *loc. supra cit.*; Taulier, t. IV, p. 159; Troplong, t. IV, n° 1948; Zachariæ, Aubry et Rau, t. V, p. 535; Colmet de Santerre, t. IV, n° 166 *bis*, III.)

688. — Ce que nous croyons seulement, c'est que le testateur pourrait imposer à son héritier ou à son légataire universel, l'obligation, sous forme de condition ou de charge, de livrer une chose, dont il est propriétaire.

Il est vrai que Merlin enseigne, même dans ce cas, que la condition imposée à l'héritier de céder la chose, qui lui appartient, serait nul ! mais les solutions, que l'illustre procureur général a déduites de l'article 1021, sont généralement empreintes d'une rigueur très-grande, et qui nous paraît dépasser la mesure ! (*Répert.*, v° *Legs*, sect. III, § 3, n° 4.)

Ce que l'article 1021, en effet, déclare nul, c'est le legs principal et direct de la chose d'autrui ; or, tel n'est pas le legs, par lequel le testateur impose à son héritier ou à son légataire la charge de livrer la chose, qui lui appartient; c'est le legs *d'un fait;* ou plutôt c'est là une option offerte à l'héritier ou au légataire universel entre l'acceptation du legs fait à son profit, sous cette charge, et la répudiation de ce legs; or, les deux termes de cette alternative sont certainement licites. (Comp. *supra,* n° 686; le tome I de ce *Traité,* n°ˢ 278, 279; Turin, 26 août 1806, Gianazio, Sirey, VI, 2, 778; Cass., 19 mars 1822, Loiseau, Sirey, 1822, I, 370 ; Bastia, 3 févr. 1836, Franchescini, Dev., 1836, II, 248 ; Cass., 29 mars 1837, mêmes parties, Dev., 1837, I, 685 ; Orléans, 31 mars 1849, Pothier ; et même jour, Vallerand, D., 1852, II, 17 ; Nîmes, 14 juin 1865, Cappeau, Dev., 1865, II, 341 ; Toullier, t. III, n° 517 ; Duranton, t. IX, n° 251 ; Troplong, t. IV, n° 1948 ; Zachariæ, Aubry et Rau, t. V, p. 536.)

689. — On admettait, autrefois, que, dans le cas où le testateur avait légué une chose, qui appartenait déjà au légataire, ce legs pouvait avoir des effets, si cette chose n'appartenait pas au légataire, disait Pothier, *pleno jure, et à titre lucratif.*

C'est-à-dire que l'héritier pouvait être obligé :

Soit à faire avoir au légataire le droit qui lui manquait, par rapport à cette chose, s'il n'en avait qu'une propriété imparfaite ; ou à lui en payer l'estimation ;

Soit à lui rendre le prix qu'elle lui avait coûté, s'il l'avait acquise à titre onéreux.

C'étaient là des conséquences de la règle, qui validait le legs de la chose d'autrui ; et elles ont disparu de notre droit, avec la règle elle-même.

Seulement, le legs même de la chose du légataire pourrait être valable, dans le cas où le testateur, prévoyant le cas où celui-ci serait forcé de la vendre, aurait chargé son héritier de la racheter, ou de lui en payer la valeur (comp. *supra*, n° 682 ; Bayle-Mouillard sur Grenier, t. II, n° 319, note *a*).

690. — On ne saurait d'ailleurs considérer comme *chose d'autrui*, dans le sens de l'article 1021, la chose, sur laquelle le testateur aurait un droit futur, certain ou même conditionnel (arg. de l'article 1179 ; comp. le tome III de ce *Traité*, n° 378).

C'est ainsi que la jurisprudence a, justement, décidé que le legs de l'usufruit de tous les biens, que le testateur laissera dans sa succession, comprend même l'usufruit des biens, qui, au jour de son décès, ne lui appartiennent encore qu'en nue propriété, et qui se trouvent grevés d'usufruit au profit d'un tiers; et que, en conséquence, l'extinction de l'usufruit de ce tiers profite, ensuite, au légataire, et non point aux héritiers du testateur :

« ..... Attendu que le droit du propriétaire comprend virtuellement le droit à la jouissance, pour le moment où s'éteindra l'usufruit; que cette éventualité est dans ses biens; et qu'il a la faculté d'en disposer.... » (Comp. Rouen, 20 déc. 1852, Deveulles, D., 1853, II, 353; Rennes, 19 mai 1853, Legonidec.; et Bordeaux, 16 juin 1863, Laforest, Dev., 1863, II, 262-264; *J. du P.*, 1863, p. 943; D., 1863, II, 157; Cass., 15 mai 1865, Hecquard, Dev., 1865, I, 377; Delvincourt, t. II, p. 359; Proudhon, *de l'Usufruit*, t. II, n° 302; Vazeille, art. 1021, n° 3; Duranton, t. IX, n° 255; Saintespès-Lescot, t. IV, n° 1488.)

691. — Nous avons, enfin, à examiner une dernière hypothèse, qui se rapproche de celle que l'article 1021 a prévue, sans, toutefois, s'y confondre.

C'est à savoir l'hypothèse, où le testateur a légué, pour partie ou pour le tout, une chose, dont il avait la copropriété indivise avec un tiers, soit que cette chose fût l'objet unique de l'indivision, soit qu'elle fît partie d'une universalité de biens indivise.

Primus a légué, pour moitié ou pour le tout, la maison A à Secundus.

Et il était seulement copropriétaire de cette maison avec Tertius, à l'époque de la confection du testament.

Ou bien, cette maison faisait partie d'une succession indivise entre Tertius et lui.

Ce legs est-il valable? — Et dans quel cas? — Et pour quelle portion de la chose?

L'article 1021 ne suffirait pas seul à résoudre ces questions; car il ne statue que sur le legs de la chose d'autrui; or, la chose, dont le testateur était copropriétaire par indivis, n'est pas, absolument du moins, la

chose d'autrui ; et les règles sur la copropriété indivise
et sur les effets du partage, doivent y jouer aussi leur
rôle ; ajoutons que la question d'interprétation y est, en
outre, particulièrement d'une grande importance.

Une distinction doit d'abord être faite :

Ou l'indivision a cessé, avant le décès du testateur ;

Ou elle subsiste encore, au moment de son décès.

692. — *a.* Supposons, en premier lieu, que l'indivision a cessé, du vivant du testateur.

La solution nous paraît alors très-simple.

En effet, le droit du testateur sur la chose léguée, a été
déterminé par le partage ou la licitation auxquels il a
lui-même figuré ; et c'est évidemment d'après le résultat
de ce partage ou de cette licitation, que devra être ap-
précié le sort du legs, à l'époque du décès :

La chose léguée est-elle échue par l'effet du partage ou
de la licitation, à l'un des copropriétaires du testateur ou
à un étranger ? le legs ne peut avoir aucun effet : ni
quant à la chose, qui ne se trouve pas dans la succession
du testateur ; ni quant à la valeur estimative de la portion
qui lui en appartenait, durant l'indivision ; ni quant à la
portion du prix de la licitation, qui serait encore due à sa
succession : point d'effet quant à la chose ; car on peut
dire, soit qu'elle est la chose d'autrui (art. 883, 1021) ;
soit que le testateur, en l'aliénant, a révoqué son legs
(art. 1028) ; ou plutôt même que le legs est caduc, parce
que la chose, qui a été léguée comme corps certain, ne
se trouve pas dans la succession du testateur (art. 1042) ;
et ce moyen explique aussi comment on ne saurait, sans
une nouvelle manifestation de la volonté du testateur,
substituer au legs d'une chose certaine, qui seul a été
fait par lui, le legs d'une somme d'argent, qu'il n'a pas
fait, après que cette transformation de son droit s'était
accomplie de son vivant !

Si, la chose léguée ayant été partagée en nature, le testateur en a recueilli sa portion, le légataire aura cette portion.

Et, enfin, dans le cas où le testateur aurait obtenu la chose elle-même tout entière par le résultat du partage ou de la licitation, il faudra, pour savoir si le légataire a droit à une portion seulement de cette chose, ou à la totalité, examiner ce que le testateur a voulu lui léguer; si c'est seulement la portion indivise, qu'il avait à l'époque de la confection du testament, ou toute autre portion, le légataire n'aura que cette portion; mais il devra obtenir la chose tout entière, si on reconnaît que c'est toute la chose, que le testateur a voulu lui léguer; car aucun obstacle ne s'oppose à cette exécution totale, puisque le testateur se trouve à l'époque de son décès, propriétaire de toute cette chose. (Comp. *supra*, n° 681 *bis;* Cass., 28 févr. 1826, Ladmirault, D., 1826, I, 177; L. 5, § 2, ff. *De legat.*, 1°; Pothier, *des Donat. testam.*, chap. v, art. 1, § 2; Duranton, t. IX, n° 249 ; Coin-Delisle, art. 1021, n° 14; Troplong, t. IV, n° 1952; Bayle-Mouillard sur Grenier, t. II, n° 319, note *a*; Zachariæ, Aubry et Rau, t. V, p. 537; Colmet de Santerre, t. IV, n° 166 *bis*, VII.)

693. — *b.* Lorsque le testateur décède, l'indivision subsiste encore (*supra*, n° 690).

Une sous-distinction est alors nécessaire :

Ou il s'agit de la propriété indivise d'une chose unique ;

Ou il s'agit d'une universalité indivise, dont la chose léguée fait partie.

694. — Dans le premier cas, le droit à la copropriété indivise de la chose, a été transmis au légataire, tel qu'il appartenait au testateur, au moment de son décès; car c'est ce droit lui-même, tel quel, de copropriété indivise avec toutes ses conséquences, qui est l'objet, et qui, certainement, a pu être l'objet du legs; car il appartenait au testateur, tel qu'il était; et on ne saurait objecter l'article 1021.

D'où il suit que c'est le légataire, qui a le droit de

procéder au partage ou à la licitation de la chose, avec les copropriétaires du testateur, ou plutôt avec ses copropriétaires, à lui-même, aujourd'hui ; et par conséquent, c'est pour lui et contre lui que s'accompliront tous les effets, quels qu'ils soient, du partage ou de la licitation !

Il se pourra donc qu'il ait seulement une portion de la chose en nature, ou qu'il ait la chose entière, à la charge de payer une somme d'argent à ses copartageants ; et si c'est, au contraire, son copartageant, qui a la chose entière en nature, le légataire aura droit à la somme d'argent, que devra payer ce copartageant, et qui est la valeur représentative du droit indivis de copropriété, qui lui a été acquis, puisque cette transformation ne s'est opérée, cette fois, qu'après la mort du testateur ! (*Supra,* n° 692.)

Toutes ces déductions nous paraissent devoir être adoptées indistinctement, soit que le testateur ait légué seulement sa portion indivise dans la chose, soit qu'il ait légué la chose tout entière ; et elles sont, suivant nous, dans l'un et l'autre cas, certaines, malgré le dissentiment de Vazeille (art. 1021, n° 10; comp. Metz, 30 mars 1816, Delatre, Sirey, 1819, II, 50; Caen, 2ᵉ chambre, 23 mars 1838, Goubert; Duranton, t. IX, n° 248; Coin-Delisle, art. 1021, nᵒˢ 12, 13; Troplong, t. IV, n° 1951; Zachariæ, Aubry et Rau ; Colmet de Santerre, *loc. supra cit.*).

695. — Reste le second cas, celui qui offre le plus de difficultés.

Primus a légué à Secundus, pour une portion ou pour le tout, une maison, qui fait partie d'une succession indivise entre lui et Tertius.

Et la succession est encore indivise, au moment du décès du testateur.

Quel est le droit du légataire?

Les avis sont, à cet égard, très-partagés, et même un peu confus peut-être.

I. C'est ainsi d'abord que M. Bayle-Mouillard enseigne que « le testament, qui attribue au légataire tout ou partie d'un immeuble compris dans une masse indivise, établit déjà une séparation dans cette masse, et rend convenables deux partages ; que l'un de ces deux partages aura lieu, pour la chose, sur laquelle porte le legs, entre le légataire seulement et les cohéritiers du testateur ; et l'autre, pour le surplus de la masse indivise, entre les cohéritiers du testateur et son représentant ; » d'où il suivrait que le sort du legs serait réglé, dans ce cas, de la même manière que dans le cas précédent, où il porte sur une chose unique indivise entre le testateur et un tiers. (Sur Grenier, t. II, n° 349, note a.)

Mais cette idée d'un double partage nous semble inadmissible ; et nous croyons avoir établi déjà que l'aliénation, à quelque titre que ce soit, de l'un des biens d'une universalité indivise, par l'un des copropriétaires, ne fait pas sortir ce bien de la masse partageable, et n'établit pas une indivision, à titre particulier, entre l'acquéreur et les copropriétaires de celui qui a consenti l'aliénation (comp. notre *Traité des Successions*, t. V, n° 306) ; le savant magistrat ne paraît pas d'ailleurs, lui-même, considérer que sa doctrine, sur ce point, soit très-sûre.

La chose, ainsi léguée, doit donc entrer dans le partage général de la masse indivise.

Mais alors quel sera l'effet de ce partage sur le legs ?

II. Deux opinions diamétralement opposées se trouvent maintenant en présence :

Il en est une qui répond que le sort du legs devra être, dans tous les cas, indépendant du résultat du partage.

Le légataire, dit-on, ne peut, à aucun titre, figurer lui-même à ce partage ; car il n'est pas communiste ; et il ne peut être copartageant ; d'où l'on conclut que la fiction établie par l'article 883, lui est complétement étrangère, et ne saurait ni lui profiter ni lui préjudicier ; en conséquence, le legs vaudra, en général, pour la part du testateur dans la chose léguée ou pour sa valeur, et ne vaudra que jusqu'à concurrence de cette part ou de cette valeur, quels que soient les résultats du partage entre le tiers et les héritiers du testateur. Ainsi, disent nos savants collègues, MM. Aubry et Rau, lorsque, par ce partage, l'objet légué échoit tout entier au tiers-communiste, le légataire est en droit de réclamer des héritiers du testateur la valeur estimative de la part de ce dernier; mais réciproquement, lorsque l'objet légué tombe au lot des héritiers du testateur, le légataire n'en devient propriétaire que jusqu'à concurrence de cette part, *encore que la disposition faite à son profit, porte expressément sur la totalité de l'objet légué* (sur Zachariæ, t. V, p. 537; comp. aussi Coin-Delisle, art. 1021, nº 12).

III. L'autre opinion, au contraire, applique purement et simplement l'article 883.

« Quand la chose léguée fait partie d'un ensemble de biens, dont le testateur est propriétaire par indivis, dit M. Colmet de Santerre, on ne peut pas dire, au moment du décès, si le legs a pour objet la chose d'autrui ou celle du testateur; on ne sait pas si le testateur a des droits sur cette chose; le sort du legs dépend donc de l'issue du partage du patrimoine, dont fait partie la chose léguée...; si, par l'événement du partage, l'objet légué n'advient pas aux héritiers du testateur, le legs sera nul, comme legs de la chose d'autrui; et s'il leur advient, au contraire, le legs sera valable, soit pour le tout, soit pour la partie dont le testateur était propriétaire, suivant l'intention du testateur. » (T. IV, nº 166 *bis*, VIII; ajout. Marcadé, art. 1021, nᵒˢ 2, 3.)

IV. Les solutions, qui précèdent, seraient, à notre avis, trop absolues.

Nous croyons en effet, que l'article 1021, pas plus que l'article 883, ne sont ici rigoureusement applicables : point l'article 1021; car la chose qui fait partie d'une masse indivise, dont le testateur est copropriétaire, n'est pas la chose d'autrui; point l'article 883 non plus; car il ne s'agit pas d'apprécier, en droit, l'effet du partage; il s'agit de rechercher, en fait, quelle a été l'intention du testateur, et s'il a voulu léguer, à tout événement, soit la chose elle-même en tout ou en partie, soit sa valeur représentative.

Le testateur, par exemple, a légué la chose tout entière; et voilà que, par l'événement du partage, elle échoit au lot de ses héritiers; pourquoi donc le légataire ne l'obtiendrait-il pas tout entière, puisque le testateur a voulu la lui léguer, et que, finalement, il l'a pu!

Et s'il arrive que la chose tombe au lot des cohéritiers du testateur, nous n'apercevons pas non plus l'obstacle, qui s'oppose à ce que l'on reconnaisse que le testateur, qui avait tout au moins un droit conditionnel sur cette chose, a entendu léguer ce droit à tout événement, c'est-à-dire, soit la chose elle-même, soit sa valeur représentative, en tout ou en partie.

On objecte que nous étendons ainsi l'article 1423, qui est spécial au régime de la communauté, et qui ne se peut expliquer que par les pouvoirs exceptionnels du mari, sous ce régime. (Comp. Besançon, 10 déc. 1862, Bretin, Dev., 1863, II, 55.)

Nous nous réservons d'examiner cet article; mais ce que nous pouvons dire dès à présent, c'est que la question d'intention a eu aussi, suivant nous, une grande part dans cette disposition législative; et c'est particulièrement à ce point de vue, que nous croyons pouvoir en argumenter. (Comp. notre *Traité des Successions*, t. V, n° 322; Merlin, *Répert.*, v° *Legs*, t. XVI, p. 607; Delvincourt, t. II, p. 359; Duranton, t. IX, n°s 249, 250; Troplong, t. IV, n° 1953.)

696. — C. Il nous reste à examiner quelques articles relatifs à l'exécution et à l'interprétation des legs (*supra*, n° 663).

Et d'abord, *en quel état et avec quels accessoires la chose léguée doit-elle être délivrée ?*

C'est en ces termes que Pothier posait la question, qui se trouve ici résolue par notre Code. (*Introduct. au tit.* XVI *de la cout. d'Orléans,* sect. V, § 4.)

Une distinction essentielle doit, à cet égard, être faite :

Ou le legs s'applique à des objets déterminés dans leur individualité ;

Ou il s'applique à des objets déterminés seulement quant à leur espèce.

697. — *a.* Dans le premier cas, le droit à la chose, qui fait l'objet déterminé du legs, étant transmis au légataire, dès le jour du décès du testateur, la seule obligation de l'héritier est de lui en délivrer la libre possession : *inducere in vacuam possessionem* (art. 1014, 711).

698. — D'où résulte cette conséquence, que l'héritier n'est pas tenu de l'obligation de garantie, s'il arrive que le légataire soit évincé de l'objet légué ; à moins que le testateur ne la lui ait expressément imposée (art. 1021 ; comp. le tome III de ce *Traité,* n° 543 ; L. 77, § 8, *De légat.* 2° ; Pothier, *loc. supra cit.,* n° 98 ; Zachariæ, Aubry et Rau, t. VI, p. 106).

699. — Ce n'est pas à dire que le légataire ne puisse jamais, en cas d'éviction, exercer un recours contre l'héritier.

Ce recours, au contraire, lui appartiendrait certainement dans le cas où le legs, ayant pour objet deux choses sous une alternative, ou une chose à prendre parmi plusieurs choses de la même espèce, il se trouverait évincé de celle que l'héritier lui aurait livrée ; car c'est un principe, dit Pothier (*loc. supra*), que le payement d'une chose n'est valable et ne peut procurer la libération qu'autant que celui à qui elle est payée peut la retenir ; c'est là, en effet, une question, non pas de garantie, mais de validité de payement. (L. 39, § 2, ff. *De legat.* 2° ;

L. 61, ff. *De solut.*; art. 1192, 1193, 1238; Merlin, *Répert.*, v° *Légataire*, § 6, n° 25.)

700. — Ajoutons que le légataire pourrait avoir un recours contre l'héritier, dans le cas où il aurait subi l'éviction :

Soit par suite de l'action hypothécaire des créanciers de la succession (art. 1024; *supra*, n° 659);

Soit par la faute de l'héritier, qui aurait, malgré ses réclamations, négligé de lui fournir les titres nécessaires à sa défense (arg. de l'article 1640; Duranton, t. IX, n° 254).

701. — Aux termes de l'article 1018 :

« La chose léguée sera délivrée avec les accessoires
« nécessaires, et dans l'état où elle se trouvera au jour
« du décès du testateur. »

Le motif de cette double règle est facile à comprendre :

C'est que la chose léguée doit être délivrée au légataire, telle que le testateur a vraisemblablement voulu la lui léguer; car le legs, dans son étendue comme dans son existence, procède de sa volonté; aussi, les articles, que nous examinons, ne renferment-ils que des règles interprétatives, susceptibles, par conséquent, de fléchir, suivant les circonstances, devant la manifestation d'une volonté contraire.

Mais, en général, la loi présume, avec grande raison sans doute :

D'une part, que le testateur a voulu léguer la chose *avec ses accessoires nécessaires*;

Et, d'autre part, qu'il a voulu qu'elle fût délivrée au légataire, *dans l'état où elle se trouvera, au jour de son décès.*

702. — Ces mots : *accessoires nécessaires*, que les rédacteurs de notre Code ont empruntés à Pothier (*loc. suprà*), nous paraissent comprendre les choses sans lesquelles l'objet, principalement légué, ne pourrait pas servir à son usage ordinaire, et sans lesquels, dès lors, il ne serait pas complet :

Sunt quædam, disait Ulpien, *quæ omnimodo legatum se-quuntur* (L. 52, § ult. *De legat.* 3°; art. 1615).

Ce caractère résulte, soit de la loi, soit de l'intention du testateur.

De la loi : c'est ainsi qu'il faut considérer comme faisant partie de l'immeuble légué, tous les objets mobiliers, que la loi déclare immeubles par destination : les chevaux, les ustensiles aratoires d'un domaine rural, les clefs du bâtiment, et certainement aussi *les titres de propriété,* malgré l'opinion contraire de Ricard (Part. II, n° 54; arg. de l'article 842; art. 516, 524; comp. notre *Traité de la Distinction des biens,* etc., t. I, n°ˢ 191 et suiv.).

Il faut appliquer les mêmes règles, relativement aux choses mobilières; le legs d'une épée comprend donc le fourreau; le legs d'un tableau, le cadre; le legs d'une pendule, le socle et le globe, etc. (art. 566, 567; comp. notre *Traité* précité, t. II, n°ˢ 181 et suiv.; Saintespès-Lescot, t. IV, n° 1460).

703. — Il peut aussi résulter de *l'intention du testateur,* que certains objets, bien que n'étant pas, d'après la loi, des accessoires de la chose principale, qui a été léguée, se trouvent néanmoins compris, comme tels, dans le legs.

Ulpien suppose qu'un testateur a légué l'usufruit d'un fonds enclavé, de toutes parts, dans ses autres fonds, *medii loci;* et il décide que le droit de passage est aussi légué...., *iter quoque sequi* (L. 2, § 2, ff. *Si servit. vindic.*).

Cette décision, que Pothier adoptait (*loc. supra cit.*), doit être encore la nôtre; et le droit de passage sera dû au légataire, non pas en vertu de l'article 682, et à la charge d'une indemnité, mais en vertu du testament, comme un accessoire nécessaire du droit d'usufruit légué (comp. notre *Traité des Servitudes,* t. I, n°ˢ 602, 603 et 604).

Toullier (t. III, n° 531), et M. Bayle-Mouillard enseignent que le legs d'une maison comprend le jardin, qui
en dépend, quoiqu'il en soit séparé par une rue ou par
un autre jardin (sur Grenier, t. II, n° 316, note *a*).

Une observation, toutefois, nous paraît, à cet égard,
nécessaire.

La solution des savants auteurs, qui serait le plus souvent exacte, en effet, dans le cas où le testateur était
déjà, lors de la confection du testament, propriétaire du
jardin séparé, par une rue, de la maison léguée, cesse-
rait, au contraire, de l'être, dans le cas où le testateur
n'aurait acquis ce jardin que depuis la confection du
testament.

Domat, à qui Toullier et M. Bayle-Mouillard ont emprunté leur hypothèse, ne faisait pas, il est vrai, cette
distinction (*Lois civ.*, liv. III, tit. vi, sect. iii, n° 14).

Mais, précisément, nous allons voir que l'ancien droit
a été, sur ce point, notablement modifié par le droit
nouveau (art. 1019; *infra*, n° 718; comp. Coin-Delisle,
art. 1019, n° 2).

704. — Régulièrement, en effet, ces mots : *accessoires nécessaires*, dans l'article 1018, ne s'appliquent
qu'aux objets, qui forment une partie intégrante de la
chose léguée, ou qui en sont déclarés les accessoires par
le législateur.

Et il n'y a pas, alors, à distinguer si c'est avant ou
depuis la confection du testament, qu'ils ont été ajoutés
à la chose léguée.

Mais il n'en est pas ainsi des objets, qui ne se trouvent
pas dans cette condition, et qui ont eux-mêmes une individualité séparée, une manière d'être distincte; la circonstance, que ces objets auraient été employés par le
testateur à l'usage de la chose léguée, ne serait pas toujours décisive, pour qu'ils dussent en être considérés
comme *des accessoires nécessaires;* tel serait, dit Coin-
Delisle (art. 1018, n°s 2, 3), un casier non fixé sur un

bureau, et qui pourrait être indifféremment transporté sur toute autre table à écrire; il faudrait alors une preuve de la volonté du testateur, pour que le légataire pût le réclamer (comp. Domat, *Lois civ.*, liv. IV, tit. II, n° 3).

Ajoutons d'ailleurs, que, comme il ne s'agit que d'une question d'interprétation, cette volonté pourrait être recherchée, non-seulement dans les termes de l'acte, mais encore dans les usages du pays, et dans les habitudes du testateur; ce qu'il faut considérer, en effet, c'est la nécessité relative à l'usage ordinaire de la chose, qui a été léguée principalement (comp. Demante, t. IV, n° 163; Troplong, t. IV, n° 1932).

705. — Mais, du moins, faut-il que l'on reconnaisse ce caractère de nécessité relative, pour que des objets, qui ne sont pas légués eux-mêmes déterminément, se trouvent compris, comme accessoires, dans le legs d'une autre chose, qui seule est léguée.

Et le legs ne saurait les comprendre, là où cette nécessité n'apparaît pas.

C'est par application de ce principe, que le legs pur et simple d'un office ne comprend, suivant nous :

Ni la somme nécessaire pour la réception, malgré la décision contraire de Scævola (L. 102, § 3, ff. *De legat.*, 3°), que Pothier, dans notre ancien droit, avait déjà justement critiquée (*des Donat. testam.*, chap. v, sect. III, § 8);

Ni le cautionnement;

Ni même les recouvrements (comp. Duranton, t. IX, n° 237; Bayle-Mouillard sur Grenier, t. II, n° 316, note *b*; Taulier, t. IV, p. 157; Durand, *des Offices*, n° 276).

Il faudrait, pour qu'il en fût autrement, que le testateur s'en expliquât (comp. Paris, 12 avril 1833, Honnet, Dev., 1833, II, 306; Merlin, *Répert.*, v° *Legs*, sect. IV, § 3, n° 18; Troplong, t. IV, n° 1032).

706. — Nous avons dit, en second lieu, que la chose

déguée doit être délivrée *dans l'état où elle se trouvera, au jour du décès du testateur* (*supra,* n° 701).

Mais quoi ! s'il s'écoule un certain temps, comme il arrive toujours plus ou moins, entre le décès du testateur et la délivrance du legs, est-ce que les changements, qui pourront survenir à la chose léguée, dans cet intervalle, ne concerneront pas le légataire ?

Tel n'est évidemment pas le sens de l'article 1018 ! Il est manifeste, en effet, que le légataire étant devenu, dès le jour du décès, propriétaire de la chose léguée (art. 1014), cette chose est, dès ce jour aussi, à ses risques ; c'est donc lui qui doit profiter des augmentations ; comme il doit souffrir des diminutions, qui peuvent y survenir par cas fortuit.

Et quant aux détériorations, qui proviendraient du fait de l'héritier, celui-ci en serait responsable, suivant le droit commun.

C'est que, en effet, cette situation de l'héritier, débiteur d'un legs de corps certain, après le décès du testateur, n'a rien de spécial ; et l'héritier doit être traité, suivant le droit commun, comme tout débiteur d'un corps certain (art. 1042, 1245, 1302 ; comp. Pothier, *des Donat. testam.,* chap. v, sect. iii, § 5).

Le législateur n'avait donc pas à s'occuper spécialement de cette situation ; et il ne s'en est pas occupé non plus dans l'article 1018, qui est tout à fait étranger aux changements, qui ont pu survenir dans la chose léguée, depuis le jour du décès du testateur.

707. — Tout autre est l'objet de l'article 1018, qui a seulement en vue les changements, augmentations ou diminutions, qui ont pu survenir dans l'intervalle de la confection du testament, *post testamentum factum,* disait Pomponius, jusqu'au jour du décès du testateur (L. 24, § 2, ff. *De legat.* 1°).

En un mot, la question, qu'il décide, est uniquement celle-ci :

Faut-il, pour savoir dans quel état la chose léguée doit être délivrée, considérer le jour de la confection du testament? ou le jour du décès du testateur?

Et il la décide, en ce sens qu'il faut considérer l'état de la chose, au jour du décès du testateur.

Rien de plus rationnel d'ailleurs, ni de plus conforme à la vraisemblable intention du disposant.

Ce qu'il a légué, en effet (telle est notre hypothèse), c'est un corps certain; et par conséquent, il est logique et naturel de croire qu'il a entendu laisser au légataire cet objet, dans l'état où il se trouvera au moment de la transmission du legs; car, malgré les augmentations ou les diminutions, qui ont pu y survenir, cet objet est toujours le même; et c'est cet objet, tel quel, que le testateur a toujours aussi continué de vouloir léguer.

708. — De là résultent deux conséquences :

D'une part, le légataire doit supporter les détériorations, qui ont pu y survenir, soit par des accidents naturels, soit par le fait du testateur, ou par celui d'un tiers;

D'autre part, il doit profiter des augmentations, qui seraient le résultat soit de causes naturelles, soit du fait du testateur ou de celui d'un tiers.

709. — Et d'abord, que les diminutions, qui proviennent de cas fortuits, soient au compte du légataire, cela est évident; le champ légué a été dégradé par le débordement des eaux; la maison a été dévorée par un incendie; voilà le champ ou la maison, qui fait l'objet du legs; ils sont comme cela, et pas autrement!

Il en est de même des détériorations, que le testateur y aurait faites; ne peut-il pas, en effet, toujours amoindrir sa libéralité, comme il pourrait la révoquer entièrement?

Et quant aux détériorations, qui proviennent du fait d'un tiers, elles ne sont elles-mêmes, relativement au légataire, qu'une sorte de cas fortuit, dont il doit supporter aussi les conséquences.

Ajoutons que le légataire ne serait pas même fondé à réclamer les dommages-intérêts dont ce tiers pourrait être tenu envers le testateur, à raison des dégradations par lui commises ; cette proposition, qui est d'évidence pour le cas où les dommages-intérêts auraient été payés au testateur lui-même, de son vivant, n'est pas d'ailleurs moins certaine pour le cas où ils seraient encore dus, lors de son décès ; car le droit du légataire n'était pas ouvert, à l'époque où les dégradations ont été commises ; et la créance, qu'elles ont produite, a été, dès ce moment, distincte de la chose, à l'occasion de laquelle elle est née ; elle est donc, purement et simplement, une créance héréditaire, qui appartient aux héritiers, si elle n'a pas été l'objet d'un autre legs. (Comp. Coin-Delisle, art. 1018, n° 8 ; Bayle-Mouillard sur Grenier, t. II, n° 316, note *e*.)

710. — Réciproquement, les augmentations survenues par des causes naturelles à la chose léguée profitent au légataire : «.... *veluti si alluvione ager auctus esset, vel etiam insulæ natæ.* » (L. 16, ff. *De legat.*, 3°.)

La même doctrine est applicable aux augmentations, qui proviennent du fait d'un tiers, en tant du moins que ces augmentations s'incorporent à la chose léguée pour en devenir une partie intégrante ; et dans ce cas, le légataire, qui en profite, ne devient pas plus, en général, débiteur de l'indemnité, qui pourrait être due à ce tiers, à raison de ses impenses, qu'il ne devenait tout à l'heure son créancier, à raison des dégradations par lui commises (comp. *supra*, n° 709 ; Cass., 27 juin 1852, Meignen, Dev., 1852, I, 131).

Et, quant au testateur, de même qu'il est libre de diminuer son legs, en détériorant la chose léguée, il est libre aussi, bien entendu, de l'augmenter en l'améliorant.

711. — Nous arrivons ainsi à l'article 1019, qui se lie à l'article 1018, et le complète en ces termes :

« Lorsque celui qui a légué la propriété d'un immeu-
« ble, l'a ensuite augmenté par des acquisitions, ces

« acquisitions, fussent-elles contiguës, ne seront pas
« censées, sans une nouvelle disposition, faire partie
« du legs.

« Il en sera autrement des embellissements, ou des
« constructions nouvelles faites sur le fonds légué, ou
« d'un enclos, dont le testateur aurait augmenté l'en-
« ceinte. »

Nos anciens jurisconsultes s'étaient aussi occupés de
la question de savoir dans quels cas les améliorations ou
les acquisitions faites par le testateur, depuis la confection du testament, devaient être considérées comme des
augmentations de la chose léguée ; et Pothier résume très-
clairement la doctrine, qui, malgré certaines dissidences,
avait, en général, prévalu :

« Le légataire, dit-il, profite des augmentations, qui
sont provenues du fait du testateur, depuis le testament..., *soit qu'elles soient unies à la chose léguée par une
union réelle, tels que sont les bâtiments construits sur un
héritage légué, soit qu'elles y soient unies par une union
de simple destination, tels que sont des morceaux de terre,
que le testateur a, depuis son testament, incorporés à la
métairie, qu'il a léguée.* » (*Des Donat. testam.*, chap. V,
sect. III, § 5 ; et *Introduct. au tit.* XVI *de la cout. d'Orléans*,
n° 93 ; comp. Merlin, *Répert.*, v° *Legs*, sect. IV, § 3,
n°s 16, 17.)

Ainsi, d'après cette doctrine, qui s'appuyait d'ailleurs
sur plusieurs textes romains (L. 39, ff. *De legat.*, 1° ;
L. 24, § 2, ff. *De legat.*, 2°), il n'était pas nécessaire que
les augmentations nouvelles fussent adhérentes à la
chose léguée par *une union réelle ;* on se contentait de la
simple *union de destination,* résultant surtout de ce que le
testateur n'avait pas possédé séparément la chose nouvellement acquise. « .... *si modo testator eam partem non
separatim possedit.* » (L. 10, ff. *De legat.*, 2° ; arrêts d'Aix
du 21 oct. 1570, et de Paris du 22 mars 1580 ; Merlin,
loc. supra cit.)

712. — L'article 1019 a donc modifié l'ancienne doctrine, en distinguant, au contraire, entre l'union réelle et l'union de simple destination.

Il admet que les choses nouvelles, qui ont été, depuis la confection du testament, incorporées, de fait, à la chose léguée, se trouvent désormais, avec elle, comprises dans le legs ;

Mais il n'admet pas l'augmentation du legs, en ce qui concerne les choses nouvelles, qui ont conservé leur individualité distincte, malgré la destination, par laquelle le testateur semblerait en avoir fait une dépendance de la chose léguée ; il ne l'admet pas, disons-nous, dans le silence du testament ; car ce n'est là qu'une présomption de la volonté du testateur, présomption simple, qui pourrait être détruite par la preuve d'une volonté contraire, si elle résultait du testament. (Comp. Cass., 7 févr. 1865, de la Panouze, *Gazette des Tribunaux* du 8 févr. 1865.)

713. — Le second alinéa de l'article 1019, qui admet l'accroissement de la chose léguée par le résultat de l'incorporation réelle, n'est autre chose que l'application de l'article 1018, d'après lequel la chose léguée doit être délivrée dans l'état où elle se trouve au jour du décès du testateur (*supra*, n° 701).

L'immeuble légué, en effet, est toujours le même, après les embellissements qu'il a reçus, ou les constructions nouvelles qui y ont été faites ! il n'y a pas là deux choses distinctes, mais une chose unique, *qualiter se habens ;* et il est évident qu'il ne peut être délivré au légataire que tel qu'il se trouve, embelli, réparé, planté ou édifié.... *ipsum præstandum quod relictum est !* disait Ulpien (L. 11, § 17, ff. *De legati,* 3°).

De même qu'il ne pourrait être délivré sans la servitude active, que le testateur aurait acquise au moyen de son immeuble, et qui en serait devenue une qualité inséparable (comp. *infra*, n° 728 ; notre *Traité de la Distinc-*

tion des biens, t. I, n° 102 ; et notre *Traité des Servitudes*, t. II, n° 670.)

714. — Ces mots : *constructions nouvelles*, dans le second alinéa de notre article, ont, toutefois, soulevé une controverse.

Plusieurs jurisconsultes enseignent qu'ils ne doivent s'entendre que de constructions postérieures, ajoutées à des constructions antérieures et préexistantes, ou de la reconstruction d'anciens bâtiments ; d'où ils concluent que l'article 1019 serait inapplicable au cas où une construction aurait été élevée sur le terrain d'abord tout à fait nu, sur le jardin, par exemple, ou le pré, qui avait été légué.

Mais alors à qui donc appartiendront le terrain et le bâtiment? et que deviendra le legs?

On répond que le legs sera révoqué, ou caduc par l'anéantissement de la chose léguée, qui aura perdu, dans ce changement, sa forme, sa dénomination, et sa destination primitive. (Comp. Delaporte, *Pandect. franç.*, art. 1019 ; Vazeille, art 1019, n° 5 ; Poujol, art 1019, n. 4 ; Bayle-Mouillard sur Grenier, t. II, n° 347, note *a* ; Marcadé, art. 1019, n° 2.)

Cette doctrine nous paraît trop absolue.

Nous ne saurions admettre que ces mots : *constructions nouvelles*, ne se rapportent qu'à des constructions déjà préexistantes sur l'immeuble légué ; et il nous paraît plus vraisemblable que le législateur, en les employant, avait en vue les constructions quelconques, qui seraient faites postérieurement à la confection du testament ; car c'est là l'objet de notre article, à savoir ; si ce qui s'ajoute de *nouveau* à la chose léguée, *post testamentum factum*, doit être considéré comme une augmentation du legs (*supra*, n° 711).

Aussi, les auteurs mêmes, que nous venons de citer, reconnaissent-ils que l'article 1019 serait applicable à des constructions *nouvelles* faites sur un immeuble où il n'y en avait absolument aucune, à l'époque de la confection du testament, si ces constructions n'en couvraient pas toute la surface, ou si elles ne devaient être considérées que comme des accessoires de l'immeuble légué;

Et ils restreignent leur doctrine au cas d'une construction considérable, qui couvrirait la totalité ou la plus grande partie du terrain légué.

Mais, outre que cette distinction pourrait souvent, en fait, offrir des difficultés, elle ne nous paraît pas conforme au principe de droit, sur lequel cet alinéa de notre article 1019 est fondé; ce principe est celui de l'accession: *omne, quod inædificatur, solo cedit!* (Art. 552.); et Ulpien en faisait l'application à notre hypothèse elle-même, en ces termes:

« *Si areæ legatæ domus imposita sit, debebitur legatario, nisi testator mutavit voluntatem* (L. 44, *De legat.*, 1°; comp. Javolenus, L. 39, ff. *De legat.*, 2°).

Telle était aussi la doctrine de Pothier (*des Donat. testam.*, chap. VI, sect. IV, § 2).

Nous concluons donc que, en règle générale, l'immeuble, avec la construction, qui le couvre, est dû au légataire; à moins qu'il ne soit prouvé légalement que le testateur a changé de volonté: *nisi testator mutavit voluntatem.*

Et si l'on se récrie, en disant que: « on ne peut supposer que le legs d'un petit jardin, que j'avais à la barrière de la ville, fût l'équivalent de la grande auberge que j'y aurais construite plus tard » (Bayle-Mouillard, *loc. supra*), nous répondrons qu'il n'est pas sans exemple que la chose léguée acquierre, par les impenses que le testateur a faites, depuis la confection du testament, une valeur double ou triple de sa valeur originaire, sans qu'on puisse en induire la révocation ou la caducité du legs!

Quant à l'argument, qui tendrait à prouver que cette construction a rendu le legs caduc, nous aurons l'occasion

d'y revenir bientôt (comp. Delvincourt, t. II, p. 99;
Toullier, t. III, n° 534; Duranton, t. IX, n° 267; Coin-
Delisle, art. 1019, n° 10; Troplong, t. IV, n° 1940;
Saintespès-Lescot, t. IV, n° 1473).

715. — Il est clair aussi qu'on ne saurait voir un
nouvel immeuble, distinct du premier, dans la partie
de terrain, que le testateur aurait ajoutée à l'enclos légué, lorsqu'il en a reculé les clôtures, pour l'y incorpo-
rer; cette addition n'a pas alors, en effet, une existence
indépendante de l'enclos lui-même, dont elle est devenue, par le fait de cette annexion réelle, une partie intégrante.

Aussi, n'y a-t-il pas lieu de distinguer :

Si le terrain, nouvellement ajouté, est plus ou moins
considérable; fût-il même, relativement, beaucoup plus
important que l'ancien enclos;

Si le testateur en était déjà propriétaire, lors de la
confection du testament, ou s'il ne l'a acquis que depuis;

S'il s'agit d'un bien rural ou d'un bien de ville;

Ni, enfin, par quelle espèce de fermeture ou d'entou-
rage le terrain a été enclos.

716. — On a, toutefois, sur ce dernier point, cité
la loi du 6 octobre 1791, section II, article 6, qui porte :
« qu'un héritage est censé clos, lorsqu'il est entouré de
murs, ou lorsqu'il est exactement fermé et entouré de
palissades ou de treillages, ou d'une haie vive, ou d'une
haie sèche, ou de toute autre manière de faire des haies
en usage dans chaque localité, ou d'un fossé de quatre
pieds de long à l'ouverture, et de deux pieds de profon-
deur. » (Comp. Toullier, t. III, n° 535; Vazeille, article 1019, n° 2; Dalloz, *Rec. alph.*, *h. v.*, n° 3450.)

Que l'on puisse trouver là une indication utile pour
apprécier, dans les matières de droit privé, si un immeuble est ou n'est pas enclos, nous l'admettons; mais
ce qui nous paraît aussi certain, c'est que cette définition
de la clôture n'y est pas obligatoire; la loi de 1791, en

effet, ne l'a décrétée qu'au point de vue de la répression, afin de caractériser les circonstances aggravantes des délits ruraux; et elle ne saurait être présentée comme une règle, dans le droit civil, pas plus que la définition de l'enclos, qui se trouve dans l'article 391 du Code pénal.

Tout autre est l'hypothèse de l'article 1019, où il s'agit d'une question d'interprétation de volonté; et voilà pourquoi c'est en fait, d'après les circonstances, eu égard aux usages locaux, que doit être décidé le point de savoir s'il y a un *enclos*.

Ce qu'il faudra surtout, c'est que la clôture ne paraisse pas accidentelle seulement et provisoire, mais qu'elle offre le caractère de la durée, de la stabilité; car elle doit témoigner de la volonté d'une annexion permanente et, pour ainsi dire, *à perpétuelle demeure!* (Arg. de l'article 524.)

Mais aussi, dès qu'elle en témoignera, il faudrait, en général, appliquer l'article 1019, alors même que la clôture commencée n'aurait pas été entièrement achevée, si c'était par un empêchement de force majeure, comme sa mort, que le testateur n'eût pas pu l'achever.

A plus forte raison, ne faudrait-il pas tenir compte, après la clôture achevée, du mauvais état, où elle serait par suite d'un cas fortuit, ou même de défaut d'entretien (comp. Coin-Delisle, art. 1019, nos 6, 7; Bayle-Mouillard sur Grenier, t. II, n° 316, note *e*).

717. — Delvincourt enseigne que l'article 1019 n'est applicable « qu'autant que le fonds a été légué comme enclos, ou comme pièce, ou comme fonds ne formant qu'un tout; comme si le testateur avait dit : *Je lègue mon clos, ou ma pièce de terre de tel endroit.* Mais s'il avait légué par mesure, comme s'il avait dit : *Je lègue dix arpents de terre, que j'ai dans tel endroit;* quand même ces dix arpents seraient clos, les augmentations n'appartiendraient pas au légataire. » (T. II, p. 95, note 2.)

On peut dire, en effet, que, dans ce dernier cas, le testateur a eu en vue, non pas une étendue de terrain variable avec le périmètre de la clôture, mais une portion de terrain géométriquement déterminée.

Et pourtant à bien consulter l'intention du testateur, qui possédait ce fonds comme enclos, et qui l'a légué tout entier, n'est-il pas vraisemblable qu'il a entendu, en effet, le léguer comme enclos! nous sommes porté à le croire; et il faudrait, suivant nous, quelque chose de plus que la formule précédente, pour écarter l'application de l'article 1019; comme si, par exemple, le testateur avait dit : *Je lègue dix arpents de terre, à prendre dans tel endroit.* (Comp. Vazeille, art. 1019, n° 5 ; Bayle-Mouillard sur Grenier, *loc. supra cit.*)

718. — L'article 1019 devrait-il être appliqué, si le fonds légué n'avait été clos que depuis la confection du testament?

J'ai légué à Paul un terrain non clos, qui m'appartient; ensuite, j'achète une portion de terrain contigu; et je fais clore le tout ensemble.

Le légataire pourra-t-il réclamer le tout comme un seul être, comme un enclos?

M. Bayle-Mouillard ne le pense pas, par la raison que *la disposition finale de l'article 1019 étant exceptionnelle, ne doit pas être étendue, au détriment de la règle générale contenue dans la première partie* (*loc. supra cit.*; comp. Troplong, t. IV, n° 1940).

Il est vrai que l'article 1019 paraît supposer que l'immeuble légué était déjà un enclos, lors de la confection du testament; et dès lors, la présomption légale, qui en résulte, présomption simple, d'ailleurs, bien entendu, ne serait pas ici rigoureusement applicable, sauf à induire des termes du testament et des circonstances du fait, que le testateur a entendu léguer l'enclos tout entier.

Mais nous ne voudrions pas admettre cette idée, que la seconde partie de l'article 1019 est exceptionnelle.

Coin-Delisle nous paraît être plus dans le vrai, lorsqu'il enseigne que la première partie de l'article 1019 est une dérogation à la règle générale posée dans l'article 1018, tandis que la seconde est un retour à cette règle ; d'où il conclut justement, à notre avis, que la première partie doit recevoir une interprétation étroite, comme toutes les dérogations ; et la seconde, une interprétation large, comme retour au droit commun (article 1019, n° 3 ; *supra*, n° 703).

719. — Nous avons dit, en effet, que notre Code avait, dans la première partie de l'article 1019, dérogé au droit antérieur, d'après lequel le légataire profitait des acquisitions nouvelles, que le testateur avait ajoutées à la chose léguée, même par une union de simple destination (*supra*, n° 711).

Est-ce que l'ancienne doctrine, pourtant, ne devait pas être le plus souvent conforme à l'intention vraisemblable du testateur ? quand une maison, par exemple, a été léguée, et que, depuis la confection du testament, le testateur y a ajouté un jardin, dont il en a fait un annexe et une dépendance, possédant le tout ensemble comme un seul bien, n'est-il pas présumable qu'il a entendu désormais comprendre le jardin dans le legs de la maison, lors même que ce jardin en serait séparé par une rue ou par un autre jardin, et, *a fortiori*, s'il y est contigu ?

Il est vrai !

Mais ne se peut-il pas aussi que le testateur n'ait voulu créer cette relation, entre la maison et le jardin, que pour sa commodité personnelle ; et que cette destination n'ait été, dans sa pensée, que toute relative et temporaire ? voilà les doutes, qui s'élèveraient presque toujours en cas pareil ; et on peut voir, par les distinctions, auxquelles nos anciens auteurs avaient dû recourir, qu'ils les avaient eux-mêmes éprouvés ! (Comp. Merlin, *Répert.*, v° *Legs*, sect. IV, § 3, n° 16.)

Les rédacteurs de notre Code ont donc considéré que cet immeuble, nouvellement acquis, a, par lui-même, une existence indépendante; qu'il n'est pas, dès lors, un accessoire de l'immeuble d'abord légué; et que, puisqu'il peut y avoir doute, le plus sûr était de ne pas aggraver l'obligation de l'héritier, et de décider que si le testateur entend que cet immeuble nouveau soit compris dans le legs, il devra le déclarer par *une disposition nouvelle* (comp. Cass., 6 janv. 1846, D., 1852, I, 84).

La contiguïté même du terrain nouvellement acquis, dans laquelle nos anciens auteurs voyaient surtout une preuve de l'accroissement du legs, ne modifierait pas aujourd'hui notre règle (art. 1019).

720. — Cette solution n'a rien que de raisonnable, en effet, quand on l'applique, comme nous venons de le faire, au legs d'un immeuble unique, défini et déterminé.

Mais faudrait-il l'appliquer au legs d'un domaine composé de plusieurs biens, réunis sous une dénomination commune, et faisant l'objet d'une seule exploitation?

Paul a légué à Pierre sa ferme de Violaine, qui se compose de terres labourables, de prairies, de bois; et, depuis la confection du testament, il a acheté un morceau de terre contigu, ou qui se trouvait même peut-être enclavé au milieu de son domaine; puis, il l'a loué, avec ce domaine, au même fermier, pour un seul et même prix, comme les autres immeubles, qui le composent.

Il meurt ensuite; et le légataire réclame le domaine tout entier, tel qu'il se trouve, à son décès, et par conséquent, avec le morceau de terre acheté depuis la confection du testament.

Est-il fondé?

On a répondu négativement:

L'article 1019, dit-on, ne s'applique sans doute qu'aux legs particuliers; mais il s'applique à tous les legs particuliers; or, tel est le caractère du legs d'un domaine, d'une métairie, composé même d'un ensemble de biens;

et il n'est pas d'ailleurs impossible que, dans le cas d'un legs pareil, des doutes s'élèvent sur la véritable intention du testateur; comme si, par exemple, les terres nouvelles, qu'il a réunies à son domaine, sont d'une étendue et d'une valeur considérables, si elles s'en trouvent séparées par une distance plus ou moins longue, etc. (Comp. Toullier, t. III, n° 535; Coin-Delisle, art. 1019, n° 4; D., *Rec. alph., h. v°, n°* 3966.)

Cette argumentation est très-sérieuse; et pourtant nous hésitons à croire que l'article 1019 comporte cette application :

Le texte même n'est relatif qu'au legs *d'un immeuble, d'un fonds, d'un enclos;* tandis qu'il s'agit, dans notre hypothèse, du legs *de plusieurs immeubles,* formant une unité collective, une sorte d'*universalité*, telle que serait un troupeau; or, il est dans la nature du legs d'une unité collective, qu'il s'accroît des objets nouveaux, qui y entrent, comme il se diminue des anciens objets, qui en sortent; et à interroger l'intention du testateur, comment supposer qu'il aurait voulu distraire du domaine par lui légué ces terres nouvellement acquises, dont il a fait une dépendance et un annexe..., *quas universitati prioris fundi adjunxit,* disait Javolenus. (L. 10, ff. *De legat.,* 2 ; comp. Bugnet sur Pothier, t. VIII, p. 300; Mourlon, *Répét. écrit.,* t. II, p. 372; Taulier, t. IV, p. 163.)

721. — Nous venons de dire que l'article 1019 a en vue le legs d'un immeuble certain et déterminé.

Mais alors ne s'ensuit-il pas que, si un testateur a légué *les immeubles, qu'il possède dans telle commune,* et qu'il ait acquis de nouveaux immeubles, dans la même commune, depuis la confection du testament, l'article 1019 ne pourra pas être invoqué contre le légataire, qui prétendrait que ces nouveaux immeubles sont compris dans le legs?

Nous croyons bien, en effet, que le texte même de cet article ne serait pas rigoureusement applicable; mais

notre avis n'en est pas moins, pourtant, que la prétention
du légataire ne devrait pas être admise ; car, si cette hypothèse n'est pas exactement celle que l'article 1019 a
prévue, elle nous paraît elle-même se ranger sous l'application de la règle, que cet article présuppose ; à savoir :
que, pour apprécier l'étendue d'un legs, d'après l'intention du testateur, il faut se reporter à l'époque de la confection du testament, lorsque les expressions, dont il s'est
servi, sont conçues au présent, *per præsens tempus*, et
qu'il ne s'agit pas de ces accroissements intrinsèques, qui
sont ajoutés à la chose léguée par une union réelle, ou
d'un ensemble des choses, considérées dans leur réunion,
comme une unité collective, susceptible de diminution
ou d'augmentation. (Comp. L. 33, § 1, ff. *De legat.*, 3° ;
L. 28, § 2, ff. *De liberat. legat.* ; Pau, 26 juin 1824, Mon-
taut, Sirey, 1824, II, 273 ; Cass., 10 juin 1835, de Mons,
Dev., 1836, I, 45 ; Cass., 22 janv. 1839, Paulhiac, D.,
1839, I, 71 ; Pothier, *des Donat. testam.*, chap. VII, sect. I,
14°, 24° et 25° règles d'interprétation ; Poujol, art. 1019,
n° 4 ; Coin-Delisle, art. 1019, n° 5 ; Bayle-Mouillard sur
Grenier, t. II, n° 317, note *b* ; Troplong, t. IV, n° 1938.)

722. — On a enseigné que l'article 1019 n'était applicable qu'aux legs *de la propriété d'un immeuble*, et qu'il
ne concernait pas *les legs de l'usufruit.* (Comp. Coin-
Delisle, art. 1019, n° 2.)

Il est vrai que telle est la lettre même de notre article !

Mais où pourrait être le motif de cette différence ? et
pourquoi, par exemple, le legs de l'usufruit d'un jardin
non clos comprendrait-il le jardin contigu acquis par le
testateur, depuis la confection du testament, tandis que
le legs de la propriété ne le comprendrait pas ? le legs
d'usufruit sans doute ne dépouille pas l'héritier absolument, comme le legs de la propriété ; mais nous doutons
que cette considération soit ici décisive ; et la règle d'interprétation posée par l'article 1019, devrait, à notre avis,
s'entendre des legs soit de la pleine *propriété*, soit de l'un

des démembrements de la *propriété;* telle nous paraît avoir dû être la pensée du législateur. (Comp. Duranton, t. IX, n° 265; Bayle-Mouillard sur Grenier, t. II, n° 317, note *b;* Massé et Vergé sur Zachariæ, t. III, p. 289.)

723. — Il n'est question, dans l'article 1019, que du legs d'*un immeuble.*

Et l'on a pu dire, en conséquence, que les juges avaient une plus grande latitude, quant à l'interprétation du legs des meubles. (Comp. Colmet de Santerre, t. IV, n° 164 *bis,* I.)

Mais il convient pourtant, en général, d'appliquer au legs d'un meuble, la règle d'interprétation, sur laquelle l'article 1019 est fondé; de l'appliquer, disons-nous, eu égard à la nature particulière des meubles, et aux espèces d'accroissements, dont ils sont susceptibles.

C'est ainsi que le legs d'un meuble déterminé ne saurait guère s'augmenter des accessoires, qui y auraient été ajoutés, qu'autant qu'ils pourraient être considérés comme nécessaires (art. 1018; *supra,* n° 702);

Tandis que le legs d'une collection de meubles, d'un troupeau, par exemple, d'une bibliothèque, ou d'une galerie de tableaux, serait, comme unité collective, susceptible de s'accroître ou de diminuer; car l'objet légué doit être délivré dans l'état où il se trouve, au jour du décès du testateur (art. 1018); or, ici, l'objet légué, c'est une universalité, considérée comme demeurant toujours la même. (Comp. *supra,* n° 720; L. 21, ff. *De legat.,* 1°; Zachariæ, Massé et Vergé, t. III, p. 289.)

724. — Un testateur avait légué sa bibliothèque; et, au jour de son décès, une autre bibliothèque venait de lui échoir, à son insu, dans une succession.

Le légataire pourra-t-il réclamer cette nouvelle bibliothèque?

Denizart rapporte un arrêt du 9 avril 1759, qui a décidé la négative (v° *Legs,* n° 45).

C'est que, en effet, l'augmentation de la chose léguée n'a pour principe que la volonté présumée du testateur; et il est rationnel, dès lors, qu'elle ne s'applique pas à des augmentations, qui proviennent d'un événement, que le testateur a ignoré.

Il en serait de même, si elles provenaient du fait d'un tiers, à son insu; comme si le testateur ayant légué l'argenterie qui se trouvera, lors de son décès, à sa maison de campagne, un tiers y avait transporté, lors de sa dernière maladie, plus d'argenterie, qu'il n'en laissait habituellement dans cette maison (comp. L. 39, § 2, ff. *De auro;* Coin-Delisle, art. 1018, n° 6; Bayle-Mouillard sur Grenier, t. II, n° 316, note D).

725. — Aux termes de l'article 1020 :

« Si, avant le testament ou depuis, la chose léguée a « été hypothéquée pour une dette de la succession, ou « même pour la dette d'un tiers, ou si elle est grevée « d'un usufruit, celui qui doit acquitter le legs n'est « point tenu de la dégager, à moins qu'il n'ait été chargé « de le faire par une disposition expresse du testateur. »

Cet article forme le complément de la théorie, que nous examinons, sur le point de savoir *quelle délivrance doit être faite au légataire;* et il n'est, comme l'article 1019, qu'une conséquence du principe posé dans l'article 1018, que la chose léguée sera délivrée dans l'état où elle se trouvera, au jour du décès (*supra*, n° 706).

726. — Cette conséquence est nouvelle; et, quoique le principe lui-même fût admis dans le droit romain et dans notre ancien droit français, on y avait appliqué une solution toute différente à l'hypothèse prévue par notre article 1020.

Les jurisconsultes romains, et, à leur exemple, nos anciens jurisconsultes, avaient cru que cette hypothèse se trouvait placée sous l'empire de la règle, d'après laquelle l'héritier, ou tout autre débiteur d'un legs de corps certain, doit procurer au légataire la libre possession et jouissance de la chose léguée (*supra*, n° 697).

D'où ils concluaient qu'il devait la lui délivrer franche et quitte, et en pleine jouissance!

Leur doctrine, toutefois, admettait plusieurs distinctions.

Et d'abord, il fallait distinguer si la constitution de la charge réelle, qui affectait la chose léguée, avait eu lieu avant ou depuis la confection du testament.

S'agissait-il d'une hypothèque antérieure au testament? une sous-distinction était nécessaire : si la dette garantie était celle du testateur, la chose léguée devait toujours être dégrevée, avant la délivrance, par le débiteur du legs; mais, au contraire, le débiteur du legs n'était tenu, en général, de la dégrever, lorsque la dette était celle d'un tiers, qu'autant qu'il était prouvé que le testateur avait connu l'existence de l'hypothèque (comp. L. 57, § 6, ff. *De legat.*, 1°; *Instit.*, § 5 et 12, *De legat.*; Pothier, *des Donat. testam.*, chap. v, art. 1, sect. III, § 4).

S'agissait-il d'un usufruit antérieur au testament? le droit romain décidait également que l'héritier ou tout autre débiteur du legs était tenu de le racheter, afin de pouvoir remplir son obligation de délivrance envers le légataire (L. 66, § 6, ff. *De legat.*, 2°); mais cette solution avait soulevé des résistances dans notre ancien droit; et Pothier notamment (*loc. supra cit.*) refusait de l'admettre, en se bornant à concéder que, si l'usufruit appartenait à l'héritier ou autre débiteur du legs, celui-ci devrait l'abandonner pour faire incontinent la délivrance de la pleine propriété et jouissance.

Enfin, pour le cas où l'établissement de la charge réelle était postérieur au testament, on distinguait dans quelle intention le testateur l'avait consentie : si *adimendi animo, aut non adimendi animo*, pour savoir s'il y avait ou s'il n'y avait pas une révocation partielle du legs (comp. Merlin, *Répert.*, v° *Légataire*, § 7, n°s 4 et suiv.).

727. — Il est facile de comprendre tout ce que ces distinctions compliquées avaient d'incertitude et d'arbitraire.

Aussi, est-ce très-sagement, suivant nous, que le législateur nouveau les a répudiées; et il ne les rappelle, en effet, que pour les abolir.

Si donc, il s'agit d'une hypothèque affectant l'immeuble légué, peu importe qu'elle ait été constituée *avant* ou *depuis le testament, pour une dette de la succession* ou *pour la dette d'un tiers,* celui qui doit acquitter le legs, n'est pas tenu de la dégager.

Ce n'est pas à dire d'ailleurs que la dette elle-même soit à la charge du légataire! il ne s'agit pas ici de cette question, qui a été réglée ailleurs complétement (art. 1024; *supra,* n° 655).

Ce que notre article 1020 décide seulement, c'est la question *de délivrance;* et il la décide en ce sens, que celui qui doit acquitter le legs, n'est pas tenu de rembourser le créancier, avant l'échéance de la dette, ni même après l'échéance, si, par une cause quelconque, le légataire détenteur n'est pas inquiété (comp. Coin-Delisle, art. 1020, n° 1; Troplong, t. IV, n° 1943).

A plus forte raison, en est-il de même, lorsqu'il s'agit d'un usufruit! car, à la différence de l'hypothèque, qui ne fait, pour ainsi dire, qu'envelopper la propriété de l'immeuble sans l'entamer, l'usufruit la démembre et la diminue d'autant; si bien que l'objet du legs n'est plus alors que la nue propriété.

728. — Quant aux servitudes passives, qui auraient été constituées sur l'immeuble légué, avant le testament ou depuis, il est d'autant plus évident que le débiteur du legs n'est pas tenu de les racheter, que telle a toujours été la règle, même en droit romain et dans notre

ancien droit français ; et cela, lors même que ces servitudes appartiennent à celui qui est tenu de faire la délivrance du legs (comp. *supra*, n° 713 ; L. 66, § 6 ; L. 76,
§ 2, ff. *De legat.*, 2° ; Pothier, *loc. supra cit.*).

729. — La décision de l'article 1020, beaucoup plus
pratique que l'ancienne doctrine, nous paraît aussi plus
conforme à la vraisemblable intention du testateur, lorsque celui-ci ne s'en est pas expliqué.

Mais, d'ailleurs, comme elle n'est qu'une décision
interprétative, elle devrait, bien entendu, fléchir, dans
le cas où le testateur aurait manifesté une volonté contraire ; et encore, notre texte veut-il qu'il l'ait manifestée
par *une disposition expresse*, c'est-à-dire non équivoque,
sans qu'il y ait, à cet égard, d'ailleurs, aucune formule
sacramentelle (comp. le tome II de ce *Traité*, n° 563).

730. — Supposons donc que le testateur a expressément chargé son héritier de dégrever l'immeuble légué.

Quelle sera, dans ce cas, précisément, l'obligation de
celui-ci ?

S'il s'agit d'une hypothèque, il devra payer le créancier, afin de l'éteindre ; et si le créancier a le droit de
refuser le payement, parce que le terme, stipulé dans
son intérêt, ne serait pas échu, ou autrement, il y aurait lieu d'aviser ; l'héritier pourrait, par exemple, entreprendre la purge, au lieu et place du légataire, s'il est
vrai, ce que nous verrons plus tard, que le légataire
puisse purger (comp. notre *Traité des Successions*, t. V,
n° 70) ; et dans tous les cas, il pourrait garantir la sécurité du légataire, en déposant à la caisse des consignations
une somme suffisante pour le payement du créancier.

Et s'il s'agit d'un droit d'usufruit, l'héritier devrait le
racheter.

Mais qu'arrivera-t-il, si l'usufruitier refuse de vendre
son droit, ou s'il veut le vendre au delà de son juste prix,
immodico pretio? (L. 14, § 2, ff. *De legat.*, 3°).

Ne faut-il pas répondre que l'obligation du débiteur

du legs étant devenue impossible à remplir, sans aucun
fait qui lui soit imputable, il s'en trouve, par cela même,
libéré? cette solution nous paraîtrait, en effet, juridique.
(Comp. *supra*, n° 684; arg. des articles 1147, 1148,
1245, 1302; Coin-Delisle, art. 1021, n° 10; Saintespès-
Lescot, t. IV, n° 1482).

Nous devons reconnaître pourtant qu'elle n'était pas
admise dans les législations antérieures.

Gaius, dans le fragment précité, répondait, au contraire, que l'héritier serait tenu de payer, au légataire,
l'estimation de l'usufruit.

Telle était aussi, dans notre ancien droit, la doctrine
de Pothier (*loc. supra cit.*; comp. Colmet de Santerre,
t. IV, n° 165 *bis*, III; Massé et Vergé sur Zachariæ, t. III,
p. 281; D., *Rec. alph.*, *h. l.*, n° 3767).

731. — *b.* L'article 1022 règle notre seconde hypothèse (*supra*, n° 696) en ces termes :

« Lorsque le legs sera d'une chose indéterminée, l'hé-
« ritier ne sera pas obligé de la donner de la meilleure
« qualité; et il ne pourra l'offrir de la plus mauvaise. »

Je lègue à Paul *un cheval, une pièce de vin.*

Voilà le legs que l'article 1022 prévoit, le legs du
genus illimitatum; la preuve en est dans l'article 93 du
projet, qui citait précisément cet exemple, que nous lui
empruntons, et dont la rédaction seule a été modifiée.
(Locré, *Législat. civ.*, t. XI, p. 243; *infra*, n° 733; comp.
notre *Traité des Contrats ou des Obligations convention-
nelles en général*, t. I, n° 313).

Ce qui résulte d'abord, implicitement, de notre texte,
c'est que le choix appartient à l'héritier.

Le droit romain avait dit, au contraire : *electio legatarii est!* (*Inst. De legat.*, § 22); mais il n'était pas facile
d'expliquer cette déviation de la règle, que les Romains
avaient eux-mêmes admise, en matière d'obligations con-
ventionnelles, que le choix, dans le silence des parties,
doit appartenir au débiteur (comp. Voët, *ad Pandect.*,

ff. *De optione legata*, n° 6; Merlin, *Répert.*, v° *Option*,
§ 4).

Aussi, est-ce avec raison que notre Code, conformément à la doctrine de nos anciens auteurs, accorde ce
choix à l'héritier, suivant le droit commun (art. 1162,
1190; comp. Pothier, *des Donat. testam.*, chap. v, art. 1,
sect. iii, § 6).

732. — C'est encore, suivant le droit commun, que
l'article 1022 décide que l'héritier devra exercer ce choix
dans les limites que la bonne foi commande (art. 1246).

« Il devra donc délivrer au légataire une chose, dit
Pothier (*loc. supra*), loyale et marchande,... *nec opti-
mus, nec pessimus*, avait déjà dit Ulpien (L. 37, ff. *De
legat.*, 1°).

733. — Mais la règle posée par les articles 1022
et 1246, serait inapplicable, si le legs portait :

Soit sur une chose à prendre parmi celles d'une certaine espèce, qui se trouveraient dans la succession (*voy.*
pourtant, Coin-Delisle, art. 1022, n° 4);

Soit sur plusieurs choses léguées sous une alternative
(art. 1190).

Le choix de l'héritier serait, au contraire, dans ces
deux cas, tout à fait libre; et il pourrait offrir au légataire
celle des choses qui aurait le moins de valeur.

Nous venons de dire, en effet, que l'article 1022 ne
concerne que le *genus illimitatum* (*supra*, n° 731); or, il
s'agit ici du *genus limitatum*.

Je lègue à Paul l'un des deux chevaux de mon écurie.

L'héritier a le choix entre les deux ; or, s'il a le choix,
il est libre de délivrer, à son gré, l'un ou l'autre !

Cet exemple est décisif pour prouver que l'article 1022
n'est pas alors applicable; et il en serait, d'ailleurs, de
même, si le testateur avait légué l'un de ses quatre chevaux (comp. Angers, 11 déc. 1807, Saunier, Sirey, 1809,
II, 3 ; Aix, 18 avril 1833, Textoris, Dev., 1833, II, 468;
Merlin, *Répert.*, v° *Option en matière de legs*, n° 2; Toul-

lieu, t. III, n°s 527, 528 ; Zachariæ, Aubry et Rau, t. VI, p. 167 ; Troplong, t. IV, n° 1963; Colmet de Santerre, t. IV, n° 167 *bis*).

734. — Il est clair aussi que le choix de l'héritier pourrait s'exercer d'une manière tout à fait libre, même dans le cas prévu par l'article 1022, s'il résultait du testament que le testateur a entendu le lui accorder ainsi (comp. Ricard, part. II, n° 150).

Dans quels cas cette preuve résultera-t-elle du testament?

Question de fait et d'interprétation.

Le testateur a dit : mon héritier *donnera* à Paul un de mes chevaux.

Toullier en conclut que l'héritier a le choix (t. IV, n° 528).

Nous croirions plutôt que cette formule y serait insuffisante, si rien ne venait la fortifier (comp. Coin-Delisle, art. 1022, n° 4; Saintespès-Lescot, t. IV, n° 1500).

735. — Mais supposons l'hypothèse inverse; c'est au légataire, que le testateur a déféré le choix.

S'il s'agit d'un choix à exercer, entre plusieurs choses léguées sous une alternative, ou entre plusieurs choses faisant partie de la succession, le légataire sera libre de prendre, s'il le veut, celle qui aurait le plus de valeur; de même que l'héritier, à qui le choix appartiendrait, serait libre d'offrir celle qui aurait le moins de valeur; l'article 1022 n'est pas, suivant nous, plus applicable dans ce cas que dans l'autre (*supra*, n° 733).

Mais le legs a pour objet un cheval, une pièce de vin, *genus illimitatum.*

L'article 1022, qui restreint le choix de l'héritier, devra-t-il aussi restreindre, dans la même mesure, le choix du légataire?

Nous ne le pensons pas; non-seulement, en effet, le

texte n'est pas fait pour cette hypothèse; mais le motif
qui l'a dicté, n'existe plus, du moins avec la même force ;
et ce qu'il faut dire, au contraire, c'est que le testateur
ayant lui-même déféré au légataire le choix sans restriction, c'est aussi sans restriction que ce choix peut être
exercé; on peut, toutefois, concéder, avec Coin-Delisle,
que le choix devrait alors être exercé eu égard à la
destination de la chose, à la condition du légataire et à
ses besoins (art. 1022, n° 5; comp. Delvincourt, t. II, p.
97, note 2; Toullier, t. II, n° 528; Duranton, t. IX,
n° 260; Poujol, art. 1022, n° 1; Troplong, t. IV, n° 1963;
voy. toutefois Vazeille, art. 1022, n° 5; et Saintespès-
Lescot, t. IV, n° 1501).

756. — Une seule règle d'interprétation, en matière
de legs, a été posée dans notre section; et l'article 1023,
qui la renferme, est ainsi conçu :

« Le legs fait au créancier ne sera pas censé en com-
« pensation de sa créance, ni le legs fait au domestique
« en compensation de ses gages. »

Le testament est un mode de disposer à titre gratuit;
et il est naturel de présumer que celui qui écrit, dans un
testament, une disposition au profit d'une personne, a
l'intention d'exercer, envers elle, une libéralité; la circonstance que le bénéficiaire serait créancier du testateur
n'est pas incompatible avec cette présomption; d'autant
plus que la disposition testamentaire se trouverait le plus
souvent inutile, si on l'imputait sur la créance (comp.
infra, n° 742).

Ce n'est là toutefois qu'une présomption simple, qui
devrait céder devant la volonté contraire du testateur.
« .... *ne sera pas censé,* » dit notre texte; mais il faudrait
que la manifestation de cette volonté fût *expresse,* suivant l'acception, que le législateur lui-même attache à ce
mot, dans les occasions semblables, où il s'en est servi
(art. 843, 927; *voy.* le tome II de ce *Traité,* n° 563).

Il ne serait pas impossible, en effet, que le testateur

eût voulu seulement léguer à son créancier ce qu'il lui devait, pour lui conférer un titre qu'il n'avait pas, pour lui faire remise d'un terme, *propter repræsentationem*, disait Justinien (§ 14, *De legat.*), ou pour revêtir sa créance de l'hypothèque légale, que l'article 1017 attribue aux légataires ; dans tous les cas, et quel qu'ait pu être son motif, la compensation du prétendu legs et de la créance aura lieu, si telle a été son intention expresse.

737. — Cette règle était celle du droit romain ; et Paul la formulait très-clairement en ces termes :

« Creditorem, cui res pignoris jure obligata, a debi-
« tore legata esset, non prohiberi pecuniam creditam
« petere ; *si voluntas testatoris compensare volentis evi-*
« *denter non ostenderetur.* » (L. 85, ff. *De legat.*, 2°.)

Mais, au contraire, beaucoup de controverses s'étaient élevées, sur ce point, dans notre ancienne jurisprudence ; quelques-uns notamment voulaient distinguer si le testateur était débiteur *à titre onéreux* ou *à titre gratuit*, envers celui auquel il avait fait un legs : dans le premier cas, ils n'admettaient pas la compensation ; mais ils l'admettaient dans le second cas ; si, par exemple, un père se trouvant débiteur envers sa fille de la dot, qu'il lui avait constituée, lui avait fait un legs, la présomption, suivant eux, devait être qu'il n'avait voulu que se libérer de la dot promise (comp. Brodeau sur Louët, lettre M, somm. 2 ; Merlin, *Répert.*, v° *Légataire*, § 7, art. 11, n° 15 *bis*, 4°).

Cette distinction, toutefois, avait rencontré de vives résistances ; Ricard surtout lui opposait, avec beaucoup de force, qu'il y avait là deux titres distincts, ayant chacun des objets différents, et que ce n'était qu'arbitrairement qu'on prétendait les confondre en un seul (Part. II , n°⁵ 168-175 ; ajout. Furgole, chap. xiv, n° 75).

C'est sans doute afin de mettre un terme à cette controverse, que les rédacteurs de notre Code ont cru devoir trancher spécialement cette question, dans l'article 1023.

On a dit qu'ils n'y avaient pas réussi, puisque cet article n'établissant qu'une présomption simple, qui peut être détruite par la preuve d'une volonté contraire, la carrière demeure toujours ouverte aux interprétations! (Comp. Coin-Delisle, art. 1023, n° 1.)

Nous croyons que le succès a été tout ce qu'il pouvait être.

Que l'article 1023 ait mis hors de combat l'ancienne doctrine avec ses distinctions, cela est, en effet, certain; et quel que soit aujourd'hui le titre de la créance, oné- reux ou gratuit, la présomption est toujours qu'il n'y a pas compensation.

Il n'importerait pas non plus que la quotité du legs fût égale à la quotité de la créance; ni que le legs fût d'une rente, quand la créance serait elle-même une rente (Comp. Paris, 19 juill. 1809, Pierre Henri, Sirey, 1810, II, 78).

L'article 1023 a posé une règle générale d'interpré- tation, qui comprend tous les cas.

Mais il admet la preuve contraire!

Oh! sans doute; et il ne pouvait pas ne pas l'ad- mettre : car la volonté du testateur est, à cet égard, sou- veraine; mais du moins faudra-t-il que la preuve de cette volonté résulte expressément des termes du tes- tament!

758. — Au reste, le législateur du Code n'a pas voulu s'engager plus avant dans cette voie; et il nous paraît avoir donné, en ceci, une grande preuve de ce sens pratique, qui distingue éminemment son œuvre (*voy.* toutefois notre *Traité de la Distinction des biens*, t. I, n°⁸ 441 et suiv.).

S'il est, en effet, une matière essentiellement rebelle à la discipline législative, c'est bien l'interprétation des volontés testamentaires, dans l'infinie variété de leurs

espèces, et avec toutes ces nuances, si diverses, si mo-
biles, et, pour ainsi dire, *ondoyantes*, qu'elles revêtent
incessamment !

Les jurisconsultes romains nous ont transmis sans
doute, sur ce sujet, un fonds d'une grande richesse, que
nos anciens juriconsultes français ont encore accru, en
le recueillant (comp. Ricard, part. III, chapitre III,
sect. III.; Furgole, chap. v, sect. IV, et chapitre VII,
sect. III ; Pothier, *des Donat. testam.*, chap. VII; Domat,
Lois civ., liv. III, tit. I, sect. VI, VII et VIII).

Mais c'est toujours finalement l'empire du fait, qu'il
faut y reconnaître !

Et voilà pourquoi les questions d'interprétation des
testaments rentrent dans le domaine souverain des Tribunaux et des Cours impériales, dont les décisions ne
sauraient être, de ce chef, déférées à la Cour de cassation (comp. Cass., 17 janv. 1811, de Gonneville, D.,
1811, I, 71 ; Cass., 29 avril 1824, Quarré de Villers,
D., 1824, I, 190 ; Cass., 5 avril 1825, Lorgueilleux,
Sirey, 1826, I, 167 ; Cass., 13 août 1840, Munier, D.,
1840, I, 335 ; Cass., 23 mars 1852, de Gallery, Dev.,
1852, I, 349 ; Cass., 10 juill. 1860, Pinel, Dev., 1860,
I, 708).

759. — Ce que nous dirons donc seulement, c'est que
les règles, que notre législateur a posées *sur l'interprétation des conventions*, dans les articles 1156 à 1164, peuvent être appliquées, par analogie, à l'interprétation des
testaments.

Telle est la doctrine généralement admise, et avec raison, sous la condition seulement de tenir compte, lorsqu'il y a lieu, de la différence qui sépare le contrat du
testament..., *mutatis mutandis !* (Comp. Delvincourt,
t. II, p. 87, note 3; Duranton, t. IX, nos 360 et suiv. ;
Toullier, t. III, n° 316 ; Proudhon, *de l'Usufruit*, t. II,
nos 487 et suiv. ; Bayle-Mouillard sur Grenier, t. II,
n° 324, *Appendice*.)

740. — C'est ainsi que la grande règle d'interprétation, qui domine toutes les autres, dans les testaments comme dans les contrats, est celle de l'article 1156 : que l'on doit rechercher quelle a été l'intention, plutôt que de s'arrêter au sens littéral des termes,

« *In conditionibus testamentorum, voluntatem potius quam verba considerari oportet.* » (L. 101, *princ.*, ff. *De condit. et demonstr.*)

Oh! sans doute, quand les termes dont le testateur s'est servi, sont clairs, il faut s'y tenir, la nullité de la disposition dût-elle s'ensuivre! et l'on ne pourrait pas, afin de la rendre valable, prêter au testateur une intention différente de celle qu'il a réellement exprimée (comp. Bordeaux, 28 févr. 1831, Labarthe, D., 1831, II, 105; Cass., 11 avril 1838, de Seré, D., 1838, I, 197; Cass., 13 juillet 1857, D., 1857, I, 356; Chambéry, 25 juill. 1866, Michaud, Dev., 1867, I, 150).

Mais ce qui arrive le plus souvent, c'est que les termes, que le testateur emploie, sont détournés par lui de leur vraie signification grammaticale ou juridique..., *cum plerique abusive loquantur, nec propriis nominibus et ei vocabulis utantur.* (L. 69, § 1, ff. *De legat.*, 3°).

Eh bien! alors, arrière toutes les subtilités du langage! ceci est une œuvre de bon sens et de bonne foi! c'est l'intention qui doit prévaloir sur les mots; et il faut rechercher, non pas ce que le testateur a dit, mais surtout et avant tout ce qu'il a voulu dire!

Voilà comment on a pu décider qu'un testateur, qui a écrit que sa volonté est que sa femme *jouisse*, après sa mort, de toute la portion de biens, dont la loi lui permet de disposer, a entendu lui laisser, non-seulement la *jouissance et l'usufruit*, mais bien la *pleine et entière propriété* (comp. Paris, 30 août 1853, de Montchueil, Dev., 1854, II, 549; Pothier, *des Donat. testam.*, chap. VIII, 2ᵉ règle d'interprétation).

741. — Afin de découvrir l'intention du testateur,

et de préciser la signification, qu'il attachait aux termes qu'il a employés, il importe de consulter sa situation personnelle, le milieu, s'il est permis de dire ainsi, dans lequel il était placé. — Quels étaient ses parents ? — Quels sont ses légataires? — Et quelles relations existaient entre eux et lui ? — Quelle est l'importance de son patrimoine comparée à celle des legs ? — Quelles étaient ses habitudes, son éducation, sa profession ?

Les usages du pays, où il demeurait, peuvent être aussi d'un grand secours pour révéler le sens des mots, dont il s'est servi, si c'est, par exemple, une locution particulière, un *idiotisme local* (arg. de l'article 1159).

Nous avons d'ailleurs établi déjà que, s'il est nécessaire d'obtenir la preuve de faits intrinsèques, pour éclaircir les clauses obscures du testament, les magistrats peuvent ordonner cette preuve, même par témoins (*supra*, n°s 36 et suiv. ; comp. Merlin, *Répert.*, v° *Legs*, sect. IV, § 1, n° 1 ; Bayle-Mouillard sur Grenier, t. II. n° 324, *Appendice;* Zachariæ, Aubry et Rau, t. V, p. 141).

742. — Mais il n'est pas impossible que les divers moyens d'interprétation se trouvent impuissants à faire disparaître l'obscurité d'une disposition testamentaire, considérée isolément ou dans son rapprochement avec les autres dispositions.

Le doute est donc toujours là, persistant et invincible !

Dans cette perplexe occurrence, quelle devra être la décision du juge ?

Et d'abord, si l'obscurité est impénétrable à ce point, que la disposition ne soit susceptible d'aucune interprétation raisonnable, il n'y a d'autre parti à prendre que de la considérer comme non écrite. (L. 188, ff. *De reg. juris.*)

Mais supposons, ce qui est plus ordinaire, que la disposition se prête à deux interprétations également possibles et vraisemblables : l'une, en faveur de l'héritier;

l'autre, en faveur du légataire ; et que la balance, en effet, demeure tout à fait égale entre les deux !

De quel côté le juge doit-il finalement la faire pencher?

Il faut distinguer :

S'agit-il de l'existence même de la disposition, et de savoir si elle aura un effet quelconque, ou si elle n'aura pas d'effet du tout, parce qu'elle serait nulle, dérisoire, révoquée, ou caduque? c'est en faveur du légataire, qu'on doit répondre : « .... *magis ut valeat quam ut pereat* » (L. 12 et 24, ff. *De rebus dubiis*); tel est le sens de la maxime : *In testamentis, plenius voluntates testantium interpretantur* (L. 12, ff. *De regul. jur.* ; L. 10, ff. *De inoffic. testam.*); c'est-à-dire qu'elle est l'application, aux testaments de cette règle, que l'article 1157 a consacrée, en matière de conventions : « Lorsqu'une clause est « susceptible de deux sens, on doit plutôt l'entendre dans « celui avec lequel elle peut avoir quelque effet, que dans le « sens, avec lequel elle n'en pourrait produire aucun » ; l'article 1023 n'en est lui-même qu'une conséquence (*supra*, nᵒˢ 736 et 490 *bis* ; comp. Bordeaux, 10 juin 1833, Destrilles, Dev., 1833, II, 504 ; Cass., 23 juill. 1834, de Galard, D., 1834, I, 417 ; Toulouse, 19 juill. 1837, Brault, Dev., 1837, II, 476 ; Grenoble, 19 juin 1846, Néry-Deloche, Dev., 1847, II, 304; Douai, 10 mai 1854, Péron, Dev., 1854, II, 435).

Mais si, l'existence de la disposition étant reconnue, il ne s'agit que de l'étendue, plus ou moins grande, de l'effet qu'elle doit produire, c'est au contraire, en faveur de l'héritier, ou plus généralement, du débiteur du legs, qu'il faut répondre : « *semper in obscuris, quod minimum est sequimur.* » (L. 9, ff. *De reg. juris.*) Voilà le sens de ces maximes : *Parcendum hæredi; — In dubio, pro hærede respondendum;* telle est la règle que l'article 1162 consacre, en matière de conventions, et qu'il faut appliquer aux testaments ; l'article 1022 n'en est aussi qu'une conséquence. (*Supra*, nᵒ 731 ; comp. Cass., 31 juill. 1850, de Gallery, Dev., 1852, I, 349 ; Cæss., 8 déc. 1852, Petit-Collin, Dev., 1853, I, 293.)

Cette distinction est raisonnable; elle concilie d'ailleurs, d'une manière satisfaisante, deux règles d'interprétation, qui sembleraient, à première vue, se contredire.

Aussi, était-elle admise dans notre ancien droit (comp. d'Aguesseau, t. IV, p. 631 ; Merlin , *Répert.*, v° *Legs*, sect. IV, § 1, n° 4; *Quest. de droit,* v° *Legs*, § 1).

Et nous croyons qu'elle doit l'être encore, dans notre droit nouveau (comp. Delvincourt, t. II, p. 87, note 3 ; Duranton, t. IX, n° 368; Coin-Delisle, art. 1002, n° 14 ; Bayle-Mouillard sur Grenier, t. II, n° 324, *Appendice;* Zachariæ, Aubry et Rau, t. VI, p. 142; Massé et Vergé, t. III, p. 255).

FIN DU VINGT ET UNIÈME VOLUME.

TABLE DES MATIÈRES

DU VINGT ET UNIÈME VOLUME.

LIVRE TROISIÈME.

DES DIFFÉRENTES MANIÈRES DONT ON ACQUIERT LA PROPRIÉTÉ.

TITRE DEUXIÈME.

DES DONATIONS ENTRE-VIFS ET DES TESTAMENTS.

TROISIÈME PARTIE.

CONSACRÉE SPÉCIALEMENT AUX TESTAMENTS.

FIN DE LA TABLE DES MATIÈRES.

TABLE NUMÉRIQUE

DES ARTICLES DU CODE NAPOLÉON

AVEC L'INDICATION, POUR CHAQUE ARTICLE, DES PAGES DU VOLUME ET DES NUMÉROS
DE L'OUVRAGE, OÙ IL EST EXPLIQUÉ.

(Tome XXI, art. 967-1024.)

LIVRE TROISIÈME.

TITRE DEUXIÈME.

Des Donations entre-vifs et des Testaments.

Art. du Code Nap.	Pages du volume.	Numéros de l'ouvrage.
989.	407-409.	456-458.
990.	409-411.	459-463.
991.	409-411.	459-463.
992.	409-411.	459-463.
993.	409-411.	459-463.
994.	401-405.	448-453.
995.	401-405.	448-453.
996.	405-407.	454-455.
997.	411-415.	464-470.
998.	384-396.	427-437.
999.	416-431.	471-486.
1000.	424, 425, 431.	479-486.
1001.	432-434.	488-492.
1002.	457-460, 6-9.	525-529, 8-11 *bis*.
1003.	462-477.	530-546.
1004.	481-483.	552-556.
1005.	483-484, 510-516.	557, 595-598.
1006.	484-491.	558-567.
1007.	438-442.	496-503.
1008.	442-454.	504-516.
1009.	491-494.	568-574.
1010.	497-507.	577-587.
1011.	507-510.	589-594.
1012.	516-519.	599-601.
1013.	519-531.	602-610.
1014.	478-481, 510-516, 537-556.	548-551, 595-598, 615-643.
1015.	556-560.	644-653.
1016.	454-457.	517-523.
1017.	565-576.	664-676.
1018.	598-604.	701-710.
1019.	604-617.	711-724.
1020.	617-621.	725-730.
1021.	577-593.	678-694.
1022.	621-624.	731-735.
1023.	624-626.	736-737.
1024.	561-565.	655-662.

FIN DE LA TABLE NUMÉRIQUE.

9796. — Imprimerie générale de Ch. Lahure, rue de Fleurus, 9, à Paris.

www.ingramcontent.com/pod-product-compliance
Lightning Source LLC
Chambersburg PA
CBHW071137270326
41929CB00012B/1780